A Lei 12.529/2011 e a Nova Política de Defesa da Concorrência

A Lei 12.529/2011 e a Nova Política de Defesa da Concorrência

Vinicius Marques de Carvalho
Organizador

Alessandro Serafin Octaviani Luis
Amanda Athayde
Ana Carolina Lopes de Carvalho
Ana de Oliveira Frazão
Ana Paula Martinez
Barbara Rosenberg
Bernardo Gouthier Macedo
Bruno Bastos Becker
Caio Mário da Silva Pereira Neto
Carlos Emmanuel Joppert Ragazzo
Carol Elizabeth Conway
Carolina Policarpo Garcia
Cristianne Saccab Zarzur
Diogo Thomson de Andrade
Eduardo Caminati Anders
Eduardo Frade Rodrigues
Eduardo Pontual Ribeiro
Francisco Schertel Ferreira Mendes
Gabriel Nogueira Dias
Gesner Oliveira
Gilvandro de Araújo
José Carlos da Matta Berardo
Leonor Cordovil
Luiz Alberto Esteves
Luiza Kharmandayan
Marcelo Calliari
Márcio de Oliveira Júnior
Marcos Paulo Verissimo
Mariana Boabaid Dalcanale Rosa
Mário Sérgio Rocha Gordilho Júnior
Olavo Chinaglia
Paulo Burnier da Silveira
Paulo Furquim de Azevedo
Pedro Dutra
Ricardo Machado Ruiz
Rodrigo de Grandis
Silvia Fagá de Almeida
Tulio Freitas do Egito Coelho
Vicente Bagnoli
Victor Santos Rufino

EDITORA SINGULAR

L525 A Lei 12.529/2011 e a Nova Política de Defesa da Concorrência. / Organizador: Vinicius Marques de Carvalho. São Paulo : Singular, 2015.

488 p.

ISBN: 978-85-86626-80-7

1. Brasil. [Lei n. 12.529, de 30 de novembro de 2011]. 2. Brasil. [Lei antitruste (2011)]. 3. Sistema Brasileiro de Defesa da Concorrência (Brasil) (SBDC). 4. Conselho Administrativo de Defesa Econômica (Brasil) (Cade). 5. Direito da concorrência, Brasil. 6. Política antitruste, Brasil. I. Carvalho, Vinicius Marques de (Org.).

CDU: 347.733(81)(094)

Revisão: Paola Morsello
Foto de Capa: Maria José Machado Mendes
Capa e Diagramação: Brandão Design

Tel/Fax: (11) 3862-1242
www.editorasingular.com.br
singular@editorasingular.com.br

SOBRE OS AUTORES

Alessandro Serafin Octaviani Luis

Advogado e Professor de Direito Econômico na Faculdade de Direito da USP e no Instituto Presbiteriano Mackenzie, foi Conselheiro do Cade entre 2011 e 2014.

Amanda Athayde

Advogada e Chefe de Gabinete da Superintendência-Geral do Cade.

Ana Carolina Lopes de Carvalho

Advogada e Chefe da Assessoria de Planejamento e Projetos do Cade.

Ana de Oliveira Frazão

Advogada e Professora Adjunta de Direito Civil e Comercial na Faculdade de Direito da Universidade de Brasília, foi Conselheira do Cade entre 2012 e 2015.

Ana Paula Martinez

Advogada sócia do escritório Levy & Salomão Advogados, foi Diretora do Departamento de Proteção e Defesa Econômica da Secretaria de Direito Econômico do Ministério da Justiça de 2007 a 2010.

Barbara Rosenberg

Advogada Sócia de BMA – Barbosa, Müssnich, Aragão, foi Diretora Departamento de Proteção e Defesa Econômica da Secretaria de Direito Econômico do Ministério da Justiça de 2003 a 2005.

Bernardo Gouthier Macedo

Economista e Doutor em Economia pela Unicamp, sócio da LCA Consultores.

Bruno Bastos Becker

Doutorando em Direito Comercial pela USP, é Associado de BMA – Barbosa, Müssnich, Aragão.

Caio Mário da Silva Pereira Neto

Advogado sócio de Pereira Neto | Macedo Advogados, Professor de Direito na Fundação Getulio Vargas em São Paulo.

Carlos Emmanuel Joppert Ragazzo

Advogado e Doutor em Direito pela UERJ, foi Conselheiro do Cade de 2008 a 2012 e Superintendente-Geral do Cade de 2012 a 2014.

Carol Elizabeth Conway

Advogada e Mestre em Direito Econômico pela Universidade de São Paulo.

Carolina Policarpo Garcia

Economista, Mestre e Doutoranda em Economia pela Escola de Economia de São Paulo da Fundação Getulio Vargas.

Cristianne Saccab Zarzur

Advogada sócia do escritório Pinheiro Neto Advogados, é atualmente Presidente do IBRAC.

Diogo Thomson de Andrade

Advogado e Procurador Federal, é atualmente Superintendente-adjunto do Cade.

Eduardo Caminati Anders

Advogado sócio do escritório Lino, Beraldi, Belluzzo e Caminati Advogados.

Eduardo Frade Rodrigues

Bacharel em Direito e Relações Internacionais, é Gestor Governamental do Ministério do Planejamento e Superintendente-Geral do Cade.

Eduardo Pontual Ribeiro

Economista, PhD pela University of Illinois, foi Economista-Chefe e Conselheiro do Cade de 2012 a 2014.

Francisco Schertel Ferreira Mendes

Bacharel em Direito pela Universidade de Brasília, é Consultor Legislativo do Senado Federal na área de Direito Econômico e Regulação, Direito Empresarial e do Consumidor, e atua desde 2009 no Cade.

Gabriel Nogueira Dias

Advogado sócio de Magalhães e Dias Advogados, é Mestre e Doutor pela Rheinischen Friedrich-Wilhelms Universität (Alemanha).

Gesner Oliveira

Economista e professor da EAESP/FGV, foi Presidente do Cade de 1996 a 2000 e Presidente da Sabesp de 2007 a 2010. Atualmente é sócio da GO Associados.

Gilvandro de Araújo

Advogado e Procurador Federal, doutorando em Direito pela l'Université Panthéon ASSA - Paris II, foi Procurador-chefe do Cade e atualmente é Conselheiro desse órgão.

José Carlos da Matta Berardo

Advogado sócio de BMA - Barbosa, Müssnich, Aragão, possui M.A. pela King's College de Londres e é Mestrando em Direito dos Negócios pela Escola de Direito da Fundação Getulio Vargas de São Paulo.

Leonor Cordovil

Advogada sócia do escritório Grinberg e Cordovil Advogados, é Doutora em Direito Econômico pela USP e em Direito Internacional Econômico pela Universidade de Paris.

Luiz Alberto Esteves

Economista PhD pela Universidade de Siena, é Economista-Chefe do CADE desde 2013.

Luiza Kharmandayan

Advogada, é Chefe da Assessoria Internacional do Cade.

Marcelo Calliari

Advogado sócio de Tozzini Freire Advogados, é Doutor em Direito Internacional pela Universidade de São Paulo, Mestre em Direito pela Harvard University e ex-Conselheiro do Cade.

Márcio de Oliveira Júnior

Economista e Mestre e Doutor pelo Instituto de Economia da Universidade Federal do Rio de Janeiro, é atualmente Conselheiro do Cade.

Marcos Paulo Verissimo

Advogado sócio de Machado, Meyer, Sendacz e Opice Advogados, é também Professor na Faculdade de Direito da Universidade de São Paulo.

Mariana Boabaid Dalcanale Rosa

Especialista em Políticas Públicas e Gestão Governamental, é Assessora de Planejamento e Projetos do Cade.

Mário Sérgio Rocha Gordilho Júnior

Coordenador-geral de análise antitruste do Cade.

Olavo Chinaglia

Advogado sócio do escritório Veirano advogados, foi Conselheiro do Cade.

Paulo Burnier da Silveira

Doutor em Direito pela Universidade Panthéon-Assas (Paris II) e pela Universidade de São Paulo, é Professor-Adjunto da Faculdade de Direito da Universidade de Brasília e Conselheiro do Cade.

Paulo Furquim de Azevedo

Economista e Professor Senior Fellow do Insper, é Doutor em Economia pela FEA-USP e foi Conselheiro do Cade.

Pedro Dutra

Advogado sócio do escritório Pedro Dutra Advogados.

Ricardo Machado Ruiz

Economista e Professor na Faculdade de Ciências Econômicas e no Centro de Desenvolvimento e Planejamento Regional da Universidade Federal de Minas Gerais, foi Conselheiro do Cade de 2010 a 2014.

Rodrigo de Grandis

Procurador da República, membro do Grupo de Combate a Cartéis da Procuradoria da República de São Paulo, é também Professor de Direito Penal Econômico no Curso de Pós-Graduação da Fundação Getulio Vargas de São Paulo.

Silvia Fagá de Almeida

Economista e Doutora em Economia de Empresas, é atualmente Gerente sênior de projetos da LCA Consultores.

Tulio Freitas do Egito Coelho

Advogado, é Presidente da Comissão Especial de Defesa da Concorrência, do Conselho Federa da OAB e consultor em Trench, Rossi e Watanabe – Advogados.

Vicente Bagnoli

Advogado, é Presidente da Comissão de Estudos da Concorrência e Regulação Econômica da OAB-SP (CECORE), Conselheiro do IBRAC e Professor na Faculdade de Direito Mackenzie.

Victor Santos Rufino

Advogado graduado pela Universidade Federal do Piauí com Especialização em Direito Concorrencial pela Fundação Getulio Vargas, é atualmente Procurador-chefe do Cade.

SUMÁRIO

Sobre os autores V

Apresentação XIII

Introdução XVII

PARTE I – A DINÂMICA INSTITUCIONAL DO SBDC

Os três primeiros anos da Lei 12.529/2011 3
Cristianne Saccab Zarzur e Vicente Bagnoli

A política de defesa da concorrência quatro anos depois: ainda em busca de melhores práticas? 13
Vinicius Marques de Carvalho

Advocacia da concorrência 31
Pedro Dutra

Modelo de transição institucional da política de defesa da concorrência 39
Mariana Boabaid Dalcanale Rosa

A Superintendência-Geral do Cade e a estruturação da função de instrução dos processos administrativos e atos de concentração 53
Eduardo Frade Rodrigues

O novo Cade no cenário internacional 65
Paulo Burnier da Silveira

O "novo Cade" no cenário internacional 75
Marcelo Calliari

A análise econômica do Cade 85
Luiz Alberto Esteves e Eduardo Pontual Ribeiro

Qual o futuro da análise econômica no Cade? 97
Bernardo Gouthier Macedo, Silvia Fagá de Almeida e Carolina Policarpo Garcia

A judicialização da defesa da concorrência após a Lei 12.529/2011: a emergência da enganosidade? 115
Gilvandro de Araújo

Judicialização sob a perspectiva da advocacia concorrencial 127
Tulio Freitas do Egito Coelho

PARTE II – CONTROLE DE ESTRUTURAS

Atos de concentração sob a Lei 12.529/2011 – os primeiros três anos da Superintendência-Geral 143
Carlos Emmanuel Joppert Ragazzo e Mário Sérgio Rocha Gordilho Júnior

Análise prévia de atos de concentração quatro anos depois. O que nós advogados aprendemos? 159
Barbara Rosenberg, José Carlos da Matta Berardo e Bruno Bastos Becker

A análise de eficiências em atos de concentração sob o enfoque do princípio retributivo 181
Ana de Oliveira Frazão

Restrições Comportamentais em atos de concentração 201
Ricardo Machado Ruiz

Remédios no âmbito de Acordos em Controle de Concentração (ACCs): um balanço dos primeiros anos da Lei 12.529/2011 221
Caio Mário da Silva Pereira Neto e Paulo Furquim de Azevedo

Concorrência: a Lei 12.529/2011 e os e-mercados 255
Carol Elizabeth Conway

PARTE III - CONTROLE DE CONDUTAS

A Lei 12.529/2011 e o combate a cartéis no Brasil: avanços e perspectivas 271
Diogo Thomson de Andrade

Programa de leniência antitruste e repercussões criminais: desafios e oportunidades recentes 287
Amanda Athayde e Rodrigo de Grandis

Política de leniência – avanços recentes e perspectivas 305
Ana Paula Martinez e Leonor Cordovil

Remédios estruturais em casos de cartéis: análise funcional e fundamentos econômicos para sua aplicação 321
Márcio de Oliveira Júnior e Alessandro Serafim Octaviani Luis

As condutas unilaterais e o mecanismo das consultas administrativas ao Cade 339
Marcos Paulo Verissimo

Restrições regulatórias à concorrência – limites à atuação do Cade 365
Gabriel Nogueira Dias

PARTE IV – CONQUISTAS RECENTES E DESAFIOS FUTUROS

Agenda normativa do novo Cade: *overview* 389
Ana Carolina Lopes de Carvalho

Desafios da regulamentação de contratos associativos 403
Luiza Kharmandayan

Evolução das normas sobre TCCs em cartéis após a Lei 12.529/2011 425
Victor Santos Rufino e Francisco Schertel Ferreira Mendes

Agenda normativa do novo Cade: o que mais pode (ou deve) ser feito? 437
Olavo Chinaglia e Eduardo Caminati Anders

A tríplice agenda do programa de *compliance* concorrencial: avanços recentes e aprimoramentos 459
Gesner Oliveira

APRESENTAÇÃO

Foi com grande prazer que recebi o convite para apresentar este livro. Trata-se da documentação do resultado de um projeto que teve início até mesmo antes da aprovação da Lei 12.529/2011. Tive a oportunidade de acompanhar a transição do modelo anterior, em que o Sistema Brasileiro de Defesa da Concorrência tinha suas atribuições divididas entre Cade, SDE e Seae, para o modelo atual e todos os esforços para o aprimoramento dessa política pública. Aliás, faz todo sentido que o organizador deste livro seja o presidente Vinicius Marques de Carvalho, afinal foi tarefa dele capitanear – o que fez com maestria, diga-se de passagem – os trabalhos que deram origem ao que hoje é um órgão de defesa da concorrência que serve de referência em suas atividades finalísticas para o Brasil e para o resto do mundo. Além disso, o Cade é um exemplo também para a gestão pública, um órgão que consegue aliar padrões elevados de eficiência administrativa, transparência, rigor técnico e probidade. Essa dimensão às vezes é deixada em segundo plano, mas é o que vem garantindo os resultados positivos oferecidos à sociedade nesses últimos anos.

Da minha perspectiva, é oportuno destacar como se configura a relação do Conselho com o Ministério da Justiça (MJ). O Ministério tem muitas atribuições, mas todas elas guardam um mesmo fio condutor, qual seja o Estado de Direito. Isso faz do MJ um Ministério que integra o governo mas é, em sentido estrito, um Ministério de Estado. A atuação do Cade insere-se perfeitamente nesse contexto, guardando intrínseca relação com duas missões típicas do Estado de Direito: o limite ao abuso de poder e a defesa da cidadania.

Na verdade, um dos imperativos do Estado de Direito é a limitação ao exercício do poder. Um dos artífices desse modelo de Estado, que foi Montesquieu, autor do clássico *Do Espírito das Leis*, já dizia que todo homem que tem o poder tende a dele abusar e por isso é necessário limitar o poder, uma vez que até a virtude precisa de limites. De fato, até mesmo os virtuosos precisam de limites, e o Estado de Direito tem essa característica, ou seja, impor limites aos virtuosos – e, é claro, aos não virtuosos.

O Cade, órgão que integra a estrutura do MJ, tem esse papel. Ele defende a concorrência e, portanto, a liberdade e a sociedade diante de ações abusivas. Por excelência, sua função é limitar o abuso do poder econômico. Mas, por outro lado, a sua estrutura e o seu modelo de organização conferidos pela Lei 12.529/2011 asseguram padrões de transparência e publicidade às atividades que incentivam o uso adequado dessas atribuições e reduzem o risco de uma ação arbitrária por parte da autoridade concorrencial. Ele atua na limitação ao poder econômico e, no exercício das suas prerrogativas, dentro dos limites de suas atribuições constitucionais. A dimensão que essa atuação assume no momento especial que o Brasil hoje vive é evidente.

O Brasil passa por um processo de mudança de mentalidade, de cultura. Era um país em que a distinção entre público e privado não se estabelecia, em que aqueles que governavam imaginavam que eram donos da *res publica* e que, portanto, tudo podiam. Essa cultura, arraigada desde o descobrimento, começa a mudar porque a República e o Estado de Direito vieram para ficar com a Constituição de 1988. Objetivamente, a distinção entre o público e o privado está cada vez mais forte, os limites objetivos em relação àquele que governa ou àquele que tem poder econômico se expressam de maneira efetiva.

Por exemplo, lembro-me que quando assumi o Ministério da Justiça, houve uma certa operação da Polícia Federal que resultou em prisões de certas pessoas e também em buscas e apreensões. Naquele momento, alguns órgãos de imprensa diziam que o Ministro da Justiça havia perdido o controle da Polícia Federal, o que me fez vir a público e questionar se o Ministro da Justiça deveria de fato *controlar* a Polícia. Seria sua atribuição selecionar os que devem ser investigados? Teria o poder de dizer que "os amigos devem ser poupados e os inimigos punidos", como na Idade Média? Ou o papel do Ministro, perante a Polícia Federal, é tão somente o de coibir abusos e ilegalidades e, independentemente de sua posição pessoal ou crença, garantir que o espírito republicano caracterize a ação daquele órgão?

Opto permanentemente pela segunda tese, que é a tese republicana, em que não cabe ao Ministro controlar órgãos que devam agir com autonomia. Isso vale para a Polícia Federal, vale para outros órgãos do Ministério da Justiça e vale para o Cade. O Cade tem que ter autonomia. O Ministro não deve interferir em suas decisões, salvo se verificar ilegalidade, caso em que deve tomar as medidas necessárias que a lei tanto autoriza quanto exige. Afora isso, trata-se de um órgão autônomo, que tem conselheiros de mandato fixo, os quais precisam ter suas prerrogativas respeitadas. Por essa razão, eis o ponto que deve ser frisado e o que pode ser esperado da minha atuação enquanto Ministro: a garantia das prerrogativas do Cade e a cobrança firme no caso de eventuais transgressões.

Desse modo, a relação do Cade com o Ministério da Justiça alicerça-se em nosso compromisso republicano e inarredável de garantir a sua autonomia, compromisso esse que, de minha parte, se iniciou quando convidei o atual Presidente do Cade para assumir a Secretaria de Direito Econômico.

Naquela ocasião, indaguei-o sobre sua convicção a respeito do investimento na aprovação do projeto de lei que reestruturava o Cade, já que a maioria das pessoas com quem eu havia conversado a respeito me transmitiu certo pessimismo, tanto com relação à aprovação do projeto que já tramitava há muitos anos, como em relação à capacidade de o Cade enfrentar os desafios decorrentes de novo modelo institucional. A resposta positiva que ouvi foi enfática, sendo que ele acrescentou: "e eu não estou sozinho nessa empreitada, Ministro". O que mais me surpreendeu foi essa segunda parte da resposta. Em um contexto em que supostamente poderia limitar-se a ressaltar suas qualidades pessoais para assumir um cargo, ele ressaltou o coletivo.

Essa dimensão coletiva aparece mais uma vez nesta obra, que conta com a participação de vários servidores do Cade e de ilustres advogados, economistas e acadêmicos, demonstrando que a construção dessa nova etapa de política concorrencial no Brasil também contou com a participação da sociedade.

De minha parte fica a certeza de que assegurar a autonomia dessa tão importante política pública – o que significa, em linguagem bem direta, não atrapalhar ou criar embaraços – foi a atitude não somente mais apropriada do ponto de vista jurídico, como a mais sábia do ponto de vista político-institucional. Os resultados desses últimos quatro anos, presentes nesta obra de riqueza documental e teórica evidente, são a maior demonstração disso.

José Eduardo Cardozo

INTRODUÇÃO

É sintomático. Quando uma pessoa está há bastante tempo trabalhando no mesmo lugar e é perguntada sobre o futuro, a primeira coisa que vem a mente é o passado. Foi exatamente isso que aconteceu comigo quando, em um evento internacional, jantava com o Professor William Kovacic e ele perguntou assertivamente e com a convicção – corretíssima, aliás – de que eu nunca havia pensado no assunto: "Que conselhos você dará ao próximo Presidente do Cade?" Minha reação – enquanto pensava em uma resposta sobre o futuro – foi dissecar o passado recente, começando pelo momento em que assumi a tarefa de tentar negociar o texto do projeto de lei que reestruturava o Sistema Brasileiro de Defesa da Concorrência (SBDC) no Congresso Nacional, passando pela transição e todo tortuoso processo de mudança de cultura e de reforma institucional, terminando com os resultados obtidos. Antes que eu começasse a direcionar a conversa para o futuro, ele me interrompeu e, ainda com maior ênfase, sugeriu: "Vocês deviam escrever sobre todo esse processo, documentá-lo, mostrar para o mundo a forma como vocês conduziram com êxito um processo de reforma institucional razoavelmente complexo".

E aqui estamos concretizando a ideia que surgiu nesse jantar.

Entre a submissão do projeto de lei ao Congresso Nacional e os dias atuais foram dez anos praticamente convivendo com os avanços e retrocessos cotidianos que, por sua vez, geravam momentos de euforia e angústia em todos aqueles que interagiam com o SBDC. A descrença de alguns sobre a possibilidade de aprovação do projeto foi substituída por uma desconfiança, essa sim quase generalizada e até certo ponto justificada, sobre a capacidade de o novo Cade cumprir as tarefas que a Lei 12.529/2011 impunha, notadamente a análise prévia de atos de concentração em um prazo razoável. No período de um ano transitamos de um momento em que as notícias da imprensa ecoavam essas narrativas apreensivas para outro em que a reforma era celebrada como um avanço institucional seguro e saudável para a economia do País. Mas o que justifica esse movimento pendular? A resposta óbvia consiste no fato de termos sobrevivido, de a "reinauguração" do SBDC ter sido exitosa. Mas por que isso ocorreu? Foi realmente um sucesso? No que ainda é necessário avançar no âmbito institucional e substancial?

Claro que para responder adequadamente a essas perguntas é preciso desbastar os exageros de todos os lados e afastar o discurso laudatório. No entanto, algumas constatações positivas merecem destaque. Duas delas considero essenciais. A primeira é o papel desempenhado pelos servidores do Cade. A segunda, o tratamento conferido à política de defesa da concorrência no Brasil nos últimos 20 anos, pois raramente assistimos a histórias de perenidade nos objetivos de uma política pública como sucedeu nessa esfera. Tudo isso nos permitiu: (i) aprender com as experiências anteriores, criando um ambiente que respeite os avanços passados e, ao mesmo tempo, permita uma visão crítica que oriente o futuro; (ii) planejar as mudanças assegurando mecanismos de adaptação para alterações de cenários; (iii) ler corretamente as expectativas dos atores que são impactados pelas ações do Cade; e, por fim, (iv) aprimorar o comprometimento da equipe em um processo de construção coletiva.

Espero que esse processo coletivo esteja refletido também neste livro, mesmo considerando a necessidade de assegurar que a obra tenha um fio condutor, sem que isso transforme o coordenador em uma espécie de "ditador teórico", impondo sua visão de mundo aos colaboradores. Confesso que para este livro essa missão conciliatória não foi nem um pouco difícil.

Primeiro porque minha tarefa como Presidente do Cade nos últimos quatro anos tem sido justamente essa: atingir um grau elevado de coesão e coerência na aplicação da Lei de Defesa da Concorrência no País, implementando seus princípios e alinhando os vetores da política pública no mesmo sentido, sem tentar privar os Conselheiros, o Superintendente-Geral e a Procuradoria do Cade da autonomia decisória que a própria lei lhes confere.

Em segundo lugar, porque este livro tem sua riqueza atrelada à diversidade de opiniões e análises sobre o que aconteceu nesses últimos quatro anos com a defesa da concorrência no Brasil tanto em seus aspectos materiais como institucionais e procedimentais. Ou seja, o fio condutor é não exatamente o prevalecimento de uma visão necessariamente harmônica, mas sim o compartilhamento de pontos de vista díspares sobre nossa experiência recente. E como já se disse por aí que um ponto de vista é a vista a partir de um ponto, era imprescindível a participação dos advogados e economistas que viveram as transformações do Cade, estando fora do órgão, porém interagindo com ele constantemente.

Não paira, portanto, sobre esta obra nenhuma pretensão de ser um livro texto ou um manual. Ela é na verdade um diário – não oficial, é bom que se diga – de um dos períodos mais instigantes, desafiadores e conflituosos da história da defesa da concorrência no Brasil. Isso não significa que ela não possa ser objeto de consultas sobre as formulações teóricas e as aplicações práticas derivadas da Lei 12.529/2011. Diria até que, para além de seu valor histórico, é para isso mesmo que este livro serve. Estudantes de direito, economia e administração pública encontrarão aqui material farto para pesquisa.

Para atingir esse objetivo, os artigos estão divididos em quatro partes. A primeira delas é voltada para discussões sobre a dinâmica institucional do SBDC. Mais especificamente, o objetivo desse primeiro bloco foi contar com colaboradores que pudessem dissertar sobre a transição do modelo da Lei 8.884/1994 para o novo sistema, tanto do ponto de vista interno quanto externo. São três focos de atenção: a nova organização das unidades do Cade (as que já existiam antes, como a Procuradoria e o Departamento de Estudos Econômicos; e as criadas em 2011, como a Superintendência-Geral), o significado da remodelagem levada a cabo com o advento da Lei 12.529/2011 e a percepção da comunidade nacional e internacional a respeito dessas modificações.

Tive o privilégio de contar com contribuições dos principais responsáveis por cada uma das unidades do Cade para relatar o funcionamento desses organismos, não só daqueles que ocupam tais posições no presente, mas também dos que as ocuparam em 2011. Nada melhor que a visão de quem teve o desafio de elaborar um novo arranjo institucional para nos dizer um pouco sobre as dificuldades enfrentadas e os resultados obtidos. Ao mesmo tempo, dentro da proposta de pluralidade de pontos de vista, busquei chamar colaboradores que pudessem comentar cada um desses aspectos institucionais com a visão de quem recorre ao sistema: os advogados e economistas que interagem diariamente com a concorrência no Brasil.

A segunda parte é específica ao controle de estruturas. Nesse particular, a Lei 12.529/2011 inovou bastante, ao introduzir a notificação prévia dos atos de concentração. Os textos aqui são voltados à análise essa alteração por si só, de seus efeitos em matéria de aplicação de remédios antitruste e das eficiências trazidas. Como essa questão foi uma das que suscitou maior apreensão por parte da comunidade, por não se saber ao certo como a mudança ocorreria e se ela seria de fato funcional, busquei abrir espaço para que essa mesma comunidade fizesse uma avaliação dos resultados obtidos nesses quatro primeiros anos.

Na parte seguinte, o tema é o controle de condutas. O campo aqui é extremamente amplo, por isso temos trabalhos sobre os mais variados aspectos: desde o combate a cartéis e o programa de leniência, passando pelo entendimento sobre as consultas e sua função, até debates a respeito de restrições estruturais e interface com a regulação. O objetivo, no entanto, é único: dissecar aspectos da Lei 12.529/2011 que contribuíram para novas visões sobre esses assuntos e que tenham sido determinantes na compreensão dos mesmos.

O último bloco de textos é o mais claramente voltado ao futuro, ainda que as seções anteriores também guardem nuances prospectivas. Aqui, o tema é a agenda normativa do Cade: o que foi feito recentemente na construção de novos entendimentos pela autoridade (sendo os principais exemplos a Resolução 10/2014 sobre contratos associativos e a política de acordos implementada pela agência) e o que está por vir até 29 de maio de 2016.

Encarei a realização deste projeto como mais um desafio para quem procura coabitar o mundo acadêmico e profissional, ser professor e gestor público. Espero sinceramente que o resultado faça jus ao esforço de toda a comunidade que circunda a defesa da concorrência para conferir centralidade a essa agenda no cotidiano da sociedade brasileira. Para nossa ventura, ou infortúnio, trabalho não falta por aí.

Vinicius Marques de Carvalho

PARTE I

A DINÂMICA INSTITUCIONAL DO SBDC

OS TRÊS PRIMEIROS ANOS DA LEI 12.529/2011

Cristianne Saccab Zarzur
Vicente Bagnoli

1. INTRODUÇÃO

Foi com enorme prazer que aceitamos o convite para expor a visão do IBRAC (Instituto Brasileiro de Estudos de Concorrência, Consumo e Comércio Internacional) e da Cecore (Comissão de Estudos da Concorrência e Regulação Econômica da OAB-SP) sobre os três primeiros anos da Lei 12.529, de 30 de novembro de 2011, que entrou em vigor em 29 de maio de 2012. Após termos acompanhado anos de debate legislativo sobre a reformulação do Sistema Brasileiro de Defesa da Concorrência (essencialmente desde 2004, com a apresentação do Projeto de Lei 3.937/2004), a comunidade atuante na área recebeu a promulgação do novo diploma legal com bastante expectativa e ansiedade.

De um lado, havia o consenso de que o "antigo" Sistema não funcionava com a agilidade necessária, com três instâncias, ou guichês, como comumente se dizia – Secretaria de Acompanhamento Econômico do Ministério da Fazenda (Seae), Secretaria de Direito Econômico do Ministério da Justiça (SDE) e, finalmente o Conselho Administrativo de Defesa Econômica (Cade) – se sucedendo na análise de atos de concentração e de condutas anticoncorrenciais, muitas vezes de forma excessivamente lenta e outras até mesmo inconsistentes. O redesenho institucional se fazia mister.

Porém, os longos períodos de análise, embora indesejáveis em qualquer aparato jurisdicional, não se traduziam em problemas inconciliáveis, posto que o regime não previa, do ponto de vista preventivo, o aval do Cade como condição precedente ao fechamento de negócios e, no que se refere a condutas, a postergação de decisões muitas vezes condenatórias não se traduzia, igualmente, em incentivo para pressões pela reformulação do sistema.

Portanto, o esforço realizado pelos condutores desse longo processo legislativo de reforma do Sistema foi de fato louvável, sobretudo pelo fato de a promulgação da nova lei não ter significado uma ruptura histórica com o passado antitruste brasileiro, que remonta à Lei 4.137/1962, nem um afastamento de toda a experiência, conhecimento e reconhecimento, consistentemente estabelecidos pela Lei 8.884/1994.

Desafios, porém, eram evidentes. A análise prévia de atos de concentração, a escassez de recursos humanos e financeiros, a insegurança do mercado quanto à geração de possíveis custos adicionais à realização de negócios no Brasil e a gestão em si de uma nova estrutura concorrencial certamente não eram metas de desenvolvimento e atingimento triviais.

A realização da 11.ª edição do evento anual da International Competition Network no Rio de Janeiro, em abril de 2012, foi um marco para as discussões da nova lei, mais especificamente o evento pré-ICN, organizado pelo IBRAC, no qual se materializaram dúvidas e angústias de parte a parte quanto à eficácia do sistema, o *enforcement* do novo modelo institucional, e quanto à disposição da comunidade jurídica, econômica e empresarial de empreender esforços para "acolher" o novo sistema.

2. O *DAY AFTER* – AS MUDANÇAS E SEUS EFEITOS

Muito rapidamente os efeitos iniciais da entrada em vigor da Lei 12.529/2011 foram percebidos, e foram extremamente positivos.

Em primeiro lugar, notou-se que as mudanças estruturais dos órgãos que compuseram o "novo Cade" foram eficazes, com atribuições específicas externadas quanto à Superintendência-Geral e seus integrantes, capitaneados pela firme batuta do então Superintendente Carlos Emmanuel Joppert Ragazzo.

Ao Tribunal, a despeito das críticas e temores de esvaziamento de funções, foram garantidas as condições necessárias para que os Conselheiros se dedicassem aos casos mais complexos.

À parte as alterações estruturais, o Cade demonstrou igualmente maturidade na condução dos casos tanto de conduta quanto de controle de concentrações sob a égide da nova lei, a despeito da falta do corpo de funcionários adicionais (absolutamente) necessário e previsto na nova lei, e que até o momento não pôde ser arregimentado por questões burocráticas típicas das searas administrativas e judiciais.

3. O PAPEL REPRESSIVO DO CADE

O histórico da atuação do Cade na repressão de condutas anticoncorrenciais rompeu fronteiras, como é o caso dos gases hospitalares, com uma das maiores multas aplicadas no mundo em caso de cartel, e o caso de abuso de posição dominante conhecido como "Tô Contigo", que virou caso de estudo pelo Grupo de Trabalho de Condutas Unilaterais da International Competition Network.

Com o advento da Lei 12.529, pouco ou quase nada foi alterado com relação a condutas anticoncorrenciais. A lei repetiu boa parte do rol exemplificativo de infrações à ordem econômica já trazido pelo regime anterior, eliminando alguns incisos, como imposição de preços excessivos, e incluindo outros, como a exploração ou exercício abusivo de direitos de propriedade intelectual. De qualquer forma, mesmo com a exclusão de alguns dispositivos legais, o resultado prático não foi alterado, pois tais condutas permanecem objeto de investigação do Cade quando podem causar algum dano à concorrência.

Tendência que vinha crescendo e ganha força com a lei é a persecução de cartéis, algo que fica ainda mais nítido com os casos de repercussão nacional e internacional que ganham destaque na imprensa. Nesse sentido, importante mecanismo utilizado pelo Cade para combater cartéis é o Acordo de Leniência.

A lei trouxe consigo uma novidade, a permissão ao líder do cartel de ser o leniente e merecedor do benefício da redução ou até a isenção de penalidade. O risco de celebrar a leniência com o líder do cartel é isso significar para empresas uma forma racional de prejudicar concorrentes diretos. Positivo no tocante ao Acordo de Leniência, algo que trouxe maior segurança jurídica para o leniente propor o Acordo, é que, nos crimes contra a ordem econômica, tipificados na Lei 8.137/1990, e nos demais crimes diretamente relacionados à prática de cartel, tais como os tipificados na Lei de Licitações e os tipificados no art. 288 do Código Penal, que trata da associação criminosa, a celebração de Acordo de Leniência determina a suspensão do curso do prazo prescricional e impede o oferecimento da denúncia com relação ao leniente e, uma vez cumprido o Acordo, extingue-se automaticamente a punibilidade desses crimes.

Ainda sobre os cartéis, os Ministérios Públicos, Federal e Estadual, têm papel importante nessa tarefa, e a aproximação e a comunicação entre os órgãos, Ministérios Públicos e Cade, é fundamental para evitar procedimentos colidentes. Nesse sentido, é urgente um maior diálogo entre o Cade e a Controladoria Geral da União (CGU) para que encontrem um caminho seguro, e que isto sirva de incentivo para lenientes que queiram denunciar cartéis que afetam a concorrência e ao mesmo tempo infringem a Lei 12.846/2013, que dispõe sobre a responsabilização administrativa e civil de pessoas jurídicas pela prática de atos contra a Administração Pública, nacional ou estrangeira, a Lei Anticorrupção. Explica-se tal necessidade pela aproximação de delitos empresariais decorrentes de cartel com práticas de corrupção e pelo fato de em ambas as Leis (Concorrencial e Anticorrupção) estar previsto o Acordo de Leniência.

Mas, se por um lado o Acordo de Leniência, tal qual disposto na lei, trouxe maiores garantias ao leniente quanto à repercussão criminal, por outro lado a celebração de Termo de Cessação de Conduta (TCC) em casos de cartel permanece algo incerta para o jurisdicionado. Explica-se tal incerteza, pois uma vez celebrado o TCC com o Cade, no qual o reconhecimento da participação no cartel é uma exigência, o jurisdicionado está totalmente desprotegido contra uma acusação que pode ser formulada pelo Ministério Público e ter que responder por crime contra a ordem econômica, com uma pena de reclusão de 2 a 5 anos. É oportuna uma aproximação entre Cade e Ministério Público, de modo a eventualmente contar com a participação do Ministério Público nas negociações dos TCC e que isso contribuísse para a colaboração premiada no âmbito penal.

No tocante às condutas unilaterais, algo que sempre merece atenção, sobretudo em economias como a brasileira, onde em diversos setores a presença no mercado é de agentes econômicos detentores de posição dominante, a aproximação entre Direito e Economia é algo necessário para a utilização do instrumental econômico para a devida análise caso a caso ou, como comumente falando, pela regra da razão. Ainda em condutas unilaterais, novas tecnologias e novas realidades farão crescer a abordagem de condutas que envolvam as *standard-essential patents* (SEP), *pay-for-delay* e restrições verticais em mercado de comércio *online*.

Também causa insegurança a falta de consistência nas decisões do Cade, que deixam sem previsibilidade o que pode ou não ser considerado uma infração à ordem econômica. Tal preocupação se assevera com a novidade trazida pelo Cade nos últimos três anos, quando iniciou a reconhecer ilícitos *per se* e a inversão do ônus da prova. Tal confusão parece ter início quando o Cade interpreta, a partir do texto legal, o que são condutas por objeto e o que são condutas por efeito. Ainda que na interpretação do Cade o objeto de uma conduta possa apresentar efeitos anticoncorrenciais, ela jamais é um ilícito *per se*. Vale dizer, a lei não tipifica condutas anticoncorrenciais. Outrossim, ainda que o Cade reconheça que pelo objeto determinada conduta possui potencial anticoncorrencial, isso não é suficiente para condenar o agente supostamente infrator. Cabe ao Cade o ônus de provar a ilicitude e não inverter tal ônus para que o investigado prove a sua inocência. Parece-nos que, seguindo este caminho, nitidamente contra a lei e de afronta a princípio consagrado na própria Constituição Federal, a presunção da inocência, a tendência será a crescente judicialização de decisões condenatórias do Cade.

No tocante às sanções pecuniárias trazidas pela lei, o percentual mais baixo de multa (0,1% do valor do faturamento bruto da empresa, grupo ou conglomerado obtido, no ramo de atividade empresarial em que ocorreu a infração) permite ao Cade aplicar penas menores, cujo caráter é muitas vezes educativo. Quanto ao teto da pena (20% do valor do faturamento bruto da empresa, grupo ou conglomerado obtido, no ramo de atividade empresarial em que ocorreu a infração), tal redução, uma vez que na lei anterior o teto era de 30%, trouxe uma sensação de afrouxamento nas condenações. A justificativa apresentada foi que com o critério de ramo de atividade como base de cálculo para a penalidade, utilizando-se para tanto a Classificação Nacional de Atividades Econômicas (CNAE), proposta como um balizador do "ramo de atividade", o suposto afrouxamento estaria afastado. Fato é que o Direito Concorrencial utiliza em suas análises detalhadas o critério do mercado relevante e, ao introduzir algo estranho à seara concorrencial, trouxe mais incertezas e insegurança para a aplicação de condenações.

Ainda no tocante às incertezas e insegurança na aplicação de condenações, as agravantes e atenuantes previstas no art. 45 da lei não se revelam suficientes para a correta individualização e cálculo da pena. Um dos desafios que o Cade terá que enfrentar, até mesmo para não ter suas decisões revistas pelo Judiciário, é trabalhar critérios claros e objetivos para a individualização e cálculo das penas. Eventualmente, emprestar critérios do Direito Penal poderá auxiliar o Cade nessa tarefa.

Vale ainda lembrar que a Lei 12.529/2011 dispõe que os atos de concentração terão prioridade sobre o julgamento das condutas anticoncorrenciais. Tão importante quanto, ou mais, que a análise prévia de uma concentração é o julgamento célere de um processo que condenará ou absolverá uma suposta infração à ordem econômica. Enquanto o processo de uma conduta não é decidido pelo Cade, incertezas e prejuízos rondam e afetam o mercado. A eficiência – entenda-se celeridade e qualidade – na instrução e julgamento de processos de condutas esbarra na necessidade de um Cade equipado e estruturado, técnica e pessoalmente. A complexidade de casos de conduta, não só pela matéria, mas também pela quantidade de indícios e provas a analisar, exige a rápida implementação do Cade para não travar a autoridade concorrencial. Mais uma vez, deve-se recordar que a lei estabeleceu a contratação de 200 técnicos/servidores para o Cade, algo que por ora resta na letra fria da lei.

4. O CONTROLE DE CONCENTRAÇÕES

No que se refere ao controle de concentrações, nota-se que há uma curva de aprendizado que se desenvolve ao longo do tempo, mediante discussões de casos efetivamente submetidos, mas também em sede de discussões institucionais. E aqui valem ponderações importantes.

Historicamente, o IBRAC sempre teve uma interação bastante importante com o Cade, por razões óbvias que remetem à própria origem e ao escopo do Instituto. Mas essa interação evolui sensivelmente sob o novo regime, onde o Cade se abriu a reuniões, troca de ideias, discussões de regulamentos, resoluções e guias, com ampla participação e colaboração de integrantes do IBRAC.

Discussões sobre operações entre fundos de investimento se traduziram na edição da Resolução Cade 2/2012, após extensos debates promovidos pelo IBRAC e outros institutos que congregam militantes da área e operadores da indústria de fundos. Há ainda dúvidas, sim, mas certamente houve um avanço em termos de definições quanto ao cálculo de faturamento.

Com relação a operações realizadas em bolsa de valores, houve também um aperfeiçoamento da regulamentação, mas poderia, entendemos nós, ter havido uma interação mais ampla e produtiva com profissionais atuantes no mercado de capitais e com a própria Comissão de Valores Imobiliários, de forma a compatibilizar regulamentos, procedimentos e prazos. Mas é chegada a hora de revisitar o tema e debater questões como qual a concepção de controle societário para o Cade.

Já no que se refere a contratos associativos, as angústias permanecem e merecem ser encaminhadas, dada a amplitude dos preceitos contidos na Resolução Cade 10/2014. A despeito da intenção positiva de objetivar a definição do termo contrato associativo previsto no artigo 90, inciso IV, da Lei 12.529/2011 como uma das categorias de "atos de concentração", as especificações da Resolução parecem ampliar o rol de hipóteses de notificação, o que certamente não se coaduna com a política amplamente disseminada de otimização dos esforços e recursos da autarquia no exercício de suas funções.

Também merece aprimoramento, ou ao menos a definição de sua identidade, o procedimento de consulta, para que possa efetivamente se traduzir em uma ferramenta eficaz e útil à disposição do jurisdicionado. Nesse sentido, a sinalização das autoridades nos poucos exemplos apresentados é fundamental para que se criem incentivos à utilização do instituto da consulta.

Com a entrada em vigor da lei uma nova preocupação surgia: o tempo de análise das operações. Afinal, com a submissão prévia, quanto tempo uma empresa aguardaria para poder consumar a operação? Os números apontados pelo Cade são positivos. Em evento realizado pela Cecore em comemoração aos 3 anos de entrada em vigor da lei, Mário Gordilho, da Superintendência Geral do Cade, apresentou que respectivamente, no primeiro, segundo e terceiro ano da lei, o tempo médio de tramitação dos ACs foi de 73, 88 e 84 dias, nos casos ordinários, e 19, 20 e 20 dias, nos casos sumários. Tais números são expressivos e sinalizam que a análise prévia foi bem-sucedida. Mas para a manutenção do bom resultado e, até mesmo, o seu aprimoramento, a estrutura do Cade deve ser ampliada, com reforço de pessoal especializado, de modo que o recurso de pessoal destinado à análise de atos de concentração não tenha que ser realocado para análise de casos de conduta, e vice-versa.

Com a submissão prévia, alterou-se radicalmente a cultura empresarial de realizar operações e só então consultar os advogados concorrenciais para que em 15 dias úteis submetessem a operação ao Cade. Agora, o advogado concorrencial participa desde o início do desenho jurídico da operação, mesmo porque as operações consumadas sem a aprovação do Cade caracterizam o *gun jumping* e, além da multa, de R$ 60 mil a R$ 60 milhões, estão sujeitas a pena de nulidade. Após alguns casos em que constatou e aplicou sanções pecuniárias em razão do *gun jumping*, o Cade editou o *Guia para análise da consumação prévia de atos de concentração econômica*. Tal publicação é de grande valia, pois traz maior clareza ao jurisdicionado nas hipóteses em que o *gun jumping* poderá ser caracterizado. Por outro lado, ainda que traga critérios para dosimetria da pena pecuniária, tais critérios são subjetivos. e as multas aplicadas pelo Cade não permitem a melhor interpretação pelos advogados de quais os critérios de fato utilizados e como as sanções pecuniárias são efetivamente graduadas.

Também gerou preocupação aos advogados (e jurisdicionados) o tema da avocação pelo Tribunal do Cade de operações aprovadas pela Superintendência Geral. Em que pese estar previsto no art. 65 da Lei, o texto legal não detalhou com maior clareza e objetividade o seu procedimento, de modo que o jurisdicionado tinha a sua operação aprovada, mas, mesmo aguardando o decurso de 15 dias para consumá-la, corria o risco de enfrentar toda uma nova análise pelo Cade. Havia insegurança jurídica em virtude de posterior juntada aos autos de pedido de avocação emitido dentro do prazo legal. Nesse cenário, existia ainda o risco de as Requerentes consumarem a operação, por não terem sido informadas do pedido de avocação ou recurso dentro desse prazo legal, o que não seria desejável para a coletividade e para as próprias Requerentes, que poderiam vir a sofrer indevidamente penalidades por *gun jumping*, uma vez que imbuídas de boa-fé consumaram a operação após o decurso do prazo para a avocação. Para solucionar essa questão, em atendimento ao interesse geral e ao alcance da segurança jurídica, a Cecore, após estudos e debates internos entre seus membros, sugeriu formalmente ao Cade a adoção de procedimento objetivo capaz de eliminar tais incertezas. A questão foi levada à consulta pública pelo Cade e acabou disciplinada por meio da Resolução 8, de 1.º de outubro de 2014.

E os desafios não param por aí:

- os procedimentos para apuração de atos de concentração (APACs) e a definição de seu rito – endereçando a questão sobre se voltaremos a um controle *a posteriori*;
- a definição do arcabouço de um guia de *compliance* – dada a extrema importância do tema na atualidade;
- os guias de análises horizontais ou até mesmo um guia mais amplo que aborde as análises verticais e conglomeradas.

5. O "CADE SEM PAPEL"

Acompanhando uma tendência mundial de informatização de sistemas e operações, que além de tornar a prática mais ágil e eficiente se ampara no importantíssimo vetor da sustentabilidade, o "Cade sem papel" é um projeto ambicioso e moderno, que merece investimentos e esforços, posto que facilita a operação do sistema, a transparência e a agilidade necessárias a um órgão da Administração Pública da envergadura do Cade.

Tanto o IBRAC quanto a Cecore assinaram um Acordo de Cooperação Técnica com o Cade justamente para buscar medidas de aprimoramento dos serviços públicos ofertados pelo Cade.

Além de facilitar a advocacia, pois torna o procedimento mais ágil seja com a obtenção de cópia dos autos (agora digitalizados) seja com o peticionamento eletrônico (ainda a ser implementado), o "Cade sem papel' oferece maior transparência e economia ao jurisdicionado.

Evidentemente toda implementação de um novo sistema, especialmente algo que revoluciona o *status quo*, tende a apresentar falhas, como de fato ocorreu. Porém, a disposição do Cade em receber um constante *feedback* dos advogados, ouvir quais eram essas falhas e corrigi-las, revela que o "Cade sem papel", que já mostra a sua pertinência, tende a ser ainda mais positivo quando efetivamente implementado em sua totalidade.

A iniciativa do Cade de trabalhar com os advogados é extremamente louvável, pois é a comunhão de esforços e a troca de experiências que viabilizará um sistema apto a atender às exigências da autoridade e às necessidades da advocacia.

6. OS DEMAIS ÓRGÃOS DO SBDC

Em princípio visto com certa desconfiança, dado o destaque da Superintendência Geral e do Tribunal no arcabouço do novo sistema, o Departamento de Estudos Econômicos (DEE), que também está inserido na estrutura do Cade, evoluiu gradativamente: parece ter encontrado sua identidade e vem agregando inestimável valor nas análises de atos mais complexos do ponto de vista econômico. Nas nossas sempre profícuas interações institucionais com o DEE, conseguimos vislumbrar, talvez, a necessidade do estabelecimento de ritos mais claros a regular a sua atuação, dando maior visibilidade ao seu trabalho e maior transparência aos administrados. A publicação de estudos acerca de aspectos econômicos/concorrenciais, como no mercado de combustíveis e mais recentemente no mercado de saúde suplementar, é importante para sinalizar ao jurisdicionado, de forma clara e embasada, entendimentos do órgão e que poderão influenciar novas decisões dos agentes econômicos para comportarem-se em conformidade com o esperado pelo Cade para o respeito à Lei.

Já a Secretaria de Acompanhamento Econômico do Ministério da Fazenda (Seae), integrante do Sistema Brasileiro de Defesa da Concorrência (SBDC) juntamente com o Cade, que em um primeiro momento pareceu ter sido "esvaziada", atualmente tem-se focado efetivamente nas questões relacionadas à regulação setorial sob a ótica de defesa da concorrência, buscando explorar um nicho que de fato restou não apadrinhado pelas atribuições dos demais órgãos do novo sistema. Contudo, essa atuação de *advocacy* da Seae pode e deve ser aprofundada, com uma maior interação entre a Seae e as Agências Reguladoras, sobretudo quando o Governo Federal anuncia amplo programa de privatização de diversos setores, de modo que tanto o processo para privatizar, como o momento seguinte com a estruturação do mercado regulado, seja desenhado e pensado com o valor institucional da livre concorrência em prol do desenvolvimento socioeconômico.

7. O CADE E OS SETORES REGULADOS

Talvez pelo sucesso da nova estrutura institucional do Cade, e os resultados alentadores obtidos em termos de estatísticas quantitativas e qualitativas, não só no Brasil, mas globalmente, e especialmente em face da transparência, o Cade nos parece ter se alçado a um *status* diferenciado e facilitador na interação com outras agências.

Nos casos sob análise do Cade, em que as indústrias são reguladas, notamos um avanço nas discussões interdisciplinares, onde debates sob a ótica concorrencial e de regulação, regra geral, complementam-se e agilizam a resolução de conflitos de teses.

A complementação de trabalhos entre o Cade e os reguladores tende a trazer resultados ótimos para toda a sociedade. O regulador, com a sua expertise técnica do setor regulado tende a empregar seus conhecimentos para viabilizar a competição no setor. Ao Cade cabe decidir questões, inclusive do setor regulado, que comprometem ou possam comprometer a competição, seja por meio de concentrações econômicas, seja em decorrência de infração à ordem econômica.

Ainda sem resposta, o que causa enorme insegurança jurídica ao jurisdicionado, é o conflito de competência entre Cade e o Banco Central (BACEN). Não obstante o conhecimento especializado e a eficiência com a qual regula o sistema financeiro, sua competência em matéria concorrencial no sistema financeiro tem-se revelado pelo histórico de casos, algo que diz respeito ao Cade. Isso não significa excluir o BACEN, e sim tê-lo como um importante regulador responsável pelo mercado, mas quando temas que dizem respeito à Lei 12.529/2011 surgirem, deixar ao Cade a aplicação da lei. O mais razoável para equalizar essa questão seria retomar um Protocolo de Entendimento celebrado entre Cade e BACEN no passado. Outro caminho, diante da imprecisão e indecisão dos Tribunais Superiores, é a aprovação de uma lei que já tramita no Congresso Nacional.

8. O FUTURO

A respeitabilidade de um órgão está na qualidade técnica e na seriedade das pessoas que nele desempenham a sua função, externalizada na transparência do seu funcionamento, no respeito ao Estado Democrático de Direito e em decisões fundamentadas.

Notadamente, o Cade reúne essas características positivas em seu histórico. Parte fundamental disso é o critério de escolha daqueles que desempenharão suas funções no órgão. Felizmente, no Cade tem prevalecido o perfil técnico de seus Presidentes, Conselheiros e Superintendentes, afastando a captura, seja político-partidária, seja do poder econômico, de modo que o Cade seja uma autoridade de Estado e respeitado nacional e internacionalmente.

Espera-se que a escolha daqueles que desempenharão a nobre função de aplicar a Lei Concorrencial continue essa.

Também não se pode admitir que se repita um órgão de tamanha expressão para a economia nacional ficar meses e meses com vagas em aberto para o Conselho ou deixar um Superintendente Geral interinamente. Tome-se como exemplo as vagas recentemente ocupadas pelos "novos" Conselheiros que permaneceram desocupadas por mais de ano. Isso afeta a celeridade do órgão, empobrece os debates e impossibilita o julgamento de casos.

E quanto à composição do Conselho, com o advento da Lei 12.529/2011 nos parece muito mais um ambiente onde a presença de juristas é essencial, em virtude da matéria e das exigências processuais, e também pela necessidade da pluralidade de visões para compor o Conselho e com isso permitir ricos debates concorrenciais. Por essa razão, entendemos que uma vaga do Conselho sempre deveria ser ocupada por um advogado com experiência na prática concorrencial.

Na seara internacional o Cade já foi alçado à vice-presidência da International Competition Network, nítido reconhecimento da expressão que o órgão alcançou internamente e foi projetada para o exterior.

O reconhecimento da excelência do Cade não deixa de ser o reconhecimento daqueles que atuam junto a ele, advogados e economistas, em sua maioria ligados ao IBRAC e à Cecore. E na certeza de um futuro próspero, IBRAC e Cecore continuarão próximos ao Cade, à disposição para colaborar no aprimoramento constante desse órgão e da matéria concorrencial no País.

A POLÍTICA DE DEFESA DA CONCORRÊNCIA QUATRO ANOS DEPOIS: AINDA EM BUSCA DE MELHORES PRÁTICAS?

Vinicius Marques de Carvalho

1. INTRODUÇÃO

Há duas formas de olhar as instituições ou políticas de um país: (i) pela ótica dos desvios em relação às chamadas *best practices*, que distinguiriam os países com diferentes padrões de desenvolvimento; (ii) ou como resultado de um processo histórico de escolhas para um tipo específico de sociedade[1].

---

[1] Essa dualidade pode ser representada pela disputa entre o paradigma da *dotação institucional* e o paradigma das *variedades institucionais*. Segundo Mário Shapiro (SHAPIRO, M. G. Repensando a relação entre Estado, direito e desenvolvimento: os limites do paradigma rule of Law e a relevância das alternativas institucionais. *Revista Direito GV*, São Paulo, v. 6, n. 1, p. 213-252, jan.-jun. 2010), o primeiro reúne trabalhos cujas análises têm tomado os elementos institucionais, como o direito, como se fossem uma espécie de dotação de fatores (*endowments*): a sua presença é entendida como um atributo habilitador, uma espécie de pré-requisito, capaz de assegurar resultados sociais e econômicos satisfatórios para os respectivos ambientes nacionais. Este paradigma costuma estar associado a estudos e proposições normativas que apontam para uma tendência de convergência dos diversos modelos jurídico-institucionais existentes: em razão do acirramento das pressões competitivas, causado pela maior intensidade no fluxo comercial internacional, todos os sistemas nacionais tendem a convergir para um mesmo destino jurídico-institucional. O segundo, embora seja igualmente assentado em um enfoque institucionalista dos processos sociais, refuta a ideia de dotação institucional e procura assinalar que a relação existente entre as instituições (como o direito) e o seu entorno é de mútua e dinâmica imbricação. Sob essa abordagem, as instituições não seriam fatores a serem adquiridos (quando eficazes) ou abandonados (quando não funcionais), mas cristalizações sociais que, assim sendo, estão inseridas (*embedded*) na dinâmica das sociedades e das economias. Em última instância,

Entendo esse segundo caminho como mais apropriado para discutir possíveis reformas em determinadas políticas públicas, seja com o objetivo analítico de compreendê-las e extrair seu sentido, seja com o objetivo normativo de desenhá-las, diagnosticando os principais desafios e focando em estratégias de menor resistência.

O pressuposto central é de que não existe um modelo institucional ideal isolado da realidade de um país. Como dificilmente se está diante de processos de reforma global das estruturas de intervenção estatal, deve-se optar entre dois caminhos: (i) ou se toma um "modelo" como meta e se constrói um caminho de reformas graduais em sua direção, tentando dialogar e influenciar políticas que interferem no modelo para que não imponham limites; (ii) ou se opta por um caminho de descoberta do que seriam *better practices*[2] em face de um contexto institucional específico. Aqui claramente se confere maior peso à busca de melhoras incrementais e alterações de padrões sem grandes sobressaltos e, ao mesmo tempo, sem maiores riscos de retrocessos. Se investigarmos a fundo a evolução da defesa da concorrência nos Estados Unidos e na Europa no século XX certamente identificaremos a preponderância desse último padrão[3].

Algo que salta aos olhos nessas jurisdições é a forma como, de um lado, os acontecimentos históricos e suas dimensões geopolíticas, econômicas e, de outro, as teorias econômicas e jurídicas, interagiram para formatar o direito concorrencial. Questões relacionadas ao contexto político e social decorrentes de crises econômicas, como a de 1929, à expansão de modelos totalitários, como o nazismo, à globalização e à formação de blocos econômicos estáveis sempre contaminaram as agendas das políticas concorrenciais. E nem poderia ser diferente se considerarmos que a ação estatal nessa seara lida com um fe-

---

segundo essa leitura, as instituições não são entendidas como externas ao ambiente social, mas são construídas (pelos) e constroem as preferências e valores sociais.

[2] KOVACIC, W. E. *Achieving better practices in the design of competition policy institutions*: remarks before the Seoul Competition Forum 2004, p. 1-2: "Today I want to propose another way to describe the identification and pursuit of superior competition policy norms. Rather than promoting 'best' practices, it might be more accurate and informative to say we are seeking 'better' practices. As Timothy Muris, Chairman of the U.S. Federal Trade Commission, observed in his presentation to this Seoul Competition Forum, the development of competition policy in any jurisdiction is a work in progress. To speak of 'best' practices may suggest the existence of fixed objectives that, once attained, mark the end of the task. Envisioning problems of substance or process as having well-defined, immutable solutions may neglect the imperfect state of our knowledge and obscure how competition authorities must work continuously to adapt to a fluid environment that features industrial dynamism, new transactional phenomena, and continuing change in collateral institutions vital to the implementation of competition policy".

[3] KOVACIC, W. E.; SHAPIRO, C. Antitrust policy: a century of economic and legal thinking. *Journal of Economic Perspectives*, v. 14, n. 1, p. 43-60, Winter 2000.

nômeno essencialmente multifacetado e complexo que é o poder econômico[4] e, de maneira mais específica, com os efeitos de seu abuso sobre a organização dos mercados, sobre os consumidores e, no limite, sobre a forma como uma sociedade específica almeja encarar as imbricações entre os imperativos de desenvolvimento econômico e democracia política.

Feitas essas considerações iniciais sobre como variáveis históricas, políticas e culturais influem no desenho institucional da política pública concorrencial, passo a analisar propriamente os objetivos dessa política, como tais variáveis interagem para sua construção e também de que forma a discussão se apresenta no convívio com as demais políticas públicas. Num segundo momento, farei uma correlação com o caso brasileiro, ressaltando os movimentos empreendidos no Sistema Brasileiro de Defesa da Concorrência (SBDC) para a autonomização da autoridade concorrencial, em paralelo com sua necessária coordenação (tanto interna quanto externa), identificando alguns resultados dessa estratégia. Finalmente, apresentarei uma breve conclusão, que busca destacar alguns dos desafios que ainda estão por vir.

2. OBJETIVOS DA DEFESA DA CONCORRÊNCIA: *BETTER PRACTICES* X *BEST PRACTICES*

Não se pode dizer que hoje prevaleça um consenso sobre os objetivos da defesa da concorrência nem mesmo nos EUA e na Europa. A produção acadêmica sobre o tema envolvendo *antitrust goals* atravessa décadas de debates sobre onde começa e onde termina o suposto ciclo virtuoso envolvendo manutenção de níveis adequados de competição nos mercados, inovação, eficiências econômicas das mais diversas naturezas e bem-estar do consumidor[5].

---

[4] Fábio Konder Comparato (*Poder de controle na sociedade anônima*. 4. ed. São Paulo: Forense, 2005, p. XVI) afirma que "a importância do poder, como fenômeno social, ainda não foi inteiramente compreendida. O seu estudo vem sendo confinado, quase que exclusivamente no campo da política, onde, aliás, é mais analisado sob a forma de dominação hierárquica do que de influência determinante, malgrado a antiga advertência de um espírito pioneiro. No campo econômico, a concentração do poder acentuou-se, sobremaneira, a partir da revolução industrial, acarretando transformações sociais de que ainda não nos demos conta, integralmente. A moral tradicional sempre se preocupou com a excessiva concentração da riqueza, numa perspectiva meramente distributivista, em que o usuário aparecia, indefectivelmente, como o vilão da história. A civilização industrial, no entanto, veio demonstrar que o importante não é a riqueza em si, mas a sua efetiva disposição no ciclo produtivo".

[5] O debate sobre os objetivos do antitruste é tanto antigo quanto intenso. Alguns textos que merecem ser mencionados nesse sentido, que certamente não são os únicos que abordam o tema, são: BORK, R. H. Goals of antitrust: a dialogue on policy. *Columbia Law Review*, v. 65, n. 3, p. 363-376, March 1965; MARTIN, S. The goals of antitrust and competition policy. *Purdue e-Pubs*, July 2007; ELZINGA, K. G. The goals of antitrust:

Todo esse contexto de diversidade não impediu que se estruturasse uma agenda de *best practices* no cenário internacional. E essa agenda estruturou-se nos anos 1990, reforçando a tese de que reformas institucionais em países em desenvolvimento poderiam reorientar economias hierarquizadas com forte atuação estatal em direção a um ambiente em que as forças de mercado ganhariam preponderância nas decisões econômicas[6]. Ou seja, se o debate acerca do antitruste na década de 1960 se manifestava no Brasil com um viés nacionalista, inserindo-o no esforço de proteção do nascente processo de industrialização dos países subdesenvolvidos contra empresas multinacionais que se organizavam de forma "cartelizada"[7], nos anos 1990 a discussão ressurge como manifestação de um direito econômico *soft* em substituição a um modelo em que o Estado catalisava o processo de *catch-up* por meio de empresas estatais e políticas industriais.

Muito embora, e ainda que de maneira incipiente, tenha havido um ensaio na direção da construção de uma autoridade internacional de defesa

other than competition and efficiency, what else counts? *University of Pennsylvania Law Review*, v. 125, p. 1191-1213, 1977; HOVENKAMP, H. Distributive justice and the antitrust laws. *George Washington Law Review*, v. 51, n. 1, 1983; FOX. E. M. Against goals. *Fordham Law Review*, v. 81, Issue 5, p. 2157-2161, 2013; ORBACH, B. How antitrust lost its goal. *Fordham Law Review*, v. 81, Issue 5, p. 2253-2277, 2013; LANDE, R. H. A traditional and textualist analysis of the goals of antitrust: efficiency, preventing theft from consumers, and consumer choice. *Fordham Law Review*, v. 81, Issue 5, p. 2349-2403, 2013; BLAIR, R. D.; SOKOL, D. D. The rule of reason and the goals of antitrust: an economic approach. *Antitrust Law Journal*, v. 78, p. 471-504, 2012.

[6] A literatura nesse sentido é bastante ampla e conta com exemplos interessantes de experiências produzidas *in loco*, como aquelas dos países da antiga União Soviética, da Ásia e da África, bem como com críticas ao processo de uso do antitruste a fim de fortalecer os *free markets*. Para mais informações: FOX, E. M. Economic development, poverty, and antitrust: the other path. *Southwestern Journal of Law and Trade in the Americas*, v. 13, p. 101-125, 2007; KOVACIC, W. E. Competition policy, economic development, and the transition to free markets in the third world: the case of Zimbabwe. *Antitrust Law Journal*, v. 61, n. 1, p. 253-265, Summer 1992; KOVACIC, W. E. The competition policy entrepreneur and law reforms in formerly communist and socialist countries. *American University International Law Review*, v. 11, Issue 3, p. 437-474, 1996; PALIM, M. R. A. The worldwide growth of competition law: an empirical analysis. *The Antitrust Bulletin*, v. 43, n. 1, p. 105-145, Spring 1998; SHETH, M. M. Formulating Antitrust Policy in Emerging Economies. *Georgetown Law Journal*, v. 86, n. 2, p. 451-477, Nov. 1997; WILLIAMS, M. D.; RODRIGUEZ, A. E. Antitrust and liberalization in developing countries. *The International Trade Journal*, v. 9, Issue 4, p. 495-518, 1995; RODRIGUEZ, A. E.; MENON, A. *The limits of competition policy:* the shortcomings of antitrust in developing and reforming economies. The Hague: Kluwer Law International, 2010.

[7] A respeito, ver: BANDEIRA, Moniz. *Cartéis e desnacionalização:* a experiência brasileira 1964-1974. Rio de Janeiro: Civilização Brasileira, 1975; e MIROW, Kurt Rudolf. *A ditadura dos cartéis*. Rio de Janeiro: Civilização Brasileira, 1977.

da concorrência nos moldes da Organização Mundial do Comércio (OMC), o que prevaleceu mesmo foi a lógica de criação de dotações institucionais. No caso do antitruste, o objetivo era promover a criação de autoridades de defesa da concorrência (ADCs) no maior número de países. Evidentemente que não se tratava de qualquer agência. Ela deveria conter um nível elevado de independência dos poderes políticos sempre dispostos a corromper a lógica competitiva. Tratava-se então de assegurar autonomia orçamentária e mandatos fixos para seus membros como pressuposto para aflorar um padrão técnico de atuação baseado nos mais robustos pressupostos da "boa teoria econômica", que imunizaria a política antitruste da própria política. Enfim, um novo Estado, burocrático, republicano, gerencial e eficiente, nascendo das cinzas de modelos predatórios e verticais de intervenção, tudo pela via de uma agenda de reformas institucionais em que a defesa da concorrência tinha uma certa centralidade.

Talvez seja muito cedo ainda para avaliar o real impacto dessas estratégias sobre a agenda regulatória dos mais de cem países que criaram ou reformaram suas autoridades concorrenciais nesses últimos 20 anos. O que já é possível notar no cenário internacional é a busca de um diálogo entre as autoridades alicerçado na ideia de que é recomendável encontrar caminhos de convergência em uma paisagem de diversidade, assumindo claramente que os ambientes institucionais não se alteram na velocidade esperada.

Busca-se, portanto, uma agenda cunhada a partir da expressão *find better practices*, com o foco primordial na convergência de procedimentos[8]. Transparência, devido processo, fundamentação das decisões, aperfeiçoamento de mecanismos de avaliação da política concorrencial, treinamento constante dos técnicos, busca de conhecimento próprio (*intelectual leadership*) e a compreensão sobre como a ação de outras instituições governamentais afetam o processo competitivo (*competition neutrality*) são alguns dos temas que pululam nos debates internacionais.

As instituições importam, é verdade, mas o contexto, a cultura e a história também. E muitas vezes essas dimensões só aparecem no momento da construção efetiva da política concorrencial. É no momento em que se deve fazer escolhas sobre o foco de atuação da autoridade e sobre a alocação dos recursos escassos, que variáveis estruturais e conjunturais tomam conta do processo e interferem diretamente no padrão de interação entre a ADC, o governo e o mercado. Por exemplo, a completa desconexão entre a ADC e os poderes políticos constituídos, algo visto como porto seguro para garantir o caráter técnico das

[8] Cabe ressaltar novamente a diferença entre o que aqui se chamam *best* e *better practices*. Enquanto a tendência anterior era criar modelos unificados tendo por base padrões de atuação preestabelecidos (*best practices*), agora o desafio é encontrar, dentro da realidade de cada ADC, modelos que melhor se adequem aos diversos contextos nacionais e regionais (*better practices*).

decisões e a autonomia do órgão, pode, a depender do contexto, insular a tal ponto a autoridade que a impede de robustecer seu orçamento na disputa com outros órgãos, de evitar reformas regressivas na legislação concorrencial ou até de demonstrar a importância de suas ações na esfera pública[9].

Compreender o contexto, do ponto de vista de quem vai liderar o processo de reforma institucional, significa, em primeiro lugar, ter clareza a respeito do que é exatamente uma política de defesa da concorrência (PDC) e como ela se insere no arcabouço de atuação estatal. As possibilidades de expansão das fronteiras da PDC são diretamente proporcionais ao enraizamento do valor da "concorrência" nas demais ações regulatórias do Estado. Basicamente trata-se de saber se a PDC se resumirá ao *enforcement* antitruste ou não. Por outro lado, quanto maior o potencial de expansão da PDC, maior o risco de perda de controle sobre a sua implementação por parte da ADC, maior o numero de atores envolvidos e, por conta disso, maior a interdependência e a necessidade de diálogo e coordenação. De maneira bastante direta, a ADC deve saber se está ou não sozinha na construção de uma cultura concorrencial no País e se quer e pode permanecer assim.

Parece-me que esse diagnóstico, que muitas vezes é circunstancial e deve ser revisto periodicamente, é primordial para o sucesso de um processo de reforma institucional. Mas quais são exatamente as variáveis que devem ser levadas em conta na identificação dos cenários? Quais as políticas e instituições que interagem oferecendo obstáculos ou incentivos para a implementação da PDC?

2.1. As zonas de interação da PDC: relações com as demais políticas públicas

Para abordar essas questões, e sem a pretensão de ser exaustivo, devem ser encontradas respostas para algumas perguntas:

(i) Como o Estado se relaciona com o poder econômico? Quais são os padrões de intervenção do Estado na economia? Prevalecem mecanismos de direção, incentivo ou atuação direta? Em que setores? As respostas a essas perguntas permitem identificar os reais desafios de uma PDC e qual deve ser o balanço entre as atividades de controle de atos de concentração, repressão a condutas anticompetitivas – com as respectivas definições de prioridades entre condutas colusivas ou unilaterais e a advocacia da concorrência –, enfrentando os dilemas relativos à neutralidade concorrencial da atuação de empresas estatais e à inserção de variáveis competitivas nas avaliações de impacto regulatório decorrentes de normatizações de órgãos reguladores setoriais.

---

[9] KOVACIC, W. E. Competition agencies, independence, and the political process. In: DREXL, J.; KERBER, W.; PODSZUN, R. (org.). *Competition policy and the economic approach:* foundations and limitations. Cheltenham: Edward Elgar Publishing, 2011, p. 291-311.

(ii) Qual o modelo de financiamento das empresas? Mercado de capitais, financiamento público ou privado via bancos de investimento? Normalmente, os bancos participam do capital social das empresas? No Brasil, por exemplo, a maioria das empresas possui um perfil familiar e controlador definido[10], o que poderia favorecer, em tese, estratégias rentistas do controlador a quem a Lei das Sociedades Anônimas confere bastante poder[11]. Tal característica pode ter impacto na definição de critérios de notificação de atos de concentração, na análise a respeito da influência relevante decorrente de participações minoritárias ou ainda em remédios que envolvam limitações de acesso a informações ou restrições de direitos políticos.

(iii) Outro ponto importante diz respeito à extensão do papel do Judiciário na revisão das decisões da ADC. Ela atinge questões procedimentais ou também substanciais? Há uma divisão funcional no Judiciário em relação ao tema? Há especialização do Judiciário? A autoridade pode atuar como *amicus curiae*, em casos de reparação privada ou em discussões sobre constitucionalidade das leis? É necessária autorização judicial para tomar algumas medidas, como por exemplo busca e apreensão? Há possibilidade de soluções alternativas de disputa, como arbitragem? Qual o papel do Ministério Público na PDC?

Em relação às outras políticas públicas que interagem com a PDC, podemos atribuir peso a algumas delas e problematizar alguns pontos. No que tange à *política industrial*, uma série de questões encontra-se pendente. Quais as características da política industrial? Há desenhos e instrumentos de incentivos definidos e competitivos? Ou os critérios são pouco transparentes, e a alocação de recursos é feita de maneira subjetiva, de acordo com a conjuntura e com alianças estratégicas com determinadas empresas ou setores específicos? Trata-se de uma política horizontal ou vertical? Ela impõe limites à lógica da neutralidade competitiva? Aqui o efeito sobre a PDC pode ser mensurado pela existência de dispositivos legais que viabilizam a revisão de decisões sobre atos de concentração por um Ministério (França), que preveem a possibilidade de aprovação com base em uma cláusula genérica de interesse público ou bem comum (Brasil, até 2012), ou ainda a permissão a cartéis de exportação (EUA).

Já quanto à *política criminal*, considerando que a efetividade da criminalização de condutas depende da probabilidade de a conduta ser detectada, da frequência com que a autoridade investiga tais condutas como crimes e da severidade das sanções aplicadas, é preciso refletir sobre os reais efeitos da criminalização de condutas anticompetitivas no País, os limites da responsabilização criminal, os tipos de penas possíveis e também sobre os cri-

[10] Sobre o perfil empresarial brasileiro, ver: LAZZARINI, Sérgio G. *Capitalismo de laços*. Rio de Janeiro: Elsevier, 2011.

[11] Para mais informações sobre a relação entre concorrência e direito societário, ver: SALOMÃO FILHO, Calixto. *Direito concorrencial*. São Paulo: Malheiros, 2013, p. 299-323.

térios para transação penal. A ADC seria responsável pela persecução penal? De que instrumentos investigatórios ela poderia dispor em um caso ou em outro? A criminalização e eventual responsabilização da pessoa física seriam um empecilho ou um incentivo à implantação de programas de leniência?

Tratando de *defesa do consumidor*, surgem ainda outros questionamentos: Há uma política de defesa do consumidor estruturada? Quais os seus instrumentos? Há ativismo judicial nesse campo? Trata-se de uma agenda que agrega atores sociais e mobiliza a sociedade civil? É pacífico que as políticas de defesa do consumidor e defesa da concorrência têm objetivos comuns e são complementares em muitos aspectos, já que a própria análise concorrencial leva em conta os efeitos de determinada prática anticompetitiva para a dosimetria das penalidades aplicáveis. Para além dessa conexão normativa, talvez a intersecção mais intensa se materialize em duas outras áreas. A primeira consiste na possibilidade de os órgãos de defesa do consumidor e demais entidades da sociedade civil oferecerem denúncias robustas à ADC. A questão é saber, *a priori*, o quanto se pode contar com isso. Se a resposta for negativa, de fato a ADC deve priorizar programas de leniência e investigações de ofício. A segunda diz respeito ao chamado *private enforcement* por meio das ações de reparação de danos. Em algumas jurisdições, esse é um elemento dissuasório muito eficaz. Por outro lado, se não for desenvolvido de maneira conectada à estrutura de incentivos da política em toda sua amplitude, pode acarretar um excesso de judicialização da PDC e gerar efeitos perversos sobre o programa de leniência, por derivação, à própria persecução de cartéis.

Pensando em termos de *política comercial*, as reflexões são várias. Algumas merecem destaque, como por exemplo: A análise prospectiva da PDC poderia levar em conta possíveis movimentos da Defesa Comercial na proteção da indústria nacional? A análise do dano (elemento para autorizar a aplicação de *antidumping*) incluiria o exame da competitividade da indústria doméstica? O assento da ADC nos espaços institucionais de definição de barreiras comerciais e alíquotas de importação deveria ser institucionalizado? Aqui se vislumbra uma típica variável conjuntural que impacta diretamente na PDC, impondo desafios a praticamente todas as variáveis de análise concorrencial, como a definição de mercados relevantes, barreiras à entrada e rivalidade.

Finalmente, na seara das *políticas regulatórias*, mais pontos de inflexão devem ser analisados: qual o *status* da regulação concorrencial no aparato regulatório? Há mecanismos efetivos de incentivo à competição, como, por exemplo, a separação estrutural, funcional ou contábil entre as atividades passíveis de competição em relação aos chamados monopólios naturais? Ou a ação regulatória visa imunizar o setor contra as instabilidades que um mercado competitivo eventual e felizmente proporciona? Essas questões podem influenciar a discussão sobre divisão de competências entre a ADC e as autoridades regulatórias, provocando maiores ou menores atritos se a cultura institucional não estabelecer um ambiente de cooperação. Em jurisdições menores porém maduras pode-se advogar a agregação de competências regulamentares e concorrenciais em uma mesma autoridade (é o caso de Holanda e Espanha), sempre reservando espaço para uma preocupação com os riscos de captura da agenda concorrencial pela agenda regulatória. Em outras, em que algumas vezes prepondera uma "guerra" por competências exclusivas que, na prática, não são exercidas, a solução pode enveredar por um padrão de competências concorrentes e/ou complementares, apesar dos custos sociais que também possa acarretar.

3. O CASO BRASILEIRO: *BETTER PRACTICES* NO SBDC

Após identificarmos tanto as variáveis que devem ser levadas em conta como algumas políticas e instituições que interagem com a PDC, fica a dúvida sobre se e como elas permearam as discussões a respeito do desenho e a implementação do novo SBDC. O que se buscará demonstrar é que o Brasil apostou no método de construção de práticas mais adequadas – *better practices* – durante a implementação da Lei 12.529/2011, tentando levar em conta a experiência internacional, mas sem enveredar pela importação acrítica das chamadas *best practices*.

Em termos de desenho da PDC, creio ser possível diagnosticar tanto do ponto de vista institucional como substancial uma aposta clara no processo de autonomização, buscando isolar ou blindar a autoridade antitruste da interação com outras políticas e evitando também a absorção de valores atípicos à missão tradicional das ADCs. Alguns exemplos retirados das alterações promovidas pela Lei 12.529/2011 podem ser bastante ilustrativos dessa dinâmica, sendo possível identificar três situações distintas: (i) aquelas em que a autonomização se mostra coerente e benéfica para os objetivos da PDC, (ii) aquelas em que tal autonomização causa descolamento de outras políticas, nem sempre de forma positiva, e (iii) aquelas em que a autonomização ainda não é suficiente.

Em relação a situações em que a autonomização é necessária e produtiva, vale mencionar alguns dispositivos voltados a intensificar a atuação do Cade em relação a outros órgãos e também aqueles focados na organização interna do Conselho. Quanto aos primeiros, a inserção da análise prévia dos atos de concentração (artigo 88, § 2.º), que agora é promovida internamente pela Superintendência Geral (SG) e não mais pela SDE ou pela Seae – secretarias subordinadas ao Ministério da Justiça e ao Ministério da Fazenda, respectivamente – proporcionou o fortalecimento da autarquia e um descolamento ainda maior do restante da Administração. O mesmo pode ser dito quanto aos setores regulados, na medida em que se uniformizou o entendimento sobre o papel do Cade na instrução de atos de concentração e na análise de condutas anticompetitivas nesses setores.

Outra alteração legislativa relevante foi a retirada das noções de "bem comum" e "motivo preponderante da economia nacional", anteriormente previstas no artigo 54, § 2.º, da Lei 8.884/1994, como fundamentos para aprovação de atos de concentração mesmo em situações de flagrante risco à concorrência.

Quanto à organização interna do Conselho, o novo desenho institucional tanto determina que a SG não é de qualquer forma subordinada ao Tribunal Administrativo, sendo que o Superintendente-Geral tem mandato independente (artigos 12 a 14), quanto altera o prazo do mandato dos Conselheiros do Tribunal, que agora é de 4 anos, sem possibilidade de recondução (artigo 6.º, § 1.º), o que minimiza a possibilidade de captura.

No que diz respeito a casos em que a autonomização não é o melhor caminho, duas matérias merecem destaque. Em primeiro lugar, destaca-se a ausência de menção a mecanismos de diálogo com as políticas comercial ou regulatórias na Lei 12.529/2011, para além de algumas questões ligadas à advocacia da concorrência sob responsabilidade da Seae. Em segundo lugar a questão da relação entre o *enforcement* público e privado poderia ter sido mais bem equacionada na lei. O diploma atual apenas reproduziu o anterior, ao prever no artigo 47 a possibilidade de ingresso em juízo aos prejudicados diretamente pelas infrações à ordem econômica, para que façam cessar as práticas ilícitas e/ou para que recebam indenização por conta delas. Perdeu-se a chance de estabelecer critérios para o ressarcimento principalmente relacionados ao signatário do acordo de leniência, regras de prescrição, de esclarecer os efeitos de uma decisão condenatória do Cade sobre o processo judicial e, por fim, de fornecer parâmetros para alocação do ônus da prova.

Por último, naquilo que concerne à insuficiência da autonomização, ela é clara quando pensamos no orçamento do Cade, abordado nos artigos 21 a 30 da Lei 12.529/2011. Com a nova estrutura, suas novas atribuições e funções, a previsão era de que o ajuste do orçamento para anos posteriores a 2012 fosse não apenas incremental, mas efetivamente aumentasse. Esse aumento, no entanto, não aconteceu, o que prejudica em muito o exercício das atividades do Conselho, em especial as buscas e apreensões levadas a cabo após a assinatura de acordos de leniência, pois é muito difícil estimar quantos e quais acordos serão assinados e se haverá ou não necessidade desse tipo de ação, que consome porção expressiva dos recursos orçamentários. Ademais, no regime da lei antiga, por conta dos tetos mais baixos para notificação dos ACs, o recolhimento das taxas processuais era suficiente para suprir as despesas do Cade. Com os novos patamares para notificação, mais elevados, houve diminuição no número de casos, e a arrecadação passou a ser insuficiente para financiar o orçamento, portanto sua complementação financeira depende de repasse do Tesouro. Nesse contexto, a autonomia institucional fica prejudicada. Na medida em que o Cade depende de repasses para suprir seus recursos financeiros, ele é de certa forma refém da Administração.

Igualmente, no que se refere à estrutura de pessoal, apesar de o artigo 121 ter previsto a criação de duzentos cargos de Especialistas em Políticas Públicas e Gestão Governamental (EPPGG) a serem destinados ao SBDC (distribuídos entre Cade e Seae), até o momento não houve concurso público específico para prover essas vagas. O principal problema é que essa carreira é transversal e a disponibilização desses servidores é contingente, ou seja, depende da estratégia de alocação do Governo Federal, que normalmente não tem a defesa da concorrência como prioridade. Perdeu-se, assim, a oportunidade de criar uma carreira própria para a defesa da concorrência, o que viabilizaria a definição do perfil do cargo e a realização dos concursos pelo próprio Conselho.

3.1. Autonomia *versus* coordenação: a estratégia de interação do Cade

É ponto pacífico, quase um mantra na verdade, que a efetividade da ação estatal requer coerência de diagnóstico e coesão, e que isso pressupõe muitas vezes uma ação coordenada entre vários entes, inclusive atores sociais e o próprio mercado[12]. Trata-se de encontrar um equilíbrio. De um lado, o excesso de isolamento pode dar vazão a um certo pragmatismo tolo que supervaloriza a ação cotidiana da ADC como um conjunto de atos heroicos que revelam, com grande efeito retórico, a autonomia da PDC, mas que no fundo são pouco efetivos e têm impacto quase nulo na sociedade. De outro lado, interdependência e coordenação em demasia com outras políticas podem acarretar uma espécie de ceticismo inoperante. Nesse caso, se hipoteca a efetividade da PDC à atuação colaborativa e benevolente de outros órgãos. Como "os outros" também possuem suas prioridades, a inação da PDC fica sempre computada na conta da incompreensão desses atores sobre o quanto seria redentor, para o cumprimento da sua função pública, abraçar parte da PDC como sua missão primordial. Se no desenho institucional derivado da Lei 12.529 sobressai a estratégia de garantir autonomia à PDC, principalmente por meio da autonomia da própria autarquia, durante a sua implementação nesses primeiros anos percebe-se os desafios impostos pelas necessidades cotidianas de interação e coordenação com outros órgãos.

Talvez seja interessante discutir como essa dialética se instaurou e como o Cade reinventou-se recentemente construindo algumas estratégias que reforçam a autonomia da PDC e outras que caminham no sentido de construção de pontes com outros órgãos e atores. Para isso, proponho aqui uma taxonomia que utiliza a combinação de dois conjuntos de variáveis com quatro combinações possíveis: (i) ações de coordenação entre os órgãos que compõem o Cade; (ii) ações de isolamento entre os órgãos que compõem o

---

[12] Hovenkamp sustenta que o termo "*competition policy*" inclui certamente as leis antitruste como componente central, mas "*competition policy*" é muito mais amplo que isto. Cita-se como exemplo questões ligadas à CVM americana (Securities Exchange Commission) e à propriedade intelectual, cujas políticas e atuações levam em conta uma política antitruste.

Cade; (iii) ações de coordenação com atores externos; (iv) ações de isolamento em relação a órgãos externos.

3.1.1. Ações de coordenação entre os órgãos que compõem o Cade

Em termos de coordenação interna, vale destacar a unidade orçamentária/administrativa. De acordo com o artigo 22 da Lei 12.529/2011, o encaminhamento da proposta de orçamento do Cade e da lotação ideal do pessoal é feita pelo Presidente, em colaboração com o Superintendente-Geral. Ou seja, o Cade é visto como uma única unidade administrativa, sendo que seus órgãos internos devem trabalhar em conjunto na alocação dos recursos disponíveis. Nesse sentido, inclusive, o plano estratégico da autarquia, a coordenação de sua política de segurança da informação e de capacitação, a agenda de planejamento estratégico, a uniformização de rotinas processuais são todos tratados de maneira integrada.

Também há forte colaboração em matéria de resoluções normativas emitidas pelo Conselho, não havendo separação entre normas elaboradas pela SG ou pelo Tribunal. A aprovação é feita pelo Plenário, em todos os casos.

O relacionamento entre SG e Tribunal é relevante inclusive na indicação do Economista-Chefe (artigo 18, *caput*), já que essa nomeação é feita de modo conjunto pelas autoridades máximas desses dois órgãos. Ele é também reforçado de outra maneira, por conta da política unificada de acordos. Com a Resolução 5/2013, houve uma padronização dos procedimentos de acordos, que agora exigem atuação lado a lado da SG e do Tribunal ainda mais acentuada, já que tanto é possível que processos que já se encontram no Tribunal (e, portanto, cuja investigação pela SG já foi concluída) recebam propostas de acordo, cabendo ao Relator solicitar auxílio da SG quando entender pertinente, quanto é necessário que as propostas recebidas e processadas pela SG sejam aprovadas pelo Plenário, mediante parecer do Presidente.

Especificamente em relação aos Acordos em Controle de Concentração (ACC), não obstante sua condução possa ser feita pela SG, por força do artigo 13, sua aprovação é feita pelo Tribunal (artigo 9.º, V). Por esse motivo, a dinâmica institucional é sempre de discussão dos termos dos acordos com os Conselheiros e apresentação das propostas feitas pelas partes. Não raro há aceitação das sugestões feitas, que são incorporadas ao documento, o que proporciona maior eficiência.

Por último, destaca-se o cumprimento de decisões. A Resolução 6/2013 estabelece um procedimento de interação entre SG, Procuradoria Federal do Cade e Tribunal a fim de verificar e referendar o cumprimento das decisões. Esse procedimento reflete a necessidade de coordenação entre os órgãos do Conselho.

3.1.2. Ações de isolamento entre os órgãos que compõem o Cade

A autonomização do Cade reflete-se também em sua organização interna. Exemplos disso são as atividades do Departamento de Estudos Econômicos (DEE) e a da SG.

Conforme os artigos 17 e 18, o DEE recebe demandas da SG e do Tribunal, mas exerce suas atividades de forma independente, ou seja, elabora os estudos e pareceres sobre o mercado sem ingerência do Presidente ou do Superintendente-Geral, sendo suas atividades coordenadas pelo Economista-Chefe. É bem verdade, no entanto, que os pareceres do DEE têm natureza consultiva, cabendo às autoridades constituídas no Cade seguir ou não seus pareceres.

De acordo com o artigo 13, a autonomia investigativa da SG é total, sendo que ela pode (e deve) instaurar e instruir os processos administrativos que entender pertinentes, sem qualquer interferência do Tribunal Administrativo, por meio da triagem de atos de concentração e condutas; criação de quadro próprio de cargos e funcionários para cada órgão – por meio do Decreto 7.738/2012 foram estabelecidos os cargos que compõem o Cade, em cada um de seus órgãos, de forma que a ingerência de um deles sobre os demais foi substancialmente reduzida.

3.1.3. Ações de coordenação com atores externos

Se a coordenação interna é relevante, também o é aquela voltada aos atores externos ao Conselho. Por isso, o Cade tem-se utilizado de mecanismos que procuram consolidá-la. Um deles é a utilização do procedimento de consultas públicas para todas as medidas normativas, mesmo para aquelas que não alteram o Regimento Interno e que, portanto, não demandariam tal mecanismo. Exemplo recente de regulamentação que passou pelo procedimento de consulta é o da Resolução 13/2015, que disciplina o procedimento administrativo de apuração de ato de concentração (APAC). Uma minuta inicial do documento foi divulgada em outubro de 2014 e recebeu uma série de contribuições da sociedade (não só de atores especializados, como escritórios de advocacia e empresas diretamente interessadas na norma, mas também de estudantes do tema), que tanto foram disponibilizadas ao público quanto levadas em consideração na redação do texto final.

Outro mecanismo é a elaboração de guias. O último guia publicado pelo Cade teve como objeto a Análise de Consumação Prévia de Atos de Concentração Econômica (ou *gun jumping*). A equipe responsável por sua elaboração contou com a participação de colaboradores e também se beneficiou de forma muito próxima daquelas contribuições trazidas pela consulta pública sobre a Resolução 13. O próximo guia a ser lançado, o *Guia de Compliance*, foi aberto ao público numa versão preliminar. A intenção é estimular diálogos com *think-tanks*, advogados e empresas, para que eles tragam suas propostas e as discutam com a autoridade, a fim de chegar a uma versão final que consiga endereçar essas preocupações, para que o lançamento oficial ocorra no início de 2016.

Também o procedimento de consulta é de grande valia para o Conselho. A Resolução 12/2015 veio disciplinar o procedimento previsto no artigo 9.º, §§ 4.º e 5.º, da Lei 12.529/2011, que trata da questão. Esse mecanismo é uma das formas pelas quais o Cade pode emitir posicionamentos sobre temas de relevância quando provocado por partes externas, o que facilita sua atuação não só enquanto investigador e julgador, mas enquanto orientador da PDC.

Um último mecanismo é a assinatura dos acordos de cooperação. Na área internacional, desde 2012, foram dez os entendimentos firmados com as mais diversas autoridades internacionais (China, Peru, Coreia do Sul, Banco Mundial, Banco Internamericano de Desenvolvimento, França, entre outras), além daqueles já firmados anteriormente. Tais acordos abordam tanto a atuação conjunta de autoridades congêneres, como é o caso das agências antitruste de outros países, quanto com outras instituições internacionais, i.e., o BID. Esse tipo de iniciativa vem fortalecendo as relações institucionais e sistematicamente abrindo novas possibilidades de cooperação em investigações, as quais têm crescido nos últimos anos. Hoje, não só o Cade requisita informações às agências estrangeiras, como essas agências recorrem ao Conselho para obter dados concorrencialmente relevantes, em uma via de mão dupla que tem surtido resultados bastante positivos.

No cenário nacional, os números são ainda mais expressivos. Foram mais de 15 acordos, entre aqueles de cooperação técnica com agências reguladoras (como a Agência Nacional do Petróleo, Gás Natural e Biocombustíveis e a Agência Nacional de Saúde Complementar), Controladorias-Gerais (notadamente aquelas do Estado de Minas Gerais e do Município de São Paulo), *think-tanks* (o Centro de Estudos de Direito Econômico e Social), Ministérios Públicos e até mesmo com o BNDES, o Banco do Brasil e o Departamento de Polícia Federal do Ministério da Justiça.

3.1.4. Ações de isolamento em relação a atores externos

Na esteira da experiência internacional, destaca-se um investimento do Conselho no aprimoramento e na maior utilização dos mecanismos de negociação interna, a fim de atingir acordos que melhor atendam os objetivos da PDC e minimizem os riscos de judicialização. Pode-se destacar também o acréscimo no número de investigações próprias, com a criação de uma unidade interna de inteligência. Um dos maiores esforços atuais do Cade é no sentido de intensificar a abertura *ex officio* de processos administrativos. Isso só será possível se as investigações do Conselho passarem a ocorrer por iniciativa própria, a partir não só de informações trazidas por Representantes ou signatários de acordos de leniência, mas também da identificação de padrões de conduta desviantes. Um avanço aqui tem sido a utilização de bases de dados, que se valem de métodos de *screening* para sinalizar práticas suspeitas em licitações e outros procedimentos que envolvam gastos públicos.

Todas essas ações foram organizadas e encadeadas a partir de um planejamento estratégico elaborado com intensa participação de representantes das unidades do Cade. Os resultados obtidos são visíveis, como podemos sintetizar a partir dos indicadores abaixo:

(i) Tempo de tramitação dos atos de concentração – a mudança do modelo de notificação criou muita expectativa em relação ao (in)sucesso do novo sistema. Hoje, olhando para as médias do período de análise dos quatro primeiros anos da nova lei (sempre próximo dos 30 dias), temos números bastante satisfatórios quando comparados tanto com o prazo máximo estabelecido pela legislação quanto com outras agências;

(ii) Estoque de casos – em 29 de maio de 2012, quando a Lei 12.529/2011 entrou em vigor, havia 829 casos estocados no SBDC, entre atos de concentração e processos administrativos. Logo após o primeiro ano do novo SBDC, houve eliminação de 541 casos. Três anos depois, em 29 de maio de 2015, esse total foi reduzido para 140 casos, concentrados apenas em condutas. A redução foi substancial e tem contribuído para que o trabalho da Superintendência-Geral e do Tribunal Administrativo confiram maior segurança às partes, bem como atinjam níveis de qualidade superiores;

(iii) Acordos de leniência assinados – desde o ano de 2003 até hoje foram assinados 52 acordos pelo SBDC, incluindo aditivos. Desse total, 26 foram assinados sob a Lei 8.884/1994 e 29 sob a Lei 12.259/2011. Ou seja, em um período de menos de quatro anos, foi possível fortalecer o programa a tal ponto que ele superou o total alcançado no decorrer dos sete anos anteriores.

(iv) Termos de Cessação de Conduta (TCC) – desde a entrada em vigor da Lei 12.529/2011, 127 TCCs foram submetidos ao Plenário, considerando tanto os termos negociados pela SG e submetidos ao Tribunal para homologação quanto aqueles negociados quando o caso já se encontrava sob análise dos conselheiros e do Presidente. A vasta maioria deles foi proposta após a entrada em vigor da Resolução 5/2013, que, como mencionado, veio padronizar o procedimento de acordos no Conselho. Os números demonstram a efetividade da nova proposta que, em conjunção com o programa de leniência, tem contribuído para a solidificação dos mecanismos de negociação interna no Cade.

(v) A arrecadação total em atuação repressiva – durante os 14 anos de vigência da Lei 8.884/1994, o Cade arrecadou cerca de R$ 260 mil. Apenas de junho de 2012 até maio de 2015, depois da mudança legislativa, a arrecadação foi de mais de R$ 430 mil, um aumento superior a 65%. Esses dados demonstram o fortalecimento substancial das políticas de *enforcement* da autoridade.

Houve, portanto, tanto um aumento da eficiência do Cade, quanto um fortalecimento de sua política de acordos, que repercutiram na capacidade do Conselho em arrecadar recursos.

4. CONCLUSÃO

Todos esses avanços revelam a consolidação institucional da PDC, e possibilitaram que o Cade não mais fosse visto como uma agência inexperiente, mas sim como um órgão maduro na promoção de seus objetivos. O próprio reconhecimento internacional que o Cade obteve é um indicador claro nessa direção. Hoje o órgão ocupa a vice-presidência da International Competition Network (ICN), a maior e mais importante comunidade internacional de direito da concorrência, e conquistou pela segunda vez o prêmio da publicação *Global Competition Review* (*GCR*) como melhor agência das Américas no ano de 2014.

No entanto, como o processo de busca por *better practices* é contínuo e implica constante revisão para que se encontrem as melhores soluções para a PDC, é ainda mais importante ressaltar o que está por vir. Hoje se trabalha no Cade com algumas iniciativas que pretendem expandir e reforçar sua capacidade investigatória, fornecer maior segurança jurídica às empresas e melhor delimitar os critérios que a autoridade considera determinantes no seu processo decisório.

Como mencionado acima, a partir da dialética apresentada entre ações de coordenação e isolamento, nota-se alguma prioridade – um pouco singela, é verdade – conferida às ações que viabilizaram uma maior consolidação da PDC por meio do reforço de sua autonomia. Talvez ainda haja espaço para ampliação de algumas dessas estratégias, notadamente no campo da negociação de acordos em condutas e em atos de concentração. Tais acordos, harmonizados com os objetivos primazes da ordem econômica, são bastante benéficos à sociedade, pois reduzem os riscos de incerteza nos mercados e permitem que os efeitos das decisões do Cade sejam imediatos, imunizando a ação antitruste de um calvário judicial que pode durar mais de uma década. Ainda que o Cade consiga manter sua decisão, o que tem ocorrido em 80% dos casos, os prejuízos causados aos consumidores podem ser irremediáveis.

Dito isso, parece que o futuro da PDC estará cada vez mais atrelado à capacidade de influenciar ativamente e reagir aos estímulos de outras políticas estatais para uma maior coordenação e cooperação.

A interação decorrente de investigações recentes envolvendo a Lei 12.529/2011 e a Lei Anticorrupção (Lei 12.846/2013) é um indicativo dessa tendência. Com o aumento das investigações e condenações de cartéis em licitações, o mesmo se pode afirmar do ainda incipiente, porém constante, acréscimo de ações judiciais de ressarcimento de danos. Apesar de ainda sofrer com um certo déficit regulamentar, este pode se tornar um novo nicho de atuação judicial do Cade, na medida em que pode ser chamado a contribuir nessas ações como assistente.

Um outro campo em que a interação da PDC com o Poder Judiciário e o Ministério Público certamente ganhará nova dinâmica refere-se à *advocacy* judicial que o Cade pode exercer, atuando como *amicus curie* em ações que visam anular os efeitos ou declarar a inconstitucionalidade de leis que, a propósito de defenderem interesses corporativos, afrontam de forma desarrazoada o princípio da livre concorrência.

O aumento da cooperação internacional na análise de casos também é uma tendência sem volta e que desafia a ADC a incorporar-se cada vez mais nas discussões internacionais e transformar essa agenda em uma agenda interna. Não será apenas a cooperação em matéria de *policy* ou a capacidade de *networking* das autoridades do Cade que sustentarão a posição de respeito alcançada pelo Cade nos últimos anos no cenário internacional. É a cooperação em casos concretos que irá mensurar o nível técnico do Cade e irá assegurar, como tem feito até agora, o reconhecimento internacional da autoridade e, por consequência, viabilizar o fortalecimento da PDC dentro do próprio País.

Há ainda um último conjunto de iniciativas que podem fortalecer a PDC e que podem ser enquadradas conjuntamente dentro de uma estratégia geral de melhora dos mecanismos de prestação de contas (*accountability*). Trata-se de investir em instrumentos de avaliação dos efeitos da PDC em basicamente três frentes: (i) revisão periódica e compreensiva das atividades – *accountability* em sentido estrito – com a elaboração de relatórios anuais mais compreensivos e, simultaneamente, mais acessíveis, com indicadores reveladores do real impacto das ações, tudo com maior transparência e abertura dos dados relacionados à capacidade de atuação do Cade; (ii) investimento em ferramentas que permitam uma avaliação quantitativa e qualitativa dos efeitos de intervenções específicas em casos de concentração e de condutas, com o objetivo de aprimorar as intervenções futuras; e (iii) a construção de metodologia para avaliar o impacto da PDC em variáveis econômicas mais agregadas, como por exemplo, produtividade, inovação e crescimento da economia.

Esse conjunto de ações permitirá ao Cade continuar seguindo um caminho de descoberta de melhores práticas, conciliando os vetores normativos de sua atividade com a busca por saídas criativas e negociadas, quando as circunstâncias o exigirem, e sem deixar de ter em mente sempre se tem as melhores regras, se cria os melhores meios para sua implementação e se suas políticas atingem os resultados que a sociedade espera.

ADVOCACIA DA CONCORRÊNCIA

Pedro Dutra

1. A DEFESA DA LIVRE CONCORRÊNCIA

A defesa da livre concorrência se dá pela prevenção e repressão do abuso do poder econômico. Prevenir é evitar que ocorra algo (indesejado) que se sabe provável ocorrer. Previne a autoridade de defesa da concorrência a concentração excessiva de poder econômico a resultar de ato de integração empresarial que naturalmente inclina o titular do poder de mercado assim concentrado a dele abusar e a empregá-lo de forma perversa em benefício próprio, em detrimento de terceiro e da concorrência, ulteriormente[1].

Reprimir é recalcar, fazer voltar, à força, sobre si; no caso, a ação repressora procura restabelecer o estado concorrencial que o abuso de poder

[1] Afaste-se a noção equívoca de que exerce o Cade o controle das estruturas do mercado. Exerce o Cade o controle de concentração (de poder de mercado), sendo essa a sua função legal, preventiva. Nesse contexto, controle é tomado em sua acepção original, de verificação de conformidade a uma norma ou situação, e não em seu sentido posterior e hoje dominante de subordinação (cf. *Le petit Larousse*: grand format. Paris, 1999.). Controle de concentração entenda-se: verificação pelo Cade, mediante análise específica, se os efeitos irradiados de ato de integração de empresas antes independentes e projetados sobre o(s) mercado(s) relevante(s) afetado(s) por alguma forma restringem a livre concorrência. A estrutura do mercado, em regime de livre concorrência, é formada pela dinâmica própria ao mercado; seus agentes administram seus negócios, decidem neles investir, adquirir e alienar a titularidade de bens e a contratar serviços, sem intervenção, e muito menos controle, da autoridade de defesa da concorrência. Delineia-se, portanto, a estrutura do mercado por iniciativa dos agentes nele atuantes, e não devido à função preventiva de controle de concentração de poder de econômico de mercado exercida pelo CADE.

turbou, fazendo cessar a conduta infrativa e punindo o ofensor da ordem concorrencial, restabelecendo-a.

Prevenir e reprimir o abuso de poder econômico é a função precípua dos órgãos de defesa da concorrência, do Cade, nos termos da Lei 12.529/2011, que desdobra o comando do artigo 173, § 4.º, da Constituição Federal, que, a sua vez, articula o princípio constitucional da livre concorrência, artigo 170, inciso IV.

2. A ADVOCACIA DA LIVRE CONCORRÊNCIA

Advogar é, originariamente, chamar para si; pelo final do século XVIII já se achava registrado sentido jurídico contemporâneo de falar em defesa de alguém, alegar e defender o direito e justiça das partes no foro. E o vocábulo já trazia o sentido de aconselhar[2].

Na denominada advocacia da concorrência – expressão consagrada no direito norte-americano e transplantada servilmente, como tantas outras, ao direito nativo – não se faz a sua defesa, propriamente. Nessa hipótese, não está a ordem concorrencial agravada pelo abuso de poder econômico. Advogar aí está por aconselhar, instruir sobre o sentido e o alcance da livre concorrência, no direito brasileiro alçada a princípio constitucional a reger a ordem econômica.

A finalidade da advocacia da concorrência é disseminar a cultura da livre concorrência, esclarecendo e instruindo o poder público sobre a sua natureza, finalidade e benefícios sociais e econômicos – e, portanto, advertir do ônus social de restringi-la – contribuindo assim à sua afirmação na vida do País[3].

A *promoção* da concorrência, expressão que se emprega correntemente para definir a sua *advocacia*, é, em verdade, estranha à natureza da livre concorrência. Prevenido e reprimido o abuso do poder econômico, a livre concorrência instila, com a sua própria dinâmica, o efeito multiplicador de *promoção* da livre concorrência nos mercados de bens e serviços. Promoção supõe movimento à frente, este, precisamente, o efeito da livre concorrência, concorrência significando movimento também. Ou seja, a *promoção* da livre concorrência é ínsita à ação concorrencial livre, e não a ela sobreposta.

A promoção da concorrência por órgão do Estado pode sugerir direção da atividade concorrencial, o que é uma antinomia: concorrência dirigida,

---

[2] Ver: MACHADO, José Pedro. *Dicionário etimológico*. 1. ed. Lisboa: Ed. Confluência. 1952; MORAIS E SILVA, Antônio de. *Dicionário da língua portuguesa*. 7. ed. Lisboa: Tipografia de Joaquim Germano de Souza Neves, 1877.

[3] "Competition advocacy, as that term is commonly used, targets potentially anticompetitive governmental regulations or protections". STUCKE, Maurice E. *Better competition advocacy*, p. 951. Disponível em: <http://ssrn.com/abstract=1175963>.

conduzida, orientada, *promovida*, livre concorrência não é, pois esta, como visto, desdobra-se naturalmente, uma vez prevenido e reprimido o abuso do poder de mercado[4].

Refere-se promoção da concorrência em determinados mercados monopólicos ou oligopólicos fechados - sobretudo em mercados emersos do controle estatal - para neles se implantar um ambiente propício à atividade concorrencial. Trata-se aí de *instituir* a concorrência nesses mercados, editando regras excepcionais de intervenção na ordem privada, as quais, pela sua natureza, devem, sobre estar amparadas em lei, ser precedidas de cuidadosa avaliação, cálculo de custos a onerar os agentes econômicos e por consequência os consumidores, e de amplo e público debate. Essa ação de instauração da concorrência - antes, de criação de meios para instaurá-la - é excepcional; só é cabível ocorrer, atendidos requisitos legais específicos, em mercados regulados, cuja dinâmica concorrencial é nula ou quase nula, e comprovadamente incapazes de afirmarem-se naturalmente[5].

3. EXERCÍCIO DA ADVOCACIA DA CONCORRÊNCIA

O legislador, visando disseminar o princípio constitucional da livre concorrência, e resguardá-la da edição de normas legais e infralegais que a restrinjam, outorgou poder à Secretaria de Acompanhamento Econômico (Seae), do Ministério da Fazenda, para - note-se - "opinar", "manifestar-se", "representar", "elaborar estudos e propor a revisão de leis e normas infralegais" em diferentes situações objetivas, como se tem no artigo 19, incisos I a VIII, da Lei 12.529/2011[6]. Surge, claro, o propósito do legislador de afirmar a cultura da livre concorrência pelos meios de aconselhamento e instrução enumerados no citado artigo 19 acima referido, e não de *promovê-la*[7].

---

[4] "Antitrust law does not authorize the government (or any private party) to seek to 'improve' competition. Instead, antitrust, enforcement seeks to deter or eliminate anticompetitive restraints". STUCKE, Maurice E. Op. cit., p. 958.

[5] "... exceptions to the general rule of free market competition, protected by antitrust enforcement, should be permitted only on compelling evidence that competition cannot work or is inimical to some overriding social objective". U.S. DEPT OF JUSTICE, *Antitrust Division Manual* ch. V. 2008. Apud STUCKE, Maurice E. Op. cit., p. 957.

[6] "A Seae foi criada em 1.º de janeiro de 1995, por meio da Medida Provisória n. 813, como resultado do desmembramento da Secretaria de Política Econômica (SPE) do Ministério da Fazenda". BRASIL. MINISTÉRIO DA FAZENDA. SEAE. *Base jurídica da estrutura organizacional*. Disponível em: <http://www.seae.fazenda.gov.br/acesso-a-informacao/institucional/base-juridica/base-juridica-da-estrutura-organizacional?searchterm=base+-jur%C3%ADdica>.

[7] "Art. 19. Compete à Secretaria de Acompanhamento Econômico promover a concorrência em órgãos de governo e perante a sociedade cabendo-lhe, especialmente, o seguinte:

O sentido de aconselhar, de instruir, tendo por finalidade a afirmação de uma cultura da concorrência que imante todos os órgãos legislativos e aqueles administrativos em lei autorizados a expedir normas infralegais, é nítido e incontroverso na disciplina da atividade da Secretária de Acompanhamento Econômico, do Ministério da Fazenda, expressa nas regras do citado artigo 19.

As formas prescritas à atuação da Seae, acima referidas, mostram, na variação delas, o mesmo propósito de instruir, orientar – de aconselhar. Nesse sentido, tem lugar a advocacia da concorrência.

Os destinatários da ação da advocacia da concorrência são órgãos do Executivo e do Legislativo, os quais, intervindo na ordem econômica por meio da edição de norma legal e infralegal, restrinjam ou possam restringir a livre concorrência. Entre esses órgãos, distinguem-se agências reguladoras e outros órgãos da administração direta, e por vezes indireta, e as casas legislativas, em todos os níveis da Federação.

Embora nele referida, a "sociedade em geral" – pelo que esse termo possa significar – não é destinatária da regra do artigo 19 citado, uma vez que ela não cria e nem pode criar entrave à livre concorrência. Ao contrário, a sociedade – o consumidor – é diretamente agravada por restrição de natureza normativa à livre concorrência, bem como pelo abuso de poder econômico de mercado que a restrinja.

I – opinar, nos aspectos referentes à promoção da concorrência, sobre propostas de alterações de atos normativos de interesse geral dos agentes econômicos, de consumidores ou usuários dos serviços prestados submetidos a consulta pública pelas agências reguladoras e, quando entender pertinente, sobre os pedidos de revisão de tarifas e as minutas; II – opinar, quando considerar pertinente, sobre minutas de atos normativos elaborados por qualquer entidade pública ou privada submetidos à consulta pública, nos aspectos referentes à promoção da concorrência; III – opinar, quando considerar pertinente, sobre proposições legislativas em tramitação no Congresso Nacional, nos aspectos referentes à promoção da concorrência; IV – elaborar estudos avaliando a situação concorrencial de setores específicos da atividade econômica nacional, de ofício ou quando solicitada pelo Cade, pela Câmara de Comércio Exterior ou pelo Departamento de Proteção e Defesa do Consumidor do Ministério da Justiça ou órgão que vier a sucedê-lo; V – elaborar estudos setoriais que sirvam de insumo para a participação do Ministério da Fazenda na formulação de políticas públicas setoriais nos fóruns em que este Ministério tem assento; VI – propor a revisão de leis, regulamentos e outros atos normativos da administração pública federal, estadual, municipal e do Distrito Federal que afetem ou possam afetar a concorrência nos diversos setores econômicos do País; VII – manifestar-se, de ofício ou quando solicitada, a respeito do impacto concorrencial de medidas em discussão no âmbito de fóruns negociadores relativos às atividades de alteração tarifária, ao acesso a mercados e à defesa comercial, ressalvadas as competências dos órgãos envolvidos; VIII – encaminhar ao órgão competente representação para que este, a seu critério, adote as medidas legais cabíveis, sempre que for identificado ato normativo que tenha caráter anticompetitivo. [...]".

Mesmo que entre a "sociedade em geral" quisesse o legislador ver agente econômico cuja conduta infringisse a livre concorrência, dele não cuidaria a advocacia da concorrência, e sim a autoridade incumbida de sua defesa, reprimindo e prevenindo o abuso do poder econômico. Claro está que, cumprindo a Seae a sua função legal de instruir a *ação normativa* (como a refere o citado artigo 19), de extração legislativa ou executiva, estará ela informando a sociedade ao esclarecer os seus representantes.

A função da Seae de aconselhamento, nas diferentes formas pelas quais pode se revestir (tais as descritas no citado artigo 19), não sugere vinculação aos seus termos. Ordinariamente, o recipiente da manifestação de aconselhamento situa-se em área administrativa distinta, quando não em outro poder – o Legislativo –, por exemplo. Sobre não ser da natureza mesma do aconselhamento conter comando coercitivo, tivesse a manifestação da Seae, no exercício da advocacia da concorrência, caráter vinculativo, dar-se-ia uma invasão da autonomia do órgão recipiente, em extravasão absolutamente imprópria de competência da Seae. Tanto maior pelo fato de serem as agências reguladoras – recipientes de manifestações da Seae – dotadas (ao menos nos termos da lei) de independência técnica e decisória, e, inquestionavelmente, não se submeter o Legislativo ao comando de órgão do Executivo, qualquer que seja ele.

O artigo 19 enumera as situações nas quais a atuação da Seae pode-se dar por requisição de órgão público ou espontaneamente, por iniciativa da própria Seae, a saber: a edição de "atos normativos" ante "proposições legislativas", e em face de "situação comercial de setores específicos", entre outras referidas no citado artigo.

O caráter não vinculativo das manifestações da Seae, em suas formas diversas, não sugere arrefecimento do entendimento dessa Secretaria; não podem esperar órgãos do Executivo e do Legislativo, sob um pretexto qualquer e, especialmente, por ser a Seae subordinada hierarquicamente ao titular da pasta da Fazenda, que essa Secretaria deva, por alguma forma, alinhar o seu entendimento sobre advocacia da concorrência à política do governo. Nesse seu campo particular de atuação, a opinião da Seae é vinculada ao princípio constitucional da livre concorrência – à sua advocacia, a sua afirmação na ordem econômica nacional.

Portanto, não pode a Seae, no exercício da advocacia da concorrência, subordinar-se, inclusive omissivamente, à política econômica do governo se essa por alguma forma restringir a livre concorrência. Nessa hipótese, ao contrário, caberá à Seae denunciar, em sua manifestação, a restrição àquele princípio constitucional.

Não é por outra razão que a advocacia da concorrência tem por destinatário de suas ações – de suas manifestações – o poder público; o advogado da concorrência, ao aconselhar, adverte, sugere, vinculado, sempre, à afirmação do princípio constitucional da livre concorrência. Mesmo não tendo caráter vinculativo, a manifestação da Seae, terá a força da advertência técnica independente que a deve distinguir. Nesses termos, a ação da Seae projeta-se, na ordem econômica, como uma referência na afirmação do princípio da livre concorrência.

Por outras palavras, a ação normativa da Seae deve orientar-se pelo sentido próprio do princípio constitucional da livre concorrência, e propagar a noção de sadia rivalidade entre agentes econômicos para que, assim, se afirme uma economia dinâmica e competitiva.

4. A DEFESA E A ADVOCACIA DA CONCORRÊNCIA: COMUNHÃO DE PROPÓSITOS

A disseminação pela instrução, pelo aconselhamento, da cultura da livre concorrência é uma arma efetiva na afirmação desse princípio constitucional.

A advocacia da concorrência alinha-se à sua defesa, feita pelo Cade. Há na advocacia da concorrência o propósito de não apenas prevenir a limitação à livre concorrência, inibindo a edição de regras que a restrinjam, mas também o propósito de informar os órgãos dotados de capacidade normativa, para que estes, em suas ações, normativas ou não, estimulem a livre concorrência.

A ação preventiva e repressiva exercida pelo Cade e a advocacia de concorrência cumprida pela Seae, sem se confundirem, conjugam o propósito de inibir o abuso do poder econômico e evitar a edição de normas restritivas à livre concorrência, para afirmá-la na sociedade brasileira.

5. LIMITES CULTURAIS À AFIRMAÇÃO DO PRINCÍPIO CONSTITUCIONAL DA LIVRE CONCORRÊNCIA

A afirmação do princípio constitucional da livre concorrência não é uma tarefa de fácil execução na cena brasileira, pois a noção de livre concorrência é estranha à cultura política e à cultura econômica do País. A disputa entre agentes privados, estes livremente decidindo sobre a inversão de seus capitais, e o risco a correr são ações incômodas à intervenção coativa do governo na ordem econômica, prática sedimentada na vida nacional.

Há um contraste nítido entre o princípio da livre concorrência, de disputa, de valorização do mérito, e a experiência política nativa, de celebração da intervenção desabrida, discricionária, personalista e casuística do Executivo na ordem econômica, a ocorrer mesmo nos intervalos democráticos que a vida do País experimenta, como ocorreu nas duas últimas décadas. Resiste o Executivo, independentemente de sua cor partidária, em ater-se à letra da Lei quando intervém na ordem econômica e a refrear a sua onisciência sobre as melhores diretrizes a seguir[8].

A doutrina entre nós, em boa parte caudatária dessa cultura política, volta-se sobretudo ao combate à inflação monetária e ao (sempre infrutífero) esforço de alcançar o equilíbrio fiscal, questões crônicas na economia nacional.

Nesse contexto, a defesa e a advocacia da concorrência não são vistas como instrumentos de desenvolvimento econômico e social. Não se encontrará na literatura especializada e nas manifestações dos economistas de maior participação na vida do País referência substantiva ao valor da livre concorrência (e, portanto, de sua defesa e advocacia) no processo de desenvolvimento nacional, desigual e tardo.

Ao contrário, um dos economistas mais celebrados entre nós, em artigo publicado em revista de ampla circulação, quando o Cade, reaberto depois de haver sido simplesmente desativado, buscava afirmar a sua atuação, declarou que o "Cade atrapalha"[9]. Essa afirmação certamente não seria feita nesses termos em economias avançadas, cujos autores já receberam prêmios Nobel por suas obras, verdadeiramente significativas, no campo da livre concorrência e da regulação de mercados.

O pensamento econômico nacional majoritário reflete-se na designada e reiterada sonegação de verbas destinadas ao Cade e à Seae. O Cade, já cinquentenário, não conta sequer com quadro de pessoal, e o número de seus julgados mostra o seu estado de penúria material[10]. A situação da Seae não é diversa. A proposta de atualização de seu regimento interno, feita pelo seu corpo técnico em 2013, até hoje não foi aprovada pelo Ministro da Fazenda. E o último relatório de atividades desse órgão, posto em seu sítio, data daquele ano[11].

---

[8] Ver: DUTRA, Pedro. *San Tiago Dantas*: a razão vencida. São Paulo: Singular, 2014. v. I: 1911-1945, p. 367-370.

[9] SIMONSEN, Mário Henrique. O Cade atrapalha. *Exame*, ano 29, n, 5, 28 fev. 1996. In: SARMENTO, Carlos Eduardo; WERLANG, Sérgio Ribeiro da Costa; ALBERTI, Verena (org.). *Mário Henrique Simonsen*: textos escolhidos. São Paulo: Ed. FGV, 2002.

[10] Em 2013, foram julgados 104 Atos de Concentração, distribuídos 51 e julgados 38 Processos Administrativos Sancionadores. No ano de 2014, foram julgados 31 Atos de Concentração, distribuídos 39 e julgados 57 Processos Administrativos Sancionadores. Note-se que os Atos de Concentração são atos de jurisdição voluntária, ou seja, são celebrados exclusivamente por iniciativa das partes. Os Processos Administrativos Sancionadores, estes se deduzem da ação repressiva do Cade, isto é, têm por objeto reprimir infração à Lei de Defesa da Concorrência. O número deles, tendo-se em conta o porte e a natureza da economia brasileira, é inexpressivo, a qualquer título. Cf. CADE. *Cade em números*. Disponível em: <http://www.cade.gov.br/Default.aspx?1d1d1fe12eec2f0b2525>.

[11] Sobre o Regimento da Seae, ver: BRASIL. MINISTÉRIO DA FAZENDA. SEAE. *Relatório de gestão 2013*, p. 14. Disponível em: <http://www.seae.fazenda.gov.br/central-de-documentos/relatorio-de-estado>. Em 2014, a Seae emitiu 294 pareceres (BRASIL. MINIS-

Porém, exibem o Cade e a Seae uma mesma qualidade, que diz antes da dedicação de seus funcionários: a qualidade superior de suas decisões e manifestações, que, ao enfrentarem e decidirem questões concretas, constituem hoje uma segura fonte de doutrina jurídica e econômica da defesa e advocacia da livre concorrência.

BIBLIOGRAFIA

BRASIL. MINISTÉRIO DA FAZENDA. SEAE. *Base jurídica da estrutura organizacional*. Disponível em: <http://www.seae.fazenda.gov.br/acesso-a-informacao/institucional/base-juridica/base-juridica-da=-estrutura-organizacional?searchterm-base+jur%C3%ADdica>.

_____. *Manifestações sobre regras regulatórias 2014*. Disponível em: <http://www.seae.fazenda.gov.br/central-de-documentos/manifestacoes-sobre-regras-regulatorias/2014>.

_____. *Relatório de Gestão 2013*. p. 14. Disponível em: <http://www.seae.fazenda.gov.br/central-de-documentos/relatorio-de-estado>.

CADE. *Cade em números*. Disponível em: <http://www.cade.gov.br/Default.aspx?1d-1d1fe12eec2f0b2525>.

DUTRA, Pedro. *San Tiago Dantas*: a razão vencida. São Paulo: Singular, 2014. v. I: 1911-1945.

LAROUSSE. *Le petit Larousse*: grand format. Paris, 1999.

MACHADO, José Pedro. *Dicionário etimológico*. 1. ed. Lisboa: Ed. Confluência, 1952.

MORAIS E SILVA, Antônio de. *Dicionário da língua portuguesa*. 7. ed. Lisboa: Tipografia de Joaquim Germano de Souza Neves, 1877.

SIMONSEN, Mário Henrique. O Cade atrapalha. *Exame*, ano 29, n. 5, 28 fev. 1996. In: SARMENTO, Carlos Eduardo; WERLANG, Sérgio Ribeiro da Costa; ALBERTI, Verena (org.). *Mário Henrique Simonsen*: textos escolhidos. São Paulo: Ed. FGV, 2002.

STUCKE, Maurice E. *Better competition advocacy*. Disponível em: <http://ssrn.com/abstract=1175963>.

TÉRIO DA FAZENDA. SEAE. *Manifestações sobre regras regulatórias 2014*. Disponível em: <http://www.seae.fazenda.gov.br/central-de-documentos/manifestacoes-sobre-regras-regulatorias/2014>.

MODELO DE TRANSIÇÃO INSTITUCIONAL DA POLÍTICA DE DEFESA DA CONCORRÊNCIA

Mariana Boabaid Dalcanale Rosa[1]

1. INTRODUÇÃO

A reformulação institucional do Sistema Brasileiro de Defesa da Concorrência (SBDC) era aguardada com expectativa por toda a comunidade nacional de defesa da concorrência, desde a elaboração do projeto que deu origem à Lei 12.529/2011. Ao final de 2010, após seis anos de espera – quando o projeto de lei foi aprovado pelo Senado Federal e encaminhado à Câmara dos Deputados para a derradeira etapa do processo legislativo – o Conselho Administrativo de Defesa Econômica (Cade) começou a se mobilizar e a se preparar para as profundas mudanças que estavam por vir.

Essa preparação prévia foi determinante para o sucesso da transição institucional da política de defesa da concorrência, pois era sabido que a nova lei teria um reduzido prazo de vacância e que produziria impactos significativos sobre a autarquia. Diante de um cenário de grandes incertezas, não só quanto ao prazo para aprovação da lei, mas também quanto ao texto definitivo da norma que passaria a nortear a política de defesa da concorrência no Brasil, a preparação do Novo Cade envolveu a elaboração de uma estratégia de gestão para lidar com as mudanças que viriam a afetar a arquitetura organizacional, os processos de trabalho, a infraestrutura, os sistemas de tecnologia da informação e, em especial, as pessoas que atuavam nos três órgãos do SBDC – Cade, Secretaria de Acompanhamento do Ministério da Fazenda (Seae/MF) e Secretaria de Direito Econômico do Ministério da Justiça (SDE/MJ).

---

[1] As opiniões deste artigo são pessoais e não refletem necessariamente a visão das instituições às quais a autora possui ou possuiu vínculos.

Os quatro anos seguintes à aprovação da lei foram dedicados a solidificar a atuação do Novo Cade e alcançar patamares de eficiência e excelência compatíveis com as melhores autoridades de defesa da concorrência em âmbito mundial.

Com o objetivo de registrar o processo interno de transição e de consolidação institucional do Novo Cade, o presente artigo organiza-se em quatro partes: após a introdução, a segunda parte relata a fase de preparação para a mudança, que compreende desde o início de 2011 até o primeiro semestre de 2012; a terceira descreve as ações estruturantes realizadas no período de 2012 a 2015 para consolidação das alterações promovidas pela nova lei; e a quarta apresenta os principais desafios que permanecem na pauta de desenvolvimento organizacional do Cade.

2. PREPARAÇÃO PARA A MUDANÇA

O Novo Cade foi formalmente instituído em 29 de maio de 2012, com a entrada em vigor da Lei 12.529, de 30 de novembro de 2011. Contudo, os preparativos para a transição levaram muito mais que os seis meses de vacância legislativa. Durante todo o ano de 2011, o texto do projeto de lei foi estudado para que o Cade pudesse se antecipar e se preparar para as mudanças. As emendas apresentadas pelo Senado Federal e os pontos de controvérsia que estavam em debate na Câmara foram mapeados para a construção de cenários para a transição.

Contudo, algumas questões já eram tidas como certas: quanto às competências, era sabido que o Cade passaria a centralizar a instrução e julgamento de atos de concentração e de infrações à ordem econômica e que a advocacia da Defesa da Concorrência passaria a ser conduzida pela Seae/MF, enquanto a SDE/MJ seria extinta. Quanto à estrutura, o Conselho seria constituído por um Tribunal Administrativo de Defesa Econômica, uma Superintendência-Geral e um Departamento de Estudos Econômicos. Quanto aos processos de trabalho, a lei instituiria a análise prévia de atos de concentração e alteraria procedimentos e prazos para a instrução de infrações à ordem econômica. Quanto ao corpo técnico, seriam criados cargos de Especialista em Políticas Públicas e Gestão Governamental (EPPGG) para serem alocados no SBDC. Era certo também que essas alterações produziriam impactos nas pessoas e demandariam mudanças nos sistemas de informação e na infraestrutura.

Para lidar com transformações tão profundas e inéditas no contexto do Conselho, foi necessário envolver toda a organização e desenhar um plano de gestão da mudança para tratar de cada um desses temas. Em nível estratégico, a alta direção dos três órgãos do SBDC formou um fórum responsável pela tomada de decisões e pelo direcionamento da transição. Em nível tático, foram criados seis grupos de transição, formados por servidores do Cade, da

SDE/MJ e da Seae/MF, cada qual sob a supervisão de um membro do fórum estratégico. Em nível operacional, todas as unidades técnicas e administrativas atuaram para colocar em prática o plano de mudança.

Os seis grupos de transição foram assim organizados:

i. Grupo Estrutura e Organograma

O planejamento da reestruturação organizacional do Cade iniciou-se em meados de 2011, quando o texto em debate no Congresso não deixava claro o quantitativo de cargos de direção, chefia e assessoramento que o Novo Cade teria. O projeto estabelecia a criação de cargos para a alta direção, mas o Conselho pleiteava a migração dos cargos do Departamento de Proteção e Defesa Econômica da SDE/MJ para a sua estrutura, uma vez que as competências desse departamento seriam absorvidas pelo Cade.

Desse modo, até a aprovação da lei, o Cade trabalhou com dois cenários, um contando apenas com os cargos já existentes, acrescidos daqueles que a lei criaria, e outro contando ainda com os cargos provenientes da estrutura da SDE/MJ. De qualquer forma, a estrutura do Novo Cade seria mais enxuta do que a do antigo SBDC, uma vez que a autarquia absorveria também parte das competências da Seae/MF, mas os cargos comissionados e as equipes dedicadas às atividades relacionadas a essas competências não migrariam para o Conselho. Quando a lei foi aprovada, o cenário que se consolidou foi o mais favorável, e os meses de vacância foram dedicados à negociação para formalização da estrutura que já havia sido discutida e amadurecido internamente.

Segundo o *Manual de orientação para arranjo institucional*, editado pelo Ministério do Planejamento, Orçamento e Gestão, o arranjo institucional de uma organização pública deve ser projetado para fortalecer suas estratégias e se ajustar ao seu sistema de gestão. O modelo organizacional proposto pelo Cade foi desenhado para garantir o funcionamento mais eficiente possível a partir dos cargos disponíveis e das previsões legais relacionadas ao organograma da autarquia.

Após uma análise sobre o funcionamento da Seae e da SDE, verificou-se que os organogramas destas continham estruturas perenes e especializadas para lidar com problemas concorrenciais em determinados setores da economia, contudo suas divisões funcionais não acompanhavam o contexto externo. O que se percebia, na prática, era o descolamento entre a estrutura e a estratégia organizacional então existentes.

Inspirado nas estruturas de outros órgãos públicos brasileiros de referência e das melhores agências de defesa da concorrência estrangeiras, o Cade conseguiu aprovar um organograma inovador, demonstrando a vantagem de instituir uma estrutura administrativa mais perene, para garantir a estabilidade dos processos de suporte e, ao mesmo tempo, uma estrutura flexível nas unidades finalísticas, para conferir dinamismo, agilidade e eficiência à implementação da política pública de defesa da concorrência.

Como resultado, o Decreto de Estrutura do Cade (Decreto 7.738, de 28 de maio de 2012) definiu a quantidade de unidades dedicadas à instrução de processos na Superintendência-Geral, porém sem a rígida separação funcional existente em organizações burocráticas. A divisão departamental poderia, a partir de então, ser delimitada e modificada em razão do contexto externo do momento e de seu reflexo na estratégia de atuação.

Atualmente, uma dessas unidades tem a atribuição de triagem de atos de concentração, que trata dos casos analisados pelo rito sumário; quatro tratam da análise de condutas unilaterais e de atos de concentração pelo rito ordinário - com divisão por especialização em setores econômicos; e três cuidam da instrução de casos de cartel. No entanto, caso o ambiente demande uma rápida adaptação, essa estrutura pode ser alterada a qualquer tempo por ato interno do Cade, sem necessidade de edição de novo Decreto de Estrutura. As demais unidades, responsáveis pelas atividades administrativas e de assessoramento ao Conselho, obedecem a uma lógica mais estruturalista e burocrática, típica das organizações públicas.

O grupo de transição também conduziu a negociação e formalização das demandas para fortalecimento da força de trabalho do Cade. Para suprir as áreas administrativas, atendidas pelas carreiras do Plano Geral de Cargos do Poder Executivo, esse trabalho se concentrou no pedido de redistribuição de cargos vagos do Ministério da Justiça para o Cade e na solicitação de autorização para realização de concurso público para preenchimento desses cargos. Para as áreas finalísticas, atendidas pela carreira de EPPGG, a negociação teve como foco a transferência de parte dos servidores que atuavam na SDE para o Cade e o pedido de realização de concurso para preenchimento dos 200 cargos criados pela Nova Lei para órgãos do SBDC.

ii. Grupo Análise Prévia de Atos de Concentração

Considerada uma das mais aguardadas inovações da Nova Lei da Concorrência, a instituição do regime de análise prévia de atos de concentração representou um enorme desafio para o Cade. Essa alteração retirou o Brasil do pequeno rol de países que avalia negócios de fusão e aquisição depois de sua efetiva conclusão e significou o fortalecimento da atuação preventiva do Conselho.

Havia grande receio de que a morosidade na análise afetasse negativamente o ambiente de negócios no País, originado na desconfiança por parte do mercado e da imprensa sobre a capacidade do Cade de desempenhar essa atribuição com agilidade e qualidade. Nesse contexto, o bom desempenho na análise de atos de concentração foi considerado um fator crítico de sucesso da transição, o que se traduziu na priorização para o redesenho desse processo de trabalho.

O grupo estudou as melhores práticas internacionais de controle de estruturas, as especificidades da legislação brasileira e as particularidades do contexto da transição - notadamente a exígua estrutura de pessoal e a ameaça de perda de conhecimento, pois a equipe encarregada dessa atividade na Seae não seria transferida para o Cade.

A saída encontrada foi organizar o fluxo de análise a partir de uma unidade de triagem para garantir a celeridade do processamento de casos simples, instruídos pelo rito sumário, por uma experiente equipe. Casos complexos, que demandam conhecimento mais aprofundado dos setores econômicos, seriam analisados por equipes especializadas sob o rito ordinário, para garantir o adequado tratamento dos potenciais problemas concorrenciais.

Seguindo a prática internacional, foram instituídos dois tipos de formulários de notificação de operações, um para o rito sumário e outro, mais completo, para rito ordinário. Para estes últimos, foi criada a possibilidade de reuniões pré-notificação, com o objetivo de promover a cooperação entre o Cade e as partes e solucionar dúvidas sobre o tipo de informação a ser prestada. Essas providências procuraram garantir a obtenção de todos os dados o mais rápido possível para que a análise pudesse ser precisa e ágil.

Para evitar a apresentação de operações que não representam riscos concorrenciais e possibilitar a concentração de esforços nos casos que realmente necessitam de análise pela autoridade antitruste, foram realizados estudos para revisão dos critérios de notificação. A alteração dos critérios de notificação foi instituída em 2012 por portaria conjunta dos Ministérios da Fazenda e da Justiça, e resultou em expressiva redução no número de casos submetidos ao Cade.

Para prevenir a perda de conhecimento, os servidores já lotados no Cade e aqueles que seriam transferidos da SDE/MJ para o Conselho passaram por capacitação para absorver as técnicas e boas práticas de análise da Seae e do Departamento de Estudos Econômicos do Cade.

Em paralelo, o Cade traçou uma estratégia em conjunto com a Seae para tratamento dos processos notificados sob a égide do regime anterior e que ainda se encontravam pendentes de decisão. A celebração de um Acordo de Cooperação Técnica permitiu que o Cade assumisse a instrução de operações notificadas antes da entrada em vigor da nova lei, acelerando a análise dos processos e a absorção do conhecimento.

Desse modo, a partir da vigência da Lei 12.529/2011, os casos submetidos ao regime de análise prévia seguiriam o novo fluxo de instrução pela Superintendência-Geral, enquanto as equipes dos gabinetes do Tribunal se concentrariam na conclusão do estoque de processos da lei antiga, garantindo a separação dos dois tipos de procedimento e da gestão dos prazos processuais.

iii. Grupo de Normas Infralegais

A nova lei fez premente a edição de um Novo Regimento Interno, com o objetivo de adequar as normas internas às mudanças e tornar o trabalho da autarquia mais célere.

O trabalho envolveu estudo aprofundado do texto da Lei 12.529/2011, interlocução com os demais grupos de transição e intensos debates internos.

No novo Regimento, buscou-se também ajustar as falhas formais do Regimento anterior, que não mencionava as competências das unidades administrativas do Cade, sobretudo da unidade de auditoria interna, conforme apontado reiteradamente pelos órgãos de controle externo.

O Regimento Interno e as primeiras Resoluções do Conselho foram elaborados em um prazo exíguo para cumprir todas as formalidades a tempo da entrada em vigor da nova lei, inclusive a submissão à consulta pública. Essas normas representaram uma grande evolução para aplacar as incertezas que existiam sobre a organização do Novo Cade, em especial sobre o novo procedimento para análise de Atos de Concentração.

iv. Grupo Sistemas de Informação

Os sistemas de informação utilizados pelo Cade, pela SDE e pela Seae não eram interligados, o que significa que as informações a respeito da tramitação e do conteúdo dos processos eram fragmentadas e não padronizadas. A concentração das atividades de instrução e julgamento de processos pelo Cade demandaria, portanto, um esforço de migração das informações, para que os registros não se perdessem quando os processos fossem enviados ao Conselho.

Importa mencionar que antes da transição, a área de Tecnologia da Informação do Cade era extremamente precária e sequer constava da estrutura formal da autarquia. Era uma unidade seccional da estrutura administrativa, dotada de poucos profissionais e escassos recursos orçamentários, o que agravava o contexto da transição.

Inicialmente, o grupo verificou que nenhuma das soluções então utilizadas no SBDC seria adequada e adaptável para contemplar as necessidades do Novo Cade. Além disso, os sistemas de informação utilizavam linguagens incompatíveis entre si, o que tornaria inviável o desenvolvimento de rotinas de integração de dados no prazo necessário. O grupo analisou ainda sistemas de informação de outros órgãos públicos, procurando identificar uma solução pronta que atendesse os requisitos do Conselho, mas não logrou êxito.

Diante da impossibilidade de realizar ajustes nos sistemas existentes, de adotar uma solução pronta de outro órgão ou de criar rotinas automatizadas para migração de dados, o cenário era preocupante. A solução encontrada não era a ideal, mas sim a mais viável.

O Cade precisou manter o sistema antigo de andamento processual para tratar os processos de conduta e os atos de concentração notificados no regime anterior, de notificação *a posteriori*, efetuando manualmente o cadastro dos processos oriundos da Seae e da SDE. Em paralelo, iniciou o desenvolvimento de um novo sistema, denominado Siscade, priorizando as funcionalidades necessárias para tratar dos atos de concentração notificados pelo novo regime de análise prévia. O projeto previa a posterior evolução desse sistema para contemplar as demais espécies processuais e, futuramente, instituir o processo eletrônico na autarquia.

A manutenção de dois sistemas de andamento processual diferentes causou transtornos para os usuários internos e externos, onerando a consulta aos processos, a consolidação de informações e a geração de estatísticas. Este foi considerado um dos pontos fracos da transição, compensado pelo esforço das equipes técnicas e administrativas para manter o funcionamento das rotinas e a qualidade do atendimento ao público externo.

v. Grupo Nova Sede

A mudança de sede do Cade fez-se necessária com a ampliação de competências e a consequente expansão da estrutura de pessoal, que demandaram a ampliação do espaço físico. O desafio de encontrar e preparar uma nova sede para o Conselho em prazo tão exíguo demandou organização, planejamento e pragmatismo.

Iniciado no segundo semestre de 2011, após o estudo de processos de locação de imóvel realizados por outros órgãos, o projeto de mudança de sede começou com a elaboração de diagnóstico de necessidades e especificação das novas instalações do Cade. Após confirmação da indisponibilidade de imóvel da União com aquelas características previamente definidas, o Cade iniciou a etapa de prospecção, seleção e contratação da nova sede.

Em paralelo, foi necessário negociar uma emenda orçamentária para permitir a preparação da nova sede e a expansão dos gastos com aluguel e despesas de funcionamento decorrentes da nova estrutura. Com os recursos garantidos, o Cade deu prosseguimento à celebração do contrato de locação do imóvel selecionado e pôs em prática o Plano Operacional de Mudança de Sede, que contemplou a definição e execução do projeto de ocupação do novo espaço físico, a aquisição e instalação de mobiliário e equipamentos de infraestrutura, e o transporte dos materiais, bens e todos os processos da antiga para a nova sede.

O Plano incluiu ainda a negociação do contrato de aluguel da antiga sede, o qual foi repassado a outro órgão público, que recebeu em doação os materiais inservíveis que o Cade não aproveitaria na nova sede – como as divisórias, as cortinas e as instalações do Plenário, por exemplo. Essa negociação evitou custos desnecessários com o transporte de bens e com a desinstalação e os reparos exigidos para devolução do imóvel ao proprietário.

A mudança para a nova sede foi realizada de 8 a 15 de junho de 2012, sem interrupção dos serviços de protocolo e de assessoria de comunicação. Contudo, nem todas as instalações estavam finalizadas. Foram necessários mais 2 meses até que todas as equipes estivessem definitivamente acomodadas nas novas dependências.

Apesar dos transtornos decorrentes da mudança para um prédio inacabado, o adiamento não era uma opção. Além da impossibilidade orçamentária de manter o pagamento do aluguel das duas sedes, a mudança parcial não era tecnicamente viável, uma vez que a estrutura de Tecnologia da Informação não poderia funcionar em dois endereços simultaneamente. Em outras palavras, era necessário desligar os sistemas do Cade de uma sede para poder religá-los na outra.

O calendário de mudança também levou em consideração que a atuação das novas equipes no mesmo endereço desde o início seria um fator estratégico para a integração dos servidores do Novo Cade, bem como para a criação da nova identidade organizacional, como abordado no tópico a seguir.

vi. Grupo de Mobilização e Alinhamento

Para lidar com os impactos que as mudanças estruturais da nova lei produziriam sobre as pessoas que atuavam do SBDC, o grupo de mobilização e alinhamento apoiou o processo de transição, instituindo canais de comunicação interna sobre a mudança e encontros para integração das equipes que passariam a compor o Novo Cade. Tendo em mente que o fator humano é a peça-chave que determina o sucesso ou o fracasso em um processo de transformação, a retenção de talentos, a manutenção de um bom clima de trabalho e o engajamento das pessoas para a mudança eram preocupações constantes desse grupo.

Dentre as medidas adotadas para facilitar os processos de comunicação sobre a mudança destacam-se a edição de boletins informativos, a criação de e-mail institucional para recebimento de dúvidas e sugestões, e a realização de encontros presenciais para reportar o andamento dos trabalhos dos grupos de transição. Além disso, foram realizadas pesquisas junto ao corpo técnico para subsidiar o processo de formação das equipes do Novo Cade e outras ações pontuais para reduzir atritos, receios e inquietações internas.

O plano de comunicação interna foi desenhado para apoiar a construção de uma nova identidade organizacional, que precisaria ser formada a partir da união de culturas bastante diferentes. O Cade, com sua estrutura de cargos enxuta e horizontal, contava com uma equipe acostumada a trabalhar de modo matricial em iniciativas multidisciplinares. A maior parte dos integrantes do corpo técnico estava habituada a se envolver, de algum modo, em agendas alheias à respectiva unidade de lotação, como atividades ligadas à agenda internacional, grupos técnicos temáticos ou projetos institucionais. Já a SDE, inserida no contexto no Ministério da Justiça, contava com uma estrutura mais verticalizada, em que as equipes eram muito engajadas, porém mais especializadas e acostumadas com uma lógica de trabalho departamental.

Vale lembrar que o Cade já lidava tanto com análise de concentrações quanto de condutas anticompetitivas, ao passo que a SDE era composta por equipes especialistas em condutas, que precisaram ser capacitadas para atuar na análise de atos de concentração, uma vez que, como já mencionado, os técnicos da Seae não seriam transferidos para o Novo Cade. Para os servidores oriundos da SDE, isso representava um desafio adicional à mudança que precisaria ser superado para garantir o sucesso da transição.

A formação da cultura do Novo Cade, obviamente, não foi concluída na data em que a nova lei entrou em vigor. No entanto, é certo que a condução participativa do processo de transição favoreceu o engajamento dos servidores e a mobilização para a mudança.

3. CONSOLIDAÇÃO DO NOVO CADE

Nos anos que se seguiram à entrada em vigor da nova lei da Concorrência, o Cade empreendeu uma série de esforços para sedimentar sua atuação. Uma importante iniciativa foi a realização da Oficina de Planejamento, que definiu o referencial estratégico do Cade para o período de 2013 a 2016. Pela primeira vez, o Conselho elaborou um plano estratégico de médio prazo e de acesso público, disponibilizado na internet em português e em inglês, para comunicar interna e externamente suas prioridades.

Alguns dos temas tratados pelos grupos de transição continuaram na agenda estratégica, seja porque não haviam sido concluídos a tempo da mudança, seja porque precisaram ser revistos e aperfeiçoados.

O organograma proposto pelo grupo de transição e aprovado no Decreto de Estrutura atendeu, em grande parte, as necessidades do Novo Cade. Contudo, verificou-se a necessidade de promover ajustes na estrutura, com remanejamento ou alteração de competências de cerca de 10% dos cargos previstos. Essas alterações foram propostas pelo Cade ao Ministério da Justiça e ao Ministério do Planejamento e permanecem em negociação.

Ainda no tema de estrutura, o Cade realizou pela primeira vez concurso para provimento dos cargos vagos das carreiras administrativas. Contudo, resta pendente a composição da força de trabalho das áreas finalísticas. Essa questão é considerada uma agenda prioritária do Cade, uma vez que a falta de servidores de carreira nas unidades-fim compromete a qualidade da atuação da autarquia e ameaça o cumprimento dos prazos legais. Além disso, o reduzido quadro de servidores efetivos obriga o Cade a prover parte dos cargos comissionados com pessoas sem vínculo com a Administração, o que aumenta a rotatividade da equipe e acarreta perda de conhecimento valioso para a organização.

No que respeita à análise de atos de concentração, o Conselho conseguiu finalizar o estoque de processos notificados no regime anterior que estavam pendentes de julgamento. O fluxo construído pelo grupo de transição de análise prévia foi instituído com sucesso, e o prazo médio de análise atualmente é um dos mais exíguos em comparação com o de outras autoridades de defesa da concorrência internacionais. A eficiência da sistemática de triagem rendeu à Superintendência-Geral do Cade uma premiação, em 2014, na 18.ª edição do Concurso de Inovação na Gestão Pública, promovido pela Escola Nacional de Administração Pública (Enap).

Na agenda normativa, o Cade se dedicou a aprimorar o Regimento Interno, elaborado pelo grupo de transição de normas infralegais, e a regulamentar alguns temas da Lei 12.529/2011, de modo a aumentar a segurança jurídica e a aperfeiçoar sua atuação. Dentre as Resoluções editadas após a fase de transição, destacam-se as que disciplinam a fiscalização do cumprimento de decisões, a notificação de contratos associativos e o procedimento de consulta.

O Conselho tem investido também na elaboração de manuais de procedimento e na edição de guias para nortear sua atuação. Entre os diversos temas mapeados nessa agenda, o Conselho priorizou o Guia para Análise da Consumação Prévia de Atos de Concentração Econômica, também chamado de "Guia de *Gun Jumping*", o Guia de *Compliance* Concorrencial, o de Análise de Operações Horizontais, o de Remédios e o de Dosimetria.

Quanto aos sistemas de informação, em 2013 – ou seja, menos de um ano após a transição – o Cade teve de paralisar o desenvolvimento do novo sistema de andamento processual em razão do contingenciamento de recursos orçamentários e da troca da equipe do projeto. Após estudo sobre a viabilidade para continuidade do projeto, verificou-se que o tempo e o volume de recursos necessários para completar o sistema eram incompatíveis com as expectativas e possibilidades do Cade.

Esse diagnóstico levou o Conselho a mudar a estratégia elaborada pelo grupo de transição de sistemas de informação e a adotar o Sistema Eletrônico de Informações (SEI), desenvolvido pelo Tribunal Federal da 4.ª Região e cedido ao Cade sem ônus, mediante Acordo de Cooperação Técnica. A implementação do SEI fez parte do projeto "Cade sem Papel", que instituiu o processo eletrônico na autarquia a partir de janeiro de 2015, com a eliminação do trâmite de documentos e processos em papel. Além de promover a sustentabilidade econômica e ambiental, a solução diminuiu os custos de transação para os administrados ao disponibilizar o processo eletronicamente e em tempo real, sem a necessidade de pagamento de taxas ou de deslocamento até a sede do Cade para solicitar vistas ou cópias de documentos.

Após a entrada em produção do SEI e a estabilização das novas rotinas com o processo digital, foi inaugurada a segunda fase do projeto "Cade sem Papel", para ampliação dos serviços ofertados eletronicamente pela autarquia. Essa fase contempla o desenvolvimento de formulários eletrônicos para notificação de atos de concentração e para requerimento de Termo de Cessação de Conduta, além da evolução do formulário do Clique-Denúncia, para possibilitar que qualquer cidadão denuncie infrações à ordem econômica ou a realização de atos de concentração não notificados ao Cade.

Um importante marco para garantir a governança de TI foi a instituição do Comitê Estratégico de TI, responsável por aprovar o PDTI - Plano Diretor de Tecnologia da Informação. O PDTI é elaborado a partir do Plano Estratégico do Cade e detalha os projetos e aquisições de TI considerados prioritários para o alcance dos objetivos estratégicos da autarquia. Dentre as prioridades, vale destacar os projetos relacionados à digitalização do acervo e à coleta de dados dos processos finalísticos para geração de estatísticas, que permitirão sistematizar a jurisprudência do Conselho, facilitando a instrução de novos casos e subsidiando os processos de tomada de decisão e de prestação de contas sobre a sua atuação.

Após a efetiva mudança de endereço, conduzida pelo Grupo de transição Nova Sede, o Cade passou a redimensionar os contratos que dão suporte ao seu funcionamento, como os relacionados a limpeza, segurança, manutenção, transporte, fornecimento de materiais etc. Num segundo momento, após a adoção do processo eletrônico e diante do contexto de ajuste fiscal, foram necessárias novas alterações em alguns contratos. Além disso, algumas melhorias no espaço interno estão em estudo, como a adequação das instalações da biblioteca, por exemplo.

Por fim, a nova estrutura do Cade fortaleceu as áreas de gestão de pessoas e de comunicação, que incorporaram os processos de gestão do clima organizacional e de comunicação interna, antes conduzidos pelo grupo de transição de mobilização e alinhamento. Esses temas continuam prioritários e estão contemplados no Plano Estratégico do Cade.

Percebe-se que a lógica que orientou a organização dos grupos de transição também norteou os primeiros anos do Novo Cade após a entrada em vigor da lei. Contudo, a agenda de consolidação da mudança, traduzida no Plano Estratégico 2013-2016, também abarcou outras agendas estruturantes que merecem ser mencionadas.

Na agenda de combate a cartéis, o Conselho tem investido na estruturação de seu laboratório de investigação, por meio da aquisição de equipamentos e *softwares* especializados e da capacitação da equipe dedicada às atividades de inteligência e de análise de informações. Outra iniciativa importante dessa agenda é o fortalecimento do programa de leniência, com a padronização dos procedimentos para aprimorar a negociação dos acordos de delação premiada.

Na agenda de estudos econômicos, o Cade iniciou a edição de uma série de Cadernos Setoriais, como o Caderno de Condutas no Mercado de Saúde Suplementar e o de Varejo de Gasolina, com o objetivo de consolidar, sistematizar e divulgar a jurisprudência do Conselho relativa a um mercado específico. Foram encomendados também estudos de avaliação dos efeitos econômicos da política de defesa da concorrência, que pretendem avaliar o impacto das decisões do Cade sobre a economia.

Para viabilizar as ações previstas nas agendas de combate a cartéis e de estudos econômicos, o Cade celebrou uma série de Acordos de Cooperação Técnica com agências reguladoras e outros órgãos da Administração Pública brasileira para obter acesso a bases de dados ou permitir a troca de informações. Essas cooperações possibilitam tanto a realização de estudos setoriais quanto a análise de casos concretos em controle de concentrações e de condutas.

Outra agenda estruturante diz respeito à disseminação da cultura da concorrência e ao fomento da produção acadêmica sobre o tema. Nessa esteira, o Cade realizou diversas ações, dentre as quais merecem destaque: a reativação do Programa de Intercâmbio, que passou a ter duas edições anuais, uma nacional e outra internacional; a reedição da *Revista de Defesa da Concorrência*, com publicação semestral; os Seminários de Economia promovidos periodicamente pelo Departamento de Estudos Econômicos; e o Seminário de *Compliance*, promovido em conjunto com entidades parceiras. Destaca-se, ainda, o projeto "Cade 50 Anos", financiado com recursos do Fundo de Direitos Difusos, que contemplou uma campanha de comunicação em âmbito nacional, com divulgação de peças publicitárias em jornais e revistas, além da criação de um *hotsite* e da edição de um livro para registrar a evolução da política de defesa da concorrência no Brasil, tendo como mote a comemoração pelo cinquentenário do Conselho.

A agenda internacional também ganhou relevância no Novo Cade. Além de incrementar sua participação em fóruns e eventos internacionais sobre defesa da concorrência, o Conselho firmou memorandos de entendimento com agências antitruste estrangeiras para possibilitar a troca de informações e documentos na instrução de casos de cartéis internacionais e de fusões transnacionais.

Os intercâmbios e a troca de experiências com outras autoridades de defesa da concorrência têm rendido bons frutos ao Cade e proporcionado o aperfeiçoamento de sua atuação à luz das melhores práticas internacionais. O prêmio de Melhor Agência das Américas em 2014, concedido pela revista *Global Competition Review* (*GCR*), e a escolha do presidente do Conselho para ocupar uma das vice-presidências da Rede Internacional da Concorrência (International Competition Network – ICN) são provas do reconhecimento pela comunidade internacional de todo investimento e esforço do Cade em aprimorar a defesa da concorrência no Brasil.

4. DESAFIOS PARA O DESENVOLVIMENTO ORGANIZACIONAL

Apesar dos inúmeros esforços para sensibilizar as instâncias tomadoras de decisão de que a transição só estaria completa após o reforço da equipe técnica e a adequação dos patamares orçamentários, o Novo Cade chega ao final de seu primeiro ciclo com uma grave carência de pessoal e com séria limitação de recursos, agravada pelo ajuste fiscal empreendido pelo governo federal a partir de 2015.

Passado o intenso período que envolveu a aprovação da nova lei, é compreensível que a urgência para implementar novas medidas para o fortalecimento do Cade tenha arrefecido na agenda do governo federal e do Congresso Nacional. No entanto, esses dois temas constituem os principais limitadores ao desenvolvimento institucional do Conselho.

Além do reduzido número de servidores, a alta rotatividade das equipes ameaça os resultados conquistados. Apesar de recrutar profissionais de excelência, a carreira de Especialista em Políticas Públicas e Gestão Governamental, que atende as unidades finalísticas do Conselho, é gerida pelo Ministério do Planejamento, responsável pela promoção de concursos e pela alocação dos servidores de acordo com as políticas públicas prioritárias do momento. Como consequência, o Cade precisa continuamente convencer os interlocutores de que deve permanecer na agenda prioritária, o que nem sempre é possível. Essa lógica faz o Conselho disputar esses profissionais com os demais órgãos da esplanada a todo instante, perdendo talentos experientes para outros órgãos e enfrentando dificuldades para recrutar novos servidores.

O Cade tem estudado, em conjunto com os Ministérios da Justiça e do Planejamento, alternativas para resolver essa questão. Uma das soluções possíveis em estudo é a criação da carreira de Especialista em Concorrência, à semelhança das carreiras que atendem às agências reguladoras. Seja qual for a saída encontrada, é fato que este é um problema estrutural que tem restringido os resultados do Cade – em especial na redução do prazo médio de instrução de processos de condutas anticompetitivas, os quais ainda não atingiram os patamares de eficiência obtidos na análise de atos de concentração.

É interessante observar que o fato de ser superavitário não tem poupado o Conselho dos contingenciamentos orçamentários e cortes lineares de despesas promovidos no âmbito da administração federal. O orçamento anual do Cade historicamente é muito inferior às receitas geradas, levando-se em conta as taxas para análise de processos, as multas aplicadas e as contribuições pecuniárias negociadas em acordos administrativos. É certo que se o Cade tivesse equipe e orçamento suficientes para reforçar a atuação repressiva, a relação custo/benefício da autarquia seria ainda mais favorável.

Ressalvadas essas questões de natureza estrutural, relacionadas a pessoal e orçamento, pode-se considerar a gestão do conhecimento como o desafio do momento para o desenvolvimento organizacional do Cade. O atual nível de amadurecimento da autarquia sinaliza a necessidade de institucionalizar os aprendizados, sistematizar as informações, desenvolver as equipes e sedimentar os conhecimentos por meio do compartilhamento de experiências, sob pena de o Cade sofrer com o retrocesso pela perda de memória institucional.

Ao mesmo tempo, os órgãos de controle externo têm demandado cada vez mais das organizações públicas a ampliação dos mecanismos de governança corporativa e gestão de riscos. Esses temas começam a ganhar espaço na agenda do Conselho e serão, certamente, objeto de discussão para o próximo ciclo de planejamento estratégico.

5. CONCLUSÃO

O trabalho desenvolvido pelos seis grupos de transição, apresentado neste breve relato, procurou enfrentar os desafios relacionados às profundas mudanças acarretadas pela Lei 12.529/2011 no âmbito do Cade e sua repercussão na arquitetura organizacional, nos processos de trabalho, nas normas internas, nos sistemas de informação, no ambiente de trabalho e nas pessoas.

Passada a etapa de transição, o Cade concentrou esforços para sedimentar as alterações promovidas pela nova Lei da Concorrência, investindo nas agendas priorizadas no Plano Estratégico 2013-2016. O bom desempenho da autarquia tem rendido reconhecimento em âmbito nacional e internacional, porém novos avanços são limitados pela insuficiência de recursos humanos e orçamentários.

A gestão do conhecimento para conservação da memória institucional e o aperfeiçoamento da governança, com a instituição de mecanismos de gestão de riscos, representam desafios de desenvolvimento organizacional que devem ser incorporados nos próximos ciclos de planejamento, para que o Cade possa continuar cumprindo a missão de zelar pela manutenção de um ambiente concorrencial saudável, em benefício dos consumidores e do bom funcionamento da economia brasileira.

A SUPERINTENDÊNCIA-GERAL DO CADE E A ESTRUTURAÇÃO DA FUNÇÃO DE INSTRUÇÃO DOS PROCESSOS ADMINISTRATIVOS E ATOS DE CONCENTRAÇÃO

Eduardo Frade Rodrigues

1. INTRODUÇÃO

No dia 29 de maio de 2012, na nova sede do Cade em Brasília, para onde o órgão e seus servidores haviam se mudado havia poucos dias, pairava um clima de ansiedade. Nos meses anteriores, os gestores do Cade e seus dirigentes haviam pensado, desenhado e iniciado a execução do plano de estruturação e gestão do novo órgão de defesa da concorrência brasileiro, remodelado pela Lei 12.529/2011, publicada havia seis meses. Naquele dia a Lei entrava em vigor, e ainda em meio a caixas e obras, os servidores da recém-criada Superintendência-Geral se perguntavam: como se portará a nossa máquina?

Ao prever a estrutura do novo Conselho Administrativo de Defesa Econômica – Cade, a Lei 12.529/2011 concedeu à Superintendência-Geral papel particularmente central, dado que a ela conferiu as funções de instrução de todos os procedimentos preventivos (controle de atos de concentração) e repressivos (controle de condutas) de infrações à ordem econômica, seja em sede de preparação para julgamento pelo Tribunal Administrativo do Cade, seja, na prática, várias vezes em sede de decisão final sobre as matérias.

Como se percebeu à época da edição da Lei, e conforme a prática diária tem demonstrado desde a entrada em vigor da nova legislação, a estruturação e a condução das funções da Superintendência-Geral são talvez as peças mais relevantes na gestão dos processos administrativos a cargo do Cade. O maior ou menor fluxo de entrada e saída de casos da Superintendência, a velocidade de condução dos processos, uma instrução completa ou incompleta, análises de qualidade ou falhas, a decisão por assinar ou não assinar um acordo, de adotar ou não adotar uma medida preventiva: todos esses, entre outros, são fatores que, ao final, influenciam de forma significativa a eficiência e a eficácia das funções legais e constitucionais de defesa da concorrência conferidas ao Cade.

A Lei de Defesa da Concorrência, em seu artigo 13, enumerou competências e poderes da Superintendência-Geral do Cade, alguns deles de grande relevância para o seu papel de instrução, como a possibilidade ampla de investigação, requisição de informações junto a entes públicos e privados, oitivas, a inspeção e o procedimento de busca e apreensão judicialmente autorizado. Trata-se de poderes instrutórios bastante significativos, inclusive em comparação com várias autarquias ou agências federais, que legalmente municiaram a autoridade antitruste brasileira com uma série de instrumentos de investigação e análise.

Previu-se, também, competência da SG para firmar acordos em atos de concentração e em casos de conduta, e para adotar medidas preventivas. No artigo 86 da Lei foi dada à Superintendência, outrossim, a função de negociar e assinar acordos de leniência, instrumento essencial para a instauração e instrução de processos de combate a cartéis.

Ao longo da Lei foram previstos os procedimentos a serem seguidos na condução de processos administrativos de controle de atos de concentração e de procedimentos preparatórios, inquéritos administrativos e processos administrativos para imposição de sanções por infrações à ordem econômica.

Finalmente, a norma previu as figuras do Superintendente-Geral, de dois Superintendentes-Adjuntos e, de forma genérica, em suas disposições finais, criou e transferiu cargos em comissão para alocação no Cade.

De posse dessas competências e disposições relativamente genéricas, mas com grande potencial, ficou a cargo do próprio órgão, em grande medida, decidir como estruturar as funções de instrução da Superintendência-Geral e como gerir seus processos de forma a executar adequadamente essas tarefas. Essa decisão teria impacto significativo no sucesso ou insucesso das políticas de defesa da concorrência visadas pela Lei e no papel do Cade recém-reestruturado para tanto.

2. A ESTRUTURA DA SUPERINTENDÊNCIA-GERAL

Sob a égide do Gabinete da Superintendência-Geral estão o Superintendente-Geral, os dois Superintendentes-Adjuntos e o Chefe de Gabinete, além de posições de assessoria. Para além das funções de gestão, supervisão e de decisão final no âmbito da Superintendência, no Gabinete foram alocadas três unidades com funções distintas: uma unidade responsável pelo programa de leniência, uma unidade de triagem de condutas anticompetitivas e uma unidade de análise de informações.

A unidade responsável pelo programa de leniência concentra os pedidos de *markers* (senhas), a negociação e a assinatura dos acordos de leniência, que posteriormente gerarão inquéritos e processos administrativos.

A unidade de triagem de condutas é responsável pelo recebimento de denúncias e representações, tratando, respondendo e arquivando com velocidade aquelas com baixo nível de provas ou baixa probabilidade de sucesso, e receptando e dando tratamento inicial, para posterior distribuição a outras unidades, aquelas denúncias e representações com perspectivas de gerarem boas investigações.

A unidade de análise de informações aprofunda e fornece subsídios investigativos aos inquéritos e processos em curso na Superintendência, troca informações com autoridades policiais e do Ministério Público, planeja operações de busca e apreensão e faz a análise forense de materiais de prova obtidos, para posterior utilização nos processos administrativos. Cuida-se de tarefas bastante específicas e especializadas, com uso de tecnologias e conhecimentos particulares, merecendo tratamento distinto de outras espécies de trabalho relacionados à condução de processos.

Abaixo do Gabinete, a Superintendência-Geral foi municiada com oito Coordenações-Gerais, unidades responsáveis pela instrução e condução dos diferentes processos aos quais é dado encaminhamento.

Três Coordenações-Gerais são especializadas no tratamento de casos de cartéis: uma delas de cartéis em licitações, outra de cartéis internacionais e outra das demais espécies de cartel. A existência de unidades especializadas em cartéis se justifica pelo fato de que, além dessa infração antitruste ser considerada a mais grave de todas, a sua investigação se difere substancialmente das demais espécies de análise antitruste. A subdivisão entre as três unidades mencionadas, além de proporcionar uma distribuição numérica adequada de processos entre cada Coordenação, também faz sentido de um ponto de vista da condução dos casos alocados. Cartéis em licitações possuem dinâmicas e necessidades investigativas comumente distintas dos demais tipos de cartéis. Cartéis internacionais, por outro lado, normalmente envolvem procedimentos instrutórios específicos, como a notificação de pessoas no exterior e interação com autoridades internacionais.

Outra Coordenação-Geral é responsável pela triagem dos atos de concentração notificados ao Cade e pela investigação de atos de concentração que deixem de ser notificados. À Coordenação de Triagem de Atos de Concentração compete instruir e analisar todos os atos de concentração que sejam enquadrados como "sumários", ou seja, casos de conteúdo concorrencial não complexo, que podem ser avaliados de forma mais célere e com menos quantidade de informações. Entre 80% a 90% dos atos de concentração notificados se enquadram nessa categoria, sendo, portanto, conduzidos no âmbito da Coordenação-Geral de Triagem de ACs.

As quatro outras Coordenações-Gerais existentes concentram uma dupla tarefa: instruir os atos de concentração "ordinários" (não sumários) e investigar condutas de abuso de posição dominante. A alocação dessas duas funções conjuntamente se justificou, primeiramente, em razão do tipo de análise utilizada nessas espécies de casos. Ao contrário de cartéis, cuja investigação é precipuamente concentrada grande partes das vezes em provas diretas (como trocas de *e-mails*, reuniões, interceptações telefônicas, análise de documentos etc.), a análise de mérito atos de concentração e de condutas de abuso de posição dominante requerem avaliações de ordem econômica mais profunda, utilizando-se um raciocínio pautado pela "regra da razão". De um ponto de vista de gestão, essa dupla tarefa das Coordenações também permite um balanceamento do trabalho, já que o influxo de atos de concentração varia ao longo dos meses. A função de investigação de condutas unilaterais permite que as unidades de análise de fusões e aquisições não fiquem ociosas em períodos de baixa de atos de concentração, potencializando recursos humanos escassos.

As quatro Coordenações-Gerais de atos de concentração e condutas unilaterais dividem-se entre si de forma setorial: a primeira unidade cuida de casos em mercados agrícolas e em mercados de produtos diferenciados; a segunda, mercados de serviços; a terceira, mercados industriais; e a quarta, mercados regulados. Essas segmentações têm por objetivo aproveitar a expertise acumulada ao longo do tempo dentro de cada Coordenação, que se especializa em cada tipo de análise e em cada tipo de mercado. O exame antitruste aplicado a um mercado de produtos diferenciados é distinto daquele aplicado em um mercado de produtos homogêneos, por exemplo, assim como a análise concorrencial em mercados sujeitos à regulação econômica de agências especializadas também requer uma linha de pensamento própria, e assim por diante. Com o tempo, o acúmulo de precedentes, dados e conhecimentos sobre um mesmo mercado dentro da mesma unidade gera resultados expressivos em termos de qualidade e velocidade das análises. O mesmo vale para as segmentações das Coordenações de cartéis.

Ao final, as análises técnicas e pareceres produzidos pelas Coordenações-Gerais em processos de conduta e atos de concentração passam pelo crivo de um dos Superintendentes-Adjuntos – um deles concentra a gestão dos casos de cartel e o outro a gestão de atos de concentração e condutas unilaterais. O Superintendente-Geral constitui a instância decisória final no âmbito da SG.

Todas essas divisões, vale frisar, não estão engessadas em normas fixas, tratando-se, mais propriamente, de uma decisão de gestão. É positivo que permaneça a possibilidade de haver, no futuro, uma rápida alteração de funções dentro da SG, a depender das alterações mercadológicas, dos fluxos de processos e das necessidades de um dado momento. A estruturação atual, contudo, fixada quando da entrada em vigor da nova lei e aperfeiçoada nesses últimos três anos, foi positiva tendo em vista os objetivos visados, como se verá a seguir.

3. ATOS DE CONCENTRAÇÃO

Possivelmente o principal temor advindo da aprovação da nova lei era se o Cade seria capaz de tratar de forma adequada e célere os atos de concentração notificados, que agora se submeteriam a uma análise prévia, não mais podendo ser concretizados antes da aprovação da autoridade antitruste. O desenho de gestão da Superintendência, onde seriam notificados e instruídos os atos de concentração, seria essencial no sentido de gerar uma análise eficiente.

Os procedimentos gerais de análise dos atos de concentração foram previstos na Lei e aperfeiçoados pelo Regimento Interno do Cade, instrumento importante de um ponto de vista procedimental, produzido durante a transição para o novo regime. Além disso, porém, outros instrumentos, assim como estruturas de gestão, foram criados com o intuito de proporcionar um tratamento eficiente dos atos de concentração. A fim de acalmar os ânimos e demonstrar a confiança e comprometimento do Cade com o novo sistema, seus dirigentes publicizaram que atos de concentração sumários seriam analisados dentro de um período de 30 dias, meta ambiciosa.

O primeiro instrumento importante nesse sentido foi efetivado por meio de normas. Para além do Regimento Interno, o Cade editou a Resolução 2/2012, que visava tornar transparentes e o mais objetivas quanto possível as regras de notificação de atos de concentração. A norma, em especial, também criou duas espécies de procedimentos de análise: sumários e ordinários, e elencou critérios objetivos para enquadramento de atos de concentração sumários. Foram adotados formulários de notificação, um para casos sumários e outro para casos ordinários, cuidadosamente desenhados de forma a conter todas ou grande parte das informações necessárias para que a Superintendência desse início e, muitas vezes, pudesse finalizar a análise do ato de concentração notificado, especialmente no caso de notificações sumárias.

Essa normatização gerou as condições essenciais para a gestão célere e eficiente dos atos de concentração. Os casos sumários, representativos de 80% a 90% das notificações, poderiam ser analisados de forma imediata, sem necessidade, em regra, de grandes informações adicionais, de forma objetivamente separada dos casos ordinários. Para que a ideia funcionasse, porém, seria necessário rigor por parte da autoridade quando do exame da completude do preenchimento dos formulários de notificação, impedindo a prática até então usual de idas e vindas de complementos de informações que impediam uma avaliação imediata do mérito das operações. Assim foi feito, e formulários de notificação incompletos foram e continuam sendo prontamente rejeitados. Se é certo que isso inicialmente representou uma transferência de custo às partes privadas, responsáveis pelo preenchimento das informações, não há dúvidas que um modelo distinto necessariamente representaria maiores custos gerais, em termos de esforço e tempo despendidos. Ao final, o resultado parece ter valido a pena.

A peça central de gestão do modelo de tratamento dos ACs foi construída com o desenho da já mencionada Coordenação-Geral de triagem de atos de concentração, responsável por receber e triar os atos de concentração notificados, e por promover a análise imediata dos casos sumários[1-2].

A peça final de gestão dos atos de concentração foi representada pela criação das Coordenações-Gerais setoriais descritas acima, responsáveis pela análise dos atos de concentração ordinários, que passaram a ser examinados por unidades com conhecimento acumulado sobre mercados e tipos de análise específicos, o que proporcionou avaliações de maior qualidade e também mais céleres.

Ao longo dos últimos três anos, uma peça crescentemente importante para o tratamento de atos de concentração na Superintendência é o Departamento de Estudos Econômicos do Cade, cuja assistência tem sido intensamente utilizada em casos complexos, conferindo maior qualidade à análise.

Os resultados do modelo implementado para a gestão dos atos de concentração são significativos. O tempo médio de análise de um ato de concentração passou de 154 dias em 2011, antes da edição da Lei, para uma média atual de 31 dias. Mais especificamente, a média temporal de análise de casos sumários é de 20 dias, e sempre inferior a 30. Mesmo os casos ordinários possuem hoje um tempo médio de análise relativamente curto, considerando padrões internacionais e o fato de que a Lei permite um prazo de análise de até 330 dias: a média dos ordinários é de 84 dias[3].

4. CONDUTAS[4]

Também na instrução e no controle repressivo de condutas anticompetitivas foi imposta uma lógica de triagem e priorização, a fim de aplicar

---

[1] Sobre a criação da unidade de Triagem de Atos de Concentração, ver: (i) RAGAZZO, Carlos Emmanuel Joppert; GORDILHO JR, Mário Sérgio Rocha. One year after: Premerger Notification Unit in Brazil. *CPI Antitrust Chronicle*, August 2013; e RAGAZZO, Carlos Emmanuel Joppert; GORDILHO JR, Mário Sérgio Rocha. A revolução gerencial no "novo CADE": a análise prévia de atos de concentração. *Revista do IBRAC*, n. 25, 2014.

[2] A estruturação do modelo de triagem de atos de concentração da Superintendência-Geral do Cade ficou, em 2014, entre as dez finalistas do Prêmio de Inovação na Gestão Pública, promovido pela Escola Nacional de Administração Pública – ENAP.

[3] CADE. *Balanço do triênio da Lei 12.529/2011/2011e perspectivas da defesa da concorrência no Brasil.* Maio, 2015. Disponível em: <http://www.cade.gov.br/upload/Balan%-C3%A7o%203%20anos%20nova%20lei-atualizado.pdf>.

[4] Dados deste subcapítulo: RODRIGUES, Eduardo Frade. *Balanço do primeiro biênio e perspectivas da Superintendência-Geral do CADE.* Café da manhã com o Superintendente-Geral do CADE, Apresentação ao IBRAC, 2014. Disponível em: <http://www.ibrac.org.br/Uploads/Eventos/Caf%C3%A9%20CADE/programa%20CAF%C3%89%20DA%20

da forma mais eficiente possível os recursos destinados à Superintendência-Geral[5]. Desde logo foi instituída no âmbito do Gabinete uma unidade de triagem de condutas, destinada a evitar a entrada descontrolada de denúncias e investigações com baixas chances de sucesso, seja em razão de incompetência da matéria, baixa potencialidade anticompetitiva ou capacidade limitada de acúmulo de provas.

Procedeu-se também a um esforço concentrado de redução do estoque acumulado de casos, grande parte dele enquadrando-se nas situações recém-descritas. Foi feita uma revisão e uma reclassificação dos processos de acordo com a quantidade de provas existentes ou potencialmente alcançáveis, potencialidade anticompetitiva e impacto sobre os consumidores e, especialmente no momento pós-transição, procedeu-se à tarefa de redução de estoque. Já no primeiro ano de vigência da Lei, o estoque de processos na SG foi reduzido em quase um terço. O novo paradigma de instrução e gestão de casos de conduta estava colocado. Evitar casos ruins e focar recursos em casos com bom potencial.

A mesma lógica foi aplicada às decisões de transformação de procedimentos preparatórios e inquéritos administrativos em efetivos processos administrativos, espécie de procedimento a ser aberto diante de indícios efetivamente robustos de infração, e no qual se desenvolvem necessárias mas custosas fases processuais de defesa e produção de provas. A instauração de um processo administrativo passou a ser mais criteriosa. Como resultado, embora o número de denúncias recebidas e avaliações iniciais de investigação permaneça semelhante ao passado (tendo, na verdade, aumentado), o número de processos administrativos efetivamente instaurados foi reduzido em um terço.

Os resultados dessa política já podem ser sentidos: a redução de processos administrativos instaurados permitiu aumentar em duas vezes o número de processos administrativos finalizados. Em cerca de 75% dos casos, o parecer da Superintendência é pela condenação, total ou parcial, enquanto no passado ocorria o oposto, ou seja, aproximadamente 75% dos pareceres enviados pela unidade de instrução ao Conselho do Cade eram pelo arquivamento.

Não houve um agravamento das análises de mérito. O que ocorreu simplesmente, foi um resultado de uma política deliberada de deixar de despender recursos em casos que ao final acabavam sendo arquivados por falta de provas ou baixa potencialidade anticompetitiva, e passar a focar esses re-

---

MANH%C3%83%20COM%20O%20SUPERINTENDENTE%20GERAL%20DO%20CADE%20DR.pdf>.

[5] Ver: RAGAZZO, Carlos Emmanuel Joppert; ANDRADE, Diogo Thomson de. *Beyond detection: the management of cartel cases*. *Competition Policy International: Cartel Column*. 2012. Disponível em: <https://www.competitionpolicyinternational.com/assets/Free/cpicartelragazzo.pdf>. Acesso em: 20 maio 2015.

cursos em casos com verdadeiro caráter anticoncorrencial. Mais *enforcement* com menos gastos.

Concomitantemente, essa economia de recursos pôde ser aproveitada de outras formas. Primeiramente, em um esforço de dar maior velocidade à instrução. A título de exemplo, enquanto ao final de 2013 apenas 28% do estoque de casos de conduta em curso na Superintendência tinha até um ano de duração, ao final de 2014 esse percentual já representava quase 50% do estoque. Cerca de 70% dos casos na SG, ao final de 2014, tinham até três anos, enquanto ao final de 2013 casos com até três anos representavam apenas pouco mais de metade do estoque.

Passou a haver, outrossim, uma transferência relevante de recursos da Superintendência-Geral para a sua unidade de análise de informações. Tratou-se do início de um planejamento para permitir a geração, cada vez maior, de detecção proativa de condutas ilícitas e de abertura de investigações *ex officio* por parte do órgão, a partir do acesso a dados e informações de inteligência. Buscou-se, também, dar agilidade e foco em operações de busca e apreensão e nas investigações delas resultantes, em regra os casos de maior qualidade e maior impacto, notadamente grandes cartéis.

Devotou-se maiores recursos, da mesma forma, a um dos principais instrumentos de detecção e tratamento de investigações de cartéis à disposição da Superintendência-Geral: a leniência. Deu-se grande atenção à publicização e ao fortalecimento do programa de leniência do Cade, que tem crescido de forma significativa nos últimos anos, recebendo-se uma quantidade cada vez maior de pedidos de acordo em comparação a períodos anteriores. No novo regime, também aos acordos de leniência foi dado um tratamento mais rigoroso, no sentido de exigir níveis de prova e colaboração cada vez mais altos dos pleiteantes aos benefícios da leniência, o que tem gerado casos de maior qualidade.

Mais recentemente, a edição da Resolução 5/2013 do Cade forneceu regras objetivas para a assinatura de acordos em processos de condutas anticompetitivas, os chamados Termos de Compromisso de Cessação. No caso de cartéis, para além da obrigatoriedade de recolhimento de contribuição pecuniária (com descontos pré-fixados no caso de assinatura do acordo), foi prevista a obrigatoriedade de reconhecimento de participação na conduta e de colaboração com as investigações. Estes instrumentos, utilizados em grande número desde a publicação da referida Resolução, também tem contribuído sobremaneira para a instrução dos processos em curso da Superintendência, ao mesmo tempo em que também reduzem os custos administrativos envolvidos na persecução de pessoas físicas e jurídicas.

5. PARCEIROS

É relevante frisar, como elementos cruciais da instrução de investigações de condutas anticompetitivas e de atos de concentração pela Superintendência-Geral, as inúmeras parcerias desenvolvidas entre o Cade e outros agentes públicos.

Parceiros de longa data, em especial forças policiais e Ministérios Públicos estaduais e federal, foram mantidos e aproximados, gerando novos casos ou casos melhores – via denúncias, investigações conjuntas, troca de dados e evidências ou leniências –, inclusive com o desenvolvimento recente de instrumentos inovadores no âmbito antitruste penal, como delações premiadas criminais utilizadas concomitantemente à leniência prevista na Lei 12.529/2011.

Ao mesmo tempo, outras parcerias foram desenvolvidas ou aprofundadas, particularmente com foco na investigação de cartéis em licitações. Cita-se, em especial, acesso a dados e trocas de informações com a Controladoria-Geral da União – AGU, tribunais de contas estaduais e da União, corregedorias, empresas públicas e outros.

Convênios com agências reguladoras foram mantidos e aprofundados, e permitem tanto a facilitação de denúncias de condutas anticompetitivas quanto o acesso a dados e estudos setoriais, utilizados em processos administrativos e atos de concentração.

Acordos e contatos constantes com autoridades de defesa da concorrência de outros países, assim como organismos nacionais e internacionais devotados ao tema, trazem subsídios perenes aos esforços de instrução e gestão dos processos.

Finalmente, a cultura paulatinamente gerada pelo novo regime introduzido pela Lei 12.529 causou um aprofundamento relevante dos esforços de empresas, advogados, economistas e terceiros interessados atuantes junto a processos do Cade no sentido de contribuir com as análises e trazer dados e argumentos de maior qualidade.

6. CONTROLE DAS FUNÇÕES DE INSTRUÇÃO DA SUPERINTENDÊNCIA-GERAL

Finalmente, cabe mencionar que o incentivo à instrução adequada de atos de concentração e processos de conduta pela Superintendência, bem como a supervisão de seus poderes de instrução, depende da transparência e da supervisão de seus trabalhos.

Essa supervisão ocorre em vários níveis: internamente à própria Superintendência; pelos demais órgãos do Cade, notadamente Tribunal e

Procuradoria-Geral; pelo Ministério Público atuante no Cade ou fora dele; e pelo público externo.

Internamente, a grande institucionalização do Cade nos últimos anos, derivada de investimentos em um corpo técnico de servidores públicos concursados e nos esforços da nova lei de reforçar o órgão com cargos que permitem maior retenção de servidores, gera uma fiscalização interna relevantes dos dirigentes da Superintendência.

A própria Lei também gerou mecanismos recursais e de avocação que permitem uma fiscalização constante dos trabalhos da Superintendência pelo Tribunal do Cade, a ProCade e o MPF representado junto ao órgão. Tais mecanismos legais foram reforçados por ações de gestão interna, como por exemplo avisos de arquivamento de casos enviados automaticamente aos Conselheiros.

Finalmente, o Cade buscou manter sua tradição de transparência de pareceres, decisões e políticas, o que permite uma fiscalização por parte do público externo altamente especializado, notadamente empresas e advogados.

Uma ferramenta recente que contribuiu sensivelmente para maiores níveis de transparência e possibilidade de supervisão dos processos, tanto interna quanto externamente, se concretizou com o lançamento do SEI – Sistema Eletrônico de Informações, que introduziu o processamento e acompanhamento eletrônico de processos no Cade.

7. CONCLUSÃO

Três anos após o início de vigência da nova Lei de Defesa da Concorrência, a avaliação é de que a máquina desenhada para as funções de instrução da Superintendência-Geral do Cade parece ter funcionado, tendo em vista os fins então propostos, permitindo um salto significativo de eficiência nas tarefas do órgão antitruste brasileiro.

Embora o modelo implementado requeira atenção e manutenção constantes, e seja sempre passivo de melhorias, o antitruste no Brasil parece finalmente poder passar de um debate sobre estruturação para um debate mais focado nos resultados materiais desse processo. As atenções podem passar a se desviar da construção da máquina para os produtos que ela gerará.

O fim precípuo de todo esse processo, como não poderia deixar de ser, é permitir a prevenção e a repressão eficazes a infrações à ordem econômica, e constantes aumentos nos níveis de competitividade do mercado nacional, em benefício do ambiente econômico e dos consumidores brasileiros. O campo para avanços ainda é imenso.

BIBLIOGRAFIA

ANDERS, Eduardo Caminati et al. (coord.). *Comentários à nova Lei de Defesa Da Concorrência:* Lei 12.529, de 30 de novembro de 2011. São Paulo: Método, 2012.

BRASIL. *Lei 12.529/2011*. Disponível em: <http://www.planalto.gov.br/ccivil_03/_ato2011-2014/2011/Lei/L12529.htm>. Acesso em: 28 Maio 2014.

CADE. *Balanço do triênio da Lei 12.529/2011e perspectivas da defesa da concorrência no Brasil.* Maio 2015. Disponível em: <http://www.cade.gov.br/upload/Balan%-C3%A7o%203%20anos%20nova%20lei-atualizado.pdf>. Acesso em: 6 jun. 2015.

_____. *Regimento Interno do Cade.* Disponível em: <http://www.Cade.gov.br/Default.aspx?b2859563b268bc46d07ed066>. Acesso em: 28 maio 2014.

_____. *Resolução Cade 02/2012.* Disponível em: <http://www.Cade.gov.br/upload/Resolu%C3%A7%C3%A3o%202_2012%20-%20An%C3%A1lise%20Atos%20Concentra%C3%A7%C3%A3o.pdf>. Acesso em: 28 maio 2014.

CORDOVIL, Leonor et al. *Nova Lei de Defesa da Concorrência comentada:* Lei 12.529, de 30 de novembro de 2011. São Paulo: Ed. RT, 2011.

MARTINEZ, Ana Paulo; ARAÚJO, Mariana Tavares de. Shaping the future of Brazil's anti-cartel program: relevant changes introduced by law n. 12,529/2011. *Competition Policy International: Cartel Column.* 2012. Disponível em: <https://www.competitionpolicyinternational.com/assets/Free/cpicartelAnaMariana.pdf>. Acesso em: 8 jun. 2015.

PEREIRA, Flavio Schettini (org.). *Ações premiadas no 18.º concurso inovação na gestão pública federal.* Brasília: ENAP, 2014.

RAGAZZO, Carlos Emmanuel Joppert. A revolução gerencial no "novo Cade": a análise prévia de atos de concentração. *Revista do IBRAC,* n. 25, 2014.

RAGAZZO, Carlos Emmanuel Joppert; ANDRADE, Diogo Thomson de. Beyond detection: the management of cartel cases. *Competition Policy International: Cartel Column.* 2012. Disponível em: <https://www.competitionpolicyinternational.com/assets/Free/cpicartelragazzo.pdf>. Acesso em: 20 maio 2015.

RAGAZZO, Carlos Emmanuel Joppert; GORDILHO JR, Mário Sérgio Rocha. One year after: Premerger Notification Unit in Brazil. *CPI Antitrust Chronicle,* August 2013.

RODRIGUES, Eduardo Frade. *Balanço do primeiro biênio e perspectivas da Superintendência-Geral do Cade.* Café da manhã com o Superintendente-Geral do Cade. Apresentação ao IBRAC, 2014. Disponível em: <http://www.ibrac.org.br/Uploads/Eventos/Caf%C3%A9%20Cade/programa%20CAF%C3%89%20DA%20MANH%C3%83%20COM%20O%20SUPERINTENDENTE%20GERAL%20DO%20Cade%20DR.pdf>. Acesso em: 6 jun. 2015.

O NOVO CADE NO CENÁRIO INTERNACIONAL

Paulo Burnier da Silveira[1]

1. INTRODUÇÃO

A Lei 12.529/2011 permitiu uma alteração significativa na forma de atuação do novo Cade no cenário internacional. Isto ocorreu, principalmente, pela adoção do controle prévio dos atos de concentração, que exigiu da autarquia a coordenação de fusões internacionais sob a análise de várias jurisdições ao mesmo tempo. No antigo Cade, em razão do sistema de controle *a posteriori* dos atos de concentração, uma eventual cooperação com outra autoridade da concorrência ocorria, em geral, anos depois da sua análise no país parceiro. Além disso, outro componente que explica a nova forma de atuar no cenário internacional diz respeito ao desenho institucional do novo Sistema Brasileiro de Defesa da Concorrência. No antigo sistema, as três agências responsáveis pela aplicação da lei de concorrência – Cade, SDE e Seae – tinham o desafio de atuar de modo conjunto nas questões internacionais, frequentemente sob a coordenação do Cade. No novo sistema, esta atividade foi unificada em uma só autoridade – o novo Cade – no que diz respeito ao *enforcement* da legislação concorrencial brasileira, o que trouxe relevantes sinergias e eficiência na gestão administrativa da área.

Este breve artigo visa mostrar a atuação do novo Cade no cenário internacional, considerando o período de 2011 a 2015, que inclui a aprovação da nova Lei de Defesa da Concorrência, a fase de transição, bem como um balanço dos primeiros três anos de vigência de nova legislação. Para tanto,

[1] As opiniões deste artigo são pessoais e não refletem necessariamente a visão das instituições às quais o autor pertence ou com as quais possuiu vínculos.

pode-se dividir o assunto em dois eixos centrais: primeiramente, na participação reforçada do Cade nos fóruns internacionais, em particular na ICN; e, em segundo lugar, na inserção definitiva do Cade na coordenação dos casos internacionais.

2. PARTICIPAÇÃO REFORÇADA NOS FÓRUNS INTERNACIONAIS

A participação das agências brasileiras de defesa da concorrência nos fóruns internacionais sobre a matéria teve início na década de 1990, sendo incrementada, nos anos 2000, com a participação do Brasil no Comitê de Concorrência da OCDE e, alguns anos depois, na ICN. Na continuidade deste processo, a participação brasileira pôde ser substancialmente reforçada com a nova legislação de defesa da concorrência, graças, principalmente, à unificação das atividades de *enforcement* no âmbito de apenas uma autoridade da concorrência, o novo Cade.

A nova estrutura institucional permitiu a criação de uma verdadeira unidade administrativa, nos modeles de uma coordenação-geral, das atividades internacionais relacionadas à defesa da concorrência. No sistema anterior, cada *head of agency* (Presidente do Cade e Secretários da SDE e da Seae) tinha um assessor internacional, para a execução das demandas e estratégias que cada *head* julgava importante no âmbito de sua respectiva gestão e agenda de prioridades – que não, necessariamente, eram as mesmas quando comparadas às outras duas agências. Nesse sentido, a nova legislação, ao centralizar a matéria, promoveu uma maior afinidade no discurso brasileiro para as questões internacionais, além de ter trazido eficiências importantes na gestão administrativa da área internacional. Desta maneira, a coordenação das atividades internacionais de defesa da concorrência passou a ser tratada de forma mais sistematizada.

Os fóruns internacionais onde o novo Cade atua podem ser classificados de acordo com sua natureza: pública, privada ou acadêmica. Enquanto os primeiros são promovidos por organizações internacionais, em geral de financiamento público, como a OCDE, a ICN e a UNCTAD, os demais são desenvolvidos por organismos do setor privado ou do meio acadêmico, como ABA, IBA, Fordham Institute e Chatham House – estes últimos funcionando como *think-tanks* da área.

O desempenho do novo Cade, em particular na ICN e na OCDE, parece emblemático na análise desta participação reforçada nos fóruns internacionais de defesa da concorrência.

2.1. Rede Internacional da Concorrência (ICN)

A chegada do novo Cade foi coroada com a organização da 11.ª Conferência Anual da ICN, na cidade do Rio de Janeiro, nos dias 17 a 20 de abril de 2012 – algumas semanas antes da entrada em vigor da Lei 12.529/2011. Este foi um momento muito importante para todo o Sistema Brasileiro de Defesa da Concorrência, pois o elevou para outro patamar no cenário internacional da defesa da concorrência. Os quase 400 participantes estrangeiros presentes, em larga escala representantes de autoridades de concorrência estrangeiras, puderam testemunhar a seriedade da política de defesa da concorrência no Brasil, bem como a capacidade do Cade, SDE e Seae na organização de eventos internacionais. Ficou famosa a declaração de uma alta autoridade estrangeira, de uma das maiores agências antitrustes do mundo, que declarou ao Presidente interino do Cade à época, antes mesmo do coquetel oficial de abertura do evento: "this ICN Annual Conference is fantastic; congratulations for the perfect planning!". Eventuais exageros à parte, sobretudo pelo momento no qual a declaração foi feita, a pesquisa de satisfação, elaborada após a conferência, apontou, de fato, um índice de satisfação dos participantes superior a 90%, o que indica, de maneira mais objetiva, o sucesso do evento – aliás, um índice de satisfação recorde quando comparado a conferências anuais passadas da ICN.

Na sequência da ICN Rio, como ficou conhecido o evento, o Cade pôde reforçar, de maneira substancial, a sua participação na ICN, com maior envolvimento nas decisões do *Steering Group* e na coordenação das atividades da organização, que reúne, atualmente, 130 autoridades da concorrência no mundo. Em 2013, a renúncia do Presidente da ICN da época, Eduardo Perez Motta, que presidia também a autoridade da concorrência mexicana, abriu uma sucessão presidencial na ICN, que foi disputada pelos dois Vice-Presidentes da organização à época, Andreas Mundt e Bruno Lasserre, respectivamente, Presidentes do *Bundeskartellamt* alemão e da *Autorité de la concurrence* francesa. O processo político foi vencido pelo primeiro, que manteve Bruno Lasserre em uma das vice-presidências e convidou o Presidente do Cade, Vinicius Marques de Carvalho, para a outra vice-presidência da ICN, com apoio do homólogo francês. Neste momento, o Brasil, através do Cade, passou a compor, com Alemanha e França, a presidência da principal organização internacional de defesa da concorrência no mundo. Trata-se, talvez, da maior mostra do prestígio atual do Cade e reconhecimento pela comunidade antitruste internacional.

No âmbito da vice-presidência da ICN, o *Vice-Chair* Vinicius Marques de Carvalho foi incumbido da agenda de *implementation* dos produtos elaborados pela organização internacional. Ao total, a ICN possui uma centena de *work products* disponíveis no seu *website*, além de outras três dezenas em fase de elaboração através dos Grupos de Trabalho da organização. Estes produtos são frutos de uma intensa discussão entre os membros da ICN, que contam com importantes contribuições de consultores não governamentais, também chamados de NGAs (*Non-Governmental Advisors*) – em geral, advogados, economistas e acadêmicos da área. A outra vice-presidência é desenvolvida pela França, que fica encarregada do *outreach*, que inclui o relacionamento com NGAs e novos membros da organização internacional.

A vice-presidência da ICN representa um marco na atuação do Cade nos fóruns internacionais de defesa da concorrência. Por um lado, confirma-se o movimento ascendente do Cade nos últimos anos no cenário internacional. Por outro lado, oferece-se uma oportunidade ímpar de influenciar o desenvolvimento da politica de defesa da concorrência no mundo, com um protagonismo cada vez maior frente às demais autoridades da concorrência do mundo.

2.2. Organização para a Cooperação e Desenvolvimento Econômico (OCDE)

O Comitê de Concorrência da OCDE também é um importante fórum de atuação do Cade nos últimos anos. É impressionante a riqueza das discussões e a qualidades dos produtos desenvolvidos no âmbito desta organização internacional. Muitos países, inclusive o Brasil, puderam se beneficiar dos estudos, guias e modelos de *soft law* propostos pela OCDE em matéria de defesa da concorrência. Um exemplo concreto e recente, detalhado mais adiante neste artigo, diz respeito ao *waiver of confidentiality*, cujas orientações da OCDE foram essenciais na elaboração do modelo brasileiro de Termo de Renúncia à Confidencialidade para cooperação entre as autoridades da concorrência na análise de atos de concentração.

No contexto do novo Cade, a participação reforçada pode ser vista no número de contribuições escritas enviadas anualmente às rodadas de discussão (*roundtables*) da organização. Enquanto, no antigo Cade, a média de contribuições era de 1,5 contribuições escritas por ano, no novo órgão foi possível elevar sensivelmente este número: 3 em 2012, 5 em 2013 e 6 em 2014, desconsiderando neste cálculo as respostas elaboradas a inúmeros questionários que alimentam estudos específicos da OCDE. Além disso, percebe-se, claramente, a passagem do Cade de coadjuvante para protagonista, também nas discussões da OCDE, na esteira do que ocorreu na ICN.

2.3. Outros fóruns internacionais

Existem diversos outros fóruns internacionais, de natureza pública, privada e acadêmica, nos quais o Cade conseguiu reforçar sua atuação com o desenho institucional da nova lei. Dentre eles, destacam-se o fórum dos BRICS, do Mercosul e da UNCTAD, em que a autarquia tem exercido uma posição de destaque cada vez maior. A título exemplificativo, o Brasil organizará a próxima conferência bianual dos BRICS em defesa da concorrência, prevista para o ano de 2017, além de ter elaborado, a pedido expresso dos demais membros do grupo, a primeira versão de um possível acordo de cooperação a nível multilateral entre as autoridades da concorrência que compõem este fórum.

Nesta nova dinâmica de participação, percebe-se que, pela primeira vez, passou a ser possível um alinhamento de mensagens, no âmbito de alguns tópicos específicos, durante a participação institucional do Cade em painéis de seminários e debates de uma maneira geral. Isto fortalece a posição da instituição e tem impactos reais na política de defesa da concorrência, uma vez que contribui, em termos dissuasórios (*deterrence*), para a redução de práticas anticompetitivas no país, bem como estimula, do ponto de vista da teoria dos jogos, a corrida por *markers* no Brasil para os casos envolvendo leniências internacionais.

3. INSERÇÃO DEFINITIVA NA COORDENAÇÃO DE CASOS INTERNACIONAIS

A inserção definitiva do Brasil na coordenação de casos internacionais representa uma segunda dimensão do novo Cade no cenário internacional, graças ao *upgrade* da área internacional do Cade no âmbito do novo modelo institucional da Lei 12.529/2011. Pela primeira vez, pode-se contar com uma verdadeira equipe de assessoria internacional, que passou a atuar como uma coordenação-geral ou unidade departamental, a exemplo do que ocorre nas autoridades de concorrência das jurisdições mais maduras.

Em realidade, o contato entre autoridades de concorrência para a análise de casos internacionais é mais frequente do que se imagina. Este contato ocorre, em um primeiro momento, entre departamentos internacionais, que são compostos, em geral, por profissionais capacitados em defesa da concorrência e com facilidade em idiomas estrangeiros. É assim, por exemplo, nos Estados Unidos, no Canadá, no México, em Portugal, na França, na Alemanha, na Comissão Europeia e na Austrália - apenas para citar alguns exemplos. Esta é a realidade das autoridades da concorrência no mundo, tendo o Cade seguido esta tendência, fortalecendo, no âmbito da nova legislação, a sua área internacional com uma equipe de servidores com este perfil.

Na prática, o contato entre as autoridades de concorrência ocorre de diversas formas, desde um breve e-mail informando sobre a análise de determinada fusão até uma série de densas rodadas de *conference calls* entre as equipes responsáveis pelo caso com o apoio das respectivas equipes de assessoria internacional. Estas detêm, em geral, uma boa compreensão do ambiente jurídico e cultural da jurisdição objeto de cooperação e conseguem, portanto, auxiliar no uso da linguagem técnica, bem como no entendimento das diferentes regras, materiais e procedimentais, da autoridade parceira.

3.1. Controle de estruturas

O controle de estruturas é a parte que exige o maior esforço de coordenação nos casos internacionais. Com a adoção da análise prévia dos atos de concentração, tornou-se um desafio - e uma oportunidade - a cooperação internacional nesta área, considerando o fato de o Cade analisar as operações no mesmo momento que outras jurisdições envolvidas. De fato, o balanço destes primeiros anos da nova legislação comprova que o fluxo de cooperação aumentou para a troca de informações, impressões gerais, técnicas investigativas, teorias aplicáveis, mercados afetados, coordenação de eventuais remédios e *timing* dos julgamentos.

Neste contexto, destaca-se a elaboração, por parte da equipe internacional do Cade, de um Modelo de Termo de Renúncia à Confidencialidade, baseado em modelos de *waivers of confidentiality* da OCDE e da ICN, para formalmente efetivar as trocas de informações mencionadas. Atualmente, a maior parte dos casos de cooperação internacional em fusões passa pela assinatura, da parte das empresas requerentes, de um termo de renúncia de confidencialidade. Isto libera ambas as autoridades da concorrência para uma comunicação franca, sem receio de quebrar a sua obrigação de confidencialidade em relação às informações prestadas na notificação do ato de concentração. Ressalta-se que as empresas, incluindo administradores e advogados, têm demonstrado pró-atividade e abertura quanto a esses pedidos – o que, na prática, permite uma maior celeridade da análise do caso.

Os dois primeiros casos de fusões internacionais analisados, sob as regras da nova Lei de Defesa da Concorrência brasileira, ilustram bem as vantagens da cooperação internacional neste campo, considerando a possibilidade de discutir remédios para as transações de maneira coordenada com outras autoridades da concorrência, o que de fato ocorreu, em ambos os casos em referência, com a autoridade da concorrência da Comissão Europeia, o DG-Competition.

O primeiro caso trata da aquisição da empresa Mach, com sede em Luxemburgo, pela Syniverse, sediada nos Estados Unidos. Durante a primeira fase da análise, no âmbito da Superintendência-Geral do Cade, recomendou-se ao Tribunal do Cade a aprovação da aquisição da empresa WP Roaming III S.A.R.L. (MACH) pela Syniverse Holdings, Inc (AC 08700.006437/2012-13), condicionada à assinatura de um Acordo em Controle de Concentração (ACC). Para a Superintendência, a operação, notificada em outubro de 2012, resultaria em concentração elevada nos mercados de GSM *data clearing* e *Near Real Time Roaming Data Exchange* (NRTRDE), que são serviços de tecnologia prestados a empresas de telecomunicação móvel. O GSM *data clearing* é utilizado pelas operadoras para realizar a cobrança de *roaming*, que ocorre quando um usuário de um aparelho móvel se conecta a uma rede diferente de sua rede doméstica. Já o NRTRDE é um serviço que permite detecção de fraudes de *roaming* que possam gerar prejuízos às operadoras ou aos seus clientes. Para sanar as preocupações concorrenciais detectadas, as empresas estrangeiras Syniverse e Mach propuseram ao Cade a assinatura do ACC em que se comprometem com determinadas obrigações para afastar eventuais efeitos anticompetitivos da operação. A posição da Superintendência foi confirmada pelo Tribunal do

Cade em 22 de maio de 2013. A decisão europeia sobre esta mesma transação ocorreu no dia 29 de maio de 2013, na sequencia de intenso diálogo entre Cade e DG-Competition durante a análise da operação, amparado por termo de renúncia à confidencialidade assinado pelas empresas para o propósito específico de cooperação entre as duas autoridades da concorrência.

O segundo caso se refere à proposta de fusão das empresas sueca Munksjö AB e finlandesa Ahlstrom Corporation, que resultaria em elevada concentração no mercado de papel decorativo pré-impregnado – PRIP (aplicado em móveis de ambientes internos como cozinhas, quartos e escritórios), e no de bases para abrasivos de papel pesado (matéria-prima usada para a fabricação de produtos de revestimento abrasivo, os quais são usados para desgastar ou polir materiais em operações em muitos setores industriais), não havendo perspectivas de novas firmas entrantes no setor ou concorrentes capazes de rivalizar em nível suficiente nesses mercados. Para sanar tais preocupações concorrenciais, Munksjö e Ahlstrom propuseram ao Cade, na forma de um ACC, a venda, a uma terceira empresa, de ativos da Ahlstrom utilizados na produção de PRIP e bases para abrasivos. Em seu parecer, a Superintendência-Geral recomendou a aprovação de tal Acordo em Controle de Concentração, o que foi também confirmado pelo Tribunal do Cade na mesma sessão de julgamento do caso anterior, no dia 22 de maio de 2013. Esse caso foi igualmente objeto de importante cooperação entre Cade e DG-Competition, possível por meio da concessão de termo de renúncia à confidencialidade, submetido pelas empresas. Ao total, ocorreram cinco para discussões gerais sobre o caso, atualizações e alinhamentos de etapas. A decisão europeia, desta vez, ocorreu apenas dois dias depois da decisão brasileira, no dia 24 de maio de 2013.

Em suma, os casos relatados enviam uma mensagem importante para a comunidade empresarial que atua com transações internacionais, em especial aos que desenvolvem atividades econômicas com efeitos no Brasil: as autoridades da concorrência estão conversando e a nova lei de defesa da concorrência brasileira oferece esta oportunidade ao Cade, que tem feito e continuará a fazer bom uso desta prerrogativa.

3.2. Controle de condutas

No terreno do controle de condutas, o Cade também parece ter sido inserido, definitivamente, na coordenação dos casos internacionais, ainda que, neste campo, a cooperação internacional não tenha incentivos tão fortes quanto no controle de estruturas. Enquanto no controle de fusões internacionais, as próprias empresas têm interesse na celeridade das análises, bem como na coerência das decisões proferidas pelas diversas autoridades da concorrência envolvidas na operação, no controle de condutas, as empresas, na maioria das vezes, desconhecem a investigação e, quando a conhecem, geralmente não têm incentivos, evidentemente, para cooperar com as autoridades – salvo em casos de acordo de leniência ou políticas similares. Além disso, as próprias autoridades da concorrência não têm os mesmos incentivos para cooperarem entre si nos casos de controle de condutas, seja por precaução na gestão das informações do caso, que requer cuidados especiais, principalmente na fase anterior à busca e apreensão, seja por terem visões diferentes quanto às práticas objeto de investigação a depender dos impactos concorrenciais sentidos em seus territórios.

De todo modo, a prática permite afirmar que o Cade tem conversado com seus homólogos em importantes casos internacionais de condutas. Um exemplo recente, público e bem-sucedido de cooperação internacional em condutas ocorreu no caso do cartel dos compressores herméticos de refrigeração. Em 2008, na sequência de assinatura de acordos de leniência em diversas jurisdições, as autoridades da concorrência do Brasil, dos Estados Unidos e da Comissão Europeia coordenaram uma busca e apreensão simultânea, em suas respetivas jurisdições, visando recolher provas materiais da existência do cartel. Esta ação sincronizada permitiu preservar o "efeito surpresa" na busca e apreensão, elemento-chave para a qualidade das provas apreendidas.

No âmbito da nova lei concorrencial, o contato do Cade com seus homólogos segue constante e pode envolver casos internacionais relevantes. Na prática, a maior parte da cooperação em investigações ocorre informalmente por meio de e-mails e telefonemas, nos quais há troca de experiências e metodologias com relação a casos específicos e também sobre a forma de tentar resolver problemas práticos no curso das investigações. Formalmente no Brasil, há 22 investigações de cartéis que envolvem representados do exterior. Nesses casos, existem aproximadamente 500 representados aguardando a notificação por meio de cooperação jurídica em matéria civil, procedimento desenvolvido com apoio do Departamento de Recuperação de Ativos e Cooperação Jurídica Internacional (DRCI) do Ministério da Justiça.

4. CONSIDERAÇÕES FINAIS

O novo Cade elevou, de maneira significativa, a participação brasileira no cenário internacional da defesa da concorrência. Em larga medida, isto se deve ao novo desenho institucional trazido pela Lei 12.529/2011, que permitiu a criação de uma verdadeira coordenação-geral internacional sob a forma de Assessoria Internacional. Ademais, a adoção do controle prévio dos atos de concentração exigiu do Cade a coordenação da análise das fusões internacionais com outras jurisdições. Em 2014, quase 20% dos atos de concentração de rito ordinário foram objeto de cooperação internacional. Em 2015, esta proporção deve ser ainda maior, o que evidencia as vantagens da cooperação internacional na instrução de casos e a importância de uma equipe internacional qualificada na autoridade da concorrência.

Os relatórios da *Global Competition Review* (*GCR*) também confirmam o reconhecimento do Cade no cenário internacional. Em 2015, o Cade recebeu, pela segunda vez na sua história, o prêmio de melhor agência antitruste das Américas. Note-se que o Cade compete, nesta categoria, com a Federal Trade Commission (FTC), o Departamento de Justiça dos Estados Unidos, o Competition Bureau do Canadá, entre outras tantas agências maduras e qualificadas. Outra importante sinalização pode ser verificada no chamado *Rating GCR*, no qual o veículo internacional elabora uma notação das principais agências antitruste do mundo. Neste quesito, o Cade teve sua nota elevada, em 2013, para quatro estrelas (sob o máximo de cinco possíveis), a maior notação já alcançada por uma agência antitruste brasileira. Com este resultado, o Cade ocupa a oitava posição no ranking internacional das agências de concorrência.

O "NOVO CADE" NO CENÁRIO INTERNACIONAL

Marcelo Calliari

1. INTRODUÇÃO

A nova Lei de Defesa da Concorrência brasileira veio consolidar um período de crescente e bem-sucedida inserção do Brasil na esfera antitruste internacional. O novo diploma reflete um processo de amadurecimento institucional que já vinha se verificando na prática ao longo de muitos anos, e não há duvida que o espaço que o Brasil ocupa hoje internacionalmente se deve em larga medida à atuação de sucessivas gestões dos diferentes órgãos do antigo Sistema Brasileiro de Defesa da Concorrência (SBDC) assim como do novo Conselho Administrativo de Defesa Econômica (Cade).

Ainda assim, a Lei 12.529 trouxe mudanças que facilitaram uma interface externa mais eficaz em diversos aspectos, da atuação coordenada com outras autoridades em casos concretos – seja em atos de concentração ou em investigações de cartéis – à participação crescente em fóruns e eventos internacionais. Num mundo que continua a se globalizar cada vez mais, o Cade tem agora o desafio de continuar avançando para consolidar sua nova posição como uma das agências mais relevantes do cenário antitruste mundial.

2. SIMPLIFICAÇÃO INSTITUCIONAL

Uma evolução decorrente da nova lei foi a simplificação institucional do antigo SBDC, facilitando a questão nem sempre simples da definição da representação externa do Brasil. Essa situação tinha efeitos no cenário internacional de pelo menos duas ordens distintas. Por um lado, a complexidade do SDBC gerava uma dificuldade maior de intelecção da estrutura brasileira por parte de comunidade antitruste internacional (aqui compreendida como incluindo tanto autoridades de concorrência como agentes privados, advogados economistas e organizações ativas em âmbito mundial), o que facilmente se traduzia em dificuldade de interlocução. Saber quem era a agência brasileira encarregada de tratar de determinada questão, de participar de determinado evento, quem tinha assento em determinada organização e com que papel, e quem poderia falar em nome do Brasil foram questões que em diversos momentos ao longo da história antitruste brasileira surgiram se não como motivo de paralisia, pelo menos como dificuldade para uma atuação mais efetiva no cenário internacional.

Por outro lado, ao longo dos anos, as relações entre o Cade, a Secretaria de Acompanhamento Econômico (Seae) e a Secretaria de Direito Econômico (SDE) passaram por oscilações e não foram sempre harmônicas. Embora por diversos períodos a coordenação entre os órgãos tenha funcionado bem, tal situação dependia muito das relações entre pessoas envolvidas, ao passo que o modelo institucional possibilitava atritos e disputa por espaço e criava o risco de desalinhamento a cada nova troca de comando em cada um dos órgãos que compunham o sistema. Nesse cenário, a própria tomada de posições por parte do Brasil em discussões internacionais ficou algumas vezes prejudicada, ainda que, em diversas instâncias, a titularidade da participação não fosse especificamente das autoridades de defesa da concorrência mas sim do governo brasileiro, liderado pelo Ministério das Relações Exteriores. Foi o caso, por exemplo, das finadas negociações sobre concorrência que se realizaram tanto no âmbito da Organização Mundial do Comércio (OMC) quanto da natimorta iniciativa da Área de Livre Comércio das Américas (ALCA). Da mesma forma, também a Organização para Cooperação e Desenvolvimento Econômico (OCDE) e o Mercosul, relativamente ao Comitê Técnico 05, que lida com a matéria concorrencial, também são organizações governamentais nas quais a representação brasileira é coordenada pelo Itamaraty, ainda que se manifeste por meio de diversos órgãos e instâncias. Mesmo nessas situações, no entanto, o variável grau de coordenação entre Cade, Seae e SDE chegou a afetar sua eficácia em termos de posicionamento da área em face do governo brasileiro. Ainda que, em determinados momentos, o sistema tenha obtido um significativo grau de respeito e até de autonomia por parte dos outros órgãos governamentais quanto à sua atuação dentro dessas organizações, a instabilidade inerente do modelo permanecia.

Assim, além de resolver uma grave ineficiência estrutural do sistema brasileiro – evidentemente a sua razão principal – a simplificação institucional trazida pela nova lei trouxe também um saudável efeito colateral no que se refere à inserção internacional da defesa da concorrência do país, consolidando a posição do Cade como "a" autoridade antitruste brasileira.

3. COOPERAÇÃO EM ANÁLISE DE ATOS DE CONCENTRAÇÃO

Outro efeito da mudança da lei foi permitir um grau de aproximação e cooperação internacional na análise de atos de concentração que era muito difícil, se não impossível, sob o regime anterior. O modelo de análise adotado pela legislação anterior (Lei 8.884/1994), na forma como havia sido implementado pela Seae, SDE e Cade, de fato colocava o Brasil fora de sintonia com os países de maior relevância do ponto de vista da defesa da concorrência, que já adotavam o sistema de notificação prévia. Como se sabe, o sistema de notificação prévia, predominante em âmbito internacional, dá autonomia para as partes escolherem quando apresentar a notificação, mas as impede de consumarem a operação até a decisão antitruste; em contrapartida, impõe à autoridade um prazo limitado e relativamente curto para que tal decisão seja tomada. Evidentemente existiam e continuam existindo variações mesmo entre as jurisdições mais ativas em matéria concorrencial, mas mudanças tanto normativas quanto de práticas levaram a uma crescente convergência no cenário internacional. O tempo de análise, por exemplo, embora seguindo normas variadas em diferentes países, passou a convergir ao redor de períodos semelhantes, permitindo que as autoridades trocassem informações e análises e mesmo definissem eventuais remédios de maneira coordenada.

O Brasil, sob o modelo da lei anterior, basicamente ficava de fora dessa conversa. Embora a notificação fosse feita aqui muitas vezes até antes de ser feita em outras jurisdições (a famigerada obrigação de notificar em até 15 dias úteis da "realização" da operação), a demora na análise ao longo do sistema tripartite - normalmente muito além dos padrões internacionais - dificultava qualquer tido de comunicação substantiva com outras autoridades. O antigo modelo brasileiro permitia que as empresas consumassem sua operação mesmo antes da decisão do Cade, e em troca as autoridades não tinham prazo para proferir uma decisão. Evidentemente, essa é uma visão simplificada que não faz jus a todo o esforço que foi realizado pelo SBDC ao longo dos anos no sentido de aumentar sua eficiência mesmo sob a lei antiga, o que foi logrado em importante medida. O fato, no entanto, é que com frequência a decisão brasileira era tomada após a resolução do caso nas demais jurisdições que o haviam analisado. Segundo dados apresentados no Balanço do Triênio da Lei 12.529/2011constante do sítio eletrônico do Cade, o tempo médio de análise de atos de concentração foi de 182, 156 e 154 dias, respectivamente, em 2009, 2010 e 2011, os três últimos anos de vigência da lei antiga. A lógica daquele modelo colocava o Brasil fora de sintonia com as principais jurisdições antitruste e era incompatível com um grau mais aprofundado de cooperação entre autoridades.

É certo que apenas ter um sistema cronologicamente compatível com padrões internacionais não basta para fazer parte do grupo de países que debatem, coordenam e - ainda que com discordâncias - tomam as principais decisões no cenário internacional. É preciso conquistar o respeito e o reconhecimento por parte das outras autoridades, um processo no qual especialmente o Cade e a SDE já vinham avançando, antes da entrada em vigor da nova lei, e que decorre em larga medida da atuação concreta, com investigações e decisões, de análises mais sofisticadas, de um mínimo de estrutura e – também muito importante - de continuidade ao longo do tempo.

Contudo, se não é condição suficiente, um regime de análise de atos de concentração que seja temporalmente compatível com o do restante do mundo é quase condição necessária para que a coordenação internacional aconteça de maneira regular e eficaz, pelo menos no que se refere à análise de casos concretos de atos de concentração. E isso a nova lei antitruste trouxe, com a proibição de que operações sejam consumadas antes da decisão do Cade. A rigor, o modelo estritamente adotado pela lei poderia ainda permitir o descompasso, na medida em que não previu a contrapartida da obrigação da autoridade de decidir em prazos curtos – determinando apenas um longo prazo máximo de 240 dias, extensíveis ainda a 330 dias. Nesse sentido, foi crucial que o Cade criasse, tanto a partir da prática quanto de resoluções, um novo modelo infralegal partindo de um importantíssimo trabalho de triagem, de separação de operações mais simples daquelas mais complexas, mas mantendo mesmo as análises mais complexas normalmente num horizonte de tempo dentro dos padrões internacionais. É certo que ainda há muito que caminhar no sentido de assegurar uma harmonização melhor com as práticas internacionais, mas o avanço verificado desde a nova lei é tão significativo quanto inegável.

As novas regras e práticas permitiram que as partes planejassem suas notificações ao redor do mundo de maneira coordenada incluindo o Brasil, e que o Cade realizasse a sua análise também no mesmo tempo que outras autoridades. É evidente que diversas questões relevantes tanto procedimentais quanto substantivas ainda desafiam a cooperação internacional e impõem custos e dificuldades para autoridades e empresas, mas essa é uma situação que afeta a todos. O fato inegável é que, com o novo modelo, o Brasil passou a poder cooperar de maneira relevante na análise de atos de concentração de alcance multijurisdicional.

Exemplos concretos desse tipo de cooperação já vêm ocorrendo, sendo que o atual presidente do Cade, Vinícius Carvalho, anunciou que já são mais de uma dezena até o momento os casos cujas análises envolveram contatos com outras jurisdições. Vários destes chegaram inclusive ao ponto de incluir discussão e coordenação na adoção de remédios concorrenciais, um avanço que promete uma aplicação muito mais eficiente da lei. De fato, a coordenação no desenho e implementação de remédios é crucial em casos em que os ativos relevantes se encontram em poucos países ou nos quais a solução em um país pode resolver os problemas de outros, e permite evitar conflitos ou contradições que levem a soluções globalmente ineficientes. Os ganhos derivados da coordenação internacional podem, contudo, advir mesmo de uma mera da coordenação temporal, permitindo, por exemplo, que as partes façam um desinvestimento único global que responda às demandas de várias jurisdições, em vez de ter que fazer vendas isoladas de ativos a partir de decisões separadas que sejam emitidas em momentos diversos com exigências de prazos incompatíveis entre si. Os benefícios incluem tanto maior eficiência com a redução de custos de transação para as empresas envolvidas quanto potencialmente maior eficácia para os próprios remédios adotados.

Exemplos desse tipo mais avançado de cooperação incluem os Atos de Concentração envolvendo as empresas Syniverse/Mach (Ato de Concentração 08700.007621/2014-42), Ahlstrom/Munsjko (Ato de Concentração 08700.009882/2012-35) e Holcim/Lafarge (Ato de Concentração 08700.007621/2014-42), todos envolvendo contatos do Cade com a Comissão Europeia inclusive acerca da definição dos remédios.

Outro elemento adicional que reflete a maior comunicação com outras jurisdições e que tende a se tornar mais e mais comum em operações internacionais complexas é a concessão de autorização (*waiver*) para o Cade, por meio do qual as partes dispensam a autoridade da obrigação de confidencialidade sobre parte de seus dados para permitir que sejam utilizados em comunicações com agências de outras jurisdições que também estejam envolvidas na análise da operação. É certo que há um grande espaço para comunicação entre autoridades mesmo sem essa autorização, na medida em que discussões sobre definição de mercados relevantes, teorias acerca dos possíveis danos concorrenciais e mesmo sobre remédios aplicáveis podem ocorrer em larga medida sem a troca de informações confidenciais das partes. O *waiver*, no entanto, permite e possibilita um aprofundamento maior e uma discussão mais específica sobre o caso que pode ser benéfica às partes envolvidas na operação.

Somando-se a esses desdobramentos o crescente respeito e estatura que o Cade vem consolidando em âmbito mundial, é de se esperar que este se torne uma autoridade cada vez mais relevante na decisão de operações internacionais.

4. COOPERAÇÃO NO COMBATE A CARTÉIS

Uma das dimensões mais importantes da internacionalização da defesa da concorrência sem dúvida é a cooperação entre autoridades no combate a cartéis internacionais. Autoridades de algumas jurisdições, em especial Estados Unidos e Comunidade Europeia, seguidas por Japão, Canadá, Coreia do Sul e Austrália principalmente, vêm há alguns anos se aproximando no que se refere à investigação de condutas concertadas. Essa aproximação inclui tanto o planejamento como a realização de ações de investigação e a realização de operações de busca e apreensão coordenadas. Normalmente, tais operações partem de um pedido de leniência que foi apresentado por um requerente já de maneira coordenada, envolvendo várias jurisdições. Nesse sentido, sinal do amadurecimento do combate aos cartéis no Brasil, e do seu reconhecimento no exterior, é o fato de que muitas vezes o Cade já é incluído na linha de frente das autoridades a serem contatadas simultaneamente em um pedido coordenado de leniência. A decisão de onde pedir leniência, e em que ordem de países, envolve uma série de fatores e vem se tornando cada vez mais complexa com a multiplicação de programas de leniência pelo mundo. Partindo-se da premissa que em muitos casos é impossível para uma empresa, em termos práticos, realizar uma negociação de leniência simultaneamente com todas as jurisdições potencialmente afetadas por um cartel internacional, há uma necessidade de escolha e priorização que leva em conta tanto fatores relativos à própria prática, como quais os centros de gravidade da conduta (onde ela ocorreu e onde seus principais efeitos foram produzidos) como relativos às autoridades potencialmente afetadas, incluindo, entre outros, o histórico de atuação de cada autoridade (risco efetivo de investigação e punição da prática) e características do programa de leniência (como confiabilidade e previsibilidade dos benefícios concedidos e confidencialidade das informações prestadas).

Com relação a esses últimos elementos, o Cade veio, mesmo antes do advento da nova lei, avançando de maneira muito significativa. No que se refere especificamente ao programa de leniência, diversas mudanças foram implementadas ao longo dos anos, desde o sistema de *markers* até a possibilidade de apresentação oral do histórico da conduta, facilitando a inserção do Brasil no circuito das principais jurisdições na área de leniência. Na mesma linha, medidas tomadas pela SDE e pelo Cade ao longo do tempo no sentido de demonstrar a preocupação e disposição explícita de proteger o programa, por exemplo, em face de pedido de acesso ao material confidencial da leniência, também contribuíram para aumentar a confiança e, portanto, o uso do programa em casos internacionais.

Novamente seguindo a tendência que se verifica nas principais jurisdições antitruste, o Cade vem em alguns casos recebendo *waivers* também em acordos de leniência, com a empresa leniente dispensando a confidencialidade de suas informações para permitir e possibilitar a comunicação com autoridades de outros países envolvidos na mesma investigação. Embora – como no caso de Atos de Concentração – muitos temas possam também aqui ser discutidos mesmo sem a concessão de um *waiver*, a utilização das informações confidenciais fornecidas pela empresa leniente é crucial para um melhor planejamento coordenado dos casos e aspectos a serem investigados. A expectativa é que a utilização de *waivers* pelo Cade se torne cada vez mais comum.

No entanto, um desafio que o Brasil enfrenta há tempos no que se refere a uma maior coordenação internacional no combate a cartéis é a demora no tempo de tramitação da investigação. Por diversas razões, incluindo desde questões processuais a limitações de quadro de pessoal, os processos de apuração de cartel no Brasil muitas vezes demoram muito mais do que seus correspondentes em outros países. As exigências para a assinatura de um acordo de leniência, mais rigorosas do que em muitos outros países especialmente no que toca à identificação dos indivíduos e caracterização da sua conduta, muitas vezes acarretam atrasos na tramitação no Brasil em processos iniciados simultaneamente aqui e em outras jurisdições. Da mesma forma, as dificuldades da citação de representados localizados em outros países, entre outras tantas questões procedimentais, também em muitos casos fazem com que o Brasil fique para trás no transcorrer de investigações de cartéis internacionais.

Por conta de diversos desses elementos, o Brasil tem sido pouco ativo na esfera de busca e apreensões coordenadas com outros países. É certo que diversos dos principais cartéis internacionais investigados nos últimos anos não contavam com ativos ou mesmo empresas relevantes que justificassem buscas e apreensões em território nacional, mas esta não parece ser explicação suficiente em face do número de leniências simultâneas envolvendo também empresas no Brasil. De todo modo, o fato é que apenas uma vez até hoje autoridades brasileiras realizaram uma operação de busca planejada simultaneamente com outro as jurisdições, notadamente no caso do cartel dos compressores (Processo Administrativo 08012.000820/2009-11). Em 17 de fevereiro de 2009, a SDE executou mandados de busca no Brasil ao mesmo tempo em que autoridades nos Estados Unidos e na Europa faziam o mesmo.

Na época, houve a expectativa de que o Brasil estava passando a fazer parte do seleto grupo de países que coordenam entre si operações de buscas e apreensão de cunho concorrencial, mas esse desdobramento não se verificou na prática. Com a maior presença e reconhecimento do Cade em âmbito internacional, e a grande experiência acumulada em tais operações em casos domésticos (o Brasil é com certeza uma das jurisdições que mais executam mandados de busca e apreensão no mundo), esse desdobramento tende a ocorrer mais cedo ou mais tarde, embora dependa também de o Cade conseguir superar as questões procedimentais e acelerar a tramitação interna das investigações de cartel.

5. ORGANIZAÇÕES E EVENTOS INTERNACIONAIS

O circuito mundial da defesa da concorrência inclui uma multiplicidade de tipos de organizações e de eventos diferentes, cada qual com sua parcela de relevância. Há desde eventos dedicados às autoridades de concorrência ou governos até aqueles voltados predominantemente para o setor privado, nos quais as autoridades podem ser chamadas a participar. Marcante é que, em todos eles, o Cade vem ganhando espaço e importância nos últimos anos, reflexo do processo de amadurecimento institucional que teve na nova lei um importante marco.

Na esfera oficial, organizações como a OCDE há tempos dedicam um comitê ao tema da defesa da concorrência. Embora não seja membro pleno da OCDE, o Brasil vem participando do comitê de concorrência regularmente há mais de 15 anos, contando com o empenho de diferentes gestões nos órgãos do SBDC para superar momentos difíceis, incluindo a falta de verbas para viagens internacionais. Os debates são voltados predominantemente para temas substantivos com elevado grau de profundidade, e a exclusividade da participação a membros de governos permite debates abertos entre as autoridades. Embora não seja hoje o fórum mais importante na esfera da concorrência, o comitê da OCDE congrega as autoridades mais importantes do mundo (a exceção da China que tende a se tornar cada vez mais importante) e a participação ativa do Brasil permite estabelecer e aprofundar laços pessoais e institucionais que são instrumentais no momento em que questões concretas são colocadas em discussão.

De todo modo, o fórum mais importante do debate antitruste internacional atualmente é a International Competition Network – ICN (a Rede Internacional da Concorrência), criada em 2001 com uma característica peculiar de ser uma associação de autoridades de concorrência – e não de países ou governos (como é o caso de organizações governamentais como OCDE, BRICS e OMC, por exemplo). Com um formato aberto no que diz respeito ao ingresso de novos membros, a evolução da ICN reflete a evolução da própria defesa da concorrência em âmbito global. Partindo das 14 agências fundadoras em 2001, a organização já conta hoje com mais de 120 membros (a ausência notável, novamente, é a da China até o momento)..

Mesmo com a participação divida no passado entre Cade, Seae e SDE, o Brasil veio progressivamente ganhando espaço naquela organização por conta de uma participação ativa e também da atuação crescente dos órgãos em termos de casos concretos, incluindo o combate a diversos cartéis internacionais. Nesse contexto, o Brasil organizou e sediou a conferência anual da ICN em abril de 2012, às vésperas da entrada em vigor da nova lei, passou a fazer parte do *Steering Group* (o órgão máximo da ICN) e tornou-se vice-presidente do *Cartel Working Group*, demonstrando o seu crescimento dentro da organização. Esse processo foi coroado com a indicação do atual presidente do Cade, Vinícius Carvalho, como um dos dois vice-presidentes do *Steering Group* (e, portanto, da própria organização) em setembro de 2013, já sob a égide da nova lei e com o novo Cade consolidado como o representante brasileiro.

É importante destacar que o processo de maior reconhecimento e maior presença do Brasil na esfera internacional não se limita às organizações oficiais. De fato, diversas organizações profissionais e não governamentais tratam do tema da concorrência com enfoque internacional e detêm grande influência sobe a evolução da matéria. Entidades como a International Bar Association (IBA) e a American Bar Association (ABA), por exemplo, organizam alguns dos eventos mais importantes do mundo na esfera antitruste, reunindo representantes de empresas, advogados e economistas de vários países que constituem parcela significativa do poder de decisão nessa matéria. De fato, são em larga medida esses indivíduos que recomendam, quando não decidem, por exemplo, em que países apresentar um pedido de leniência, e essas decisões são influenciadas pela interação verificada no âmbito dessas organizações e dos eventos organizados por elas.

Se é verdade que a importância de uma determinada jurisdição antitruste não é dada unicamente pela sua visibilidade maior ou menor nesses fóruns, seria ingenuidade negar que eles têm sim um impacto em como aquela jurisdição será considerada e em qual lugar ela ocupará na ordem de preocupações dos tomadores globais de decisão em matéria antitruste. No limite, para seguir no mesmo exemplo, o sucesso de um programa de leniência realisticamente depende não apenas do vigor da atuação no combate aos cartéis e da severidade das punições, mas também da visão que os agentes privados têm daquela autoridade.

A presença e destaque nessas organizações é nesse sentido tanto consequência como causa de uma atuação mais efetiva e um amadurecimento da autoridade. Daí por exemplo a maior frequência com que temas relacionados ao Brasil são incluídos em painéis dos eventos dessas organizações. Um exemplo deixa clara a evolução do Brasil e a posição em que o Cade se encontra em termos de reconhecimento internacional. A ABA vem organizando a cada dois anos, com o apoio da IBA e do Departamento de Justiça dos Estados Unidos, o *International Cartel Workshop*. Esse evento congrega um dos grupos mais influentes de profissionais nesse tema específico. Um dos painéis do *International Cartel Workshop* tem nas últimas edições apresentado diversas autoridades de concorrência simulando o planejamento de operações de busca e apreensão em um hipotético caso de cartel internacional. Oito autoridades fizeram parte desse painel na última edição do *Workshop*, realizada em Roma em 2014: Estados Unidos, União Europeia, Canadá, Japão, Coreia do Sul, Reino Unido, Austrália e Brasil, não obstante o histórico limitado do Brasil no que se refere especificamente a operações de buscas e apreensões coordenadas, como visto acima. Ter sido incluído nesse grupo indica a percepção de que o Cade se encontra entre as oito principais autoridades no combate a cartéis no mundo, além de reforçar essa mesma percepção entre os *stakeholders* participantes do evento.

Outros indicadores da nova posição do Brasil no cenário internacional são a pesquisa de avaliação de autoridades de concorrência elaborada pela publicação *Global Competition Review*, no qual o Cade foi avaliado com quatro estrelas em cinco possíveis na edição de 2014. Essas avaliações são realizadas em votação aberta internacional e, embora decerto contenham uma importante parcela de votos oriundos do Brasil, com certeza refletem também uma melhor percepção do Cade em âmbito internacional. A evolução da avaliação do Cade, que passou de 3 estrelas para 3,5 e nos últimos dois anos para 4, é particularmente importante e ilustrativa, assim como o é o fato de que, na comparação com outras autoridades, o Cade saltou ao longo dos anos da 23.ª para a 8.ª posição em 2014, ficando atrás apenas de autoridades dos Estados Unidos, União Europeia, França, Alemanha, Reino Unido e Japão. Independentemente de quaisquer questões que se possam colocar acerca da pesquisa, este é de fato um resultado muito significativo da percepção e do posicionamento do Cade na esfera internacional.

6. CONCLUSÃO

Há sem dúvida uma série de outros indicadores que poderiam ser usados como evidência acerca deste tema, como, para citar apenas dois, a experiência do Brasil como fornecedor de assistência técnica para outras autoridades de concorrência ou ainda a premiação do Cade como Agência Antitruste das Américas pelo GCR em 2010 e 2014. O quanto descrito acima, contudo, já basta para demonstrar a enorme evolução do Brasil em termos de reconhecimento e posição no cenário internacional nos últimos anos e em especial após a Lei 12.529/2011.

Essa evolução indiscutível e até impressionante não significa, contudo, que o Brasil não tenha ainda um longo caminho a trilhar para consolidar sua posição na elite da defesa da concorrência mundial, bem como uma atuação mais eficaz nas ações antitruste com interface internacional. De fato, o processo de globalização da defesa da concorrência só deve se acelerar nos próximos anos, reforçando os desafios colocados ao Cade no sentido de continuar a avançar na direção de uma inserção cada vez mais sólida e profunda no cenário antitruste mundial.

A ANÁLISE ECONÔMICA DO CADE

Luiz Alberto Esteves
Eduardo Pontual Ribeiro[1]

1. INTRODUÇÃO

A prática da defesa da concorrência baseia-se em princípios econômicos aplicados em um processo administrativo, restrito e orientado pelo arcabouço legal de um país (Pires-Alves e Leandro, 2014). O Brasil não é diferente, em que as discussões econômicas sobre competição, livre iniciativa, eficiências produtiva e alocativa e crescimento econômico materializam-se em uma política de defesa da concorrência por meio da Lei de Defesa da Concorrência (Lei 12.529/2011 em sua última edição) e dos processos administrativos levados a cabo no Conselho Administrativo de Defesa Econômica. Nesse contexto a análise econômica em concorrência encontra sua contribuição e desenho para atuação no dia a dia dos processos, em análise econômica em cada caso. A análise econômica também tem lugar de forma intensiva em alguns casos mais complexos pelo tamanho ou pelos temas envolvidos, exigindo maior expertise técnica-argumentativa da autoridade de concorrência. No Sistema Brasileiro de Defesa da Concorrência (SBDC) proposto na Lei 12.529 o Departamento de Estudos Econômicos reveste-se de protagonismo.

O Departamento de Estudos Econômicos (DEE) do Cade foi criado por meio da Resolução 53/2009, ou seja, ainda no âmbito do antigo SBDC. Na ocasião o DEE foi concebido como uma unidade administrativa subordinada ao Plenário do Cade. Já a nova Lei de Defesa da Concorrência (Lei 12.529/2011)

[1] As opiniões expressas aqui não representam a opinião formal do CADE, UFRJ, UFPR ou CNPq. Agradecemos a colaboração de todos os economistas do DEE desde 2009 pela história de atuação do órgão.

concebe o DEE nos mesmos moldes da Resolução 53/2009, principalmente no que diz respeito a suas atribuições. Contudo, introduz uma alteração significativa: a subordinação do DEE ao Tribunal e à Superintendência-Geral (SG) do Cade. Um dos objetivos do presente artigo é sugerir que tal alteração tende a trazer implicações significativas para a análise econômica de atos de concentração e processos de conduta tramitados na autoridade.

O artigo traz uma visão do ponto focal para análise econômica em Defesa da Concorrência no Cade, o DEE. Relatamos sua atuação, discutindo seu papel na política de defesa da concorrência, frente às mudanças da Lei 12.529/2011. Discutimos a divisão e especialização do trabalho de análise econômica tanto em atos de concentração como em casos de conduta. Após apresentarmos exemplos recentes de sua atuação, encerramos o trabalho com sugestões para o aperfeiçoamento da análise econômica do Cade.

A estrutura e temas tratados no artigo são complementares ao trabalho de Pires-Alves e Leandro (2014). Enquanto naquele trabalho é endereçada uma discussão acerca do papel de um Departamento de Estudos Econômicos (ou Setor do Economista Chefe, na usual terminologia internacional *Chief Economist Office*) e um comparativo internacional. Aqui o foco do texto é a prática do DEE no Cade desde a implementação da nova lei. Outros trabalhos fazem resenhas de exemplos de análise econômica em defesa da concorrência como Mattos (2003) e Mattos (2008).

2. A DIVISÃO E ESPECIALIZAÇÃO DO TRABALHO DE ANÁLISE ECONÔMICA NA NOVA LEI DE CONCORRÊNCIA

O primeiro ponto a ser mencionado e esclarecido é que a análise econômica de atos de concentração e casos de conduta é exercida em todas as unidades do Cade, ou seja, na SG, nos gabinetes do Tribunal e no próprio DEE, mesmo porque todas as unidades dispõem de profissionais com formação em Economia. Sendo o DEE subordinado à SG e ao Tribunal do Cade, adicionado ao fato da análise econômica ser exercida em todas as unidades da autoridade, o desdobramento esperado é a criação de uma espécie de divisão e especialização do trabalho de análise econômica na atual estrutura do Cade.

Em termos gerais, a primeira análise econômica efetuada em qualquer processo do Cade é executada pela SG, que normalmente se vale da literatura econômica disponível, dos guias (*antitrust guidelines*), da *expertise* acerca dos mercados analisados (motivo pelo qual a SG é dividida em coordenações específicas), de informações relevantes provenientes de casos similares analisados em outras jurisdições, além de informações econômicas coletadas junto ao mercado, por meio de ofícios. Já o trabalho de análise econômica exercida no Tribunal é de revisão, podendo implicar em análise complementar com o objetivo de reformar ou corroborar as conclusões do trabalho executado pela SG.

Essa lógica de trabalho é muito similar ao que já vinha sendo executado no antigo SBDC. Inclusive, parte do papel exercido pelo DEE no antigo sistema era de contribuir com o Tribunal na análise de revisão do conteúdo econômico dos pareceres apresentados ao longo da tramitação dos processos, ou seja, dos pareceres apresentados pela Secretaria de Acompanhamento Econômico do Ministério da Fazenda (Seae), pela Secretaria de Direito Econômico do Ministério da Justiça (SDE) e pelas partes interessadas, além de eventuais terceiros.

Em termos práticos, a novidade introduzida pela Lei 12.529/2011 é o fato de que a relação de subordinação do DEE com a SG e com o Tribunal faz com que o DEE possa participar, em alguns casos, de toda a tramitação de um processo dentro do Cade, desde sua fase de instrução inicial na SG, até sua fase de conclusão e julgamento no Tribunal. Tal aspecto tem possíveis implicações positivas e negativas. A possível implicação positiva é que na transição do processo entre SG e Tribunal possa ocorrer alguma perda de informação relevante, o surgimento de alguma assimetria informacional ou a necessidade das partes terem que recuperar alguns pontos que já tenham sido satisfatoriamente endereçados na instrução junto à SG. A participação do DEE nessa transição tenderia a trazer benefícios para o bom andamento do processo. Por outro lado, o DEE serve em alguns casos como coautor das teses apresentadas nos pareceres da SG. Desnecessário mencionar que a defesa intransigente da tese do parecer da SG, por parte do DEE, no âmbito da análise do Tribunal, pode ser bastante prejudicial para o processo. Em suma, encontrar o melhor desenho operacional para a atuação do DEE não é tarefa trivial, mas a própria divisão e especialização do trabalho na análise econômica do Cade podem servir como guia para lidar com tais situações.

3. A DIVISÃO E ESPECIALIZAÇÃO DO TRABALHO DE ANÁLISE ECONÔMICA NOS ATOS DE CONCENTRAÇÃO

Uma das novidades da Lei de Defesa da Concorrência foi a obrigação de notificação *prévia* dos atos de concentração (ACs) envolvendo fusões e aquisições sujeitas à análise no escopo da Lei 12.529/2011. Em termos de análise econômica faz grande diferença avaliar um fusão ou aquisição antes ou depois de sua constituição, quando parte dos efeitos da operação já são sentidas no mercado e as estatísticas setoriais já capturam parcial ou totalmente tais consequências.

A introdução da obrigação de notificação prévia de ACs não mudou a essência da análise econômica baseada nos parâmetros fornecidos pelo Guia para Análise Econômica de Atos de Concentração Horizontal (Portaria Conjunta Seae/SDE 50/2001), mas exerceu maior pressão temporal na avaliação dos potenciais efeitos dos ACs. A análise econômica dos ACs passa então a incorporar um esforço prospectivo crescente, seja amparada em informações qualitativas, geralmente baseadas nas expectativas dos agentes de mercado e coletadas por meio de ofícios, seja amparada em informação quantitativa e inferencial, geralmente baseadas em modelos de simulação de fusões para permitir uma avaliação dentro do prazo legal[2].

Alguns *stakeholders* alegam que na avaliação *a posteriori* a autoridade tem o benefício da observação da realização dos efeitos concorrenciais da operação, benefício este que desaparece na análise à priori. Todavia esta visão olvida o fato de que a empresa pode agir estrategicamente adiando a implementação da real extensão da operação sobre o mercado, exatamente se os efeitos concorrenciais forem negativos, para não gerar provas contra si mesmo no processo administrativo. Não por acaso, a prática consagrada no Guia Horizontal de análise e nos formulários utilizados para avaliação de casos sob o escopo da Lei 8.884/1994 envolve a análise de informações de períodos anteriores à operação.

A importante mudança da Lei 12.529/2011 de integração de todas as etapas da análise de processos administrativos sancionadores em um só órgão (Cade) a ação do DEE passou a ser em vários momentos da instrução e não só na fase de julgamento, junto ao Tribunal do Cade. O DEE pode e passa a atuar também na fase de instrução, anterior à emissão da Nota Técnica da Superintendência-Geral (SG).

Em termos gerais, poderíamos dividir a análise econômica dos ACs em três diferentes frentes: (i) a análise econômica baseada em guias; (ii) a análise prospectiva qualitativa; e (iii) a análise prospectiva empírica. Nesse ponto a atuação da SG e do DEE na análise econômica dos ACs tem-se tornado compartimentada, especializada e complementar, cabendo à SG a tarefa da análise econômica baseada em guias e da análise prospectiva qualitativa, enquanto o DEE tem atuado na análise prospectiva empírica, principalmente em exercícios de simulação de fusões e outros exercícios empíricos não amparados na noção de delimitação de mercados relevantes, tais como UPP (*Upward Pricing Pressure*)[3].

Dada a agilidade com que um AC tramita no Cade, em muitas ocasiões os exercícios empíricos do DEE que complementam a análise econômica da SG podem (e geralmente deveriam) ser aperfeiçoados e submetidos a testes de robustez quando da análise no âmbito do Tribunal. Logo, a tarefa mais produtiva que o DEE pode executar no âmbito do Tribunal é confrontar seus resultados obtidos na fase de análise pela SG com testes adicionais, usando

---

[2] Para maiores detalhes sobre o tema, consultar: BUDZINSKI, Oliver; RUHMER, Isabel. Merger simulation in competition policy: a survey. *Journal of Competition Law & Economics*, 6(2): 277-319, 2010.

[3] Para maiores detalhes sobre o tema consultar: FARREL, Joseph; SHAPIRO, Carl. Antitrust evaluation of horizontal mergers: an economic alternative to market definition, *The B.E. Journal of Theoretical Economics: Policies and Perspectives*, 10(1): 1-39, 2010.

outras técnicas econométricas, bases de dados alternativas, etc[4]. Caso o Conselheiro Relator e as partes do processo entendam que a maioria dos aspectos discutidos no âmbito da SG esteja superada, o trabalho de suporte do DEE ao Tribunal pode incluir estimativas de eficiências necessárias para compensar o poder de mercado decorrente da operação, simulação dos efeitos de remédios propostos ao longo da negociação do AC etc[5].

A mudança da forma de atuação do DEE, passando a contribuir antes da chegada de um processo ao Tribunal coordena com certo padrão geral (embora não replicado em cada caso) existente antes da mudança da lei: a contribuição de pareceres e estudos pelas partes interessadas em um AC surgia após a emissão de Notas Técnicas da Seae e/ou SDE no âmbito de processos da Lei 8.884/1994. Por exemplo, no caso Sadia-Perdigão (08012.004423/2009-18), dos 19 pareceres apresentados ao longo do processo, pelo menos 13 foram apresentados após a opinião da Seae ter sido exarada. A partir da nova lei, as partes têm apresentado pareceres e estudos econômicos detalhados antes do envio do caso ao Tribunal.

Dois pontos devem ser mencionados para maior esclarecimento acerca do trabalho envolvendo a análise econômica do DEE. A primeira é que a decisão da participação do DEE em um caso de análise econômica de AC é do Superintendente do Cade, quando da tramitação do processo na SG e de qualquer um dos conselheiros, quando da tramitação do caso no âmbito do Tribunal. Outro ponto diz respeito à própria limitação do papel na análise prospectiva empírica: por mais que todas as partes envolvidas tragam pareceres com exercícios empíricos para um caso de AC, uma decisão legal como a aprovação ou reprovação de um AC deve ser amparada tomando como base as informações de cada uma das dimensões da análise econômica do Cade: a análise econômica baseada em guias, a análise prospectiva lógico-qualitativa e a análise prospectiva empírica, dentro do arcabouço legal processual.

4. A DIVISÃO E ESPECIALIZAÇÃO DO TRABALHO DE ANÁLISE ECONÔMICA NOS CASOS DE CONDUTA

Como discutido na seção anterior, a divisão do trabalho da análise econômica dos ACs pelo Cade fez que o DEE se especializasse dentro da autoridade como uma unidade provedora de assessoria em análise empírica,

---

4 Tal procedimento foi implementado em alguns ACs recentes envolvendo aquisições de empresas no segmento de resinas termoplásticas, tais como os casos Inova/Videolar (AC 08700.009924/2013-19) e Braskem/Solvay (AC 08700.000436/2014-27).

5 Dada a velocidade com que a condução das negociações ocorrem nesta fase, a formalização do trabalho de interação entre DEE e Tribunal nem sempre é viável e eficiente. Porém tal interação tem sido relativamente grande em alguns casos, alguns exemplos são Kroton/Anhanguera (AC 08700.005447/2013-12), Inova/Videolar (AC 08700.009924/2013-19), Continental/Veyance (AC 08700.004185/2014-50) e Rumo/ALL (*AC* 08700.005719/2014-65).

mais especificamente de análise estatística e econométrica. Um desdobramento natural é que tal modelo de processo de trabalho seja, em alguma medida, replicado para os casos envolvendo condutas anticompetitivas, principalmente os casos envolvendo cartéis.

A contribuição que as técnicas estatísticas e econométricas podem fornecer para os casos de cartéis é relativamente ampla. As técnicas de detecção de cartéis por meio de filtros comportamentais é seguramente uma das principais frentes de trabalho neste sentido[6]. Contudo, para que tal mecanismo opere de maneira satisfatória, faz-se necessária a existência de dois quesitos básicos: (i) um conjunto de dados amplo e relativamente diversificado; e (ii) um conjunto de diferentes filtros comportamentais que possam ser aplicados em sequência sobre uma mesma base de dados.

No que diz respeito ao primeiro quesito, um dos objetivos do Cade tem sido buscar convênios com organizações parceiras que viabilizem a obtenção de dados e partilha de conhecimentos, principalmente no que diz respeito a expertises setoriais. Ainda no que diz respeito à obtenção de fontes de informações, o Cade tem feito grandes esforços em buscar cada vez mais o uso de técnicas de coleta de dados por meio de mineração e *web scraping*. Tal estratégia tem sido desenhada, construída e implementada de forma compartilhada entre SG e DEE[7].

Já no que diz respeito ao segundo quesito, a SG tem implementado um projeto de mapeamento e seleção de filtros comportamentais disponíveis na literatura que possam ser testados e aplicados nas bases de dados atualmente disponíveis ao Cade. A ideia é que a instrução dos processos de cartéis utilize cada vez mais os recursos disponíveis na literatura econômica, cabendo destacar que tais elementos econômicos podem: (i) contribuir no sentido de reduzir o risco de abertura de processos decorrentes de denúncias que se mostram frágeis ao longo da instrução; (ii) fornecer evidência adicional para casos abertos por meio de denúncia; (iii) dependendo do tipo de filtro utilizado, disponibilizar prontamente uma estimativa de sobre preço de cartel; e (iv) contribuir na melhor identificação do *modus operandi* dos cartéis.

Parte da tendência de utilização crescente de elementos de análise econômica em casos de cartéis tem sido revelada nos votos recentes de alguns Conselheiros do Cade, principalmente no que diz respeito à obtenção e

---

6 Para maiores detalhes sobre o tema consultar: HARRINGTON, Josep. Detecting Cartels. In: BUCCIROSSI, P. (ed.). *Handbook of antitrust economics*. Cambridge: The MIT Press: 2006. p. 213-258.

7 Para maiores detalhes sobre o tema consultar: CUIABANO, Simon; LEANDRO, Tainá; OLIVEIRA, Glauco; BOGOSSIAN, Paula. Filtrando cartéis: a contribuição da literatura econômica na identificação de comportamentos colusivos. *Revista de Defesa da Concorrência*, 2(2): 43-63, 2014.

publicação de estimativas de sobre preço em casos de cartéis envolvidos em licitações de compras governamentais[8]. A tendência de longo prazo é que um número crescente de casos de cartéis já venha com estimativas de sobre preço e danos desde sua tramitação na SG.

Um ponto a ser destacado acerca da análise econômica em casos de cartéis diz respeito a suas limitações. É inegável o fato de que um processo de cartel instruído com evidência obtida por meio de análise econômica e empírica é melhor que um caso sem tal evidência. Tais provas econômico-quantitativas contextualizam, motivam e podem inclusive demonstrar os danos gerados pelo conluio. Contudo, na opinião destes autores, uma evidência econômica contrária a uma situação de conluio não pode servir como elemento de refutação de provas diretas de condenação, assim como uma evidência econômica de condenação isolada não poderia servir como base para decisão da autoridade.

Isso ocorre pela natureza metodológica da evidência econômica em geral e o padrão de prova para condenação de prática concorrencial como um cartel. As evidências econômicas e econométricas de uma situação cartelista são geradas, em grande parte das situações, como contraste entre um comportamento de preços (e quantidades) em conluio e outras estruturas ou comportamentos concorrenciais. Muitas vezes esse contraste não identifica claramente uma situação de concorrência de uma situação colusiva, o chamado paralelismo. No linguajar econométrico, alguns testes empíricos para comportamento colusivo não alcançam a identificação de efeitos causal, mas apenas revelam correlações que podem ser interpretadas como diferentes contextos concorrenciais. Em suma, assim como no caso dos ACs, os exercícios empíricos são de grande valia para a tomada de decisão das autoridades, mas devem ser interpretados em conjunto com as demais evidências disponíveis nos casos.

5. SUGESTÕES PARA O APERFEIÇOAMENTO DA ANÁLISE ECONÔMICA DO CADE

A experiência do DEE mantém um crescendo, explorando economias de aprendizado e capacitação técnica ao longo dos anos, desde sua introdução ainda sob a lei antiga, em 2009. Houve uma sequencia de pessoal no DEE ao longo dos anos que garantiu uma institucionalidade das práticas e transmissão de conhecimento formal e tácito[9]. A atuação em atos de concentração se deu de forma direta junto aos gabinetes, como o caso Sadia-Perdigão

---

[8] São os casos do Cartel do Cimento (PA 08012.011142/2006-79), julgado em 28/05/2014; o Cartel dos Produtores de Órteses e Próteses Ortopédicas (PA 08012.008507/2004-16), julgado em 10/12/2014; e do Cartel Internacional de Mangueiras Marítimas (PA 08012.010932/2007), julgado em 25/02/2015.

[9] Com a presença de gestores desde sua concepção como Gerson Bérnia, e com uma sequencia de Economistas-Chefe e vices, Sérgio Aquino de Souza, Eduardo Pontual Ribeiro,

(08012.004423/2009-18), Raia/Drogasil/Santa Maria (08012.006043/2012-13), seja por meio de Notas Técnicas (08012.004654/2009-21, Casas Bahia/Romelsa; 08700.000436/2014-27 – Braskem/Solvay; 08012.001205/2010-65, Braskem/ Quattor) a pedido da SG ou Gabinetes. Estes casos consolidaram uma metodologia econométrica para auxiliar na delimitação de mercado relevante geográfico para resinas e produtos petroquímicos que une a estimação de modelos de correlação de preços, estimação de demanda para obtenção de elasticidades-preço e testes de perda crítica.

Como exemplo da atuação do DEE auxiliando no desenvolvimento de metodologia de análise em atos de concentração e posteriormente criando condições para que esta metodologia fosse aplicada corriqueiramente na instrução seja pela autoridade seja por partes, temos a delimitação geográfica de mercado relevante em ensino superior (vide Teodorovicz, Leandro e Esteves, 2014. Desde o caso 08012.011611/2007-37 (IREP/Estácio), os mercados relevantes na dimensão geográfica eram definidos pela extensão da unidade da Federação em que a instituição de ensino superior atuava, e na dimensão produto o ensino superior era considerado um mercado relevante. Após os casos 08012.004591/2011-28 e 08012.004592/2011-72, a delimitação produto passou a ser cada curso, diante da evidência de baixíssima substituição dos cursos por alunos matriculados (transferências entre cursos) e a delimitação geográfica passou a considerar a área de influencia da IES envolvida delimitada como o raio geográfico onde a maior parte dos alunos residia. As informações necessárias passaram a ser os cadastros dos alunos matriculados e a informação georreferenciadas de sua moradia. Ao longo do ano de 2012 a metodologia foi sendo aperfeiçoada, com pequenas mudanças de definição de "maior parte", consolidando-se o conceito do percentil de 70-80% dos alunos em distância da IES a que estavam vinculadas em substituição de uma análise de Kernel (método de estimação de distribuição empírica). O caso Kroton/Anhanguera (08700.009198/2013-34) consolidou tal metodologia, em que a instrução inicial já utilizava esta metodologia na submissão das partes.

Atualmente a análise econômica do Cade (SG, Tribunal e DEE) tem se concentrado na solução de casos envolvendo ACs e condutas anticompetitivas. Adicionalmente, o DEE tem priorizado as tarefas relacionadas a suas atribuições legais, tais como elaborar estudos e pareceres econômicos, além de zelar pelo rigor e atualização técnica e científica das decisões do órgão. Tal atualização técnica tem sido exercida por meio de atividades como organização de seminários acadêmicos, cursos de capacitação, observatórios setoriais, produção e publicação de documentos de trabalho e da série de estudos intitulada *Cadernos do Cade.*

Victor Gomes, Camila Pires-Alves, Tainá Leandro, Luiz Esteves e Simone Cuiabano, onde todos os nomes acima em sequência, atuaram com sobreposição temporal.

Contudo, acreditamos que um conjunto de atividades adicionais poderia compor a agenda de aperfeiçoamento da análise econômica do Cade. Antes de avançarmos neste ponto, faz-se importante mencionar que o Cade é reconhecidamente um órgão bastante eficiente, tomando em consideração a quantidade, a qualidade e a celeridade dos processos analisados dentro de uma estrutura bastante enxuta. Também é sabido que encargos adicionais poderiam comprometer tal qualidade e eficiência. Por outro lado, as atualizações, os aperfeiçoamentos e a introdução de inovações são necessárias para que mesmo as organizações mais eficientes não percam seu dinamismo. Nestes casos o problema da introdução de aperfeiçoamento e inovações equivale ao problema de "trocar um pneu com o carro andando"[10].

Uma forma bastante eficiente para lidar com as restrições internas é buscar apoio externo, principalmente junto à Academia e no setor privado. Quando utilizamos a expressão bastante eficiente não estamos sugerindo que o apoio externo é um substituto perfeito da expertise interna, mas estamos sugerindo que algumas tarefas específicas podem ser executadas de forma mais eficiente por público externo às autoridades de forma complementar. Isso não necessariamente guarda qualquer relação com limitações e restrições de recursos internos, mas com o grau de distanciamento que se deseja em determinados tipos de análises econômicas.

Um exemplo é o uso de pessoal externo, geralmente ligado à Academia e setor privado, para a elaboração de estudos de avaliação de política antitruste – um dos pontos que consideramos relevantes para o aperfeiçoamento da análise econômica do Cade[11]. Até mesmo o FTC norte-americano, que é composto por aproximadamente 75 doutores em Economia, tem utilizado pessoal externo para a execução de tais tipos de trabalho[12]. Recentemente o Cade tem buscado apoio externo para a elaboração de trabalhos de avaliação de políticas em alguns casos, mesclando trabalho interno e externo. Contudo, o ideal é que seja constituída uma comissão de avaliação de política antitruste, onde os critérios para seleção dos casos a serem investigados, bem como o volume de recursos humanos e materiais internos e externos a serem destinados nesse tipo de tarefa.

Ao longo da experiência do DEE este tipo de apoio foi central. Em 2009-2010 técnicos do DEE receberam treinamento de especialistas em con-

---

[10] Um exemplo recente foi o processo de introdução do Sistema Eletrônico de Informações, o SEI/"CADE SEM PAPEL" para as rotinas de trabalho da autoridade.

[11] Para maiores detalhes sobre o tema consultar: OECD. Manual on the ex-post evaluation of competition agencies' enforcement decisions – second draft. *Working Party n. 2 on Competition and Regulation*, p. 1-10, 2015.

[12] OECD. Draft summary of discussion of the workshop on ex-post evaluation of competition authorities' enforcement decisions, *Working Party n. 2 on Competition and Regulation*, p. 1-10, 2015.

corrência do LEAR (Paolo Buccirossi e Lorenzo Ciari) e da Autoritade Concorrencial Italiana (Giovanni Nottari) com recursos da União Europeia, além de realizarem uma visita técnica ao Chief Economist Office do DG-Comp e um estágio de 60 dias de um técnico do Cade naquela instituição. Além disso, houve o treinamento por dois técnicos do FTC, Keith Brand e Loren Smith, para capacitação em métodos quantitativos (dados, métodos e softwares). O Economista-Chefe e pessoal da equipe participam de eventos como ICN, OCDE e I Fórum de Economistas-Chefes (DOJ/EUA, FTC/EUA, DG-Comp, Reino Unido, França, Itália, Alemanha, Nova Zelândia e Brasil).

A preocupação com a definição de uma comissão e da elaboração de critérios para seleção dos casos a serem analisados é importante, pois em geral há uma grande motivação por parte das autoridades e do público em geral em selecionar casos de maior visibilidade, que geralmente envolvem grandes fusões e aquisições ou cartéis penalizados com multas administrativas extremamente elevadas. Por outro lado, tais casos são exatamente àqueles que consomem uma quantidade significativa do trabalho de instrução e investigação da autoridade antitruste, geralmente requeridos pela própria dimensão e complexidade dos casos e invariavelmente induzidos pela necessidade do fornecimento de respostas a um grande número de pareceres jurídicos e econômicos apresentados pelas partes e por eventuais terceiros. Tais casos também atraem maior atenção do público acadêmico, motivado principalmente pela repercussão que seus resultados de avaliação de política possam gerar. Em suma, tais casos podem servir como indutores de uma cultura de avaliação de política antitruste, mas também podem ser de pouca valia para inferir a qualidade das decisões da autoridade antitruste, dado seu viés de seleção. A grande maioria dos casos avaliados pelas autoridades antitruste sequer chegam ao conhecimento do grande público e uma correta identificação e inferência da qualidade das decisões passa necessariamente por uma amostra representativa de tais casos. Neste sentido, um programa de avaliação de política requer um desenho institucional sofisticado.

Uma segunda sugestão para o aperfeiçoamento da análise econômica do Cade passa pela maior compreensão da dinâmica de setores relevantes para os propósitos da autoridade. Novamente acreditamos que seja o caso em que a busca por apoio externo traga maior eficiência. O fato é que alguns núcleos e observatórios de estudos setoriais constituídos em Universidades, Centros de Pesquisa e Agências Reguladoras dispõem de um estoque de conhecimento setorial especializado que nunca poderá ser acumulado por uma instituição como o Cade. Muitos destes núcleos são interdisciplinares e abrigam pesquisadores de diferentes instituições, inclusive ligados a autoridades reguladoras e agentes do setor privado.

Seria bastante otimista imaginarmos que tais núcleos ou observatórios disporiam de toda informação e conhecimento relevantes para os propósitos do Cade, mesmo porque nem sempre os aspectos concorrenciais constituem o principal objeto de pesquisa de tais grupos. Por outro lado, é no conhecimento tecnológico (engenharia) que a assimetria de informação entre as partes e o Cade se manifesta da forma mais evidente. Em muitos casos o conhecimento das características tecnológicas de um setor é capaz de elucidar com maior precisão o grau de obsolescência de um produto, bem como a substitutibilidade e rivalidade de materiais alternativos[13], a escala mínima viável para o estabelecimento de um novo produtor, a razoabilidade de um litígio que envolva direitos de propriedade intelectual[14], a viabilidade técnica e econômica de um remédio antitruste que envolva alienação de máquinas e equipamentos, os requisitos informacionais mínimos necessários para que uma tecnologia seja desenvolvida sem que direitos de DPIs sejam violados[15] etc. É verdade que muitas dessas informações possam ser obtidas por meio de ofícios a fornecedores, concorrentes, clientes e reguladores, mas tal procedimento envolve custos adicionais e nem sempre se mostra satisfatório, pois em algumas ocasiões os agentes de mercado não são motivados a fornecer informações que reduzam a assimetria entre as partes e o Cade.

Uma terceira e última sugestão de aperfeiçoamento da análise econômica do Cade passaria pela atualização e aperfeiçoamento dos guias disponíveis e pelo desenvolvimento de guias antitruste adicionais. Atualmente o Cade tem trabalhado em uma nova versão do *Guia para Análise Econômica de Atos de Concentração Horizontal* e iniciado estudos preliminares e prospectivos para o desenvolvimento de um Guia nos moldes do *Antitrust Division Policy Guide to Merger Remedies* do DOJ norte-americano e outro nos moldes do *Antitrust Guidelines for Collaborations Among Competitors* desenvolvido em parceria pelo FTC e DOJ. Outra possibilidade a ser considerada pela autoridade é a atualização e aperfeiçoamento da Resolução 20, de 0 de junho de 1999, nos moldes do *Guidelines on Vertical Restraints* da Comissão Europeia.

---

13 Um exemplo foi a utilização da noção de ciclo de vida de produto aplicado à resina termoplástica PS para suporte na definição do caso Inova/Videolar (AC 08700.009924/2013-19).

14 O caso Bann Química/Dystar (PA 08012.007189/2008-08) envolveu uma denúncia de *sham litigation* por conta de litígios sobre direitos de propriedade intelectual (DPIs). Uma grande dificuldade para as autoridades é lidar com casos envolvendo grandes incertezas acerca da razoabilidade dos conflitos sobre DPIs. No caso dos EUA a situação é ainda mais complexa, tanto pela dimensão de seu mercado para tecnologias (licenciamento de tecnologias), quanto pelo fato de *softwares* e modelos de negócios serem patenteáveis. Algum grau de conhecimento sobre a dinâmica tecnológica de determinados mercados pode ser fundamental para mitigar os riscos de erro de decisão por parte das autoridades (Erros Tipos I e II).

15 O caso Dow/Univation (AC 08700.010224/2014-58), tendo a Braskem como terceiro impugnante, envolveu uma situação dessa natureza. Nestes casos a assimetria de informação pode implicar em situações onde a autoridade não é capaz de identificar com completa clareza, sem custos adicionais de instrução, se o pedido de partilha de uma informação tecnológica adicional é condição necessária para endereçar um problema antitruste, ou se é objeto de lide privada entre as partes.

BIBLIOGRAFIA

BUDZINSKI, O.; RUHMER, I. Merger simulation in competition policy: a survey. *Journal of Competition Law & Economics*, 6(2): 277-319, 2010.

CUIABANO, S.; LEANDRO, T.; OLIVEIRA, G.; BOGOSSIAN, P. Filtrando cartéis: a contribuição da literatura econômica na identificação de comportamentos colusivos. *Revista de Defesa da Concorrência*, 2(2): 43-63, 2014.

FARREL, J.; SHAPIRO, C. Antitrust evaluation of horizontal mergers: an economic alternative to market definition. *The B.E. Journal of Theoretical Economics: Policies and Perspectives*, 10(1): 1-39, 2010.

HARRINGTON, J. Detecting cartels. In: BUCCIROSSI, P. (ed.). *Handbook of Antitrust Economics*. Cambridge: The MIT Press: 2006. p. 213-258.

MATTOS, C. *A revolução antitruste no Brasil:* o papel da teoria econômica aplicada a casos concretos. São Paulo: Singular, 2003.

_____. *A revolução antitruste no Brasil II:* o papel da teoria econômica aplicada a casos concretos. São Paulo: Singular, 2008.

OECD. Draft summary of discussion of the workshop on ex-post evaluation of competition authorities' enforcement decisions. *Working Party n. 2 on Competition and Regulation*, p. 1-10, 2015.

_____. Manual on the ex-post evaluation of competition agencies' enforcement decisions - second draft. *Working Party n. 2 on Competition and Regulation*, p. 1-10, 2015.

PIRES-ALVES, C.; LEANDRO, T. Competition policy and the role of the Chief Economists' Office: the use of economic evidence, the international practices and the Brazilian experience. In: CARVALHO, Vinicius Marques de; RAGAZZO, Carlos Emmanuel Joppert; SILVEIRA, Paulo Burnier da (ed.). *International cooperation and competition enforcement:* Brazilian and European experiences from the enforcers' perspective. Kluwer, 2014.

TEODOROVICZ, T.; LEANDRO, T.; ESTEVES, L. The evolution of a methodology for relevant market definition: an analysis of Cade's jurisprudence on private higher educational markets. *Encontro Nacional de Economia - ANPEC 2014.*

QUAL O FUTURO DA ANÁLISE ECONÔMICA NO CADE?

Bernardo Gouthier Macedo
Silvia Fagá de Almeida
Carolina Policarpo Garcia

1. INTRODUÇÃO

A interação entre Economia e Direito se dá de forma especialmente intensa e rica no âmbito da defesa da concorrência. Trata-se da aplicação de um instituto legal que se referencia de forma ampla em matéria estritamente econômica. No entanto, a relação entre esses dois campos do conhecimento está longe de ser pacífica. Economia e Direito se assentam em visões de mundo que guardam, hoje, pouca interseção e interação – a Economia primando pela modelagem abstrata da realidade, e o Direito se atendo de forma quase obsessiva ao ofício de interpretação do texto legal, escorada na jurisprudência.

Mas, talvez pela convivência forçada, economistas e advogados vêm formatando um terreno cada vez mais amplo de colaboração no âmbito da aplicação da legislação antitruste. De um lado, os advogados trazem os economistas de volta à realidade, que deveria ser a referência de seus modelos – ao passo que os economistas provocam os advogados a buscar a substância do objeto sobre o qual se debruçam, lançando mão de ferramentas probatórias que desafiam o usual recurso à exegese textual e à coleta de fatos (Macedo, 2012).

É pertinente, portanto, examinar a evolução – positiva – que vem sendo verificada na apropriação, pela autoridade brasileira de defesa da concorrência, da análise econômica. A nova lei de defesa da concorrência, que entrou em vigor em maio de 2012, está promovendo a consolidação da doutrina antitruste brasileira, reforçando a importância da análise econômica. No entanto, o Cade já desfruta de um extenso acúmulo na utilização da análise econômica como ferramenta decisiva para a instrução de processos antitruste e para a fundamentação de suas decisões. Notadamente em atos de concentração, mas também em processos por conduta unilateral, a lista é extensa – com destaques para processos como Nestlé-Garoto, Suzano-Votorantim-Ripasa, Sadia-Perdigão, e tantos outros.

O início da construção dessa robusta experiência coincidiu com a instauração efetiva da agenda de defesa da concorrência no País, por intermédio da aplicação da Lei 8.884/1994, que, fortemente inspirada na legislação antitruste norte-americana e europeia, estruturou a política antitruste do país.

A Lei 8.884/1994 introduziu o controle de atos de concentração (ACs), com o objetivo de prevenir o abuso de poder de mercado e preservar o ambiente competitivo, e aprimorou a repressão às condutas anticompetitivas, especialmente aos cartéis. A relevância da lei pode ser comprovada por seus números: entre 1994 e 2011 foram julgados cerca de 7.000 atos de concentração e mais de 1.000 processos administrativos. O amadurecimento institucional associado ao processo de desenvolvimento econômico do país culminou na necessidade de aprimoramentos da legislação, dando origem à Lei 12.529/2011 – a nova Lei do Cade.

Em termos institucionais, a nova lei alterou a estrutura do Cade. Antes, a referida autoridade era composta apenas por um Conselho, responsável pelo julgamento dos casos, enquanto a Secretaria de Direito Econômico (SDE) e a Secretaria de Acompanhamento Econômico (Seae), vinculadas respectivamente ao Ministério da Justiça e ao Ministério da Fazenda, respondiam pela instrução dos atos de concentração e das investigação de condutas anticompetitivas. Já o "novo Cade" é um corpo unívoco, e sua "casa de máquinas", responsável pela instrução dos processos, é composta pela Superintendência-Geral (SG), em substituição à Seae e à SDE.

Muito importante para o tema deste artigo, o Departamento de Estudos Econômicos (DEE), já presente na estrutura anterior, foi agora inscrito na própria lei – e ganha proeminência, garantindo qualidade à análise econômica e fazendo a "ponte", nos casos de conduta e nos atos de concentração mais complexos, entre a SG e o Tribunal Administrativo.

Em relação à aplicação da política antitruste, as mudanças mais significativas com a nova lei do Cade são o controle prévio de atos de concentração, tal como ocorre na quase totalidade das jurisdições antitruste do mundo, e a simplificação dos critérios de submissão de atos de concentração. Sob a nova lei, fusões, aquisições, aquisições de controle ou de participação acionária minoritária[1], incorporações de empresas, celebração de contratos associativos, consórcios ou *joint ventures* que atinjam os limites de faturamento definidos na lei devem ser submetidos à apreciação do novo Cade e só podem ser consumadas após sua aprovação.

---

[1] Aquisições que conferem participação direta ou indireta de 5% ou mais do capital votante ou social devem ser submetidas ao órgão.

Além de fortalecer o Cade enquanto instituição, o controle prévio, em conjunto com a simplificação dos critérios de submissão – que reduziu substancialmente o número de operações submetidas –, abriu espaço para que o órgão possa se dedicar mais e com maior rigor e celeridade à análise dos casos de maior complexidade – o que é essencial, inclusive, para o cumprimento do prazo de julgamento dos casos no âmbito da nova Lei do Cade[2]. Agora, como é interesse das empresas a aceleração da tomada de decisão, o processo de notificação propicia a convergência de empresas e autoridade em benefício da diligência da instrução, ao exigir, já no início do procedimento, a apresentação de informações e análise econômica completas sobre a operação.

De outro lado, a redução do número de atos de concentração submetidos também permite que o novo Cade concentre mais esforços e recursos na investigação de condutas nos processos administrativos, com foco principal no combate a cartéis. Nesses casos, as provas diretas desempenham papel fundamental e acabam sendo mais decisivas do que as evidências econômicas, uma vez que a comprovação da existência da conduta já é suficiente para sua condenação[3]. Nos casos de conduta unilateral, contudo, é quase o oposto: sem a construção robusta de uma teoria de dano, embasada em informação e análise econômica, as representações perdem muita força.

Diante de tais mudanças institucionais, o foco do presente artigo é discutir o papel da análise econômica no contexto do amadurecimento da política antitruste no Brasil, notadamente após a implementação da nova lei. Essa discussão está presente nas próximas duas seções, a primeira, retrospectiva, e a segunda, prospectiva – acompanhas por uma seção conclusiva.

2. OS QUATRO ANOS DA NOVA LEI DO CADE

A Lei 12.529/2011 entrou em vigor no final de maio de 2012 com o objetivo de tornar mais eficaz a atuação do Cade na sua dupla função de prevenir o abuso de poder de mercado, por meio do controle de atos de con-

[2] A nova lei determina que o controle dos atos de concentração seja realizado em, no máximo, 240 dias a contar da submissão, prorrogáveis por 60 dias, mediante requerimento das partes ou 90 dias não renováveis, por decisão justificada do tribunal. Dessa forma, o prazo máximo de análise de uma operação é de 330 dias corridos.

[3] A doutrina antitruste considera que a reunião entre concorrentes para combinar preços e/ou quantidades tem potencial lesivo com chances irrisórias de benefícios. Assim, na prática, a ação concertada entre concorrentes acaba sendo considerada ilícita *per se*, sendo prescindível a investigação aprofundada dos efeitos líquidos sobre o ambiente competitivo e os consumidores. As análises econômicas em casos de conduta tendem a exercer papel mais importante ao final da investigação e em casos de condenação, quando são requeridas análises de impacto que mensuram os efeitos da prática com vistas a calcular multa e ressarcir as partes prejudicadas.

centração, e reprimir as infrações contra a ordem econômica, por meio do controle de condutas potencialmente anticompetitivas.

A mudança mais relevante foi a instituição do controle prévio de atos de concentração, conferindo maior segurança ao ambiente de negócios e alterando a estrutura de incentivo dos agentes econômicos. A maior segurança jurídica da tomada de decisão sobre fusões e aquisições está associada ao fato de que apenas após o crivo da autoridade uma operação pode ser fechada – eliminando o "limbo", de prazo indefinido, a que as operações, sobretudo as complexas, eram relegadas no regime anterior, em que os negócios podiam ser consumados, mas corriam o risco de enfrentar restrições anos depois.

Por esse mesmo mecanismo, a lei inverte os incentivos que as empresas têm para colaborar com o andamento do processo no novo Cade. Isto porque, sob a lei anterior, as empresas podiam concluir o negócio antes da aprovação do Tribunal e não havia, portanto, incentivo para acelerar o processo – embora houvesse insegurança quanto ao seu resultado final, a aposta maior era na força do fato consumado. Sob a nova regra, as partes devem seguir concorrendo até que a análise esteja concluída e, assim, as empresas são incentivadas a colaborar com a instrução mais célere possível.

A nova Lei do Cade também simplificou os critérios de notificação de ACs, uma vez que aumentou o valor do faturamento mínimo necessário para submissão da operação e suprimiu o critério em termos de *market share*, análise que depende da definição do mercado relevante afetado pela operação. A lei anterior previa a submissão de operações em que as partes envolvidas detivessem pelo menos 20% do mercado relevante ou nos casos em que qualquer um dos participantes tivesse registrado o faturamento bruto anual equivalente a R$ 400 milhões. Sob a nova lei, devem ser submetidas as operações em que uma das partes apresenta, no mercado brasileiro, faturamento maior ou igual a R$ 750 milhões e o outro agente faturamento de ao menos R$ 75 milhões.

Essa alteração estrutural no desenho da política antitruste reduziu o número de casos e o tempo de análise, permitindo que a autoridade passasse a concentrar recursos na análise de operações com maior potencial de danos concorrenciais, viabilizando investigações mais detalhadas e sofisticadas.

A análise econômica ganhou bastante espaço na política antitruste neste novo ambiente institucional. Sob o controle prévio de estruturas, comprador e vendedor precisam, desde o início das negociações, avaliar e alocar adequadamente o risco antitruste entre as partes, precificando adequadamente os ativos e contratando adequadamente as transferências. Para submissão da operação e preenchimento do formulário de notificação, é fundamental o levantamento e a organização das informações a serem apresentadas para agilizar o trâmite da instrução. Durante a instrução do processo, especialmente nos casos complexos, a análise econômica se mostra crucial na avaliação dos impactos concorrenciais. E, em casos em que o ato de concentração enseja remédios para aprovação, a análise econômica das partes, do mercado e das condições de concorrência deve explicitamente respaldar e dimensionar as restrições a serem impostas.

A maior disponibilidade de tempo e de recursos alocados nos casos mais complexos também permite que análises econômicas sejam mais frequentemente requeridas e utilizadas, incluindo estudos mais complexos e robustos. O Departamento de Estudos Econômicos (DEE) ganha papel destacado nesse contexto, podendo auxiliar em todas as fases da instrução e também fazendo a "ponte" com o Tribunal, detalhando as condições de concorrência nos mercados e buscando evidências dos efeitos da operação ou da conduta. Essa concentração de esforços pôde ser verificada na operação de fusão entre as empresas Anhanguera e Kroton, que foi o primeiro caso complexo analisado pelo Tribunal no âmbito da nova lei do Cade – aprovado em 2014 com restrições negociadas junto ao Conselho, dando origem ao maior grupo educacional do mundo.

Neste caso, ao longo das diversas fases da instrução foram realizados estudos econômicos que destrincharam o funcionamento e as condições de concorrência do multifacetado mercado de educação superior do Brasil – sobretudo de seu segmento de ensino à distância. A análise econômica foi bastante importante para a avaliação rigorosa dos efeitos concorrenciais e para a consecução de um acordo que permitiu a aprovação da operação. Foram realizadas análises, por vezes com uso de modelos econométricos, para quase todos os itens indicados nos guias de análise: definição do mercado relevante, avaliação das condições de entrada, estudo das eficiências e estudos para avaliação de remédios adequados. A despeito da complexidade da análise, em menos de um ano – a operação foi notificada em junho de 2013 e julgada pelo Conselho em maio de 2014 – o Cade foi capaz de analisar e julgar uma das operações mais complexas a ele já submetidas verificadas no âmbito da nova lei[4].

Não há dúvida, portanto, que a nova lei do Cade teve impactos positivos, permitindo alocação mais eficiente dos recursos. Com isso, a própria reputação institucional do Cade foi reforçada[5]. Tais avanços foram conquistados com aprofundamento da análise econômica, que ganhou e deve continuar ganhando cada vez mais importância nas análises concorrenciais, especialmente porque ainda existem temas relevantes que merecem discussão mais detalhada, como se verá na seção a seguir.

---

[4] A relevância e a complexidade do caso foram reconhecidas no *Global Competition Review Awards 2015*, que concedeu a ele o prêmio na categoria "Merger Control Matter of the Year – Americas".

[5] Como reconhecimento de sua importância e amadurecimento institucional, o Cade recebeu o título de agência antitruste das Américas em 2014, concedido pela *Global Competition Review (GCR)*.

3. O FUTURO DA ANÁLISE ECONÔMICA

Mesmo considerando o pouco tempo de vigência da lei, são notórios os seus efeitos sobre o fortalecimento do Cade enquanto instituição. Em particular, conforme discutido nas seções anteriores, a Lei 12.529/2011 promoveu a intensificação e o aprofundamento de análises econômicas como subsídio para tomada de decisão na política antitruste.

Dado o caráter recente da lei, há um processo natural de amadurecimento do sistema, que culmina em uma tendência de aprimoramento dos processos, das técnicas e das metodologias utilizadas ao longo da instrução. Por exemplo, recentemente o Cade deu tratamento a uma importante questão que vinha gerando muitas incertezas e lançou um guia de referência para as empresas evitarem a prática de *gun jumping* no contexto da análise prévia de atos de concentração, ou seja, evitarem a consumação prévia da operação[6]. O guia estabelece parâmetros para as empresas, que inclui referências para evitar troca de informações concorrencialmente sensíveis, reduzindo a insegurança jurídica. Este é um dos exemplos de importante avanço em direção da consolidação da política antitruste brasileira. Há ainda outros temas que merecem aperfeiçoamento, e o objetivo da presente seção é contribuir com uma agenda de questões econômicas que, do nosso ponto de vista, ainda podem ser aprimoradas.

Um dos avanços da nova Lei do Cade é a ausência de um critério de *market share* mínimo para submissão de atos de concentração. É ponto pacífico a complexidade de se definir um mercado relevante sobre o qual devem ser calculados os *market shares* das empresas, uma vez que a definição envolve um exercício abstrato de avaliação de um potencial exercício de poder de mercado de uma empresa hipotética – é o famoso "teste do monopolista hipotético". A definição do critério de submissão baseado apenas no faturamento das empresas simplificou a identificação da exigência de notificação, sendo um filtro mais razoável para mapear os casos com potencial de dano relevante ao ambiente competitivo.

Essa mudança não alterou, contudo, a importância de definição do mercado relevante para a análise mais aprofundada das operações submetidas ao órgão. A delimitação do mercado relevante é uma etapa inicial do processo de análise tanto de atos de concentração como de condutas, e é referência para toda a análise subsequente.

E a definição de mercado relevante é efetivamente complexa. De acordo com Hovenkamp (2007, p. 83), esta análise exige o estudo das condições de oferta e demanda do mercado:

---

[6] *Guia para análise da consumação prévia de atos de concentração econômica.* Disponível em: <http://www.cade.gov.br/upload/Guia%20gun%20jumping-%20vers%C3%A3o%20final%20(3).pdf>.

> "A relevant market is the smallest grouping of sales for which the elasticity of demand and supply are sufficiently low that a firm with 100% of that grouping could profitably reduce output and increase price substantially above marginal cost"[7].

É, como sempre, o tão alardeado teste do monopolista hipotético – cujo nome já denuncia seu caráter conceitual e faz prenunciar as dificuldades de aplicação prática. Para além da imprecisão, a tendência, do lado da autoridade, é optar por delimitações muito restritivas, que superestimam os *market shares* das empresas – ao passo que, pelo lado das empresas, a propensão é a delimitações muito abrangentes.

De toda forma, não há solução fácil – porque o problema de fundo é a dificuldade, intrínseca a quase todos os mercados, para se especificar adequadamente os produtos e seus respectivos graus de substituição tanto pelo lado da demanda como pelo lado da oferta, pois é exatamente a busca de diferenciação um vetor decisivo de concorrência. Uma forma que o Cade encontrou para a análise não travar nesta discussão é a avaliação de diferentes cenários de mercados relevantes, como no caso da já mencionada operação envolvendo as empresas Anhanguera e Kroton, e muitos outros. Mas, ainda assim, esta preocupação quase obsessiva com a delimitação de mercado relevante traz embutido um convite a que a análise antitruste tenha um foco excessivo – às vezes exclusivo – na contabilização do *market share* e da estrutura de mercado gerada pela operação – quando este elemento deveria ser apenas um primeiro filtro para dar início à análise.

Um dos avanços recentes da literatura a esse respeito é o método proposto por Farrell e Shapiro (2010a) para avaliar o impacto concorrencial de fusões horizontais em mercados de produtos diferenciados sem o uso de *market shares* ou índices de concentração. A motivação dos autores é justamente superar as dificuldades de análises que passam pela definição do mercado relevante e criar um instrumento que seja simples e prático para filtragem dos atos de concentração que apresentem potencial risco de exercício de poder de mercado. O teste UPP (*Upward Pricing Pressure*) compara a pressão por aumento de preço decorrente da redução do número de *players* com a pressão por redução de preço decorrente das eficiências da operação.

Há que se considerar, contudo, que os resultados dos testes UPP são muito sensíveis e devem ser utilizados com cautela, pois representam, como

---

[7] Destaca-se que, de forma geral, é na possibilidade de substituição do produto pelos consumidores que se baseia, em termos práticos, a definição do mercado relevante, ou seja, na substitutibilidade pelo lado da demanda. Nas palavras de Possas (1996, p. 17), tal abordagem "tende a subestimar o potencial competitivo e inibidor de práticas abusivas em preços nos mercados em que existem possibilidades efetivas de aumentar a oferta por substituição na produção".

observamos, um *filtro* para selecionar os casos com maior potencial de dano concorrencial[8]. Os próprios criadores do UPP apontam que o indicador deve ser utilizado com cautela e em conjunto com outras evidências:

> "We proposed that mergers generating positive net upward pricing pressure warrant, at least, further scrutiny. [...] our approach should be used carefully and with due regard for other relevant evidence" (Farrell e Shapiro, 2010b, p. 3).

Ainda que o teste UPP funcione como um filtro para identificar as operações que demandam a necessidade de uma análise mais aprofundada das condições de concorrência e das possíveis eficiências, este ainda não configura um mecanismo objetivo e simplificado de análise, havendo necessidade de avançar a discussão sobre os efetivos impactos da operação. Nessa direção, parece mais proveitoso apurar a análise do tema da rivalidade remanescente no mercado, que tem maior relevância nos mercados oligopolizados em que, tipicamente, a análise é demandada – em detrimento de uma sofisticação às vezes algo exagerada da análise das condições de entrada, que nesse tipo de mercado é no mínimo desafiadora, e muitas vezes inglória.

Os efeitos de integrações verticais é outro tópico que demanda atenção, sendo bastante controverso na literatura antitruste. A clássica abordagem estrutura-conduta-desempenho deposita suas preocupações na possibilidade de aumento de barreiras à entrada, de fechamento de mercado e de alavancagem do poder de monopólio de um mercado para outro (Bain, 1956). De outro lado, a Escola de Chicago rebate essas preocupações e exalta a integração vertical como geradora de eficiências (Bork, 1978) e incentivadora de investimentos (Grossman e Hart, 1986; Hart e Moore, 1990). Já a teoria dos custos de transação identifica outras fontes de eficiência que trariam racionalidade para a integração, mas ressalta que firmas com poder de mercado podem ter interesses que não estariam alinhados com o bem-estar do consumidor (Williamson, 1975 e 1985). Mais recentemente, a utilização da teoria dos jogos trouxe novamente o foco dos efeitos da integração vertical para a possibilidade de fechamento de mercado (Hart e Tirole, 1990; Martin, Norman e Snyder, 2001)[9].

---

[8] Conforme aponta a (OCDE, 2011a, p. 12): "[UPP measures] can be useful screening measures, allowing competition authorities to assess whether a more in-depth investigation, to consider factors such as barriers to entry, buyer power etc, is needed. However, the discussion warned against treating UPP measures as predictors of future price rises or 'merger simulation lite'. The measures are sensitive to the values of the inputs and so the range of plausible input values can lead to a large range for the UPP. It is therefore important to carry out sensitivity analysis when calculating UPP measures so that investigators have an idea not just of the central estimate, but also of the potential upper and lower bounds".

[9] Para uma revisão da literatura econômica a este respeito, ver Buccirossi (2008).

Dados os diferentes tipos e cenários em que uma integração vertical pode ocorrer, é natural que não exista uma regra de bolso acerca dos seus efeitos nem um critério único a ser utilizado. A análise em casos de fusão vertical deve seguir o método usual de ponderar os potenciais efeitos anticompetitivos com os potenciais benefícios da integração vertical (Rey e Tirole, 2006), considerando que, nestes casos, há elevado potencial de eficiências, reduzindo a chance de efeito líquido negativo que justifique a intervenção antitruste. Ademais, eventuais preocupações concorrenciais podem ser contornadas mais facilmente com remédios comportamentais, eliminando o risco antitruste, mas sem comprometer os possíveis ganhos de sinergia.

Mesmo em casos de fusões horizontais, além de avaliar os efeitos sobre o próprio mercado relevante, é importante investigar os impactos da operação sobre a cadeia produtiva. Se realizada em segmento a montante na cadeia, a fusão horizontal pode resultar em poder de monopólio na venda de insumos para o segmento a jusante. Nesse caso, as eficiências da operação devem compensar o aumento de preço decorrente do aumento do poder de monopólio para que não haja prejuízos ao consumidor. Se, ao contrário, a fusão se dá no segmento a jusante, pode resultar em poder de monopsônio, podendo prejudicar não apenas o segmento a montante, mas também os consumidores finais, resultando em custos sociais similares ao monopólio (Hovenkamp, 2005, p. 14-15).

Os impactos de uma operação nos diferentes elos da cadeia devem ser analisados não só nos casos de operações que não envolvem a fusão e aquisição completa de uma empresa, sendo importante considerar também os casos de aquisição de participação minoritária em concorrentes. Este formato de operação tem ocorrido com frequência e a jurisprudência a respeito ainda está em formação. Nesses casos, os incentivos para condutas anticompetitivas podem ser unilaterais ou coordenados, e surgem, principalmente, devido à potencial troca de informações estratégicas advindas da estrutura de governança gerada pela participação minoritária e da ingerência da adquirente sobre a adquirida (O'Brien e Salop, 2000)[10].

Conforme aponta a literatura (O'Brien e Salop, 2000; OCDE, 2008), a discussão deve estar pautada na distinção entre interesse financeiro e controle corporativo. O interesse financeiro se refere ao direito de receber uma parcela

---

[10] Uma das contribuições mais recentes da literatura no tema foi o desenvolvimento de um índice de concentração que leva em conta a presença de participações minoritárias entre concorrentes, o MHHI (*Modified Herfindahl-Hirschman Index*), que é uma variação do tradicional HHI (Reynolds e Snapp, 1986; O'Brien e Salop, 2000). Os índices de concentração são largamente utilizados pelas autoridades de defesa da concorrência como um primeiro filtro para auxiliar na escolha dos mercados que devem ser estudados mais detalhadamente, e a existência de um índice que considera a ligação estrutural e a influência de uma firma sobre a outra é uma importante ferramenta analítica para as autoridades.

dos lucros da firma em que tem participação. Controle corporativo se refere à possibilidade de controlar ou influenciar as decisões estratégicas da firma, incluindo preços, produção, entre outras decisões que afetam a competição entre as firmas. Não necessariamente o agente que tem o interesse financeiro possui também o controle corporativo, mas, de forma geral, um grande interesse financeiro vem acompanhado de controle corporativo.

Regra geral, se não há troca de informações concorrencialmente sensíveis e ingerência corporativa, é pouco provável que existam prejuízos à concorrência - seria uma participação acionária "silenciosa". Mas a literatura aponta que mesmo uma participação minoritária "silenciosa" pode arrefecer a concorrência. Há autores que entendem que este arrefecimento ocorre usualmente (O'Brien e Salop, 2000). Mas é certo que na análise de casos concretos, há que se considerar as peculiaridades do mercado relevante em questão e das empresas envolvidas (Dubrow, 2001; OCDE, 2009), havendo inúmeros elementos que podem anular ou comprometer o incentivo a aumento de preços. Conforme discutido pela Comissão Europeia[11], a incompletude de informação, o desalinhamento entre empresa investida e interesse do investidor e incapacidade de efetiva captura dos benefícios financeiros da sociedade minoritária são exemplos de fatores do "mundo real" que desafiam a hipotética conclusão de que participação minoritária em rivais arrefece concorrência.

O desafio reside, portanto: (i) no mapeamento de todos os elementos que podem afetar o ambiente competitivo; e (ii) se necessária a intervenção, no desenho de um contrato, com baixo custo de monitoramento das partes pela autoridade, em que não haja controle ou ingerência da adquirente sobre a adquirida e que não permita troca de informações estratégicas entre as empresas.

Outro quesito que merece atenção é a avaliação das eficiências econômicas. As autoridades de defesa da concorrência demandam que as possíveis eficiências decorrentes de uma fusão ou aquisição sejam específicas à operação, não especulativas, não pecuniárias e compartilhadas com os consumidores (Seae/MF e SDE/MJ, *Guia para Análise de Atos de Concentração Horizontal* (Guia-H), 2001; U.S. DOJ e FTC, *Horizontal Merger Guidelines,* 2010)[12]. Esta abordagem está pautada, em grande medida, nos modelos de análise de *price standard* (Fisher e Lande, 1983), que, conservadoramente, consideram que os ganhos precisam se traduzir em reduções de custos suficientes para que

[11] European Commission (2013).

[12] De acordo com os Guias de análise para atos de concentração horizontal brasileiro e americano, para serem consideradas eficiências nos termos antitruste, os ganhos alegados: (i) não poderiam ser obtidos de forma menos restritiva à concorrência que não a operação em análise (eficiências especificas à operação); (ii) devem ser demonstrados por meios razoáveis (não especulativas); (iii) devem representar economias reais de recursos e não mera transferência entre os agentes. Além disso, deve haver mecanismos para que os ganhos alegados sejam, ao menos em parte, compartilhados com os consumidores finais.

não se verifique aumento de preço como resultado da maximização de lucro deste novo *player* que teve o seu poder de mercado ampliado em decorrência da operação.

Há que se considerar, contudo, que existem eficiências que a própria doutrina antitruste considera relevante em termos aumento de bem estar social, mas que enfrentam dificuldades para serem enquadradas formalmente nos quesitos mencionados anteriormente. Especificamente, ganhos em termos de inovação e ampliação do leque de produtos podem acirrar o ambiente competitivo e favorecer os consumidores, mas não se traduzem necessariamente em redução de custos e há elevada dificuldade para se quantificar tais benefícios. Com relação a este último quesito – dificuldade de mensuração das eficiências –, a verdade é que todos os possíveis ganhos enfrentam dificuldades desta natureza, especialmente no contexto da nova Lei do Cade: sem possibilidade de troca de informações concorrencialmente sensíveis, o fluxo de informações entre as partes fica limitado, comprometendo, e muito, a análise de possíveis sinergias. A autoridade antitruste norte-americana, em seu guia de análise de atos de concentração horizontal[13], reconhece a dificuldade em se admitir eficiências de determinadas naturezas:

> "The Agencies have found that certain types of efficiencies are more likely to be cognizable and substantial than others. For example, efficiencies resulting from shifting production among facilities formerly owned separately, which enable the merging firms to reduce the incremental cost of production, are more likely to be susceptible to verification and are less likely to result from anticompetitive reductions in output. [...]
>
> Research and development cost savings may be substantial and yet not be cognizable efficiencies because they are difficult to verify or result from anticompetitive reductions in innovative activities" (p. 31).

O setor de saúde ilustra claramente estas dificuldades. Este setor é marcado por falhas de mercado, notadamente pela assimetria de informação entre os agentes, que abre espaço para oportunismo, como seleção adversa e risco moral (Gaynor e Vogt, 1999)[14]. Reconhece-se que concentração e integração vertical podem reduzir esses riscos e gerar ganhos em termos de redução de custos de transação, mas que são, notoriamente, de difícil mensuração. Outros importantes ganhos característicos deste setor são as inovações, a in-

[13] U.S. DOJ e FTC (2010).

[14] "Health care markets are characterized by multiple imperfections, in large part deriving from the uncertainty and asymmetric of information between buyers and sellers that are inherent in the nature of health and medical care" (p.3).

trodução de novas tecnologias e expansão do leque de serviços ofertados, que não apenas são de difícil mensuração, mas não se traduzem necessariamente em diminuição de custos – ao contrário, neste setor, os avanços tecnológicos muitas vezes implicam aumento e não redução dos gastos das empresas (Goyen e Debatin, 2008). Bodenheimer (2005) concorda com esta afirmação:

> "Evidence suggests that improved healthcare technologies generally increase rather than reduce healthcare expenditures. [...] Most, if not all, economists and policy analysts believe that technologic advance is a key driver of health expenditure growth" (p. 1).

Fica nítido que especialmente os ganhos em termos de inovação trazem benefícios muito importantes para os consumidores – e não devem ser ignorados diante da mera dificuldade de se computá-los.

Portanto, em geral, mas sobretudo em casos de mercados com forte conteúdo inovativo, a intervenção da autoridade antitruste deve ser cautelosa, inibindo abuso de poder econômico, mas sem que isso implique descartar ou até mesmo coibir ganhos que trazem benefícios à concorrência e aos consumidores. Até porque, ambos os fenômenos – dinamismo em atividade inovativa e prática anticompetitiva – advém de vetor idêntico, qual seja, a busca constante pelos chamados, sintomaticamente, lucros de monopólio.

Na avaliação dos efeitos líquidos de atos de concentração ou de condutas (unilaterais ou uniformes), ainda há espaço para avanços no que se refere à aplicação do conceito de poder compensatório. Ocorre que, conforme propõem Galbraith (1952) e Dobson et. al. (1998), há possibilidade de ganhos com a criação de poder de mercado que equilibra uma assimetria de poder de negociação entre os agentes: a criação de poder compensatório não apenas pode reduzir os preços para o consumidor final, como elimina a ineficiência relacionada ao exercício do poder de mercado "original", o denominado "peso-morto" (Dobson et. al., 1998; Almeida, 2009).

E o objetivo da política antitruste está em linha com o conceito do poder compensatório: equilibrar assimetrias de poder na negociação – se não houvesse desequilíbrio de poder econômico entre todos os agentes (fornecedores, produtores, distribuidores e consumidores), não haveria necessidade de intervenção antitruste no mercado (Azevedo e Almeida, 2006).

Verifica-se, então, uma incoerência entre a teoria econômica e aplicação do conceito pela doutrina antitruste. No caso de condutas uniformes, ainda que se reconheçam os benefícios associados à colaboração entre competidores, tais ganhos não decorrem da criação de poder econômico no sentido de equilibrar a assimetria de poder em uma relação. No caso de fusões e aquisições, ainda que o Guia-H (2001) reconheça a criação de poder compensatório como uma possível eficiência[15], a jurisprudência indica que, por vezes, o tema é sumariamente ignorado e, quando é utilizado, sua aplicação é feita de forma pouco criteriosa – considera-se suficiente constatar a presença de um grande comprador do outro lado (Almeida, 2009).

De fato, é preciso cautela na aplicação do conceito, uma vez que nem todo aumento de concentração de mercado que contrapõe um "poder original" seria capaz de gerar benefícios. Dobson et. al. (1998) e Almeida (2009) estabelecem critérios: (i) deve haver um poder "original" a ser compensado, de forma que a criação de poder de mercado não deve inverter a relação de assimetria entre as partes e (ii) deve haver reconhecimento de interdependência, de forma que nenhum dos agentes esteja em condições de determinar unilateralmente os termos da transação.

No período recente, até se verifica a aplicação do conceito nos termos mais precisos e com os critérios rigorosos – como na publicação *Cadernos do Cade* sobre o Mercado de Saúde Suplementar: Condutas[16], desenvolvido pelo Departamento de Estudos Econômicos, que busca consolidar a jurisprudência do setor, explicitando o uso do conceito. A despeito de tais avanços, ainda não parece haver consenso na aplicação do conceito, tampouco há evidências de que sua aplicação deverá ocorrer de forma mais sistemática. Por um lado, é benéfico que abordagens teóricas relativamente recentes não sejam automaticamente aplicadas pelas autoridades antitruste, garantindo estabilidade institucional, que é crucial para favorecer um ambiente apropriado de negócios; por outro, é importante maior reflexão sobre o conceito para evitar que o tema seja ignorado ou utilizado imprecisamente.

Por fim, em casos de atos de concentração horizontais ou verticais em que há a necessidade de remédios para preservar a estrutura competitiva dos mercados, a nova Lei do Cade trouxe maior flexibilidade: o esperado pela autoridade antitruste é que a operação já seja inicialmente desenhada de forma a evitar efeitos concorrenciais negativos. Mesmo quando os possíveis remédios precisam ser alinhados *a posteriori*, há maior flexibilidade e sua eficácia tende a ser maior dado que a operação ainda não foi consumada. De uma forma ou de outra, os remédios podem ser desenhados observando os detalhes da operação e as características específicas dos mercados, seguindo os critérios de

---

[15] Conforme estabelece o Guia-H: "Poder de mercado compensatório. Se o aumento da capacidade de exercício de poder de mercado da empresa concentrada contribuir para reduzir a capacidade de exercício de poder de mercado no mercado de insumos (deslocando, por exemplo, os preços dos insumos, que antes da concentração estivessem distorcidos, até seus níveis competitivos), a Seae e a SDE considerarão este evento uma eficiência específica do ato" (p. 18).

[16] *Cadernos do CADE*: Mercado de Saúde Suplementar: condutas. Departamento de Estudos Econômicos – CADE/Ministério da Justiça. 2015.

proporcionalidade em relação ao tamanho da operação e aos impactos gerados com base em fundamentos econômicos.

Os remédios estruturais - que exigem a venda de ativos físicos, marcas, canais de distribuição ou transferência de direitos de propriedade - têm a vantagem de não ensejar monitoramento por parte da autoridade. Por outro lado, contudo, além de serem irreversíveis, podem levar a uma ruptura no relacionamento com os clientes e acabam, em geral, sendo muito custosos para as partes envolvidas na operação (OCDE, 2011b).

Os remédios comportamentais, de outro lado, impõem uma obrigação para a firma fusionada de engajar-se ou abster-se de determinada conduta. Embora evitem a ruptura de parte do negócio, os remédios comportamentais exigem o monitoramento pela autoridade do cumprimento do acordo, além de conferir incerteza em relação aos possíveis efeitos futuros.

Considerando a dificuldade de desenhar um remédio que seja, ao mesmo tempo, eficaz, proporcional à operação, tenha baixo custo de monitoramento e preserve as eficiências, o Cade tem utilizado mais frequentemente uma combinação de medidas estruturais e comportamentais[17]. Importantes casos julgados nos últimos anos refletem esta tendência de associação de remédios estruturais e comportamentais: Sadia e Perdigão, que deu origem à BRF, a aquisição da MD1 Diagnósticos pela DASA, e, mais recentemente, a fusão entre Anhanguera e Kroton.

É importante destacar que há também uma inclinação a soluções negociadas que é parte importante do sucesso e da rapidez na implementação do remédio aplicado. Tal comportamento aponta o amadurecimento e o fortalecimento institucional do Cade, pois permite tratar de forma mais adequada a preocupação antitruste, incorporando ao remédio aspectos relacionados à viabilidade da solução ou a eventuais dificuldades de implementação[18].

A despeito dos avanços recentes na aplicação de remédios, há aspectos que ainda podem ser aprimorados. Especialmente em casos das restrições comportamentais, é importante evitar remédios que determinem que as firmas atuem contrariamente a seus incentivos intrínsecos, o que demanda da autoridade monitoramento por um longo período de tempo de eventuais desvios de comportamento (Cabral, 2014). Caso não haja solução mais interessante, o

---

[17] Conforme levantamento realizado por Cabral (2014), a quantidade de remédios comportamentais supera a quantidade de remédios estruturais em praticamente todos os anos desde 1995, mas as decisões que aliam medidas estruturais e comportamentais de forma a aprimorar a eficácia e a proporcionalidade do remédio têm sido utilizadas de forma mais consistente desde 2005.

[18] Cabral (2014, p. 39) aponta que não era comum a participação das Requerentes no desenho de remédios: "De 1995 a 2007, é inequívoco o predomínio das soluções não necessariamente negociadas".

Cade pode fazer uso de um *trustee*, figura não usual no antitruste brasileiro, mas que pode auxiliar no monitoramento[19].

Uma forma interessante de avaliar a eficácia dos remédios é o mecanismo utilizado na Comissão Europeia, os chamados *market tests*, que consistem em questionários e, em alguns casos, uma consulta sobre uma versão não confidencial da proposta de remédios, que são enviados aos consumidores e concorrentes e que também podem auxiliar a autoridade na escolha dos remédios. A contribuição de outros agentes que atuam no setor pode ser bastante valiosa para a autoridade, uma vez que as partes podem não ter incentivos suficientes para propor um pacote mais completo. É importante, contudo, que as autoridades estejam atentas a respostas dos concorrentes que visam ao interesse próprio sem necessariamente estar preocupados com os impactos concorrenciais.

É importante que o desenho do remédio seja proporcional e enfrente efetivamente as preocupações concorrenciais para evitar que o resultado final da intervenção antitruste não seja insatisfatório mesmo após uma adequada análise do mercado relevante, condições de concorrência e eficiências decorrentes da operação. Seria nadar e morrer na praia.

4. CONSIDERAÇÕES FINAIS

A política antitruste brasileira vem se aprimorando desde o advento da Lei 8.884/1994, mas a nova Lei do Cade trouxe avanços importantes para o amadurecimento e fortalecimento institucional da defesa da concorrência. Uma das principais contribuições da nova Lei foi a mudança nos critérios de submissão de atos de concentração, que reduziu o número de operações submetidas com baixo potencial de causar efeitos anticompetitivos e direcionou os recursos da autoridade para os atos de concentração mais complexos e para a repressão a condutas anticompetitivas. Outra mudança significativa foi a instituição da análise prévia de atos de concentração, que resultou em maior eficiência e no maior incentivo das partes em cooperar com a autoridade, o que trouxe maior celeridade aos processos. Os avanços trazidos por essas mudanças resultaram no amadurecimento da política antitruste brasileira e em um Cade fortalecido institucionalmente.

---

19 O U.S. DOJ (2011) utiliza e recomenda a nomeação de *trustees*, agentes independentes que podem ser remunerados pelas empresas, mas que agem no interesse da autoridade. O *trustee* pode (i) supervisionar se a conduta das partes condiz com o que foi definido pela autoridade, (ii) ser um administrador nomeado para gerir um pacote de ativos enquanto este não é transferido para um comprador ou, ainda, (iii) conduzir a venda do pacote de ativos quando as partes foram incapazes de fazê-lo no prazo determinado pela autoridade. O estudo da OCDE (2011b) que aborda a questão, incluindo as formas de uso e o desempenho de *trustees*, pode auxiliar o Cade em operações futuras.

Os estudos econômicos ganharam espaço neste novo ambiente institucional e a consolidação do Departamento de Estudos Econômicos mostra a dimensão do enfoque dado às evidências econômicas. A despeito desses avanços, ainda se mostram importantes alguns aprimoramentos, que fazem parte do processo natural de desenvolvimento do antitruste no Brasil, especialmente no que se refere ao uso de análises econômicas durante o processo de instrução dos casos. E a teoria econômica tem muito a contribuir com evidências importantes para a tomada de decisão da autoridade.

A análise econômica deve favorecer avaliações mais aprofundadas e completas em temas importantes: buscando formas de análise mais direta dos impactos concorrenciais sem entravar a análise na discussão de definição do mercado relevante, em operações que envolvem integração vertical ou que afetam os demais elos da cadeia, na consideração das eficiências da operação, na investigação da existência de poder compensatório e no desenho de remédios.

A cooperação entre autoridade, advogados, economistas e as partes é fundamental nesse processo de evolução, e a análise caso a caso é crucial para instruções mais eficientes e decisões mais robustas e eficazes. Voltando ao ponto levantado na introdução, a respeito da interação entre Economia e Direito, é certo que a aplicação institucional do instituto da defesa da concorrência demanda regras claras e critérios transparentes. Esta é uma exigência sobretudo do Direito, e de seus praticantes – e as ferramentas econômicas estão disponíveis para ajudar na implementação de processos de análise confiáveis. No entanto, quando nos colocamos no mundo das condutas unilaterais e das operações complexas, estamos também num mundo que exige atenção para as peculiaridades de cada empresa e de cada setor. Essa tensão é resolvida, como convém, de forma dinâmica – ou seja, com o acúmulo de experiência compartilhada entre a autoridade, os praticantes e as empresas. E é nessa direção que aponta a evolução da análise econômica antitruste tal como praticada pelo Cade e pela comunidade antitruste brasileira, que, não por outro motivo, vem tendo seu trabalho cada vez mais reconhecido nos fóruns internacionais.

BIBLIOGRAFIA

ALMEIDA, S. F. *Poder compensatório e política de defesa da concorrência: referencial geral e aplicação ao mercado de saúde suplementar brasileiro*. Tese de Doutorado. São Paulo: Escola de Economia de São Paulo da Fundação Getulio Vargas (EESP/FGV), 2009.

AZEVEDO, P. F.; ALMEIDA, S. F. *Poder compensatório: coordenação horizontal na defesa da concorrência*. XXXIV Encontro Nacional de Economia, 2006.

BAIN, J.S. *Barriers to new competition*: their character and consequences in manufacturing industries. Cambridge: Harvard University Press, 1956.

BODENHEIMER, T. High and rising health care costs. Part 2: Technologic Innovation. *Annals of Internal Medicine*, v. 142, n. 11, 2005.

BORK, R. H. *The antitrust paradox*. New York: Free Press, 1978.

BUCCIROSSI, P. *Handbook of antitrust economics*. Cambridge: The MIT Press, 2008.

CABRAL, P. S. *Remédios em atos de concentração:* uma análise da prática do Cade. Dissertação de Mestrado. Brasília: Ed. UnB, 2014.

CADE. *Mercado de saúde suplementar: condutas*. Departamento de Estudos Econômicos – Cade/Ministério da Justiça, 2015.

DOBSON, P.; WATERSON, M.; CHU, A. *The welfare consequences of the exercise of buyer power*. Research paper prepared for the Office of Fair Trading, 1998.

DUBROW, J. B. Challenging the economic incentives analysis of competitive effects in acquisitions of passive minority equity interests. *Antitrust Law Journal*, v. 69, p. 113-145, 2001.

EUROPEAN COMMISSION. Economic literature on non-controlling minority shareholdings ("structural links"). Annex to the *Commission Staff Working Document*, Brussels, 2013.

FARRELL, J.; SHAPIRO, C. Antitrust evaluation of horizontal mergers: an economic alternative to market definition. *The B.E. Journal of Theoretical Economics: Policies and Perspectives*, University of California, v. 10, 2010a. Disponível em: <http://faculty.haas.berkeley.edu/shapiro/alternative.pdf>.

______: ______. Upward price pressure and critical loss analysis: response. *The CPI Antitrust Journal*, 2010b. Disponível em: <http://faculty.haas.berkeley.edu/shapiro/uppcritical.pdf>.

FISHER, A.; LANDE, R. Efficiency considerations in merger enforcement. *California Law Review*, v. 71, n. 6, 1983.

GALBRAITH, J. K. *American capitalism*: the concept of countervailing power. Boston: Houghton Mifflin, 1952.

______. Countervailing power. *The American Economic Review*, v. 44, n. 2. 1954.

GAYNOR, M.; VOGT, W. B. Antitrust and competition in health care market. In: CURLYER, A. J.; NEWHOUSE, J. P. (ed.). *Handbook of health economics*. Amsterdam: North-Holland, 1999.

GOYEN, M.; DEBATIN, J. F. Healthcare costs for new technologies. *European Journal of Nuclear Medicine and Molecular Imaging*, v. 36, 2008. Disponível em: <http://www.oecd.org/dataoecd/53/22/40623561.pdf>.

GROSSMAN, S.; HART, O. The costs and benefits of ownership: a theory of vertical integration. *Journal of Political Economy*, v. 94, p. 691-719, 1986.

HART, O.; MOORE, J. Property rights and the nature of the firm. *Journal of Political Economy*, v. 98, p. 1119-1158, 1990.

HART, O.; TIROLE, J. Vertical integration and market foreclosure. *Brookings Papers on Economic Activity*: microeconomics (special issue), p. 205-276, 1990.

HOVENKAMP, H. *Federal Antitrust Policy*: the law of competition and its practice. Saint Paul (Minn.): Thomson/West, 2005.

MACEDO, B. G. Economia e direito: um diálogo entre iguais In: LIMA, M. L. L. M. P. L. (coord.). *Direito e economia:* 30 anos de Brasil. São Paulo: Saraiva, 2012.

MARTIN, S.; NORMAN, H.-T.; SNYDER, C. M. Vertical foreclosure in experimental markets. *RAND Journal of Economics*, v. 19, p. 219-234, 2002.

O'BRIEN, D. P.; SALOP, S. C. Competitive effects of partial ownership: financial interest and corporate control. *Antitrust Law Journal,* v. 67, p. 559-614, 2000.

ORGANIZATION FOR ECONOMIC CO-OPERATION AND DEVELOPMENT (OECD). *Antitrust issues involving minority shareholdings and interlocking directorates.* Background Note, 2008.

_____. *Economic evidence in merger analysis*, Policy Roundtables, 2011a. Disponível em: <http://www.oecd.org/daf/competition/EconomicEvidenceInMergerAnalysis2011.pdf>.

_____. Policy roundtable: minority shareholdings. *Antitrust issues involving minority shareholding and interlocking directorates.* DAF/COMP (2008) 30. 2009.

_____. *Remedies in merger cases.* Policy Roundtables, 011b. Disponível em: <http://www.oecd.org/daf/competition/RemediesinMergerCases2011.pdf>.

POSSAS, M. L. Os conceitos de mercado relevante e de poder de mercado no âmbito da defesa da concorrência. *Revista do IBRAC*, v.3, n. 5, p. 1-19, maio 1996.

REY, P.; TIROLE, J. A primer on foreclosure. In: ARMSTRONG, M.; PORTER, R. (ed.). *Handbook of industrial organization III.* Amsterdam: Elsevier, 2007. p. 2145-2220.

REYNOLDS, R. J; SNAPP, B. R. The competitive effects of partial equity interests and joint ventures. *International Journal of Industrial Organization*, v. 67, p. 141-153, 1986.

SEAE/MF; SDE/MJ. *Guia para análise de atos de concentração horizontal*, 2001. Disponível em: <http://www.cade.gov.br/upload/2001portariaConjunta50-1_guia_para_analise_economica_de_atos_de_ concentracao.pdf>.

U.S. DEPARTMENT OF JUSTICE. *Policy guide to merger remedies*, 2011. Disponível em: <http://www.justice.gov/atr/public/guidelines/272350.pdf>.

U.S. DEPARTMENT OF JUSTICE; FEDERAL TRADE COMMISSION. *Horizontal merger guidelines*, 2010. Disponível em: <http://www.justice.gov/atr/public/guidelines/hmg-2010.pdf>.

WILLIAMSON, O. E. *Markets and hierarchies*: analysis and antitrust implications. New York: Free Press, 1975.

_____. *The economic institutions of capitalism.* New York: Free Press, 1985.

A JUDICIALIZAÇÃO DA DEFESA DA CONCORRÊNCIA APÓS A LEI 12.529/2011: A EMERGÊNCIA DA ENGANOSIDADE?

Gilvandro de Araújo

1. INTRODUÇÃO

Durante a vigência da Lei 8.884/1994 foi possível observar não só a efetividade da política de defesa da concorrência, como também a afirmação do controle judicial das decisões do Conselho Administrativo de Defesa Econômica (Cade)[1]. Ao passo que a autoridade ganhava força e prestígio com as suas análises e decisões, o incremento do número de processos judiciais em controle de estruturas e de condutas fez surgir um novo tema para os eventos de direito da concorrência: a judicialização das decisões do Cade[2].

O advento da Lei 12.529/2011 não modificou o cenário para a grande maioria dos casos de judicialização. As buscas e apreensões, as ações contra as condenações, a participação do Cade como *amicus curiae*[3], tais medidas tendem a manter-se nos mesmos moldes da lei anterior.

A grande incógnita era o que seria da judicialização em relação ao controle das concentrações econômicas. Na vigência da Lei 8.884/1994, a

---

[1] BADIN, Arthur. Balanço das atividades da Procuradoria do CADE no biênio 2006/2007. *Revista de Direito da Concorrência*, IOB/CADE, Brasília, n. 15, 2007.

[2] O IBRAC, Instituto Brasileiro de Estudos de Concorrência, Consumo e Comércio Internacional; a AJUFE, Associação dos Juízes Federais; o CJF, Conselho de Justiça Federal, órgão do Superior Tribunal de Justiça (STJ) e o próprio CADE, todos passaram a querer debater e compreender o alcance da judicialização da defesa da concorrência.

[3] Superior Tribunal de Justiça. Recurso Especial 1.325.647/MG. Relator: Ministro Mauro Campbell Marques. Norte BR combustíveis Ltda. e outros X Ministério Público de Goiás. Julgado em 30 de agosto de 2012.

judicialização tinha sido importante para respaldar preceitos legais e firmar interpretações. Podem ser destacadas algumas decisões: o caso Vale, que respaldou o voto de qualidade para impedir o *non liquet* administrativo[4]; as decisões dos casos Sonaiemo e GE, no STJ, que indicaram que a análise das concentrações pelo Cade deve operar-se quando da existência e não da eficácia do negócio jurídico[5]; novamente o caso Vale, o qual indicou que cumprimento das obrigações determinadas pela Autarquia independe de resolução privada de interesses atingidos pela decisão[6]; o caso Owens Corning, que respaldou a possibilidade de intervenção na empresa, acaso não cumpridas as obrigações determinadas no ato de concentração[7]; a ação civil pública do sindicato do espírito santo, no caso Nestlé/Garoto, a qual indicou que existe prejudicialidade entre demandas que questionem a decisão administrativa em controle de concentrações[8]; fechando este rol exemplificativo destaco o Mandado de Segurança contra ato do Ministro que não aceitou recurso hierárquico impróprio, indicando não ser possível recurso na esfera administrativa contra as decisões do Cade[9]. Enfim, foram várias as anotações sobre o tema. Mas e agora, diante do novo regime da análise prévia?

Havia uma intuição de que, em razão de o Brasil não ter a tradição europeia de questionamento por terceiros[10], os requerentes do ato de concentração perderiam o incentivo de questionar a decisão negativa da autoridade. Isto porque, da vigência da Lei 12.529/2011 em diante, eles não mais buscariam um provimento de manutenção de *status quo*, mas sim de constituição

---

[4] Superior Tribunal de Justiça. Recurso Especial 966.930/DF. Relatora: Ministra Eliana Calmon. Companhia Vale do Rio Doce X CADE. Julgado em 28 de agosto de 2007.

[5] Superior Tribunal de Justiça. Recurso Especial 615.628/DF. Relator: Ministro Herman Benjamin. General Eletric do Brasil S.A. X Cade. Julgado em 14 de junho de 2011. Superior Tribunal de Justiça. Recurso Especial 984.249/DF. Relator: Ministro José Delgado. Sonaiemo Empreendimentos Comerciais Ltda. X Cade. Julgado em 3 de março de 2009.

[6] Justiça Federal no Distrito Federal. 5.ª Vara. Ação Ordinária 2006.34.00.015624-4. Companhia Vale do Rio Doce X Cade.

[7] Justiça Federal no Distrito Federal. 20.ª Vara. Ação Ordinária 2008.34.00.025853-9. Owens Corning X CAde.

[8] Superior Tribunal de Justiça. Recurso Especial 1.163.560/RJ. Relator: Ministro Cesar Asfor Rocha. Sindicato dos Trabalhadores em Alimentação e Afins do Estado do Espírito Santo X Cade. Julgado em 5 de junho de 2012.

[9] Superior Tribunal de Justiça. Mandado de Segurança 10.138/DF. Relatora: Ministra Eliana Calmon.

[10] Na Europa é bastante comum que aprovações de concentrações econômicas sejam judicializadas por terceiros. Os concorrentes são admitidos para impugnar as decisões administrativas. Apenas a título de exemplo podemos citar os casos Odile Jacob X Comissão Europeia (C-551/10) e Agrofert Holding X Comissão Europeia (C-477/10), ambos de 13 de setembro de 2010.

de nova composição econômica. Explico: dentro da lógica concorrencial, não tem sentido esperar um processo de conhecimento para obter uma decisão de autorização. Seria necessária uma medida de antecipação de tutela para concretizar as concentrações. A intuição até agora tem sido respaldada, porque não houve qualquer judicialização nesse sentido.

O controle de concentrações, todavia, não ficou imune a novidades. O que surpreendeu não só os membros do Cade como as próprias empresas foi a discussão administrativa, que tomou o rumo judicial, sobre as informações prestadas pelas empresas e tidas por enganosas em quatro casos: esse é o tema mais destacado na judicialização da Lei 12.529/2011.

2. ENGANOSIDADE

As informações prestadas no ato de concentração são fundamentais para o exercício do poder de polícia da Autarquia. A deliberação de aprovação de uma concentração, a qual tem natureza jurídica de autorização[11], lastreia-se nas informações concorrencialmente relevantes.

A expressão "enganosidade" não é exclusiva na lei para as informações prestadas ao Cade. No rol ilustrativo das condutas, por exemplo, caracteriza-se por infração à ordem econômica utilizar meios "enganosos" para provocar oscilação de preços (artigo 36, § 3.º, VII). Mas o grande aspecto da enganosidade, na nova lei, é a relação das informações das partes e de terceiros com a autoridade antitruste. Para as empresas, as informações fidedignas auxiliam na celeridade da deliberação. Para o Cade, as informações mitigam a assimetria existente e permitem a observação dos aspectos sensíveis da operação. Nunca é demais lembrar que existe prazo peremptório de análise e sem arcabouço probatório suficiente, há de se rejeitar o pedido de aprovação do ato de concentração[12].

---

[11] A qual pode ser revista acaso houver informações falsas ou enganosas ou se não cumpridas obrigações pactuadas em sede de acordo em controle de concentrações. Vide artigo 91 da Lei 12.529/2011. A aprovação de que trata o artigo 88 desta Lei poderá ser revista pelo Tribunal, de ofício ou mediante provocação da Superintendência-Geral, se a decisão for baseada em informações falsas ou enganosas prestadas pelo interessado, se ocorrer o descumprimento de quaisquer das obrigações assumidas ou não forem alcançados os benefícios visados. "Ao instituir o controle de estruturas, a lei trouxe para o campo econômico algo corriqueiro ao direito, a técnica autorizatória. Trata-se de um mecanismo específico de disciplina da vida privada, consistente em condicionar o exercício da atividade de particulares ao prévio consentimento de órgão estatal, por meio da edição de um ato administrativo (a *autorização* em sentido amplo) [...]". SUNDFELD, Carlos Ari. A função administrativa no controle dos atos de concentração. *Revista de Direito Público da Economia* (*RDPE*), Belo Horizonte, ano 1, n. 2, abril 2003.

[12] Como se trata de adjudicação mediante declaração de informações, a ausência destas impede a avaliação de eventual eliminação da concorrência em parte substancial de mercado relevante; de avaliação da criação ou reforço uma posição dominante; ou de constatação

Nos termos do artigo 43 da lei, a enganosidade de documentos ou declarações prestadas a qualquer pessoa ao Cade ou à Secretaria de Acompanhamento Econômico (Seae) é punível com multa pecuniária no valor de R$ 5.000,00 (cinco mil reais) a R$ 5.000.000,00 (cinco milhões de reais), de acordo com a gravidade dos fatos e a situação econômica do infrator, sem prejuízo das demais cominações legais cabíveis. Ademais, a enganosidade de informações também pode ensejar a revogação da autorização administrativa, traduzindo consequências nefastas para as empresas e terceiros relacionados com a composição empresarial concentrada.

3. ENGANOSIDADE E JUDICIÁRIO NA LEI 8.884/1994

Ainda sob a vigência da Lei 8.884/1994, a enganosidade já fora objeto de análise judicial. Com base no pretérito regramento, a enganosidade de informações e documentos solicitados pelo Cade, Seae, antiga Secretaria de Direito Econômico (SDE) ou qualquer entidade pública atuando na aplicação da lei já era punível[13].

Foi assim que, no bojo do Processo Administrativo 08000.015337/1997-48[14], envolvendo Cosipa, Usiminas e CSN (o chamado Cartel do Aço), o tema foi pela primeira vez tencionado. O Cade, após requisitar informações para as empresas investigadas, aferiu que algumas delas haviam indicado de forma "enganosa" que não teriam participado de uma reunião, a qual teria sido um elemento de prova para a avaliação do ilícito. O Cade multou as empresas. Ao apreciar as ações judiciais que questionavam a condenação por cartel e a multa por enganosidade, o Tribunal Regional Federal (TRF) da 1.ª Região trouxe duas considerações, uma de caráter formal e outra de caráter material[15].

Quanto ao aspecto formal, o TRF questionou a sanção por considerar que somente se configura o ilícito em caso de requisição para apresentação

---

de dominação de mercado relevante de bens ou serviço, o que transforma a concentração em proibida. Vide artigo 88, § 5.º, c/c artigo 62 da Lei 12.529/2011: "Art. 62. Em caso de recusa, omissão, enganosidade, falsidade ou retardamento injustificado, por parte dos requerentes, de informações ou documentos cuja apresentação for determinada pelo Cade, sem prejuízo das demais sanções cabíveis, poderá o pedido de aprovação do ato de concentração ser rejeitado por falta de provas, caso em que o requerente somente poderá realizar o ato mediante apresentação de novo pedido, nos termos do art. 53 desta Lei".

[13] Trata-se da previsão do art. 26 da Lei 8.884/1994.

[14] Processo Administrativo 08000.015337/97-48. Representante: SDE *ex officio*. Representadas: Usinas Siderúrgicas de Minas Gerais (USIMINAS), Companhia Siderúrgica Paulista (COSIPA) e Companhia Siderúrgica Nacional (CSN). Relator: Conselheiro Ruy Afonso de Santacruz Lima. Julgado em 27 de outubro de 1999.

[15] Tribunal Regional Federal da 1.ª Região. Apelação Cível 2000.34.00.000088-4/DF. Usinas Siderúrgicas de Minas Gerais S.A. X Cade.

de informações e/ou documentos, não se enquadrando no tipo legal a apresentação de alegações enganosas em peças de defesa produzidas no processo administrativo.

Quanto ao mérito, indicou que o fato negado nas manifestações de defesa no processo administrativo - e, depois, admitido diante de requisição formal de esclarecimentos pelo Conselheiro Relator - não dizia respeito às transações comerciais das empresas envolvidas nem a documentos internos relacionados à formação dos preços, mas à presença em reunião ocorrida dentro de um dos órgãos públicos do sistema de defesa da concorrência (Seae). Consoante a decisão judicial, a exigência, sob pena de multa diária, de que estas confessassem fato que elas próprias viam como prejudicial a sua defesa - fato este passível de comprovação por outros meios - não se compadece com o devido processo legal substantivo.

Como se pode observar, a posição foi de exigir uma formalidade específica (ofício requisitório discriminado), bem como não enquadrar como enganosa a não confissão de fatos e informações que materializem condutas.

Mas o tema não havia sido enfrentado em sede de controle de concentrações.

4. ENGANOSIDADE E CADE NA LEI 12.529/2011 - A TEORIA

O artigo 43 da Lei 12.529/2011, como já observado, incluiu na temática "enganosidade" não só o aspecto das informações requisitadas, mas também as informações declaradas[16].

Se para as declarações de que trata a lei não haveria necessidade de maiores esclarecimentos por parte do Cade, tão logo a Lei 12.529/2011 entrou em vigor, ainda sob o impacto do Cartel do Aço, o Conselho regulamentou o procedimento para os casos de requisição. Previu expressamente que o documento de requisição deveria discriminar de forma precisa o objeto, o prazo para seu cumprimento, bem como a advertência de que a enganosidade constitui infração punível com multa diária[17]. Ademais, estipulou a necessidade de lavratura de auto de infração, viabilizando um contraditório interno

[16] "Art. 43. A *enganosidade* ou a falsidade *de informações*, de documentos ou de *declarações prestadas* por qualquer pessoa ao CADE ou à Secretaria de Acompanhamento Econômico será punível com multa pecuniária no valor de R$ 5.000,00 (cinco mil reais) a R$ 5.000.000,00 (cinco milhões de reais), de acordo com a gravidade dos fatos e a situação econômica do infrator, sem prejuízo das demais cominações legais cabíveis." (grifos nossos).

[17] Regimento Interno do CADE: "Art. 74. Do documento de requisição deverá constar expressamente: I - na hipótese do inc. I do art. 73, a discriminação precisa do objeto da requisição, o prazo para seu cumprimento e a advertência de que a recusa, omissão, enganosidade ou retardamento injustificado, no tempo e modo assinalados, constitui infração punível com multa diária, no valor fixado pela autoridade requisitante, nos termos do

sobre a avaliação de enganosidade. Por fim, restou estabelecido que em caso de impugnação do auto de infração, haverá sempre uma decisão colegiada para a deliberação sobre o ilícito[18]. Estavam então postas as balizas para as declarações e requisições de informações enganosas.

4.1. Um direito intertemporal?

No início de vigência da nova Lei, o Cade conviveu com a realidade de atos de concentração protocolados ainda sob a égide da Lei 8.884/1994 e atos já emergidos na vigência da Lei 12.529/2011. Poderia existir, como discutido no Cartel do Aço, o debate sobre a necessidade ou não de requisição para configurar a infração. Isso porque, vale repisar, o artigo 26 da Lei 8.884/1994 fazia expressa previsão de documentos e informações "solicitados", mas não previa nada em relação aos documentos e informações declarados.

Ao analisar a aplicação do dispositivo da Lei 12.529/2011 aos casos em curso, o Cade entendeu ser cabível apenar todos os casos em trâmite:

> "[...] o Regimento do Cade, em seu artigo 221, refere-se à ultratividade da Lei 8.884/1994 apenas para o rito de análise substancial dos atos de concentração, o qual foi completamente modificado pela Lei 12.529/2011. Ou seja, a ultratividade em questão deu-se apenas em relação à análise do ato de concentração, não se estendendo, por completa ausência de previsão legal ou regimental, à prática de infrações processuais. Em segundo lugar, porque a infração cometida – enganosidade – decorre de disposição que, não somente é autônoma a este rito de análise de atos de concentração, como é aplicável a qualquer prestação de informação falsa ou enganosa requerida pela autoridade em qualquer uma de suas atribuições legais. Assim, passou a viger e incidir sobre essa atividade desde a vigência da Lei 12.529/2011, isto é, no dia 30/05/2012".[19]

---

parágrafo único deste artigo e do art. 40 da Lei 12.529, de 2011, sem prejuízo das demais sanções civis e criminais cabíveis; [...]".

[18] Regimento Interno do CADE: "Art. 163. Verificadas as infrações de que tratam os arts. 40, 41, 42, 43 e 44 da Lei 12.529, de 2011, além de demais hipóteses legais de imposição de sanções processuais incidentais, determinará a autoridade, conforme a competência, a lavratura de auto de infração que, autuado em apartado juntamente com as cópias necessárias à comprovação da infração, constituirá peça inaugural de processo administrativo para imposição de sanções processuais incidentais (PI)".

[19] Auto de Infração 08700.010047/2012-48. Relator: Conselheiro Ricardo Ruiz. Autuadas: Azul S.A. e Trip Linhas Aéreas S.A. Julgado em 5 de junho de 2013.

4.2. Uma definição de enganosidade

Quanto ao conteúdo da enganosidade, para o Cade, o ilícito prescinde de comprovação de dolo ou culpa. Não se faz necessário, também, existência de dano à instrução ou à decisão[20].

> "[...] o núcleo do tipo infracional é a 'enganosidade' ou 'falsidade' da informação prestada ao Cade. [...] O diploma legal não fala em dolo ou culpa, ou sequer em dano causado pela informação prestada. Trata-se, pois, de uma infração passível de análise objetiva. [...] A presunção legal de irrazoabilidade funciona como um mecanismo de desoneração da Administração Pública em defesa dos direitos constitucionais da sociedade, concretizando o mandamento de *eficiência* contido na Constituição Federal (artigo 37). Da mesma forma, a infração processual tipificada no artigo 43 da Lei 12.529/2011 traz presunção legal de irrazoabilidade na prestação de informações enganosas ou falsas ao Cade ou à Seae. Não cabe, pois, perquirir a motivação dos agentes ou os danos causados pela ação no momento da verificação da tipificação da infração. Os únicos e específicos elementos relevantes para esse exercício cognitivo são a enganosidade/falsidade da informação e a sua prestação ao SBDC".[21]

Optou-se por um critério objetivo para caracterizar o ilícito, prescindindo da produção de efeitos.

5. ENGANOSIDADE E CADE NA LEI 12.529/2011 - A PRÁTICA

Delineadas as premissas, ao analisar os atos de concentração o Cade deparou-se com duas situações: enganosidade (i) por não fidedignidade das informações declaradas e (ii) por omissões relevantes para a análise concorrencial.

---

[20] Esse entendimento encontra guarida no Supremo Tribunal Federal quando trata de uso de documento falso. Vide: Supremo Tribunal Federal. Habeas Corpus 84.776-5/RS. Relator: Ministro Eros Grau. "*Habeas Corpus*. Uso de documento falso em procedimento licitatório. Falta de justa causa. Atipicidade da conduta. Trancamento da ação penal. 1. A faculdade conferida pelo artigo 43, § 3.º, da Lei 8.666/1993 à comissão de licitação para averiguar a veracidade de documento apresentado por participante do certame não retira a potencialidade lesiva da conduta enquadrada no artigo 304 do Código Penal. 2. A *consumação do delito de uso de documento falso ocorre independentemente da obtenção de proveito ou da ocorrência de dano*" (grifo nosso).

[21] Auto de Infração 08700.003083/2013-36. Relator: Conselheiro Alessandro Octaviani. Autuada: Rossi Residencial S.A. Julgado em 12 de março de 2014.

5.1. Enganosidade por não fidedignidade de informações

Quanto à fidedignidade de informações, foram duas as hipóteses. No Auto de Infração 08700.007907/2013-47[22], o Cade constatou que as requerentes do Ato de Concentração 08012.000377/2012-83[23] teriam trazido aos autos (mais de uma vez e espontaneamente) a informação de alienação da participação em outro shopping da região, responsável pela sobreposição horizontal identificada na análise da operação. A constatação da subsistência da participação na condição de acionista implicou a condenação.

No mesmo sentido foi o Auto de Infração 08700.010047/2012-48[24]. Neste, as requerentes do Ato de Concentração 08700.004155/2012-81[25] teriam afirmado na notificação da operação, em uma nota de rodapé, que não haviam concretizado operação de *codeshare*. No curso do processo, todavia, sobreveio resposta a ofício em que se assumiu a concretização da operação antes negada. Ao apreciar a retificação da informação, o Cade pontuou que "dado o caráter objetivo da infração por enganosidade, tampouco importa, para sua caracterização, a retificação espontânea das informações falsas prestadas anteriormente"[26].

5.2. Enganosidade por omissões relevantes para a análise concorrencial

Quanto às omissões relevantes, o Cade entendeu enganosas duas situações. No Ato de Concentração 08700.011105/2012-51[27] teria havido enganosidade por omissão das informações prestadas na notificação da operação acerca das participações dos principais acionistas da empresa envolvida na operação no capital social de outras empresas, com as quais haveria sobreposição hori-

---

[22] Auto de Infração 08700.007907/2013-47. Relator: Conselheiro Eduardo Pontual. Autuadas: BR Malls Participações S.A. e Brookfield Brasil Shopping Centers Ltda. Julgado em 23 de outubro de 2013.

[23] Ato de Concentração 08012.000377/2012-83. Requerentes: BR Malls Participações S.A. e Brookfield Brasil Shopping Centers Ltda. Relator: Conselheiro Alessandro Octaviani Luís. Julgado em 28 de agosto de 2013.

[24] Auto de Infração 08700.010047/2012-48. Relator: Conselheiro Ricardo Ruiz. Autuadas: Azul S.A. e Trip Linhas Aéreas S.A. Julgado em 05 de junho de 2013.

[25] Ato de Concentração 08700.004155/2012-81. Requerentes: Azul S.A. e Trip Linhas Aéreas S.A. Julgado em 6 de março de 2013.

[26] Auto de Infração 08700.007907/2013-47. Relator: Conselheiro Eduardo Pontual. Autuadas: BR Malls Participações S.A. e Brookfield Brasil Shopping Centers Ltda. Julgado em 23 de outubro de 2013.

[27] Ato de Concentração 08700.011105/2012-51. Requerentes: ICE Inversiones Brazil S. L. e Sociedade Educacional S.A. Relator: Conselheiro Ricardo Machado Ruiz. Julgado em 3 de abril de 2013.

zontal/integração vertical[28]. Já no Ato de Concentração 08012.003886/2011-87[29] teria havido enganosidade por omissão, na notificação e em respostas a ofícios, acerca da relação entre Anhanguera e Anhembi, com afirmações de que não haveria acordo de acionistas entre ambos e que não haveria membros em comum nas diretorias e conselhos de administração, bem como informação errada sobre a participação societária do principal acionista e sobre o tempo de permanência da filha dele na administração da empresa[30].

Para o Cade esse procedimento é enganoso, porque "[...] o alto risco de lesão à concorrência que é inerente a esse tipo de infração, que é capaz de induzir a autoridade antitruste ao erro não apenas no feito em que a informação foi prestada como também em análises futuras, que invariavelmente utilizam a base de dados colhida pelo Cade a partir da análise dos diferentes atos de concentração"[31]. Como se pode observar, a enganosidade entrou para a ordem do dia.

6. ENGANOSIDADE E JUDICIÁRIO NA LEI 12.529/2011

As decisões administrativas sobre enganosidade não tardaram a ser levadas ao Judiciário. Todas as multas impugnadas tiveram sua exigibilidade suspensas por força da garantia prevista no artigo 98 da Lei 12.529/2011[32]. Embora não haja decisões definitivas, alguns cenários já foram apresentados.

Pode-se dizer que o Judiciário se debruçou sobre a aplicação do dispositivo; (i) decidindo sobre aspectos do direito intertemporal; (ii) sobrestando o juízo sobre a enganosidade por omissão; e (iii) reconhecendo, ainda que por *obter dictum,* a enganosidade por não fidedignidade de informações.

---

[28] A análise da enganosidade foi feita no âmbito do Auto de Infração 08700.003617/2013-24, de relatoria do Conselheiro Alessandro Octaviani Luís.

[29] Ato de Concentração 08012.003886/2011-87. Requerentes: Anhanguera Educacional Ltda., Novatec Serviços Educacionais Ltda. e Instituto Grande ABC de Educação e Ensino S/C Ltda. Relator: Conselheiro Alessandro Octaviani Luís. Julgado em 20 de novembro de 2013.

[30] A análise da enganosidade foi feita no âmbito do Auto de Infração 08700.005450/2013-36, de relatoria do Conselheiro Eduardo Pontual.

[31] Auto de Infração 08700.005451/2013-80. Autuada: Anhanguera Educacional Ltda. Relatora: Conselheira Ana Frazão. Julgado em 4 de dezembro de 2013.

[32] "Art. 98. O oferecimento de embargos ou o ajuizamento de qualquer outra ação que vise à desconstituição do título executivo não suspenderá a execução, se não for garantido o juízo no valor das multas aplicadas, para que se garanta o cumprimento da decisão final proferida nos autos, inclusive no que tange a multas diárias."

6.1. Aplicação do artigo 43 da Lei 12.529/2011 aos processos protocolados sob a Lei 8.884/1994

Quanto à aplicação do artigo 43 da Lei 12.529/2011 aos processos protocolados sob a Lei 8.884/1994, a Ação Ordinária, movida pela Azul S.A. contra a multa aplicada pelo Cade, trouxe a discussão do direito intertemporal.

Segundo juízo monocrático proferido, deve-se aplicar a Lei 8.884/1994, uma vez que mais benéfica no que diz respeito à enganosidade. Isso porque, na vigência da Lei 8.884/1994, aplicando a lógica da decisão do "Cartel do Aço", só poderia haver enganosidade das informações após requisição. No caso, como a informação enganosa teria sido originada da notificação do processo, e não teria havido prejuízos substanciais para a análise de mérito, haveria de se afastar a aplicação da Lei 12.529/2011[33].

6.2. Enganosidade por omissões relevantes para a análise concorrencial

O caso da enganosidade por omissão não foi diretamente enfrentado[34]. Por se tratar de multa, o entendimento de que o simples depósito suspende a exigibilidade da multa afigura-se como um óbice para uma discussão efetiva sobre a enganosidade[35]. Nos exatos termos da decisão:

> "[...] Os argumentos expedidos pela parte autora encontram respaldo no oferecimento de caução, bem cujo valor de mercado, ainda que não escorreito, supera e muito o da multa aplicada (FF.107/115), portanto suficiente à garantia do crédito impugnado. De outro lado, estando a multa em discussão judicial, razoável e coerente que sua exigibilidade seja suspensa, exceto se não houvesse garantia para a administração de que, ao final, caso vencedora, deixaria de receber seu direito. Presente portanto a verossimilhança da alegação"[36].

---

[33] Justiça Federal do Distrito Federal. 9.ª Vara. Ação Ordinária 72286-39.2013.4.01.3400. Azul S.A. X Cade.

[34] Justiça Federal do Distrito Federal. 13.ª Vara. Ação Ordinária 51874-87.2013.4.01.3400. ICE Inversiones Brazil S.L. e ISCP – Sociedade Educacional S.A X Cade.

[35] Na União Europeia, os requisitos fumaça e perigo da demora são exigidos de forma conjunta. No processo Ruhrgas Internacional AG X Comissão, decidido em 02 de setembro de 2009 (Aff T-57/07), restou assentado que pedidos liminares serão deferidos, nos termos do artigo 104, § 2.º, do Regulamento se, em primeiro lugar, se vislumbrar a fumaça do bom direito e se for, em seguida, urgente a necessidade de provimento. Deve haver rejeição da liminar se não preenchidos os requisitos concomitantemente. A decisão faz referência a outros julgados. Decisão liminar de 14 de outubro de 1996, SCK e FNK/Comissão (C 268/96). Além disso, deve-se observar também a ponderação dos interesses em curso. Decisão liminar de 23 de fevereiro de 2001, Áustria X Conselho (C445/00).

[36] Idem, ibidem.

A decisão foi acompanhada pelo TRF da 1.ª Região:

> "Não obstante os fundamentos deduzidos pela recorrente, não vejo presentes, na espécie, os pressupostos do artigo 558 do CPC, a autorizar a concessão da almejada antecipação da tutela recursal, na medida em que não conseguem infirmar as razões em que se amparou a decisão agravada, em face da sua natureza eminentemente preventiva e, por isso, compatível com a tutela cautelar do agravo, manifestada nas letras e na inteligência do referido dispositivo legal, de forma a autorizar a suspensão da execução da penalidade em referência, até a definição sobre a legitimidade, ou não, da sua imposição, sob pena de frustrar-se o resultado da demanda instaurada naquele feito, em caso de procedência da demanda, com vistas nas garantias fundamentais da ampla defesa e devido processo legal (CF, artigo 5.º, incisos LIV e LV), mormente em face da garantia representada por caução real por ela ofertada, em valor superior ao montante da referida multa"[37].

No mesmo sentido, a ação movida pela Anhanguera Educacional Ltda.[38].

6.3. Enganosidade por não fidedignidade de informações

Quanto à enganosidade por não fidedignidade, na Ação Ordinária da empresa Azul S.A. já referida[39], o juízo monocrático reconheceu que "a incorreta qualificação do contrato entre a Trip e Tam com *interline*, quando deveria ter informado tratar-se de *codeshare*, de fato, traduz conduta infracional de enganosidade que, coerentemente com o até o momento fundamentado, deve observar o disposto na Lei 8.884/1994".

Observa-se, pois, ainda que em sede liminar, que o Judiciário observou aspectos do direito intertemporal para não confirmar a enganosidade nos casos submetidos sob a égide da Lei 8.884/1994. Ademais, ainda não pontuou a apreciação da enganosidade por omissão apresentada pelo Cade, tendo reconhecido o "equívoco", por outro lado, como manifesta enganosidade.

---

[37] Tribunal Regional Federal da 1.ª Região. Agravo de Instrumento 64166-22.2013.4.01.0000. Relator: Desembargador Souza Prudente. ICE Inversiones Brazil S.L. e ISCP – Sociedade Educacional S.A X Cade.

[38] Justiça Federal do Distrito Federal. 16.ª Vara. Ação Ordinária 10902-41.2014.4.01.3400. Anhanguera Educacional Ltda. X Cade.

[39] Justiça Federal do Distrito Federal. 9.ª Vara. Ação Ordinária 72286-39.2013.4.01.3400. Azul S.A. X Cade.

7. CONSIDERAÇÕES FINAIS

O número de casos de enganosidade judicializados é a grande marca da nova lei. As decisões por certo servirão de baliza para a atuação da Autarquia.

O avanço da Lei 12.529/2011 foi de inibir a prática da informação incompleta ou não fidedigna ao instruir os atos de concentração. Desde as declarações até as informações requisitadas, todas devem ser claras e precisas para evitar erros das análises presentes e futuras.

Há de se registrar que, após o surgimento dos primeiros casos, o Cade não tem visto replicar novas hipóteses. Há suposições: (i) ou os casos eram marginais, próprios da transição de um sistema; (ii) pode ter existido o incentivo a não mais correr o risco de apresentar informações enganosas, porque o Cade passou a ser bem atento nesse tema; (iii) existem enganosidades que ainda não foram detectadas. Mas são apenas conjecturas.

Prevalecendo a enganosidade como um novo viés de análise pelo Judiciário, o seu enfretamento se dará não só na anulação de multas proferidas no processo de instrução, mas também surgirão discussões nos casos de revogação da autorização, com base no artigo 91 da Lei 12.529/2011.

Se as balizas da "enganosidade fidedignidade" serão mais fáceis de um arbitramento judicial, os casos de "enganosidade omissão" poderão ser bem mais relevantes. Nos casos que podem implicar revogação de ato de concentração, por exemplo, esse aspecto vai deixar atentos concorrentes e autoridades.

JUDICIALIZAÇÃO SOB A PERSPECTIVA DA ADVOCACIA CONCORRENCIAL

Tulio Freitas do Egito Coelho

Para falar da judicialização das decisões do Cade ante o advento da Lei 12.529/2011, convém dar um passo atrás e repassar, ainda que rapidamente, a evolução recente do direito antitruste brasileiro. Nesse sentido, pode-se dizer que a Lei 8.884/1994 teve a virtude de popularizar o direito antitruste no Brasil, considerando-se que a antiga Lei 4.137/1962, em que pese sua importância como de fato a primeira lei antitruste brasileira, não ter sido extensamente aplicada, especialmente em razão do ambiente econômico durante seu período de vigência. Mas o que mudou entre essas duas leis que fez com que a de 1994 viesse a tornar-se tão mais aplicada? Certamente uma mudança de paradigmas ocorreu a partir da Constituição de 1988, especialmente ao longo da década de 1990, sendo que a promulgação da Lei 8.884 insere-se no contexto dessa mudança. Desde os anos 1990, vem havendo uma evolução cultural importante no padrão de comportamento do típico empresário brasileiro, que passou de um ambiente marcado por extensa intervenção estatal e pouca exposição ao mercado internacional, para um novo ambiente tendente à livre concorrência, com menor regulação estatal. É nesse contexto que deve ser compreendida a maior "popularidade" daquela lei.

Uma das alterações mais significativas trazida pela lei de 1994 foi a sistemática utilizada para o controle de estrutura, tendo em vista que a lei de 1962, posteriormente modificada em 1991[1], não dispunha de critérios objetivos

[1] Lei 8.158, que criou a então denominada Secretaria Nacional de Direito Econômico e inaugurou o controle de estrutura, ao alterar o artigo 74 da Lei 4.137/1962.

para o controle de concentrações e tampouco estabelecia penalidade específica para a não submissão dos chamados "atos de concentração econômica".

A obrigatoriedade de submissão desses atos que importavam em concentração econômica, sob pena de multa substancial, fez que muitos advogados rapidamente aprendessem o endereço da então Secretaria de Direito Econômico (SDE), do Conselho Administrativo de Defesa Econômica (Cade) e da Secretaria de Acompanhamento Econômico (Seae), que passaram a chamar-se de "Sistema Brasileiro de Defesa da Concorrência" – uma nomenclatura resultante da tentativa de dar-se uma aparência de unidade a essas três instâncias que funcionavam com atribuições distintas e independência administrativa.

A sistemática da lei de 1994, que introduziu o controle dos atos de concentração *a posteriori*, isto é, 15 dias úteis depois da "realização do ato", trouxe incerteza sobre em qual exato momento o "ato" estaria realizado. Para a advocacia, isso dar-se-ia apenas com a assinatura do contrato, enquanto para o Cade tal momento seria, de maneira considerada vaga pela advocacia, aquele em que da alteração das relações de concorrência pudesse advir algum efeito sobre o mercado. Ao longo dos primeiros quatro anos de vigência da lei, esse entendimento do Cade evoluiu para consolidar-se, com a edição da Resolução 15/1998, como a assinatura "do primeiro documento vinculativo entre as requerentes", normalmente entendido como a carta de intenções[2]. Essa divergência de interpretações gerou uma série de litígios que foram judicializados, em função das várias multas de intempestividade aplicadas pelo Cade, até recentemente.

Naquele contexto histórico, a advocacia percebeu como um excesso de rigor do Cade a imposição das multas de intempestividade e a interpretação estreita dos critérios de submissão de atos de concentração, o que fez com que muitas operações realizadas no exterior, sem substancial impacto no mercado brasileiro, tivessem que ser submetidas ao controle do Cade[3]. Essa percepção da advocacia explica o surgimento de um considerável número de ações judiciais para desconstituir decisões do Cade, grande parte delas tendo por objeto as multas de intempestividade.

Possivelmente tal rigor possa ser explicado, de um lado, por uma imperfeição da lei de 1994, que não possuía critério *de minimis* de faturamento, e de outro por uma eventual necessidade de autoafirmação institucional do Cade, até então fora do radar das grandes transações, que precisava afirmar a sua

[2] O artigo 2.º da Resolução 15/1998: "o momento da realização da operação, para os termos do cumprimento dos §§ 4.º e 5.º do art. 54 da Lei 8.884/1994, será definido a partir do primeiro documento vinculativo firmado entre as requerentes, salvo quando alteração nas relações de concorrência entre as requerentes ou entre pelo menos uma delas e terceiro agente ocorrer em momento diverso".

[3] Não havia regra *de minimis* de faturamento.

nova autoridade e jurisdição sobre as operações de concentração econômica. O temor das multas certamente ajudou para que um volume substancialmente maior de operações fossem submetidas ao seu controle. Como normalmente acontece nessas situações, as instâncias ordinárias da Justiça federal adotaram entendimentos ora favoráveis ao Cade, ora favoráveis às empresas, havendo posteriormente o STJ adotado uma posição pró-Cade, uniformizando a jurisprudência ao orientar-se pela legalidade do artigo 2.º da Resolução 15.

O interessante nesse *leading case*[4] é que todas as decisões haviam sido favoráveis à empresa, desde a liminar, sentença e acórdão do TRF-1, até mesmo o parecer do Ministério Público Federal. No STJ, o relator, Min. Herman Benjamin, chegou a negar conhecimento ao recurso especial do Cade, em despacho monocrático. Entretanto, o brilhante esforço de advocacia da Procuradoria Federal Especializada junto ao Cade (ProCade) conseguiu que o relator mudasse de posição, em agravo regimental, e votasse pelo conhecimento e provimento do recurso especial, em decisão que se tornou unânime. Possivelmente o STJ tenha sido sensibilizado pela importância desse *leading case* para o Cade, considerando a grande quantidade de casos de multa de intempestividade que tramitavam nas instâncias ordinárias, bem como a relevância para a defesa da concorrência de antecipar-se o momento da submissão dos atos de concentração. Os fundamentos dos votos dos Ministros Herman Benjamin e Mauro Campbell mostram clara deferência à tecnicidade das decisões do Cade[5].

Essa discussão sobre tempestividade foi superada com o advento da atual Lei Antitruste (Lei 12.529/2011)[6], cuja principal inovação foi precisamente na sistemática de controle de concentrações, havendo o legislador (i) substituído o controle *a posteriori* pelo controle *a priori*, (ii) enxugado a estrutura institucional de análise para apenas um órgão, onde antes havia três, (iii) aumentado o critério de faturamento, portanto reduzindo substancialmente o volume de submissão de atos de concentração, e (iv) encurtando drasticamente os prazos para decisão. Essa mudança reduziu sensivelmente a litigiosidade no controle de concentrações, ao eliminar um dos principais focos de controvérsia na atuação do Cade, que mudou de intempestividade para *gun jumping*[7].

---

[4] Recurso Especial 615.628-DF (2003/0215979-3).

[5] Min. Mauro Cambell: "No entanto, soa no mínimo temeroso (para dizer o menos) que, ante o posicionamento de uma autarquia especializada em análise de dominação de mercado – como é o Cade, o qual dispõe, inclusive, de órgão colegiado judicante –, venha o Judiciário asseverar, de forma até um pouco simplória e simplesmente desconsiderando todas as informações técnicas constantes dos presentes autos, que não existe nenhum risco ao mercado brasileiro, sem tecer maiores considerações sobre a controvérsia".

[6] Entrou em vigor em maio de 2012.

[7] Implementação da operação antes de sua aprovação pelo Cade.

Entretanto, nesses três primeiros anos de vigência da lei nova, houve apenas cinco casos de *gun jumping*, todos resolvidos pela via de Acordo em Controle de Concentração (ACC), com pagamento de multa[8].

A redução do volume de atos de concentração com a nova lei foi de fato substancial, caindo de 684, em 2011, último ano-calendário da lei antiga, para 377, em 2013, primeiro ano-calendário da lei nova[9]. Essa considerável redução de volume teve evidente e significativo impacto na diminuição dos litígios.

No período de vigência da lei nova, desde maio de 2012 até maio de 2015, foram judicializados somente 7 casos no controle de concentrações, sendo que 5 deles referem-se a intempestividade e apenas dois a restrições impostas. Esses 7 casos compreendem 6 atos de concentração[10]. Desses 6 atos de concentração judicializados, 5 foram submetidos sob a vigência da lei antiga, portanto até maio de 2015 havia apenas um único caso de discussão judicial do controle de estrutura, sob a lei nova.

Nesse mesmo período, cerca de 100 atos de concentração sofreram de algum tipo de restrição, sendo que desses, 8 foram reprovados. Houve imposição de multa de intempestividade em 22 atos de concentração. Esses dados mostram uma clara tendência de menor judicialização das decisões do Cade no controle de estrutura, o que já era esperado e que pode ser creditado em boa parte à entrada em vigor da nova lei. É interessante destacar que nenhuma das oito decisões de reprovação foi questionada em juízo, sinalizando, de um lado, a boa qualidade das decisões tomadas pela SG, o que também traz implicações na redução da litigiosidade. De outro lado, esse dado também mostra a dificuldade de discutir judicialmente decisões no controle *a priori*.

Antes da entrada em vigor da lei nova, havia um equilíbrio na judicialização das decisões em controle de estrutura e em condutas. Os principais questionamentos em controle de estrutura voltavam-se contra as multas de intempestividade e a cobrança de pagamento integral das taxas para a submissão dos atos de concentração[11]. A lei nova eliminou esses focos de litígio, deslocando o ponteiro da balança para o prato das decisões em processos administrativos.

Possivelmente essa tendência será mantida tendo em vista o menor interesse em litigar-se as decisões de mérito no controle *a priori*. A razão é compreensível: no controle *a posteriori*, a operação consumava-se muitas vezes

---

[8] Cf. CADE, *Balanço do Triênio da Lei 12.529/2011* (maio de 2015), slide 9.

[9] Como a lei entrou em vigor em maio de 2012, os dados desse ano contém atos apresentados tanto pela lei antiga como pela lei nova, não servindo para efeito de comparação.

[10] Os dois requerentes no AC 08012.000377/2012-83 judiciarizaram a restrição imposta.

[11] Cf. CADE. *Revisão judicial das decisões do Conselho Administrativo de Defesa Econômica.* Belo Horizonte: Fórum, 2011, p. 45.

antes da decisão do Cade. Caso essa decisão fosse pela reprovação ou aprovação do ato com restrições, restava pouco a ser feito na via administrativa para revertê-la. Nesse contexto, litigar-se contra a ordem de desfazimento total ou parcial da operação podia fazer sentido, desde que se conseguisse suspender a decisão do Cade, o que em si não era problemático, uma vez dadas as devidas garantias ao juízo. No controle *a posteriori*, havia conveniência, mas não era crítica a urgência na tomada de decisão pelo Cade, especialmente em casos em que não havia APRO - Acordo de Preservação de Reversibilidade da Operação[12]. Mesmo quando havia uma expectativa de decisão restritiva, esta depois poderia ser judicializada, mantendo-se íntegra a operação, até uma decisão posterior do Poder Judiciário, que poderia levar anos para tornar-se definitiva[13].

Já no controle *a priori*, em que a consumação da operação depende da aprovação prévia do Cade, é crítica a urgência em que seja tomada a decisão. Nesse novo contexto, as empresas não têm outra alternativa viável a não ser negociar rapidamente com a Superintendência-Geral uma solução que permita a aprovação e o consequente fechamento da operação, de maneira juridicamente segura, mesmo que isso implique em modificar a estrutura da operação originalmente submetida. O custo econômico da demora da decisão do Cade era bem menor no controle *a posteriori*, em que podia haver o fechamento da operação antes da decisão administrativa. Com a lei nova, a análise da perspectiva de aprovação pelo Cade tornou-se parte da própria estratégia da operação. As transações devem ser submetidas de modo a propiciar uma análise rápida e com a menor intervenção possível. O conceito da operação, sob o ponto de vista de sua possibilidade de aprovação pelo Cade, é portanto diferente do modelo anterior, em que poderia até mesmo haver incentivo econômico para apresentar-se uma operação complexa, mesmo sabendo-se do risco de sua desaprovação, parcial ou total, pelas autoridades antitruste.

A lei nova tornou praticamente inviável a judicialização no controle de estrutura, considerando a perspectiva da advocacia de que o judiciário não se substituirá ao Cade para autorizar o fechamento de operações, ainda que em caráter provisório. Nesse sentido, torna-se interessante destacar o único caso de discussão judicial no controle prévio de estrutura, o caso Bayer[14], que cuidou exatamente desse tópico. Trata-se de ato de concentração não conhecido pela SG, com subsequente avocação pelo Tribunal Administrativo, o que implicou em despacho do presidente desse Tribunal suspendendo a implementação do contrato. Contra esse despacho houve a impetração de mandado de segurança, tendo por objeto a obtenção de medida liminar que autorizasse o fechamento da operação antes do pronunciamento do Tribunal Administrativo. A liminar

[12] Previsto na Resolução do CADE 28, de 24 de julho de 2002.

[13] O caso Nestlé/Garoto é um exemplo.

[14] Mandado de Segurança 0043976-23.2013.4.01.3400, impetrado pela Bayer S/A.

não foi concedida, por entender o juiz federal que não há direito líquido e certo ao fechamento da operação, posto que a lei impõe a necessidade de aprovação prévia pelo Cade. Essa decisão foi confirmada pelo desembargador relator no TRF-1, ao negar a antecipação de tutela, em agravo de instrumento.

Interessante notar que o desembargador relator no TRF-1, mesmo reconhecendo "num exame superficial, uma possível nulidade [na avocação pelo Cade], do que resultaria, em tese, a presença do *fumus boni juris*", afastou a alegação de *periculum in mora*, pois a "suposta urgência em que se ampara a pretensão da agravante consiste, unicamente, em interesses de natureza comercial... [e] referida pretensão, se deferida, seria irreversível", impondo um ônus bastante substancial a partes que queiram autorização para realização de operações previamente à aprovação do Cade. Ademais, o desembargador ressaltou que os prazos especificados na lei estavam sendo cumpridos, e que o alegado perigo na demora teria sido criado pela própria impetrante, pois esta já conhecia os prazos quando apresentou a operação a controle. Como a liminar foi negada e a operação aprovada antes que fosse exarada sentença, houve perda de objeto do mandado de segurança e do agravo de instrumento, com a consequente desistência da impetrante.

Essa dificuldade de litigar no controle prévio aumentou consideravelmente o poder do Cade em relação ao modelo anterior, o que significa que a negociação de Acordos em Controle de Concentrações (ACC) pode teoricamente ser feita em condições não razoáveis, em vista do grande desequilíbrio da distribuição do poder de barganha entre as partes, em favor do Cade. Entretanto, em geral, a percepção da advocacia é a de que, nesse primeiro triênio, as decisões da SG estiveram dentro dos limites da razoabilidade, e espera-se que assim continue. Destaque-se que foram negociados 20 ACCs nesse período, o que demonstra a boa disposição para negociação de acordos por parte da SG e do Tribunal Administrativo do Cade.

Ainda nesse sentido, cabe destacar a recente novidade da inclusão de "cláusula arbitral" em ACCs[15]. Trata-se de um mecanismo de solução alternativa de controvérsias, no que se refere ao cumprimento desses acordos. Esse tipo de solução faz sentido em casos de acesso a infraestrutura essencial, por exemplo, na qual um particular, considerando-se discriminado ao pretender o acesso, pode iniciar um procedimento arbitral, que vinculará as partes relacionadas, mas não ao Cade. Tal solução já foi aplicada em pelo menos dois ACCs[16]. Esse tipo de solução traz também um potencial de redução de litígios nos casos de ACCs complexos, como aqueles que envolvem acesso a infraestrutura essencial.

---

15 Disponivel em: <http://jota.info/cade-inova-e-aposta-em-arbitragem-entre-empresas>.

16 Casos All/Rumo (ACC 08700.000871/2015-32) e Fosbrasil/Vale.

O sistema de controle da nova lei também passou a exigir mais da advocacia, no que concerne à capacidade dos advogados de antecipar os cenários de análise das operações pela SG, e de moldá-las de acordo com esses cenários. Portanto, os atos submetidos no controle prévio tendem a ser mais bem estruturados sob a ótica do direito antitruste, em comparação com o modelo anterior. Isso também em alguma medida redunda em menor probabilidade de litígio.

Pode-se dizer que o sistema de controle de concentração econômica atingiu a sua maturidade, tanto com a lei nova como com sua eficiente implementação pela Superintendência-Geral do Cade, contrariando expectativas negativas da advocacia, que eram comuns antes da entrada em vigor da lei de 2011. O que se tem hoje é um sistema que funciona dentro dos padrões internacionais, adotando decisões consideradas equilibradas e com pouquíssima judicialização, se considerarmos apenas as decisões tomadas sob a lei nova.

Já sob a perspectiva da repressão ao abuso do poder econômico e aos cartéis, a mais importante mudança trazida pela lei nova foi a substancial redução da multa, cujo teto foi rebaixado de 30% para 20%, o piso de 1% para 0,1%, e a base de cálculo diminuída de faturamento total para faturamento no ramo de atividade em que houve a infração. Embora não tenha havido mudança tão significativa como no controle de estrutura, vale proceder-se a uma análise da judicialização das decisões condenatórias do Cade em processos administrativos (PAs), nesses primeiros anos do "novo Cade".

Nesse período de 3 anos, houve 79 condenações em PAs[17], sendo que destas, 22 foram judicializadas. Portanto, pode-se afirmar com segurança que, nesse período, a maior perspectiva de judicialização está na vertente repressiva das atribuições do Cade, o que difere da situação anterior, como já visto.

Ainda nesse triênio, o total de multas aplicadas em PAs somou algo em torno de R$ 4 bilhões[18], dos quais R$ 2.9 bilhões foram judicializados, indicando que cerca de 75% das multas aplicadas encontram-se *sub judice*[19]. Por outro lado, os valores judicializados encontram-se garantidos, o mais das vezes por fiança bancária, portanto serão facilmente convertidos em renda, em hipótese de improvimento da ação. Deve-se ainda destacar que a taxa de sucesso da ProCade, nas discussões judiciais, tem sido consideravelmente elevada, havendo alcançado 82%, em 2014[20].

---

[17] Esse número não é preciso, pois algumas decisões em embargos de declaração foram computadas como se fossem novas condenações.

[18] Desses R$ 4 bilhões, R$ 3.151 referem-se ao caso do cartel do cimento, PA 08012.011142/2006-79.

[19] Entre 2012 e 2014, a Comissão Europeia aplicou quase EUR 5,9 bilhões em multas.

[20] Cf. ProCade.

Algumas iniciativas importantes foram adotadas pelo novo Cade, com o objetivo de reduzir o volume de casos discutidos judicialmente. Dentre elas, destaca-se o incentivo à negociação de Termos de Compromisso de Cessação – TCCs, regulamentados pela Resolução 5, de 6 de março de 2013. A possibilidade de redução da multa em até 50% para o primeiro a negociar o acordo, reduzindo-se para os máximos de 40% para o segundo e de 25% para os demais, tornou-se uma opção interessante de solução de casos com elevada possibilidade de condenação. Outro aspecto relevante é que a negociação de TCC, no âmbito da SG, passou a incluir a obrigação de colaborar com a investigação, aumentando a possibilidade de condenação dos demais representados que não optarem pelo acordo, especialmente nos casos de cartel. Isso de certa forma reproduz o "dilema do prisioneiro", conhecido em teoria dos jogos, ao criar incentivos econômicos para ser o primeiro da fila. Esse foi justamente o propósito do Cade, ao inteligentemente alterar as regras pertinentes ao TCC, e parece ter trazido bons resultados. Com essas modificações, os TCCs passaram a ser uma espécie de "leniência de segunda classe"). Com efeito, os casos de TCC subiram de apenas 5, em 2012, para impressionantes 53, em 2013, ano em que as normas foram alteradas[21]. Também vêm aumentando consideravelmente o número de acordos judiciais, numa bem sucedida iniciativa da ProCade de reduzir o estoque de processos judiciais, incrementando a arrecadação das multas.

O custo de litigar contra decisões condenatórias do Cade é elevado, considerando-se a necessidade de depositar-se em juízo o valor integral da multa imposta[22]. Como muitas das multas em processo administrativo têm sido aplicadas em valores significativos, a obrigação do depósito do valor integral da multa impõe um elevado custo financeiro, que perdurará pelo longo período da discussão judicial. Mesmo a alternativa de contratar-se fiança bancária ou seguro-garantia, que vêm sendo aceitas em juízo, impõe um custo considerável ao litigante. O risco da sucumbência também deve ser ponderado, especialmente enquanto não existir jurisprudência suficiente para dar uma maior previsibilidade ao desfecho da demanda.

Nesse cenário, há uma clara tendência de redução dos litígios judiciais em favor dos acordos administrativos, como o TCC. Desse modo, ao fomentar os acordos, o Cade está no mesmo caminho dos Estados Unidos e da União Europeia, em que a quantidade de acordos nos casos antitruste ultrapassa os 90%. Os litígios na União Europeia estão mais voltados para a discussão do

---

[21] Destes 53, 42 são casos de unimilitância.

[22] Vide artigo 98 da Lei 12.529/2011.

valor da multa do que propriamente para a discussão da existência da infração, haja vista a grande quantidade de acordos com confissão[23].

De qualquer modo, o acúmulo no judiciário de processos questionando decisões do Cade vai tornando esse poder cada vez mais à vontade para decidir esses casos, aumentando aos poucos a familiaridade dos juízes federais com o direito antitruste. O fato é que, no caso das multas em processo administrativo, que serão cada vez mais o foco das discussões judiciais envolvendo o Cade, especialmente nos casos de cartel, as questões litigadas são aquelas com as quais o Judiciário já tem familiaridade, tais como a existência da prescrição, o devido processo legal, a suficiência da prova para sustentar a condenação, a dosimetria da pena e o princípio da proporcionalidade, entre outras. Essas questões já são rotineiramente discutidas, em casos envolvendo agencias regulatórias de modo geral. Tais questões não envolvem diretamente matéria antitruste, na qual o Cade detém, reconhecidamente, ampla expertise técnica, ao contrário do judiciário no cenário atual.

Interessantemente, o judiciário vem de fato examinando o mérito de decisões do Cade, mesmo nos processos administrativos em que são investigados e punidos casos de abuso de posição dominante, analisados sob a ótica da regra da razão, em que questões técnicas como definição de mercado relevante, ganhos de eficiência e potencialidade de efeito negativo têm papel preponderante. Exemplo é o caso dos contratos de exclusividade em shopping centers, mais conhecidos como cláusulas de raio, no qual a sentença explorou em detalhes os fundamentos de mérito da decisão do Cade, antes de confirmá-la[24].

Cabem comentários, ainda que breves, das decisões judiciais em ações anulatórias de decisões do Cade, desde 2012. A maior parte de tais decisões foram proclamadas no âmbito do Tribunal Regional Federal da 1.ª Região. Porém, em face de recente decisão do Supremo Tribunal Federal, em caso de repercussão geral, pacificou-se o entendimento de que o artigo 109, § 2.º, da CF[25], estende-se às fundações públicas e às autarquias federais, como é o caso do Cade[26]. Essa decisão do STF já vem causando um maior deslocamento do foro para outras regiões, especialmente a 3.ª Região, potencialmente propiciando maior diversidade de orientações jurisprudenciais. Caberá ao STJ

---

[23] Na União Europeia, diferente dos EUA e do Brasil, o valor da multa somente é conhecido no final do processo, mesmo que se faça o acordo com confissão e colaboração em seu início.

[24] Ação Ordinária 2004.34.00.018729-0, sentença proferida em junho de 2012. Apelação do Shopping Center Iguatemi pendente de julgamento pelo TRF-1.

[25] "As causas intentadas contra a União poderão ser aforadas na seção judiciária em que for domiciliado o autor, naquela onde houver ocorrido o ato ou fato que deu origem à demanda ou onde esteja situada a coisa, ou, ainda, no Distrito Federal."

[26] RE 627709.

o papel de uniformizar essa eventual divergência entre os tribunais regionais federais, o que demandará um certo tempo.

Há um conjunto de decisões no âmbito da 1.ª Região que limita o escopo da revisão judicial, orientando-se pela impossibilidade de revisão do mérito da decisão do Cade. Entende essa linha jurisprudencial que: "Segundo entendimento das turmas que integram a 3.ª Seção, não é possível, em sede judicial, rediscutir sobre a existência de infração à ordem econômica e a aplicação das respectivas penalidades, sob pena de indevida interferência do Poder Judiciário na esfera de atuação do Cade, por violação aos princípios da legalidade e da separação dos poderes (cf. ApReeNe n. 2005.34.00.012752-0/DF, 6.ª T., 9/7/2012, Dolzany, unânime)"[27].

Essa linha jurisprudencial, entretanto, não se firmou[28], havendo mais recentemente decisões em ambos os sentidos, isto é, tanto da impossibilidade de revisão do mérito das decisões do Cade, como no sentido contrário. Cabe notar um precedente do STJ[29] em sentido frontalmente contrário ao entendimento restritivo do Tribunal Regional Federal da 1.ª Região, sinalizando que a jurisprudência deve firmar-se no sentido da possibilidade de revisão judicial do mérito das decisões do Cade, ainda que com algumas reservas.

Na linha da possibilidade de revisão do mérito da decisão do Cade foi o recente julgamento pela 6.ª Turma do TRF-1, no conhecido caso "Cartel dos Genéricos". Trata-se de condenação de vários laboratórios farmacêuticos pelo Cade por prática de cartel, sob a alegação de dificultar o ingresso dos medicamentos genéricos no mercado. Neste caso, a sentença de primeiro grau declarou a nulidade da decisão condenatória do Cade, e esse entendimento veio a ser confirmado, por unanimidade, pela 6.ª Turma do Tribunal Regional Federal da 1.ª Região[30]. Tanto a sentença como o acórdão que a confirmou examinaram o mérito da decisão do Cade e a anulação deu-se por falta de prova. O aspecto relevante deste caso é o padrão de prova utilizado pelo Cade para sustentar a condenação por prática de cartel, considerado muito frágil pela sentença e pelo acórdão regional. Esse caso constitui precedente importante para esse tipo de discussão, que atinge o âmago da decisão do Cade.

---

[27] Sentença proferida no Processo 0049193-47.2013.4.01.3400 - 17.ª Vara Federal, 02/06/2015.

[28] Cf. CADE. *Revisão judicial das decisões do Conselho Administrativo de Defesa Econômica*, cit., p. 114.

[29] REsp 677585, Fux, 1.ª T, DJ 13/02/2006, p. 679 ("Deveras, a atuação paralela das entidades administrativas do setor (CADE e SDE), não inibe a intervenção do Judiciário *in casu*, por força do princípio da inafastabilidade, segundo o qual nenhuma ameaça ou lesão de direito deve escapar à apreciação do Poder Judiciário").

[30] AC 2008.34.00.001816-7/DF, julgado em 30/03/2015, atualmente em fase de embargos de declaração opostos pelo CADE.

Em outra decisão recente, o Tribunal Regional Federal da 1.ª Região reduziu de 5% para 2.85% o valor da multa aplicada pelo Cade, em uma investigação de abuso de posição dominante envolvendo a empresa White Martins, com fundamento em que as circunstâncias agravantes foram aplicadas equivocadamente, e excluiu três das sete agravantes consideradas pela autarquia, reduzindo proporcionalmente o valor da multa[31]. Esse precedente é interessante pois sinaliza um maior rigor do Poder Judiciário em torno dos critérios de dosimetria necessários para justificar a imposição de elevadas alíquotas nas multas impostas como condenação nos processos administrativos. Há outros precedentes nesse sentido, como o caso AGCO do Brasil, no qual o judiciário entendeu que "a apenação em um patamar superior ao mínimo deverá ser plenamente motivada e com a adoção dos critérios preconizados na lei..."[32].

Há ainda precedente recente de anulação judicial de decisão condenatória do Cade, em caso de cartel. Nesse caso, as provas que sustentaram a condenação foram emprestadas de gravações telefônicas e busca e apreensão, porém autorizadas em virtude de denúncia anônima. Desse modo, ao aplicar o princípio dos frutos da árvore envenenada, tais provas foram anuladas, consequentemente perdendo o lastro a condenação do Cade, que também foi anulada[33].

Também merece destaque a recente sentença anulatória de decisão do Cade em caso de fixação do preço de revenda. Tal decisão condenatória procurou estabelecer uma nova regra para a análise desses casos de fixação do preço de revenda, ao entender que tal prática constituiria um ilícito pelo seu próprio objeto[34], cabendo à empresa comprovar que sua adoção não teria causado malefício à concorrência. Entretanto, de acordo com a Resolução 20/1999 do Cade, essa infração deveria ser analisada sob a ótica da regra da razão, o que significa que caberia ao Cade demonstrar que essa prática causaria um dano ao consumidor. Ao mudar a regra de análise e aplicar retroativamente o *standard* mais gravoso, a decisão do Cade teria violado os princípios da estrita legalidade da Administração Pública, da segurança jurídica e, especialmente, o princípio da proibição de interpretações retroativas, quando mais gravosas ao administrado[35].

Essa decisão chama a atenção para o fato de que a constante mudança de composição do tribunal administrativo pode ter o efeito colateral de dificultar a estabilização da sua jurisprudência, criando uma potencial situação de

[31] Acórdão proferido no Processo 2004.34.00.013282-7, 4.ª Turma, TRF-1.ª Região, 18/09/2012.

[32] Cf. CADE. *Revisão judicial das decisões do Conselho Administrativo de Defesa Econômica*, cit., p. 69.

[33] Processo 0049217-80.2010.4.01.3400.

[34] Ilícito *per se*.

[35] Processo 19858-80.2013.4.01.3400, cuja decisão foi comentada pela imprensa especializada.

insegurança jurídica para o administrado, prejudicado na previsibilidade das decisões condenatórias. Nesse sentido, a lei nova trouxe um avanço importante, ao aumentar os mandatos dos conselheiros de dois para quatro anos, e de torná-los não coincidentes.

Ainda nesse ponto, é importante destacar o papel tanto do MPF quanto da ProCade, composta de procuradores concursados e de carreira, para orientar os novos conselheiros, com destaque para aqueles sem formação jurídica, em termos da necessidade de manter coerência com os precedentes estabelecidos, sejam do Cade ou judiciais, especialmente nos processos administrativos, evitando-se assim litígios com potencial de nulidade de suas decisões. Provavelmente sempre haverá dificuldade em fundamentar a adoção de entendimentos mais gravosos em relação à jurisprudência, sem que haja uma modificação legislativa a justificar o maior rigor. O potencial de discussão judicial nesses casos será sempre elevado. Ressalvam-se os casos de interpretação mais benéfica, porque essa evidentemente pode ser aplicada de modo retroativo.

Concluindo, a percepção da advocacia é a de que, de modo geral, o poder judiciário é mais exigente do que o Cade no que se refere ao padrão de prova necessário para sustentar condenações e que, com o tempo, se tornará mais familiarizado com as questões pertinentes ao direito antitruste, especialmente na 1.ª Região, embora haja uma tendência recente de aumento de casos na 3.ª Região, em vista da decisão do STF, já comentada. Alguns precedentes também mostram um maior rigor do Judiciário com a fundamentação dos critérios utilizados na dosimetria das penas, e uma maior sensibilidade na aplicação do princípio da proporcionalidade. O Judiciário tende a ser mais sensível em questões formais, especialmente na necessidade de razoável motivação das decisões, no devido processo legal e na garantia da ampla defesa. A mudança súbita da jurisprudência do Cade, em detrimento dos administrados, não é bem vista pelo judiciário.

Vê-se também uma clara tendência de solução dos conflitos pela via dos acordos, sejam eles administrativos, como os TCCs, ou judiciais. Como os acordos de TCC, à semelhança da leniência, implicam em confissão e colaboração, tornando mais difícil a defesa de mérito, prevê-se um aumento no número de acordos com uma consequente redução de litígios, em termos percentuais. Para aqueles que se recusarem a seguir a via dos acordos, especialmente nos casos de cartel, há uma possibilidade maior de decisões condenatórias fundarem-se num conjunto probatório mais robusto, portanto mais difíceis de serem revertidas judicialmente, especialmente se o Tribunal Administrativo do Cade incorporar as lições vindas dos precedentes judiciais, algumas delas comentadas neste artigo.

Nesse cenário, a habilidade dos advogados em identificar rapidamente a conveniência e o momento certo de negociar acordos, bem como para negociá-los em termos vantajosos, passará a ser cada vez mais um aspecto crítico na advocacia antitruste, como ocorre em outras jurisdições mais avançadas, como nos EUA e na Europa. Na negociação dos acordos, a análise da jurisprudência, tanto do Cade como judicial, é instrumento importante para discussão das condições do acordo, especialmente os valores das contribuições financeiras.

No controle de estrutura, a capacidade de antecipação de cenários de decisão da SG, bem como para negociar ACCs, também passaram a ser fundamentais, especialmente nos casos de maior complexidade. A apresentação de atos de concentração formatados de modo palatável pela SG significa importante ganho de tempo, o que é crítico no controle prévio, especialmente sabendo-se de antemão que o poder de barganha das empresas ao negociar ACCs é reduzido. Isto porque a alternativa de judicialização das decisões em ato de concentração deixa de ser viável para a solução de conflitos, em termos práticos.

Como grande parte dos casos em discussão judicial ainda não transitaram em julgado, precisaremos de mais alguns anos para que a jurisprudência dos tribunais em matéria antitruste possa atingir sua maturidade. Destaca-se o fundamental papel do STJ, de orientação às instâncias ordinárias, ao dar a última palavra na interpretação da lei antitruste, bem como de uniformizar a jurisprudência entre os diferentes TRFs.

Essa esperada consolidação da jurisprudência judicial, que é um processo lento mas necessário, aprimorará ainda mais as decisões do Cade, reduzindo-se progressivamente o *gap* entre os entendimentos das vias administrativa e judicial, com reflexos na judicialização dessas decisões.

PARTE II

CONTROLE DE ESTRUTURAS

ATOS DE CONCENTRAÇÃO SOB A LEI 12.529/2011 – OS PRIMEIROS TRÊS ANOS DA SUPERINTENDÊNCIA-GERAL

Carlos Emmanuel Joppert Ragazzo
Mário Sérgio Rocha Gordilho Júnior

1. INTRODUÇÃO

Em agosto de 2012 a revista *The Economist*, em tradução livre[1], chamou o controle *a posteriori* de atos de concentração de uma "esquisitice brasileira". Essa avaliação refletia uma reação a um modelo ultrapassado de gestão de operações, resultando em prazos e análises aquém do observado em países desenvolvidos. Apenas poucas economias mundiais, de menor expressão, adotavam sistema semelhante ao nosso, permitindo que as operações fossem consumadas antes de aprovação do órgão de defesa da concorrência.

Por mais que o Brasil tenha evoluído na execução de sua política de concorrência desde a entrada em vigor da Lei 8.884/1994, que pode ser considerada, de fato, a primeira lei antitruste do país, já no início dos anos 2000 havia o sentimento de que algo precisava ser feito. Sem mudanças estruturais drásticas, ainda que os três antigos órgãos do Sistema Brasileiro de Defesa da Concorrência (SBDC) tenham feito muito em termos de gestão durante a vigência da Lei 8.884/1994, havia pouco espaço para maiores evoluções. O sistema de análise *ex-post* andava na contramão das melhores práticas internacionais, agravado pela estrutura burocrática pesada com três órgãos de análise, que ficaram conhecidos como os "três guichês". O resultado disso foi ineficiência,

[1] "This year has seen the demise of a Brazilian oddity: an antitrust regime that allowed companies to merge first and the regulator to ask questions only later." (A Champion for Choice? *The Economist*. Disponível em: <http://www.economist.com/node/21560892>. Acesso em: 26 maio 2014.

com prazos de aprovação incompatíveis com a dinâmica da economia atual, e a consequente inefetividade da política.

O Governo Federal, sensível à relevância da política de defesa da concorrência para o desenvolvimento econômico do país, e após anos de discussões dentro dos Poderes Executivo e Legislativo, alçou o projeto de lei em trâmite no Congresso Nacional ao seu nível de prioridade máxima, incluindo-o no Programa de Aceleração do Crescimento (PAC). Assim, no final de 2011, é promulgada a Lei 12.529, que viria resolver boa parte dos problemas estruturais já conhecidos por todos os atores. Todavia, grandes desafios estavam por vir, pois a nova lei não trazia soluções de gestão para a implantação do novo modelo de análise prévia de fusões e aquisições. Elas precisariam ser criadas pelos servidores do SBDC, enquanto davam conta de seu trabalho cada vez mais crescente. Ou seja, a roda precisaria ser trocada com o veículo em movimento.

Poucos meses antes da entrada em vigor da Lei 12.529/2011, vários atores foram à imprensa externar suas preocupações com o novo modelo. Várias matérias de cunho crítico foram publicadas. E o diagnóstico refletido na imprensa nacional era o de que havia grandes chances de que o novo sistema de defesa da concorrência teria vindo, na verdade, para piorar as condições para as empresas que estivessem em contato com o Cade. Parte desse diagnóstico estava baseada num histórico negativo quanto aos resultados gerenciais dos órgãos de defesa da concorrência, em vista dos excessivos prazos de análise, ultrapassando às vezes dois anos. E parte derivava de um cenário muito negativo, tendo em vista os problemas de *staffing* do novo órgão.

Era notória a incapacidade de o antigo SBDC lidar com estoques crescentes de atos de concentração, tendo que lidar também com sua missão de combater cartéis e condutas unilaterais. No que concerne aos atos de concentração, inexistia uma política clara, nos três órgãos, para lidar com a organização da fila dos atos apresentados, haja vista o crescente estoque e o reduzido número de técnicos. Mesmo com a adoção do procedimento sumário em meados dos anos 2000, o que deu sobrevida ao antigo sistema, com ganhos consideráveis de produtividade, o estoque não parava de crescer, tanto na Seae quanto nos gabinetes do Cade. A lógica, então, era apenas administrar o volume crescente do estoque, e não o fluxo de entrada e saída de atos.

2. A TRANSIÇÃO PARA A NOVA LEI DE CONCORRÊNCIA

2.1. O plano de trabalho do grupo de transição de análise prévia

Logo após a aprovação, pelo Senado, do projeto de reestruturação do SBDC, e o seu envio à Câmara para deliberação final, as lideranças do SBDC (em especial SDE e Cade) decidiram iniciar, logo no início de 2011, a preparação para as mudanças que poderiam vir a qualquer momento. Havia muito a ser pensado, desde todo o arcabouço infralegal que precisaria ser criado, passando pelas questões orçamentárias e de pessoal, nova estrutura física, organogramas, compatibilização de diferentes culturas organizacionais em um mesmo órgão e, talvez um dos pontos principais, como fazer funcionar o novo sistema de análise prévia de atos de concentração, de modo a não frustrar as expectativas criadas em torno do novo sistema de concorrência.

Iniciam-se, assim, os preparativos para o processo de transição que poderia disparar a qualquer momento, considerando, ainda, o fato de que dificilmente o período de seis meses previstos de *vacatio legis* seria suficiente para resolver todas essas questões de forma satisfatória. Assim, os conselheiros e servidores do Cade, da SDE e da Seae – que seriam incorporados ao novo órgão antitruste, conforme previa o projeto de lei –, foram organizados em seis grupos, supervisionados por Conselheiros do Cade. Esses seis grupos foram encarregados de discutir, analisar e propor ações que pudessem ser antecipadas para facilitar a transição. Assim, ainda no primeiro semestre de 2011, foram formados os grupos de transição para os preparativos do "novo Cade".

Os seis grupos eram: (a) Nova Sede, encarregado de avaliar a demanda por um espaço físico que comportasse o aumento do número de colaboradores e as especificidades das atividades a serem desempenhadas; (b) Estrutura e Organograma, que estudou a estrutura de cargos, gabinetes e pessoas que seria necessária para o cumprimento das novas competências e também o funcionamento da Superintendência-Geral, do Departamento de Estudos Econômicos e da Procuradoria Federal; (c) Tecnologia da Informação, criado para identificar soluções tecnológicas adaptadas ao novo Cade; (d) Normas Infralegais, responsável por revisar as normas existentes, incluir novas e reeditar o Regimento Interno; e (e) Mobilização e Alinhamento, encarregado de motivar a participação de todos os servidores no trabalho de transição e proporcionar a troca de informações entre os grupos por meio de boletins informativos[2].

---

[2] Os principais resultados de cada grupo de transição foram os seguintes: (a) Nova Sede: aluguel de uma sede no final da Asa Norte, em Brasília, que pudesse comportar os novos servidores incorporados da SDE e da Seae; (b) Estrutura e Organograma: a tarefa deste grupo foi estudar a estrutura necessária para o novo Cade, que receberia as tarefas antes desempenhadas por Seae e SDE, bem como um organograma de toda a organização que refletisse tanto as novas tarefas quanto os novos fluxos processuais. Esse grupo teve forte interação com o grupo de análise prévia, visando refletir os novos fluxos criados no desenho institucional do novo Cade; (c) Tecnologia da Informação: a tarefa primordial desse grupo foi estudar diversas possibilidades de sistemas de TI existentes, além de algumas propostas de novos sistemas apresentadas, visando dotar o novo Cade de um sistema informatizado capaz de satisfazer tanto o público interno quanto o externo. Esse sistema encontra-se, atualmente, em fase de desenvolvimento, mas está parcialmente em funcionamento; (d) Normas Infralegais: este grupo entregou como produto principal o novo Regimento Interno do Cade, fazendo um grande trabalho de revisão tanto do antigo regimento quanto das normas infralegais das duas Secretarias do antigo SBDC, que necessitavam ser adaptadas

Também foi formado o grupo de Análise Prévia de Atos de Concentração, que tratou de identificar as melhores práticas de defesa da concorrência, em nível internacional, considerando a especificidade dos procedimentos necessários. Esse grupo pode ser considerado o mais importante para a implantação do novo modelo, e, justamente por conta desta relevância, será mais detalhado a seguir, em um item a parte. Seus principais produtos foram: (i) a estruturação da Superintendência Geral; (ii) os novos formulários para notificação de atos de concentração, criando um específico para procedimentos sumários e outro para procedimentos ordinários; (iii) uma Resolução do Cade (Resolução 2/2012) visando regulamentar o novo processo de análise prévia de atos de concentração, detalhando, inclusive, novos critérios de submissão; (iv) curso de capacitação em instrução de atos de concentração aberto a todos os integrantes do SBDC; e (v) a definição do novo fluxo processual dentro da Superintendência Geral.

2.2. O plano de trabalho do grupo de transição de análise prévia

No início dos trabalhos, no primeiro semestre de 2011, foram realizadas diversas reuniões com advogados brasileiros e estrangeiros que atuavam junto ao Cade para identificar quais as principais deficiências identificadas por eles, que confirmaram o diagnóstico do Cade. Concomitantemente a essas reuniões com os principais atores da política antitruste brasileira, o grupo de análise prévia iniciou estudos de *benchmarking* com as melhores práticas internacionais relativas ao sistema de análise *ex ante* de atos de concentração.

Após a equipe de transição de análise prévia concluir todos os produtos previstos no seu projeto inicial, entregues no dia 31 de janeiro de 2012 (quase quatro meses antes da entrada em vigor da nova lei), estes foram apresentados para validação e ajustes a todas as demais equipes, bem como às lideranças do Cade e da SDE, em seminários realizados em local externo às sedes desses órgãos, em duas etapas, ocasião em que foram apresentados os principais resultados de todas as equipes. O objetivo principal desses encontros foi validar os produtos desenvolvidos na fase de transição, para apresentá-los à sociedade, por meio de consultas públicas.

O principal produto elaborado pela equipe de análise prévia colocada em consulta pública foi a Resolução que regulamentaria os atos de concentração, incluindo os dois formulários de notificação (procedimentos sumário e ordinário) como seus anexos. Centenas de contribuições foram

---

ao novo sistema; e (e) Mobilização e Alinhamento: este grupo teve um papel estratégico fundamental na formação do novo Cade, na medida em que procurou alinhar todas as expectativas dos servidores dos três órgãos com o que vinha sendo feito pelos seis grupos de transição. A comunicação aberta entre os dirigentes e os servidores, com apresentações regulares no Plenário do Cade, dirigidas a todos, foi crucial no processo de motivação dos servidores do SBDC, reduzindo a resistência à mudança, usual nesses cenários.

recebidas durante o processo de consulta pública, muitas incorporadas nos respectivos textos finais, todas devidamente respondidas. A participação dos principais atores nacionais e até de alguns internacionais, como a *American Bar Association*, foi de grande valia para a formatação da regulamentação que deu origem, logo no primeiro dia da entrada em vigor da Lei 12.529/2011, à Resolução 2/2012.

3. AS INOVAÇÕES GERENCIAIS INTRODUZIDAS PELO CADE

Ninguém tinha dúvidas de que as mudanças estruturais promovidas pela nova lei antitruste não seriam suficientes para, por si sós, garantirem o bom funcionamento do novo sistema de análise prévia. Com o passar do tempo, restou claro ao grupo de transição responsável por pensar o novo modelo de análise prévia a necessidade da adoção de um fluxo processual focado em um modelo de priorização de processos. Somente dessa forma o novo órgão conseguiria superar o desafio trazido pela nova lei de tornar a análise de atos de concentração mais célere, eficiente e com mais qualidade. Afinal, a análise passaria a ser prévia, o que significava que a dinâmica do ambiente de negócios no País dependeria de uma boa solução gerencial.

Ademais, toda a ineficiência do antigo regime de controle *a posteriori* dos atos de concentração, traduzida em muita lentidão nessas análises, deveria ser completamente revertida, pois um controle prévio exigiria, sobretudo, que as decisões dos atos de concentração do novo Cade fossem rápidas o suficiente para não inviabilizarem as centenas de operações de aquisições e fusões entre empresas que ocorrem anualmente no Brasil. Portanto, o sucesso do novo Cade dependia de soluções inovadoras de gestão, de forma a superar as dificuldades operacionais de um sistema de análise prévia.

O problema gerencial foi diagnosticado a partir de todo o plano de trabalho do Grupo de Análise Prévia: a administração de atos de concentração enfrenta uma dificuldade que consiste na organização de uma fila de processos com graus de complexidade diferentes, que, portanto, demandam diferentes níveis de trabalho. E não só do Cade, mas também dos representantes das empresas que submetem seus atos de concentração, já que o volume de informações necessárias também varia de acordo com o grau de complexidade da operação. No modelo anterior, no entanto, os casos eram essencialmente analisados com base numa abordagem *first come, first served*, fazendo com que alguns casos mais complexos represassem a análise de casos mais simples, a grande maioria dos casos, criando um enorme estoque de atos.

Pode-se afirmar que a ideia central das inovações gerenciais desenvolvidas pelo grupo de análise prévia residia na seguinte premissa: transformar estoque em um fluxo contínuo de análise, evitando que qualquer processo ficasse parado, sem solução, em uma unidade da Superintendência Geral. E, para transformar a cultura anterior de administração de estoque de processos em gestão baseada em um fluxo contínuo de análise, seria necessário, primeiramente, organizar a fila de entrada desses processos na Superintendência Geral.

Pensando nessa premissa básica, bem como no problema de fila diagnosticado, foram introduzidas as seguintes inovações gerenciais na Superintendência-Geral do Cade.

3.1. Criação de um setor específico para triagem dos atos de concentração

A princípio, o grupo de transição de análise prévia deveria pensar o novo fluxo processual dentro da Superintendência e, concomitantemente, qual seria a estrutura organizacional ideal para que esse novo fluxo funcionasse de forma eficiente, num cenário de recursos escassos e com poucas chances de solução até o início do novo órgão. Dentro da lógica do novo fluxo processual e da estrutura organizacional adotada pela Superintendência Geral, uma peça chave desse esquema foi a criação do setor de triagem, cuja tarefa principal é identificar todos os casos apresentados que, claramente, não levantam preocupações de ordem concorrencial, e resolvê-los dentro do menor tempo possível, num prazo de até 30 dias, *target* inicialmente definido.

Considerando, especialmente, o fato de que a relação de processos por técnico é bastante alta no Brasil, em comparação com as principais autoridades estrangeiras, o centro dessa premissa foi a criação de uma coordenação geral designada para "separar o joio do trigo" ou, mais especificamente, separar os casos com menos potencial ofensivo à concorrência (denominados procedimentos sumários), apresentando uma rápida solução para estes, dos casos que poderiam suscitar dúvidas em relação ao seu impacto no ambiente concorrencial. Esse novo desenho institucional rompeu com a estrutura adotada no modelo anterior, de análise *a posteriori*. Apesar de o procedimento sumário já existir desde meados dos anos 2000, nenhum dos três órgãos do antigo SBDC tinha um setor específico para tal atividade.

O uso de dois formulários de notificação, um para procedimentos sumários e o outro para procedimentos ordinários, ajudou no direcionamento do trabalho de triagem. Trata-se de um mecanismo de autoidentificação, que é uma das formas de organização de fila (utilizado, por exemplo, em sistemas de atendimento ao consumidor). Se a empresa apresenta um caso ordinário como procedimento sumário, corre o risco de ver o seu caso emendado e, sendo recorrente na ausência de informações necessárias, pode ver sua operação rejeitada[3]. Essa possibilidade (de emenda ou mesmo de rejeição) faz com que existam menos incentivos negativos à prestação de informação, fazendo com que o trabalho da triagem torne-se mais eficiente.

---

[3] Artigo 53, § 1.º, da Lei 12.529/2011.

3.2. Criação de Coordenações-gerais (CGs) especializadas em grupos de setores com lógica "escala/escopo"

Contudo, a criação de um setor de triagem não foi a única inovação de gestão em termos de desenho institucional. Toda a estrutura da Superintendência-Geral foi pensada para funcionar organicamente, privilegiando ganhos de escala e escopo com coordenações especializadas em determinados setores da economia, inclusive aproveitando a expertise acumulada tanto para análises de atos, quanto em condutas unilaterais (outro rompimento com a estrutura do sistema anterior), mas também com a troca constante de informações entre elas e entre essas e a Triagem.

Ademais, como todas as coordenações gerais possuem as mesmas competências legais, há uma troca constante de técnicos entre elas, sempre que há necessidade de uma força tarefa em determinado caso, ou mesmo um reforço temporário em determinado setor. E esta flexibilidade no desenho institucional também permite que a estrutura da Superintendência-Geral se adapte mais facilmente ao dinamismo da economia, fazendo com que técnicos possam se adequar à demanda. Importante destacar que a lógica "escala/escopo" na formatação das coordenações gerais da Superintendência se alinha com a premissa de organização de fila dos atos de concentração, tornando o fluxo de análise mais célere.

3.3. Criação de fluxos de trabalho por diferentes graus de complexidade

Partindo das duas inovações anteriores, que tratam da estrutura da triagem, bem como da utilização da criação das CGs setoriais (com o auxílio dos dois modelos de formulário), ainda na lógica da premissa de transformar estoque em fluxo contínuo de análise, foi criado um sistema de fluxo interno de atos de concentração na Superintendência Geral, refletindo o tratamento diferenciado para diferentes graus de complexidade das operações apresentadas ao Cade.

A Coordenação de Triagem recebe todos os atos de concentração e faz uma primeira análise, a fim de verificar se todas as informações e documentos apresentados são suficientes para o início da análise do processo, quando se dá a publicação do edital da operação no *Diário Oficial da União* e também no sítio do Cade, visando dar publicidade da operação a terceiros. Entretanto, caso o ato de concentração tenha sido apresentado pelas partes como ordinário (não elegível ao procedimento sumário), a Triagem remete o processo para a Coordenação Geral responsável por sua análise, para que esta a comece. Inicialmente, esta coordenação verificará se todas as informações apresentadas são suficientes, passando por todas as fases de um ato apresentado sob o procedimento sumário. Após, a coordenação faz todos os *market tests* necessários e, à medida que sua análise vai progredindo, pode solicitar mais informações às partes.

Todavia, nos atos de concentração apresentados pelas partes sob o rito sumário, caso a Triagem entenda que faltam informações para o início da análise do ato de concentração, ela pode buscar sanar eventuais dúvidas diretamente com as partes por meio de ofícios ou mesmo por telefone[4], a não ser que essa falta de informações seja essencial para o andamento do caso, quando, então, a Triagem opta por uma emenda. Em alguns casos específicos, mesmo antes da publicação do seu edital, a Triagem pode optar por solicitar um *waiver* às partes, instrumento adotado pela Superintendência-Geral visando à busca de informações com terceiros ou outras autoridades antitruste internacionais, mediante autorização das requerentes. Esse instrumento, também utilizado pelas outras coordenações responsáveis pelos atos ordinários, visa dar celeridade à análise antes de sua publicização via edital, em especial em casos que gerem dúvidas relevantes, ainda que apresentado sob o procedimento sumário.

O importante a ser ressaltado quanto ao fluxo é que ele visa dar celeridade às análises, sejam elas sumárias, que obedecem ao prazo de 30 dias corridos a partir da notificação do ato no Cade, sejam elas ordinárias, cujo prazo dependerá do grau de complexidade da mesma, embora legalmente limitado a 240 dias, com hipóteses de extensão restritas.

3.4. Instituição da fase de "pré-notificação"

Inspirada em experiências bem sucedidas de autoridades antitruste internacionais, a equipe de transição do grupo de análise prévia sugeriu a inclusão de um artigo no Regimento Interno do Cade[5] visando estabelecer reuniões prévias para atos de concentração não elegíveis ao procedimento sumário. Essas reuniões visam dar às partes a oportunidade de apresentarem à Superintendência-Geral os aspectos gerais da operação pretendida, bem como sua visão prévia sobre os possíveis impactos da mesma nos possíveis mercados afetados. Todo

---

[4] Este processo inicial não necessariamente se refere aos procedimentos realizados antes da publicação do edital. Em alguns casos, a Triagem pode publicar o edital, caso entenda que as partes apresentaram todas as informações a elas disponíveis, e que possibilitem o início da análise da operação na SG, e, após diligências com terceiros, decidir, em conjunto com a coordenação especializada e o Superintendente Adjunto, não continuar a análise dessa operação sob o procedimento sumário, caso as diligências efetuadas não tenham deixado clara a irrelevância da operação em termos concorrenciais, ou mesmo que essas diligências tenham trazido novas dúvidas acerca da operação. Nestes casos, que são uma exceção à regra, o Superintendente Geral determina, por meio de despacho, que a operação passe para o rito ordinário, e que novas instruções sejam realizadas.

[5] Artigo 114 do Regimento Interno do CADE.

esse processo é feito de forma sigilosa, sendo que em alguns casos é possível a concessão de um *waiver* pelas partes, a pedido destas ou mesmo da própria Superintendência Geral, a fim de permitir à autoridade o acesso a outras autoridades internacionais ou ao mercado, de forma a sanar dúvidas.

O principal objetivo dessa fase é justamente garantir que a operação seja apresentada da forma mais completa possível, reduzindo, consideravelmente, a possibilidade de uma emenda. E este ganho qualitativo nas informações das operações apresentadas, advindo das discussões durante a fase de "pré-notificação", tem contribuído muito para análises mais céleres nesses casos, alguns resolvidos até mesmo antes do prazo estipulado para procedimentos sumários (30 dias).

3.5. Técnica de gerenciamento de projetos para Atos de Concentração ordinários

A ideia de se pensar um ato de concentração como um projeto foi adotada na Superintendência-Geral visando garantir que suas análises contemplem, ao mesmo tempo, o uso racional do prazo legal disponível e a qualidade necessária para embasar suas decisões.

Um projeto é definido, em linhas gerais, como um esforço temporário com a finalidade de criar um produto único. A análise de um ato de concentração com maior grau de dificuldade, portanto, enquadra-se perfeitamente na definição de um projeto. Ademais, para que o objetivo principal da SG seja alcançado (uma decisão embasada em uma análise que contemple qualidade e seja tempestiva, ou seja, que seja eficaz e eficiente), faz-se necessário que cada projeto seja gerenciado tanto pelo coordenador geral quanto pelo Superintendente-Adjunto e pelo Superintendente-Geral de forma sistematizada, contemplando planejamento e monitoramento constantes, em cada etapa de análise, até o seu produto final. Com base nessa técnica de gerenciamento de atos de concentração como projetos, é possível controlar possíveis falhas e/ou gargalos, de forma a corrigi-los imediatamente, minimizando, assim, todos os problemas que ocorrem durante a análise de um ato de concentração. Com esse enfoque, a SG tem conseguido atuar dentro de suas limitações de recursos e, mais importante, dentro de uma limitação temporal legal[6].

Assim, para os casos não elegíveis ao procedimento sumário, visando atingir um alto grau de eficiência a Superintendência-Geral adotou técnicas

[6] É importante salientar que a Lei 12.529/2011 limita o prazo de análise de um ato de concentração em até 240, podendo este ser prorrogado por até 90 dias. Entretanto, nem a lei nem as regulamentações infralegais do Cade dividem, formalmente, este prazo entre Superintendência Geral e o Tribunal. Logicamente, em atos de concentração que demandem um tempo maior de análise por parte da SG, faz-se necessário que haja uma interação entre este órgão e o Tribunal, de forma a conciliar a divisão do tempo legal entre os dois.

de gestão de projetos, estabelecendo etapas a serem cumpridas dentro de um cronograma, usando, em alguns casos, ferramentas como, por exemplo, o gráfico de Gantt. Esse planejamento mais detalhado, entretanto, é utilizado apenas em casos ordinários com maior grau de complexidade, que demandem um tempo maior de análise. Para todos os demais, há o estabelecimento de metas internas de prazos para cada etapa, de forma a facilitar o monitoramento da análise tanto pelo Coordenador Geral responsável quanto pelo Superintendente Adjunto e pelo Superintendente-Geral. Essa nova forma de se pensar uma análise antitruste em atos de concentração vem se mostrando acertada, com excelentes resultados, o que será apresentado no próximo tópico. Ademais, está em linha com a premissa básica de todas as inovações: a organização da fila via fluxo contínuo de análises.

4. RESULTADOS

E os críticos estavam errados. Passada a fase inicial dos trabalhos, com os primeiros resultados, bastante satisfatórios, não faltaram elogios à atuação do novo Cade. Diversas publicações nacionais e internacionais destacaram o início promissor do novo sistema. A própria Revista Exame, cerca de três meses após sua matéria com pesadas críticas, reverteu o quadro, com uma longa matéria enaltecendo o início do Novo Cade, sob o título "Um começo promissor para o SuperCade", e com o subtítulo "em pouco mais de dois meses, o SuperCade vence o ceticismo e estreia aprovando aquisições de empresas em tempo recorde. A economia brasileira agradece". Mas foram muitas outras matérias elogiando esse "início promissor" destacado pela *Exame*, dentre as quais se destacam: *The Economist*, *Carta Capital*, Reuters, *Valor Econômico*, entre outras. Mas quais resultados motivaram essa mudança?

4.1. Resultados durante a transição para o modelo de análise prévia

Antes de iniciar sua nova jornada sob uma nova legislação e, principalmente, sob um novo modelo de análise prévia de atos de concentração, como reflexo de toda tensão estabelecida antes da entrada em vigor da Lei 12.529/2011, no período final de apresentação de casos ainda sob o modelo antigo (análise a posteriori, onde as partes poderiam fechar a operação antes da aprovação do Cade), correspondente aos 15 dias úteis após o dia 28 de maio de 2012, último dia de vigência da Lei 8.884/1994, foram apresentados 141 atos de concentração. Além dessas 141 operações apresentadas em menos de um mês, mais de 100 atos foram herdados da Seae sem parecer, pois este órgão perdeu a competência para analisar atos a partir da vigência da nova lei.

Mas as dificuldades não pararam por aí. Durante esse período de transição entre as leis, houve a mudança de sede, e as reformas de adaptação atrasaram cerca de três semanas, deixando todo o órgão praticamente sem condições estruturais para o trabalho. Todavia, nenhum desses casos ficou paralisado, até porque o prazo legal para suas análises começou a contar a partir do dia de sua notificação, tal como previa a Lei 8.884/1994, e eles teriam que ser cumpridos, com ou sem estrutura. Já nesse início, a coordenação de triagem começou a funcionar, separando todas as operações passíveis de um tratamento sumário daquelas que mereciam maior escrutínio. Esse trabalho foi realizado em cerca de duas semanas. Com a colaboração de todas as equipes responsáveis pela análise de fusões e aquisições do Cade, o resultado não poderia ter sido melhor. Todas as operações tratadas com o procedimento sumário (cerca de 70%) foram analisadas pela Superintendência-Geral em menos de 30 dias e, até o final de 2012 a quase totalidade dos 141 casos apresentados já haviam sido analisados pela Superintendência-Geral do Cade. Em abril de 2013, o estoque de atos sob a Lei 8.884/1994 havia terminado na SG.

Em junho de 2012, começaram a ser apresentados atos de concentração já sob o novo modelo de análise prévia. Começariam, aqui, os "testes" das inovações no novo Cade. E os resultados foram muito bons, conforme já destacado. O primeiro caso sumário aprovado levou 27 dias. Logo a seguir, outros três em menos de 15 dias cada. Nos primeiros três meses do novo Cade, o prazo médio dos casos sumários foi de cerca de 20 dias. Quanto aos ordinários, o sucesso também foi imediato. O primeiro foi aprovado em 48 dias. O segundo, em 50 dias. Nos seis primeiros meses da vigência da 12.529/2011, o prazo médio dos atos de concentração ordinários foi de 41 dias.

4.2. Resultados pós-transição para o modelo de análise prévia

Desde então, os prazos médios dos casos sumários continuaram próximos à média inicial, mesmo com o aumento expressivo de casos apresentados em 2013 e 2014. Os prazos médios dos casos ordinários, por sua vez, se elevaram um pouco, devido, sobretudo, ao grau de dificuldade enfrentado em alguns deles, sendo 18 enviados ao Tribunal com impugnação pela Superintendência[7]. Ainda assim, o prazo médio dos ordinários entre 2012 até abril de 2015 foi de aproximadamente 68 dias na Superintendência-Geral (93 dias, somando-se os prazos de análise das operações decididas pelo Tribunal), dentro dos melhores padrões internacionais.

A seguir, apresentamos as principais estatísticas após a entrada em vigor da nova lei.

[7] Do início da vigência da Lei 12.529/2011 até abril/2015 (não incluídas seis impugnações de cláusulas de não concorrência).

Tabela 1 – Estatísticas da Superintendência-Geral do Cade (2012-2015)

ano	n.º sumários (entrada)	n.º ordinários (entrada)	n.º pareceres sumários	prazo médio sumários	n.º pareceres ordinários	prazo médio ordinários	total
2012	121	17	106	18,7	8	41,3	138
2013	336	41	319	19,4	32	64,5	377
2014	353	73	354	20,5	69	67,6	426
2015	87	16	98	19,3	23	82,6	103
TOTAL	897	147	877	19,5	132	63,8	1044

Fonte: Dados internos do Cade – atualizados até 30 de abril de 2015.

Tabela 2 – Estatísticas do Cade (SG + Tribunal) (2012-2015)

ano	sumários	ordinários	total
2009	–	–	182
2010	–	–	156
2011	–	–	154
2012	18,7	51	21
2013	19,4	72,5	26,4
2014	20,5	79,8	30,3
2015	19,3	86,7	32,7

Fonte: Dados internos do Cade – atualizados até 30 de abril de 2015.

Como se pode perceber pelos dados apresentados acima, o ganho em eficiência do novo sistema de análise prévia de atos de concentração em comparação com o sistema anterior é inegável. Logo no primeiro ano, a redução foi drástica, passando de um prazo médio de 154 dias em 2011 para 21 dias em 2012, representando 86% de redução de prazo. Tão importante quanto isso foi a manutenção desse prazo médio de análise nos anos seguintes, ainda que o número de operações tenha crescido consideravelmente em 2013 e 2014. Em abril/2015, esse prazo médio estava em 33 dias. E, frise-se, esse prazo contabiliza todos os procedimentos (sumários e ordinários) e também o período utilizado para instrução pela Superintendência-Geral e julgamento pelo Tribunal. Considerando apenas os casos ordinários, incluindo Superintendência-Geral e Tribunal, o prazo médio de análise em abril de 2015 era de 87 dias, ainda muito abaixo do prazo máximo determinado em lei (240 dias, prorrogáveis por até 90 dias). Registre-se, aqui, que apenas cinco atos de concentração ultrapassaram 240 dias (foram prorrogados pelo Tribunal), dentre 1009 decisões até o momento[8], ou seja, apenas 0,5%. Ademais, vale ressaltar que todas as impugnações enviadas pela SG ao Tribunal foram confirmadas por este, sendo a grande maioria (apenas um reprovado) resolvida via acordo (ACC).

5. CONCLUSÃO

Em apenas um ano, o prazo médio de análise de atos de concentração reduziu-se em mais de 80%, isso comparado à melhor média alcançada durante a vigência da Lei 8.884/1994, e não à sua média histórica. Além disso, os ganhos de produtividade em análises de atos de concentração alcançados pelo Cade nesses primeiros dois anos de vigência da nova lei se refletiram, diretamente, também na sua função repressiva, com ganhos consideráveis nos números relacionados ao combate a cartéis e a outras condutas unilaterais. Esses resultados motivaram uma série de ações de reconhecimento às inovações gerenciais do Cade.

Após o público interno e, principalmente, os atores da política antitruste brasileira, demonstrarem seu reconhecimento pelo bom início do novo órgão, veio o reconhecimento da comunidade antitruste internacional. A Publicação *Global Competition Review* (GCR), importante periódico internacional em defesa da concorrência, em seu ranking anual de agências antitrustes, concedeu, em 2013, mais meia estrela ao novo Cade, que já detinha 3,5 estrelas no ano anterior, alçando-o ao "*top ten*" das autoridades mundiais de concorrência. O Brasil subiu da 13.ª posição para a 8.ª posição, passando da categoria "bom" para "muito bom", ficando atrás de agências consagradas, como Estados Unidos, (FTC e DOJ), Comissão Europeia, Inglaterra (UK`s Competition Commission), Alemanha, França e Japão, e no mesmo nível de Austrália, Holanda, Espanha e Inglaterra (UK`s Office of Fair Trade), a frente de Canadá, Coreia, Itália e Nova Zelândia. Considerando apenas países em desenvolvimento, o Brasil figura em primeiro lugar. Os principais destaques do Cade na avaliação realizada pela GCR foram: (i) sucesso na transição para a Lei 12.529/2011; (ii) análise prévia de atos de concentração; (iii) novos critérios de notificação; (iv) análise de atos de concentrações sumários em um prazo médio de 19 dias - um dos mais rápidos do mundo; e (v) aperfeiçoamento do combate a cartéis.

No final de novembro de 2013, o projeto referente ao novo processo de análise de atos de concentração econômica foi classificado entre os 10 primeiros lugares (entre 102 inscritos) no 18.º Concurso de Inovação no

---

[8] Dados atualizados até 30 de abril de 2015. Registre-se que, até essa data, havia dois ACs a serem julgados pelo Tribunal.

Serviço Público, promovido pela Escola Nacional de Administração Pública – ENAP – em parceria com o Ministério do Planejamento, Orçamento e Gestão – MPOG, feito inédito para o Cade. No dia 8 de abril de 2014, em solenidade promovida na sede da ENAP, o Cade foi classificado em 7.º lugar, obtendo o selo de inovação, marca já consagrada no serviço público federal brasileiro para reconhecimento de práticas gerenciais que promoveram inovações de reconhecida eficiência em suas áreas de atuação. Em maio de 2015, o GCR escolheu o Cade como a agência do ano nas Américas, coroando, portanto, esse "recomeço" do órgão após a alteração promovida pela Lei 12.529/2011.

Ao longo desses quase três anos do "novo" Cade, apesar do relativo sucesso, seus dirigentes mantiveram um processo de melhoria contínua. Em termos de regulamentação, o Cade editou nesse período oito Resoluções, com destaque para as Resoluções 7 e 8, que revisaram seu Regimento Interno, a Resolução 9, que alterou a Resolução 2, a Resolução 10, que disciplina a notificação de contratos associativos, a Resolução 11, que institui o sistema eletrônico de informações do Cade, e a Resolução 12, que disciplina o processo de consulta ao Tribunal.

A revisão da Resolução 2 reformulou os critérios para formação do grupo econômico tanto para fins de cálculo dos faturamentos referentes aos critérios de notificação quanto para fins de análise de mérito. Esta alteração afetou, sobremaneira, em especial os atos de concentração envolvendo fundos de investimento, reduzindo drasticamente o número de operações de notificação obrigatória. Essa mesma Resolução alterou as hipóteses enquadráveis no procedimento sumário, incluindo a que envolve ausência de nexo de causalidade, e elevando o percentual de 20% para 30% nos casos em que há integração vertical. Houve, ainda, alteração no artigo que trata de aquisições de participação societária e também no artigo que trata de subscrição de títulos ou valores mobiliários conversíveis em ações.

Quanto às alterações no Regimento Interno relacionadas a atos de concentração, vale ressaltar as seguintes: (i) inclusão do artigo 109-A para deixar claro que operações em bolsa de valores podem ser consumadas antes da apreciação pelo Cade, restringindo-se apenas o exercício de direitos políticos; (ii) alteração da redação do artigo 118, que disciplina a atuação de terceiro interessado; e (iii) alteração nos artigos que disciplinam a avocação e a interposição de recursos em ACs, incluindo a certificação de decurso de prazo pelo Cade, um pedido recorrente dos advogados. Com relação à Resolução 10, o Cade objetivou disciplinar os contratos associativos, criando critérios objetivos de forma a limitar a notificação de tais contratos àqueles que efetivamente podem gerar alguma preocupação de ordem concorrencial.

Por fim, destaque-se a relevância da Resolução 12, que disciplina os casos de consulta ao Tribunal, e, principalmente, a Resolução 11, que institui o sistema eletrônico do Cade, o SEI, um passo muito importante rumo ao projeto "Cade sem papel". Esse projeto, pensado há anos no Cade, mas até então não executado, foi gestado desde o início da nova etapa marcada pela Lei 12.529/2011, tendo ganhado maior fôlego em 2014, e finalmente implantado no dia 1.º de janeiro de 2015. Ainda no seu estágio inicial, o SEI já mudou, para sempre, a forma de trabalho do Cade, e novas etapas do seu desenvolvimento serão implantados no curto prazo, sendo a mais relevante o lançamento do módulo que permitirá aos advogados a notificação online de seus processos.

Todas essas inovações foram realizadas ouvindo todos os atores envolvidos na política de defesa da concorrência, tanto via consulta pública quanto em reuniões realizadas no Cade.

Ainda assim, há muito a ser feito, e outras inovações estão a caminho. Os próximos passos já estão delineados: guia para análise de casos envolvendo *gun jumping* e resolução para regulamentar seus procedimentos, regulamentação da análise de atos de concentração não notificados ("Apacs"), guia sobre controle, elaboração dos guias H e V (para análise de sobreposições horizontais e verticais), guia de remédios antitruste, guias internos de estimação de demanda e de indicadores de concorrência, além de aquisição de bases de dados relevantes e criação de bases próprias, visando à melhoria na qualidade das análises do Cade e à maior transparência de suas ações.

BIBLIOGRAFIA

CADE (Conselho Administrativo de Defesa Econômica). *Balanço do biênio da Lei 12.529/2011e perspectivas da defesa da concorrência no Brasil.* Disponível em: <http://www.Cade.gov.br/upload/Balan%C3%A7o%202%20anos%20nova%20lei.pdf>. Acesso em: 28 maio 2014.

_____. *Lei 8.884/1994.* Disponível em: <http://www.planalto.gov.br/ccivil_03/leis/l8884.htm>. Acesso em: 28 maio 2014.

_____. *Lei 12.529/2011.* Disponível em: <http://www.planalto.gov.br/ccivil_03/_ato2011-2014/2011/Lei/L12529.htm>. Acesso em: 28 maio 2014.

_____. *Regimento Interno do Cade.* Disponível em: <http://www.Cade.gov.br/Default.aspx?b2859563b268bc46d07ed066>. Acesso em: 28 maio 2014.

_____. *Resolução Cade 2/2012.* Disponível em: <http://www.Cade.gov.br/upload/Resolu%C3%A7%C3%A3o%202_2012%20-%20An%C3%A1lise%20Atos%20Concentra%C3%A7%C3%A3o.pdf>. Acesso em: 28 maio 2014.

CARVALHO, Vinicius Marques de; RAGAZZO, Carlos Emmanuel Joppert (coord.). *Defesa da concorrência no Brasil:* 50 anos. Brasília: Cade, 2013. Disponível em: <http://www.Cade.gov.br/publicacoes/livro/Cade_-_DEFESA_DA_CONCORRENCIA_NO_BRASIL_50_ANOS.pdf>. Acesso em: 28 maio 2014.

PEREIRA, Flavio Schettini (org.). *Ações premiadas no 18.º Concurso Inovação na Gestão Pública Federal.* Brasília: ENAP, 2014.

ANÁLISE PRÉVIA DE ATOS DE CONCENTRAÇÃO QUATRO ANOS DEPOIS. O QUE NÓS ADVOGADOS APRENDEMOS?

Barbara Rosenberg
José C. M. Berardo
Bruno Bastos Becker

1. INTRODUÇÃO

Dentre as alterações introduzidas pela Lei 12.529/2011 (Lei de Defesa da Concorrência), nenhuma outra modificou tanto a forma de fazer negócios – aquisições, fusões e até simples contratos – entre empresas no Brasil como a introdução da análise prévia dos chamados "atos de concentração". Essa alteração, benéfica sobre diversos aspectos, passou a exigir das empresas e de seus assessores, principalmente os advogados, criatividade para desenvolver novas formas de estruturar os negócios, pois a "consumação" destes passou a depender da decisão final Conselho Administrativo de Defesa Econômica (Cade).

Em razão da vedação legal de proceder à "consumação" dos negócios e de alterar as condições de concorrência entre os participantes do negócio até sua aprovação pelo Cade, naturalmente postergando o ganho de sinergias associados a esses negócios, a atuação daqueles envolvidos nesses negócios afetados pela Lei passou a exigir a busca de mecanismos e estratégias para acelerar o processo de aprovação, reforçando, inclusive, os incentivos para a negociação *antecipada* de acordos administrativos com o objetivo de viabilizar a aprovação pelo Cade (o chamado Acordo para Controle de Concentrações, ou ACC). Pelas mesmas razões, os advogados passaram a ter que dar atenção para as atividades realizadas entre a assinatura e a "consumação" dos negócios, inclusive no tocante à realização dos contratos de compra e venda ou associação, bem como para a negociação de cláusulas que estabelecem de quem será a responsabilidade na hipótese de o Cade não a aprovar. A Lei, enfim, estabeleceu um novo paradigma para as fusões e aquisições no Brasil e, decorrente dele, impôs, e impõe, vários desafios aos advogados militantes nessa área.

O Cade, ainda que tenha reconhecidamente alcançado resultados muito positivos, enfrentou um sem número de desafios para viabilizar um regime de análise prévia que desse conta de aprovar os atos de concentração em prazos razoáveis, eliminando o temor existente de que uma análise não tempestiva poderia "parar a economia" (prova disso foi o número elevado de operações notificadas dias antes da entrada em vigor da atual Lei de Defesa da Concorrência[1]). Não foram menores, no entanto, as dificuldades impostas àqueles que atuam na área, que tiveram que aprender a lidar com um novo cenário e buscar formas de acelerar a análise e, consequentemente, a "consumação" das operações, com o menor prejuízo para as empresas.

Se algo se aprendeu, de certo, é a importância de apresentar informações completas e detalhadas ao Cade desde logo, sempre com o objetivo de acelerar a análise e produzir resultados que viabilizem a concretização do negócio. Isto serviu, inclusive, para valorizar os profissionais especializados na área, que passaram a ser mais do que os especialistas que se juntavam ao time de negócios depois da assinatura, peça-chave na avaliação, desenho e conclusão de operações de fusões e aquisições no Brasil. As razões dessa valorização fogem até ao escopo deste artigo, mas as mudanças da Lei destacam a relevância do profissional - mormente dos advogados - em todos os momentos de uma operação: na fase de desenho do negócio, para identificação dos riscos, na fase de auditoria legal, para identificação dos passivos, na fase de redação dos contratos, para alocação dos riscos identificados, e na própria condução do processo junto à autoridade, eventual negociação de remédios e posterior fechamento do negócio.

Dado o contexto, este artigo tem por objetivo apresentar as principais modificações promovidas pela nova Lei de Defesa da Concorrência, destacando pontos positivos e negativos dessas mudanças, inclusive à luz de casos analisados pela Superintendência-Geral (SG) e pelo Tribunal (Tribunal) do Cade, bem como mencionar algumas questões que poderiam ser objeto de aprimoramento. Para tanto, o estudo será dividido em duas partes: (a) análise sobre a definição do que constitui um ato de concentração e dos critérios de notificação, especialmente tendo em vista as incertezas ainda existentes à luz de casos concretos e da regulamentação publicada pelo Cade; e (b) as implicações jurídicas e práticas decorrentes da adoção do regime de análise prévia.

---

[1] Dos 626 Atos de Concentração notificados ao Cade em 2012, 506 foram realizados até 29 de maio de 2012 e 120 de junho em diante.

2. OS ATOS DE CONCENTRAÇÃO NA LEI 12.529/2011 E CRITÉRIOS DE NOTIFICAÇÃO[2]

A nova Lei de Defesa da Concorrência trouxe critérios mais objetivos no tocante aos atos de concentração que devem ser notificados ao Cade, eliminando parte da incerteza que antes existia em relação ao que deveria ser notificado. Juntamente com a alteração dos critérios de notificação, com parâmetros mais objetivos de subsunção e igualmente critérios de faturamento mais elevados[3], houve uma natural diminuição positiva do número de operações notificadas ao Cade. Todavia, apesar dos esforços para criar um sistema mais objetivo e previsível, os critérios de notificação trazidos pela nova Lei ainda deixaram certas incertezas. O objetivo desta seção é examinar o que foi possível aprender durante estes quatro anos.

Nos termos da lei, devem ser notificados ao Cade os chamados "ato de concentração", entendidos como aquelas operações que (i) se enquadrem em determinados critérios objetivos, (ii) cujas partes (e seus respectivos grupos econômicos) possuam determinados volumes de negócios, e (iii) que a operação possa produzir efeitos no território brasileiro[4]. Especialmente no tocante aos dois primeiros critérios, a nova lei trouxe inovações importantes em relação à Lei 8.884/1994, alterações essas que, somadas ao conjunto de precedentes disponíveis após quatro anos, têm sido relevantes para objetivar os negócios que devem ser examinados previamente pela autoridade. Por óbvio, na medida em que não se pode fechar um negócio até a aprovação pelo Cade, é sempre uma boa notícia para as empresas descobrir que não preenchem os requisitos de notificação (ou, ainda, saber com segurança e clareza se os preenchem). Dados os riscos associados à não notificação, quando obrigatória, uma análise cuidadosa e detalhada sobre a necessidade de notificar se faz fundamental.

Vale destacar que as modificações trazidas pela Lei 12.529 são bastante relevantes, como revela uma breve análise de alguns dados quantitativos revela. Entre 2013 e 2014 foram notificadas, em média, 400 operações ao Cade, o que representa uma diminuição de aproximadamente 35% das notificações em relação aos três últimos anos de vigência da Lei 8.884 (média de 615 ao

---

[2] Dada a semelhança entre os assuntos objeto dos artigos, a seção 2 do presente artigo aproveita, em boa parte, especialmente no tocante à análise jurisprudencial, o conteúdo de artigo dos mesmos autores "Direito da concorrência: análise de estruturas na nova lei antitruste", ainda no prelo. No entanto, este artigo busca comentar tais decisões criticamente.

[3] Destaque-se aqui tanto a criação de filtros de faturamento para distintos grupos econômicos envolvidos na operação (artigo 88, incisos I e II), bem como o ajuste dos valores de faturamento previstos em Lei pela Portaria Interministerial MF/MJ 994, de 30 de maio de 2012.

[4] Note-se que "atos de concentração" que não preencham os critérios objetivos podem ter sua submissão requerida pelo CADE, dentro de um ano de sua consumação (artigo 88, § 7.º, da nova lei).

ano)[5]. Em 2014, 85% das operações foram notificadas no rito sumário[6], o que, apesar do aumento de aproximadamente 60% das operações notificadas no rito ordinário em relação a 2013[7], sugere uma baixa complexidade nos casos notificados. Apenas 3,5% das operações notificadas em 2014 receberam algum tipo de restrição pelo Cade:

	Atos de Concentração		
	Notificações	Aprovações	Restrições
2013	377	387	47
2014	398	426	15
Crescimento	5,6%	10,1%	-68,1%

Fonte: *Boletim mensal do Cade*. Disponível em: <www.cade.gov.br>.

Ainda, do total de operações notificadas na nova lei, 40% relacionaram-se a aquisições de participação minoritária, 20% a aquisições de controle e o restante foram operações de aquisições de ativos, joint ventures, fusões, incorporações e contratos associativos[8].

Por fim, entre 2013 e 2014, há de se destacar a expressiva redução no prazo médio de analise de operações pelo Cade. Ao passo que, nos últimos três anos de vigência da Lei 8.884 o Cade – juntamente com a Secretaria de

---

[5] Dados obtidos em *Balanço do triênio da Lei 12.529/2011*, de maio de 2015. Disponível em: <http://cade.gov.br/upload/Balan%C3%A7o%203%20anos%20nova%20lei-atualizado.pdf>.

[6] Os critérios para notificação de atos de concentração no Rito Sumário estão dispostos no Art. 8 da Resolução 2/2012 e são atualmente os seguintes: (i) *Joint-Ventures* clássicas ou cooperativas: casos de associação de duas ou mais empresas separadas para a formação de nova empresa, sob controle comum, que visa única e exclusivamente à participação em um mercado cujos produtos/serviços não estejam horizontal ou verticalmente relacionados; (ii) substituição de agente econômico: situações em que a empresa adquirente ou seu grupo não participava, antes do ato, do mercado envolvido, ou dos mercados verticalmente relacionados e, tampouco, de outros mercados nos quais atuava a adquirida ou seu grupo; (iii) baixa participação de mercado com sobreposição horizontal: as situações em que a operação gerar o controle de parcela do mercado relevante comprovadamente abaixo de 20%, a critério da Superintendência-Geral, de forma a não deixar dúvidas quanto à irrelevância da operação do ponto de vista concorrencial; (iv) baixa participação de mercado com integração vertical: nas situações em que nenhuma das requerentes ou seu grupo econômico comprovadamente controlar parcela superior a 30% de quaisquer dos mercados relevantes verticalmente integrados; (v) ausência de nexo de causalidade: concentrações horizontais que resultem em variação de HHI inferior a 200 desde que a operação não gere o controle de parcela de mercado relevante superior a 50%; (vi) outros casos: casos que, apesar de não abrangidos pelas categorias anteriores, forem considerados simples o suficiente, a critério da Superintendência-Geral, a ponto de não merecerem uma análise mais aprofundada.

[7] Pesquisa independente realizada pelos autores.

[8] Pesquisa independente realizada pelos autores.

Acompanhamento Econômico (Seae) e a Secretaria de Direito Econômico (SDE) precisaram, em média, de 164 dias para analisar atos de concentração, desde o início da vigência da nova Leio Cade reduziu drasticamente o período de análise para uma média de 34 dias.

	Prazo médio de análise (em dias)	
	2013	2014
Todos os casos	30,5	37
Procedimento sumário	25,5	29,5
Procedimento ordinário	92	95,5

Fonte: Pesquisa independente realizada pelos autores. Prazos contabilizados a partir da data de protocolo.

2.1. Os atos de concentração

Antes de adentrar na análise da evolução e das questões ainda controversas relacionadas ao sistema de análise de atos de concentração trazido pelos precedentes do Cade e pelas inovações das normativas infralegais (mormente Resoluções), faz-se necessária breve explanação acerca dos critérios de notificação. Como afirmado acima, uma operação é de notificação obrigatória ao Cade e, portanto, sujeita a aprovação prévia, se, cumulativamente, (i) se tratar de uma concentração, nos termos do artigo 90 da Nova Lei, (ii) os grupos envolvidos registrarem faturamentos mínimos (receitas operacionais) no país, nos termos do artigo 88, e (iii) possa gerar efeitos no Brasil, nos termos do artigo 2.º.

No que se refere ao critério de faturamento, a nova lei previu dois *gatilhos* (inovando em relação à lei anterior ao incluir o segundo *gatilho*) de faturamento mínimo das partes envolvidas nas operações e seus respectivos grupos econômicos. Assim, para que sejam de notificação obrigatória, as operações devem envolver (i) ao menos uma parte cujo grupo econômico tenha registrado faturamento bruto[9] no ano anterior à operação de R$ 750 milhões, e (ii) ao menos outra parte[10] cujo grupo econômico tenha registrado faturamento bruto de R$ 75 milhões[11] no mesmo período.

A definição de concentração é trazida pelo artigo 90 da lei, e ocorre quando: (i) duas ou mais empresas anteriormente independentes se fundem;

---

[9] Não há atualmente no Brasil uma definição contábil para faturamento bruto, termo utilizado pela Lei 12.529. Para fins práticos, o Cade vem considerando dados de receita operacional bruta para esse quesito.

[10] Vide item 2.2.2 abaixo.

[11] Os valores de R$ 400 e R$ 30 milhões dispostos no artigo 88, I e II, da Lei 12.529/2011 foram atualizados no primeiro dia de vigência da lei pela Portaria Interministerial MF/MJ 994, de 30 de maio de 2012.

(ii) uma ou mais empresas adquirem, direta ou indiretamente o controle ou partes de uma ou outras empresas; (iii) uma ou mais empresas incorporam outra ou outras empresas; ou (iv) duas ou mais empresas celebram contrato associativo, consórcio ou *joint venture*. São excluídos do conceito de consórcio aqueles destinados às licitações promovidas pela administração pública direta e indireta e aos contratos delas decorrentes

A criação de hipóteses objetivas para a definição de concentrações é uma louvável inovação da Nova Lei. No regime da Lei 8.884, consideravam-se "atos de concentração" de acordo com seu potencial lesivo à concorrência ("que possam limitar ou de qualquer forma prejudicar a livre concorrência, ou resultar na dominação de mercados relevantes de bens ou serviços"), de modo que se confundia condição de submissão com condições de aprovação, ou seja, no mesmo momento que se avaliava a necessidade de notificar uma operação ao Cade, já se avaliavam os efeitos de determinada operação ao mercado.

A prática tem indicado que as hipóteses de fusão e incorporação seriam aquelas operações previstas na Lei 6.404/1976, em seus artigos 228 e 227[12], respectivamente. Igualmente, as hipóteses de consórcio e de *joint venture*, previstas no inciso IV do artigo 90, são figuras jurídicas definidas. Assim, tais conceitos não têm gerado tantos questionamentos e dificilmente ensejam questionamentos mais detalhados.

Por outro lado, a *aquisição de controle ou parte de empresas*, bem como a existência de *contrato associativo* são hipóteses que demandam uma análise mais aprofundada. Isso, aliás, resta evidente na medida em que o próprio Cade, em um esforço de trazer clareza a esses critérios, publicou regulamentos sobre tais matérias (Resolução 2/2012, alterada pela Resolução 9/2014 e Resolução 10/2014, respectivamente). Nesse sentido, certamente andou bem o Cade ao regulamentar essas hipóteses de notificação, ainda que continuem a existir questões em aberto que desafiam diariamente aqueles os advogados militantes. A despeito dos esforços do Cade em sua regulamentação, o conceito de "contrato associativo", no entanto, ainda tem gerado grande incerteza, sendo bastante

---

12 Nesse sentido, vide: Forgioni (2012, p. 396-397). Ainda, importa destacar que, em ambos os casos, presume-se as partes envolvidas sejam de grupos econômicos distintos (Anders, Pagotto e Bagnoli, 2012, p. 296). Sobre o tema, vide também os pareceres da SG nos AC nº 08700.009851/2012-84 (Eletrosul - Centrais Elétricas S.A. Eólica Cerro Chato I S.A.; Eólica Cerro Chato II S.A. e Eólica Cerro Chato III S.A.), em que o CADE não conheceu da operação por se tratar de reestruturação societária realizada no mesmo grupo econômico, sem alteração de controle (Parecer SG publicado em 5 de dezembro de 2012), e 08700.009850/2012-30 (Eletrosul Centrais Elétricas S.A., Empresa de Transmissão de Energia do Rio G. do Sul S.A., Porto Velho Transmissora de Energia S.A.) em que o Cade igualmente não conheceu da operação por se tratar de reestruturação societária realizada no mesmo grupo econômico, sem qualquer alteração de controle. (Parecer SG publicado em 5 de dezembro de 2012).

difícil afirmar com clareza que tipo de relação contratual deveria ser notificada, sendo possivelmente um dos pontos que merecem maior aprofundamento.

A expressão *aquisição de parte de uma ou outras empresas* dada pelo inciso II do artigo 90 foi objeto de regulamentação pela Resolução 2/2012, nos artigos 9 e 10 e, posteriormente alterados pela Resolução 9/2014, que acabou por trazer novas incertezas à prática. O artigo 9.º da Resolução 9/2014 cuida da hipótese de aquisição de controle "unitário ou compartilhado", ao passo que o artigo 10 trata das aquisições de participações minoritárias. Para essas, os critérios dispostos pelo Cade são claros e objetivos, sendo assim consideradas (i) as aquisições de 20% do capital social ou votante de empresa que não seja concorrente e não atue em mercado verticalmente relacionado (artigo 9.º, II c/c artigo 10, I), ou (ii) aquisições de 5% do capital social ou votante de empresa que seja concorrente ou atue em mercado verticalmente relacionado (artigo 9.º, II c/c artigo 10, II). Enquanto as hipóteses de notificação aquisição de participação minoritária são bastante claras e objetivas, a inclusão dos conceitos de controle unitário e compartilhado pela Resolução 9/2014 trouxe novamente incertezas semelhantes àquelas da lei anterior.

A prática jurídica desde o início da vigência da nova lei mostra que, apesar dos louváveis esforços do Cade em criar um sistema mais previsível e seguro, ainda há certas "pontas soltas" que carecem de melhor definição: (i) definição de controle compartilhado e a eventual aplicabilidade do conceito de influência relevante na nova lei, (ii) a aquisição de participações indiretas, e (iii) a definição de contratos associativos. A seguir, apresenta-se uma tentativa de dar maior "clareza" a essas questões, de forma a verificar como a autoridade vem abordando e resolvendo tais questões no exame casuístico.

2.1.1. Controle e influência relevante: tudo indicaria que o conceito de influência relevante não mais se aplica, mas controle vai além do previsto na lei das S.A.

Nos termos da lei e da regulamentação editada pelo Cade, a aquisição de controle de empresa é objeto de notificação, no entanto, o entendimento do Cade a respeito do que seria considerado "controle" ainda não foi objeto de análise completa e abrangente. Por outro lado, ao conceituar a existência de *controle compartilhado* para fins de avaliação de critério de notificação nos termos da Resolução 2/2012, haveria indicativos de que o conceito de controle incluiria outras formas de controle além daquela majoritária, prevista no artigo 116 da Lei 6.404/1976.

No Ato de Concentração 08700.009881/2012-91 entre ABN-AMRO Bank N.V. e Banco CR2 S.A., o parecer da SG apresenta alguns critérios para a definição de controle compartilhado[13], sendo considerado aquele exercido de forma conjunta, nos termos do artigo 32, § 1.º, da Instrução CVM 247/1996[14], contanto que: "a) a empresa conte com capital social disperso e pulverizado; b) não haja um único grupo controlador da companhia; c) inexista acordo de acionistas ou outro instrumento jurídico hábil a precisar a definição de um bloco de controle na condução das atividades empresariais"[15].

À luz dessa decisão, a definição de controle disposta no artigo 9.º, I, da Resolução 2/2012 compreende situações diversas ao controle majoritário, não sendo descartada a hipótese de o Cade, eventualmente, adotar outras definições de controle, como o controle minoritário, gerencial ou externo[16], como revela, por exemplo, o posicionamento esposado pela SG no âmbito do AC 08700.006057/2014-40 (Bunge e JB Bioenergy), no qual o Cade afirmou que a aquisição de 20% de participação, somada ao direito de indicar um membro do Conselho de Administração (de um total de cinco) e ainda o direito de veto sobre determinadas questões concorrencialmente relevantes, como *business plan*, seria considerada aquisição de controle compartilhado[17].

Por outro lado, especialmente em decorrência da imprecisão do conceito de controle compartilhado, ainda existe alguma incerteza no tocante ao papel que o conceito de *influência relevante* teria para fins de definição da existência de controle, na medida em que, sob a vigência da nova Lei de Defesa da Concorrência e da Resolução 2/2012, tal conceito pareceria ter se tornado inaplicável, apesar da interpretação que possa ser dada a decisões acima mencionadas.

Sob a égide da antiga Lei 8.884/1994, o conceito de "influência relevante" consistia em elemento central da análise (e da verificação da necessidade de notificação) de atos de concentração. O conceito foi desenvolvido ao longo da vigência da referida pelos precedentes do Cade para dar maior previsibilidade aos agentes econômicos, sendo definido como "a possibilidade de um agente econômico fazer uso de uma participação societária minoritária, ou

---

[13] De fato, o parecer utiliza indistintamente conceitos de controle conjunto, compartilhado e cocontrole.

[14] Os autores entendem que o objetivo da referida norma da CVM é de dispor "sobre a avaliação de investimentos em sociedades coligadas e controladas e sobre os procedimentos para elaboração e divulgação das demonstrações contábeis consolidadas, para o pleno atendimento aos Princípios Fundamentais de Contabilidade", não sendo, necessariamente, aplicável para a definição de controle compartilhado para fins da aplicação da Lei de Defesa da Concorrência.

[15] Parecer 459/2012 – PROCADE/PGF/AGU, p. 9-10.

[16] Sobre o tema, vide: Comparato e Salomão Filho (2014).

[17] No mesmo sentido, no AC 08700.005311/2014-93 (Carlson e CWT) a constituição de uma *joint venture* com participações 55% e 45%, garantiria ao titular dos 45% o controle compartilhado.

mesmo de uma simples relação contratual, para intervir no processo de decisão da sociedade alvo dos investimentos, afetando, por conseguinte, as ações e estratégias empresariais desta"[18]. Exemplos de influência relevante seriam a indicação de membros do Conselho de Administração ou Diretoria, o direito a veto e outras formas de ingerência nas decisões das empresas investidas[19], critérios esses, muito semelhantes àqueles utilizados recentemente pelo Cade para justificar a existência de controle compartilhado..

A tipificação dos tipos de operações consideradas atos de concentração pela nova lei, somadas às definições trazidas pela regulação infralegal da Resolução 2/2012, alterada pela Resolução 9/2014 do Cade, foram importantes para garantir maior previsibilidade aos agentes econômicos, reduzindo, portanto, diversas incertezas. Todavia, como bem aponta Calixto Salomão Filho, a manutenção do termo "controle" (artigo 90 da nova lei e artigo 9.º, I, da Resolução 2/2012) sem uma precisa definição fez com que permanecesse um problema relevante. Nesse sentido, afirma o professor que, para fins concorrenciais, controle deveria "ser entendido [...] como equivalente ao conceito de 'influência dominante'"[20]. Some-se a essa crítica a difícil interpretação do conceito de aquisição de "parte de empresas", na medida em que suscita diversas dúvidas sobre aquisições de ativos que não necessariamente caracterizam um negócio.

Como forma de suprir a crítica sobre a eventual aplicabilidade do conceito de influência relevante na da nova lei, o Cade emitiu parecer, ainda no início da vigência. No AC 08700.007119/2012-70 entre BNDES Participações S.A. e Prática Participações S.A.[21], envolvendo a aquisição pelo BNDES de 10% do capital social da Prática, a operação foi notificada em decorrência de aquisição de "influência relevante" pelo BNDES, por meio de direito de veto em determinadas operações e de indicação de membro do Conselho de Administração da Prática. No caso, o grupo BNDES não deteria participação em empresa horizontal ou verticalmente relacionada ao grupo adquirido, de modo que a operação não se enquadraria, portanto, nos critérios do artigo 10, I e II, da Resolução 2/2012. Em parecer adotado pela SG, a Procuradoria do Cade (ProCade) procedeu com uma análise detalhada sobre a definição de influência relevante sob a Lei 8.884/1994, afirmando, ao fim, que

> "[A] Resolução 02/2012 houve por bem estabelecer critérios objetivos relacionados à notificação obrigatória de operações ao SBDC. A autoridade antitruste, com vistas a garantir maior eficiência na

---

[18] Voto do Conselheiro Olavo Zago Chinaglia no AC 08012.009529/2010-41.

[19] Súmula Cade n. 2.

[20] Salomão Filho, 2013, p. 322.

[21] Parecer SG publicado em 28 de setembro de 2012. Ato de Concentração não conhecido.

> análise dos atos de concentração de que possam resultar maiores preocupações concorrenciais, acabou por estabelecer, de forma objetiva, critérios mínimos para que determinado ato de concentração seja tido como de notificação obrigatória. [...] Daí porque não há que se falar em análise de 'influência relevante' por ocasião do exame dos requisitos objetivamente estabelecidos no artigo 9.º da Resolução 02/2012 do Cade. Com efeito, ao estabelecer como critério de notificação obrigatória, a aquisição de controle decorrente de operação, o inciso I do artigo 9.º da Resolução 02/2012 deve ser interpretado no sentido técnico da expressão, constante do artigo 116 e 243, §2.º da Lei 6.404/1976. Quer-se referir a norma, nesse caso, à aquisição do controle acionário, seja de forma isolada, seja de modo compartilhado" (Parecer 343/2012 - ProCade/PGF/AGU, p. 14-15).

Posteriormente, no AC 08700.001423/2014-75 entre Freelane, I LLC, Freelane II, LLC e Serviços e Tecnologia de Pagamentos S.A.[22], a SG reiterou seu entendimento sobre a inaplicabilidade do conceito de "influência relevante", decidindo pelo não conhecimento de operação de aquisição de 11,4% de participação em empresa não relacionada horizontal ou verticalmente.

Dos casos acima relatados, poder-se-ia concluir que o Cade tem entendido, diante da nova lei, por repelir o conceito de influência relevante - fundamental na aplicação da lei anterior - impondo, assim, a interpretação objetiva das hipóteses de notificação de aquisição de parte de empresa trazida pela Resolução 2/2012. Esse critério não é tão claro, no entanto, quando se está diante de uma hipótese de notificação segundo a qual o controle compartilhado passa a ser unitário: dada a incerteza do conceito de *controle*, há hipóteses incertas nas quais o Cade poderia entender que existe controle compartilhado, ainda que uma das partes detenha apenas influência relevante sob a investida e esteja alienando sua participação.

2.1.2. Aquisições de participações indiretas

Outro conceito relevante na prática societária, mas que não foi definido com clareza na lei ou na regulamentação do Cade é o de participação "indireta". Isso, porque o inciso II do artigo 90 afirma serem atos de concentração a aquisição "direta ou indiretamente [...] do controle ou partes de uma ou outras empresas". A Resolução 2/2012 repetiu tal dispositivo sem, no entanto, apresentar uma definição clara do que seria considerado aquisição indireta.

---

22 Parecer SG publicado em 26 de fevereiro de 2014. Ato de Concentração não conhecido.

Ficaram abertas, portanto as questões de (i) em que hipóteses se deve considerar a participação indireta adquirida (e não a direta), e (ii) como contabilizar, para fins concorrenciais, participações indiretas.

Sobre a primeira questão, o AC 08700.005381/2012-80 entre STR Projetos e Participações Ltda. e Stigma Participações S.A.[23], é bastante elucidativo. Trata-se de aquisição de 99,99% do capital social da Stigma pela STR Participações, sendo que a STR Participações já detinha 91% do capital social da STR Recursos Naturais. Ocorre que a Stigma possuía como único ativo[24], a participação de 9% no capital social da STR Recursos Naturais. Assim, muito embora diretamente a operação consistia em aquisição da quase totalidade do capital social da Stigma, indiretamente, seria um caso de consolidação indireta de controle societário, somando-se os 9% aos 91% já detidos anteriormente pela STR Participações, não se enquadrando em nenhuma das hipóteses previstas pela Resolução 2/2012.

Já no que se refere à segunda questão, o cálculo de participação indireta, não foi possível identificar precedente do Cade em que o tema seja claramente analisado. No AC 08700.003570/2014-80 entre Fundo de Investimento em Participações Melbourne e SAAG Investimentos S.A., o FIP Melbourne (cujo único acionista com mais de 20% é a CEMIG) adquiriu 83% da SAAG, que, por sua vez, adquiriu 12,4% na Madeira Energia S.A. A CEMIG, já detinha - diretamente - 10% da Madeira Energia e, como resultado, afirma o parecer da SG, haveria um incremento de participação da CEMIG na Madeira Energia entre 5% e 7,5%. Embora alguns dados do caso sejam confidenciais, parece claro que o Cade aceitou o cálculo proposto pelas requerentes no sentido de utilizar a proporção de participação indireta, ao invés do valor total detido[25].

2.1.3. *Definição de contratos associativos*

Por fim, restam analisar as questões relacionadas aos chamados *contratos associativos*, constantes no inciso IV do artigo 90 e objeto de regulamentação pela Resolução 10/2014.

---

[23] Parecer SG publicado em 2 de agosto de 2012. Ato de Concentração não conhecido.

[24] Importante destacar que o parecer da ProCade deixa claro que "diversa seria a situação caso a aquisição do controle da empresa Stigma Participações, além da consolidação do controle acionário em referência, também propiciasse outras situação (*sic*) de concentração econômica, hipótese em que a notificação afigurar-se-ia obrigatória [...]" (Parecer 276/2012 - PROCADE/PGF/AGU, p. 6).

[25] De forma semelhante, em um caso analisado sob a vigência da lei antiga, no AC 53500.012487/2007 entre Telefônica S.A., Assicurazioni Generali S.p.A., Intesa Sanpaolo S.p.A., Sintonia S.A. e Mediobanca - Banca di Credito Finanziario S.P.A. o então Conselheiro Carlos Emmanuel Joppert Ragazzo igualmente adotou o cálculo proporcional para identificação de participações indiretas (23,74% de 46,17% resultariam 10,9%).

No período antecedente à referida resolução, foram submetidos ao Cade uma grande variedade de tipos de contratos tidos como associativos, como contrato de distribuição (ACs 08700.009224/2012-43 e 08700.010193/2012-73), de fornecimento (AC 08700.009276/2013-09), de compartilhamento de códigos (*code sharing*) (ACs 08700.010858/2012-49 e 08700.006488/2013-26), de parceria (AC 08700.008736/2012-92), de prestação de serviços (AC 08700.001895/2013-47), de terceirização de produção (AC 08700.011078/2012-16), de licenciamento de biotecnologia (AC 08700.004957/2013- 72), entre outros. Em poucas oportunidades o Cade analisou de forma detalhada o conceito de contratos associativos.

No AC 08700.008736/2012-92 entre Petrobras Distribuidora S.A. e Consórcio MPEC[26], relacionado à oferta de serviços de gestão ambiental e de risco para grandes consumidores de derivados de petróleo, a operação foi considerada contrato associativo nos termos do inciso IV do artigo 90, pois: (i) tratava-se de relação comercial que se destinava a desenvolver conjuntamente uma atividade econômica, e (ii) havia exclusividade entre as partes. No AC 08700.009957/2013-69 entre Raízen Energia S.A. e Novozymes A/S[27], envolvendo um contrato de fornecimento com cláusula de exclusividade, a SG, embora não tenha examinado objetivamente os critérios para a definição de contrato associativo, apresentou longa análise retrospectiva dos julgados do Cade (sob a vigência da antiga lei) relacionados a contratos de fornecimento. No parecer, a SG afirma que a existência de cláusula de exclusividade "por si só já demonstra sua relevância em termos antitruste, ensejando, portanto sua análise de mérito" (p. 5).

Por seu turno, o AC 08700.004957/2013-72 entre Monsanto do Brasil Ltda. e Bayer S.A., relacionado ao contrato de licenciamento não exclusivo de uso de tecnologia, contou com o entendimento da SG no sentido de que os contratos em questão não configurariam ato concentracionista ou associativo, pois não havia neles condições de exclusividade, não concorrência, transferência de ativos, vínculos societários ou qualquer alteração dos centros decisórios. Esse posicionamento da SG foi revisto pelo Tribunal, que concluiu que o contrato submetido continha forte caráter associativo, ao conter disposições que evidenciariam, na visão do Tribunal, (a) comunhão de interesses (dependência mútua e interesse no sucesso comercial do parceiro), (b) empreendimento comum (desenvolvimento de produtos interdependentes, esforços conjuntos para desenvolvimento de produtos), (c) coordenação de atividades empresariais (acesso a informações sensíveis, coordenação excedendo obtenção de ganhos, aprovação prévia do parceiro para novos negócios e novos produtos), e (d)

[26] Parecer SG publicado em 5 de novembro de 2012. Ato de Concentração aprovado sem restrições.

[27] Parecer SG publicado em 12 de dezembro de 2013. Ato de Concentração aprovado sem restrições.

compartilhamento de riscos (sucesso das partes isoladas depende do desempenho do parceiro, com coordenação e ausência de concorrência).

Todavia, quase que no contrafluxo de suas decisões, em fevereiro de 2014 o Cade colocou em consulta pública sua proposta de resolução para a definição de contratos associativos[28], tendo recebido duras críticas[29] da comunidade acadêmica e empresarial, nacional e internacional, especialmente pela amplitude de sua definição, uma vez que propunha considerar como contratos associativos quaisquer contratos firmados entre concorrentes ou firmados entre agentes verticalmente relacionados que estabelecesse compartilhamento de receitas e prejuízos.

Essa consulta pública culminou na edição da Resolução 10/2014, a qual define associativos aqueles contratos (a) com duração superior a 2 anos (ou que, mediante renovação, atinjam ou ultrapassem 2 anos), (b) nos quais haja cooperação horizontal ou vertical ou compartilhamento de risco e (c) que resultem em relação de interdependência entre as partes contratantes e seus respectivos grupos econômicos. Nesse contexto, o Cade determina que serão considerados associativos (a) os contratos em que as partes estiverem horizontalmente relacionadas no que diz respeito ao objeto do contrato e em que a soma de suas participações no mercado relevante afetado for igual ou superior a 20%, ou (b) os contratos em que as partes estiverem verticalmente relacionadas no que diz respeito ao objeto do contrato e em que pelo menos uma delas detiver participação de ao menos 30% em um dos mercados relevantes afetados pelo contrato, desde que o contrato estabeleça o compartilhamento de receitas ou prejuízos entre as partes ou resulte em relação de exclusividade.

No AC 08700.006240/2015-27 (Monsanto e Syngenta) a SG não conheceu do ato de concentração por não identificar na relação contratual compartilhamento de receitas ou prejuízo entre as partes ou relação de exclusividade, tratando-se de "mero contrato de fornecimento". Esse precedente ilustra o comprometimento do Cade para garantir um certo nível de previsibilidade à hipótese de notificação de contratos associativos.

Ainda que incipiente, os precedentes do Cade ainda mostram dúvidas à regulamentação. A título exemplificativo, apesar de criarem situação de potencial

---

[28] A Consulta Pública 3/2014 tratou da proposta de definição de contratos associativos da seguinte forma: "Art. 2.º Respeitados os critérios objetivos estabelecidos no art. 88 da Lei 12.529 de 2011, considera-se associativo qualquer contrato celebrado: (I) entre concorrentes; ou (II) entre agentes econômicos que atuem em mercado verticalmente relacionado, sempre que pelo menos um deles detenha 20% ou mais do respectivo mercado relevante, desde que preenchida pelo menos uma das seguintes condições: a) o contrato estabeleça o compartilhamento de receitas e prejuízos entre as partes; b) do contrato decorra relação de exclusividade, seja ela jurídica ou fática".

[29] Vide: <http://www.cade.gov.br/upload/Consulta%20p%C3%BAblica%20n%C2%BA%2003-2014.pdf>.

menor lesividade à concorrência, em decorrência dos critérios de participação de mercado (de 20% e 30% para relações horizontais e verticais, respectivamente), todos os contratos associativos submetidos ao Cade enquadram-se no rito ordinário. Adicionalmente, a definição de "mercado relevante afetado" disposta pela Resolução 10/2014 igualmente gera dúvidas sobre a quais mercados os critérios de participação estariam se referindo, uma vez que nem sempre é transparente a definição de quais mercados deveriam ser analisados, i.e., se o(s) mercado(s) diretamente relacionado(s) às atividades das partes ou ao contrato em si[30].

A despeito dos esforços do Cade de buscar dar algum nível de previsibilidade à hipótese de notificação de contratos associativos, os precedentes recentes demonstram o nível de dúvida ainda existente, inclusive em razão de que já houve vários casos submetidos que não foram conhecidos. Ao mesmo tempo, ainda que os critérios de notificações soem muito abrangentes, não se tem observado um número elevado de notificações, deixando a dúvida de se o critério é efetivamente tão abrangente quanto se alega.

2.2. Critérios de faturamento das partes envolvidas e seus respectivos grupos

A necessidade de notificação de operações requer, após a identificação da existência de um ato de concentração, a verificação sobre o preenchimento de critérios de faturamento definidos pela lei e pela regulamentação infralegal, que levam em consideração o faturamento das partes envolvidas na operação. Os critérios da nova lei inovaram em relação à lei anterior de forma positiva, pois eliminaram caráter subjetivo e elevaram os patamares utilizados para fins de avaliação da necessidade de notificação: primeiro, excluiu o critério de participação de mercado (20%) previsto no artigo 54, § 3.º, retirando certo grau de insegurança jurídica[31] da norma, dada a indeterminação do conceito; e segundo, criou um critério adicional, *gatilho*, de faturamento mínimo das partes envolvidas na operação, tendo como resultado dois critérios objetivos: R$ 750 milhões e R$ 75 milhões de faturamento bruto anual[32] ou volume de negócios total no País de pelo menos dois grupos envolvidos na operação[33].

---

30 Nesse sentido, vide AC 08700.002311/2015-12 (Bayer, Agrium e Utilfértil).

31 Como bem indica Anders, "identificar o mercado relevante e calcular a respectiva participação do(s) agente(s) econômico(s) em tal mercado envolve questão complexa, muitas vezes de difícil superação" (Anders, 2011, p. 197).

32 Como afirmado acima, não há atualmente no Brasil uma definição contábil para faturamento bruto, termo utilizado pela Lei 12.529. Para fins práticos, o CADE vem considerando dados de receita operacional bruta para esse quesito.

33 Em 30 de maio de 2012, data da entrada em vigor da nova lei – fazendo jus à prerrogativa concedida pelo artigo 88, § 1.o, da lei – foi publicada a Portaria Interministerial MJ/MF 994, ajustando os valores de R$ 400 milhões e R$ 30 milhões para R$ 750 milhões e R$ 75 milhões, respectivamente.

Ambos os critérios são relacionados aos grupos econômicos das partes envolvidas, sendo sua definição fundamental para a prática jurídica.

Grupo econômico para fins de cálculo de faturamento está expressamente definido pelo artigo 4.º da Resolução 2/2012 do Cade, e abrange (i) todas as empresas que estejam sob "controle comum"[34], interno ou externo, e (ii) quaisquer outras empresas nas quais a empresa submetida ao "controle comum" seja titular, direta ou indiretamente, de pelo menos 20% do capital social ou votante. No caso de fundos de investimento, um "grupo econômico" compreende, de acordo com o artigo 4.º, § 2.º, da Resolução 2/2012, tal como alterada pela Resolução 9/2014, qualquer fundo no qual um investidor detenha mais de 50% de suas quotas, além de qualquer outra empresa do portfólio nas quais a participação direta ou indiretamente detida pelo fundo seja igual ou superior a 20%[35].

Como resultado, definidos os grupos econômicos envolvidos, deve-se realizar a soma de seus faturamentos anuais brutos ou volume de negócios total no Brasil de todas as entidades com atividades no Brasil (i.e., associadas às vendas para consumidores localizados no Brasil).

Tal como realizado na definição de atos de concentração, seguir serão abordadas três questões relacionadas à definição de faturamento e de grupo econômico que foram objeto de questionamento ao Cade sob a vigência da nova lei: (i) a conceituação de faturamento e volume de negócios, e (ii) a atribuição dos faturamentos aos grupos envolvidos nas operações.

2.2.1. Definição de faturamento e volume de negócios

Em decorrência da ausência de uma definição legal para o conceito "faturamento bruto", a prática jurídica mostra que essa pode ser a primeira questão envolvendo a análise de um ato de concentração (e a mera verificação da necessidade de submissão ao crivo do Cade). A inclusão ou a exclusão de determinados valores na conta do "faturamento" podem resultar em respostas distintas, isto é, notificar ou não notificar.

Por exemplo, a contabilização parcial ou integral de faturamento de sociedade investida pela controladora (participação minoritária) pode alterar drasticamente o resultado. Nesse caso, a regulamentação do Cade parece não deixar dúvidas sobre a utilização do valor total das receitas de vendas brutas das sociedades investidas. Todavia, há casos de menor clareza, como é o caso de inclusão ou não de receitas que não sejam diretamente decorrentes de outras

---

[34] Aqui cabe a mesma análise a respeito das formas de controle apresentadas acima.

[35] Para o caso de fundos de investimento, importa destacar que o Cade utiliza critério distinto para fins de preenchimento do formulário de notificação, conforme disposto no item II.5.2 de ambos o Anexo I e II.

atividades das empresas (receitas como *gênero* e faturamento como *espécie*, debate inclusive bastante familiar àquele existente no Direito Tributário).

No AC 08700.005011/2013-23 entre Centrais Elétricas Brasileiras S.A. e Companhia Energética de Roraima[36] foi questionado se, para o cômputo do "faturamento" disposto no artigo 88, I e II, deveriam ser consideradas subvenções governamentais. Trata-se de aquisição de controle compartilhado da CERR pela Eletrobrás, sendo que o faturamento da CERR em 2012 equivale a R$ 24 milhões, tendo recebido, no mesmo período, R$ 64 milhões decorrentes de subvenção do governo estatal. Nesse sentido, as partes requereram o reconhecimento pelo Cade de que, para fins de cálculo do faturamento, receitas decorrentes de subvenções não deveriam ser consideradas, eis que possuem natureza distinta do faturamento.

Ao analisar o caso, a SG menciona em seu parecer o conceito adotado pela União Europeia de *volume de negócios*, sendo incluídas as subvenções. Além disso, em uma interpretação teleológica da lei, a SG entende que as subvenções seriam capazes de alterar a dinâmica competitiva do mercado e, portanto, deveriam ser consideradas, portanto, no cálculo total.

2.2.2. Atribuição do faturamento de sociedades aos grupos envolvidos

Na vigência da Lei 8.884, os precedentes do Cade indicavam que o critério único de faturamento de R$ 400 milhões podia ser atribuído tanto ao lado vendedor quanto ao comprador – ainda sujeito a críticas. Com a criação de dois critérios de R$ 750 e R$ 75 milhões, foram criadas novas dúvidas sobre (i) a quais partes (ou grupos) deveriam ser atribuídos cada um dos valores, especialmente em operações em que há mais de dois grupos envolvidos, e (ii) se o faturamento de uma empresa poderia ser (duplamente) contabilizado em ambos os lados.

No que se refere à primeira questão, no AC 08700.000258/2013-53 entre Singida Participações Ltda. e Data Solutions Serviços de Informática Ltda.[37], a Singida era controlada por dois grupos distintos e a Data Solutions não atingia o critério mínimo de faturamento (R$ 75 milhões). Como ambos os grupos controladores da Singida (Goldman Sachs e Advent International) atingiam ambos os critérios de faturamento, mas a empresa-objeto não, as partes requereram o não conhecimento da operação. Consultada a se manifestar, a ProCade afirmou que a análise do dispositivo legal permite evidenciar, ao menos no que se refere ao contrato de compra e venda de ações, que os limites de faturamento mínimo estão relacionados ao *grupo comprador* e ao *grupo vendedor* da operação,

---

36 Parecer SG publicado em 2 de julho de 2013. Ato de Concentração aprovado sem restrições.

37 Parecer SG publicado em 1.º de fevereiro de 2013. Ato de Concentração não conhecido.

respectivamente. Assim, não obstante houvesse dois grupos do lado vendedor que atingissem o critério de faturamento, o Cade entendeu que a operação não era de notificação obrigatória (Parecer ProCade citado no Parecer Técnico 183 Superintendência Geral), já que os critérios de faturamento devem estar em lados distintos das operações (*i.e.*, comprador e vendedor)[38].

Já a questão da contabilização do faturamento de uma sociedade nos dois lados, no AC 08700.001525/2013-18 entre Vidigal Prado Participações S.A., Yasuda Seguros S.A. e Marítima Seguros S.A.[39], no caso de consolidação de controle da Marítima. Nos termos da Resolução 2/2012, a Marítima fazia parte de ambos os grupos envolvidos (Yasuda e Família Vidigal) e seu faturamento foi contabilizado para ambos os grupos, levando ao conhecimento da operação.

2.3. Territorialidade dos atos de concentração

Por fim, embora não seja uma alteração em relação à lei anterior[40], a aplicação da teoria dos efeitos na análise de atos de concentração é bastante relevante para a definição daquelas operações de notificação obrigatória. A análise dos precedentes do Cade demonstra não haver uniformidade nas decisões[41]. Sobre o tema, há dois casos analisados sob a nova lei que merecem comentário.

No AC 08700.006929/2012-17 entre CCR España - Concesiones Participaciones S.L. e Camargo Corrêa Investimentos em Infra-Estrutura S.A., relacionado à aquisição pela CCR de participação indireta no aeroporto internacional de Curaçao, muito embora afirme o parecer da SG que a "operação não suscita sobreposição horizontal e integração vertical no Brasil, uma vez que dela não terá qualquer reflexo no Brasil, afetando apenas ativo localizado no exterior"[42], o Cade aprovou a operação sem restrições, não levantando sequer a hipótese de não conhecimento devido à ausência de efeitos.

Por outro lado, no AC 08700.001204/2013-13 entre Robert Bosch GmbH, ZF Friedrichshafen e Knorr-Bremse System für Commercial Vehicle

---

38 Apesar de incluir o termo "respectivamente" para a definição dos critérios para comprador e vendedor, o parecer da ProCade não deixa claro se o critério mais alto (R$ 750 milhões) deveria, obrigatoriamente, ser atribuído ao grupo comprador e o mais baixo (R$ 75 milhões) ao grupo vendedor. Analisando-se os precedentes do Cade sob a vigência da lei antiga, percebe-se, por exemplo, que o Cade entendia que o critério de faturamento de R$ 400 milhões poderia ser atribuído tanto ao grupo vendedor, com ao grupo comprador.

39 Parecer SG publicado em 12 de março de 2013. Ato de Concentração aprovado sem restrições.

40 A esse respeito, vide: Cordovil e Bagnoli (2011, p. 53) e Anders, Pagotto e Bagnoli (2012, p. 7).

41 Conforme indica o parecer da SG no AC 08700.001204/2013-13 (Bosch, ZF e Knorr), há casos de atos de concentração sem efeitos no Brasil conhecidos (AC 08700.006929/2012-17) e não conhecidos (AC 08012.006355/2010-65).

42 Página 3 do Parecer da SG, publicado em 11 de setembro de 2012.

GmbH relacionado à formação de uma *joint venture* na Europa para a prestação de serviço de pós-venda voltado exclusivamente para o mercado europeu sem previsibilidade de prestação dos serviços no Brasil, a SG não conheceu da operação. Embora as empresas envolvidas na operação possuíssem atividades no Brasil, afirma o parecer da SG que "do ponto de vista legal, como requisito para aplicação da Lei Antitruste, exige-se a real ou potencial ocorrência de efeitos no país" e, posteriormente, afirma que "trata-se de ato de concentração ocorrido no exterior, tendo por objeto uma empresa alvo que não oferta produtos ou serviços para o Brasil e com configuração tal que, no caso, torna improvável a produção de efeitos anticompetitivos no território nacional"[43]. Tal posicionamento foi reiterado pelo Cade no AC 08700.004891/2015-82 (Bosh e Hefei Midea).

Definidos os critérios para a caracterização de ato de concentração e os respectivos critérios de notificação, passa-se à análise do conceito de "consumação da operação", dispostos no artigo 88, § 3.º, da nova lei, bem como os critérios adotados pelo Cade para a identificação da prática de *gun jumping*.

3. A PROIBIÇÃO DE "CONSUMAÇÃO" DAS CONCENTRAÇÕES ECONÔMICAS E SUAS IMPLICAÇÕES

Como afirmado, a nova lei institui o controle prévio de atos de concentração, estabelecendo que a "consumação" da operação dependerá da aprovação prévia das autoridades concorrenciais[44]. Sob esse regramento, as partes ficam proibidas de tomar as medidas necessárias para efetivar a concentração pretendida antes da decisão final das autoridades sobre os efeitos concorrenciais dessa operação, o que inclui a vedação de alinhar seu comportamento no mercado, devendo elas manter suas operações de forma totalmente independente.

A não observância dessa proibição de "consumação" até a aprovação pelo Cade pode levar à nulidade do negócio, além de expor as partes a multas variando de R$ 60 mil a R$ 60 milhões, e dar início a uma possível investigação

---

[43] Página 5 do Parecer da SG, publicado em 4 de março de 2013.

[44] Tanto a doutrina especializada quanto as decisões do Cade mencionam que a aprovação do Cade seria considerada condição suspensiva das operações, sendo a aprovação do Cade, "condição de eficácia do ato de concentração" (Anders, Pagotto e Bagnoli, 2012, p. 199). Todavia, há de se fazer aqui dois contrapontos. Primeiro, que, nos termos do artigo 121 do Código Civil, "considera-se condição a cláusula que, derivando exclusivamente da vontade das partes, subordina o efeito do negócio jurídico a evento futuro e incerto", e, em sendo uma determinação legal e não contratual, a aprovação do Cade parece não se enquadrar nos critérios de condição suspensiva. Em segundo lugar, parece haver uma incompatibilidade entre a nulidade (portanto, no plano da validade) prevista no artigo 88, § 3.º, da nova lei , e a subordinação à eficácia prevista por condição suspensiva, nos termos do artigo 125 do Código Civil. Essa questão foge do escopo do presente estudo, merecendo maior aprofundamento pela doutrina e pelas decisões do Cade no futuro.

por conduta anticompetitiva. Importante notar, contudo, que, nos termos do artigo 115 do Regimento Interno do Cade (Resolução 1/2012) o Cade pode autorizar a consumação do negócio circunstâncias muito específicas (e.g., empresas em dificuldades financeiras).

Desde o início da vigência da Nova Lei, foram julgados alguns casos relacionados à "queima da largada" (*gun jumping*)[45], na qual as empresas deixam de observar a proibição de consumação e que vinham servindo de parâmetro para a análise do que constituiria *gun jumping*. A jusriprudência do Cade vinha buscando dar algum conteúdo ao critério, mas andou muito bem o Cade ao lançar, em 20 de maio de 2015, o *Guia para Análise da Consumação Prévia de Atos de Concentração Econômica*, com orientações a respeito das práticas que podem configurar *gun jumping*.

Com o propósito de promover a segurança jurídica nas relações privadas, e ainda que sem caráter vinculante, o Guia trouxe importantes sinalizações a respeito: (i) das condutas que podem caracterizar *gun jumping*; (ii) dos procedimentos que podem ser adotados pelas empresas de forma a minimizar o risco de que as interações no contexto de uma negociação possam violar a legislação de defesa da concorrência; e (iii) das possíveis sanções relacionadas à prática. Merece destaque positivo o fato de que o Guia trouxe bastante previsibilidade sem incluir maiores inovações em relação à prática institucionalizada em outros países nos quais a análise prévia existe há muito mais tempo; isso é certamente bem-vindo, na medida em que existe uma experiência sobre o assunto que não mereceria ser descartada.

3.1. Condutas potencialmente ilícitas

No que se refere às condutas que podem caracterizar *gun jumping*, o Guia separa três momentos em que preocupações a esse respeito podem surgir: (a) durante a troca de informações no contexto de uma negociação de um ato de concentração, (b) na definição de cláusulas contratuais que tratam da implementação da operação e (c) durante a condução dos negócios das partes antes e durante a consumação do negócio pretendido.

A troca de informações no contexto de uma negociação é inerente a qualquer operação, tal como reconhecido no Guia. De qualquer forma, o Guia propõe que informações concorrencialmente sensíveis, principalmente quando não agregadas e quando versem sobre as atividades-fim das empresas envolvidas, não devem ser compartilhadas sem a utilização de mecanismos

---

[45] AC 08700.005775/2013-19 (OGX Petróleo e Gás e Petróleo Brasileiro S.A.), AC 08700.008292/2013-76 (Potióleo S.A. e UTC Óleo e Gás S.A.), AC 08700.008289/2013-52 (UTC Óleo e Gás S.A. e Aurizônia Petróleo S.A.), AC 08700.007899/2013-39, AC 08700.002285/2014-41, AC 08700.007161/2013-71 (Brasfrigo e Goias Verde).

para minimizar o risco de seu compartilhamento indevido (i.e., estabelecimento de *clean teams* e *parlor rooms*, agregação de informações e utilização de dados históricos, entre outros). De forma positiva, informações que devem ser tratadas como concorrencialmente sensíveis são listadas no Guia a título exemplificativo.

Cláusulas contratuais, por sua vez, podem ser consideradas ilícitas pelo Cade se configurarem a "integração prematura" das atividades das partes de uma operação. As disposições contratuais mais propensas a questionamentos também são exemplificadas, de forma não exaustiva, pelo Cade: (a) data de vigência do contrato anterior à data de celebração, implicando alguma integração entre as partes; (b) pagamento antecipado integral ou parcial não reembolsável, com exceção de (c.i) pagamento de sinal típico de transações comerciais, (c.ii) depósito em conta bloqueada (*escrow*), ou (c.iii) *break-up fees* (pagamentos devidos caso a operação não seja consumada); (d) cláusulas que resultem na ingerência direta de uma parte sobre aspectos estratégicos dos negócios da outra. Aspectos estratégicos incluem decisões sobre preços, clientes, política comercial/vendas, planejamento, estratégias de marketing, entre outros. A simples proteção contra o desvio do curso normal dos negócios e, consequentemente, proteção do próprio valor do negócio alienado, é aceitável nos termos do Guia. De certo, esses exemplos são bem-vindos, em particular na medida em que havia bastante incerteza sobre pagamento antecipado, em razão de julgado do Cade.

Por fim, o Guia também dispõe que as partes de uma operação devem evitar realizar qualquer ato que possa resultar na consumação total ou parcial do negócio, trazendo alguns exemplos de práticas que se enquadram nessa categoria.

3.2. Mecanismos para minimização de riscos

Tendo em vista que, durante a negociação de uma operação e durante sua análise pelo Cade, as partes precisam trocar determinadas informações concorrencialmente sensíveis para examinar a viabilidade de um negócio, o Guia recomenda que as empresas adotem um "Protocolo Antitruste" com medidas para assegurar que essa troca de informações ocorrerá de forma limitada. Esse protocolo envolve, por exemplo, a criação de comitês independentes (*clean teams*) formados por funcionários, executivos e/ou consultores das partes, que seria responsável pelo manuseio de informações concorrencialmente sensíveis necessárias para a negociação e planejamento da integração.

Além disso, o Guia prevê, entre outros procedimentos, que seria atribuição do *clean team* a realização de reuniões específicas para tratar do processo de integração futura das partes (*parlor room*), sendo certo que tais reuniões não podem, em qualquer hipótese, resultar em qualquer tipo de influência de uma parte sobre a outra, até a aprovação do Cade.

3.3. Sanções aplicáveis

Por fim, andou bem o Guia também ao esclarecer os critérios que o Cade considerará para fins de aplicação da multa por *gun jumping*, tais como: (i) o momento em que a violação ocorreu (i.e., previamente a sua notificação ao Cade ou após); (ii) se a notificação da operação foi espontânea ou realizada por determinação do Cade; (iii) a natureza da decisão final do Cade sobre a operação (reprovação, aprovação ou aprovação com restrições); (iv) a complexidade do caso (existência de sobreposição horizontal ou integração vertical); (v) o tempo transcorrido desde a consumação da violação; e (vi) o porte econômico do infrator. Não há, contudo, critérios objetivos para a aplicação desses fatores.

A instauração de processo administrativo para investigar a existência de infração à ordem econômica, por sua vez, poderá surgir quando houver, antes da aprovação pelo Cade, troca de informações concorrencialmente sensíveis, combinação de preço entre concorrentes, ingerência nas decisões da empresa adquirida, entre outros. Segundo o Guia, tais preocupações seriam especialmente relevantes em operações entre concorrentes diretos ou entre empresas com relações de fornecimento entre si.

Com relação à possibilidade de declaração de nulidade dos atos praticados, o Guia propõe que o Cade realizará juízo de proporcionalidade a respeito da necessidade de utilização dessa medida, levando em consideração também a possibilidade de convalidação dos atos e a projeção da nulidade apenas sobre os atos praticados no período entre a consumação da operação e a decisão final do Cade.

4. CONCLUSÕES À LUZ DA PRÁTICA

À luz do acima exposto, observa-se o elevado volume de mudanças promovidas pela nova Lei de Defesa da Concorrência no tocante aos atos de concentração. Houve, como dito, uma mudança relevante na forma de fazer negócios e o Cade, assim como as empresas, têm se mostrado aptos a atuar sob este novo sistema de análise prévia, apesar dos desafios que continuam a se impor.

Este artigo versou sobre alguns dos pontos mais sensíveis da nova Lei e das Resoluções do Cade, com o objetivo de buscar resumir algumas importantes lições que aprendemos à luz da jurisprudência e da regulamentação infralegal da autarquia após seus quatro anos de vigência. Para além desses aspectos legais, merecem igual destaque os aprendizados práticos e constantes sobre o relacionamento com a autoridade que, nessa área e atos de concentração, tem buscado, ser cada vez mais transparente e, igualmente, demonstrado que, quanto mais transparentes as partes, e mais abertas ao diálogo, maiores as chances de uma resolução rápida, ainda que por meio de uma solução negociada, por meio de remédios.

Não há dúvidas que os incentivos mudaram. Se, na lei antiga (Lei 8.884/1994), as partes poderiam ter incentivos para retardar a análise, na medida em que já estavam de posse dos ativos, bem como de não chegar a soluções negociadas, já que, durante eventual judicialização, a adquirente permanecia com os ativos, o cenário da nova Lei é absolutamente distinto: em regra prefere-se uma solução rápida, que permita viabilizar o quanto antes as sinergias decorrentes da operação, ainda que isso implique algum nível de desinvestimento ou a adoção de medidas comportamentais. Isso, aliás, é o que tem levado a que algumas partes, ao notificar, já apresentem um pacote de remédios. E, como dito, a procurar cada vez mais uma notificação completa e, nos casos de rito sumário, um processo de pré-notificação que dê ao Cade o conforto necessário para concluir o quanto antes a análise.

De toda sorte, como ocorre sempre que um novo modelo institucional é criado, há muito ainda a ser desenvolvido para garantir ainda mais previsibilidade e segurança jurídica para aqueles negócios jurídicos sujeitos à apreciação prévia do Cade. Se o Cade seguir procurando o aperfeiçoamento do sistema, inclusive em conjunto com os administrados, há boas chances de que se atinjam resultados positivos.

BIBLIOGRAFIA

ANDERS, E. (2011). Título VII – Do Controle de Concentrações. In: CORDOVIL, L. et al. *Nova Lei de Defesa da Concorrência Comentada*: Lei 12.529, de 30 de novembro de 2011. São Paulo: Ed. RT, p. 195-216.

ANDERS, E.; PAGOTTO, L.; BAGNOLI, V. (coord.) (2012). *Comentários à nova Lei de Defesa da Concorrência*. São Paulo: Método.

BELLON, R. (2013). A nova realidade do Sistema Brasileiro de Defesa da Concorrência (SBDC). *Revista do IBRAC*, v. 23, 2013, p. 261.

COMPARATO, F.; SALOMÃO FILHO, C. (2014). *O poder de controle na sociedade anônima*. 6. ed. Rio de Janeiro: Forense.

CORDOVIL, L.; BAGNOLI, V. (2011). Capítulo II – Da Territorialidade. in CORDOVIL, L. et al. *Nova Lei de Defesa da Concorrência comentada*: Lei 12.529, de 30 de novembro de 2011. São Paulo: Ed. RT, p. 52-54.

FORGIONI, P. (2012). *Os fundamentos do antitruste*. São Paulo: Ed. RT.

MODRALL, J. R. (2014) Competition law issues in the M&A deal process. In: LEVY, N. *European Merger Control Law*: a guide to the merger regulation. LexisNexis.

SALLES, L. (2012). Bomba-relógio ou marca-passo? O prazo de análise de Concentrações na nova Lei de Concorrência. *Revista do IBRAC*, v. 21, 2012, p. 111.

SALOMÃO FILHO, C. (2012). *Direito concorrencial*. São Paulo: Malheiros.

TAUFICK, R. (2012). *Nova Lei Antitruste brasileira*: a Lei 12.529/2011 comentada e a análise prévia no direito da concorrência. São Paulo: Método.

A ANÁLISE DE EFICIÊNCIAS EM ATOS DE CONCENTRAÇÃO SOB O ENFOQUE DO PRINCÍPIO RETRIBUTIVO

Ana de Oliveira Frazão

1. INTRODUÇÃO

Dentre as principais controvérsias existentes no direito da concorrência, encontra-se a relativa ao papel das eficiências no julgamento de atos de concentração. A discussão envolve o que pode ser considerado como eficiências, como tais eficiências podem ser mensuradas ou avaliadas e em que medida podem compensar efeitos anticompetitivos de certas operações.

Mais do que isso, a discussão diz respeito a saber em que medida a busca de eficiências é a única ou pelo menos uma das principais finalidades ou balizas do direito da concorrência, questão que delimita não somente a competência da autoridade antitruste, como também as metodologias e técnicas de decisão que devem ser adotadas no julgamento dos atos de concentração.

Independentemente das controvérsias teóricas e práticas em torno das possibilidades e limitações das análises econômicas, é inequívoco que, no Brasil, as perguntas mencionadas não podem ser respondidas sem o necessário exame da nova Lei de Defesa da Concorrência, ou seja, da Lei 12.529/2011, especialmente na parte em que esta prevê expressamente o princípio retributivo.

É diante desse contexto que o presente artigo buscará tratar da importância das análises de eficiência no direito brasileiro, a fim de esclarecer, sob a perspectiva do princípio retributivo, qual é o seu real alcance no exame dos atos de concentração.

2. AS EFICIÊNCIAS NO CONTEXTO DAS FINALIDADES DO CONTROLE DE ESTRUTURAS

Como se sabe, foi a Escola de Chicago que propôs que a única finalidade a ser perseguida pelo direito da concorrência deveria ser a eficiência, tanto a produtiva - concernente a produzir mais com menos - como a alocativa - concernente a distribuir os recursos da forma a maximizar o bem-estar social.

Um dos aspectos mais sedutores de tal proposta foi o de associar a ideia de eficiência ao bem-estar do consumidor[1], apesar dessa correlação ser extremamente discutível. Afinal, a implementação das eficiências consideradas mais importantes - a produtiva e a alocativa - não pressupõe nenhum juízo distributivo ou garantia de benefícios diretos e efetivos para os consumidores[2].

Não obstante, os ensinamentos da Escola de Chicago trouxeram consequências preocupantes para o direito da concorrência, tal como salienta Fox[3]: (i) o estreitamento "dramático" do seu escopo - que passou a se restringir à eficiência - e o seu total afastamento da economia política; (ii) a sua "minimização", já que a sua atuação ficou restrita apenas aos casos de ineficiência; e (iii) o acolhimento das presunções de que os mercados funcionavam bem, de que seria difícil a conquista e a manutenção do poder de mercado e de que a disciplina do mercado seria normalmente mais eficiente do que a intervenção estatal.

Dessa maneira, a Escola de Chicago acabou invertendo, na prática, a presunção de ilicitude das concentrações que decorria do paradigma *Structure-Conduct-Performance*, tão caro para a teoria estruturalista, acolhendo, de forma contrária, a presunção de que tais atos seriam aprioristicamente lícitos e benéficos.

O sucesso que a Escola de Chicago obteve nos Estados Unidos acabou projetando-se sobre o Brasil, que importou sem ressalvas as novas concepções

---

[1] De acordo com Hovenkamp (*Federal Antitrust Policy*, 1999, p. 76), as decisões judiciais que seguiam os princípios da Escola de Chicago sempre relutaram em assumir que estariam sendo guiadas pela eficiência alocativa, preferindo dizer que estavam utilizando o princípio do bem-estar do consumidor, o que soava bem mais atrativo e menos técnico do que a eficiência de Pareto ou a compensação.

[2] Ambas as eficiências podem ser constatadas em situações nas quais apenas as empresas obtêm benefícios e não os consumidores. Mesmo a eficácia alocativa é atingida com a mera possibilidade de que os consumidores sejam compensados pelas perdas, ainda que a compensação não ocorra, como fica claro no critério de Kaldor-Hicks. Daí a precisa síntese de Hovenkamp (op. cit., 1999, p. 502) de que um dos maiores problemas dos modelos de eficiência é que tratam os ganhos do mesmo jeito, independentemente de quem obtenha o benefício.

[3] Fox (Post-Chicago, post-Seattle and the dilemma of globalization. In: CUCINOTTA, Antonio; PARDOLESI, Roberto; BERGH, Roger van dan. *Post-Chicago developments in antitrust law*. Cornwall: Edward Elgar, 2002, p. 78).

e metodologias após o advento da Lei 8.884/1994. Segundo Schuartz[4], houve verdadeira colonização do direito da concorrência nacional, tornando-o consequencialista por completo.

Apesar de todas as simplificações e distorções, a Escola de Chicago não conseguiu nem mesmo atingir o seu mais importante propósito, que era o de oferecer segurança, coesão e racionalidade ao direito da concorrência, em torno de um único propósito. Com efeito, o saldo final das controvérsias sobre as suas proposições é que dificilmente se pode considerar a eficiência como um critério claro e coerente para orientar a política antitruste[5], o que se reforça com as inúmeras dificuldades para se mensurar, quantificar e comparar eficiências e com as limitações das análises econômicas[6].

Por todas essas razões, a fase "pós-Chicago" vem sendo marcada pela maior desconfiança tanto em relação à capacidade que os mecanismos espontâneos de mercado têm para evitar condutas anticompetitivas, quanto em relação à adoção de métodos únicos e supostamente infalíveis para as análises de mercado[7]. Consequentemente, deixa de haver espaço para as posturas maniqueístas que ou ignoram o papel da estrutura nas análises concorrenciais.

Pelo contrário, admite-se que, como regra, operações que envolvem significativa concentração de mercado apresentam aspectos negativos, na medida em que aumentam o potencial de práticas ilícitas unilaterais ou co-

---

[4] Schuartz (*A desconstitucionalização do direito de defesa da concorrência*, p. 11-12. Disponível em: <http://academico.direito-rio.fgv.br/ccmw/images/e/e0/Schuartz_-_Desconstitucionaliza%C3%A7%C3%A3o.pdf. 2008>. Acesso em: 27 out. 2013).

[5] Stucke (*Reconsidering antitrust's goals*, p. 571-572. Disponível em: <http://bclawreview.org/files/2012/03/04_stucke1.pdf. 2012>) faz uma revisão da literatura americana sobre o tema para mostrar o grau de imprecisão que existe em torno do termo *consumer welfare*, o que motivou Joseph Brodley a afirmar que a expressão correspondeu ao termo que foi objeto de mais abusos na moderna análise antitruste.

[6] No campo específico da economia, como bem lembra Heyer (A world or uncertainty: economics and the globalization of antitrust. *Antitrust Law Journal*, v. 72, 2005, p. 378), apesar dos avanços recentes e notáveis nas análises econômicas - incluindo a utilização de técnicas quantitativas, análises econométricas e modelos de simulação de fusões -, que adicionaram rigor à difícil tarefa de predizer e estimar efeitos sobre a competição, a confiabilidade e a precisão de tais instrumentos ainda é de extrema fragilidade. Daí a sua conclusão de que a crescente aceitação da teoria microeconômica e das análises empíricas como bases para as decisões antitruste não eliminaram a incerteza nem a imprecisão.

[7] Nos termos da lição de Hovenkamp (The reckoning of post-Chicago antitrust. Op. cit., p. 3-4), o momento "pós-Chicago" é caracterizado pelo reconhecimento de que os mercados são mais complexos, variados e com mais falhas do que supunham os economistas de Chicago, postura que tem como consequência a menor confiança nos mecanismos espontâneos do mercado e o aumento do receio em relação a estratégias anticompetitivas.

ordenadas, mas podem também levar a significativas eficiências qualitativas e quantitativas[8].

Tal perspectiva resgata, pois, a importância da estrutura e do nível de concentração dos mercados na análise concorrencial, ainda que se saiba que não são os únicos dados a serem considerados. Como bem resume Hovenkamp[9], não há dúvida de que a concentração de mercado importa; a questão é saber o *quanto* importa. Entretanto, apesar das controvérsias existentes a respeito desse *quanto*, é certo que situações de extrema concentração, como o monopólio ou o oligopólio, que eram muitas vezes excluídas do foco de preocupações da Escola de Chicago, principalmente quando não havia barreiras à entrada nos mercados, voltam a ser vistas como ensejadoras de grandes riscos concorrenciais[10], quaisquer que sejam as eficiências invocadas.

Por essas razões, as atuais *Horizontal Merger Guidelines* norte-americanas (2010) deixam claro que aumentos significativos na concentração do mercado criam a presunção de formação ou reforço de posição dominante com probabilidade de ser utilizada para fins abusivos, presunção esta que somente pode ser afastada por evidências persuasivas[11], cujo ônus da prova normalmente caberia às partes[12]. As *Guidelines* também mostram que não é apenas

---

[8] É o que ensina Vogel (*European Competition Law*. Paris: Lawlex, 2012, p. 426), ao afirmar que, embora as concentrações horizontais reduzam o número de competidores e facilitem colusões oligopolísticas e a interdependência, podem também levar a economias de escala que podem ser repassadas a consumidores. O mesmo raciocínio se aplicaria às concentrações verticais ou conglomerados, que podem eliminar rivais em cada estágio do processo produtivo ou reduzir a concorrência potencial, ao mesmo tempo em que podem propiciar economias de custo, melhorias de pesquisa e maior possibilidade de financiamento das atividades.

[9] *Federal Antitrust Policy*, 1999, p. 510-511.

[10] Por essa razão, conclui Hovenkamp (*Federal Antitrust Policy*, 1999, p. 505-506) que concentrações que levam ao monopólio merecem o maior grau de escrutínio antitruste e geralmente devem ser condenadas, mesmo quando as barreiras à entrada são baixas, pois rivais precisam existir e crescer.

[11] Vale ressaltar o item 2.1.3 das *Horizontal Merger Guidelines* (2010): "Market Shares and Concentration in a Relevant Market. The Agencies give weight to the merging parties' market shares in a relevant market, the level of concentration, and the change in concentration caused by the merger. [...] Mergers that cause a significant increase in concentration and result in highly concentrated markets are presumed to be likely to enhance market power, but this presumption can be rebutted by persuasive evidence showing that the merger is unlikely to enhance market power".

[12] Embora as *Horizontal Merger Guidelines* (2010) não sejam tão claras quanto à questão do ônus probatório, Hovenkamp (*Federal Antitrust Policy*, 1999, p. 504), mesmo sob a égide da normatização anterior, já defendia que, quando uma concentração envolve uma significativa ameaça à concorrência, os proponentes da concentração devem ter o ônus não apenas de mostrar que significativas e extraordinárias economias irão dela resultar, como

o preço que deve orientar a análise concorrencial, mas também o número de competidores – a fim de assegurar as tomadas de preços e a barganha –, a inovação e a variedade dos produtos ou serviços.

Assim, fica claro que o controle de estruturas passa, na atualidade, por um verdadeiro momento de mudança e redefinição, em que busca superar as limitações das análises de eficiências – sem obviamente ignorá-las – por meio de uma revalorização do aspecto estrutural e de uma reflexão mais profunda em torno dos próprios fins e pressupostos do direito da concorrência.

Abre-se, portanto, um novo horizonte para a análise concorrencial, que deixa de estar confinada à eficiência[13] e passa a ter que considerar, em todos os seus âmbitos, e especialmente no controle de estruturas, outros propósitos e metodologias, inclusive para o fim de retomar o necessário diálogo com os pressupostos constitucionais e legais que justificam o controle do poder econômico[14]. Sob essa perspectiva, realça-se o aspecto instrumental da livre concorrência, como meio para a proteção dos distintos interesses que se projetam sobre o mercado e para a realização dos princípios da ordem econômica.

Todas essas reflexões demonstram igualmente a importância de se verificar em que medida as análises de eficiência podem ser utilizadas de forma harmônica com os requisitos legais de aprovação dos atos de concentração e que metodologias e técnicas de decisão podem ser adotadas de forma coerente com esses objetivos.

3. O PRINCÍPIO RETRIBUTIVO NO CONTEXTO DOS REQUISITOS LEGAIS PARA A APROVAÇÃO DE ATOS DE CONCENTRAÇÃO

A Lei 12.529/2011 proíbe atos de concentração que apresentem os efeitos anticoncorrenciais descritos em seu artigo 88, § 5.º, admitindo a aprovação das operações, mesmo quando verificados efeitos anticoncorrenciais, desde que (i) sejam observados os limites estritamente necessários para atingir, de forma cumulada ou alternativa, os objetivos (i.i) de aumento de

---

também que essas economias não poderiam ser prontamente atingidas por outros meios que não a concentração.

[13] Segundo Fox (op. cit., p. 77), é evidente que o direito da concorrência, na atualidade, deve ser marcado pela reflexão em torno de outros valores e objetivos que não apenas a eficiência. No mesmo sentido, assevera Stucke (Op. cit., p. 624) que o direito da concorrência, em qualquer democracia com um pluralismo razoável, não pode ser reduzido a um único e bem definido objetivo, pois precisa ponderar diversos objetivos políticos, sociais, morais e econômicos.

[14] Para maiores aprofundamentos a respeito do necessário diálogo entre o direito da concorrência e a Constituição, ver Frazão (A necessária constitucionalização do direito da concorrência. In: CLÈVE, Clèmerson M.; FREIRE, Alexandre. *Direitos fundamentais e jurisdição constitucional.* São Paulo: Ed. RT, 2014, p. 139-158).

produtividade ou competitividade, (i.ii) de melhoria da qualidade de bens ou serviços ou (i.iii) de geração de eficiência e desenvolvimento tecnológico ou econômico, e (ii) sejam repassados aos consumidores parte relevante dos benefícios decorrentes (artigo 88, § 6.º).

Tem-se, portanto, que a lei impõe uma análise abrangente do ato de concentração, que deve se orientar tanto pelo princípio da proporcionalidade, como pelo princípio que Salomão Filho corretamente chama de "retributivo"[15].

No que diz respeito ao princípio da proporcionalidade, está ele traduzido no requisito legal de observância dos *limites estritamente necessários* para atingir os objetivos da operação. Tem-se aqui juízo que não se afasta da cláusula geral de vedação ao abuso de direito, tal como prevista no artigo 187 do Código Civil. Ao determinar que devem-se observar os limites estritamente necessários para o atingimento dos efeitos positivos pretendidos pela concentração, a Lei 12.529/2011 parte da premissa de que direitos e liberdades, tal como é o caso da livre-iniciativa, estão submetidos a limites implícitos tanto de ordem qualitativa – vinculados ao atendimento das finalidades sociais e econômicas que justificam a sua existência – quanto de ordem quantitativa – vinculados à razoabilidade entre os fins e os meios escolhidos pelo titular, a fim de se proibir danos excessivos a terceiros.

Não é outra a conclusão que se chega a partir do exame da ordem econômica constitucional, especialmente do artigo 173, § 4.º, e de outros importantes princípios da ordem econômica, que exigem que os empresários exerçam sua livre iniciativa sem causar danos desnecessários ou desproporcionais aos envolvidos (*stakeholders*), especialmente aos outros concorrentes e aos consumidores.

Daí por que devem ser considerados ilícitos, por violação ao princípio da proporcionalidade, todos os efeitos anticoncorrenciais que, no contexto da operação e dos objetivos pretendidos pelos agentes econômicos, não sejam necessários, adequados e razoáveis para justificar os benefícios pretendidos pelas partes.

Vale ressaltar que parâmetro semelhante é expressamente adotado pelas *Horizontal Merger Guidelines* norte-americanas (2010), que expressamente advertem que as eficiências pretendidas pela operação apenas devem ser consideradas quando não puderem ser provavelmente adquiridas por outros meios que não tenham efeitos anticompetitivos comparáveis[16]. A premissa bási-

---

[15] *Direito concorrencial*, 2013, p. 241.

[16] Merece destaque a seguinte parte das *Horizontal Merger Guidelines* (2010): "Even when efficiencies generated through a merger enhance a firm's ability to compete, however, a merger may have other effects that may lessen competition and make the merger anticompetitive. *The Agencies credit only those efficiencies likely to be accomplished with the proposed merger and unlikely to be accomplished in the absence of either the proposed merger or another*

ca desse raciocínio, como igualmente explicitam as *Guidelines*, é que a proteção dos consumidores deve ocorrer prioritariamente pela concorrência e não pela eficiência operacional interna que possa decorrer de atos de concentração[17].

Já quanto ao princípio retributivo, tem ele por base a necessidade inafastável de que, diante de riscos ou efeitos anticoncorrenciais, a operação apenas pode ser aprovada caso haja efeitos positivos, traduzidos na distribuição de benefícios com os consumidores, que possam compensar os efeitos negativos.

Vê-se, portanto, que a distribuição de benefícios com os consumidores é uma forma de neutralizar minimamente os efeitos anticompetitivos que podem decorrer de atos de concentração, por meio da repartição dos proveitos do ato, a fim de se evitar situações nas quais as empresas fiquem com todas as vantagens da operação, enquanto os consumidores e a sociedade suportam apenas as desvantagens.

Nesse sentido, é importante ressaltar que o princípio retributivo foi acolhido com maior força pela atual lei, já que a anterior Lei 8.884/1994 admitia a sua flexibilização "por motivo preponderantes da economia nacional ou do bem comum, desde que não impliquem prejuízo aos consumidores ou usuários finais" (artigo 54, § 1.º).

Já a atual Lei 12.529/2011é bem mais rigorosa com a questão da distribuição dos benefícios, não se contentando apenas com o fato de o consumidor não sofrer prejuízos; exige, pelo contrário, que "parte relevante" dos benefícios seja distribuída ao consumidor, sem que tal requisito possa ser flexibilizado[18], tal como ocorre no direito norte-americano[19].

---

means having comparable anticompetitive effects. These are termed merger-specific efficiencies. Only alternatives that are practical in the business situation faced by the merging firms are considered in making this determination. The Agencies do not insist upon a less restrictive alternative that is merely theoretical. [...] *The Agencies will not deem efficiencies to be merger-specific if they could be attained by practical alternatives that mitigate competitive concerns, such as divestiture or licensing*" (grifos nossos).

[17] É o que se conclui claramente do seguinte trecho das *Horizontal Merger Guidelines* (2010): "In adhering to this approach, the Agencies are mindful that the antitrust laws give competition, not internal operational efficiency, primacy in protecting customers".

[18] Tal conclusão não passou despercebida para Salomão Filho (*Direito concorrencial*, 2013, p. 214): "O que deixa de poder ser dispensado é a repartição com os consumidores dos benefícios decorrentes da concentração. Essa á uma boa novidade, pois, como essa repartição de benefícios só é possível se houver concorrência que imponha ao agente econômico reparti-los com o consumidor, significa, na prática, que, além dessas justificativas (alternativas), não será possível admitir a eliminação substancial da concorrência".

[19] Nesse sentido, Hovenkamp (op. cit., 1999, p. 502) cita vários casos em que se as cortes norte-americanas afirmaram que a defesa da eficiência deveria ser rejeitada quando as partes não puderem demonstrar que os ganhos serão repassados aos consumidores.

Outro aspecto interessante é que a lei menciona a distribuição de *parte relevante dos benefícios*, com o que demonstra a preocupação com a efetividade e a concretude da melhoria da situação do consumidor. Assim, a lei não se satisfaz com meras presunções nem com a mera possibilidade de retribuição. O que a lei exige é que existam benefícios efetivos que, uma vez repartidos adequadamente com os consumidores, possam assegurar, de forma justa e equilibrada, a neutralização dos efeitos anticoncorrenciais.

4. O PRINCÍPIO RETRIBUTIVO NO CONTEXTO DA SUPERAÇÃO DA ESCOLA DA CHICAGO

Como já se viu, dificilmente se pode defender que operações que levem a significativos graus de concentração não ensejam nenhum tipo de efeito concorrencial negativo, de forma a se dispensar a análise da distribuição de benefícios imposta pela lei.

Desfeitas as crenças da Escola de Chicago, sabe-se que o instrumental econômico ainda é muito precário para fazer prognoses seguras e que afastem por completo os riscos anticoncorrenciais de concentrações significativas. Não é sem razão que a própria Lei 12.529/2011, a exemplo de sua antecessora, admite o reexame do ato de concentração em algumas circunstâncias específicas, dentre as quais se destaca a hipótese em que os benefícios inerentes à operação não tiverem sido alcançados (artigo 91).

Tais aspectos são importantes para reforçar a conclusão de que é normal e esperado que operações que criem ou reforcem significativas concentrações de mercado apresentem, como regra, efeitos negativos, os quais precisam ser contrabalançados com os seus efeitos positivos.

Obviamente que não se está, com tal afirmação, incluindo operações evidentemente simples, normalmente submetidas a rito sumário, assim como não se está afastando a hipótese de que mesmo operações complexas, que envolvam altos graus de concentração, possam ser consideradas como não geradoras de efeitos negativos, inclusive para o fim de afastar a análise de distribuição de benefícios. O que se está afirmando é que tais situações, em se tratando de operações complexas, não podem ser presumidas; pelo contrário, são excepcionais e precisam estar suficientemente demonstradas.

Afinal, os casos de concentração vertical normalmente acentuam as diferenças entre os rivais não verticalizados, restringindo as condições competitivas destes ou reforçando a assimetria de informação, assim como podem estimular a coordenação. Já os casos de concentração horizontal implicam necessariamente a aquisição de rivais e a presumível diminuição da rivalidade naquele mercado, especialmente se as participantes eram rivais próximos (*head to head*)[20]. Essa diminuição da rivalidade normalmente impacta em aspectos extremamente importantes para a concorrência - nem sempre mensuráveis pelas análises econômicas -, como são a qualidade e a diversidade dos bens e serviços, a inovação e o poder de barganha dos consumidores frente aos agentes econômicos[21].

Por essa razão, diante de um ato de concentração, os benefícios da operação precisam ser considerados com muita seriedade, não podendo ser vistos apenas sob a ótica de uma eventual e hipotética redução do preço em virtude dos ganhos de escala. É necessário indagar também sobre (i) os impactos decorrentes da redução de alternativas para o consumidor, (ii) as efetivas consequências do aumento da assimetria da empresa "concentrada" perante os consumidores - que podem ficar ainda mais vulneráveis - e também perante os rivais remanescentes, e (iii) os efeitos sobre a eficiência dinâmica ou capacidade de inovação, aspecto cada vez mais importante na atual sociedade de informação, mas que muitas vezes é negligenciado na análise concorrencial[22]. Mais do que isso, há de se verificar os efetivos benefícios que aquela operação pode gerar para os consumidores.

Dessa maneira, considerando os múltiplos efeitos positivos e negativos que normalmente decorrem dos atos de concentração, o controle de

---

[20] A Regulação 139/2004 da União Europeia considera que há efeitos anticoncorrenciais preocupantes sempre que a operação envolver a eliminação de importantes pressões que uma parte exercia na outra ou também sobre outros rivais, mesmo na ausência de probabilidade de coordenação.

[21] Não é sem razão que o *Guia de Concentrações Horizontais brasileiro* (2001) afirma que "em uma economia eficiente os consumidores dispõem da maior variedade de produtos pelos menores preços possíveis", com o que fica evidente a preocupação com a diversidade de opções que decorre da concorrência. Em sentido ainda mais abrangente, entende a Regulação 139/2004, da União Europeia, que a análise das operações de concentração deve se orientar pela premissa de que a competição efetiva traz benefícios aos consumidores, tais como preços baixos, alta qualidade dos produtos, ampla seleção de bens e serviços, e inovação. No mesma orientação, as *Horizontal Merger Guidelines* norte-americanas (2010) dão grande importância à questão da diversidade dos produtos e serviços e especialmente à questão da diminuição do poder de barganha daqueles que serão afetados pelas operações. Daí advertirem que uma fusão entre dois vendedores concorrentes pode ter como grande efeito negativo precisamente o de impedir que os adquirentes dos produtos ou serviços coloquem um vendedor contra o outro nas negociações, o que pode aumentar significativamente a habilidade e o incentivo para que a entidade fusionada obtenha resultados mais favoráveis para ela e menos favoráveis para os adquirentes do que ocorreria se as empresas estivessem separadas.

[22] Como adverte Carrier (*Innovation for the 21st Century:* harnessing the power of intellectual property and antitrust law. Oxford, 2009, p. 1-2), as análises concorrenciais têm dado pouca atenção à questão da tecnologia, em razão das conhecidas dificuldades de mensuração de seus aspectos.

estruturas deve realizar-se por meio do necessário sopesamento entre estes, sob a ótica dos princípios da proporcionalidade e da adequada retribuição.

Para isso, há de se ter um especial cuidado tanto com a metodologia adotada para a análise concorrencial, como também com as limitações das chamadas análises de eficiência, que não são necessariamente idôneas para comprovar o atendimento do princípio retributivo, como se passará a demonstrar.

5. OS REFLEXOS DO PRINCÍPIO RETRIBUTIVO SOBRE A METODOLOGIA DE ANÁLISE DOS ATOS DE CONCENTRAÇÃO

Como ensina Hovenkamp[23], predizer as consequências competitivas de uma concentração não é algo propriamente exato, mas envolve uma complexa análise de vários fatores. Estes, por sua vez, precisam estar conectados com os propósitos do direito da concorrência e com os princípios que o regem.

Superados os mitos propagados pela Escola de Chicago, que depositava uma crença inabalável na possibilidade de predizer com segurança as consequências das operações sobre o mercado, é fácil reconhecer que não há metodologia que possa ser considerada única e inflexível, até porque a análise concorrencial é necessariamente casuística[24].

É com essa advertência que devem ser vistos os guias e roteiros metodológicos normalmente adotados pelas autoridades concorrenciais. Longe de oferecerem parâmetros fixos para a análise ou de serem instrumentos hábeis a propiciar prognoses revestidas de caráter absoluto, tais guias apenas podem ter por finalidade conferir à análise concorrencial transparência e critérios mínimos de objetividade. Logo, obviamente não impedem nem afastam a possibilidade de utilização de outros métodos, testes ou evidências que se mostrem adequados diante das especificidades das operações, do grau de conhecimento prático e teórico a respeito de determinados mercados e mesmo da experiência da autoridade concorrencial diante de operações similares anteriormente submetidas ao seu exame.

Por fim, quaisquer que sejam as metodologias e os roteiros adotados, precisam eles se adaptar a uma série de fatores relevantes para a análise concorrencial, tais como os fatos de (i) os participantes serem competidores próximos, (ii) a operação envolver a aquisição de uma empresa *maverick*, que

---

[23] Op. cit., 1999, p. 518.

[24] Vale a pena destacar a advertência das *Horizontal Merger Guidelines* norte-americanas (2010): "These Guidelines should be read with the awareness that merger analysis does not consist of uniform application of a single methodology. Rather, it is a fact-specific process through which the Agencies, guided by their extensive experience, apply a range of analytical tools to the reasonably available and reliable evidence to evaluate competitive concerns in a limited period of time".

ocupa um papel disruptivo no mercado[25], (iii) a operação envolver a aquisição de um potencial entrante de importância, (iv) tratar-se de mercado de produtos homogêneos ou diferenciados, (v) haver a possibilidade de discriminação de usuários, (vi) haver os custos da troca ou substituição pelos consumidores, (vii) haver liderança tecnológica, controle de fortes marcas, patentes e outros direitos de exclusividade, o chamado efeito "portfolio", dentre outros[26].

Tais observações são importantes para se compreender o verdadeiro papel do atual Guia de Concentrações Horizontais brasileiro, que fragmenta a análise antitruste em cinco etapas: (I) a identificação do mercado relevante; (II) o cálculo das participações de mercado; (III) o exame de probabilidade do exercício do poder de mercado, ponto no qual são avaliados, dentre outros, fatores como importações, entrada e efetiva rivalidade; (IV) o exame de eficiências; e (V) a avaliação dos efeitos líquidos da operação.

O grande problema do guia é que, diante de pressupostos extremamente simplificados, acaba chegando a conclusões que podem ser reducionistas, como a de que, se não houver parcela substancial de mercado, a análise pode se encerrar na etapa II. O mesmo se diga da hipótese em que se constata não haver probabilidade de exercício de poder de mercado, caso em que as etapas IV e V não seriam necessárias.

Porém, como já se demonstrou anteriormente, não há como se fazer previsões e juízos tão absolutos sobre as condições de mercado, de forma a se dispensar aprioristicamente as etapas subsequentes da análise concorrencial diante de operações complexas, especialmente quando levem a significativas

---

[25] As *Horizontal Merger Guidelines* norte-americanas (2010) atribuem grande importância para o que chama de *substantial head-to-head competition* e *disruptive role of a merging party*, incluindo-se na segunda hipótese as empresas *maverick*, que ameaçam as incumbentes com novas tecnologias ou modelos de negócios, ou mesmo que possam disciplinar preços baseadas na sua habilidade e incentivo de expandir a produção rapidamente usando capacidade disponível.

[26] Segundo Vogel (*European competition law*. Paris: Lawlex, 2012, p. 387-388 e 407-411), a disciplina europeia leva em consideração diversos aspectos, dentre os quais: (i) altas participações de mercado, (ii) existência de competição próxima entre as partes, (iii) *switching costs*, (iv) pouca probabilidade de os rivais aumentarem a oferta se o preço das incumbentes crescer, (v) possibilidade de a operação impedir o crescimento de rivais devido a controle sobre oferta de insumos ou possibilidades de distribuição, (vi) controle de patentes, marcas ou direitos exclusivos com impacto no mercado, (vii) força financeira ou liderança tecnológica dos agentes, (viii) eliminação de força competitiva importante, como um agente inovador de produtos, (ix) investimentos em capacidade ou publicidade, (x) efeitos de *portfolio* ou de série de produtos, (xi) existência de acordos de exclusividade ou acordos de longo prazo, (xii) acesso privilegiado a recursos, (xiii) barreiras regulatórias, (xiv) excesso ou limitação de capacidade, (xv) maturidade ou transparência do mercado, (xvi) inelasticidade da oferta ou demanda, (xvii) homogeneidade dos produtos ou serviços, dentre outros.

concentrações[27]. Em tais casos, a análise concorrencial deveria ser abrangente, percorrendo, dentro do possível, todas as etapas do Guia, até para que os índices de concentração possam ser contextualizados com a dinâmica real do mercado analisado.

Afinal, tais índices são calculados com base na noção de mercado relevante que, como se sabe, apresenta uma série de imperfeições. Assim, é impossível se estabelecer, como regra, a confiança absoluta no cálculo de participações, até porque este não deixa de ser uma radiografia do presente e a análise concorrencial precisa levar em consideração igualmente as expectativas razoáveis de mudanças futuras.

Por outro lado, há de se ter muito cuidado com presunções simplificadas, tal como muitas vezes ocorreu com a análise de entradas, quando feita a partir dos pressupostos da Escola de Chicago, segundo a qual mesmo mercados altamente concentrados não seriam propícios a práticas abusivas caso não houvesse barreiras à entrada. Ora, o pressuposto da assertiva é a perfeita racionalidade dos agentes econômicos, tanto da parte das empresas "concentradas" - que não abusariam do seu poder para não propiciar novas entradas no mercado - como da parte dos concorrentes potenciais - que, na ausência de barreiras, certamente entrariam no mercado caso houvesse abuso pelos incumbentes.

Ocorre que, com o questionamento desse padrão de análise e a aceitação de que a decisão dos agentes econômicos é muito mais complexa do que supunham os economistas de Chicago, a análise de entradas não pode se basear em uma idealização feita a partir de pressupostos neoclássicos. Daí por que o fundamental é analisar, sob um viés prático e não meramente teórico, e preferencialmente com base em evidências empíricas, (i) se, quando e em que medida a entrada é provável de ocorrer e (ii) se a existência de barreiras, apesar de não impedir, pode atrasar a entrada, gerando danos aos consumidores neste período[28].

Acresce que a análise de entradas não deveria afastar necessariamente a avaliação da rivalidade, até porque assegurar parâmetros mínimos de competição nos mercados, de imediato, é imprescindível para que as empresas sintam-se impelidas a disputar pelos consumidores com base em preços baixos e/ou melhor qualidade.

---

27 Em princípio, esse não seria o caso das operações submetidas ao procedimento sumário, nos termos da atual Resolução 2/2012 do Cade.

28 Relatório da OCDE (*Barries to entry*. 2005. Disponível em: <http://www.oecd.org/daf/competition/abuse/36344429.pdf>. Acesso em: 20 out. 2014) sobre o tema mostra não haver consenso entre os países sobre se uma precisa definição de barreiras à entrada seria necessária, até porque, nos anos recentes, vários *scholars* do antitruste concluíram que o debate sobre entradas deveria ser considerado irrelevante para o direito da concorrência. O que verdadeiramente importa, segundo eles, seria a questão prática de saber se, quando e em que medida a entrada é provável de ocorrer, análise para a qual a importância das evidências empíricas é fundamental.

Por essa razão, são consideradas altamente problemáticas operações em que empresas dominantes adquirem os seus principais rivais[29]. Por outro lado, é a análise de rivalidade que possibilita que alguns atos de concentração sejam vistos como benéficos, o que pode ocorrer em determinados mercados nos quais a união de rivais menores possibilita que estes concorram, em melhores condições, com os rivais maiores e/ou dominantes.

Veja-se que as análises de entrada e rivalidade são próximas. Daí por que, para ambas, a questão dos ganhos de escala decorrentes da operação - vista como uma eficiência - precisa ser vista com atenção, já que tal circunstância tanto pode ser tanto uma efetiva barreira à entrada, como um elemento de comprometimento de rivalidade.

Com efeito, os ganhos de escala obtidos em virtude de uma concentração favorecem, em princípio, apenas às empresas, que poderão aumentar suas margens de lucros. Somente se presume que serão distribuídos com os consumidores quando existem mecanismos de mercado - possibilidade de entradas ou rivalidade suficiente - que estimulem as empresas "concentradas" a realizar o repasse. Quando inexistem tais possibilidades, a elevada escala pode transformar-se em delicado problema concorrencial, possibilitando a consolidação de posição dominante que, no futuro, não poderá ser contestada mesmo em caso de exercício abusivo.

É claro que, quando a elevada escala é obtida em razão do crescimento interno e da maior eficiência do agente econômico, nada poderá fazer a autoridade concorrencial senão exercer o controle no plano das condutas. Entretanto, quando a elevada escala é obtida pela via da concentração, pode e deve a autoridade concorrencial exercer o seu controle de estruturas, para o fim de evitar os efeitos anticoncorrenciais inaceitáveis.

Logo, a conclusão básica das observações já feitas é a de que, em operações complexas, todas as etapas do guia devem ser percorridas, até porque são os guias e metodologias que devem se adaptar à Lei 12.529/2011 e não o contrário. Em face dos requisitos legais de aprovação dos atos de concentração, impõe-se que a análise seja ampla e abrangente, evitando as presunções e simplificações propostas pela Escola de Chicago, tais como a de que o aumento de escala é uma eficiência necessariamente benéfica para os consumidores.

É por essa razão que, como se verá a seguir, propõe-se que a análise de eficiências e benefícios seja realizada como regra em todas as operações complexas e, mesmo assim, de forma muito cautelosa.

---

[29] Como explica acertadamente Hovenkamp (op. cit., 1999, p. 506), economias de escala podem explicar porque o mercado tem uma firma dominante e porque rivais menores não conseguem sobreviver por muito tempo, mas não podem justificar uma política que permita a grandes empresas adquirir seus rivais menores.

6. O PRINCÍPIO RETRIBUTIVO E SUAS REPERCUSSÕES SOBRE AS ANÁLISES DE EFICIÊNCIAS

Já se viu anteriormente que é difícil concluir que um ato de concentração complexo, especialmente quando envolve significativo grau de concentração, não apresenta nenhum potencial anticompetitivo. Por essa razão, a análise de eficiências e benefícios da operação deve ser realizada como regra, sendo a sua dispensa exceção que precisa ser devidamente justificada.

Em casos de preocupações anticoncorrenciais graves, a operação entra em uma espécie de "zona de perigo", de forma que apenas poderá ser aprovada caso haja a comprovação de eficiências que superem os efeitos negativos, na medida em que se convertam em benefícios que possam ser repassados aos consumidores.

Por essas razões, fala-se na eficiência como uma defesa (*efficiency defense*) a ser invocada pelas partes[30]. De fato, se a análise chegou à constatação de que o exercício de posição dominante é provável, tem-se aí uma espécie de presunção de ilicitude da operação[31], que apenas poderá ser afastada pela prova das eficiências que superem os efeitos negativos e que possam se converter em benefícios para o consumidor.

Ainda que nem sempre os guias sejam claros quanto ao ônus da prova das eficiências, é certo que as partes têm um grande protagonismo nessa etapa, até porque, diante da assimetria informacional existente entre elas e a autoridade concorrencial, esta apenas poderá analisar as eficiências que lhe sejam apresentadas e justificadas por aquelas[32]. A análise deve envolver igualmente a perquirição sobre como e quando as eficiências alegadas serão cumpridas,

---

[30] Um dos autores que faz referência à *efficiency defense* é Hovenkamp (*Antitrust,* 2011, p. 275-277).

[31] Como resume Motta (*Antitrust*. St. Paul: West, 2011, p. 234-238), no caso específico da concentração horizontal, o efeito esperado é o acréscimo de poder de mercado das empresas, havendo certo consenso na literatura econômica de que, na ausência de eficiências, há uma redução do bem-estar do consumidor. Cria-se, portanto, uma espécie de presunção de que, na ausência de eficiências, espera-se que a concentração diminua tanto o bem-estar do consumidor como o bem-estar geral.

[32] Motta (op. cit., p. 242) mostra que o problema da assimetria informacional é um dos desafios da análise de eficiências, assim como se fazer o balanço de uma operação. Por essa razão, as *Horizontal Merger Guidelines* norte-americanas (2010) são claras no sentido de que cabe as partes identificar as eficiências a fim de que as agências possam verificar a probabilidade e a idoneidade destas: "Efficiencies are difficult to verify and quantify, in part because much of the information relating to efficiencies is uniquely in the possession of the merging firms. Moreover, efficiencies projected reasonably and in good faith by the merging firms may not be realized. Therefore, it is incumbent upon the merging firms to substantiate efficiency claims so that the Agencies can verify by reasonable means the likelihood and magnitude of each asserted efficiency, how and when each would be achieved

os custos envolvidos, em que medida são específicas da operação e em que medida aumentam os incentivos para a competição.

Por outro lado, a análise de eficiências obviamente parte do princípio de que a compensação dos efeitos negativos é possível. Isso não ocorre necessariamente em todos os casos, especialmente naqueles em que as restrições à concorrência sejam consideradas extremamente graves. Não é sem razão que as *Horizontal Merger Guidelines* norte-americanas (2010) são claras no sentido de que eficiências quase nunca justificam uma concentração que vise ao monopólio ou quase-monopólio, assim como são explícitas na orientação de que proteção dos consumidores deve ocorrer prioritariamente pela concorrência e não pela eficiência operacional interna[33].

Por esses motivos, conclui Hovenkamp[34], com base na experiência norte-americana, que as *Horizontal Merger Guidelines* (2010) admitem uma defesa de eficiência "limitada". De fato, olhando-se para as *Guidelines*, verifica-se a necessidade de que haja certo grau de confiança quanto (i) à existência das eficiências em si, (ii) ao repasse de parcela substancial das eficiências aos consumidores e (iii) à suficiência e à amplitude das eficiências para compensar qualquer impacto negativo sobre preços que possa resultar da concentração.

Na Europa, a *efficiency defense* também era vista com muitas reservas[35], embora a normatização atual seja mais clara a respeito da possibilidade de considerá-la, ainda que a submetendo a rígidos critérios, que não se dife-

---

(and any costs of doing so), how each would enhance the merged firm's ability and incentive to compete, and why each would be merger-specific".

[33] Vale reproduzir o seguinte trecho das *Horizontal Merger Guidelines* (2010): In conducting this analysis, the Agencies will not simply compare the magnitude of the cognizable efficiencies with the magnitude of the likely harm to competition absent the efficiencies. The greater the potential adverse competitive effect of a merger, the greater must be the cognizable efficiencies, and the more they must be passed through to customers, for the Agencies to conclude that the merger will not have an anticompetitive effect in the relevant market. When the potential adverse competitive effect of a merger is likely to be particularly substantial, extraordinarily great cognizable efficiencies would be necessary to prevent the merger from being anticompetitive. In adhering to this approach, the Agencies are mindful that the antitrust laws give competition, not internal operational efficiency, primacy in protecting customers. In the Agencies' experience, efficiencies are most likely to make a difference in merger analysis when the likely adverse competitive effects, absent the efficiencies, are not great. Efficiencies almost never justify a merger to monopoly or near-monopoly".

[34] *Antitrust*, 2011, p. 275.

[35] Como observa Motta (op. cit., p. 274), a análise feita até então mostrava que a União Europeia tinha uma abordagem mais ambígua em relação a ganhos de eficiência, até porque a Regulação não era clara sobre como podem ser consideradas. Daí a conclusão do autor de que, na prática, não se afastava a possibilidade de usar a *efficiency defence*, embora não se mostrasse muita simpatia pelo argumento.

renciam essencialmente daqueles utilizados no direito brasileiro[36]. Esclarece ainda Vogel[37] que o ônus da prova cabe às partes.

Dessa maneira, as experiências norte-americana e europeia respaldam a prática brasileira de normalmente adotar uma postura de muita cautela em relação às eficiências, assim como a de verificar como as referidas eficiências se traduzem em benefícios para o consumidor.

Esclarecido, portanto, o alcance da análise de eficiências, ainda resta tratar sobre outro problema delicado: o que pode ser considerado como eficiências e como podem ser elas demonstradas ou mensuradas. Além das eficiências produtiva e alocativa, que são mais conhecidas e discutidas, há também outros tipos de eficiência, sendo exemplos a dinâmica, relacionada à inovação, e a transacional (*transactional efficiency*), relacionada à diminuição de custos de transação em determinados mercados[38].

O que há de comum em relação a todos os tipos de eficiência mencionados é a dificuldade para a sua identificação e mensuração, especialmente no que diz respeito às eficiências alocativa e dinâmica.

Mesmo no caso das eficiências produtivas, em relação às quais a mensuração é muitas vezes viável, há diversos entraves para a sua consideração. Afinal, tais eficiências não são quaisquer economias de escala, mas sim (i) aquelas que prioritariamente se projetam sobre os custos variáveis, porque impactam nos preços[39], e (ii) aquelas que decorrem diretamente da operação e não poderiam ser alcançadas sem ela[40].

---

[36] Vogel (op. cit., p. 426-427) mostra que a Comissão Europeia agora estabeleceu em ambas as *Guidelines* - horizontais e não horizontais - a teoria dos ganhos de eficiência, os quais podem compensar os efeitos anticompetitivos desde que (i) beneficiem os consumidores, (ii) sejam específicos da operação, (iii) sejam verificáveis e (iv) ocorram a tempo.

[37] Op. cit., p. 427.

[38] Para maiores informações, ver Kolasky e Dick (The merguer guidelines and the integration of efficiencies into antitrust review of horizontal mergers, *Antitrust Law Journal*, 207, 2003-2004, p. 207-251).

[39] Como advertem Farrell e Shapiro (Scale economies and synergies in horizontal mergers analysis. *Antitrust Law Journal*, 2000. Disponível em: <http://repositories.cdlib.org/iber/cpc/>. Acesso em: 2 abr. 2014), as autoridades antitruste devem ser relativamente céticas em relação às eficiências baseadas em simples economias de escala por duas razões: (i) economias de escala podem ser atingidas, pelo menos em princípio, de forma unilateral, caso em que os consumidores serão possivelmente beneficiados e (ii) há fundadas razões para duvidar que eficiências que decorram de simples economias de escala serão suficientemente repassadas para os consumidores.

[40] Motta (op. cit., p. 241-241) aborda todos esses aspectos e aponta, com base nos estudos de Farrell e Shapiro, que devem ser consideradas prioritariamente as eficiências decorrentes de sinergias, que decorrem da íntima integração entre as partes e não poderiam

As eficiências transacionais igualmente padecem de uma série de problemas, pois ainda que possam ser mensuradas são extremamente complicadas no caso de concentrações verticais, já que os custos de transação que se pretende suprimir podem ser fundamentais para evitar a discriminação de concorrentes não verticalizados[41].

Independentemente do tipo de eficiência, as *Horizontal Merger Guidelines* norte-americanas (2010) preveem que as projeções de eficiências devem ser vistas com grande ceticismo, não podendo ser consideradas estimativas vagas, especulativas ou não verificáveis por meios razoáveis[42]. Por mais que possa haver certa divergência doutrinária em relação ao ônus da prova nesses casos[43], é fato que dificilmente se pode afastar pelo menos o elevado grau de cautela que se impõe à autoridade antitruste em análises desse tipo. Acresce que, como igualmente lembra Hovenkamp[44], qualquer consideração a respeito das eficiências precisa ser considerada à luz de alguma evidência empírica.

Essa postura de cautela também está presente no Guia brasileiro, que sujeita a aceitação das eficiências a vários critérios: (i) *especificidade*, o que afasta todas as eficiências que poderiam ser alcançadas em período inferior a dois anos por meio de outras alternativas factíveis que envolvam menores riscos para a concorrência, (ii) *razoabilidade*, de forma que apenas podem ser aceitas estimativas verificáveis e razoáveis, devendo ser desconsideradas previsões especulativas, ou cuja tempestividade e ocorrência não sejam devidamente comprovadas, (iii) *compartilhamento dos benefícios com os consumidores ou usuários finais* e (iv) *manutenção de um nível mínimo de concorrência no mercado*, sem o que eventuais eficiências dificilmente seriam suficientes para superar os efeitos deletérios à concorrência.

---

ser obtidas unilateralmente, enquanto outras eficiências e meras reorganizações da oferta deveriam ser vistas com ceticismo.

41 Salomão Filho (*Direito concorrencial*, 2013, p. 340) propõe uma cuidadosa análise da justificativa das integrações verticais sempre que os custos de transação elevados impedirem a formação de economias de escala e escopo: "Inversamente, caso se observe que o poder no mercado é efetivamente compensatório e que seu resultado prático é um preço de equilíbrio próximo aos preços competitivos, evidentemente, a defesa da eficiência através de custos de transações não encontra sustentação lógica. Nesse caso, a concentração serviria apenas para a eliminação de um comprador inconveniente e os custos de transação são, mais que tudo, importante elemento de informação para o mercado".

42 É o que determinam as *Horizontal Merger Guidelines* norte-americanas (2010): "Efficiency claims will not be considered if they are vague, speculative, or otherwise cannot be verified by reasonable means. Projections of efficiencies may be viewed with skepticism, particularly when generated outside of the usual business planning process".

43 Ver, sobre o tema, as considerações de Crane, ao propor uma maior simetria de tratamento (Rethinking merger efficiencies, *Michigan Law Review*, 347, 2011-2012, p. 347-391).

44 *Federal Antitrust Policy*, 1999, p. 495.

Além de todos os cuidados relacionados à avaliação das eficiências que poderão ser aceitas, há que se verificar em que medida elas se convertem em benefícios a serem compartilhados com o consumidor e em que medida se manterão níveis mínimos de concorrência no mercado.

Se é difícil identificar e mensurar eficiências, mais complicado ainda é compará-las, para o fim de se chegar aos efeitos líquidos da operação. Trata-se de análise complexa, que tem por premissas (i) a de que as eficiências devem assegurar a completa neutralização dos efeitos anticoncorrenciais e (ii) a de que a necessidade do repasse de benefícios aos consumidores aumenta conforme o grau do risco anticompetitivo[45].

Não sendo possível a mensuração das eficiências, ainda que de forma estimativa, não há outra opção senão a de se ignorá-las para efeito do cálculo do saldo líquido da operação. É o que defende, por exemplo, Hovenkamp[46], em se tratando dos conglomerados, hipótese em que, segundo ele, há que se considerar proibidas as concentrações que ameacem a competição, ainda que criem economias substanciais, pelo simples fato de as economias e os perigos à competição não poderem ser medidos e equilibrados.

Sendo possível alguma forma de mensuração ou avaliação, caberá à autoridade antitruste realizar uma delicada operação de sopesamento, para o fim de verificar se os benefícios decorrentes das eficiências reconhecidas podem compensar os efeitos anticoncorrenciais da operação.

De toda sorte, qualquer que seja a metodologia adotada para a aferição das eficiências, é importante observar que o princípio retributivo, nos termos em que foi determinado pela Lei 12.529/2011 impõe, como requisito para a aprovação do ato de concentração, a distribuição de parte relevante dos benefícios da operação.

Assim, para efeitos da legislação brasileira, o que verdadeiramente importa é em que medida as eficiências apontadas se traduzem em benefícios concretos para o consumidor e em que medida essa transferência de benefícios é proporcional aos efeitos anticompetitivos da operação, já que se exige que seja feita em "parte relevante".

7. CONSIDERAÇÕES FINAIS

Partindo da premissa de que está superada a visão do direito da concorrência como mero instrumento de busca de eficiências, o artigo pro-

---

45 Repete-se o trecho específico das *Horizontal Merger Guidelines* norte-americanas (2010): "The greater the potential adverse competitive effect of a merger, the greater must be the cognizable efficiencies, and the more they must be passed through to customers, for the Agencies to conclude that the merger will not have an anticompetitive effect in the relevant market".

46 *Antitrust*. St. Paul: West, 2011, p. 305-306.

curou demonstrar a importância, para a análise concorrencial de estruturas, dos critérios legais previstos pela Lei 12.529/2011 para a aprovação dos atos de concentração: a proporcionalidade e a retribuição.

Nesse sentido, o artigo buscou ressaltar que as análises econômicas de eficiência, apesar da sua importância, apresentam inúmeras limitações, motivo pelo qual precisam ser vistas com muita cautela pela autoridade antitruste.

Mais do que isso, o artigo procurou demonstrar que, para efeitos da legislação brasileira, o critério fundamental para a análise das eficiências deve ser a medida em que estas possam se converter em benefícios diretos para o consumidor e em proporção adequada, já que o princípio retributivo é requisito fundamental de aprovação das operações.

Dessa maneira, análises econômicas de eficiência baseadas em meras pressuposições teóricas, sem base empírica e sem demonstração minimamente idônea dos benefícios diretos que serão gerados para os consumidores definitivamente não atendem aos requisitos legais previstos para a aprovação dos atos de concentração.

RESTRIÇÕES COMPORTAMENTAIS EM ATOS DE CONCENTRAÇÃO

Ricardo Machado Ruiz

1. INTRODUÇÃO[1]

Nos atos de concentração econômica, as intervenções antitruste são usualmente classificadas como intervenções comportamentais ou estruturais. As intervenções estruturais podem ser descritas como transferências de ativos e de direitos de uso ou exploração de ativos. Por sua vez, as intervenções comportamentais refletem intervenções nas estratégias ou mesmo no modelo de negócios das empresas envolvidas no problema concorrencial, o que inclui intervenções na forma de relação com o mercado, no modo como os ativos são utilizados ou mesmo como seus produtos e serviços são comercializados.

Quando identificado um problema concorrencial, a agência fará uma intervenção que pode ser via uma decisão unilateral ou por meio de acordo com as empresas e poderá abranger ambos os tipos de intervenção antitruste, ou apenas uma comportamental ou estrutural. Tipicamente nas intervenções estruturais, as empresas vendem de seus ativos e de direitos de uso para outras empresas. A transferência de ativos teria como objetivo mitigar possíveis efeitos negativos na concorrência, ao permitir que concorrentes ativos e potenciais tenham uma oferta autônoma e um comportamento não colusivo[2].

---

[1] Agradeço a Leticia Hecktheuer pelos valiosos comentários. Como de praxe, a responsabilidade pelos argumentos e análises são meus.

[2] Ver Oliveira e Ruiz (2011) para alguns estudos sobre intervenções antitrustes. Nesse livro, ao comentar a tradicional distinção entre remédios estruturais e comportamentais, Oliveira (2011) pondera que: "Essa classificação não é livre de críticas. Em primeiro lugar, porque, não raro, o caso concreto requer a adoção de medidas estruturais em conjunto

No caso das intervenções comportamentais, apesar de também buscarem mitigar os efeitos anticoncorrenciais, os objetivos tendem a ser mais específicos e ter seu desenho condicionado pelas características do caso ou indústria. A variedade de intervenções comportamentais é proporcional à variedade de modelos negócios, das barreiras à entrada e rivalidade de mercado das empresas[3].

Analisar todos os tipos de intervenções comportamentais em atos de concentração seria uma tarefa complexa e certamente arriscada. Portanto, optei por um objetivo mais modesto que foi observar algumas restrições comportamentais a partir de uma hipótese e questionamento que podem ser assim apresentados: *As intervenções estruturais buscam criar ofertas concorrentes, mas parte relevante das intervenções comportamentais tem como intenção o cerceamento temporário do poder de mercado das empresas fusionadas; pergunto então, quais intervenções comportamentais nas fusionadas induzem um reposicionamento estratégico de concorrentes e não somente a redução temporária do poder de mercado das fusionadas?*

Essa hipótese e questionamento para análise das intervenções comportamentais estão ainda numa forma muito elementar e requerem maior detalhamento. Na segunda e terceira partes desse artigo apresento considerações sobre a complexa e especulativa proposta de indução estratégica em concorrentes via intervenções comportamentais nas fusionadas. Na quarta parte analiso algumas intervenções comportamentais, buscando como elementos de análise exemplos ilustrativos de indução estratégica em concorrentes. Por fim, na última parte faço uma breve conclusão.

2. INTERAÇÃO ESTRATÉGICA EM OLIGOPÓLIO

Os estudos sobre organização industrial têm no modelo estrutura-conduta-desempenho uma referência central. Tradicionalmente, essa abordagem relaciona o desempenho de uma indústria às condutas ou estratégias das firmas e essas, por sua vez, estão intensamente relacionadas aos fatores

---

com medidas comportamentais, muitas vezes como forma de se garantir sua plena realização. Em segundo lugar, porque, por vezes, uma certa medida imposta apresenta difícil classificação entre uma dessas modalidades. É o caso de medidas que envolvam direitos de propriedade intelectual, por exemplo".

[3] Alguns remédios comportamentais tradicionais são: (a) restrições no processo decisório das empresas fusionadas (*firewall* ou *chinese wall*), (b) não discriminação abusiva de compradores, (c) licenciamentos obrigatórios ou transferências de tecnologias quando requisitada por concorrentes, (d) disponibilização de informações ao mercado, (e) mensuração de desempenho (preços, quantidade, variedade de oferta), (f) manutenção de contratos de oferta ou de suprimentos, (g) condicionamentos quanto ao uso e compartilhamento de ativos, (h) restrições a novas aquisições, (i) notificação obrigatória de aquisições mesmo quando abaixo do critério legal mínimo exigido, (j) restrições à exclusividade etc.

estruturais; uma análise mais rígida desta abordagem diria que as estratégias são determinadas e não condicionadas por fatores estruturais.

A estrutura de uma indústria estaria relacionada às condições básicas (principais insumos, tecnologias de processo e produto, economias de escala e escopo, tamanho do mercado, nível de renda, elasticidade da demanda etc.). As condições básicas moldam as estruturas de oferta (número de concorrentes, possibilidade de entrada, estrutura de custos, tamanho mínimo etc.) e definem espaços para o posicionamento estratégico das empresas (preços, qualidades, quantidades, diferenciação de produtos etc.). Numa leitura próxima à Escola de Harvard, as possíveis interações estratégicas seriam fortemente influenciadas - ou mesmo determinadas - pelas estruturas de oferta e pouco espaço existiria para variedades de estratégias ou condutas. O desempenho da indústria seria um resultado indireto da estrutura da oferta, dada uma suposta subordinação das condutas[4].

Essa perspectiva analítica passou por um forte escrutínio teórico já na década de 1960 e a desintegração do dito "padrão empresarial Fordista" nas décadas subsequentes forneceram o substrato para outras tantas críticas. Argumentos foram levantados sobre a relevância de potenciais eficiências econômicas e os incentivos intraindustriais à formação de preços. Ganharam destaques análises relacionadas à substituição da oferta, desvios de demanda, diferenciação de produtos, posicionamento estratégico, flexibilidade produtiva, organização da firma, escopo tecnológico, custos de transação e formas de contratação, eficiência econômica, concorrência vertical, instabilidade criada pelas assimetrias de informação, diferenciação tecnológica etc. Desse modo, ganhou proeminência uma diversidade de interações estratégicas e uma concorrência intraindustrial que, em muitos casos, suplantaria até mesmo a força da concorrência potencial então relacionada aos níveis das barreiras à entrada. Os estudos que detalharam a concorrência intraindustrial foram então capitaneados por economistas da denominada Escola de Chicago.

Essa história é conhecida e reportada em quase todos os livros de organização industrial. A análise antitruste absorveu essas lições do debate sobre organização industrial. Hoje é possível observar em quase todos os guias antitrustes uma combinação equilibrada, criativa e sistematizada de analises estruturais e estratégicas[5].

---

[4] Ver Carlton e Perloff (1999), capítulo 1; Viscusi et al. (2005), capítulo 3; e Hovenkamp (2005), capítulo 2.

[5] Em relação às proposições da Escola de Chicago, Hovenkamp (2005, p. 70) já identifica certa cautela nos guias de análise antitruste da década de 1990: "Increasingly, antitrust economics is being more complex and more ambíguos than Chicago orthodoxy. For example, modern theory of industrial organization give much wider play to the possibilities of strategic behavior than can facilitate noncompetitive results".

Não obstante essa articulação positiva de contribuições dessas duas visões concorrenciais, quando se observa as intervenções antitrustes nota-se uma preferência por uma intervenção tipo "Escola de Harvard": é sempre preferencial uma intervenção estrutural (realocação de ativos) do que uma intervenção comportamental, ou seja, a imposição ou restrição ao modo como são operados os ativos. Como consequência, quando as intervenções comportamentais ocorrem, elas são consideradas acessórias, complementares e subordinadas e raramente tem a relevância de uma intervenção estrutural. A Escola de Chicago modificou análise antitruste, mas a intervenção antitruste segue ainda nos domínios da Escola de Harvard: deve-se intervir na estrutura da oferta, pois as estratégias estão a ela subordinadas[6].

As estratégias e interação estratégica é um tema com inúmeras aplicações e com uma diversidade imensa de modelos. As teorias sobre os oligopólios e os modelos de oligopólio são os mais variados, por exemplo, os clássicos modelos de Cournot, Bertrand e Stackelberg, as variadas versões do Dilema do Prisioneiro, os jogos sequenciais com informação assimétrica, com aprendizado, racionalidade limitada, irreversibilidade e cumulatividade. Todos esses jogos de interação estratégica têm uma característica comum: o posicionamento dos agentes depende de como um ou mais agentes se comportam ou são induzidos a se comportar no tempo[7].

Nos mais variados ambientes oligopolistas, o resultado de uma ação depende da reação ou das expectativas de reação do outro agente: há um processo de retroalimentação que supõem monitoramento recíproco de comportamentos. Considerando essa literatura, para a política antitruste é possível derivar uma pergunta: Por que não utilizar as restrições comportamentais nas empresas fusionadas e dominantes como instrumentos para obter mudanças

---

[6] Por exemplo, no *Guia de análise horizontal* da Seae/SDE (2001) temos uma indicação de preferências por intervenções estruturais: "89. Medidas Estruturais. Nos casos em que seja sugerida a aprovação do ato com restrições (alternativa b), as recomendações da Seae e da SDE buscarão 'preferencialmente', criando condições para a consolidação de um ambiente competitivo, adotar medidas estruturais nos mercados envolvidos. 90. Medidas estruturais são aquelas que visam restabelecer a dinâmica concorrencial nos mercados relevantes definidos, eliminando a necessidade de controles futuros. São exemplos deste tipo de medida a alienação de ativos de empresas, tais como a venda de marcas ou de fábricas e a quebra de patentes".

[7] Ver Fiani (2006), capítulo 4, para uma descrição dos modelos mais tradicionais; Hovenkamp (2005) faz o mesmo no capítulo 4. No já clássico livro de Tirole (1988), em particular nos capítulos 5 a 9, é possível encontrar uma variedade de modelos que tratam de interação estratégicas em oligopólios, onde as variáveis estratégicas são preços, capacidades e diferenciações, enquanto os objetivos seriam um melhor posicionamento, uma acomodação ou bloqueio à entrada. Gintis (2000), no capítulo 4 sumariza vários modelos básicos de interação estratégica e nos capítulos subsequentes introduz modelos interessantes, como *Hawks, Doves, and Bourgeois* e o modelo *Lotka-Volterra*.

comportamentais em concorrentes? Se o ambiente concorrencial é fortemente oligopolista, então tais intervenções produzirão efeitos na organização do mercado, ou seja, em outros agentes oligopolistas. Esse poderia ser um desafio para a política antitruste: como desenhar restrições comportamentais em empresas dominantes que sejam capazes de influenciar as estratégias de concorrentes em mercados oligopolizados?

3. RESTRIÇÕES COMO INCENTIVO À CONCORRÊNCIA

A política antitruste atua primordialmente nas estruturas de mercado oligopolistas ou oligopsonísticas, pois não há razão para intervenções em indústrias que estão em concorrência perfeita ou imperfeita uma vez que nelas não há dominância de mercado. Também não há razão para intervenções em indústrias monopolistas, pois nelas atuam as agências reguladoras. Logo, o oligopólio é a estrutura de mercado onde a política antitruste faz suas maiores incursões e nela a interação estratégica é decisiva. Assim, em tese, uma restrição comportamental ou a imposição de uma estratégia pode produzir efeitos relevantes em mercado fortemente oligopolizados.

Em uma indústria oligopolizada a atenção da agência antitruste é voltada para as empresas dominantes, ou seja, para aquelas que são capazes de influenciar o comportamento de outras empresas dominantes e não dominantes, sendo as últimas incapazes de impactar a organização de mercado. A Lei 12.529/2011, no seu artigo 36, § 2.º, para fins de infração à ordem econômica, define empresa com posição dominante:

> "Art. 36. Constituem infração da ordem econômica, independentemente de culpa, os atos sob qualquer forma manifestados, que tenham por objeto ou possam produzir os seguintes efeitos, ainda que não sejam alcançados:
>
> [...]
>
> § 2.º Presume-se posição dominante sempre que *uma empresa ou grupo de empresas for capaz de alterar unilateral ou coordenadamente as condições de mercado* ou quando controlar 20% (vinte por cento) ou mais do mercado relevante, podendo este percentual ser alterado pelo Cade para setores específicos da economia" (grifo nosso).

Desse modo, a Lei anuncia um comportamento oligopolista básico: uma empresa dominante pode induzir uma reação de empresas não dominantes e em outras dominantes. Assim, na presença de forte dominância empresarial, é possível fundamentar uma intervenção comportamental nas fusionadas que induzam um comportamento em empresas concorrentes, sendo o sentido óbvio a contestação do poder de mercado das fusionadas. Sendo tal argumento verdadeiro, poder-se-ia considerar uma restrição comportamental como tendo um objetivo específico: modificar a interação estratégica em uma estrutura oligopolista.

A questão é qual restrição comportamental, como aplicar e como monitorar a restrição. Essas são temas fundamentais para tornar uma restrição comportamental efetiva e eficaz. Indico um conjunto inicial de questões que deveriam ser consideradas na elaboração de um remédio comportamental que incentive a mudança estratégica em concorrentes:

(a) Quais concorrentes deveriam ser incentivados com essas restrições?

(b) Quais concorrentes seriam capazes de responder de forma efetiva aos incentivos?

(c) Quais restrições seriam necessárias para incentivar a entrada de concorrentes?

(d) Quais restrições estimulam o aumento da capacidade instalada dos concorrentes?

(e) Que tipo de restrição incentivaria a captura de parcela de mercado pelos concorrentes?

(f) Quais restrições induzem a modificação do *mix* de produtos dos concorrentes?

(g) Quais restrições levam a maior flexibilidade produtiva de concorrentes ativos?

É possível ampliar a lista de questões, entretanto, todas as questões teriam a atenção voltada aos concorrentes e não as empresas dominantes envolvidas na operação. Não se buscaria somente restringir o poder de mercado das fusionadas, mas incentivar um novo posicionamento de mercado de empresas concorrentes, em particular de empresas dominantes concorrentes, pois estas teriam maior capacidade de contestar o poder de mercado das fusionadas[8].

É certo que restringir o poder de mercado das fusionadas e incentivar comportamentos de concorrentes não são intervenções necessariamente contraditórias, mas podem requerer intervenções muito distintas. Uma restrição comportamental pode reduzir temporariamente o poder de mercado das empresas fusionadas; contudo, após o período de vigência da restrição, as empresas poderiam exercer todo o poder de mercado caso não ocorra uma modificação nas estratégias de concorrentes. Nesse caso, a restrição comportamental seria apenas um "remédio temporário": um *pain killer* para uma enfermidade. Tudo dependeria das intervenções estruturais, essas as principais responsáveis por intensificar a concorrência.

---

[8] As empresas concorrentes e dominantes não se encontram somente no mercado relevante "horizontal", mas também na relação vertical (encadeamentos interindustriais). Em determinadas indústrias, é na concorrência vertical que se encontram os potenciais entrantes.

A avaliação apresentada no início desse artigo é que a formulação de restrições comportamentais destaca a primeira preocupação (a restrição do poder de mercado) e pouca atenção é dedica à análise sistemática do segundo efeito (modificar o comportamento dos agentes). Para alterar o predomínio dessa perspectiva analítica, uma pergunta chave deve ser colocada na análise: Como induzir o reposicionamento estratégico de concorrentes? Obter respostas para essa pergunta não é tarefa trivial e nunca será, mas entendo como necessária para uma mais completa análise antitruste.

Caso a agência aceite tal proposta, o desafio é analisar o mercado e decidir por uma restrição comportamental nas fusionadas que terá impacto futuro nos concorrentes. Esse é um jogo sequencial com dois tempos: em um primeiro momento há uma restrição comportamental nas fusionadas e, em um segundo, os concorrentes reagem a essa restrição via modificações na oferta, os investimentos, níveis de preços, diferenciação de produtos, flexibilidade na oferta etc. Caso o mercado se modifique a contento, é possível até mesmo suspender o remédio comportamental nas fusionadas. Porém, caso os remédios comportamentais gerem somente restrições temporárias ao poder de mercado das fusionadas, será necessário manter o remédio comportamental e torcer passivamente por um reposicionamento autônomo e virtuoso de concorrentes então dependente do sucesso de intervenções estruturais.

4. AVALIANDO ALGUMAS RESTRIÇÕES COMPORTAMENTAIS

O objetivo dessa parte é apresentar alguns casos de concentração econômica e especular sobre potenciais efeitos de restrições comportamentais nas fusionadas sobre a concorrência. Considerando os argumentos acima, uma restrição comportamental deve ter dois objetivos principais: (a) restringir de forma temporária o poder de mercado das empresas fusionadas e (b) induzir um comportamento nas concorrentes via restrição comportamental nas fusionadas. Caso fosse possível construir um conjunto de medidas comportamentais capazes de atender esses dois critérios, ter-se-ia uma intervenção ideal, pois afetaria todo o mercado e não somente as empresas envolvidas na operação[9].

Fazendo um exercício ilustrativo e especulativo, selecionei alguns recentes atos de concentração com restrições comportamentais julgados pelo Cade. Para essas restrições comportamentais fiz as seguintes perguntas: É possível identificar restrições com potenciais impactos nos concorrentes?

---

[9] É sempre possível imaginar um resultado oposto: as restrições comportamentais geram incentivos errados aos concorrentes. A restrição temporária ao poder de mercado não induz uma maior rivalidade. Nesse caso, quando concluído o período de vigência da restrição comportamental focada na restrição ao poder de mercado, as fusionadas encontrariam um frágil ambiente concorrencial.

Como os concorrentes reagirão às restrições? Quais concorrentes seriam mais incentivados com essas restrições?

Antes de apresentar minhas observações, ressalto que não estou avaliando os casos, mas sim fazendo um exercício exploratório e ilustrativo sobre os potenciais impactos de medidas comportamentais e desconsiderando as medidas estruturais. Seguem agora alguns casos selecionados para ilustrar os desejáveis efeitos das restrições comportamentais sobre a concorrência.

A primeira intervenção comportamental selecionada é a restrição à aquisição de outros ativos. Os casos Sadia/Perdigão[10], Camargo Corrêa/Cimpor[11], JBS/Rodolpa[12], Dasa/MD1[13], Fleury/Cardiolab[14] são alguns casos onde essas medidas foram utilizadas[15].

No caso Sadia /Perdigão, a restrição à compra de ativos impedia as fusionadas de adquirirem concorrentes nos mercados identificados como problemáticos do ponto de vista concorrencial. Como ocorreram restrições em vários mercados de produto, e as estruturas produtivas, de logística e comerciais eram imbricadas, o efeito foi uma quase total restrição à compra de ativos em quase todos os mercados de produtos; a exceção era o mercado de produtos de carne bovina. Desse modo, a empresa BRF, que resultou da fusão entre a Sadia/Perdigão, deixou de ser uma "compradora de *market share*" (via incorporação de concorrentes da franja industrial) e seu crescimento passaria a ser orgânico (via investimentos próprios, *greenfield*).

---

[10] CADE. Ato de Concentração 08012.004423/2009-18. Requerentes: Perdigão S.A. e Sadia S.A. Voto do Conselheiro Relator Carlos Emmanuel Joppert Ragazzo. Brasília: Cade, 8 jun. 2011. Ver também o voto vista e o TCD. idem, Ato de Concentração 08012.004423/2009-18. Requerentes: Perdigão S.A. e Sadia S.A. Voto-vista do Conselheiro Ricardo Machado Ruiz. Brasília: Cade, 13 jul. 2011.

[11] CADE. Atos de Concentração 08012.001875/2010-81, 08012.001879/2010-60, 08012.002018/2010-07 e 08012.002259/2012-18. Requerentes: Votorantim Cimentos S.A., Lafarge; Camargo Corrêa S.A e Cimpor – Cimentos de Portugal SGPS, S.A.. Voto do Conselheiro Relator Alessandro Serafin Octaviani Luis. Brasília: Cade, 18 jul. 2012.

[12] CADE. Ato de Concentração 08700.010688/2013-83 – Requerentes: JBS S.A. e Rodopa Indústria e Comércio de Alimentos Ltda e Forte Empreendimentos e Participações Ltda. Voto do Conselheiro Relator Márcio de Oliveira Júnior. Brasília: Cade, 20 ago. 2014.

[13] CADE. Ato de Concentração 08012.010038/2010-43 – Requerentes: Diagnóstico da América S.A. e MD1 Diagnósticos S.A. Voto do Conselheiro Relator Ricardo Machado Ruiz. Brasília: Cade, 4 dez. 2013.

[14] CADE. Ato de Concentração 08012.008448/2011-13. Requerentes: Fleury S.A. e Labs Cardiolabr Exames Coplementares S.A. Voto do Conselheiro Relator Márcio de Oliveira Junior. Brasília: Cade, 6 ago. 2014.

[15] A maioria dos casos avaliados foi julgada sob a égide da Lei 8.884/1994. Referência a institutos da lei antiga serão mencionados ao logo dessa parte, porém, serão feitos os esclarecimentos necessários, quando necessários para a compreensão do tema.

Com essa restrição comportamental, os ativos produtivos na franja industrial seriam precificados por outras empresas médias e/ou com menor capacidade financeira. Empresas que antes não tinham uma estratégia de crescimento via aquisição, devido a forte rivalidade nas compras oferecida pela BRF, conseguiriam agora a ter ofertas de compra competitivas. Assim, estratégias de concentração surgiriam na franja do mercado, o que é um resultado indireto da restrição comportamental aplicada na BRF.

No ato de concentração em que a Cimpor é adquirida pela Camargo Corrêa, as restrições comportamentais nas fusionadas teriam impactos análogos ao da BRF na concorrência. Um desses impactos decorre da obrigação da Camargo Corrêa em deixar de adquirir participações acionárias em concreteiras nos mercados geográficos identificados pela autoridade antitruste. O segundo impacto na concorrência decorre da necessária apreciação pelo Cade de toda e qualquer associação ou empreendimento realizado pela Camargo Corrêa no Brasil, durante o período de cinco anos, nos ramos de atividades registrados no Termo de Compromisso de Desempenho (TCD).

No mercado de concreteiras, essa intervenção indica que as concreteiras passariam a crescer de forma independente e não mais associadas a fornecedora de cimentos. Os incentivos à compra de cimento da Camargo Corrêa seriam menores, pois não haveria razão à preferência de compra uma vez que deixariam de existir relações acionárias entre cimenteiras da Camargo Corrêa e as concreteiras; o que corresponde a um incentivo à verticalização na produção de cimentos.

Quanto às associações em outros mercados, a necessidade de submissão de todos os negócios sinaliza aos investidores potenciais questionamentos em operações conjuntas com o grupo Camargo Corrêa. Desse modo, a Camargo Corrêa passaria a ter um incentivo à busca de investidores que não atuam nos ramos de atividades abarcados pelo TCD, o que elimina riscos de colusões tácitas na operação e incentiva estratégias mais contestadoras. Na franja industrial, o mesmo efeito comentado no caso BRF se aplica: a Camargo Corrêa passaria a crescer de forma orgânica ou via associações externas, o que permite uma reorganização na franja industrial sem a rivalidade de uma empresa dominante "compradora de *market share*".

Outro caso onde há incentivos à concorrência por meio de restrições estratégicas às fusionadas é o caso Dasa/MD1. As empresas aceitaram em não adquirir e notificar qualquer operação em três mercados relevantes geográficos, durante períodos de dois a três anos respectivamente. Como essa indústria tem na franja industrial um número elevado de pequenas empresas com faturamento abaixo do mínimo legal para submissão obrigatória, essa restrição torna arriscada a aquisição e venda de ativos, mesmo em transações de pequeno porte. Esse pode ser um incentivo aos empreendimentos locais e regionais para buscarem outros compradores ou associações e evitarem um duvidoso negócio com uma empresa dominante. Portanto, existem incentivos aos negócios dentro da franja industrial e um crescimento orgânico por parte das fusionadas. No caso das operações envolvendo o Fleury S.A. temos restrições similares[16].

Quanto ao caso JBS/Rodopla, a restrição comportamental reflete preocupações prévias do Cade. Em vários atos de concentração envolvendo o grupo JBS[17] surgiram especulações acerca de uma possível estratégia de fechamento de mercado. A hipótese era que a JBS estaria adquirindo e mantendo frigoríficos inativos, assim, bloqueava a entrada ou expansão de concorrentes. Por isso, no caso JBS/Rodopla, por meio de um ACC (Acordo de Controle de Concentração), o Cade estipulou obrigações comportamentais junto à JBS que envolveu (a) informação ao Cade sobre arrendamentos, locações e/ou aquisições de unidades ativas e inativas, (b) compromisso de não adquirir ou arrendar novas unidades industriais em localidades onde detinha uma determinada elevada participação de mercado, (c) renúncia ao direito de preferência na aquisição, locação ou arrendamento de certas unidades industriais da Rodolpa. Quanto à Rodolpa (vendedora), a restrição aplicada é que ela deixaria de ter na JBS um comprador potencial ou mesmo um locatário dos seus outros ativos. Com esse conjunto de restrições comportamentais, o mercado foi informado que a JBS deixaria de ser um comprador de ativos e que a Rodolpa venderia ou alocaria ativos para outros produtores ou investidores.

Qual o impacto de medidas de restrição à aquisição no mercado? Primeiro, a restrição retira do mercado um comprador dominante e os preços dos ativos mudam. Segundo, como a restrição é conhecida pelos concorrentes e pelo público (consumidores, fornecedores e investidores), ela redefine as estratégias de negócios, pois mantém as ofertas independentes e não é mais possível fazer negócios com a empresa consolidadora, o que pode proporcionar um acirramento na concorrência. Terceiro, as empresas não dominantes que atuam no mercado têm incentivos para fusões e aquisições ou para consolidação. Desse modo, uma restrição comportamental pode impactar no mercado e não somente constranger as empresas fusionadas. Notem, entretanto, que para ter efeitos intensos no mercado, a empresa dominante deve ter força suficiente

---

[16] O caso Fleury/Cardiolab em verdade, envolveu três operações de concentração econômica: Ato de Concentração 08012.013191/2010 (Labs Cardiolab/Clínica Radiológica Menezes da Costa), Ato de Concentração 08012.008447/2011 (Delta FM&B/Diagnolabor) e o Ato de Concentração 08012.008448/2011 (Fleury/Labs Cardiolab). Vide o voto no caso CADE. Ato de Concentração 08012.008448/2011-13. Requerentes: Fleury S.A. e Labs Cardiolab Exames Coplementares S.A. Voto do Conselheiro Relator Márcio de Oliveira Junior. Brasília: Cade, 6 ago. 2014.

[17] Vide por exemplo o caso JBS/Bertin (CADE Ato de Concentração 08012.008074/2009-11 Requerentes: JBS S.A. e Bertin S.A. Voto do Conselheiro Relator Marcos Paulo Verissimo. Brasília: Cade, 17 abr. 2013).

para influir na disposição de venda e nos preços dos ativos; esta é certamente uma dominância forte e pouco usual.

A segunda restrição comportamental é o não compartilhamento de ativos e uso exclusivo de ativos. Nesse segundo tipo, destaco o caso Azul/TRIP[18] e os atos de concentração envolvendo o Grupo Camargo Corrêa[19].

No caso da fusão Azul/TRIP essa restrição comportamental se deu via extinção do acordo de *code share* entre TAM e TRIP. A primeira intenção do Cade era manter TAM e as fusionadas Azul e TRIP independentes e, assim, favorecer uma maior rivalidade no oligopólio que se formava (TAM, Gol, Azul/TRIP e Avianca). Haveria também um incentivo para TAM realocar recursos para capturar clientes da TRIP, que antes eram adicionados ao mercado via *code share*. Nesse caso, a restrição comportamental modificaria a estratégia da TRIP, da Azul e também da TAM. Pode-se mesmo dizer que se alguma empresa perdeu algum poder de mercado na operação, esta empresa foi a TAM, que nem mesmo era parte no ato de concentração. Logo, ocorreu um impacto indireto na concorrência, mais especificamente na então líder de mercado da época da decisão, quando foram rompidas preferências na distribuição de passageiros oriundos da TRIP.

Também no caso Camargo Corrêa/Intercement/Cimpor temos uma restrição que corresponde ao não compartilhamento ou associação com o grupo líder do mercado, o Votorantim. No TCD, o grupo Camargo Corrêa se comprometeu pela extinção ou desvinculação de toda e qualquer participação ou societária com o grupo Votorantim. A intenção não era produzir uma realocação de ativos e desconcentrar a oferta, tanto é assim que, no acordo, está explícito que a Intercement poderia adquirir as participações detidas pelo grupo Votorantim nos empreendimentos conjuntos ou poderia vendê-las para o próprio grupo Votorantim. A intenção da restrição era comportamental: tornar independentes dois grupos empresariais, intensificar a rivalidade e reduzir potenciais comportamentos colusivos.

A terceira restrição comportamental é o modo como os ativos operacionais são utilizados ou a intensidade de uso de ativos operacionais. Exemplos desse caso são os atos de concentração Azul/TRIP, Gol/Webjet[20],

---

[18] CADE. Ato de Concentração 08700.004155/2012-81 – Requerentes: Azul S.A. e Trip Aéreas S.A. Voto do Conselheiro Relator Ricardo Machado Ruiz. Brasília: Cade, 6 mar. 2013.

[19] CADE. Atos de Concentração 08012.001875/2010-81, 08012.001879/2010-60, 08012.002018/2010-07 e 08012.002259/2012-18. Requerentes: Votorantim Cimentos S.A., Lafarge; Camargo Corrêa S.A e Cimpor - Cimentos de Portugal SGPS, S.A. Voto do Conselheiro Relator Alessandro Serafin Octaviani Luis. Brasília: Cade, 18 jul. 2012.

[20] CADE. Ato de Concentração 08012.008378/2011-95. Requerentes: VRG Linhas Aéreas e Webjet Linhas Aéreas S.A. Voto do Conselheiro Relator Ricardo Machado Ruiz. Brasília: Cade, 10 out. 2012.

JBS/Rodolpa, Inova/Videolar[21] e também os atos de concentração envolvendo o Grupo Camargo Corrêa.

No caso de fusões de empresas aéreas, o Cade entendeu que a indústria de transporte aéreo de passageiros apresentava elevada concentração setorial, significativas barreiras à entrada e forte contestabilidade ou rivalidade. Uma das barreiras à entrada era o acesso à infraestrutura aeroportuária (pares de *slots*, uso conjunto de pista e pátio, guiché de *check-in* etc.). Nas fusões, essas infraestruturas se mantinham com as fusionadas, logo, em tese, uma das condutas que poderia ser praticada pelas empresas era não utilizar essa infraestrutura que teriam o domínio, e, assim, restringir a oferta.

Para manter a pressão de oferta no mercado, o Cade acordou com as empresas um nível de utilização da infraestrutura – 85% de uso de cada par de *slots* – no aeroporto de Santos Dumont, no Rio de Janeiro[22]. Na prática, as empresas fusionadas deveriam possuir algum avião de sua frota em atividade para algum destino, o que significava um "custo fixo" por *slot* para empresa. Para recuperar esse "custo fixo", a medida comportamental incentivaria a oferta de assentos, caso contrário, a meta dos 85% de uso pelo avião da companhia poderia não ser alcançada, o que colocaria "em xeque" o controle sobre os *slots*. Essa oferta obrigatória por parte das fusionadas sinalizaria ao oligopólio que qualquer restrição de oferta ou aumento de preços por outras empresas teria nas fusionadas um potencial desvio de demanda no curto prazo. O efeito foi reduzir a probabilidade de restrição na oferta e de aumento de preço unilateral, gerando impacto no oligopólio.

O caso JBS/Rodolpa também se enquadra nesse tipo de restrição. A aquisição de ativos ficou condicionada a manutenção dos níveis de atividades médias das unidades adquiridas. Tal qual nos casos da Azul/TRIP e Gol/Webjet, nota-se uma restrição no nível de utilização da capacidade dos ativos, o que induz a oferta e minimiza potenciais efeitos colusivos.

No caso Innova/Videolar existem condicionantes ao uso dos ativos, tal qual no caso JBS/Rodolpa. Com a aquisição dos ativos da Inova pela Videolar, a compradora se comprometeu a (a) não adquirir ou arrendar unidades produtoras de poliestireno no Brasil por cinco anos, (b) deve manter níveis mínimos de produção, tendo como referência uma mensuração em determinado período[23]. Portanto, a empresa é obrigada a produzir, o que leva

---

[21] CADE. Ato de Concentração 08700.009924/2013-19 – Requerentes: Videolar S.A., Sr. Lirio Albino Parisotto, Petróleo Brasileiro S.A. e Innova S.A. Conselheiro Relator Márcio de Oliveira Júnior. Brasília: Cade, 1.º out. 2014.

[22] Para maiores detalhes, recomenda-se a leitura do voto relator no caso e o artigo Ruiz, Hecktheur e Barros (2014).

[23] Outra obrigação é a apresentação de um plano de repasse de eficiências, acompanhado de um comprometimento com gastos em P&D. Para maiores detalhes, recomenda-se a leitura do voto relator no caso.

à necessidade de venda para o mercado interno ou de venda no disputado mercado externo. Essa é uma restrição que interfere no nível de atividade, mantém a oferta e minimiza a possibilidade de aumento de preços. Os concorrentes com produtos substitutos considerados imperfeitos não teriam, assim, condições de aumentar os preços, dada a pressão de oferta das fusionadas. As restrições também definem uma alocação interna de recursos e a exclusão da empresa do mercado como compradora de ativos.

A quarta restrição comportamental é o bloqueio de estratégias empresariais e a imposição de comportamentos até o momento em que certas condições de mercado sejam observadas. Nesse quarto tipo de restrição serão apresentados os casos de ato de concentração envolvendo o setor de produção de laranjas.

No caso Fisher/Citrosuco/ Citrovita[24] foi decidido que as empresas fusionadas deveriam informar ao mercado de citricultores as condições de oferta, demanda e de preços de negociação[25] O argumento central para tal intervenção seria a opacidade das informações relevantes para formação de preços em um oligopsônio.

A divulgação obrigatória de informações tornava o mercado mais transparente, mas não resolvia por completo as tensões concorrenciais existentes: na ponta compradora, formou-se um oligopsônio parcialmente verticalizado (as empresas processadoras de suco concentrado de laranja) e na ponta vendedora, manteve-se uma oferta com intensa concorrência (os citricultores). Para mitigar o poder de mercado das fusionadas, o Cade restringiu a verticalização: as fusionadas se comprometeram a não aumentar suas áreas cultiváveis dedicadas ao plantio de laranja, mas foi permitida a reposição de áreas dedicadas ao plantio de laranjas. Desse modo, o Cade sinalizou que a compra de laranjas de terceiros se manteria, as empresas não teriam maior poder de compra e, por fim, teriam que buscar boas relações comerciais com produtores independentes, pois não teriam oferta cativa crescente.

Essa restrição à verticalização ficou condicionada a eventos futuros na organização do mercado. Afirmou a decisão do Cade que a organização da indústria nos moldes do Consecitrus possibilitaria a melhoria das condições de comercialização da laranja pelos citricultores brasileiros. Caso bem sucedida

---

24 CADE. Ato de Concentração 08012.005889/2010-74. Requerentes: Fisher S.A. Comércio, Indústria e Agricultura e Citrovita Agro Industrial Ltda. Voto do Conselheiro Relator Carlos Emmanuel Joppert Ragazzo. Brasília: Cade, 14 dez. 2011.

25 Preços de negociação incluem a estimativa para a produção de laranja, previsão de exportações de suco de laranja, volume total estocado de suco de laranja produzido no Brasil, volumes anuais de exportação de suco de laranja, preços médios anuais de venda de suco de laranja no mercado externo, preços médios anuais de exportação de sucos de laranja e custos de produção em US$, rendimento físico médio das caixas de laranja etc.

a constituição do conselho, o Cade poderia extinguir o TCD e a restrição à verticalização. Assim, uma restrição estratégica a duas empresas (verticalização) ficou dependente de possíveis modificações na governança de mercado: de uma governança bilateral (citricultor-indústria) para trilateral (citricultor-conselho-indústria).

De certo modo, o Cade induziu uma modificação nas relações comprador-vendedor a partir do TCD. Para eliminar uma restrição aos negócios, uma empresa líder do setor (Citrosuco/Citrovita) passaria a ter algum interesse em modificar a governança de mercado, algo antes desejado somente pelos citricultores e que tinha até mesmo a oposição de algumas empresas.

Talvez como resultado dessa restrição comportamental, dois anos depois da assinatura do TCD foi notificado no Cade uma operação que criava o Consecitrus. O Consecitrus é nada mais do que um ato de concentração "100% comportamental", cuja intenção é mudar a forma como ocorrem as trocas no mercado. O objetivo principal do conselho seria a redução dos custos de transação via criação de uma instituição com participação obrigatória e equilibrada de produtores de laranja e processadores de suco concentrado.

Quando o ato de concentração Consecitrus[26] foi notificado, alguns representantes dos citricultores alegaram a ausência de representatividade dos produtores e que a operação era patrocinada pela indústria. Se considerarmos essa afirmação como verdadeira, a restrição comportamental produziu efeitos concorrenciais relevantes para além da operação Citrovita & Citrosuco, ou seja, induziu outras empresas não envolvidas na operação a aceitarem uma governança de mercado trilateral institucionalizada[27].

Ainda não é possível avaliar os resultados do Consecitrus, pois este não se encontra em funcionamento no momento. Contudo, dado o escopo desse artigo, pode-se afirmar que as restrições comportamentais em um ato de concentração que envolvia empresas dominantes foram capazes de gerar impactos indiretos em toda a indústria.

Um quinto tipo de restrição comportamental é a definição do modelo de negócios e das relações com o mercado. O caso recente mais emblemático e rico desse tipo de intervenção é o Rumo-ALL[28], onde encontramos uma vasta

---

[26] CADE. Ato de Concentração 08012.003065/2012-21. Requerentes: Associação Nacional dos Exportadores de Sucos Cítricos e Sociedade Rural Brasileira. Voto do Conselheiro Relator Ricardo Machado Ruiz. Brasília: Cade, 19 fev. 2014.

[27] Outras empresas no setor também observaram essa restrição como afetando possíveis aquisições na cadeia citricultora, o que gerou uma maior propensão a modificar a governança de mercado.

[28] CADE. Ato de Concentração nº 08700.005719/2014-65 – Requerentes: Rumo Logística Operadora Multimodal S/A e ALL – América Latina Logística S.A. Voto do Conselheiro

especificação sobre serviços, preços, alocação de capacidades e investimentos das empresas fusionadas.

A operação Rumo-ALL é a integração de uma infraestrutura de transporte ferroviário de carga e portuária com uma grande empresa usuária desses serviços, a Cosan. Os mercados relevantes são a produção, transporte e distribuição de açúcar, álcool e outros granéis vegetais para o mercado interno e para exportação via Porto de Santos/SP, onde existe uma infraestrutura para estocagem nas áreas da ALL. Se considerarmos a infraestrutura de transporte e estocagem como um monopólio natural ou uma *essential facility*, um usuário com o comando desses ativos (a Cosan) seria capaz de restringir o acesso e discriminar outros usuários. No limite, tal estratégia poderia levar à exclusão de concorrentes no mercado de serviços de transporte e estocagem, o que garantiria um monopólio na distribuição e compra de carga. Com o controle de tal estrutura de distribuição integrada, a empresa extrairia renda de usuários da ferrovia, de importadores e de exportadores que dependiam de tal sistema de transporte. Esses temores foram apresentados por dezesseis terceiros interessados habilitados no caso, além de outras empresas que se manifestaram nos autos caso.

Como resultado, o Cade elaborou um surpreendente ACC comportamental. No acordo encontramos condicionantes para evitar a discriminação de usuários, contratação e prestação de serviços de transbordo, armazenagem e elevação portuária. A empresa se comprometeu a ter transparência na oferta e na contratação de todas as atividades que impliquem integração vertical. Há também compromissos com a oferta de contratos de serviços de transporte de longo prazo, investimento em capacidade, transferência de ganhos de produtividade, além de outras medidas que restringem o repasse de informações concorrencialmente sensíveis para concorrentes e partes relacionadas (a Cosan).

No acordo encontramos definições sobre a forma de precificação com a identificação de custos que comporão os preços. A precificação teve intenso detalhamento: custo de capital e depreciação dos ativos, custo fixo de equipagem, custo de consumo de combustível, custo de manutenção de locomotivas e de vagões etc. Em suma, é uma radical especificação da estrutura de preço para os usurários; algo típico de uma agência reguladora setorial.

Além desses condicionantes operacionais de curto prazo, o acordo previu que a empresa deverá avaliar as demandas de usuários, seus investimentos em ativos logísticos e ponderar sobre sua viabilidade na articulação com a capacidade de carga da ferrovia. Em outras palavras, o acordo buscou evitar estrangulamento na capacidade de transporte e viabilizar uma expansão equilibrada no longo prazo entre demanda e oferta. Novamente: um objetivo de uma clássica agência reguladora setorial.

Relator Gilvandro Vasconcelos Coelho de Araujo. Brasília: Cade, 11 fev. 2015.

Para o funcionamento dessa estrutura de governança, foi criado um cargo de supervisão das operações verticalizadas (um novo administrador: "o *ombudsman* antitruste"!), comitês de auditoria e de relações com partes relacionadas, painel de apuração de atendimento do serviço com explicitação de cargas próprias e de terceiros, limites e condicionantes para carga própria de açúcar e álcool, além da especificação de vários procedimentos. Tais regras deveriam se mantidas por sete anos.

Essa rápida pontuação do caso ALL/Rumo/Cosan mostra um acordo quase que totalmente comportamental. Dado o debate proposto aqui, a pergunta obrigatória é: como tais restrições ao poder de mercado da ALL/Rumo afetam os mercados onde se encontram concorrentes da Cosan? Nas restrições comportamentais pode-se identificar impactos indiretos na concorrência no entorno empresarial da infraestrutura ferrovia-porto? Há somente uma restrição temporária do poder de mercado? Estas são questões que terão respostas ao longo do cumprimento dessa decisão, contudo, não se pode negar que os incentivos de mercado foram afetados com a integração.

5. CONSIDERAÇÕES FINAIS

As intervenções antitruste em atos de concentração são sempre prospectivas. Em um momento há uma aquisição, fusão ou transferência de ativo que gera impactos futuros na concorrência. A tarefa da agência antitruste é projetar esse impacto, o que corresponde simular uma nova estrutura industrial, os comportamentos estratégicos e o seu desempenho. Para intervenções estruturais já existem procedimentos consolidados na elaboração de restrições e estas tendem a dominar o cenário da intervenção. Nas intervenções comportamentais o foco recai, em geral, em tentativas de restringir o poder de mercado das empresas fusionadas durante certo tempo. Tomando esse avaliação geral das intervenções antitruste, a proposta desse artigo foi prospectar uma ampliação do escopo da intervenção comportamental em favor de intervenções comportamentais nas fusionadas que induzissem um reposicionamento estratégico de concorrentes.

Para ilustrar os potenciais efeitos na concorrência de uma intervenção comportamental nas fusionadas, foram selecionados alguns casos recentes jugados pelo Cade e foi construída uma simples tipologia. Os casos indicam potenciais efeitos na concorrência derivados de cinco tipos de intervenções: (a) restrição à aquisição de ativos, (b) restrição ao compartilhamento de ativos, (c) restrição ao modo como os ativos são utilizados ou a intensidade de uso de ativos operacionais, (d) restrição de estratégias empresariais condicionadas por eventos de mercado, (e) definição do modelo de negócios e de relações com o mercado.

As análises apresentadas são ilustrativas e mostram que as intervenções comportamentais podem ir além da restrição do poder de mercado das fusionadas. Dada certa estrutura de mercado oligopolista, é possível incentivar uma reação estratégica de concorrentes via intervenções nas empresas fusionadas. Para identificar essa potencialidade, é necessário observa as empresas concorrentes e sua relação com as fusionadas em uma estrutura de mercado pós-fusão. A agência antitruste deve olhar as concorrentes e não somente as fusionadas; vale dizer, é na interação que importa. É necessário pensar a decisão em um contexto oligopolista com forte dominância de mercado das fusionadas. Em tal situação existe a possibilidade de se criar restrições comportamentais que modifiquem a concorrência via interação estratégica. Essa é uma empreitada difícil, mas é um esforço válido para o aprimoramento da política antitruste no Brasil.

BIBLIOGRAFIA

BRASIL. Lei 8.884 de 11 de junho de 1994. Transforma o Conselho Administrativo de Defesa Econômica (Cade) em Autarquia, dispõe sobre a prevenção e a repressão às infrações contra a ordem econômica e dá outras providências. DOU 13.06.1994.

_____. Lei 12.529/2011. Estrutura o Sistema Brasileiro de Defesa da Concorrência; dispõe sobre a prevenção e repressão às infrações contra a ordem econômica; altera a Lei 8.137, de 27 de dezembro de 1990, o Decreto-Lei 3.689, de 3 de outubro de 1941 - Código de Processo Penal, e a Lei 7.347, de 24 de julho de 1985; revoga dispositivos da Lei 8.884, de 11 de junho de 1994, e a Lei 9.781, de 19 de janeiro de 1999; e dá outras providências. DOU 30.11.2011, retificado em 02.12.2011.

CADE. Atos de Concentração 08012.001875/2010-81, 08012.001879/2010-60, 08012.002018/2010-07 e 08012.002259/2012-18. Requerentes: Votorantim Cimentos S.A., Lafarge; Camargo Corrêa S.A e Cimpor - Cimentos de Portugal SGPS, S.A.. Voto do Conselheiro Relator Alessandro Serafin Octaviani Luis. Brasília: Cade, 18 jul. 2012.

_____. Ato de Concentração 08012.003065/2012-21. Requerentes: Associação Nacional dos Exportadores de Sucos Cítricos e Sociedade Rural Brasileira. Voto do Conselheiro Relator Ricardo Machado Ruiz. Brasília: Cade, 19 fev. 2014.

_____. Ato de Concentração 08012.004423/2009-18. Requerentes: Perdigão S.A. e Sadia S.A. Voto do Conselheiro Relator Carlos Emmanuel Joppert Ragazzo. Brasília: Cade, 8 jun. 2011.

_____. Ato de Concentração 08012.004423/2009-18. Requerentes: Perdigão S.A. e Sadia S.A. Voto-vista do Conselheiro Ricardo Machado Ruiz. Brasília: Cade, 13 jul. 2011.

_____. Ato de Concentração 08012.005889/2010-74. Requerentes: Fisher S.A. Comércio, Indústria e Agricultura e Citrovita Agro Industrial Ltda. Voto do Conselheiro Relator Carlos Emmanuel Joppert Ragazzo. Brasília: Cade, 14 dez. 2011.

_____. Ato de Concentração 08012.008074/2009-11 Requerentes: JBS S.A. e Bertin S.A. Voto do Conselheiro Relator Marcos Paulo Veríssimo. Brasília: Cade, 17 abr. 2013.

_____. Ato de Concentração 08012.008378/2011-95 – Requerentes: VRG Linhas Aéreas e Webjet Linhas Aéreas S.A. Voto do Conselheiro Relator Ricardo Machado Ruiz. Brasília: Cade, 10 out. 2012.

_____. Ato de Concentração 08012.008447/2011-61 – Requerentes: Delta FM&B Fundo de Investimento em Participações e Diagnolabor Exames Clínicos S/A. Voto do Conselheiro Relator Márcio de Oliveira Junior. Brasília: Cade, 6 ago. 2014.

_____. Ato de Concentração 08012.008448/2011-61 – Requerentes: Fleury S.A. e Labs Cardiolabr Exames Coplementares S.A.. Voto do Conselheiro Relator Márcio de Oliveira Junior. Brasília: Cade, 6 ago. 2014.

_____. Ato de Concentração 08012.010038/2010-43 – Requerentes: Diagnóstico da América S.A. e MD1 Diagnósticos S.A. Voto do Conselheiro Relator Ricardo Machado Ruiz. Brasília: Cade, 4 dez. 2013.

_____. Ato de Concentração 08012.013191/2010-22 – Requerentes: Labs Cardiolab e Clínica Radiológica Menezes da Costa. Voto do Conselheiro Relator Márcio de Oliveira Junior. Brasília: Cade, 11 fev. 2015. Brasília: Cade, 6 ago. 2014.

_____. Ato de Concentração 08700.000658/2014-40 – Requerentes: Minerva S.A. & BRF S.A. Voto do Conselheiro Relator Gilvandro Vasconcelos Coelho de Araujo. Brasília: Cade, 11 de fevereiro de 2015. Brasília: Cade, 20 de agosto de 2014.

_____. Ato de Concentração 08700.004155/2012-81 – Requerentes: Azul S.A. e Trip Aéreas S.A. Voto do Conselheiro Relator Ricardo Machado Ruiz. Brasília: Cade, 6 mar. 2013.

_____. Ato de Concentração 08700.005719/2014-65 – Requerentes: Rumo Logística Operadora Multimodal S/A e ALL – América Latina Logística S.A. Voto do Conselheiro Relator Gilvandro Vasconcelos Coelho de Araujo. Brasília: Cade, 11 fev. 2015.

_____. Ato de Concentração 08700.009924/2013-19 – Requerentes: Videolar S.A., Sr. Lirio Albino Parisotto, Petróleo Brasileiro S.A. e Innova S.A. Conselheiro Relator Márcio de Oliveira Júnior. Brasília: Cade, 1.º out. 2014.

_____. Ato de Concentração 08700.010688/2013-83 – Requerentes: JBS S.A. e Rodopa Indústria e Comércio de Alimentos Ltda. e Forte Empreendimentos e Participações Ltda. Voto do Conselheiro Relator Márcio de Oliveira Júnior. Brasília: Cade, 20 ago. 2014.

CARLTON, D.; PERLOFF, J. *Modern industrial organization*. 3. ed. New York: Addison-Wesley, 2000.

FIANI, R. *Teoria dos Jogos: para cursos de administração e economia*. Rio de Janeiro: Elsevier, 2006.

GINTIS, H. *Game Theory Evolving: a problem-centered introduction to modeling strategic interaction*. Princeton, NJ: Princeton University Press, 2000.

GUIA PARA ANÁLISE ECONÔMICA DE ATOS DE CONCENTRAÇÃO HORIZONTAL. Brasília, Portaria Conjunta Seae/SDE 50, de 1.º de agosto de 2001. Publicada no *DOU* 158-E, de 17.08.2001, Seção 1, p. 12-15. Brasília, 2001.

HOVENKAMP, H. *Federal Antitrust Policy: the law of competition and its practice.* 3. ed. St. Paul (Mn.): Thomson West, 2005.

OLIVEIRA, A. F.; RUIZ, R. M. *Remédios antitruste.* São Paulo: Singular, 2011.

RUIZ, R. M.; HECKTHEUER, L. M.; BARROS, G. G. B. "Concentração e rivalidade em transporte aéreo de passageiros: reflexões a partir de casos recentes. In: SILVA, L. N. *Regulação e concorrência no setor aéreo no Brasil:* alternativas possíveis. São Paulo: Singular, 2014.

TIROLE, J. *The theory of industrial organization.* Cambridge, Mass./London: The MIT Press, 1988.

VISCUSI, W.; VERNON, J.; HARRINGTON, J. *Economics of regulation and antitrust.* Cambridge, Mass: The MIT Press, 2005.

REMÉDIOS NO ÂMBITO DE ACORDOS EM CONTROLE DE CONCENTRAÇÃO (ACCs): UM BALANÇO DOS PRIMEIROS ANOS DA LEI 12.529/2011[1]

Caio Mário da Silva Pereira Neto
Paulo Furquim de Azevedo

1. INTRODUÇÃO

Passados pouco mais de três anos desde o início da vigência da Lei 12.529/2011, já é possível verificar os seus efeitos nas decisões do Cade no controle de atos de concentração. Esta é uma das áreas em que a mudança legal teve maior impacto, sobretudo pela adoção do tão aguardado sistema de análise prévia de atos de concentração. As implicações são variadas, dadas as múltiplas inter-relações entre as decisões sobre a dinâmica de instrução, sobre os incentivos e procedimentos para soluções negociadas e sobre a contestação judicial das decisões em esfera administrativa.

Este artigo faz uma avaliação da experiência do Cade no desenho de remédios no controle de atos de concentração. Isso é feito por meio de um exame das diversas decisões que implicaram alguma restrição em atos de concentração, classificando-as em categorias gerais, tais como remédios estruturais e comportamentais, assim como em categorias mais detalhadas, que permitam uma compreensão mais apurada do perfil dos remédios empregados. Não menos importante, são também analisadas as consequências do novo marco legal sobre os procedimentos de adotados durante as fases de negociação e de implementação de remédios para os atos de concentração.

Sendo o objetivo deste artigo avaliar as modificações trazidas pela Lei 12.529/2011 na aplicação de remédios em atos de concentração, é necessário

[1] Os autores agradecem a valiosa assistência de pesquisa de Carolina Milani Marchiori, estudante de Direito da Pontifícia Universidade Católica (PUC). Evidentemente, a responsabilidade final pelo texto do presente artigo é exclusivamente dos autores.

identificar o que da experiência recente pode ser atribuído à nova lei e o que decorreria do movimento de consolidação que já estava em curso durante a vigência da Lei 8.884/1994. Por este motivo, a identificação do efeito da mudança legal deve não apenas descrever a experiência do Cade após a mudança do marco legal, mas, sobretudo, compará-la com a prática observada no regramento anterior. Além disso, essa comparação deve também considerar a tendência decorrente do amadurecimento e aprendizado do sistema de defesa da concorrência ainda sob o regramento anterior, de modo a descartar mudanças que poderiam ter ocorrido independentemente da mudança do marco legal. Para tanto, também é informativa a análise de incentivos trazidos pela nova lei. É por meio da mudança de poderes da autoridade e de incentivo aos administrados que é possível antever os efeitos da lei e, assim, interpretar a experiência recente do Cade.

Desta comparação do perfil dos remédios, revela-se nítido o avanço institucional trazido pela Lei 12.529/2011 no exame de atos de concentração. A experiência recente mostra que o Cade tem sido capaz de impor com maior frequência remédios estruturais, tidos como mais eficazes para o caso de operações complexas e de maior potencialidade lesiva à concorrência. Efeito ainda mais nítido é observado na frequência de soluções negociadas, bem como na forma em que as negociações se processam. De um modo geral, pode-se dizer que o novo marco legal vem permitindo o emprego de remédios mais apropriados para solucionar os problemas concorrenciais, empregados com mais celeridade e num contexto de consensualidade e, muitas vezes, em estágios preliminares do procedimento administrativo.

O desenvolvimento deste artigo é dividido em duas seções principais. A próxima seção traz um sumário da experiência de remédios durante os anos de vigência da Lei 8.884/1994, procurando identificar não apenas a prática dominante nesse período, mas também as tendências de aprendizado institucional, dentro do mesmo marco legal, que modificaram o perfil dos remédios. A seção subsequente apresenta a experiência do Cade após a mudança legal, fazendo uma análise da mudança de incentivos introduzida pela Lei 12.529/2011, do perfil dos remédios estruturais e comportamentais e, finalmente, das inovações procedimentais possibilitadas pela nova lei. Desta comparação são extraídas as principais conclusões, sumariadas na seção final.

2. REMÉDIOS EM ATOS DE CONCENTRAÇÃO DURANTE A LEI 8.884/1994

O período de vigência da Lei 8.884/1994, entre 1994 e 2012, é identificado como uma fase de consolidação da defesa da concorrência no Brasil, que emergiu do quase anonimato nas três décadas precedentes, desde a criação do Cade, em 1962, para ocupar um lugar central na política pública e no desenho de estratégias empresariais[2]. Nesse período, foi rica e variada a experiência do Cade no escrutínio de atos de concentração e imposição de remédios. É da comparação dessa experiência com a prática recente do Cade que este artigo identifica as inovações e efeitos da Lei 12.529/2011 sobre o perfil da intervenção da autoridade antitruste em atos de concentração. Nesta seção, é apresentada uma síntese dessa experiência durante a vigência da Lei 8.884/1994, que será depois contrastada com a prática observada após a entrada em vigor da Lei 12.529/2011, objeto da próxima seção.

Sumariar a atuação do Cade em atos de concentração não é, contudo, uma tarefa trivial, sobretudo quando se deseja utilizar esta síntese para identificar os efeitos da nova lei. A mera comparação do perfil das intervenções antes e depois da Lei 12.529/2011 seria enganosa, pois agregaria em uma mesma categoria, "antes da vigência da lei", uma grande variedade de decisões, com diferentes graus de restrição e de exigência no desenho de remédios por parte da autoridade antitruste.

É possível, também, observar uma grande variação do *enforcement* antitruste dentro do mesmo marco legal, seja no uso de soluções negociadas, seja na escolha de remédios que compõem as decisões de controle em atos de concentração, nas decisões negociadas ou unilaterais. Os motivos para essa tendência são variados, abrangendo elementos como aprendizado institucional, maior qualidade e estabilidade do quadro técnico, consolidação da cultura da defesa da concorrência, e crescente deferência do judiciário às decisões do Cade.

O restante desta seção documenta, de modo sumário, a experiência do Cade em remédios em atos de concentração durante a vigência da Lei 8.884/1994, bem como procura levantar possíveis explicações para as variações no perfil das decisões, seja em intensidade restritiva, seja em seus procedimentos. Como ponto de partida, é necessário reconhecer que é arriscado concluir que uma determinada decisão foi mais ou menos restritiva do que outra, ou que utilizou remédio mais ou menos eficaz. Cada ato de concentração é único e, por isso, um mesmo remédio pode ser restritivo para um caso e leniente para outro. Assim, opta-se aqui pela análise em caráter mais agregado, fazendo uso de categorias mais gerais que, ainda assim, informam sobre o perfil de atuação da autoridade. Essa visão geral é posteriormente complementada com a análise mais aprofundada de casos específicos.

Em uma abordagem de caráter geral, as decisões de restrição em atos de concentração podem ser separadas em três categorias: remédios comporta-

---

[2] Para uma revisão da evolução histórica da defesa da concorrência no Brasil, pode-se consultar: CONSIDERA, C. M. Uma breve história da economia política da defesa da concorrência. *Revista do IBRAC*, v. 9, n. 5, 2002; e AZEVEDO, P. F. et al. Competition policy In Brazil: recent trends toward greater enforcement. In: EVANS, D.; JENNY, F (org.) *Trustbusters*. 1 ed. Boston-Ma: Competition Policy International, 2009. v. 1, p. 37-53.

mentais, remédios estruturais e restrições a cláusulas acessórias (e.g. delimitação de cláusula de não concorrência). Esta última categoria é razoavelmente comum, mas constitui, na maior parte das vezes, intervenção menos custosa ao administrado do que uma decisão de desinvestimento (estrutural) ou de se submeter a regras de precificação ou estratégias ditadas pela autoridade (comportamental).

Também é razoavelmente consensual que, para os casos complexos de concentração econômica, remédios estruturais são mais eficazes do que os comportamentais, mas de maior custo ao administrado[3]. Esse tipo de remédio condiciona a realização de uma operação de concentração a medidas imediatas e definitivas, com realocação de direitos de propriedade para terceiros, com vistas a garantir a manutenção de uma estrutura competitiva nos mercados relevantes afetados pela operação. Isso geralmente significa algum tipo de "desinvestimento", isto é, alienação de um pacote de ativos (tangíveis e intangíveis) para um competidor ou um novo entrante. Esse pacote pode constituir um negócio integral em andamento (*ongoing business*) ou um conjunto parcial de ativos que possam reforçar a posição de um concorrente ou facilitar a entrada de um novo competidor[4]. Por implicarem a realocação de ativos - e, portanto, modificação das empresas requerentes - esses remédios são, em geral, mais custosos aos administrados.

Por outro lado, remédios estruturais são considerados geralmente mais eficazes porque seu monitoramento é mais simples. No caso de restrições comportamentais, a verificação do cumprimento é mais precária, visto que a autoridade tem limitação de recursos e de capacidade de monitorar as empresas que foram objeto de tais restrições. Acrescente-se que a estrutura, recursos e expertise da autoridade de defesa da concorrência são mais apropriados para o controle *ex post*, e não ao acompanhamento em tempo real das atividades econômicas.

Além disso, remédios comportamentais, como padrão, são adotados por um determinado período de tempo (e.g. cinco anos), ao fim do qual a decisão é declarada cumprida. Ocorre que as condições estruturais que deram ensejo à preocupação concorrencial, que justificava a intervenção na forma de uma restrição comportamental, possivelmente ainda estarão presentes mesmo após o cumprimento da decisão. Ou seja, o remédio comportamental pode ser uma solução eficaz por tempo limitado. Convém fazer uma ressalva para os casos em que um remédio comportamental cria condições para uma mudança estrutural, resolvendo indiretamente o problema de fundo que dava fundamento à sua adoção. Ainda assim, é razoável admitir que, em média,

---

[3] OECD. *Policy roundtables - remedies in merger cases*. 2011, p 19-20. Disponível em: <http://www.oecd.org/daf/competition/RemediesinMergerCases2011.pdf>.

[4] Esse ponto ficou registrado, por exemplo, no caso Alcon/Novartis: "[...] ativos poderiam ser transferidos ou licenciados para um terceiro já atuante na indústria farmacêutica ou para um novo entrante" (AC 08012.003521/2008-57 e 08012.000715/2010-15, Requerentes: Alcon, Inc. e Novartis AG, Rel. Vinicius Marques de Carvalho, *DOU* 11.02.2011).

remédios estruturais são mais custosos aos administrados, mas mais eficazes para assegurar as condições de concorrência.

Não obstante essa constatação de ordem geral, há situações em que remédios estruturais podem ser de difícil implementação (e.g. dificuldade de separação dos ativos envolvidos na operação sem eliminar eficiências relevantes) ou mesmo desproporcional em virtude de sua excessiva onerosidade (e.g. qualquer desinvestimento ser mais oneroso que o prejuízo concorrencial percebido). Nestes casos, os remédios comportamentais apresentam-se como a solução mais adequada ou mesmo a única possível.

Uma segunda distinção a ser observada nas decisões do Cade é a proporção de decisões unilaterais vis-à-vis as realizadas por meio de acordo, as quais implicavam, na terminologia da Lei 8.884/1994, a celebração de um Termo de Compromisso de Desempenho (TCD). Soluções negociadas são menos propensas à judicialização e permitem a participação dos representados no desenho do remédio. Não é imediato concluir que um remédio negociado é superior a um remédio imposto unilateralmente. A sua eficácia vai depender da capacidade da autoridade em negociar sem se desviar de seu propósito de tutela da concorrência - isto é, que não seja capturada pelos interesses do administrado - e dos incentivos para o administrado contestar a decisão administrativa na esfera judicial. Como se verá na próxima seção, a Lei 12.529/2011 tem como um de seus principais efeitos a modificação dos incentivos para a judicialização das decisões do Cade. Como tal, espera-se uma modificação na incidência de acordos e, sobretudo, no teor desse tipo de solução negociada, com maior potencial para o uso de soluções estruturais.

Tomando-se a totalidade de decisões do Cade com alguma restrição em atos de concentração, entre 1994 e 2010, é possível notar uma grande variação na proporção de decisões por acordo, mas uma variação bem menos marcante na proporção de remédios estruturais. Para ilustrar visualmente o perfil das decisões ao longo dos anos, a Figura 1 apresenta a proporção de decisões em acordo (número de atos de concentração em que houve celebração de TCD dividido pelo número total de atos de concentração em que houve alguma constrição às requerentes) e a proporção de decisões com remédios estruturais (e.g. desinvestimento). Os dados são apresentados em médias trienais a fim de melhor ilustrar a tendência. Vale notar que houve grande aumento no número de atos de concentração apreciados pelo Cade ao longo desse período. Por isso, é reportada a proporção de casos - ao invés do número absoluto de casos - de modo a eliminar o efeito de mero aumento da quantidade de casos julgados e, naturalmente, que são objeto de restrição.

O que mais chama a atenção na Figura 1 é a elevada proporção de soluções negociadas no início da vigência da Lei 8.884/1994, a qual cai de modo muito expressivo e consistente até 2003, quando o Cade praticamente deixa de celebrar acordos em atos de concentração. Após 2005, a proporção de acordos volta a crescer, atingindo cerca de 20% em 2010. Note-se que o número absoluto de acordos é maior no final da década de 2000 do que no início de vigência da Lei 8.884/1994, mas a sua proporção é menor. Conforme documentado ao final desta seção, houve também uma mudança no tipo de acordo. Por hora, basta reconhecer que a tendência de crescimento de soluções negociadas em atos de concentração a partir de 2004 alcançou um quinto dos casos, uma proporção bem menor da verificada em meados dos anos 1990.

Figura 1 – Decisões em atos de concentração: acordos e remédios estruturais (1994-2010)

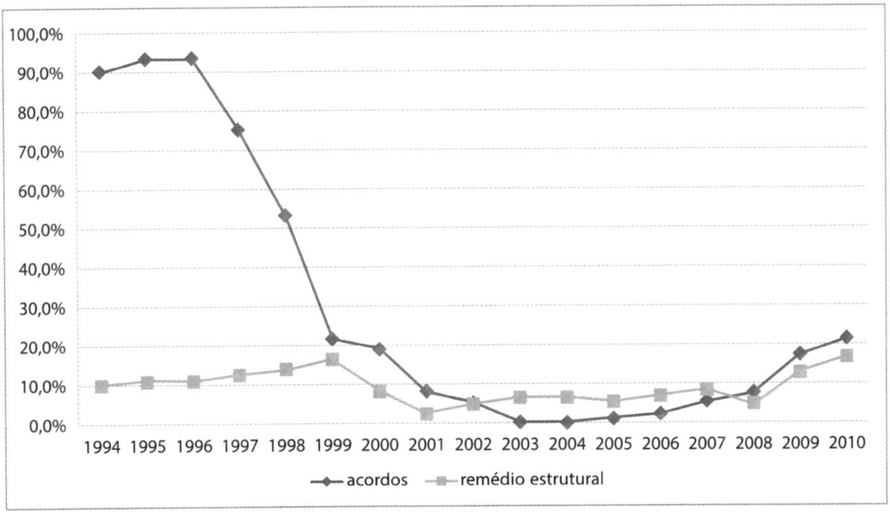

Fonte: Elaboração própria. Dados apresentados em médias móveis trienais.

A Figura 1 também revela que a proporção de soluções estruturais em atos de concentração foi sempre relativamente baixa, em comparação com as restrições comportamentais e aquelas referentes a cláusulas acessórias. Nota-se uma queda pronunciada em 2001, causada mais pelo aumento das decisões de delimitação de cláusulas de não concorrência, e uma relativa estabilidade até 2008. No período final, há um crescimento das restrições estruturais em termos absolutos e relativos, havendo, inclusive, maior ocorrência de acordos com previsão de desinvestimento. Este resultado é consistente com o levantamento feito por Cabral (2014), que cobriu o período de 1995 a 2013, o qual indica que a maior parte dos casos aprovados com restrições conta com remédios comportamentais[5].

[5] CABRAL, Patrícia Semensato. Remédios em Atos de Concentração: uma análise da prática do Cade. *IX Prêmio Seae – 2014*. Brasília, p. 44-45: "A contagem com base em remédios indica que, conforme a classificação tradicional, observa-se a predominância de remédios

Tomando-se apenas as informações constantes na Figura 1, não se pode concluir que tenha havido *enforcement* crescente da defesa da concorrência durante a vigência da Lei 8.884/1994. De um lado, há uma grande queda de soluções negociadas, entre 1994 e 2004, seguida de crescimento posterior. Mas, conforme argumentado, soluções negociadas não implicam necessariamente maior rigor e eficácia das normas antitruste, dependendo, essencialmente, dos termos negociados. De outro lado, não é possível identificar uma tendência clara na proporção de remédios estruturais, ainda que tenha havido uma elevação após 2008.

Há, contudo, outras evidências que indicam ter havido, sim, maior rigor na aplicação de remédios em atos de concentração no período final de vigência da Lei 8.884/1994. São aqui recolhidas duas evidências. A primeira é a incidência de reprovações de atos de concentração. São poucos os casos de reprovação de atos de concentração na história do Cade, o que torna qualquer conclusão derivada exclusivamente dessa informação mais sensível às características idiossincráticas de cada caso.

Em 1994, primeiro ano de escrutínio de atos de concentração, o Conselho decidiu pela reprovação de duas operações, de um total de 21 atos julgados, o que sugere uma alta taxa de reprovação. Nesses atos – Rockwell do Brasil/Albarus[6] e Brasilit/Eternit[7] – as partes requereram a análise do Cade em caráter prévio, antes da consumação da operação, tendo a autarquia negado autorização para a sua realização. A primeira dessas operações foi reapresentada ao Cade em 1995, sob o registro AC 0026/1995[8], com exatamente as mesmas partes e teor, tendo sido aprovada com restrições.

Também em 1994 foi notificado o ato de concentração entre Gerdau/Pains[9], que resultava em elevada concentração na indústria de aços longos. No início de 1995 o Cade decide reprovar a operação, a qual foi objeto de sucessivos pedidos de reapreciação, tendo o conselho reafirmado a sua decisão, naquela que seria a terceira reprovação de sua curta história. Ocorre que, após a mudança de composição do Cade, o caso foi reaberto, em 1996, e aprovado

---

comportamentais em praticamente todos os anos do período analisado (1995-2013) [...]. A contagem com base em casos aponta resultado semelhante, ainda que menos contundente".

6 AC 0001/1994, Requerentes: Rockwell do Brasil S/A e Albarus S/A Indústria e Comércio, Rel. Marcelo Monteiro Soares, julgado em 14.12.1994.

7 AC 0006/1994, Requerentes: Eternit S.A. e Brasilit S.A., Rel. Neide Teresinha Malard, julgado em 25.11.1994.

8 AC 0026/1995, Requerentes: Rockwell do Brasil S/A e Albarus S/A Indústria e Comércio, Rel. Marcelo Monteiro Soares, julgado em 27.12.1995.

9 AC 0016/1994, Requerentes: Korf GmbH e Siderúrgica Laisa S.A., Rel. José Matias Pereira, julgado em 31.03.1995.

com restrições. Após esse episódio, o Cade somente foi reprovar uma fusão em 2005, no caso Nestlé/Garoto[10-11].

Esses três episódios revelam que o Cade posicionou-se de modo bastante restritivo no primeiro ano em que era incumbido do controle de estruturas de mercado. Em dois desses casos, contudo, as decisões de reprovação foram revistas pelo próprio conselho. Dessa forma, nos primeiros anos da Lei 8.884/1994 apenas o caso Brasilit-Eternit, notificado em caráter prévio, constituiu, de fato, uma reprovação.

Após o caso Nestlé-Garoto, o Cade decidiu pela reprovação de mais duas operações, nos anos 2008 e 2009, nos casos Owens Corning/Saint Gobain[12] e da Unimed de Santa Maria/Hospital de Caridade[13]. Em todas essas operações, o ato de concentração já estava consumado quando foi notificado, o que torna a decisão pela reprovação mais custosa, visto que implica o desfazimento do negócio e realocação da propriedade dos ativos.

De modo geral, os casos de reprovação indicam que o Cade atuou de modo bastante restritivo em seu primeiro ano de controle de atos de concentração, mas retrocedeu já no segundo ano para uma posição mais leniente[14], chegando até a reverter duas decisões de reprovação. A segunda onda de reprovações, após o caso Nestlé/Garoto, consistiu em uma sequência de três casos, todos já consumados e, por isso, de elevado custo de desfazimento. Em todos eles, a decisão foi mantida em esfera administrativa. Em que pese a precariedade de se extrair uma conclusão a partir de tão poucos casos, trata-se de um indício de que o Cade foi capaz de adotar remédios mais restritivos ao final da vigência da Lei 8.884/1994.

A segunda evidência consiste na comparação entre duas operações que guardam alguma semelhança em seu diagnóstico, mas cujos remédios diferem quanto intensidade de restrição às requerentes. Trata-se do caso

---

[10] AC 08012.001697/2002-89, Requerentes: Nestlé Brasil Ltda e Chocolates Garoto S/A, Rel. Thompson Almeida Andrade, julgado em 16.02.2004.

[11] Em 2000, ocorreu também a reprovação de dois atos de concentração conexos (AC 08012 .004117/1999-67 e AC 08012 .002315/1999-50), mas não tratava propriamente de uma fusão, mas da constituição de uma entidade para comercialização conjunta de etanol, denominada Bolsa Brasileira do Álcool, que, conforme manifestação da Secretaria de Direito Econômico, mais se assemelhava a um caso de conduta concertada do que um ato de concentração propriamente dito.

[12] AC 08012.001885/2007-11, Requerentes: Compagnie de Saint-Gobain e Owens Corning, Rel. Fernando de Magalhães Furlan, julgado em 28.07.2008.

[13] AC 08012.008853/2008-28, Requerentes: UNIMED Santa Maria – Sociedade Cooperativa de Serviços Médicos Ltda e Hospital de Caridade Dr. Astrogildo de Azevedo, Rel. Fernando de Magalhães Furlan, julgado em 24.07.2009.

[14] BELLO, Carlos Alberto. A nova chance do CADE. *Revista de Economia*, v. 32, n. 1, 2006.

Kolynos/Colgate[15] e do caso Sadia/Perdigão, por meio do qual foi criada a BRF[16]. Em ambos os casos, as operações resultaram em concentrações superiores a 70% em um ou mais dos mercados relevantes, tendo concluído o conselheiro relator pela improbabilidade de entrada tempestiva e suficiente, bem como ausência de eficiências que pudessem compensar o prejuízo presumido à concorrência. Em ambos os casos, a marca foi também considerada um dos ativos essenciais à concorrência, indicando que uma solução estrutural deveria passar por restrições que contemplassem esse ativo intangível. Finalmente, em ambos os casos houve uma solução negociada.

Há, é claro, importantes particularidades em cada caso, mas, de um modo geral, comungam características importantes para a escolha da intervenção apropriada. Entretanto, nesse particular, os casos diferem substancialmente. No caso Kolynos-Colgate, foi concedida às Requerentes a possibilidade de escolha entre duas restrições: a suspensão do uso da marca Kolynos por quatro anos ininterruptos ou o licenciamento da marca para terceiro por vinte anos. Tendo escolhido a primeira opção, a restrição terminou se convertendo em uma restrição comportamental, pois não previa modificação na propriedade dos ativos relevantes à concorrência, mas apenas a modificação de comportamento (abster-se de usar determinado ativo por tempo limitado)[17].

Em contrapartida, no caso BRF a decisão consistiu na alienação de um pacote completo de ativos tangíveis e intangíveis que, segundo argumentado no voto condutor, poderia viabilizar a entrada de um concorrente de porte suficiente para assegurar rivalidade nos mercados relevantes afetados pela operação. Além disso, o acordo previu uma série de restrições comportamentais adicionais, entre as quais a suspensão de uso da marca Perdigão em alguns mercados em que a participação conjunta das empresas foi considerada excessiva. Nesse sentido, a decisão trouxe não apenas um remédio estrutural, com alienação de um conjunto completo de ativos, como também impôs restrição comportamental semelhante à adotada por ocasião da análise do caso Kolynos-Colgate, com a suspensão de uma marca relevante. Não se pretende aqui avaliar qual decisão foi mais apropriada, mas apenas reconhecer que o grau de restrição foi, sem dúvida, maior no caso mais recente.

Finalmente, evidências pontuais, colhidas a partir de manifestações de conselheiros do Cade em sessões públicas, indicam que o sistema de no-

---

15 AC 0027/1995, Requerentes: Kolynos do Brasil S.A. e K e S Aquisições Ltda., Rel. Lucia Helena Salgado e Silva, julgado em 27.09.1996.

16 AC 08012.004423/2009-18, Requerentes: Sadia S.A e Perdigão S/A, Rel. Carlos Emmanuel Joppert Ragazzo, julgado em 15.07.2011

17 A título de esclarecimento, para fins da mensuração apresentada na Figura 1, esta decisão foi classificada na categoria "remédio estrutural" porque previa a possibilidade de cessão à terceiro de ativo relevante à concorrência por um longo período.

tificação *a posteriori*, previsto na Lei 8.884/1994, foi determinante na escolha de remédios mais brandos do que os que seriam observados no sistema de notificação prévia, previsto na Lei 12.529/2011. Esta afirmação aparece, de modo latente, na justificativa de praticamente todos os acordos em atos de concentração, quando justificam que o remédio negociado seria superior a uma decisão unilateral, a qual poderia ser acompanhada de longo percurso de sua revisão pelo judiciário.

Como ilustração, vale resgatar passagens constantes na Sessão Ordinária 426, do Cade, que analisou a aquisição pelo grupo Votorantim de controle em negócios da Polimix[18]. Durante o julgamento, o Conselheiro Relator Ricardo Cueva afirmou que o TCD proposto resolvia "uma questão que [estava] há três anos no sistema". O relator afirmava, ainda, que "uma decisão [unilateral] que recomendasse alienação de ativos ou qualquer outro remédio estrutural seria provavelmente de difícil implementação". Desta afirmação pode-se inferir que, na ausência de custos de implementação, uma decisão estrutural que recomendasse venda de ativos nos mercados problemáticos, seria preferível, ainda que imposta unilateralmente. Ocorre que tais custos existem e foram levados em consideração na escolha e negociação do remédio. Ao final do julgamento, a então presidente do Cade, Elizabeth Farina, afirmou que "este caso [era] paradigmático para a avaliação dos sistemas de notificação prévia e a posteriori", visto que, após longo período de instrução, as empresas já estavam unificadas e não havia mais como reverter a concorrência ao status quo ante. Em síntese, havia um reconhecimento do limite dado pelo marco legal, que impedia uma atuação mais incisiva por parte do Cade, em que se assegurasse pleno *enforcement* da defesa da concorrência no controle de estruturas.

Ainda que se reconheça esse limite institucional, houve, dentro do mesmo marco legal, inegável mudança no padrão de intervenção em atos de concentração, com maior sofisticação e aumento relativo do uso de medidas estruturais. O que poderia explicar essa mudança? Há diversos candidatos, mas uma explicação detalhada fugiria ao escopo deste artigo. Opta-se aqui por uma breve discussão dessas possíveis causas.

Um primeiro elemento é o aprendizado institucional, ainda que dentro de um mesmo marco legal. Ao longo dos 17 anos de vigência da Lei 8.884/1994, o Cade e os órgãos de instrução, a Secretaria de Acompanhamento Econômico (SDE) e a Secretaria de Direito Econômico (Seae), foram capazes de acumular aprendizado, o qual se traduziu em normas e regimentos internos que, em alguma medida, tornavam mais eficaz o controle de estruturas. Essas

---

[18] AC 08012.008848/2005-72, tendo por requerentes a Silcar, do Grupo Votorantim, RV e LLV, ambas pertencentes à família Vieira, controladora da Polimix. A sessão foi realizada no dia 23.07.2008, e o seu áudio disponível em: <http://Cade.gov.br/gravacoes/audio/antes2010/sessao426.asp>.

normas e procedimentos iam desde guias de análise até o desenho TCDs, com maior capacidade de monitoramento e cumprimento do acordo. Em particular, é interessante notar a evolução do conteúdo de medidas preventivas e dos Acordos de Preservação da Reversibilidade da Operação (APRO), que se tornaram, com o passar do tempo, mais abrangentes e exequíveis. Por meio desses instrumentos, mitigava-se, ainda que parcialmente, as deficiências do sistema de notificação *a posteriori*, ao limitar as transformações que as Requerentes poderiam fazer em seus negócios até a decisão final do Cade. A comparação entre o APRO utilizado no caso Nestlé-Garoto e aquele utilizado no caso Sadia-Perdigão (mais rigoroso no isolamento das atividades das duas empresas) é indicativa das preocupações em se preservar graus de liberdade para uma intervenção estrutural, bem como de dotar a autoridade de condições de um *enforcement* eficaz do próprio APRO.

Também relevante para a mudança do perfil de intervenção foi a constituição de um quadro de pessoal qualificado e de maior estabilidade na autarquia. Após aproximadamente 12 anos de elevada rotatividade de pessoal e condições relativamente precárias para a atração de técnicos qualificados, em 2006 inicia-se uma fase em que o sistema de defesa da concorrência passa a receber gestores de carreira, o que permite, adicionalmente, a melhoria da política de qualificação de pessoal, por meio de cursos voltados à formação específica na área. Esta mudança permitiu maior acúmulo de conhecimento e maior estrutura para processar os pleitos trazidos por Requerentes durante a fase instrutória dos atos de concentração.

Finalmente, possivelmente o mais importante elemento para explicar a mudança no perfil de remédios foi a experiência de revisão judicial das decisões do Cade. A taxa de judicialização das decisões do Cade, que atingia alarmantes dois terços durante os dez primeiros anos, caiu dramaticamente após 2005, atingindo apenas cerca de 10% das decisões em 2012[19].

A queda da judicialização é sintoma de uma mudança de incentivos das empresas em contestarem judicialmente as decisões do Cade. Conforme ampla documentação levantada por Maranhão et al (2014)[20], a revisão judicial de decisões do Cade são majoritariamente confirmadas nas instâncias superiores, sendo o grau de deferência crescente ao longo do tempo. Considerando-se a média dos casos transitados em julgado com decisão de mérito, 73,9% dos julgados confirmaram a decisão administrativa, índice que superou os 80% nos últimos anos de vigência da Lei 8.884/1994. Com tal grau de deferência, uma parte que sofre restrição por parte do Cade tem menos incentivos para

---

[19] AZEVEDO, P. F. Judicial review of antitrust decisions: incentives for settlements? In: PRADO, M. M. *Regulatory state of the south*, IDRC, 2014.

[20] MARANHÃO, J. S. A.; AZEVEDO, P. F.; FERRAZ JUNIOR, T. S. *Direito regulatório e concorrencial no Poder Judiciário*. São Paulo: Singular, 2014. v. 1, p. 289.

contestar tal decisão no judiciário. De outro modo, maiores são os seus incentivos para negociar um acordo em esfera administrativa, o que pode explicar a mudança no perfil de acordos com o passar dos anos.

O padrão da revisão judicial, contudo, ainda conferia algum incentivo à judicialização por parte das partes que desejassem protelar a decisão administrativa nos anos finais de vigência da Lei 8.884/1994. O estudo de Maranhão et al. (2014) também revela que a primeira instância tende a ser menos favorável à autoridade administrativa e também é pródiga em conceder medidas preventivas que suspendem a decisão administrativa. Considerando o longo período para a conclusão dos processos judiciais, a judicialização era ainda atraente para as partes que desejavam protelar a eficácia da decisão administrativa. Como se verá na próxima seção, a nova lei da concorrência modifica os incentivos para as partes recorrerem ao judiciário e, por isso, terá efeitos sobre a ocorrência e eficácia de acordos em esfera administrativa.

Desse rápido sumário da experiência do Cade durante a vigência da Lei 8.884/1994, pode-se concluir que houve aumento do *enforcement* do controle de estruturas ao longo dos anos, o que se nota, sobretudo, pela adoção de remédios de maior impacto concorrencial. Em outras palavras, ainda que a proporção de remédios estruturais tenha crescido modestamente e apenas após 2008, há diversas indicações de que esses remédios tenham-se tornado mais restritivos e potencialmente mais eficazes. Por outro lado, essa mesma experiência revela os limites institucionais dados pelo marco legal estabelecido pela Lei 8.884/1994. Por mais que tenha havido uma tendência de aumento do *enforcement*, este estava invariavelmente limitado pelo marco legal.

A próxima seção analisa as mudanças introduzidas pela Lei 12.529/2011 e como tais mudanças se traduziram em um novo padrão de decisão, seja pela maior adoção do procedimento negociado, seja pelo uso mais intenso de remédios estruturais e mais restritivos.

3. A EXPERIÊNCIA COM REMÉDIOS NOS PRIMEIROS ANOS DA LEI 12.529/2011

3.1. Mudanças de incentivos do modelo de análise prévia e o impacto em soluções negociadas

Foram muitas as mudanças introduzidas pela Lei 12.529/2011 no controle sobre atos de concentração. Esta seção destaca as principais delas e suas consequências sobre as condições para o estabelecimento de remédios e, em particular, sobre o incentivo para que as partes se engajem em soluções negociadas.

A principal mudança introduzida pela Lei 12.529/2011 na análise de atos de concentração foi o sistema de análise prévia. Essa mudança tem múltiplos efeitos, pois altera procedimentos de análise e de negociação, bem como os incentivos para as requerentes colaborarem na fase de instrução e nas negociações para soluções acordadas. Por conta desses efeitos, a mudança legal conferiu maior precisão no desenho de remédios, o que decorre da participação mais ativa das requerentes no processo de negociação, e, sobretudo, maior segurança jurídica, ao evitar que uma fusão prejudicial à concorrência se consume e tenha de ser revertida *a posteriori*.

Com a Lei 12.529/2011, as empresas necessitam aguardar a decisão do Cade para o fechamento da operação, o que torna o tempo de análise um elemento crítico para as partes Requerentes. O efeito imediato é modificar o interesse das partes em colaborar com a instrução, com a finalidade de abreviar o tempo de espera para a consumação da operação.

O sistema de análise prévia também modifica os incentivos para que as partes insatisfeitas com a decisão administrativa recorram ao judiciário para revê-la. Como visto na seção anterior, mesmo com a elevada deferência prestada pelo judiciário brasileiro às decisões do Cade, com níveis de confirmação superiores a 80%, ainda havia, no marco legal anterior, incentivos para utilizar a revisão judicial como meio de protelar a eficácia da decisão administrativa.

Isso ocorria porque, conforme documentado por Maranhão et al. (2014), o judiciário frequentemente concede liminares que suspendem a decisão do Cade, sob a justificativa de *periculum in mora*. De um modo geral, a tendência é o juiz ser mais sensível à preservação do *status quo* dos negócios até que tome uma decisão de mérito. Como no sistema de análise a *posteriori* o *status quo* é, em geral, a operação já unificada das empresas, a preservação do *status quo* se traduz na concessão de liminar que suspende a decisão administrativa durante o longo percurso da revisão judicial.

No sistema de análise prévia, o *status quo* é a operação em separado das empresas em processo de fusão. Nesse caso, a tendência do judiciário será preservar esse *status quo*, o que significa que há menor probabilidade de suspensão da decisão administrativa para permitir a consumação da operação. Em outras palavras, quando uma fusão é impugnada pelo Cade, as requerentes ainda operam seus negócios separadamente. Ao recorrerem ao judiciário, este tenderá a preservar a situação econômica corrente, que é a operação em separado, até o final do julgamento. Como consequência, no sistema de análise prévia, os incentivos para as partes utilizarem o judiciário para protelar uma decisão do Cade são menores.

A menor propensão à judicialização de decisões em atos de concentração tem um duplo efeito no comportamento das empresas na esfera administrativa. De um lado, há maior interesse das empresas em entrar em um processo de negociação, de modo a participar da solução do caso em esfera administrativa, seja para abreviar o tempo de análise, seja para participar do desenho dos remédios aplicáveis. De outro, há também maior poder de barganha da autoridade na imposição de remédios que lhe pareçam mais apropriados para assegurar as condições de concorrência.

Em uma linguagem de teoria dos jogos, o poder de barganha depende do resultado de desacordo (ou *disagreement payoff*) das partes envolvidas na negociação. No caso da negociação entre autoridade e administrado para aprovação de um ato de concentração, o resultado de desacordo corresponde ao que o administrado conseguiria em uma revisão judicial. Sendo esta menos interessante em um contexto de análise prévia, também é menor o seu poder de barganha e, consequentemente, maior a capacidade da autoridade em impor remédios mais custosos ao administrado, desde que tais remédios não afetem o núcleo central da operação pretendida (e.g. se uma fusão é essencialmente voltada à aquisição de uma marca, as partes tenderão a ser mais flexíveis com qualquer remédio que não implique a alienação da marca).

Além de instituir o sistema de análise prévia, a Lei 12.529/2011 também se notabilizou por rearranjar administrativamente o sistema de defesa da concorrência, reunindo na Superintendência-Geral do Cade (SG) as competências de instrução que eram então compartilhadas entre a SDE e a Seae, vinculadas respectivamente ao Ministério da Justiça e ao Ministério da Fazenda. Essa mudança aproximou o órgão instrutório do tribunal administrativo, ambos literalmente sob o mesmo teto do Cade. Esta maior proximidade, por sua vez, tem por efeito um maior alinhamento entre instrução e julgamento, o que se nota pelo maior índice de confirmação dos pareceres da SG nas decisões do Cade. Apesar de tal fato nem sempre ser positivo, dado que ele pode representar um menor espaço para o contraditório e a ampla defesa das partes envolvidas na operação, trata-se de um dado objetivo que torna mais difícil a posição das partes diante de uma impugnação da SG.

De fato, esta proximidade entre órgão instrutório e tribunal administrativo tem importantes consequências sobre a propensão a soluções negociadas e, em particular, sobre aspectos procedimentais da negociação. No modelo anterior, de maior separação entre SDE, Seae e Cade, as partes não tinham incentivo para antecipar a negociação de remédios durante a fase de instrução do ato de concentração, visto que o esforço para se chegar a uma solução negociada poderia se frustrar frente a um entendimento divergente do Conselho. Mais ainda, em uma nova negociação junto ao tribunal administrativo, as requerentes já teriam revelado que aceitariam os termos obtidos na negociação com a SDE ou Seae, o que enfraqueceria a sua posição nessa nova etapa.

No modelo introduzido pela nova lei, as partes têm maiores incentivos para, já na fase de instrução, negociar um Acordo em Controle de Concentrações (ACC), termo introduzido pela Lei 12.529/2011 para denominar o acordo entre autoridade e requerentes de um ato de concentração. Tendo maior confiança no alinhamento entre SG e tribunal administrativo, as partes ficam mais propensas a buscar a solução negociada durante o processo de instrução, o que abrevia o trâmite do ato de concentração no Cade.

Em síntese, as modificações introduzidas pela Lei 12.529/2011 afetam os incentivos para que as partes busquem soluções negociadas já na fase de instrução. Além disso, por conta do maior poder de barganha da autoridade, esta tem maior capacidade de desenhar remédios de maior custo às requerentes, como é o caso de remédios estruturais, os quais, no caso de operações complexas, tendem a ser soluções mais eficazes para assegurar as condições de concorrência.

3.2. Remédios Estruturais nos acordos em controle de concentração na Lei 12.529/2011

Com o advento da Lei 12.529/2011, que levou às mudanças de incentivos referidas no item anterior, houve um aperfeiçoamento na aplicação de remédios estruturais pelo Cade. De fato, num contexto de análise prévia de concentração, a implementação desse tipo de remédio se tornou mais factível e também mais sofisticada, sendo bastante intensa a experiência do Cade nos primeiros anos de vigência da nova Lei.

Esta seção procura fazer um balanço panorâmico dessa experiência identificando três aspectos centrais: (i) o desenho de pacotes de desinvestimentos implementados (o que desinvestir?); (ii) previsões quanto ao universo de potenciais compradores desses ativos (para quem desinvestir?); e (iii) o processo escolhido para o desinvestimento (como desinvestir?).

No que tange ao objeto do desinvestimento, partindo-se do pressuposto de que a Constituição Federal estabelece um regime de livre-iniciativa, o Cade deve buscar o desinvestimento do menor conjunto possível de ativos capaz de solucionar a preocupação concorrencial gerada pela operação. No limite mínimo, pode ser identificado um único ativo relevante para viabilizar a manutenção da competição (e.g. venda de uma marca, licenciamento de uma patente). Se for possível resolver todas as preocupações com a alienação de um único ativo, essa intervenção cirúrgica será recomendável.

No entanto, em grande parte dos casos, algum conjunto de ativos tem sido necessário para viabilizar um novo competidor ou reforçar a posição de competidores pré-existentes. De qualquer maneira, no limite máximo, o Cade pode determinar o desinvestimento correspondente ao conjunto de ativos e/ou *market share* de uma das Requerentes naquele mercado específico. Esse desinvestimento seria o suficiente para voltar ao *status quo ante*, equivalente, portanto, ao bloqueio da operação em um dado mercado relevante. Qualquer desinvestimento além desse patamar é descabido, por representar uma intervenção mais profunda do que a variação de concentração causada pela própria operação.

Considerando esse espectro de possibilidades, a partir de um olhar panorâmico sobre os remédios estruturais implementados desde a entrada em vigor da nova lei, nota-se uma grande variabilidade no desenho do pacote de ativos a ser desinvestido, incluindo mas não se limitando a: (i) participações societárias[21]; (ii) unidades fabris e locais de produção[22]; (iii) marcas e outras formas de propriedade intelectual[23]; (iv) carteiras de contratos, clientes e fornecedores[24]; (v) *softwares*, tecnologia e *know how*[25]; (vi) ativos de pesquisa e desenvolvimento[26]; (vii) licenças, permissões e autorizações[27].

---

[21] E.g. Telefónica/GVT: "As obrigações estruturais assumidas pela Vivendi S.A. referem-se ao compromisso de alienação gradativa e total de sua participação minoritária no capital social da Telefônica do Brasil S.A., com vistas eliminar as preocupações concorrenciais decorrentes das participações acionárias cruzadas que serão adquiridas pela Vivendi S.A. em decorrência da operação. Nesse contexto, a Vivendi S.A. se comprometeu a uma alienação gradativa das sua participação no capital social da Telefônica do Brasil S.A., de forma que tal participação chegará a [*acesso restrito ao Cade e à Vivendi S.A.*] no prazo de [*acesso restrito ao Cade e à Vivendi S.A.*], conforme cronograma fixado no Acordo". Referências aos números, relatores e datas de julgamento de todos os casos com restrições estruturais encontram-se nas notas da Tabela 1.

[22] E.g. Ahlstrom Corporation/Munksjö AB: "A partir desta estrutura empresarial, a proposta do remédio consiste, em termos resumidos, no desinvestimento industrial e na alienação da planta de Osnabruck relacionada às máquinas OSN03 e OSN04 a um terceiro interessado e, a manutenção da propriedade da Ahlstrom com relação à máquina OSN06 ("Negócio Excluído") – ativo não relacionado com a produção de PRIP e abrasivos".

[23] E.g. JBS/Rodopa: "A Rodopa se compromete a alienar a marca [*acesso restrito ao Cade e às Requerentes*] [...]".

[24] E.g. Holcim/Lafarge: "A proposta inclui os seguintes ativos relacionados à distribuição: i. Contratos relacionados à área equivalente do depósito do Anel Rodoviário, em termos contratuais equivalentes à prática de mercado; ii. Centro de Distribuição da Lafarge localizado em Pouso Alegre (MG); iii. Contratos relacionados ao Centro de Distribuição da Lafarge localizado em Uberaba (MG), atualmente alugado pela Lafarge; iv. Contratos relacionados ao Centro de Distribuição localizado em Governador Valadares (MG), atualmente alugado pela Lafarge; v. Contratos relacionados ao depósito localizado em São José dos Campos (SP), atualmente alugado pela Lafarge".

[25] E.g. Continental/Veyance: "A obrigação abrange não apenas as instalações físicas, mas também todos os ativos intangíveis usados no desenvolvimento do negócio da Veyance, notadamente, marcas, patentes, segredos de negócio, operações e ativos de pesquisa e desenvolvimento, contratos com clientes, acordos de fornecimentos, *softwares*, *know-how*, assim como (acesso restrito), *que deverão transferidos ao adquirente da subsidiária mexicana*"

[26] Idem.

[27] E.g. GSK/Novartis: "O Negócio Desinvestido Brasileiro consiste no negócio de Terapia de Substituição de Nicotina ("NRT") da GSK, compreendendo os seguintes ativos: [...] todas as licenças, permissões e autorizações, ainda que pendentes de análise pelo ente competente, emitidas por qualquer órgão governamental exclusivamente para o Negócio Desinvestido Brasileiro".

Além de identificar o conjunto de ativos a ser desinvestido, o ACC pode disciplinar em alguma medida o universo de potenciais compradores, estabelecendo critérios a partir dos quais o Cade poderá aprovar ou não a compra.

Uma primeira preocupação básica que tem sido incorporada aos ACCs é que o comprador de ativos não possua qualquer vínculo (especialmente de natureza societária) com as requerentes da operação, de forma a assegurar a sua independência como competidor[28]. Outra exigência recorrente é a de que os potenciais compradores não tenham participação do mercado acima de determinado percentual[29]. Esta última preocupação tem sido especialmente relevante em casos nos quais o mercado em questão já possui outros *players* de grande porte e o Cade pretende evitar que o desinvestimento leve a níveis de concentração inaceitáveis em um outro agente do mercado.

Afora condicionantes negativas sobre o universo de compradores (i.e. definição de quem não pode comprar), em alguns casos, o Cade tem imposto condicionantes positivas, exigindo compradores com certos atributos para que possa se tornar um competidor efetivo. Assim, por exemplo, alguns ACCs têm exigido a demonstração de que o comprador tenha capacidade financeira e incentivo suficientes para competir no mercado relevante[30].

Essas condicionantes aplicáveis ao universo de compradores podem ser focadas em um aspecto específico ou conjugar várias preocupações. Assim, por exemplo, no caso envolvendo a fusão Continental/Veyance, foi imposto um pacote de exigências a respeito do comprador:

> "O comprador proposto para o Negócio Desinvestido de Molas deverá: a. Ser uma entidade independente das Requerentes e de seus grupos econômicos; b. Possuir a intenção e capacidade (incluindo as necessárias capacidades gerenciais, operacionais, técnicas e financeiras) de competir efetivamente no desenvolvimento, fabricação e venda de molas pneumáticas na América do Norte; c. Ter interesse e capacidade gerencial, operacional, técnica e financeira

---

[28] E.g. Continental/Veyance: "O comprador proposto para o Negócio Desinvestido de Molas deverá: a. Ser uma entidade independente das Requerentes e de seus grupos econômicos [...]".

[29] E.g. Continental/Veyance: "Para reforçar a competitividade no mercado, garantindo a inserção de um novo player, o ACC vedou expressamente que o terceiro adquirente seja uma empresa que já detenha 20% desse mercado".

[30] E.g. GSK/Novartis: "O Comprador deverá cumprir os seguintes critérios: (i) ser independente e não possuir ligação com a GSK, com a Novartis ou com suas empresas associadas; (ii) possuir experiência no fornecimento de produtos de consumo para cuidados com a saúde; (iii) ter presença estabelecida em e/ou ter capacidade de acessar a canais de distribuição tipicamente usados no negócio de consumo para cuidados com a saúde no Brasil; e (iv) possuir recursos financeiros e incentivos para manter e desenvolver o Negócio com força competitiva viável e ativa no Brasil, de forma a ser capaz de concorrer com as Requerentes".

> para fornecer molas pneumáticas para clientes no Brasil. d. Não ser suscetível de gerar quaisquer preocupações concorrenciais nem gerar risco de atraso na implementação dos Compromissos" (AC 08700.004185/2014-50, Requerentes Veyance Technologies, Inc. e Continental Aktiengesellschaft, Rel. Ana Frazão, DOU 04/02/2015).

Para além de condicionantes prévias, o ACC pode, ainda, dispor sobre cautelas pós-operação, destinadas, igualmente, a oferecer ao comprador todas as condições necessárias para efetivamente competir no mercado. Na fusão Continental/Veyance, por exemplo, o acordo previu a opção, ao adquirente, de celebrar contratos de transição como forma de garantir o suporte necessário no pós-venda (e.g. mão de obra especializada e *know how*)[31].

Na mesma oportunidade, o Cade determinou às Requerentes que, após a alienação dos ativos, comunicassem seus clientes sobre o desinvestimento, esclarecendo que a alienação não geraria efeitos sobre a prestação de serviços, dispondo o comprador dos mesmos ativos e equipamentos necessários para atender os clientes. Essas medidas de transição para a nova estrutura de mercado gerada a partir do desinvestimento acabam se aproximando do que se classifica como remédio comportamental. Entretanto, são medidas de suporte para garantir a efetividade do desinvestimento, tornando-se desnecessária após a conclusão da transição.

Em relação a como vender, o Cade geralmente tem conferido um prazo máximo para o desinvestimento, findo o qual, em não havendo a alienação, o ACC é considerado descumprido e a aprovação do negócio poderá ser revista. Além do prazo, o Cade pode detalhar o formato da venda, prevendo a possibilidade de venda direta a um comprador selecionado, venda em leilão com preço mínimo pelos ativos[32] e venda em leilão sem preço mínimo. A venda em leilão sem preço mínimo tende a ser a determinação mais drástica e, por isso mesmo, geralmente ocorre em última instância, após a falha de outras alternativas.

A imposição de multas para a eventualidade de atrasos injustificados e/ou descumprimento de compromissos assumidos no acordo também é

---

[31] E.g. Continental/Veyance: "Para assegurar a viabilidade do negócio, o ACC estipula ainda a possibilidade de o adquirente celebrar um contrato de serviços de transição, como por exemplo serviços de TI, até que o comprador tenha estabelecido sua própria operação e contratos".

[32] E.g. Cláusula 2.1.10 do ACC entre JBS/Rodopa "[...] Caso não encontre um comprador no prazo de [*acesso restrito ao Cade e às Requerentes*] contados da data de assinatura do presente ACC, a Rodopa deverá promover um leilão aberto para a venda da unidade industrial, com a fixação de preço mínimo. Preço mínimo esse a ser mensurado, às expensas da Rodopa, por auditoria independente, a qual será indicada pelo CADE para contratação, pela Rodopa, a partir de lista de 3 (três) auditorias fornecida ao CADE pela Compromissária. O leilão aberto deverá ocorrer em até [*acesso restrito ao Cade e às Requerentes*] contados do término do prazo de [*acesso restrito ao Cade e às Requerentes*] previsto acima";

medida que vem sendo adotada pelo Cade em alguns casos. Mais uma vez, na *joint venture* GSK/Novartis, o ACC celebrado previa a aplicação de multa diária, acumulável até um determinado valor máximo, a ser recolhida "em favor do Fundo Nacional de Direitos Difusos, sem prejuízo da abertura de processo administrativo para apuração de infração à ordem econômica". Para o descumprimento total do acordo, por sua vez, a consequência estipulada foi de revisão da aprovação do Ato de Concentração pelo Cade, sem prejuízo das medidas judiciais necessárias para a execução específica do compromisso.

Finalmente, é possível que haja situações em que a mera previsão de sanções para a hipótese de inadimplemento das obrigações assumidas não seja suficiente em vista de peculiaridades que, na prática, as tornam inócuas. É o caso, por exemplo, de um desinvestimento a ser realizado no exterior sem que haja, na jurisdição nacional, alguém para assumir a responsabilidade pelo não cumprimento do acordo. Esta foi exatamente a situação com Ahlstrom Corporation/Munksjö AB, em que o ACC previu a possibilidade de responsabilização de uma subsidiária brasileira da Ahlstrom pelo eventual descumprimento da obrigação. A medida foi o caminho encontrado para possibilitar a execução direta do acordo pelo Cade e solucionar a preocupação com a sua efetividade executória no território brasileiro.

Sistematizados os principais aspectos do desenho dos desinvestimentos acordados nos últimos anos, a tabela abaixo identifica os atos de concentração aprovados com restrições estruturais, implementadas por meio de ACCs, no regime da Lei 12.529/2011 até julho de 2015 e que serviram de base para a análise desta seção:

Tabela 1 - Atos de concentração com medidas estruturais

Caso	Ano	Remédio Estrutural
Ahlstrom Corporation/ Munksjö AB[33]	2013	Venda de um pacote de ativos, incluindo duas máquinas de papel
WP Roaming III S.A.R.L./ Syniverse Holdings, Inc[34]	2013	Venda de um pacote de ativos, incluindo contratos com clientes e funcionários
JBS/Rodopa	2014	Venda de um pacote de ativos, incluindo marca e unidades industriais
Minerva/BRF[35]	2014	Venda de um pacote de ativos, incluindo ativos de produção de alimentos processados

(continua)

[33] AC 08700.009882/2012-35, Requerentes: Munksjö AB e Ahlstrom Corporation, Rel. Ana Frazão, DOU 15.05.2013.

[34] AC 08700.006437/2012-13, Requerentes: WP Roaming III S.A.R.L./Syniverse Holdings, Inc, Rel. Alessandro Octaviani Luis.

[35] AC 08700.000658/2014-40, Requerentes: Minerva S.A e BRF S.A, Rel. Gilvandro Vasconcelos Coelho de Araujo, DOU 26.08.2014.

(continuação)

Caso	Ano	Remédio Estrutural
Holcim/Lafarge[36]	2014	Venda de um pacote de ativos, incluindo plantas de concreto, de cimento e de moagem em diferentes municípios, contratos e Centro de Distribuição.
Anhanguera Educacional/ Kroton Educacional[37]	2014	Venda de uma unidade de negócios
Continental/Veyance[38]	2015	Venda de uma unidade de negócios
GSK/Novartis[39]	2015	Venda de uma unidade de negócios de terapia de substituição de nicotina
Telefónica/Assicurazioni S.p.A/Intesa Sanpaolo[40]	2015	Alienação de participação acionária
Telefônica/GVT[41]	2015	Alienação de participação acionária

Do exame dos remédios estruturais utilizados nos primeiros anos de vigência da Lei 12.529/2011, nota-se que eles não diferem substancialmente da prática observada no período final da vigência da Lei 8.884/1994. De um modo geral, as medidas mais intrusivas, que incluem a venda de um pacote de ativos, seguem o padrão adotado no caso BRF. Não se pode, portanto, imputar à mudança legal essas características do desenho de remédios estruturais.

Há, entretanto, algo profundamente diferente no emprego de remédios estruturais nesse período de vigência da Lei 12.529/2011. Sua frequência é maior. Como mostra a Tabela 1, em um período de dois anos e meio[42], houve dez operações com remédio de desinvestimento, oito das quais prevendo a venda de pacote de ativos ou unidades de negócio. Isso equivale a uma média de quatro decisões contendo remédio de desinvestimento por ano, mais do que o dobro observado nos últimos anos de vigência da Lei 12.529/2011[43].

---

[36] AC 08700.007621/2014-42, Requerentes: Holcim Ltd. e Lafarge S.A, Rel. Gilvandro Vasconcelos Coelho de Araujo, DOU 17.12.2014.

[37] AC 08700.005447/2013-12, Requerentes: Kroton Educacional S.A e Anhanguera Educacional Participações S.A., Rel. Ana Frazão, DOU 20.05.2014.

[38] AC 08700.004185/2014-50, Requerentes Veyance Technologies, Inc. e Continental Aktiengesellschaft, Rel. Ana Frazão, DOU 04.02.2015.

[39] AC 08700.008607/2014-66, Requerentes: GlaxoSmithKline PLC. e Novartis AG. Rel. Márcio de Oliveira Júnior, DOU 03.03.2015.

[40] AC 08700.009731/2014-49, Requerentes: Telefónica S.A., Assicurazioni Generali S.p.A., Intesa Sanpaolo S.p.A. e Mediobanca S.p.A., Rel. Márcio de Oliveira Júnior, DOU 31.03.2015.

[41] AC 08700.009731/2014-49, Requerentes: Telefônica Brasil S.A., Telefónica S.A., GVT Participações S.A. e Vivendi S.A., Rel. Márcio de Oliveira Júnior, DOU 31.03.2015.

[42] Os dados de 2015 referem-se ao primeiro semestre.

[43] Entre 2006 e 2010, a média de decisões com desinvestimento foi de 1,8 por ano. Tomando-se o período entre 1994 e 2010, a média é menor, de aproximadamente uma decisão por ano.

Note-se, também, que parece haver uma maior intensidade no uso de remédios com desinvestimento no período mais recente, o que pode decorrer da mudança do perfil de casos notificados no momento logo após a mudança da lei, no segundo semestre de 2012 e começo de 2013. Possivelmente por receio de uma atuação mais restritiva do Cade após a nova lei, muitas operações foram antecipadas para o momento imediatamente anterior ao início de vigência da Lei 12.529/2011, em junho de 2012. Isso resultou em um volume desproporcional de operações complexas notificadas entre abril e junho de 2012. Em contrapartida, houve poucas operações notificadas no segundo semestre de 2012 e começo de 2013, quase todas de menor potencialidade lesiva à concorrência. Isso explica porque há pouca incidência de remédios estruturais em 2012 e 2013[44].

3.3. Remédios comportamentais em ACs

Como visto, os remédios estruturais apresentam maior facilidade no monitoramento de sua implantação, uma vez que o desinvestimento geralmente ocorre num momento único no tempo (evento discreto), em prazo relativamente curto após a decisão. No entanto, nem sempre uma intervenção desse tipo é possível ou mesmo adequada. Nesses casos, o Cade celebra ACCs com remédios comportamentais.

A experiência do Cade com remédios comportamentais, porém, é mais difícil de ser sistematizada, uma vez que as medidas propostas variam muito. Apesar disso, é possível identificar alguns tipos de obrigações recorrentes nos ACCs firmados, de modo que esta seção busca mapear os principais temas objeto de preocupação do Cade ao negociar essas intervenções com as partes requerentes.

Para este fim, um primeiro tema recorrente em ACCs comportamentais é a adoção de medidas destinadas a evitar o acesso a informações sensíveis (e.g. vendas, marketing, preços e estratégia), quer em relação às diferentes requerentes (por exemplo, quando desenvolvem apenas um *joint venture* de pesquisa e desenvolvimento), quer em relação a diferentes entidades dentro de um mesmo grupo econômico resultante da operação (por exemplo, quando a operação gera uma integração vertical).

De fato, nos atos de concentração em que há integração parcial entre as requerentes, com o desenvolvimento de um subconjunto de atividades comuns (e.g. GSK/Novartis), o Cade frequentemente impõe compromissos para evitar

---

[44] Este viés no perfil dos casos notificados no início da nova lei levou Cabral (2014) a concluir que as intervenções comportamentais prevaleceram sobre as estruturais após a mudança legal. Com a normalização do perfil dos casos notificados, pode-se observar que, ao contrário, as intervenções estruturais ganham relevância, especialmente quando se considera a participação relativa de remédios estruturais na totalidade dos casos com remédios.

o acesso a informações concorrencialmente sensíveis e garantir uma gestão independente nas demais atividades das empresas requerentes[45]. São exemplos destes compromissos: (i) a instituição de barreiras físicas/eletrônicas ao acesso de informações; (ii) treinamentos de *compliance*; (iii) monitoramento de reuniões por advogado externo; e outras medidas para evitar que não se compartilhem dados além daqueles estritamente necessários ao desempenho das atividades.

Preocupação semelhante com informações sensíveis e isolamento de incentivos também se reflete em operações nas quais exista alguma participação minoritária de uma parte em outra. Para essas situações, diferentemente, o Cade impõe medidas de: (i) restrições de direitos políticos, como a de proibição de veto ou voto em instâncias deliberativas, ou de indicação de membros para órgãos deliberativos da empresa; (ii) limitações para aquisição de participação acionária adicional[46].

Ademais, em operações de integração vertical nas quais o Cade pretende monitorar a isonomia no desenvolvimento de relações intragrupo econômico e relações com terceiros, é comum a adoção de medidas de separação

---

[45] E.g. GSK/Novartis: "a Novartis terá participação limitada nas decisões da joint venture, mitigando a possibilidade de troca de informações entre a Novartis e a joint venture/GSK. Além disso, as Requerentes se comprometeram a adotar diversas medidas para garantir que não ocorram indevidas trocas de informações entre a joint venture e a Novartis". Referências aos números, relatores e datas de julgamento de todos os casos com restrições comportamentais encontram-se nas notas da Tabela 2.

[46] E.g., Telefónica/Assicurazioni S.p.A/Intesa Sanpaolo: "Os compromissos comportamentais que dizem respeito às limitações de direitos políticos propostas pela Telefónica S.A. consistem em cinco itens: (i) proibição de voto ou veto em instâncias deliberativas da Telecom Italia Sp.A. ou de qualquer empresa controlada direta ou indiretamente pela Telecom Italia S.p.A.; (ii) proibição de indicação de membros para órgãos deliberativos de empresas controladas direta ou indiretamente pela Telecom Italia Sp.A., estabelecidas ou não no Brasil; (iii) proibição de celebração de acordos de acionistas cujo objeto seja as participações detidas na Telecom Italia S.p.A., ressalvadas as renovações com acionistas da Telco; (iv) proibição de aumento de participação acionária direta ou indireta na Telecom Italia S.p.A., ressalvadas aquelas necessárias à consecução das medidas de desinvestimento assumidas no presente acordo; e (v) proibição de eleição como membros do Conselho de Administração de qualquer empresa estabelecida no Brasil, controlada direta ou indiretamente pela Telefónica S.A., membros do Conselho de Administração de qualquer empresa estabelecida no Brasil, controlada direta ou indiretamente pela Telecom Italia S.p.A. Da mesma forma, não poderá ser indicado como conselheiro de quaisquer empresas estabelecidas no Brasil e controladas direta ou indiretamente pela Telefônica do Brasil S.A. (que absorveu os negócios e as autorizações da Vivo S.A. por incorporação), qualquer pessoa que, nos doze meses anteriores à sua indicação, tenha ocupado o cargo de administrador ou equivalentes de qualquer empresa, estabelecida no Brasil, controlada direta ou indiretamente pela Telecom Italia S.p.A. Como já destacado anteriormente, essa supressão de direitos políticos foi proposta para reduzir influência da Telefónica S.A. na Telecom Italia S.p.A. após a concretização da presente operação e para assegurar a independência entre os negócios dessas empresas".

jurídica, contábil e informacional entre entidades verticalmente relacionadas num mesmo grupo econômico resultante da operação[47]. Isso tende a limitar a capacidade de discriminação de concorrentes e/ou tornar eventual discriminação mais fácil de ser detectada.

De outro lado, nos casos de operações horizontais com elevada concentração e integração total entre as empresas, têm se mostrado práticas usuais a imposição de obrigações que vedam temporariamente a aquisição de unidades de produção adicionais[48] ou a participação em operações de concentração com empresa atuante no mesmo mercado[49] ou, então, que proíbem a oferta ao mercado de certos produtos ou serviços seus[50]. O racional desse tipo de medida é abrir espaço para a entrada de novos concorrentes, ou a expansão dos já existentes, em face da ausência ou da atuação limitada temporária dos requerentes da operação no mercado, além de coibir eventual exercício de poder de mercado[51].

Ainda nas operações horizontais complexas, o Cade tem dado sinalizações de que avaliará com cautela qualquer concentração adicional naquele

---

[47] E.g. All/Rumo Logística: "[...] o Acordo prevê a completa separação dos contratos de prestação de cada um desses serviços, com a garantia de a contratação de transporte ferroviário, de forma isolada ou conjunta a outros serviços, sempre por preços compatíveis com o tipo de contratação. Dessa forma, impossibilita-se o fechamento de mercado a concorrentes do Grupo Cosan nos mercados em questão".

[48] E.g. JBS/Rodopa: "2.1.4 A JBS se compromete, pelo prazo de [*acesso restrito ao Cade e às Requerentes*] a contar da assinatura do presente ACC, a não adquirir unidades industriais de abate de bovinos em funcionamento nos Estados nos quais a JBS detenha participação de mercado na atividade de abate de bovinos superior a [acesso restrito ao Cade e às Requerentes] [...]".

[49] E.g. Cromossomo Participações II / Diagnósticos da América: "[...] EB e DB se comprometem, pessoalmente e por intermédio idas empresas do Grupo EB, pelo prazo de 3 (três) anos, a não participar de qualquer operação descrita nos itens (a) a (c) abaixo, envolvendo empresas prestadoras de serviços de SAD nos mercados relevantes de [...] a. fusão ou incorporação de empresa atuante em mercado de SAD Municípios Fluminenses; b. aquisição, direta ou indireta, por compra ou permuta de ações, quotas, títulos ou valores mobiliários conversíveis em ações, ou ativos, tangíveis ou intangíveis, por via contratual ou por qualquer outro meio ou forma, do controle ou partes de uma ou outras empresas atuantes em mercado de SAD dos Municípios Fluminenses; ou c. celebração de contrato associativo, consórcio ou *joint venture* com empresa atuante em mercado de SAD dos Municípios Fluminenses".

[50] E.g. Anhanguera Educacional/Kroton Educacional (foi determinada limitação da captação de novos alunos em certos mercados relevantes, bem como vedada a oferta de determinados cursos, durante determinado período).

[51] E.g. Estácio Participações/TCA Investimentos em Participações: "[...] como é necessário contornar a ausência ou a fragilidade da rivalidade nos poucos mercados problemáticos, o remédio comportamental tem por intuito criar condições favoráveis (oportunidades de vendas) para a entrada e/ou expansão de concorrentes, com a possibilidade de restaurar a concorrência suficiente, além de contribuir para coibir eventual exercício de poder de mercado".

mercado. Nesse sentido, são inseridas cláusulas que exigem que operações futuras sejam submetidas ao Cade independentemente de atingirem os patamares de faturamento de submissão obrigatória da Lei 12.529/2011. Cláusula desta natureza foi utilizada no caso Cromossomo Participações II/DASA, em que se exigiu a submissão de qualquer operação, independentemente do faturamento das partes, em outros mercados[52].

No caso de atos de concentração envolvendo integração vertical, a preocupação central é com a possibilidade de fechamento de mercado ou aumento de custos de rivais no acesso a insumos (em mercados a montante) ou canais de distribuição (em mercados a jusante). Assim, nesses casos, o Cade pode exigir que os produtos e serviços das requerentes sejam fornecidos sob condições não discriminatórias, com base em parâmetros usuais de mercado[53]. Da mesma forma, as requerentes podem se comprometer a definir critérios objetivos para precificação dos serviços prestados ou produtos fornecidos aos concorrentes[54]. Geralmente, a preocupação é tornar isonômico o tratamento de partes relacionadas e de partes não relacionadas com empresa verticalmente integrada.

Sem sair das operações verticais, outra possibilidade é a determinação de retirada de cláusula que obrigue ou direcione a contratação com fornecedor que tenha relação de controle com o contratante, também com o objetivo de evitar tratamento discriminatório pelas requerentes. Ainda como forma de desestímulo à adoção de condutas discriminatórias/exclusionárias, dessa vez desde o âmbito interno da empresa, o Cade pode impor a adoção de certos mecanismos de governança corporativa[55].

---

[52] A medida já havia sido exigida sob a égide da antiga Lei. Cf. AC 08012.010038/2010-43, Requerentes: Diagnósticos da América S.A e MD1 Diagnósticos S.A., Rel. Ricardo Machado Ruiz, *DOU* 10.12.2013

[53] E.g. ACC com Bromisa Industrial e Comercial /ICL Brasil/Fosbrasil: "1.1 ICL Brasil compromete-se a, em seguida à consumação da Operação, fazer com que a Fosbrasil ofereça contratos de fornecimento de ao menos 1 (um) ano de duração e até 8 (oito) anos de duração, conforme o interesse do adquirente, para a venda de PPA de grau alimentício a todos os produtores independentes de sais de fosfato de grau alimentício localizados no Brasil que tenham comprado pelo menos 100 T/P205 de PPA de grau alimentício da Fosbrasil considerando-se o volume médio anual de compra nos anos de 2012, 2013 e 2014. A oferta deverá observar as seguintes condições: 1.1.1 O preço cobrado na venda de PPA de grau alimentício a produtores de sais de fosfato de grau alimentício localizados no Brasil será fixado livremente pelas partes contratantes, de acordo com a boa-fé e as condições usuais de mercado, não podendo ser superior ao valor resultante dos critérios definidos nas cláusulas 2.1.2 a 2.1.4 abaixo".

[54] E.g. Monsanto/Bayer e All/Rumo Logística.

[55] E.g. ALL/Rumo Logística: "Como garantia de uma atuação eficaz, se expandiu a área de atuação do CPR (Comitê de Partes Relacionadas), que deverá garantir o tratamento isonômico e não-discriminatório no que toca à contratação, precificação e prestação do serviço, bem como garantir o nível de atendimento do Painel. Assim, deverá assegurar a celebração

Em outros casos, os remédios comportamentais têm sido utilizados para garantir o atingimento de certas eficiências a serem compartilhadas com consumidores. Assim, por exemplo, os ACCs podem estabelecer compromissos de preservação de qualidade de serviços[56]. No caso Anhanguera Educacional/Kroton Educacional, por exemplo, integrou o acordo cláusula que obrigava a criação de "consistentes obrigações de qualidade", visando assegurar que "as eficiências da operação sejam efetivamente repassadas aos estudantes/consumidores", tais como a exigência de titulação dos docentes, incremento das ferramentas de ensino disponíveis em ensino a distância (EAD) e qualificação do corpo tutorial. Nesses casos, o objetivo do Cade tem sido garantir que a operação resulte em aumento de bem-estar do consumidor, por meio de exigências de qualidade a serem cumpridas pelas requerentes. Essas obrigações, no entanto, podem ser de difícil monitoramento e deveriam ser utilizadas com parcimônia.

No desenho dos remédios comportamentais, o Cade deve sempre se atentar à proporcionalidade das medidas a serem impostas em relação às preocupações concorrenciais que a operação enseja[57]. Assim, é tanto melhor, sempre que possível, a especificação de obrigações pontuais ao invés de intervenções genéricas. Daí a importância da limitação temporal e geográfica das exigências previstas, ou então, por produto ou serviço considerado "problemático"[58].

Ao imporem obrigações de fazer, os remédios comportamentais exigem um monitoramento de sua implementação. Nesse sentido, o Cade

---

de contratos com concorrentes do Grupo Cosan – aí incluída a atuação na prestação de serviços logísticos da nova companhia –, (i) recomendando a aprovação de transações ao Conselho de Administração, ou (ii) encaminhando ao Conselho de Administração parecer desfavorável à celebração de transações em que entender haver tratamento discriminatório de Concorrentes, incluindo (mas não se limitando) a preços, à luz dos critérios objetivos de precificação descritos anteriormente".

[56] E.g. Anhanguera Educacional/Kroton Educacional (exigências relacionadas a titulação dos docentes, incremento das ferramentas de ensino disponíveis e qualificação do corpo tutoria) e Telefônica/GVT (obrigação de manter a qualidade dos serviços prestados pela GVT, manutenção da área de cobertura geográfica de atendimento, manutenção da oferta de planos de serviços, manutenção da média de velocidade de acesso de banda larga).

[57] A Conselheira Ana Frazão no caso Estácio Participações/TCA Investimentos em Participações afirmou se entender que "eventuais remédios também devem atender ao princípio da proporcionalidade e levar em consideração os custos-benefícios da sua implementação, principalmente sob o ponto de vista do consumidor".

[58] A SG, no caso Estácio Participações/TCA Investimentos em Participações, emitiu parecer no qual ressaltou que "os problemas identificados em decorrência das sobreposições entre Estácio e Uniseb são pontuais, limitados a poucos municípios brasileiros, e não são verificados em nível nacional (pelo contrário, em nível nacional a operação é potencialmente pró-competitiva)", recomendando que eventual remédio a ser adotado se restringisse aos cursos municipais negativamente afetados pela operação.

geralmente exige o envio periódico de relatórios. Além disso, em alguns casos, o ACC prevê a chamada "política de portas abertas" (*open door policy*), segundo a qual as requerentes devem permitir que qualquer funcionário do Cade, mediante notificação prévia, mas independentemente de ordem judicial, tenha acesso às suas dependências para realização de inspeção[59].

Mapeados os principais e mais frequentes temas abordados nos acordos dos últimos anos, a Tabela 2 identifica os atos de concentração aprovados com restrições comportamentais, implementadas por meio de ACCs, no regime da nova lei até julho de 2015, dos quais se retiraram os elementos necessários à análise desta seção.

Tabela 2 – Atos de concentração com medidas comportamentais[60]

Estácio Participações/ TCA Investimentos em Participações[61]	2014	Limitação de captação de novos alunos em certos mercados relevantes.
Anhanguera Educacional/Kroton Educacional[62]	2014	Limitação de captação de novos alunos em certos mercados relevantes; oferta de determinados serviços, e obrigações de qualidade.
Videolar/Innova[63]	2014	Obrigação de produtividade, licenciamento de patente, adoção de programa de *compliance*, obrigação de não realizar aquisições novas durante certo período, medidas para privilegiar a neutralidade tributária e investimento em pesquisa e desenvolvimento.
Cromossomo Participações II/ Diagnósticos da América[64]	2014	Obrigação de não realizar aquisições novas durante certo período, combinada com obrigação de notificação obrigatória para todas operações em certos mercados relevantes.

59 E.g. Cláusula 3.4 do ACC entre JBS/Rodopa: "As Compromissárias se comprometem a manter uma política de portas abertas I (*open door policy*) ao CADE, a qual permitirá que qualquer funcionário do CADE devidamente identificado, mediante pré-notificação de 72 (setenta e duas) horas e independentemente de ordem judicial, tenha acesso às dependências das Compromissárias para realização de inspeção".

60 Há atos de concentração da Tabela 1 que se repetem na Tabela 2. Isto ocorre quando são congregadas em um mesmo ACC obrigações de caráter estrutural e comportamental.

61 AC 08700.009198/2013-34, Requerentes: Estácio Participações S.A e TCA Investimento em Participações Ltda, Rel. Ana Frazão, DOU 20.05.2014.

62 AC 08700.005447/2013-12, Requerentes: Kroton Educacional S.A e Anhanguera Educacional Participações S.A., Rel. Ana Frazão, DOU 20.05.2014.

63 AC 08700.009924/2013-19, Requerentes: Videolar S.A e Innova S.A, Rel. Márcio de Oliveira Júnior, DOU 07.10.2014.

64 AC 08700.002372/2014-07, Requerentes: Cromossomo Participações II S.A e Diagnósticos da América S.A, Rel. Alessandro Octaviani Luis, DOU 22.07.2014.

JBS/Rodopa[65]	2014	Obrigação temporária de não realizar aquisições de novas unidades industriais durante certo período, o que inclui renunciar seu direito de preferência na compra de unidades arrendadas, e de manter em atividade, por 3 anos, as unidades industriais objeto da operação no nível médio de produtividade do ano anterior. Obrigação temporária de notificar/informar o Cade de novas aquisições, locações ou arrendamentos de unidades.
Bromisa Industrial e Comercial /ICL Brasil/ Fosbrasil[66]	2014	Obrigação temporária de fornecer por preço não superior ao cobrado nas vendas antes da operação e sob condições não discriminatórias, e de informar casos de antidumping ao Cade.
Monsanto/Bayer[67]	2015	Tratamento não discriminatório e proibição de acesso a informações concorrencialmente sensíveis.
Continental/ Veyance[68]	2015	Proibição de acesso a informações concorrencialmente sensíveis e independência de gestão em relação ao negócio a ser desinvestido, até que a venda ocorresse; obrigação de produtividade.
All/Rumo Logística[69]	22015	Tratamento não discriminatório e separação de gestão dos ativos ferroviários em relação a outras atividades do grupo.
GSK/Norvatis[70]	2015	Proibição de acesso a informações concorrencialmente sensíveis.
Telefônica/ Assicurazioni S.p.A/Intesa Sanpaolo[71]	2015	Restrições de direitos políticos da Telefônica S.A. em relação à Telecom Italia S.p.A. e proibição de acesso a informações concorrencialmente sensíveis.
Telefônica/GVT[72]	2015	Obrigações de qualidade; restrições de direitos políticos da Vivendi na Telefônica Brasil S.A. e proibição de acesso a informações concorrencialmente sensíveis.

[65] AC 08700.010688/2013-83, Requerentes: JBS S.A, Rodopa Indústria e Comércio de Alimentos Ltda., Forte Empreendimentos e Participações Ltda., Rel. Márcio de Oliveira Júnior, DOU 17.12.2014.

[66] AC 08700.000344/2014-47, Requerentes: Bromisa Indústria e Comercial Ltda. e ICL Brasil Ltda., Rel. Ana Frazão, DOU 17.12.2014.

[67] AC 08700.004957/2013-72, Requerentes: Monsanto do Brasil Ltda. e Bayer S.A, Rel. Alessandro Octaviani Luis, DOU 28.01.2014.

[68] AC 08700.004185/2014-50, Requerentes: Continental Aktiengesellschaft e Veyance Technologies, Inc., Rel. Ana Frazão, DOU 04.02.2015.

[69] AC 08700.005719/2014-65, Requerentes: Rumo Logística Operadora Multimodal S/A e ALL - América Latina Logística S.A, Rel. Gilvandro Vasconcelos Coelho Araujo, DOU 26.02.2015.

[70] AC 08700.008607/2014-66, Requerentes: GlaxoSmithKline PLC. e Novartis AG. Rel. Márcio de Oliveira Júnior, DOU 03.03.2015.

[71] AC 08700.009731/2014-49, Requerentes: Telefónica S.A., Assicurazioni Generali S.p.A., Intesa Sanpaolo S.p.A. e Mediobanca S.p.A., Rel. Márcio de Oliveira Júnior, DOU 31.03.2015.

[72] AC 08700.009731/2014-49, Requerentes: Telefônica Brasil S.A., Telefónica S.A., GVT Participações S.A. e Vivendi S.A., Rel. Márcio de Oliveira Júnior, DOU 31.03.2015.

De modo geral, não se nota diferenças substanciais no desenho de remédios comportamentais após a entrada em vigor da Lei 12.529/2011. A maior parte dessas decisões não implica custos elevados às requerentes do ato de concentração e poderiam ter sido impostas mesmo sob o regramento da lei antiga. Há, é claro, uma maior preocupação com a execução e monitoramento das obrigações comportamentais previstas nas decisões do Cade, sobretudo se comparadas com aquelas adotadas nos primeiros anos da Lei 8.884/1994. Essas inovações, contudo, não podem ser atribuídas à mudança legal e já se faziam notar nos últimos anos de vigência da lei antiga. Não está aqui, portanto, o maior efeito da mudança legal.

3.4. Inovações procedimentais na implementação de remédios em ACs

Como apontado acima, o novo regime de análise de concentração favoreceu a negociação de ACCs. De fato, de uma forma geral, as partes buscam uma solução negociada, definindo o pacote de remédios necessários para a aprovação da operação[73]. Medidas impostas de forma unilateral pelo Cade tem se tornado mais raras, especialmente quando tais medidas envolvem algum tipo de desinvestimento[74].

Conforme dados divulgados pelo Cade[75], dos 20 casos que chegaram ao Tribunal do Cade com impugnação da SG até maio de 2015, apenas três sofreram restrições unilaterais referentes à amplitude de suas cláusulas de não concorrência. Dentre os demais 17 casos, 16 foram aprovados com restrições negociadas e implementadas por meio de ACCs e 1 caso foi reprovado. Esses

---

[73] Voto da Conselheira Ana Frazão no caso Anhanguera Educacional/Kroton Educacional: "Com efeito, casos como o presente mostram-se particularmente vocacionados para uma solução consensual, hipótese em que a amplitude das soluções e arranjos para os problemas concorrenciais aumenta consideravelmente, tanto do ponto de vista qualitativo como quantitativo. Dessa maneira, a autoridade antitruste pode combinar soluções estruturais e comportamentais com maior largueza, como também pode prever obrigações que, em razão da sua especificidade ou natureza, exigem necessariamente a aceitação das partes, tanto para efeitos de exeqüibilidade, como para efeitos de monitoramento".

[74] Voto da Conselheira Ana Frazão no caso Bromisa Industrial e Comercial /ICL Brasil/ Fosbrasil: "[...] soluções negociadas, desde que sejam capazes de resolver os problemas concorrenciais identificados, são sempre preferíveis a remédios unilaterais, até porque garantem à autoridade antitruste maior flexibilidade na negociação do acordo, ampliando as soluções e arranjos disponíveis tanto do ponto de vista qualitativo quanto quantitativo, além de, em regra, serem mais fáceis de monitorar em razão da própria disposição das partes em cumprir o ajuste".

[75] CADE. *Balanço do Triênio da Lei 12.529/11 e perspectivas da defesa da concorrência no Brasil*, maio de 2015. Disponível em: <http://www.Cade.gov.br/upload/Balan%C3%A7o%203%20anos%20nova%20lei.pdf>. Acesso em: 20 ago.2015.

dados passam uma clara dimensão da importância de remédios negociados desde a entrada em vigor da nova lei antitruste.

Nesse contexto de intensificação e maior sofisticação dos ACCs, é natural que tenham surgido inovações tanto no processo de negociação quanto no processo de implementação de remédios. Neste tópico, procura-se identificar algumas dessas inovações, sem qualquer pretensão de exauri-las.

No plano da negociação, uma inovação relevante foi a criação de fortes incentivos para discussão de remédios ainda no âmbito da Superintendência-Geral do Cade. De fato, na vigência da Lei 8.884/1994, as requerentes geralmente deixavam para negociar remédios apenas perante o Cade, sendo praticamente inexistente esse tipo de discussão na fase de instrução perante a SDE e a Seae.

Com a Lei 12.529/2011 e a necessidade de espera pela decisão do Cade para o fechamento da operação, o tempo de análise passou a ser um elemento crítico para as partes requerentes. Nesse contexto, com vistas a facilitar a discussão com o Tribunal do Cade e acelerar a aprovação de operações complexas, tornou-se comum que as requerentes busquem identificar remédios adequados a sanar preocupações concorrenciais ainda na SG. Nesses casos, a SG encaminha sua impugnação juntamente com a proposta de ACC ao Tribunal[76], recomendando a aprovação com as restrições já negociadas com as partes[77]. Evidentemente, o Tribunal pode entender necessário complementar o ACC proposto pela SG e pelas Requerentes, mas essa negociação complementar tende a ser construída sobre uma minuta já bastante avançada de acordo. Neste ponto, soma-se mais um dos efeitos da nova lei, apresentados no início desta seção. Com a maior proximidade entre o órgão de instrução e o julgador, há maior confiança às Requerentes de que os termos negociados na SG reflitam preocupações substancialmente compartilhadas pelo tribunal. Com maior previsibilidade, maiores são os incentivos para que as Requerentes se engajem em uma negociação já na fase de instrução do caso.

Nesse contexto de negociação inicial perante a SG, outra inovação dos primeiros anos de vigência da Lei 12.529/2011 foi a implementação de testes de mercado (*market tests*), em que a SG requer a manifestação de terceiros (geralmente escolhidos dentre potenciais compradores de ativos, concorrentes e/ou clientes) sobre o pacote de remédios em discussão[78]. Esses testes de mercado,

---

[76] Vide artigo 125, §3.º, do Regimento Interno do CADE.

[77] E.g. Holcim/Lafarge: "A SG entendeu que o remédio proposto é suficiente para eliminar eventuais preocupações concorrenciais decorrentes da operação nos mercados de cimento e concreto, uma vez que elimina sobreposições horizontais geradas, com formas de monitoramento e critérios de elegibilidade de potenciais compradores satisfatórios".

[78] No caso GSK/Novartis, a SG, em instrução no Ato de Concentração da joint venture GSK/Novartis, contatou agentes do mercado que poderiam constituir potenciais compra-

inexistentes na vigência da Lei 8.884/1994, podem vir a agregar informações importantes para a análise do Cade. Evidentemente, as informações recebidas de terceiros interessados devem ser levadas em consideração com alguma parcimônia, dentro de um universo mais amplo de informações disponíveis.

Quanto à implementação de remédios, o ACC se transformou no principal instrumento que estrutura as medidas a serem impostas. Como tal, o ACC não apenas materializa a substância das condicionantes, mas também detalha o procedimento a ser seguido pelas partes. Nos últimos anos, alguns procedimentos inovadores na implementação de remédios tem sido testados pelo Cade e pelas requerentes.

Assim, por exemplo, inspirado em experiências estrangeiras, o Cade tem se utilizado de terceiros com deveres fiduciários perante o Tribunal (*trustees*) para garantir o cumprimento das obrigações impostas às Requerentes. Esses terceiros têm sido denominados "*trustee* de monitoramento" e "*trustee* de desinvestimento". O primeiro é responsável pelo monitoramento geral do cumprimento de obrigações, incluindo remédios comportamentais[79-80]. O segundo é responsável por concluir determinado desinvestimento que, por qualquer razão, as requerentes da operação não conseguiram implementar no

---

dores do Negócio Desinvestido, bem como parceiros da eventual compradora (fabricantes terceirizados e embaladores). Cada interessado prestou informações à SG e, com base nelas, o CADE concluiu que as opções de comprador oferecidas pela Requerente eram viáveis.

[79] E.g. ACC entre GSK/Novartis: "1.22. Trustee de Monitoramento: uma ou mais pessoas, natural ou jurídica, independente(s) da GSK e da Novartis, que seja(m) designada(s) pela GSK e aprovada(s) pelo CADE que tem(têm) o dever de supervisionar o cumprimento, pela GSK, das obrigações e das condições estabelecidas por este ACC. [...]".

[80] E.g. GSK/Novartis: "As obrigações do trustee de monitoramento, em suma, compreendem: (i) propor, em seu primeiro relatório, plano de trabalho de monitoramento das obrigações; (ii) supervisionar, em cooperação com o Gerente do Négocio Desinvestido Brasileiro, a administração contínua do Negócio Desinvestido para garantir a sua viabilidade, comercialização e competitividade econômica; (iii) determinar medidas para impedir o acesso da GSK às informações confidenciais do Negócio Desinvestido Brasileiro e se empenhar para interromper a participação do negócio desinvestido na rede central de tecnologia da Requerente; (iv) decidir quais informações podem ser divulgas ou mantidas pela GSK; (v) monitorar a separação dos ativos e alocação do pessoal-chave do Negócio Desinvestido Brasileiro; (vi) analisar e avaliar compradores potenciais e o andamento do processo de alienação (tais como se os compradores potenciais estão recebendo informações suficientes e corretas com relação ao negócio e ao pessoal-chave); (vii) agir como ponto de contato para quaisquer solicitações de terceiros; (viii) fornecer ao CADE um relatório escrito, em até [acesso restrito ao Cade e às Requerentes] do final de cada mês, relativo ao cumprimento das obrigações dispostas no acordo; (ix) reportar prontamente ao CADE se concluir que os Compromissos previstos no ACC estão sendo descumpridos; e (x) submeter ao CADE, dentro de [acesso restrito ao Cade e às Requerentes] do recebimento da proposta documentada de alienação, um parecer fundamentado relativo à adequação e à independência do comprador proposto e viabilidade do negócio".

prazo e forma previstos pelo ACC[81]. No caso da *joint venture* GSK/Novartis, previu-se que o *trustee* de desinvestimento só seria nomeado no caso (i) de os ativos não serem alienados no prazo previsto ou (ii) de o Cade não aprovar o comprador proposto pela requerente[82].

O *trustee* de monitoramento é, especialmente, uma resposta interessante ao entendimento do Cade de que "a solução negociada não só deve ser adequada para sanar o problema competitivo observado, como deve gerar o mínimo custo de monitoramento possível"[83].

Outra preocupação recorrente sobre o período entre a decisão final e assinatura do ACC e a implementação da medida de desinvestimento diz respeito à manutenção da viabilidade do negócio ou dos ativos a serem alienados. Para lidar com essa preocupação, o Cade tem incluído em certos ACCs previsões que garantam a integridade e o isolamento do negócio a ser alienado, por exemplo, por meio da nomeação de um administrador independente. O objetivo é garantir que se mantenham a "viabilidade, negociabilidade e competitividade" do negócio desinvestido até que se conclua a alienação para um terceiro[84].

Ainda no que tange à implementação dos remédios, especialmente no caso de medidas estruturais, o Cade e as partes requerentes têm desen-

---

[81] E.g. ACC entre GSK/Novartis: "1.21. Trustee de Desinvestimento: uma ou mais pessoas, natural ou jurídica, independente(s) da GSK e da Novartis, que seja(m) designada(s) pela GSK e aprovada(s) pelo CADE que receba(m) o Mandato de Trustee em caráter exclusivo, para alienar o Negócio Desinvestido Brasileiro a um Comprador sem exigir um preço mínimo. [...] 2.2. [...] Se a GSK não tiver celebrado esse acordo no término do Primeiro Período de Desinvestimento e se o CADE não tiver concedido prorrogação de prazo para que a GSK venda o Negócio Desinvestido Brasileiro, a GSK concederá ao Trustee de Desinvestimento um mandato exclusivo para vender o Negócio Desinvestido Brasileiro [...]".

[82] E.g. GSK/Novartis: "O *trustee* de desinvestimento apenas será nomeado se: (i) a venda não for realizada no prazo de [acesso restrito ao Cade e às Requerentes]; ou (ii) o CADE não aprovar o Comprador proposto pela GSK. Ele deverá ser um terceiro independente e terá como atribuições administrar o Negócio Desinvestido e propor um Comprador".

[83] Voto da Conselheira Ana Frazão no caso Estácio Participações/TCA Investimentos em Participações.

[84] E.g. Cláusula 4.1.1 do ACC entre Continental/Veyance: "4.1.1. As Requerentes se obrigam a preservar a viabilidade, a negociabilidade e a competitividade do Negócio Desinvestido até a conclusão desse desinvestimento para terceiro. Durante esse período, o Negócio Desinvestido de Molas será administrado por um Administrador Independente, a ser apontado pelas Requerentes e aprovado pelo CADE, que será responsável pela administração do Negócio Desinvestido de Molas como uma entidade separada do negócio detido pela Continental. O CADE poderá, a qualquer momento, solicitar acesso a todo e quaisquer documentos, fiscalizar o Negócio Desinvestido de Molas, e realizar qualquer outro ato que entenda necessário para a supervisão do cumprimento das obrigações impostas neste ACC".

volvido diferentes abordagens para garantir sua implementação adequada: (i) em alguns casos, o Cade condiciona o fechamento da operação original à assinatura de um instrumento de venda vinculante para operacionalizar o desinvestimento (solução conhecida como *up-front buyer*)[85]; (ii) em adição a esta obrigação, quando a identidade do comprador parece essencial ao Cade, o órgão pode prever também que as partes informem todas as ofertas que venham a receber pelos ativos[86]; (iii) em casos mais raros, as requerentes podem vir a implementar uma solução de desinvestimento antes mesmo de chegar a uma decisão do Cade, na tentativa de eliminar a preocupação concorrencial *ex ante* e acelerar o processo de aprovação (solução do tipo *fix-it-first*).

Evidentemente, esses mecanismos implicam diversos *trade-offs* para o Cade e para as partes. Uma solução do tipo *up-front buyer* pode ser bastante onerosa para as partes na medida em que impõe um prazo adicional de espera para o fechamento da operação original. Uma solução do tipo *fix-it-first,* por sua vez, pode ser arriscada, na medida em que as partes não têm nenhuma garantia de que a medida adotada unilateralmente seja suficiente para eliminar todas as preocupações da autoridade.

A experiência com esses tipos de soluções ainda é recente e não está amadurecida no Cade. Como ocorre com todo remédio, é preciso uma análise cuidadosa de razoabilidade e adequação para a sua adoção. Não se pode perder de vista que, em uma parte relevante dos casos de medidas estruturais, o simples acordo para a realização de um determinado desinvestimento, num horizonte de tempo adequado, e com um procedimento estruturado (e.g. venda direta, seguida de leilão com preço mínimo, seguida de leilão sem preço mínimo) pode ser suficiente, gerando menores ônus para as partes requerentes e para o próprio Cade.

Finalmente, vale apontar que a implementação do regime de análise prévia de fusões trouxe uma cooperação mais próxima entre o Cade e outras autoridades antitruste na análise de operações submetidas simultaneamente em várias jurisdições. Essa cooperação tem influenciado no desenho de remédios em alguns atos de concentração. Assim, por exemplo, é possível que uma medida de desinvestimento seja suficiente para eliminar as preocupações concorrenciais de múltiplas autoridades. Nesses casos, a medida prevista no

---

[85] E.g. em Holcim/Lafarge, o acordo previa que a operação só poderia ser concretizada após a devida alienação dos ativos.

[86] Isso ocorreu, por exemplo, no caso Continental/Veyance, em que o Cade impôs às requerentes a obrigação de apresentar informações sobre todas as pessoas que manifestassem interesse em adquirir o ativo Nos termos do voto condutor do acórdão: "A obrigação (de informar os compradores interessados ao CADE) permite que o CADE possa monitorar se as requerentes estão preterindo eventuais compradores que teriam maior possibilidade de atuar como um concorrente efetivo no mercado brasileiro, o que, obviamente, deverá ser considerado quando da aprovação do adquirente pelo CADE".

ACC firmado com o Cade pode ser rigorosamente a mesma prevista na negociação com uma autoridade de outra jurisdição, apenas com ajustes pontuais para atender as especificidades brasileiras[87]. Na prática, as partes envolvidas na operação negociam soluções estruturais que possam solucionar simultaneamente as preocupações das múltiplas autoridades antitruste com competência para avaliar a operação.

Em suma, também no campo procedimental, a experiência durante os primeiros anos da Lei 12.529/2011 tem sido rica e inovadora. Tanto o Cade quanto as partes têm desenvolvido novas técnicas de implementação de remédios que merecem ser observadas nos próximos anos.

4. CONCLUSÕES E O CAMINHO À FRENTE

Este capítulo procurou fazer uma análise da experiência recente do Cade com remédios em atos de concentração econômica. Mais especificamente, procuramos comparar a experiência durante a vigência da Lei 8.884/1994 (Seção 2) com a experiência nos primeiros anos de aplicação da Lei 12.529/2011 (Seção 3), com vistas a identificar as principais alterações ocorridas com a implementação do novo quadro normativo e institucional.

De forma geral, a análise identifica alguns aspectos em que a nova Lei de Defesa da Concorrência representou um ponto de inflexão em relação à experiência anterior, com inovações importantes. Nesse sentido, é especialmente relevante a mudança de incentivos para a negociação de Acordos em Controle de Concentração (ACCs), o que tem transformado as soluções consensuais na estratégia dominante para o Cade e para as requerentes na avaliação de operações complexas (Seção 3.1). Remédios impostos unilateralmente pelo Cade tornaram-se uma exceção nos primeiros anos de vigência da nova Lei.

Da mesma forma, com a implementação do regime de análise prévia de fusões, assistimos a um importante aumento no uso de remédios estruturais, quanto comparado com o histórico da Lei 8.884/1994. Esses remédios têm se tornado mais sofisticados e mais frequentes nas operações de elevada complexidade. Com a colaboração das partes, o Cade tem desenhado medidas de desinvestimento de ativos para solucionar preocupações concorrenciais

---

[87] E.g. Ahlstrom Corporation/Munksjö AB: "Tais propostas são equivalentes aos Commitments apresentados pelas Requerentes à Comissão Europeia também como alternativa para a aprovação da operação. Neste aspecto, ressalto mais uma vez a inestimável contribuição da Comissão para a compreensão dos termos apresentados, bem como para a análise dos efeitos do Acordo no ambiente concorrencial".

E.g. Continental/Veyance: "No que se refere ao mercado de molas pneumáticas, o acordo, na verdade, reflete substancialmente as obrigações assumidas com o DoJ nos Estados Unidos, como requisito para o fechamento da operação naquele país. A adesão ao remédio já havia ocorrido no Canadá e no México".

específicas. A Seção 3.2 procurou descrever essa experiência recente e as inovações identificadas.

De outro lado, no que tange aos remédios comportamentais, identificamos uma certa continuidade da experiência do Cade nos anos finais de vigência da Lei 8.884/1994. Os mesmos tipos de preocupações e de remédios aplicados no âmbito da lei antiga vêm sendo utilizados pela autoridade no âmbito da nova lei. As inovações incrementais neste campo estão mais associadas ao desenho de instrumentos de monitoramento e transparência na implementação dos remédios, seguindo uma tendência já identificada no marco regulatório anterior (vide Seção 3.3).

Finalmente, do ponto de vista procedimental, o Cade tem testado novos instrumentos, como o uso de agentes com deveres fiduciários na implementação de remédios (*trustees*), a realização de testes de mercado para avaliar a viabilidade e suficiência de certos remédios (*market tests*) e o desenho de diferentes abordagens para garantir a implementação adequada de remédios estruturais (como, por exemplo, a implementação de soluções do tipo *up-front buyer*). Nesse campo, os novos instrumentos ainda precisam amadurecer com base na experiência reiterada, avaliando-se os ônus e benefícios de sua utilização em cada contexto de concentração.

A julgar pela experiência recente, o Cade vem ampliando a sua capacidade de desenhar remédios para solucionar preocupações concorrenciais em operações de concentração econômica, num contexto de soluções consensuais (ACCs). Esse movimento viabilizado pela Lei 12.529/2011 tende a ser mais eficaz e menos traumático para a autoridade e para administrados. É importante que essa trajetória dos primeiros anos da Lei 12.529/2011 se consolide, garantindo o sucesso do controle prévio de concentrações, num ambiente de previsibilidade e segurança jurídica. Com isso, o Cade dará uma importante contribuição para o ambiente de negócios do País.

CONCORRÊNCIA: A LEI 12.529/2011 E OS E-MERCADOS

Carol Elizabeth Conway

1. INTRODUÇÃO

A vida cotidiana sofreu profundas mudanças nas últimas décadas. Essa realidade, intimamente ligada aos fenômenos tecnológicos, trouxe benefícios, desafios, certezas e dúvidas a todos nós, das pessoas (físicas e jurídicas) aos governos. Sob a ótica existencial em geral, ao mesmo tempo em que existe um sentimento de ampliação do exercício das liberdades (de expressão, inciativa etc.) pelo uso de celulares, computadores, redes sociais e afins, é inevitável que existam dúvidas sobre a artificialidade da era contemporânea. Seremos superados por nossas próprias criações digitais, ou conviveremos de forma harmônica com a "nuvem", algoritmos, robôs e novas criações?

Sob a ótica governamental, o conceito de soberania, que já havia sido fortemente impactado pelo fenômeno econômico à época da revolução industrial, está novamente em xeque pela chamada "virtualidade", que, na prática, permite que empresas exerçam suas atividades de qualquer lugar do mundo, impondo desafios ao poder público que vão desde o exercício do poder de polícia até o controle regulatório – o que leva alguns, inclusive, a fazer referência de um "direito administrativo sem fronteiras" –, contestando, por meio de simples algoritmos, o conceito divisório entre um país e outro. É chegada a era da inevitável reflexão sobre a "tecnosoberania".

No entanto, não é de hoje que o Direito- nossa tecnologia jurídica- é questionado quanto à sua capacidade de prever e regular os fatos da vida cotidiana através de seus códigos da era napoleônica e dizeres em latim, de complicada atualização. Tais discussões, cíclicas, são relevantes e bastante presentes no ramo econômico, vez que os operadores do Direito interagem de forma muito próxima com agentes de mercado, estes guiados por outros contornos, a exemplo da regra da sobrevivência dos mais eficazes, rápidos, inovadores e estratégicos.

De fato, relacionar-se com o dinamismo dos mercados através do Direito é ter o tão fundamental quanto difícil papel de disciplinar as intervenções jurídicas necessárias à garantia de uma economia saudável, sem atravancá-la, o que não é nada trivial diante da alta capacidade (e criatividade) dos agentes econômicos e de seus confrontos com a formalidade inerente ao ramo jurídico, ainda mais nos e-mercados.

Bem nessa linha, um dos desafios que cabe à lei que disciplina a matéria concorrencial (Lei 12.529/2011), isto é, que tutela a livre concorrência – pilar no qual se assenta a ordem econômica constitucional –, é a difícil missão de garantir que tais objetivos, o dinamismo e o Direito, à primeira vista antagonistas, sejam assegurados de maneira convergente, sem atrapalhar o saudável desenvolvimento da disputa por poder de mercado, a concorrência, conforme orientação clara da Constituição Federal, que fez da livre iniciativa também pilar da ordem econômica e do próprio Estado Democrático, impondo às autoridades competentes um papel residual, de repressão de abusos. A regra, em verdade, é a de que o Estado deve se abster de regular os mercados, para defender, pura e simplesmente, a sua existência natural, sem artificialidades.

A ainda incipiente tradição do direito concorrencial no Brasil, ao menos no período pós-redemocratização, tem deixado um desejável espaço para constantes revisões da lei, a partir de criação legislativa ou jurisprudencial, ferramentas do sistema jurídico que permitem sempre ajustar adequadamente a disciplina normativa não apenas aos objetivos da concorrência, mas também aos princípios da Administração Pública e aos anseios da sociedade.

E o exercício desse espaço "criativo" é de todo salutar sempre que exista necessidade de modernização do sistema, que deve ser apto a amparar amplamente a atuação das autoridades em busca de seu objetivo principal, qual seja, o de contribuir para que as estratégias empresariais se mantenham num patamar virtuoso, voltado ao constante incremento do bem-estar do consumidor e do País.

A lei de defesa da concorrência promulgada no Brasil em 2011 deu um passo muito interessante em direção a uma nova realidade, ainda mais alinhada aos princípios constitucionais da ordem econômica, especialmente ao eliminar determinados anacronismos, prevendo a existência de uma autoridade engajada em acompanhar os mercados de forma mais coesa e objetiva.

No mesmo sentido, algumas resoluções do Cade, em especial a Resolução 11, de 24 de novembro de 2014, que institui o processo eletrônico, colaboraram para a modernização da atuação do Estado em prol dos objetivos estabelecidos pelo constituinte. A política do "menos papel e menos burocracia" representa, sem dúvidas, um importante passo rumo à efetiva defesa da concorrência.

Do ponto de vista dos e-mercados, onde tudo está a apenas um clique de distância, a necessidade de instrumentos jurídicos que lidem com esta agilidade natural é não apenas desejável, mas essencial, tanto para garantia da livre iniciativa e livre concorrência (e do implícito bem-estar do consumidor), quanto para o indispensável desenvolvimento tecnológico do país, comando constitucional da maior importância para nossa sociedade nos dias atuais e que virão.

Assentadas estas breves premissas, o objetivo destas linhas será o de convidar o leitor a uma reflexão sobre o direito da concorrência na perspectiva não apenas da nova lei, mas também das exigências naturais do mundo tecnológico. Partir-se-á, assim, de um retrospecto da interação entre mercados de tecnologia e autoridade de defesa da concorrência, culminando na discussão sobre pontos essenciais do novo arcabouço normativo.

2. UM BALANÇO DA INTERAÇÃO ENTRE DEFESA DA CONCORRÊNCIA E OS E-MERCADOS

O surgimento dos e-mercados trouxe profundos desafios para a defesa da concorrência em seus moldes mais tradicionais. É possível apontar ao menos 06 motivos para tanto:

(i) estratégias de competição não diretamente relacionadas a preços, como, por exemplo, o uso de dados e algoritmos;

(ii) a dinâmica de oferta é sensivelmente diferente em mundos como o dos e-mercados, se comparada a compras no modo tradicional, uma vez que as ferramentas atualmente disponíveis levam a uma reconfiguração das estruturas de mercado (normalmente são de dois lados) e de suas dimensões geográficas. A sensibilidade aos efeitos de rede é relevante, uma vez os produtos e serviços ofertados nos e-mercados parecem ganhar utilidade na medida em que outros usuários passem a também utilizar desses produtos e serviços;

(iii) o dinamismo dos e-mercados, que são fortemente orientados pela inovação, torna o reconhecimento da dominação de mercado pela firma dominante – muito utilizada pela teoria antitruste clássica para a configuração do ilícito concorrencial – relativamente dependente de outras análises, complementares, uma vez que a estrutura de mercado pode se alterar a tal ponto e com tal rapidez que a empresa investigada deixe de deter poder de mercado quando da decisão;

(iv) a existência de significativas barreiras à entrada, com vantagens competitivas muito relevantes para empresas dominantes das " portas de entrada" da internet, a exemplos detentores de infraestruturas de rede, tende a comprometer completamente a competição, o que demanda uma atenção especial em relação à neutralidade das estradas de acesso ; ; e, por fim,

(v) é elevado o risco de determinação de padrões, uma vez que, na ausência de determinações regulatórias ou intervenções antitruste, é virtualmente possível que agentes econômicos verticalizem-se na oferta de serviços complementares, comprometendo a interoperabilidade e, em última análise, o tecido concorrencial[1].

Tais desafios, contudo, parecem não impedir a consolidação de uma política de defesa da concorrência nesses mercados, mas sim demandar um trabalho de aprimoramento de suas categorias clássicas à nova realidade.

É como ensina David. A. Balto, ao registrar que:

> "[...] However, electronic commerce shares certain special characteristics with other high-tech industries, such as network effects, that may have implications for antitrust policy. These special characteristics warrant a sophisticated and subtle antitrust enforcement policy designed to prevent collusive agreements and the abuse of market power, while allowing the full force of innovation to proceed at its market-determined pace. Although the growth of this market may be unprecedented, traditional antitrust principles still apply"[2].

No Brasil, a relação entre Cade e tecnologia começou, de forma efetiva, no fim da década de 1990, com o lançamento da internet comercial, com as privatizações do setor de telefonia e disseminação dos sistemas computacionais no varejo. Particularmente quanto ao surgimento da internet comercial no país, a difusão de *web* deu corpo a mais uma grande revolução nas formas de comunicação. A interação entre os indivíduos – e entre estes e os mercados – tomou nova dimensão com o uso da nuvem, plataforma que ainda se encontra em pleno desenvolvimento, graças ao ciclo virtuoso de inovação criado pela via da tecnologia e das telecomunicações.

Nesse período, foram inicialmente editadas no Brasil a Lei Geral de Telecomunicações (Lei 9.472/1997) e normatizações ministeriais relativas à internet, que, com vistas a permitir o livre acesso à rede de telecomunicações e a expansão do mercado de tecnologia, separaram o regime jurídico atribuído à infraestrutura essencial de tráfego dos dados (telecomunicações, em banda estreita e em banda larga), da camada de dados lógica (internet, serviço não

---

[1] Para maiores detalhes das características aqui elencadas, ver David A. Balto, Emerging Antitrust Issues in Electronic Commerce – 1999 Antitrust Institute, Distribution Practices: Antitrust Counseling in the New Millennium (November 1999). Disponível em: <https://www.ftc.gov/public-statements/1999/11/emerging-antitrust-issues-electronic-commerce>. Acesso em: 14 maio 2015).

[2] Idem, ibidem.

regulado, de livre iniciativa). Esta separação regulatória permitiu que, gradualmente, o uso da internet se expandisse para muito além da simples comunicação, atingindo, nos dias atuais, a quase totalidade dos mercados existentes no mundo *offline*.

É justamente em prol dessa necessária distinção de regimes jurídicos entre infraestrutura e internet que o Cade foi reiteradas vezes instado a se manifestar. Com efeito, surgem, ainda nos anos 90, os primeiros casos diretamente relacionados à internet, em sua maior parte ligados à concorrência no sistema de telefonia (sua infraestrutura essencial), mercado de provimento de conexão e empresas de hardware ou software.

Durante os anos que se seguiram, em especial a primeira década do século XXI, os debates antitruste relacionados ao tema das novas tecnologias consumiram um significativo espaço da agenda brasileira, sendo constante a atuação do Cade em assuntos que vão desde a consolidação de plataformas virtuais, a exemplo daquelas de pagamento, passando pela discriminação, por detentores de rede de telecomunicações - i.e., de infraestrutura essencial -, de provedores de internet, até as grandes disputas entre empresas de telecomunicações sobre estratégias relacionadas à interconexão de redes[3].

---

[3] A discriminação entre detentores de rede de telecomunicações e Provedores de Serviço de Conexão à Internet - PSCI foi tema de debates no Cade em ao menos dois grandes casos. São eles: (i) Processo Administrativo 08012.009696/2008-78, em face da Telesp e decorrente de Representação apresentada pela Associação Brasileira de Internet (Abranet), em que o Cade considerou anticompetitiva a política da Telesp que buscava reduzir lucros de PSCI concorrentes e beneficiar PSCI de seu próprio grupo econômico em detrimento dos demais (processo analisado pelo Cade em 2008 e posteriormente objeto de Termo de Compromisso de Cessação) e (ii) Processo Administrativo 08012.007199/2011-31, em face da OI, também decorrente de Representação da Abranet, em que o Cade considerou anticompetitiva a prática da Oi de, no *call center* para a comercialização de seus serviços de banda larga, direcionar os clientes para PSCI de seu próprio grupo econômico (processo analisado pelo Cade em 2011 e objeto de Termo de Compromisso de Cessação mais tarde). O período também foi palco para debates entre os próprios operadores de telecomunicações, especialmente em relação às taxas de interconexão. Cita-se, exemplificativamente, (i) os Processos Administrativos 53500.001821/2002, 53500.001823/2002 e 53500.001824/2002, em face da Telesp, Telemar Norte/Leste e Brasil Telecom, oriundos de Representações apresentadas por Embratel e Intelig, em que se investigou o aumento artificial dos custos de rivais, supostamente por meio de subsídio cruzado ou discriminação de preços, tendo os processos sido arquivados em decisão única de 14.09.2005 e (ii) o Processo Administrativo 08012.008501/2007-91, instaurado em face de Americel, Claro, Tim Brasil, TNL PCS e Vivo em razão de Representação apresentada por GVT, Intelig, Transit do Brasil e Easytone Telecomunicações, em que o CADE apurou as supostas práticas de (i) elevação dos custos de rivais no mercado brasileiro de telefonia e (ii) conluio entre concorrentes na fixação do Valor de Remuneração do Uso da Rede Móvel (VU-M), tendo o processo sido arquivado em 11.09.2013.

De fato, mesmo antes da aprovação, no Brasil, de uma legislação específica voltada à preservação da *web*, o chamado Marco Civil da internet, com garantia da neutralidade das redes e dos princípios que dão guarida à livre competição nos e-mercados[4], o Cade já se deparava, há algum tempo, com o tema da não discriminação de *bits* e *bytes*, sempre imbuído da missão de prevenir e reprimir os abusos.

Os principais assuntos detectados ao longo deste período são, na seara dos atos de concentração, operações de consolidação dos entrantes em mercados de telecomunicações e serviços de valor adicionado (provedores de conexão e empresas de tecnologia como *hardware* e *software*) e, no âmbito das condutas, representações por medidas discriminatórias relacionadas a preços e condições de acesso por detentores de infraestrutura essencial.

Um ponto em comum entre os casos, que demonstra a grande dinamicidade dos mercados relacionados à tecnologia e, sobretudo, à internet, e, ao mesmo tempo, um claro espaço para avanço da atuação antitruste – que será mais bem discutida na próxima seção –, é a diversidade e a aparente dificuldade de harmonização das definições de mercado relevante adotadas ao longo dos anos.

De fato, é possível observar que o Cade adotava uma tendência de definição de mercado relevante de forma predominantemente pontual, em razão da meteórica mutação desses mercados, bem como da sabida carência de estrutura do Conselho para desenvolver um banco jurisprudencial criterioso. Nesse sentido, por exemplo, identificam-se definições de mercados de acordo com o tipo de conteúdo que se instalava na internet ou, por vezes, com um tipo de serviço *online*, tal como publicidade no comércio eletrônico, que poderia ser nacional ou internacional, dependendo do caso.

Exemplo da dificuldade de análise de operações nesses mercados pode ser visto no Ato de Concentração 08012.005478/2006-01, que analisou a aquisição da empresa Bondfaro.com S.A. pela BuscaPé Informação e Tecnologia Ltda. Neste precedente, em que se definiram os mercados relevantes como o (i) mercado de publicidade via internet e (ii) mercado nacional de busca e comparação de preços via internet, ambos com abrangência geográfica nacional, as dificuldades de análise decorrentes das características intrínsecas à internet foram expressamente destacadas pelo Conselheiro Luiz Carlos Delorme Prado, relator do caso:

> "Mercados dinâmicos, com alto grau de inovações, como os referentes às atividades econômicas realizadas pela internet trazem enorme dificuldade para sua correta caracterização pelas autoridades de defesa da concorrência. Isto ocorre pelo fluxo contínuo

---

[4] Trata-se da Lei 12.965, de 23 de abril de 2014, que "estabelece princípios, garantias, direitos e deveres para o uso da Internet no Brasil".

de novas formas de contratação, serviços ofertados, e formas de financiamento desses sítios e/ou negócios, assim como o contínuo processo de reorganização e reordenamento necessários para viabilizar a continuidade e sobrevivência nesse setor" (p. 2 do voto, às fls. 336 dos autos do Ato de Concentração em referência).

Nessa mesma linha, outro caso digno de nota refere-se à aquisição, pelo Google, de todas as ações da Click Holding Corp ("DoubleClick"), notificada no Brasil no Ato de Concentração 08012.005304/2007-11.

Nesse precedente, o Conselheiro Relator Fernando Furlan definiu o mercado relevante como o mercado mundial de *ad serving* ("conjunto de soluções tecnológicas para visualização, acompanhamento e gerenciamento de anúncios de publicidade via internet"), concluindo pela inexistência de concentração horizontal (uma vez que, embora se esperasse que o Google lançasse serviços concorrentes do DoubleClik, as empresas não eram rivais efetivas uma da outra). De todo modo, foram identificadas algumas preocupações decorrentes da integração entre as duas empresas, relacionada a uma eventual "capacidade de a Google empreender condutas anticompetitivas de vinculação de produtos (e.g., produtos da DoubleClick estariam restritos a uso de publicidade via Google) e afastamento de concorrentes", bem como a "aquisição, pelo Google, de vantagem competitiva excepcional, suficiente para inviabilizar a concorrência no setor de publicidade pela internet". No entanto, o Cade entendeu que não havia evidências suficientes para sustentar tais preocupações ou justificar restrições à operação, a exemplo da experiência internacional. Sendo assim, a operação foi aprovada sem restrições.

A velocidade de mutação dos mercados de tecnologia (e infraestruturas), combinada com a incipiência do banco jurisprudencial do Conselho, culminou num elevado grau de aprovação irrestrita de operações, bem como no arquivamento da maioria dos casos de conduta.

Nota-se, assim, uma tendência, pelo menos naquele momento, de não interferência da autoridade concorrencial nos mercados tecnológicos, seja por considerá-los inovadores, seja pela falta de estrutura e inexperiência do SBDC, que não contava com muitos anos de atuação pós-redemocratização do País.

Essa realidade, no entanto, vem se alterando paulatinamente, seja no aspecto legal ou jurisprudencial.

Com efeito, sob a ótica legal, a edição da nova lei de defesa da concorrência é contemporânea à discussão do já referido Marco Civil da Internet, resultado de Projeto de Lei cujos debates iniciaram-se em 2010, havendo, portanto, relevantes sinergias entre ambos instrumentos normativos. Já no aspecto jurisprudencial, o Cade tem demonstrado muita atenção com práticas anticompetitivas em mercados de tecnologia, chegando, por vezes, a adotar medidas preventivas para fazer cessar condutas que limitam a competição, mesmo quando derivadas de antigas aprovações de atos de concentração.

Ainda que não se refira propriamente à internet, um dos novos e-mercados que tem recebido detida atenção do Cade nos últimos anos é aquele de meios de pagamento, sobretudo o de cartões de crédito e débito, que fazem da pecúnia cada vez mais a exceção, e da moeda virtual cada vez mais a regra.

Uma relevante atuação do Cade nesse sentido pode ser vista no caso Visanet (Processo Administrativo 08012.005328/2009-31).

Em meados de 2009, a então Secretaria de Direito Econômico (SDE) promoveu Averiguação Preliminar em face da VisaNet, Visa International e Visa do Brasil para apurar suposto caráter anticompetitivo das relações de exclusividade existentes na adquirência de operações do arranjo Visa. Vale notar, a constituição da Visanet como credenciadora única da bandeira Visa no Brasil tinha sido aprovada sem restrições pelo Cade em sede de controle de estruturas.[5]

Meses depois da promoção da Averiguação Preliminar, logo após a elaboração conjunta do Relatório sobre a Indústria de Cartões de Pagamento pela SDE, Seae e Bacen, a SDE instaurou Processo Administrativo e lavrou Medida Preventiva determinando a imediata cessação da exclusividade, sob o entendimento de que havia fortes indícios de infração à ordem econômica decorrentes da relação de exclusividade bidirecional Grupo Visa/VisaNet e que tal exclusividade constituiria intransponível barreira à existência de credenciadores multibandeira, dado o substancial poder de mercado e as elevadas barreiras à entrada já existentes, o que resultaria num ambiente propício para práticas anticompetitivas.

Vale também destacar que, muito embora tal Medida Preventiva tenha sido revertida em sede de Recurso Voluntário dias depois de sua lavratura (por ausência de *periculum in mora*, não por razões substantivas), a cessação da exclusividade e a consequente abertura da plataforma para o credenciamento de outras bandeiras de cartões de pagamento além da bandeira Visa foi obtida por força da um Termo de Compromisso de Cessação (TCC) celebrado com as partes e homologado em dezembro de 2009 pelo Cade.

É dizer, a jurisprudência antitruste aponta que, de mero núncio das escolhas legislativas, regulatórias ou mesmo mercadológicas, o Cade, ao ganhar robustez e *expertise*, assumiu-se como agente de promoção da competição em e-mercados, desafiando poderes de mercado constituídos, em prol da abertura desses setores a novos competidores.

---

[5] Trata-se do Ato de Concentração 08000.026693/95-52, aprovado sem restrições pelo Cade em acórdão publicado no *DOU* em 25.05.1999.

3. A LEI DE CONCORRÊNCIA E OS E-MERCADOS

A definição de um novo modelo institucional na Lei 12.529/2011, com previsão de monitoramento constante de mercados, fortalecimento do Departamento de Estudos Econômicos (artigo 13, II, e 17, respectivamente) e otimização das regras de aprovação de concentrações, foi um inegável avanço rumo à eficiência administrativa.

Da mesma forma, a simplificação de processos burocráticos é ponto crucial rumo à segurança jurídica e implementação dos objetivos da Lei. Nisto, é inegável a contribuição do novo regime institucional adotado em 2011, ao concentrar os guichês SDE e Cade, bem como algumas as funções da Seae, num único Tribunal.

Tais esforços já produzem resultados relevantes, tanto sob a ótica da agilidade na aprovação das concentrações, quanto da participação proativa do SBDC em temas de políticas públicas, que impactam diretamente na (efetiva) competição em mercados dependentes de regulação de infraestrutura, a exemplo da neutralidade das redes[6] e da regulamentação

---

[6] Como referido em tópico anterior, mesmo antes da aprovação, no Brasil, de uma legislação específica voltada à garantia da neutralidade das redes e dos princípios que dão guarida à livre competição na Internet, o Cade já se deparava, há mais de uma década, com o tema da não discriminação de bits e bytes, sempre imbuído da missão de prevenir e reprimir os abusos nos novos mercados. Temas como o da neutralidade de redes, que ocupam a pauta do dia dos grandes debates sobre telecomunicações no País, não são, pois, uma novidade por aqui, já tendo sido objeto de preocupação antitruste mesmo antes de qualquer dispositivo normativo com vistas à tutela das características intrínsecas da Internet. Vale ainda anotar que a regulamentação do Marco Civil da Internet, e em especial das regras que garantem a neutralidade das redes, é atualmente objeto de profundos debates pelo Governo e pela Sociedade Civil. Na Consulta Pública promovida pelo Ministério da Justiça para sua regulamentação, a Seae ponderou como a regulação ex-ante da neutralidade de rede é pró-competitiva, beneficiando o permanente desenvolvimento da Internet no Brasil, eis que "(a) limita eventuais práticas discriminatórias de Provedores de Acesso à Internet - PAI (responsável pela transmissão, comutação ou roteamento de pacotes de dados) que possuem poder de mercado em suas áreas de atuação e que gerem como resultado prejuízos aos usuários de Internet e aos provedores de serviços *over-the-top* - OTTs; (b) disciplina a concorrência no provimento de conteúdo na rede mundial de computadores entre operadoras de serviços de telefonia (com obrigações regulatórias bem definidas) e servidores *over-the-top* - OTTs, que oferecem serviços de telecomunicações sobre a rede da operadora de telefonia, mas sobre os quais não recaem obrigações regulatórias setor-específicas (incluindo obrigações de cobertura, qualidade, universalização e compartilhamento); (c) deve interferir com a possibilidade de que PAIs usem práticas de discriminação de tráfego que não estão relacionadas aos (i) critérios técnicos indispensáveis ou (ii) em casos de priorização de serviços de emergência gerem benefícios aos usuários de Internet; e (d) incentiva a maior transparência uma vez que os provedores devem divulgar de forma prévia suas práticas de gerenciamento e mitigação de tráfego adotadas para os seus assinantes e outros provedores que têm acesso à sua rede".

das plataformas de pagamento online, levada à frente pelo Banco Central do Brasil[7].

Da mesma forma, a análise de condutas unilaterais em plataformas de tecnologia globais tem feito parte da agenda do Cade *pari passu* com o restante do mundo.

Talvez os casos mais emblemáticos dessa interface global sejam as investigações em face do Google, empresa de tecnologia e publicidade americana, empreendidas concomitantemente em diversas jurisdições, dentre as quais os Estados Unidos e a Comissão Europeia. Acompanhando a agenda internacional, atualmente o Brasil também investiga algumas condutas do Google em ao menos três processos, a saber:

- **A suposta alavancagem artificial para mercados relacionados** (Processo Administrativo 08012.010483/2011-94, instaurado a partir de representação formulada pela E-Commerce Media Group Informação e Tecnologia Ltda)

Em síntese, referido processo busca apurar um suposto abuso de posição dominante do Google consubstanciado na concessão de condições privilegiadas a seus próprios serviços de comparação de preços (*Google Shopping*), que seria concretizado por meio das seguintes práticas:

- o Google estaria inadequadamente privilegiando, nos resultados da busca orgânica, os seus próprios sites temáticos, como o Google Shopping, em detrimento de sites concorrentes, como Buscapé e Bondfaro;
- o Google Shopping estaria indevidamente sendo posicionado de modo privilegiado em outros espaços da página de resultados da ferramenta de buscas do Google (entre os links patrocinados), novamente com o intuito de se beneficiar frente aos concorrentes;
- o Google Buscas estaria diminuindo o espaço da busca orgânica em relação à patrocinada, e estaria adotando mecanismos para confundir o usuário na identificação dos resultados de busca orgânica e patrocinada, com potenciais efeitos anticompetitivos; e
- o Google Buscas, de forma potencialmente discriminatória, permitiria a veiculação de anúncios com foto – supostamente uma forma mais atraente de exposição – pelo Google Shopping, mas não por sites temáticos concorrentes (aliás, teria havido recusa

[7] Com a promulgação da Lei 12.865/2013 e sua posterior regulamentação pelo Bacen, tais arranjos passaram a se sujeitar a regulação por parte do Banco Central, que tem a importante missão institucional de, dentre outros fatores, garantir a promoção da interoperabilidade e da competição no setor.

de venda de espaço para fotos a concorrentes, ou venda mediante condições abusivas, como entrega de dados concorrencialmente sensíveis do rival).

De acordo com a representante, as práticas "teriam o condão [...] de alavancar, artificialmente, a posição dominante do Google para o mercado de sites de comparação de preço". Argumentou-se que as condutas do Google teriam impacto na audiência dos sites concorrentes de comparação de preço, o que se refletiria no volume de verbas publicitárias, no "preço por clique" e no bem estar dos usuários dos comparadores de preço – internautas e lojas virtuais.

Os representantes afirmam, ainda, que:

> "A eficácia horizontal dos direitos fundamentais, reconhecida pelo STF, impõe ao Google dever de transparência, notadamente quando o controle de informações por ele detido e mesmo o sigilo de seu negócio (algoritmo) são empregados de modo a violar direitos fundamentais e liberdade e acesso a informação pelo usuário de Internet e de livre iniciativa das empresas concorrentes. A violação aos princípios de livre iniciativa, concorrência e liberdade de acesso à informação justifica a intervenção do Estado para proteger os indivíduos em sua relação privada com o Google ("poder privado"), com imposição de transparência e condições equânimes nessas relações, ainda que isso represente abertura de segredo de negócio".

O processo administrativo em comento, instaurado pela Superintendência-Geral em 11 de outubro de 2013 a partir da identificação de indícios de infração à ordem econômica, ainda encontrava-se sob instrução quando da elaboração do presente trabalho.

- **A prática de *scraping*** (Processo Administrativo 08700.009082/2013-03, instaurado a partir de representação apresentada pela E-Commerce Media Group Informação e Tecnologia Ltda.)

Em síntese, investiga-se a ocorrência da prática denominada *scraping* ("raspagem") pelo Google, de conteúdo concorrencialmente relevante de sites temáticos rivais para uso em seus buscadores temáticos.

Segundo a representação, o Google Shopping teria indevidamente se apropriado de *reviews* (comentários de clientes opinando sobre qualidades ou defeitos de lojistas e produtos) reunidos pelos sites de comparação de preços Buscapé e Bondfaro. De acordo com a denúncia, uma vez que as opiniões dos usuários sobre produtos e serviços agregam informações relevantes e são um atrativo para ferramentas de buscas temáticas para compras, com essa prática o Google estaria subtraindo vantagens competitivas detidas por esses rivais e delas se beneficiando. Ainda segundo as alegações feitas ao Cade, o Google impediria que seus concorrentes fizessem a "raspagem" de sites temáticos a ele pertencentes.

Tal conduta, segundo a denúncia, (i) reduz os incentivos dos concorrentes do Google a continuar investindo na coleta e organização de *reviews*, o que pode acarretar perdas de bem-estar aos internautas, e (ii) gera um aumento artificial na qualidade dos sites do Google e, por conseguinte, uma elevação em seu tráfego e em suas receitas decorrentes de anúncios publicitários, favorecendo a posição dominante do Google no mercado de busca.

O processo administrativo em comento ainda encontrava-se sob instrução da Superintendência-Geral do Cade quando da elaboração do presente trabalho.

- **A prestação de serviços da plataforma de publicidade online do Google** (Processo Administrativo 08700.005694/2013-19, instaurado a partir de representação formulada pela Microsoft Corporation)

A denúncia relata que Google Inc. e Google Brasil Internet Ltda. teriam abusado de seu poder de mercado mediante imposição de restrições supostamente anticompetitivas na prestação de serviços da plataforma de publicidade online do Google (*AdWords*).

As práticas denunciadas, em síntese, consistem na imposição de cláusulas contratuais que impediriam ou dificultariam o *multihoming*, impedindo, consequentemente, o "desenvolvimento de ferramentas de software para gerenciamento de campanhas que poderiam permitir um gerenciamento cruzado eficiente de campanhas entre plataformas, comparação de *performance* e utilização".[8] Ademais, o Google estaria proibindo seus clientes, anunciantes, de utilizarem seus próprios dados coletados ou utilizado pelo *AdWords* em outras plataformas de busca patrocinada.

Como resultado, e considerando o poder de mercado do Google, os incentivos para anunciar em plataformas de buscas rivais (como a da própria Microsoft) seriam reduzidos, o que (i) comprometeria de forma significativa a capacidade de tais plataformas rivais de concorrer efetivamente, (ii) faria da ferramenta um instrumento de consolidação da posição dominante do Google.

Ao instaurar o processo, a Superintendência-Geral concluiu que

> "ao final, esse conjunto de práticas implica indícios relevantes de conduta potencialmente anticompetitiva, por parte de agente com grande poder de mercado, que a princípio pode dificultar desarra-

---

[8] O *Multi-homing* é a utilização de mais de uma plataforma de busca patrocinada simultaneamente por um mesmo anunciante, com veiculação de *links* patrocinados em mais de um *site* de busca.

zoadamente a entrada e o crescimento de concorrentes, alavancando ainda mais o poder do Google, e com possíveis reflexos sobre a gama de opções às empresas clientes, os preços a ela ofertados, o desenvolvimento de agentes e tecnologias relacionadas e, ao final, sobre os consumidores finais, seja em termos de opções, inovações ou qualidade, entre outros fatores".

O processo administrativo em comento ainda encontrava-se sob instrução da Superintendência-Geral do Cade quando da elaboração do presente trabalho.

É bem verdade que avanços como esses são importantes, embora ainda insuficientes, o que é de todo natural, diante do ineditismo da defesa da concorrência no Brasil, quando comparada aos países desenvolvidos, bem como da grandiosidade do mandato da autoridade concorrencial, que tutela nada menos que toda a economia do País.

De fato, existe um grande espaço (e desejo) que o Cade se embrenhe na uniformização de sua jurisprudência, no acompanhamento efetivo dos mercados e na ampliação da advocacia da concorrência, tanto junto aos órgãos da administração quanto no próprio Judiciário, onde a função educativa deve ser levada e constantemente lembrada, pois todo trabalho administrativo pode ser posto por esta vertente, considerando a inafastabilidade do Poder Judiciário[9] e a urgente necessidade de uma cultura reparatória dos danos concorrenciais pela via das ações coletivas.

Por fim, mas não menos importante, a nova lei de defesa da concorrência ainda tem um grande desafio a percorrer no que diz respeito à ampliação da coordenação com outras autoridades (por exemplo as imbuídas do combate à corrupção), seja através da racionalização de ações das autoridades (aguardar-se o fim de uma ação administrativa até que se proponha uma ação penal baseada na mesma conduta, por exemplo, ainda que isto não seja mandatório), como também em nível de aperfeiçoamento das previsões relativas às benesses da cessação voluntária de condutas, que merecem ser avaliadas com critério, seja em relação ao mérito, à técnica digital, quanto aos aspectos processuais e consequências da celebração (não se pode dar o mesmo peso para a celebração tempestiva e incipiente dos Termos de Cessação de Condutas àqueles celebrados às vésperas de condenações, apenas para livrar empresas do rol dos culpados).

---

[9] Conforme previsão do artigo 5.º, XXXV, que assegura que "a lei não excluirá da apreciação do Poder Judiciário lesão ou ameaça a direito".

4. CONCLUSÕES

A Lei 12.529/2011 avançou na disciplina e aproximação entre direito e economia contemporânea, resta agora implementar seus ditames e não perder de vista a necessidade de constantes atualizações para que as grandes inovações legais não se tornem obsoletas e impeçam o amadurecimento do nosso sistema.

Os e-mercados são particularmente sensíveis a uma ágil e precisa atuação antitruste, seja por sua novidade ou pelo papel protagonista que assumiram no desenvolvimento do país e, consequentemente, no bem-estar do consumidor. O constante monitoramento da concorrência, definições coesas sobre mercados relevantes e a atualização com as melhores práticas internacionais são aspectos que devem ser buscados pelas autoridades para permitir o contínuo e livre desenvolvimento desses mercados, que têm o potencial de produzir grandes avanços na implementação dos ditames constitucionais relacionados ao posicionamento tecnológico de nosso país.

PARTE III

CONTROLE DE CONDUTAS

A LEI 12.529/2011 E O COMBATE A CARTÉIS NO BRASIL: AVANÇOS E PERSPECTIVAS

Diogo Thomson de Andrade

1. INTRODUÇÃO

Passados os três anos da entrada em vigor da Lei 12.529/2011, pode parecer atípico que ainda estejamos tratando dos reflexos na estrutura da autoridade e na política de defesa da concorrência no Brasil trazidas pela "nova" legislação. Mas, ao olharmos os recentes avanços apresentados pelo Cade, em boa parte atribuídos ao sucesso do processo de transição entre a lei antiga e a atual e à verdadeira transformação do órgão, em termos de autonomia, estrutura e gestão, pode-se perceber o tamanho da importância da Lei 12.529/2011como marco fundamental para a consolidação da defesa da concorrência no Brasil. Mais do que isso, deve-se ressaltar, sobretudo, o *processo* de construção desta "nova" autoridade, ocorrido nos últimos três anos.

Trata-se de um processo que, se hoje atinge sua maturidade, foi importantíssimo como processo em si, na medida em que transcorreu como um exitoso diálogo entre os setores público e privado, o que permitiu que o novo marco institucional se consolidasse de maneira mais forte e democrática. Nesta obra coletiva, tem-se um pouco da história desse processo dialógico e dos diversos desafios, problemas e interações que hoje constituem os alicerces da atuação do Cade e da política de defesa da concorrência, e que permitem que hoje estejamos prontos a enfrentar novos e crescentes desafios e demandas da sociedade.

Na parte que nos toca, cumpre-nos aqui contar uma parte desse processo de transição e construção, naquilo que se refere ao combate a cartéis, demonstrando como o novo marco legal permitiu que, aquilo que já era uma prioridade da antiga Secretaria de Direito Econômico (SDE) do Ministério da Justiça, se consolidasse hoje como a principal prioridade da política de defesa da concorrência no Brasil, ou ao menos, aquela em que se investe de forma mais intensiva. Da mesma forma, cumpre-nos apontar, diante da nova estrutura e do desenvolvimento obtido nos últimos anos, os novos passos, desafios e demandas que devemos esperar com relação ao combate a cartéis. Assim, no próximo tópico, vamos apresentar um pouco do trabalho realizado desde a vigência da Lei 12.529/2011 até agora e os avanços e resultados obtidos e no, tópico seguinte, trataremos das perspectivas para o futuro e dos novos desafios que se apresentam.

2. A NOVA ESTRUTURA DO CADE E A ORGANIZAÇÃO E GESTÃO DO COMBATE A CARTÉIS NA SUPERINTENDÊNCIA-GERAL

No âmbito do combate a cartéis o reflexo imediato da Lei 12.529/2011decorre da própria nova estrutura do Cade, que além de manter sua função de órgão julgador, com o Tribunal, absorveu, com a criação da Superintendência-Geral (SG), as funções de instrução e processamento de infrações à ordem econômica, antes exercidas, particularmente no que se refere a cartéis, pela SDE. Naquela Secretaria, embora já desde 2003 houvesse uma clara prioridade aos casos de cartéis, com uma já desenvolvida política de disseminação e interação dessa atividade com outros órgãos de investigação, bem como com o desenvolvimento de um programa de leniência forte, os casos de cartel dividiam espaço na estrutura organizacional com outras infrações à ordem econômica. Ou seja, uma mesma equipe, sob uma mesma coordenação tratava de condutas completamente diferentes, em diferentes estágios processuais, com diferentes níveis de evidência e graus de complexidade. Esta organização dificultava o estabelecimento de prioridades entre os casos e também uma maior especialização técnico-funcional.

Com a nova estrutura do Cade, ainda que o incremento de recursos humanos não tenha sido o esperado, constituiu-se, no âmbito da Superintendência-Geral, uma estrutura de divisão dos casos em coordenações-gerais dividas por tema e escopo. Assim, como a SG, na nova lei, também passou a absorver as atividades de instrução de atos de concentração (AC) advindas da Secretaria de Acompanhamento Econômico (Seae) do Ministério da Fazenda, estabeleceu-se uma divisão de cinco coordenações-gerais que seriam responsáveis por essa instrução, uma delas de triagem, para casos de AC sumários, e as outras quatro temáticas, por setor da economia. Estas quatro coordenações temáticas também ficariam responsáveis pelas condutas unilaterais referentes a cada setor correspondente. Analisando a experiência internacional e a própria metodologia de instrução de condutas unilaterais, percebeu-se que haveria uma maior economia de escopo concentrando os casos de condutas unilaterais nas coordenações de AC. Com isto, as outras três coordenações-gerais de análise previstas no Decreto da Lei para a SG passaram a ser integralmente dedicadas aos casos de cartel.

Essa dedicação exclusiva foi fundamental no processo de transição e no início da vigência da nova Lei para permitir que não houvesse solução de continuidade entre a atuação prioritária da SDE no combate a cartéis e a absorção desta atividade pelo Cade, durante o processo de transição. Isto porque, talvez a grande mudança material da Lei, a introdução da análise prévia dos atos de concentração de notificação obrigatória era a principal prioridade e demanda da sociedade naquele momento. Havia muita desconfiança sobre como o Cade lidaria com esta mudança radical e com os prazos trazidos pela nova lei. Embora isso não tivesse relação direta com a atividade de combate a cartéis, havia uma preocupação tanto interna como externa, de que a transição, de alguma forma, arrefecesse a prioridade e o próprio combate a cartéis estabelecidos pela SDE. A divisão funcional aqui descrita, neste sentido, teve papel fundamental tanto para atender a nova e urgente demanda com relação à análise de AC como para permitir que se mantivesse, no âmbito das infrações à ordem econômica, a prioridade com relação aos cartéis.

Mas, além da divisão funcional, que servia para garantir a continuidade da atuação da autoridade no combate a cartéis, a nova estrutura, a existência de coordenações integralmente dedicadas a este tipo de conduta permitiria ainda novos avanços. Até mesmo durante a transição "física" dos órgãos (SDE e Cade), procurou-se avaliar quais eram os gargalos que existiam na antiga SDE. O fato do prédio da nova autoridade ainda estar em reforma quando da mudança, com os processos oriundos da SDE ainda sendo desencaixotados, por incrível que pareça, serviu para uma grande reflexão neste sentido. Neste período conseguiu-se avaliar, no detalhe, cada um dos casos que tramitavam, quais eram as dificuldades enfrentadas na instrução dos processos, os entraves que tornavam os processos mais demorados e a dificuldade de gestão interna de cada coordenação. Este período foi a gênese da gestão das investigações de cartel hoje vigente na SG, gestão esta que permitiu boa parte dos avanços e resultados obtidos nos últimos três anos, de forma que é interessante e útil trazer à baila algumas etapas deste processo, relacionando-as com alguns dos resultados obtidos e lições aprendidas[1].

a) A gestão do estoque da antiga SDE

Ao pensar uma nova estrutura funcional para as coordenações-gerais, além da acima citada dificuldade de priorização e especialização, observou-se

[1] Sobre este período ver: RAGAZZO, Carlos Emmanuel Joppert; e ANDRADE, Diogo Thomson de. Beyond detection: the management of cartel cases. *Competition Policy International: Cartel Column*. 2012. Disponível em: <https://www.competitionpolicyinternational.com/assets/Free/cpicartelragazzo.pdf>. Acesso em: 20 maio 2015.

que um outro gargalo era decorrente de concentrar-se, sob a mesma equipe, casos em diferentes estágios processuais, de tipos procedimentais diferentes e, sobretudo, com grau de evidência e complexidade diferentes, gargalo este que se verificava com abertura e manutenção de casos com poucas evidências, com apenas o mínimo indiciário ou com dúvidas acerca sobre a competência do Cade e a "concorrência" destes casos com outros de maior prioridade e importância. Uma mesma coordenação-geral, além de tratar de tipos de condutas diferentes dos mais variados setores, era responsável tanto pela análise de denúncias e abertura de novos casos e pela estratégia e medidas iniciais de instrução, como por processar casos em estágio mais avançado, com evidências robustas, muitas vezes oriundos de leniência e buscas e apreensões, por exemplo.

Além da dificuldade de priorizar os casos dentro de cada coordenação, a necessidade de se dar andamento a casos completamente diferentes, somada à conhecida restrição de recursos humanos, acabava por gerar, para cada coordenação, um estoque maior de casos e, com isso, uma maior demora no tempo médio de duração dos casos na SDE. Embora já na própria SDE, notadamente desde 2010, já se vinha fazendo algum esforço de triagem e de arquivamento de casos pouco promissores, o estoque recebido na nova estrutura ainda era muito grande. A primeira constatação é a de que era necessário lidar com este estoque para permitir os avanços que se desejava ter em termos de qualidade e tempo de resto na instrução dos processos. Esta realidade valia tanto para cartel como para outras condutas, mas seria nas novas coordenações de cartel que o impacto seria maior. Para atingir o objetivo de não deixar de priorizar o combate a cartéis foi fundamental tornar as coordenações mais enxutas, com menos e melhores casos, inclusive por servidor, permitindo assim uma maior ênfase investigativa e também a finalização dos casos realmente prioritários para envio ao Tribunal para julgamento.

Assim, ainda no período da "transição física", cada coordenação classificou os casos "herdados" da SDE segundo critérios de relevância, grau de evidências, estágio processual e repercussão social. Com essa classificação se permitiu a identificação de casos que ainda estavam em fases muito iniciais, bem como de casos que permitiriam conclusão rápida e simples e que estavam parados ou atrasados por ausência de recursos ou priorização. Com essa plêiade de casos, separada dos casos que deveriam continuar a ser processados normalmente em cada coordenação, segundo a prioridade material estabelecida para cada uma, aliando-se a nova estrutura do gabinete da SG, também prevista no Decreto, se constituiu uma "força-tarefa" para a conclusão de casos pouco promissores, além de se passar para as novas unidades de análise de informações e de triagem de condutas (também criadas na estrutura do GAB-SG) casos que ainda estavam em estágio muito inicial ou que necessitavam de respostas e interações com outros órgãos. Com relação a esta última classe de casos, a depender do resultado apontado pela unidade de análise de informações, o caso poderia retornar para uma das coordenações ou também ser mandado para a "força-tarefa" solucioná-los rapidamente. Isso permitiu que, no primeiro ano da SG, se conseguisse, ao mesmo tempo, uma redução do estoque total da SG, permitir que as coordenações-gerais dessem andamento aos casos importantes e, ainda, que, com as novas unidades de triagem e análise de informações. fosse dada a continuidade ao tratamento e iniciação de novos casos.

Neste sentido, a unidade de triagem passou a ser o *gatekeeper* de novas denúncias, além de administrar e manter o clique-denúncia, importante canal de comunicação do Cade com a sociedade e pôde fazer isso já com a nova orientação de prioridade fixada. Assim, se os novos casos, após breve análise ou ainda breve instrução, se demonstrassem mais promissores, seriam passados, já em estágio mais avançado e maduro, ou para as coordenações-gerais ou, ainda, em casos que ainda necessitassem de maior investigação inicial, para outras unidades do GAB-SG. Por outro lado, casos em que os indícios permaneçam muito frágeis ou que após uma breve instrução se demonstrem como fatos não sujeitos às atribuições do órgão são arquivados rapidamente. Como efeito colateral desta nova maneira de gestão, deve-se destacar ainda, que se pôde dar maior utilidade e escopo para cada um dos novos tipos processuais previstos na Lei 12.529/2011, quais sejam o Procedimento Preparatório (PP), o Inquérito Administrativo (IA) e o Processo Administrativo (PA).

Assim, além da divisão temática por coordenações, que permitiu a existência de coordenações integralmente dedicadas ao processamento de casos de cartéis, a divisão entre a iniciação e o processamento de casos, o que no caso dos cartéis representa a divisão entre a investigação inicial e o processamento dos processos administrativos já abertos e sujeitos ao contraditório e à ampla defesa, permitiu não só a gestão do estoque recebido da SDE como a finalização e priorização de casos dentro das novas coordenações de cartéis, além de uma maior qualidade e priorização nos novos casos. A divisão entre as duas atividades (iniciação e processamento) aliada a sua manutenção sob a mesma supervisão (por parte do Superintendente-Adjunto) permitiu que fossem fixadas diferentes prioridades para diferentes tipos de atividades sem que o atendimento a uma significasse negligenciar a outra, ao mesmo tempo em que permite a interação entre a iniciação e o processamento, fazendo com que as dificuldades, problemas e gargalos de cada tipo de atividade sejam levados em conta desde o início e em todas as fases processuais dentro da SG, o que resulta na construção de casos mais robustos formal e materialmente. Foi o primeiro passo para iniciar a transformação da lógica da gestão de casos de conduta de uma lógica de controle do estoque para um controle de fluxo.

A dimensão do impacto que a gestão inicial do estoque advindo da SDE gerou na construção e consolidação da nova estrutura da SG, pode ser bem demonstrada em números, principalmente se compararmos o número total do estoque anual desde a vigência da Lei com o total anual de abertura de novos casos no mesmo período[2].

b) Priorização, padronização e jurisprudência

Uma vez encontrada a melhor forma de divisão de tarefas e de absorção e controle do estoque na SG, o incremento de qualidade e uma duração mais razoável dos processos era a consequência natural dos esforços de gestão no que se refere ao combate a cartéis.

A existência de coordenações-gerais dedicadas exclusivamente a cartéis permitia ver o que dificultava o processamento de casos, enquanto a priorização por relevância entre todos os casos de uma mesma coordenação e, inclusive, entre o conjunto de casos atribuídos a cada servidor, além de permitir uma melhor organização interna destas coordenações, possibilitou uma alocação mais eficiente de tempo e de habilidades. O resultado disso foi uma maior ênfase nos casos mais relevantes e robustos e, também uma mais rápida conclusão de casos mais simples. Os números dos últimos três anos, comparados, entre a quantidade de PAs concluídos em relação ao número total de casos enviados ao Tribunal pela SG e dentro destes, o numero daqueles enviados com pareceres de condenação são uma amostra do resultado da priorização dos casos[3]. Hoje, cerca de 75% dos casos contam com o parecer da SG pela condenação, total ou parcial, enquanto no passado ocorria o oposto, ou seja, aproximadamente 75% dos pareceres enviados pela SDE ao Cade eram pelo arquivamento.

Aliado a isso, verificou-se a possibilidade de agrupar os casos com relação aos diferentes tipos de discussões, tanto de direito processual como de direito material, além das diversas demandas das partes representadas. A partir daí, pôde-se estabelecer a discussão e definição uniforme desses temas, construindo teses comuns e padronizadas para cada tipo de discussão, contando com a participação de toda a equipe envolvida na área de persecução a cartéis além da própria Procuradoria do Cade para as questões jurídicas mais complexas.

Essa padronização, que não é apenas de forma, mas também de conteúdo para aquilo que é comum, além de contribuir para uma maior cele-

---

[2] Cf. CARVALHO, Vinicius Marques; e RODRIGUES, Eduardo Frade. *Entrevista do Presidente e do Superintendente-Geral do CADE*. Apresentação no 20.º Seminário Internacional de Defesa da Concorrência (IBRAC), 30 e 31 de outubro 2014. Disponível em: <http://www.ibrac.org.br/Uploads/Eventos/20SeminarioConcorrencia/PALESTRAS/%C3%9Altimo%20Painel.pdf>. Acesso em: 6 jun. 2015.

[3] Idem, ibidem.

ridade processual passou a demonstrar de forma mais transparente os critérios utilizados pela SG, além de fortalecer as próprias teses ali encampadas. Com base nisso, não só as partes, mas também o Tribunal passaram a ter uma maior clareza do tipo de discussão levada a efeito na instrução e processamento dos processos administrativo de cartel, o que permitiu que tais questões passassem a ser efetivamente endereçadas também nos votos dos Conselheiros. Da mesma forma, a padronização e priorização das coordenações-gerais, bem como o enfrentamento das questões pelo Tribunal, é elemento importante de sinalização para a triagem de condutas, fazendo com que o "filtro" ali aplicado seja ainda mais criterioso.

A dupla função da priorização e da padronização, direcionada tanto à iniciação dos casos, como ao seu processamento e até mesmo ao seu julgamento posterior pelo Tribunal, permite que se estabeleça um maior equilíbrio entre a entrada e a saída de casos na SG, contribuindo para a existência de um fluxo. Se de um lado priorizar determina a entrada de casos na SG e a vazão dos mesmos pelas coordenações, padronizar permite um tratamento mais rápido para cada caso, notadamente os mais simples, fazendo com que um maior tempo seja dedicado efetivamente aos casos complexos ou que demandam investigação mais profunda. Por fim, o enfrentamento, com acolhimento ou rejeição das teses da SG pelo Tribunal direciona a atuação desta no sentido não só de aprimorar sua instrução e seus "filtros", mas também de ajudar na conclusão de casos semelhantes ou análogos.

É a materialização da ideia de fluxo, não só mediante um esforço de redução de estoque e tempo, mas também no aspecto material de cada caso, respeitadas suas complexidades e diferenças. Os primeiros resultados disso podemos ver em recente balanço apresentado pelo Superintendente-Geral do Cade no painel *Entrevista do Presidente e do Superintendente-Geral do Cade*, no 20.º Seminário Internacional de Defesa da Concorrência (IBRAC), realizado em 30 e 31 de outubro 2014, que traz números que demonstram tanto a evolução do estoque nos últimos 3 anos, comparado com o número de casos abertos, como o equilíbrio atingido, em 2014, entre a entrada e a saída de casos de condutas na SG, bem como, ainda, a redução da idade média do estoque da SG[4].

Um outro elemento fundamental, principalmente no que se refere a cartéis, que já destacamos acima mas merece um comentário adicional, foi a consolidação da jurisprudência do Tribunal do Cade, ocorrida nestes últimos

---

[4] Idem, ibidem. Apenas a título exemplificativo em 2013, 28% dos casos em tramitação na SG tinham até um ano e cerca de 50% até três anos. Em 2014, 50% dos casos tem até um ano e cerca de 70% tem até três anos. Por outro lado casos com mais de 5 anos representavam 36% do estoque em 2013 e hoje representam 25%, e casos com mais de 10 anos que em 2013 eram 7% do estoque, hoje representam menos de 5%, o que demonstra claramente uma diminuição da idade média.

três anos. Ainda como efeito colateral da nova disciplina de controle de Atos de Concentração trazida pela Lei 12.529/2011, boa parte dos casos de AC, notadamente os sumários e simples, passaram a ser decididos de forma definitiva na SG, subindo ao Tribunal apenas em caso de recurso ou impugnação. Neste sentido, ao contrário do que ocorria na vigência da legislação anterior, o Tribunal teve a possibilidade de dar vazão ao julgamento de condutas anticompetitivas. Consequentemente passou a julgar mais casos de cartel. Desde a reestruturação, foram julgados 61 processos administrativos, sendo 46 condenados e destes, 30 por prática de cartel[5]. Na atuação do tribunal houve um incremento de 20% na participação dos casos de conduta no total de julgamento realizados no órgão, quando considerados os tipos de processo[6].

Mais do que um mero aumento do número de casos julgados, tais decisões são importantes porque dá a exata consciência da capacidade de aplicação efetiva e rigorosa da lei (*enforcement*), o que não só representa uma reposta a sociedade como também aumenta aos agentes econômicos a consciência do risco em se engajar em um cartel. Como reflexo disso, por exemplo, aumentam o número de empresas interessadas em acordos de leniência e em outras formas de colaboração com a autoridade, além do aumento no número de denúncias. Aliado a isso, quando do julgamento destes casos, o Tribunal expõe seus critérios de punição, padrões de prova e de devido processo legal, importantes para a consolidação do trabalho desenvolvido pela SG na instrução, bem como para orientação e direcionamento deste trabalho, permitindo também um incremento material e temporal nos casos ainda em instrução.

c) Programa de Leniência e a nova política de Termos de Compromisso de Cessação (TCC) em casos de cartéis

É natural que, no momento da estruturação da "nova" autoridade e da SG, no contexto acima detalhado, o principal instrumento de detecção de cartéis à disposição do Cade não fosse negligenciado. Ao contrário, após mais de dez anos desde sua institucionalização e quase dez do primeiro acordo de leniência assinado pela SDE, a evolução e desenvolvimento do instituto não poderia se deixar afetar pelo momento de transição e entrada e vigência da Lei 12.529/2011. A uma porque se trata de instrumento cujo desenvolvimento nos últimos anos foi vital para o combate a cartéis no Brasil, a duas porque a própria "nova" legislação reafirmou e fortaleceu o instituto, o que também se refletiu no regimento interno recém-instituído quando a vigência da Lei.

---

[5] Cf. CADE. *Balanço do triênio da Lei 12.529/2011e perspectivas da defesa da concorrência no Brasil*. Maio 2015. Disponível em: <http://www.cade.gov.br/>, hyperlink em notícia publicada sob o título: "Em três anos da nova lei da concorrência, mais de mil atos de concentração foram julgados pelo CADE".

[6] Idem, ibidem.

Novamente, a estrutura da SG aparece como marco de consolidação de um instituto cuja maturidade já era razoavelmente percebida entre os diversos atores do processo antitruste. E, é claro, a oportunidade de reorganização, reflexão e incremento oferecida com esta nova estrutura também deveria gerar frutos no programa de leniência do Cade.

Neste sentido, a reorganização funcional, temática e processual da SG, com uma melhor alocação de recursos e uma gestão mais eficiente também permitiu que, no âmbito do gabinete da SG, mais precisamente sob a coordenação da chefia de gabinete, se constituísse uma unidade de dedicação praticamente exclusiva (à exceção das atribuições do próprio chefe de gabinete) de análise e processamento de pedidos e acordos de leniência. Embora na antiga SDE já houvesse uma divisão da leniência do processamento regular dos casos, na SG isso pôde ser feito com maior e melhor intensidade. A supervisão única (pelo Superintendente-adjunto) permitiu uma maior interação da unidade de leniência com as questões discutidas no âmbito de processos administrativos já em andamento, além de uma interface com a triagem e com a unidade de análise de informações, permitindo uma maior contextualização da leniência como forma de iniciação/entrada de novos casos.

Da mesma forma que nas demais áreas, procurou-se gerir o estoque de negociações recebidas da antiga SDE, com adoção de mecanismos de priorização e com a padronização dos critérios de admissão e aferição de cumprimento dos requisitos, bem como dos modelos de Acordo e Histórico da Conduta. Além disso, procurou-se mapear o fluxo de uma negociação e institucionalizar as práticas que já vinham sendo utilizadas de maneira a dar maior transparência e previsibilidade aos pleiteantes. Assim como ocorreu nas coordenações-gerais, procurou-se identificar os principais gargalos e discussões e, tanto por meio de diálogo com os diversos *stakeholders* envolvidos na leniência, como com *benchmarking* internacional, compreender melhor os incentivos envolvidos, fazendo com que se tornasse o programa mais forte institucionalmente e mais rigoroso no que diz respeito aos requisitos necessários e ao grau de evidências que deva ser apresentado pelos proponentes. Isso tem gerado novos casos ainda mais robustos, o que acaba se refletindo, posteriormente, no curso do processamento dos PAs.

Este trabalho, aliado à economia de recursos que a nova gestão dos casos de cartel gera, bem como com um maior número de julgamentos e condenações por parte do Tribunal (inclusive de casos oriundos de leniência) e com a continuidade da abertura de novos casos, em setores cada vez mais diversificados, têm fortalecido ainda mais o programa, que apresenta significativo crescimento nos últimos anos. Desde a vigência da nova lei até o momento, são 19 novos acordos (comparados com 23 de 2003 a 2011)[7]. Deve-se

---

[7] Idem, ibidem.

ressaltar ainda, que o crescente número de casos de cartel julgados pelo Cade e a diversificação de setores investigados pela SG também resultou numa maior diversificação de setores nos pedidos de leniência, o também representa uma mudança de rumo se comparado com a tendência anterior, cuja maioria dos casos de leniência eram oriundos de cartéis internacionais, que já contavam com leniências em outras jurisdições.

Além da leniência, o novo marco institucional trazido com a Lei 12.529/2011 também deu azo a uma reforma na política de acordos em casos de cartel. Os Termos de Compromisso de Cessação de prática (TCC), já podiam ser considerados exitosos desde a vigência da lei anterior. Desde 2007, quando passaram a poder ser celebrados também em casos de cartéis, o Cade construiu uma reputação e maturidade institucional nesse tema sem precedentes na administração pública.

No entanto, para cartéis, havia ainda algum espaço para melhorias na política de TCCs: a experiência internacional e uma série de demandas de advogados e empresas demonstrava que embora os acordos em caso de cartéis valessem a pena em termos de economia processual (o que nem sempre era verdade dado que, para a autoridade, o processo prosseguia contra os demais representados da mesma forma), havia pouca flexibilidade e previsibilidade para os casos em que a empresa, por qualquer motivo (seja por *compliance*, seja porque perdeu a "fila" da leniência), desejasse colaborar com as investigações em troca de um benefício maior na contribuição pecuniária, como ocorria em outros lugares do mundo.

Mais do que isso, em alguns casos, as empresas que celebravam o TCC, sem colaborar e confessar, apenas pagando para se livrar do processo, acabavam, em certos casos, ficando em posição de igualdade ou até melhor do que o beneficiário da leniência, dado que este, apesar da imunidade, obrigatoriamente deveria permanecer no processo até o julgamento. Isto poderia gerar um desincentivo a leniência e, portanto, deveria ser evitado.

Diante disto, e aproveitando-se da experiência acumulada na negociação de TCCs pelo "antigo" Cade, bem como do fato de que as atividades de instrução e julgamento, embora realizados por setores diferentes (SG e Tribunal), agora estavam no mesmo órgão ("novo" Cade), estabeleceu-se, por meio da Resolução 5/2013, uma série de critérios e de faixas de desconto na contribuição para aqueles que, em casos de cartel, procurassem a autoridade para confessar e colaborar naqueles casos de cartel ainda em tramitação na SG ou confessar nos casos de cartel já aguardando julgamento no Tribunal.

Além de promover uma melhor alocação das competências institucionais, permitindo que o órgão instrutor (SG) passasse a negociar acordos em cartel levando em conta a efetiva colaboração com as investigações, a nova política permitiu que se viabilizasse um tipo de representado "intermediário" entre o beneficiário da leniência e o representado litigante, o qual restava vinculado à colaboração no processo e ao pagamento de uma contribuição pecuniária com desconto, mas calculada com base na multa esperada. Este tipo de representado, até a vigência da resolução, dificilmente procurava o Cade para celebrar TCC.

Como resultado desta nova política, o número de TCCs com colaboração nos casos de cartel aumentou muito. Só de janeiro de 2014 até o momento, são 66 TCCs homologados, sendo que cerca de 80% destes foram celebrados em casos de cartel ainda em tramitação na SG.

Não só se aumentou o número de TCCs celebrados em casos de cartel como a característica deste tipo de acordo foi se modificando, justamente, com base na relação entre colaboração e previsibilidade de desconto. Assim, em boa parte dos casos de cartel em que se tem a ocorrência de TCCs, estes ocorrem logo após a leniência ou a uma eventual medida de busca e apreensão, e muitas vezes ainda antes da abertura do PA ou, ainda, logo após a abertura do PA, quando esta é o primeiro ato de publicização da investigação. Some-se a isso a existência de casos com TCCs sucessivos e pode-se ter uma ideia do quanto estas colaborações advindas de acordo tem sido úteis para tornar os casos ainda mais robustos.

Por fim, vale dizer que a experiência de construção da Resolução 5/2013 pode ser considerada um pequeno retrato de como tem sido estruturado o "novo" Cade nos últimos três anos. O processo pré-resolução contou não só com uma série de diálogos institucionais como também com consulta pública amplamente divulgada e com alta participação. A implementação da Resolução também é resultado de um processo de construção dialógica, entre SG, Tribunal, partes representadas e terceiros, de forma que também os resultados e a consolidação do programa, assim como sempre ocorreu no Programa de Leniência, é o resultado deste trabalho conjunto.

d) Investimento na iniciação de novos casos

A contarmos a história da estruturação da SG nos últimos três anos, e de como, no que se refere ao combate a cartéis, as etapas aqui detalhadas foram fundamentais para manter o foco prioritário desta atividade que já existia na SDE e era importantíssimo de ser mantido e incrementado pela nova autoridade, pudemos discorrer aqui um pouco sobre como a divisão temática e funcional do trabalho permitiu uma maior economia de recursos e uma melhor alocação das habilidades segundo as diversas necessidades e diferentes atividades atribuídas ao Cade com relação à detecção e repressão de cartéis.

Já afirmamos algumas vezes acima a forma como a separação entre a iniciação/captação adequada de novos casos e o processamento de casos reflete na transformação do estoque em fluxo e na possibilidade de priorização e de dedicação maior aos casos de maior relevância e impacto para a sociedade. Neste sentido, além da unidade de triagem e, uma vez controlado o estoque absorvido da SDE, seguiu-se um trabalho de maior racionalização e investimento no trabalho de captação e investigação inicial de casos de cartel.

Embora a leniência seja uma importante fonte de novos casos, assim como são as denúncias recebidas e triadas, estes instrumentos são, particularmente, reativos, isto é, não é a autoridade que define o seu foco de atuação, mas sim a demanda por ela recebida que o define. Acompanhando uma discussão internacional, no âmbito da *International Competition Network* (ICN)[8] e em diversos outros foros acadêmicos e não acadêmicos de debates sobre defesa da concorrência, e, olhando para o desenvolvimento do programa de leniência brasileiro e pelo perfil dos casos em andamento, chegou-se a conclusão que, no Brasil, dadas suas especificidades culturais, econômicas e territoriais, havia uma necessidade constante de atuação *ex officio*, proativa, por parte do Cade, para se fortalecer ainda mais o *enforcement* da autoridade.

A reflexão apontava para um modelo em que não se poderia depender apenas da leniência ou das denúncias para um efetivo combate a cartéis e que, até mesmo para que estas duas formas de entrada de casos continuassem prolíferas, era necessário investir em uma atuação mais proativa também com relação aos novos casos. Mesmo do ponto de vista gerencial, para um melhor equilíbrio entre saídas e entradas de casos da SG, ou seja, para manutenção do fluxo adequado, esta atuação proativa se mostrou necessária.

Desta visão, aliada ao fato de que, desde a transição, no contexto da continuidade da ênfase do combate a cartéis, notadamente aqueles envolvendo licitações públicas, e da divisão entre iniciação e processamento dos casos, é que surgiu uma política de investimento na iniciação de novos casos, com enfoque qualitativo.

Uma das dimensões deste investimento era capacitar os integrantes da unidade de análise de informações em técnicas de inteligência, interrogatório e entrevistas, bem como o estreitamento de parcerias com outros órgãos investigativos, como o Ministério Público, as polícias e a Controladoria-Geral da União (CGU) e demais órgãos de controle. Além do investimento em capacitação, também se desenvolveu uma metodologia e um fluxo tanto para a realização de operações de busca e apreensão de natureza cível (previstas na Lei 12.529/2011) como para a análise forense do material apreendido, novamente permitindo que os casos fossem para as coordenações para serem processados com uma qualidade de evidências ainda maior. O resultado dessa intensificação das buscas também é notado pelos números: desde a vigência da Lei foram 11 operações em comparação com apenas 6 no triênio anterior à vigência (2009, 2010, 2011)[9]. Deve-se ressaltar que, destas 11, cerca de 90% foram de natureza cível, capitaneadas pelo Cade, ao contrário da tendência anterior, em que a

[8] A ICN congrega mais de 100 autoridades de defesa da concorrência ao redor do mundo.

[9] Idem, ibidem.

maior parte das operações era realizada por órgãos de competência criminal com apoio operacional do Cade.

Somado a isso, um forte investimento em ferramentas de TI, apoiado pela Presidência do órgão, demonstram a ênfase e a prioridade do combate a cartéis no Cade. Essa estrutura da unidade de análise de informações e sua interação com a triagem permitem uma atuação bastante constante do Cade em setores em que se identifica alguma atividade ou fato suspeitos, permitindo, de ofício, o aprofundamento das investigações. Da mesma forma, a aproximação destas unidades do GAB-SG com o Departamento de Estudos Econômicos (DEE) do Cade, outra novidade institucional da Lei, aponta para um acompanhamento mais próximo dos comportamentos dos agentes nos mercados que possibilita a detecção de fatos ou atividades suspeitas.

Também fruto desse esforço de proatividade, e como resultado da nova estrutura organizacional do combate a cartéis, tendo em vista a prioridade do combate a cartéis em licitações, foi possível, após *benchmarking* internacional com autoridades de defesa da concorrência e nacional com órgãos de controle, iniciar um projeto de detecção de cartéis cujo resultado, espera-se, seja uma atuação ainda mais proativa e um incremento de qualidade ainda maior nos novos casos de cartéis deste tipo. De forma pioneira, alia-se um uso intensivo de conhecimentos de TI, estatística e de antitruste na tentativa de, utilizando-se de bases de dados publicas ou disponíveis ao Cade, detectar-se comportamentos e mercados que demandem atuação do órgão, complementar investigações e processos já existentes ou, ainda, subsidiar outras medidas de investigação.

Este investimento na iniciação de casos, lado a lado com a evolução do programa de leniência e com a capacidade da triagem de promover uma captação adequada de novos casos e denúncias recebidas, aliados ao melhor desempenho de qualidade e tempo no processamento dos casos nas coordenações-gerais não só impacta na transformação de estoque em fluxo no âmbito da SG, mas também, em uma garantia da aplicação mais efetiva e tempestiva da lei, o que, por sua vez, gera maior consciência do risco do engajamento em cartéis (*awareness*) e por consequência, maior *compliance.* Logo, gera mais e melhores casos. Ou seja, para o ciclo de combate a cartéis, a iniciação contínua de casos novos com evidências robustas é fundamental para que cada vez mais a autoridade consiga não só exercer sua atividade punitiva como incutir uma cultura anticartel entre os agentes econômicos.

3. PERSPECTIVAS, DEMANDAS E DESAFIOS

Toda esta longa história (embora de apenas três anos) aqui detalhada, todos estes avanços e resultados já obtidos somente reafirmam o que significou o novo marco legal para o combate a cartéis no Brasil. Como afirmado no início, este processo de construção da nova estrutura do Cade e da SG merece ainda ser fruto de nossa reflexão dado suas implicações naquilo que hoje implica no alcance da atividade da autoridade e na forma como se construiu a política de defesa da concorrência, e logo, de detecção e repressão de cartéis no Brasil.

Se não há como negar que a Lei 12.529/2011consolidou o combate a cartéis como prioridade máxima da autoridade no que se refere a sua atividade repressiva, os resultados e avanços já obtidos, bem como a reforma estrutural que transcorreu, geram agora o novo e maior desafio a esta atuação, que é o de sua manutenção institucional e de sua constante renovação conforme novas demandas surjam ao longo dos anos, sem que isso afete a continuidade de suas ações.

Neste sentido, é necessário termos a consciência de que ainda existe muito que se possa fazer, ao mesmo tempo em que podemos afirmar que o caminho para esses novos passos está devidamente pavimentado. Devemos estar cientes de que muito da evolução das práticas que ocorreram nos últimos anos ainda carecem de maior institucionalização, tanto por meio de uma maior transparência de critérios (por meio de *guidelines/FAQ's*, por exemplo) como por mudanças normativas (como alterações regimentais e eventualmente, até legislativas pontuais), e, ainda, por meio de ajustes de gestão que ainda sejam possíveis.

Além disso, o maior reconhecimento da atuação do Cade, sobretudo no que se refere aos cartéis em licitações públicas, e a nova e crescente demanda de atuação decorrente da relação deste tipo de cartel com outros ilícitos investigados por outros órgãos (como corrupção, lavagem de dinheiro etc.) traz novas responsabilidades e desafios para o órgão. Por fim, dadas as dimensões do país e a ausência de capilaridade do Cade, que, embora tenha jurisdição nacional, está sediado apenas em Brasília, é necessário voltar a dar ênfase na capacitação de parceiros e na disseminação da política de combate a cartéis, inclusive, agregando a experiência acumulada nestes últimos três anos, notadamente com relação à métodos de investigação e gestão de processos. Diante deste cenário, algumas perspectivas para o futuro podem ser de antemão aqui mencionadas.

A primeira delas, com relação aos ajustes ainda possíveis na gestão de casos, embora esbarre no esgotamento das mudanças organizacionais *vis-à-vis* a escassez de recursos humanos, é a de que ainda há algum espaço para um incremento na celeridade dos casos. Este espaço consiste tanto em novos investimentos em TI e em padronizações, aproveitando-se de ferramentas de *business intelligence* acopladas ao novo sistema de processo eletrônico do Cade ("Cade sem papel"), como no investimento em gestão por competências e prioridades que determinem uma maior capacidade de alocação de pessoas para as áreas mais necessitadas. Por fim, um maior e melhor acompanhamento da idade média dos casos em tramitação, com estabelecimento de metas para casos mais antigos, também contribuirá para a melhoria e manutenção adequada do fluxo dos processos.

Além disso, uma maior institucionalização do conhecimento e da memória dos casos na SG tende, também, a permitir economias de tempo e escopo, da mesma forma que a consolidação de várias das práticas e procedimentos desenvolvidos nos últimos anos em normas regimentais. No caso específico do programa de leniência e do TCC, uma maior transparência e padronização tanto dos critérios como da forma de negociação destes casos na SG deve ser priorizada e, inclusive, publicizada por meio de *guidelines*, *FAQ's* e disponibilização de modelos e formulários, até mesmo via sítio eletrônico do Cade.

A crescente demanda no combate a cartéis em licitações e sua relação com outros ilícitos torna necessária a intensificação da interação do Cade com os demais órgãos de investigação, sobretudo após o advento da Lei 12.846/2013 que, inspirada no acordo de leniência do Cade, passou a prever instituto análogo para outros ilícitos contra a administração. Neste ponto, aliás, e também com relação à crescente adoção de mecanismos de delação no âmbito criminal, o Cade tem muito a contribuir com a experiência de quinze anos de programa de leniência, bem como pela *expertise* na detecção e punição de cartéis em licitações.

Aliás, no âmbito das parcerias e da disseminação da cultura da concorrência, na esteira da experiência da SDE com a Enacc (estratégia nacional de combate a cartéis), é fundamental a manutenção e fortalecimento de uma rede de órgãos cujas atribuições se relacionam com o combate a cartéis, com os quais as frequentes trocas de informações e técnicas podem contribuir em muito para fortalecer o trabalho do Cade e para dar maior capilaridade e alcance a este trabalho.

Por fim, a conclusão do projeto de detecção proativa de cartéis, com foco também nos cartéis em licitação, pretende não só o incremento da captação e descoberta de novos casos e focos de atuação, como também a disseminação desta metodologia, de forma a permitir uma atuação ainda mais efetiva do órgão, com resultados ainda mais relevantes para a sociedade.

4. CONCLUSÃO

A Lei 12.529/2011 pode ser considerada, sem dúvida, como um marco definitivo na consolidação da defesa da concorrência no Brasil. O processo desencadeado desde sua promulgação, passando pela entrada em vigor até os dias atuais, quando se comemoram três anos de sua vigência, é inédito e exemplar na medida em que permitiu que o Cade se estruturasse definitivamente dentro do contexto institucional do Estado brasileiro. No âmbito do combate a cartéis, as mudanças trazidas pela nova legislação abriram a janela de oportunidade necessária tanto para reflexão como para a correção necessária de alguns rumos, mas principalmente para se consolidar esta atividade como prioritária e fundamental no aspecto repressivo da atuação do Cade.

Os avanços e resultados obtidos até agora permitem concluir pelo acerto de se investir fortemente na gestão interna da SG e na atuação do Cade na detecção e combate a cartéis, mas, mais do que isso, trazem consigo a responsabilidade da manutenção e melhoria constante desta institucionalização, bem como a necessidade de, uma vez superada a fase de estruturação, investir-se ainda mais nos resultados materiais desta atividade e em respostas cada vez mais adequadas e tempestivas às demandas da sociedade e, principalmente, dos consumidores brasileiros.

BIBLIOGRAFIA

BRASIL. *Lei 12.529/2011*. Disponível em: <http://www.planalto.gov.br/ccivil_03/_ato2011-2014/2011/Lei/L12529.htm>. Acesso em: 28 maio 2015.

CADE. *Balanço do triênio da Lei 12.529/2011e perspectivas da defesa da concorrência no Brasil*. Maio 2015. Disponível em: <http://www.cade.gov.br/>, hyperlink em notícia publicada sob o título: "Em três anos da nova lei da concorrência, mais de mil atos de concentração foram julgados pelo Cade".

_____. *Regimento Interno do* Cade. Disponível em: <http://www.Cade.gov.br/Default.aspx?b2859563b268bc46d07ed066>. Acesso em: 28 maio 2015.

CARVALHO, Vinicius Marques; e RODRIGUES, Eduardo Frade. *Entrevista do Presidente e do Superintendente-Geral do Cade*. Apresentação no 20.º Seminário Internacional de Defesa da Concorrência (IBRAC), 30 e 31 de outubro 2014. Disponível em: <http://www.ibrac.org.br/Uploads/Eventos/20SeminarioConcorrencia/PALESTRAS/%C3%9Altimo%20Painel.pdf>. Acesso em: 6 jun. 2015.

RAGAZZO, Carlos Emmanuel Joppert; e ANDRADE, Diogo Thomson de. Beyond detection: the management of cartel cases. *Competition Policy International: Cartel Column*. 2012. Disponível em: <https://www.competitionpolicyinternational.com/assets/Free/cpicartelragazzo.pdf>. Acesso em: 20 maio 2015.

PROGRAMA DE LENIÊNCIA ANTITRUSTE E REPERCUSSÕES CRIMINAIS: DESAFIOS E OPORTUNIDADES RECENTES

Amanda Athayde
Rodrigo de Grandis

1. INTRODUÇÃO

O Programa de Leniência Antitruste é reconhecido nacional[1] e internacionalmente[2-3] como um dos instrumentos mais eficazes para detectar, investigar e coibir condutas anticompetitivas com potencial lesivo à concorrência e ao bem-estar social. Constitui, assim, um importante pilar da política de combate a cartéis[4]. O Programa de Leniência foi introduzido, no Brasil,

---

[1] CADE. Requerimento 08700.004992/2007-43, Relator Conselheiro Paulo Furquim de Azevedo, julgado em 17.12.2008. "O Programa de Leniência não é um fim em si mesmo, mas um importante mecanismo para dissuadir condutas uniformes lesivas à concorrência, este sim um fim da política de defesa da concorrência. O mesmo se aplica à eliminação de 'obstáculos à persecução administrativa e criminal de cartéis', mandados de busca e apreensão, métodos estatísticos para detecção de cartéis e o próprio TCC que, como visto, é parte do programa de combate a cartéis."

[2] OECD. *Fighting hard core cartels: harm, effective sanctions and leniency programmes*, 2002, p. 11. "Some jurisdictions have developed programs that offer leniency in order to encourage violators to tell these secrets, to confess and implicate their co-conspirators with first-hand, direct 'insider' evidence that provides convincing proof of conduct parties want to conceal. The programs uncover conspiracies that would otherwise go undetected. They elicit confessions, direct evidence about other participants, and leads that investigators can follow for other evidence too. The evidence is obtained more quickly, and at lower direct cost, compared to other methods of investigation, leading to prompt and efficient resolution of cases. To get this information, the parties who provide it are promised lower fines, shorter sentences, less restrictive orders, or even complete amnesty."

[3] Terminologicamente, existe em algumas jurisdições diferença entre os termos *leniency* e *amnesty*, para se referir às hipóteses em que há apenas redução da penalidade aplicável para aquelas em que há imunidade total, respectivamente.

[4] Em linhas gerais, cartel é um acordo explícito ou implícito entre concorrentes para, principalmente, fixação de preços ou quotas de produção, divisão de clientes e de mercados de atuação, bem como para a troca de informações comercialmente sensíveis.

pela Lei 10.149/2000, que alterou a Lei 8.884/1994 (artigos 35-B e C)[5], com o objetivo de fortalecer a atividade de repressão de infrações à ordem econômica do Sistema Brasileiro de Defesa da Concorrência (SBDC). Atualmente, o Programa de Leniência Antitruste brasileiro encontra previsão legal nos artigos 86 e 87 da Lei de Defesa da Concorrência (Lei 12.529/2011)[6-7].

Sua premissa básica é a de que os denominados "Signatários" do Acordo de Leniência confessem e colaborem com as investigações, trazendo informações e documentos que permitam à autoridade identificar os demais coautores e comprovar a infração noticiada ou sob investigação. O Programa de Leniência Antitruste brasileiro oferece, em troca, imunidade tanto administrativa quanto criminal em relação às penas aplicáveis, uma vez que cartéis, além de reprimidos administrativamente pelo Cade (artigo 36 da Lei 12.529/2011[8]), também são alvo de persecuções no âmbito penal (artigo 4.º da Lei 8.137/1990[9]).

---

[5] Na vigência da Lei 8.884/1994, o Programa de Leniência foi disciplinado pela Portaria MJ 4/2006 (artigo 61) e pela Portaria MJ 456/2010 (artigo 59).

[6] Nos termos dos artigos 86 e 87 da Lei 12.529/2011e dos artigos 197 a 210 do Regimento Interno do Cade (Ricade), o Programa de Leniência Antitruste é um conjunto de iniciativas com vistas a detectar, investigar e punir infrações contra a ordem econômica; informar e orientar permanentemente as empresas e os cidadãos em geral a respeito dos direitos e garantias previstos na legislação; e incentivar, orientar e assistir os proponentes à celebração de Acordo de Leniência.

[7] A Lei 12.529/2011 trouxe algumas sutis – mas importantes –modificações do Programa de Leniência Antitruste em relação à Lei anterior, notadamente: (i) a alteração da autoridade competente para celebrar o acordo (na Lei 8.884/1994 era a União, por intermédio da Superintendência-Geral e na Lei 12.529/2011 é o CADE, por intermédio da Superintendência-Geral); (ii) o fim do impedimento para que o líder do cartel seja Proponente do acordo; e (iii) a ampliação dos ilícitos penais cobertos pela imunidade concedida ao Signatário (na Lei 8.884/1994 eram apenas os ilícitos da Lei 8.137/1990 e na Lei 12.529/2011 são ilícitos tais como os da Lei 8.137/1990, da Lei 8.666/1993 e do artigo 288 do Código Penal).

[8] Lei 12.529/2011. "Art. 36. Constituem infração da ordem econômica, independentemente de culpa, os atos sob qualquer forma manifestados, que tenham por objeto ou possam produzir os seguintes efeitos, ainda que não sejam alcançados: I – limitar, falsear ou de qualquer forma prejudicar a livre concorrência ou a livre-iniciativa; II – dominar mercado relevante de bens ou serviços; III – aumentar arbitrariamente os lucros; e IV – exercer de forma abusiva posição dominante. [...] § 3.º As seguintes condutas, além de outras, na medida em que configurem hipótese prevista no caput deste artigo e seus incisos, caracterizam infração da ordem econômica: I - acordar, combinar, manipular ou ajustar com concorrente, sob qualquer forma: *a)* os preços de bens ou serviços ofertados individualmente; *b)* a produção ou a comercialização de uma quantidade restrita ou limitada de bens ou a prestação de um número, volume ou frequência restrita ou limitada de serviços; *c)* a divisão de partes ou segmentos de um mercado atual ou potencial de bens ou serviços, mediante, dentre outros, a distribuição de clientes, fornecedores, regiões ou períodos; *d)* preços, condições, vantagens ou abstenção em licitação pública".

[9] Lei 8.137/1990: "Art. 4.º Constitui crime contra a ordem econômica: I – abusar do poder econômico, dominando o mercado ou eliminando, total ou parcialmente, a concorrência mediante qualquer forma de ajuste ou acordo de empresas; II – formar acordo, convênio, ajuste ou aliança entre ofertantes, visando: *a)* à fixação artificial de preços ou quantidades vendidas ou produzidas; *b)* ao controle regionalizado do mercado por empresa ou grupo de empresas; *c)* ao controle, em detrimento da concorrência, de rede de distribuição ou de fornecedores. Pena – reclusão, de 2 (dois) a 5 (cinco) anos e multa". Essa sanção pode, ainda, ser aumentada de um terço até

Os artigos 86 e 87 da Lei 12.529/2011 não exigem, para a celebração do acordo de leniência antitruste, a participação do Ministério Público, dado que, pela dicção legal, a competência para tal celebração é apenas da Superintendência-Geral do Cade. Em que pese isso, tendo em vista as repercussões criminais derivadas da leniência, a experiência consolidada do Cade é no sentido de viabilizar a participação do Ministério Público, titular privativo da ação penal pública e detentor de atribuição criminal. Assim, o Ministério Público Estadual e/ou o Federal participa como agente interveniente no acordo, a fim de conferir maior segurança jurídica aos Signatários do Acordo de Leniência.

Para que fique evidente essa experiência consolidada do Cade na atuação conjunta e coordenada com os Ministérios Públicos, cumpre pontuar que, dos 45 (quarenta e cinco) Acordos de Leniência Antitruste celebrados pelo Cade até junho de 2015, aproximadamente 95% dos casos envolveram a participação do Ministério Público, sendo que nos demais casos não houve a participação do Ministério Público porque o acordo envolvia somente pessoas jurídicas, o que não atrairia a competência criminal.

Assim, uma vez estabelecida a premissa de que o Cade (competente para a investigação administrativa do ilícito de cartel) e o Ministério Público (incumbido para a investigação criminal do crime de cartel) atuam conjuntamente na celebração dos Acordos de Leniência Antitruste, passa-se à análise de alguns dos desafios relacionados às repercussões criminais desse tipo de acordo.

2. REPERCUSSÕES CRIMINAIS DO ACORDO DE LENIÊNCIA ANTITRUSTE E SEUS DESAFIOS

Dentre várias discussões recentes sobre as repercussões criminais do Acordo de Leniência Antitruste, destacam-se, no presente artigo, três, consideradas bastante relevantes na atual realidade brasileira, quais sejam: (2.1.) a análise sobre a abrangência criminal do artigo 87 da Lei 12.529/2011; (2.2.) a conciliação e a coordenação do Acordo de Leniência Antitruste com outros instrumentos de colaboração premiada; e (2.3.) a interpretação do reconhecimento de participação da conduta em casos de Termo de Compromisso de Cessação com sua repercussão criminal.

2.1. A abrangência do artigo 87 da Lei 12.529/2011

Um primeiro desafio recente da repercussão criminal do Acordo de Leniência diz respeito à análise sobre a abrangência criminal do artigo 87 da Lei 12.529/2011. Nos termos do artigo 87 da Lei 12.529/2011, são duas as repercussões criminais imediatas do Acordo de Leniência Antitruste: (i) a suspensão do curso do prazo prescricional e (ii) o impedimento a oferecer a

metade se o crime causar grave dano à coletividade, for cometido por um servidor público ou se relacionar a bens ou serviços essenciais para a vida ou para a saúde.

denúncia[10]. Ambas as repercussões criminais se aplicam ao agente Signatário da leniência, nos crimes tipificados na Lei 8.137/1990 (crimes contra a ordem tributária, econômica e relações de consumo, em seu artigo 4.º) e nos demais crimes diretamente relacionados à prática de cartel, tais como os tipificados na Lei 8.666/1993 (Lei das Licitações, em seus artigos 89 a 99[11]) e no artigo 288[12] do Código Penal (crime de associação criminosa).

Assim, Mendroni leciona que:

---

[10] Sobre o impedimento a oferecer a denúncia, entende-se que essa repercussão criminal independe da participação do Ministério Público, mas, como já mencionado, a experiência consolidada do Cade é no sentido de promover a participação dos Ministérios Públicos na celebração dos Acordos de Leniência Antitruste. Nesse sentido, Ana Carolina Pereira Cesarino Faraco Lamy aduz: "se o Ministério Público, como titular da ação penal pública incondicionada, apresentar denúncia contra o leniente sob o argumento de que o Acordo não possui validade no âmbito judicial, estar-se-á patrocinando uma brutal afronta ao devido processo legal constitucional. [...] O argumento formal trazido pelo Ministério Público a respeito de sua legitimidade privativa e a indisponibilidade da ação penal não se equiparam ao direito fundamental à liberdade individual, à paridade de armas – a perfectibilização do princípio da igualdade em seu viés material – e à autorização de não produzir provas contra si mesmo. [...] Com efeito, o reflexo penal do Acordo de Leniência é incondicionado, não havendo proibição penal quanto à plenitude desse dispositivo legal". LAMY, Ana Carolina Pereira Cesarino Faraco. *Reflexos do acordo de leniência no processo penal:* a implementação do Instituto ao Direito Penal Econômico Brasileiro e a necessária adaptação ao regramento constitucional. Rio de Janeiro: Lumen Juris, 2014. p. 148.

[11] Lei 8.666/1993: "Art. 89. Dispensar ou inexigir licitação fora das hipóteses previstas em lei, ou deixar de observar as formalidades pertinentes à dispensa ou à inexigibilidade: [...] Art. 90. Frustrar ou fraudar, mediante ajuste, combinação ou qualquer outro expediente, o caráter competitivo do procedimento licitatório, com o intuito de obter, para si ou para outrem, vantagem decorrente da adjudicação do objeto da licitação: [...] Art. 91. Patrocinar, direta ou indiretamente, interesse privado perante a Administração, dando causa à instauração de licitação ou à celebração de contrato, cuja invalidação vier a ser decretada pelo Poder Judiciário: [...] Art. 92. Admitir, possibilitar ou dar causa a qualquer modificação ou vantagem, inclusive prorrogação contratual, em favor do adjudicatário, durante a execução dos contratos celebrados com o Poder Público, sem autorização em lei, no ato convocatório da licitação ou nos respectivos instrumentos contratuais, ou, ainda, pagar fatura com preterição da ordem cronológica de sua exigibilidade, observado o disposto no art. 121 desta Lei: [...] Art. 93. Impedir, perturbar ou fraudar a realização de qualquer ato de procedimento licitatório: [...] Art. 94. Devassar o sigilo de proposta apresentada em procedimento licitatório, ou proporcionar a terceiro o ensejo de devassá-lo: [...] Art. 95. Afastar ou procurar afastar licitante, por meio de violência, grave ameaça, fraude ou oferecimento de vantagem de qualquer tipo: [...] Art. 96. Fraudar, em prejuízo da Fazenda Pública, licitação instaurada para aquisição ou venda de bens ou mercadorias, ou contrato dela decorrente: I – elevando arbitrariamente os preços; II – vendendo, como verdadeira ou perfeita, mercadoria falsificada ou deteriorada; III – entregando uma mercadoria por outra; IV – alterando substância, qualidade ou quantidade da mercadoria fornecida; V – tornando, por qualquer modo, injustamente, mais onerosa a proposta ou a execução do contrato: [...] Art. 97. Admitir à licitação ou celebrar contrato com empresa ou profissional declarado inidôneo: [...] Art. 98. Obstar, impedir ou dificultar, injustamente, a inscrição de qualquer interessado nos registros cadastrais ou promover indevidamente a alteração, suspensão ou cancelamento de registro do inscrito: [...]".

[12] "Art. 288. Associarem-se 3 (três) ou mais pessoas, para o fim específico de cometer crimes: Pena – reclusão, de 1 (um) a 3 (três) anos. Parágrafo único. A pena aumenta-se até a metade se a associação é armada ou se houver a participação de criança ou adolescente."

> "no curso das investigações e do processo administrativo, o órgão acusador é impedido de oferecer denúncia penal contra o beneficiário da leniência, garantindo, assim, eficácia para o instituto. Entretanto, o prazo prescricional da pretensão punitiva estatal fica suspenso durante tal período, o que afasta a possibilidade do beneficiário não auxiliar a administração na persecução do ilícito administrativo e penal, e ainda ter em seu favor o transcurso do prazo prescricional, que poderia levar à extinção da punibilidade"[13].

Essa nova redação, dada pelo artigo 87 da Lei 12.529/2011 (em contraponto à redação anterior, do artigo 35-C da Lei 8.884/1994[14]), amplia a lista exemplificativa[15] de crimes abrangidos pelo Acordo de Leniência Antitruste – tanto que chega a usar a expressão "tais como". Surge, assim, uma discussão: quais seriam os outros "crimes diretamente relacionados à prática de cartel" que não estão expressamente nominados?

Imagine-se, por exemplo, o caso de um grupo de agentes que se reúnem em cartel e, sob esse contexto, praticam crimes de corrupção ativa[16], prometendo vantagens indevidas a funcionários públicos visando a alguma facilitação na realização de um contrato administrativo. Estaria ou não a corrupção ativa compreendida no Acordo de Leniência? Ainda, pense-se, por exemplo, em um grupo de pessoas que, após fraudar uma licitação, oculta os recursos advindos da fraude no exterior por intermédio de uma conta bancária aberta em nome de uma pessoa jurídica *offshore*. Neste caso, além do crime do artigo 90 da Lei 8.666/1993, incidiriam, também, os delitos de lavagem de dinheiro[17] e de evasão de divisas[18]. Estariam ou não essas infrações penais

---

[13] MENDRONI, Marcelo Batlouni. *Crime organizado*: aspectos gerais e mecanismos legais. 5. ed. São Paulo: Atlas, 2015. p. 174.

[14] Essa redação do artigo 87 da Lei 12.529/2011 consiste em uma ampliação da repercussão criminal do acordo de leniência antitruste quando comparado com o dispositivo da lei anterior, Lei 8.884/1994. Vide Lei 8.884/1994, artigo 35-C: "Nos crimes contra a ordem econômica, tipificados na Lei n. 8.137, de 27 de novembro de 1990, a celebração de acordo de leniência, nos termos desta Lei, determina a suspensão do curso do prazo prescricional e impede o oferecimento da denúncia. Parágrafo único. Cumprido o acordo de leniência pelo agente, extingue-se automaticamente a punibilidade dos crimes a que se refere o caput deste artigo".

[15] Sobre a discussão a respeito da extensão dos efeitos do acordo de leniência para outros delitos, MENDRONI apresenta alguns pontos sobre a discussão, indicando a existência de uma análise sistemática e de uma análise lógica. MENDRONI, Batlouni. Op. cit., p. 325.

[16] Código Penal: "Art. 333. Oferecer ou prometer vantagem indevida a funcionário público, para determiná-lo a praticar, omitir ou retardar ato de ofício. Pena – reclusão, de 2 (dois) a 12 (doze) anos, e multa. Parágrafo único. A pena é aumentada de um terço, se, em razão da vantagem ou promessa, o funcionário retarda ou omite ato de ofício, ou o pratica infringindo dever funcional".

[17] Lei 9.613/1998: "Art. 1.º Ocultar ou dissimular a natureza, origem, localização, disposição, movimentação ou propriedade de bens, direitos ou valores provenientes, direta ou indiretamente, de infração penal. Pena: reclusão, de 3 (três) a 10 (dez) anos, e multa".

[18] Lei 7.492/1986: "Art. 22. Efetuar operação de câmbio não autorizada, com o fim de promover evasão de divisas do País. Pena: Reclusão, de 2 (dois) a 6 (seis) anos, e multa. Parágrafo único.

compreendidas no Acordo de Leniência? Ao extremo, um participante do cartel agride fisicamente outro participante do cartel, causando-o lesão corporal grave ou até mesmo a morte, cometendo crime de homicídio[19]. Estariam ou não essas infrações penais abrangidas no Acordo de Leniência? Este, sem dúvida, é um terreno fértil para discussão.

Parece-nos que o cerne do debate está na interpretação da expressão legal "crimes diretamente relacionados à prática do *cartel*", que pode ser interpretada tanto do aspecto processual penal como do Direito Penal. Dessa forma, a resposta ao problema da abrangência do Acordo de Leniência Antitruste passa pela escolha do melhor e mais seguro critério de resolução.

Sob o aspecto processual penal, estariam abrangidos pelo acordo aqueles crimes que ostentam vínculo de *conexão* com o cartel, a qual, segundo o Código de Processo Penal, pode ser tanto teleológica[20] como probatória ou instrumental[21]. Por esse critério, em especial pela conexão probatória, é possível a interpretação de que praticamente todos os crimes relacionados ao cartel estariam abrangidos pela leniência, inclusive aqueles que possuem natureza jurídica completamente distinta do cartel, como é o caso da corrupção ativa, da lavagem de dinheiro, da evasão de divisas e do homicídio.

De outro lado, sob o aspecto do Direito Penal, ao indicar o legislador que os crimes diretamente relacionados ao cartel são – embora não exclusivamente – os previstos na Lei de Licitações e o de associação criminosa, ele parece indicar uma relação de meio para fim. Nesse sentido, note-se que os elementos típicos que compõem os crimes da Lei 8.666/1993 e, principalmente, o delito de associação criminosa, podem ser encontrados no artigo 4.º da Lei 8.137/1990. Em relação aos crimes licitatórios, o elemento típico estaria em razão da natureza do bem jurídico tutelado, intrinsecamente ligado à isonomia e à livre concorrência[22]. Em relação à associação criminosa, por sua vez, o elemento típico estaria em virtude de a pluralidade de pessoas configurar um pressuposto de ambas as condutas criminosas.

Incorre na mesma pena quem, a qualquer título, promove, sem autorização legal, a saída de moeda ou divisa para o exterior, ou nele mantiver depósitos não declarados à repartição federal competente".

[19] Código Penal: "Homicídio simples Art. 121. Matar alguém: Pena – reclusão, de seis a vinte anos".

[20] Código de Processo Penal: "Art. 76. A competência será determinada pela conexão: [...] II – se, no mesmo caso, houverem sido umas praticadas para facilitar ou ocultar as outras, ou para conseguir impunidade ou vantagem em relação a qualquer delas".

[21] Código de Processo Penal: "Art. 76. [...] III – quando a prova de uma infração ou de qualquer de suas circunstâncias elementares influir na prova de outra infração".

[22] A doutrina brasileira tem destacado que, em geral, os crimes da Lei 8.666/1993 tutelam a moralidade administrativa, a lisura e a regularidade das concorrências e, em alguns casos específicos, como sucede com o tipo penal do art. 90, protege-se também a igualdade e a competitividade do certame. Nesse sentido: GRECO FILHO, Vicente. *Dos crimes da lei de licitações*. São Paulo: Saraiva, 1994. p. 16; COSTA JÚNIOR, Paulo José da. *Direito penal das licitações:* comentários aos arts. 89 a 99 da Lei 8.666, de 21-6-1993. 2. ed. São Paulo: Saraiva, 2004. p. 19.

Dessa forma, o Acordo de Leniência Antitruste abrangeria todas as infrações penais que representam um fato prévio normal ou necessário à formação do cartel, em uma típica relação de consunção ou de absorção. Esse critério, originariamente estabelecido para a resolução do conflito aparente de normas penais[23], tem o mérito de impedir que o Signatário do Acordo de Leniência Antitruste sofra punição por um crime que, em verdade, foi absorvido pelo cartel, considerado delito mais grave, e, ao mesmo tempo, assegurar ao Estado o direito de perseguir penalmente as condutas que não guardam nenhuma correspondência substantiva com a infração contra a ordem econômica.

Assim, no caso do exemplo figurado proposto neste artigo, entendemos que a corrupção ativa, a lavagem de dinheiro, a evasão de divisas e o homicídio não constituem, sob o aspecto típico, uma normal fase de preparação ou de execução do delito de cartel, de modo que não estariam, pelo menos em tese, alcançados pelo Acordo de Leniência Antitruste.

Ademais, outra discussão possível é a seguinte: a redação do artigo 87 da Lei 12.529/2011 pode abarcar apenas *crimes* diretamente relacionados à prática de cartel ou também outros *ilícitos administrativos*?[24] Ora, considerando que o Direito Penal é a *ultima ratio*, ou seja, somente tem incidência quando constatada a insuficiência dos demais ramos do Direito, se a legislação possibilitou a abrangência de outros crimes na concessão de imunidade dada pelo Acordo de Leniência, parece-nos que seria razoável interpretar que outros ilícitos administrativos, em razão de uma questão de proporcionalidade, também poderiam ser considerados abrangidos. Essa abrangência, novamente, dependeria, a nosso ver, da interpretação sobre o ilícito administrativo em questão estar ou não diretamente relacionado à prática de cartel. Novamente, entendemos que se trata de uma discussão a ser amadurecida pelo debate.

Dito isso, e cientes de que ao longo do processo a repercussão criminal imediata é a suspensão do curso do prazo prescricional e o impedimento a oferecer a denúncia, tem-se que, ao final do processo, uma vez declarado cumprido o Acordo de Leniência Antitruste, extingue-se automaticamente a punibilidade criminal do agente em relação aos crimes referidos. O cumprimento do acordo, por sua vez, se dá mediante declaração do Tribunal do Cade, nos termos do artigo 86, § 4.º, da Lei 12.529/2011, o que ocorre apenas ao final de toda a instrução processual do respectivo Processo Administrativo para

---

[23] FIANDACA, Giovanni; MUSCO, Enzo. *Derecho penal:* parte general. Bogotá: Editorial Themis, 2006, p. 676.

[24] "Ao contrário do que ocorre com os ilícitos penais relacionados a cartel, a assinatura de um acordo de leniência com o Cade não afasta a incidência de sanções para o signatário com relação a outros ilícitos administrativos, o que pode diminuir a atratividade do instituto, especialmente em caso de cartel em licitações." MARTINEZ, Ana Paula. *Repressão a cartéis:* interface entre direito administrativo e direito penal. São Paulo: Singular, 2013. p. 280.

a Imposição de Sanções Administrativas por Infrações à Ordem Econômica (artigos 69 a 83 da Lei 12.529/2011).

2.2. Acordo de Leniência Antitruste e outros institutos de colaboração premiada

Um segundo desafio recente da repercussão criminal do Acordo de Leniência diz respeito à conciliação e à coordenação do Acordo de Leniência Antitruste com outros instrumentos de colaboração premiada. A nosso entender, o Acordo de Leniência Antitruste, previsto na Lei 12.529/2011, pode ser compreendido como uma das espécies do gênero denominado "colaboração premiada"[25], constante em diferentes leis especiais do ordenamento jurídico brasileiro, como na Lei 7.492/1986 (sobre os crimes contra o sistema financeiro nacional, em seu artigo 25, § 2.º[26]), Lei 8.072/1990 (sobre crimes hediondos, em seu artigo 8.º, parágrafo único[27]), Lei 8.137/1990 (crimes contra a ordem tributária, econômica e relações de consumo, artigo 16, parágrafo único[28]), Lei 9.613/1998 (sobre os crimes de "lavagem" e ocultação de bens, direitos e valores, em seu artigo 1.º, § 5.º[29]), Lei 9.807/1999 (sobre a organização e a manutenção de programas especiais de proteção a vítimas e testemunhas ameaçadas, em seu artigo 14[30]), Lei 11.343/2006 (sobre cri-

---

[25] Em linhas gerais, a colaboração premiada é um acordo entre as partes do processo penal (Ministério Público e investigado ou acusado, sempre assistido por seu defensor), por meio do qual o agente criminoso confessa sua responsabilidade na conduta criminosa e se compromete a contribuir com a (i) identificação dos demais coautores e partícipes da organização criminosa e das infrações penais por ele praticadas, com a (ii) revelação da estrutura hierárquica e da divisão de tarefas da organização criminosa, com a (iii) prevenção de infrações penais decorrentes das atividades da organização criminosa, com a (iv) recuperação total ou parcial do produto ou do proveito das infrações penais e com a (v) localização de eventual vítima com a sua integridade física preservada.

[26] Lei 7.492/1986: "Art. 25. [...] § 2.º Nos crimes previstos nesta Lei, cometidos em quadrilha ou co-autoria, o co-autor ou partícipe que através de confissão espontânea revelar à autoridade policial ou judicial toda a trama delituosa terá a sua pena reduzida de um a dois terços" (*redação alterada pela Lei 9.080/1995*).

[27] Lei 8.072/1990: "Art. 8.º [...] Parágrafo único. O participante e o associado que denunciar à autoridade o bando ou quadrilha, possibilitando seu desmantelamento, terá a pena reduzida de um a dois terços".

[28] Lei 8.137/1990: "Art. 16, parágrafo único: "Nos crimes previstos nesta Lei, cometidos em quadrilha ou co-autoria, o co-autor ou partícipe que através de confissão espontânea revelar à autoridade policial ou judicial toda a trama delituosa terá a sua pena reduzida de um a dois terços".

[29] Lei 9.613/1998: "Art. 1.º [...] § 5.º A pena poderá ser reduzida de um a dois terços e ser cumprida em regime aberto ou semiaberto, facultando-se ao juiz deixar de aplicá-la ou substituí-la, a qualquer tempo, por pena restritiva de direitos, se o autor, coautor ou partícipe colaborar espontaneamente com as autoridades, prestando esclarecimentos que conduzam à apuração das infrações penais, à identificação dos autores, coautores e partícipes, ou à localização dos bens, direitos ou valores objeto do crime".

[30] Lei 9.807/1999: "Art. 14. O indiciado ou acusado que colaborar voluntariamente com a investigação policial e o processo criminal na identificação dos demais co-autores ou partícipes do

mes previstos na lei de drogas, artigo 41[31]), no Código Penal (em seu artigo 159[32]) e na Lei 12.850/2013 (sobre crimes de organização criminosa, em seu artigo 4.º[33]).

---

crime, na localização da vítima com vida e na recuperação total ou parcial do produto do crime, no caso de condenação, terá pena reduzida de um a dois terços".

[31] Lei 11.343/2006: "Art. 41. O indiciado ou acusado que colaborar voluntariamente com a investigação policial e o processo criminal na identificação dos demais co-autores ou partícipes do crime e na recuperação total ou parcial do produto do crime, no caso de condenação, terá pena reduzida de um terço a dois terços".

[32] Código Penal (Decreto-Lei 2.848/1940): "Art. 159. [...] § 4.º Se o crime é cometido em concurso, o concorrente que o denunciar à autoridade, facilitando a libertação do sequestrado, terá sua pena reduzida de um a dois terços" (*redação alterada pela Lei 9.269/1996*).

[33] Lei 12.850/2013: "Art. 4.º O juiz poderá, a requerimento das partes, conceder o perdão judicial, reduzir em até 2/3 (dois terços) a pena privativa de liberdade ou substituí-la por restritiva de direitos daquele que tenha colaborado efetiva e voluntariamente com a investigação e com o processo criminal, desde que dessa colaboração advenha um ou mais dos seguintes resultados: I – a identificação dos demais coautores e partícipes da organização criminosa e das infrações penais por eles praticadas; II – a revelação da estrutura hierárquica e da divisão de tarefas da organização criminosa; III – a prevenção de infrações penais decorrentes das atividades da organização criminosa; IV – a recuperação total ou parcial do produto ou do proveito das infrações penais praticadas pela organização criminosa; V – a localização de eventual vítima com a sua integridade física preservada. § 1.º Em qualquer caso, a concessão do benefício levará em conta a personalidade do colaborador, a natureza, as circunstâncias, a gravidade e a repercussão social do fato criminoso e a eficácia da colaboração. § 2.º Considerando a relevância da colaboração prestada, o Ministério Público, a qualquer tempo, e o delegado de polícia, nos autos do inquérito policial, com a manifestação do Ministério Público, poderão requerer ou representar ao juiz pela concessão de perdão judicial ao colaborador, ainda que esse benefício não tenha sido previsto na proposta inicial, aplicando-se, no que couber, o art. 28 do Decreto-Lei 3.689, de 3 de outubro de 1941 (Código de Processo Penal). § 3.º O prazo para oferecimento de denúncia ou o processo, relativos ao colaborador, poderá ser suspenso por até 6 (seis) meses, prorrogáveis por igual período, até que sejam cumpridas as medidas de colaboração, suspendendo-se o respectivo prazo prescricional. § 4.º Nas mesmas hipóteses do *caput*, o Ministério Público poderá deixar de oferecer denúncia se o colaborador: I – não for o líder da organização criminosa; II – for o primeiro a prestar efetiva colaboração nos termos deste artigo. § 5.º Se a colaboração for posterior à sentença, a pena poderá ser reduzida até a metade ou será admitida a progressão de regime ainda que ausentes os requisitos objetivos. § 6.º O juiz não participará das negociações realizadas entre as partes para a formalização do acordo de colaboração, que ocorrerá entre o delegado de polícia, o investigado e o defensor, com a manifestação do Ministério Público, ou, conforme o caso, entre o Ministério Público e o investigado ou acusado e seu defensor. § 7.º Realizado o acordo na forma do § 6.º, o respectivo termo, acompanhado das declarações do colaborador e de cópia da investigação, será remetido ao juiz para homologação, o qual deverá verificar sua regularidade, legalidade e voluntariedade, podendo para este fim, sigilosamente, ouvir o colaborador, na presença de seu defensor. § 8.º O juiz poderá recusar homologação à proposta que não atender aos requisitos legais, ou adequá-la ao caso concreto. § 9.º Depois de homologado o acordo, o colaborador poderá, sempre acompanhado pelo seu defensor, ser ouvido pelo membro do Ministério Público ou pelo delegado de polícia responsável pelas investigações. § 10. As partes podem retratar-se da proposta, caso em que as provas autoincriminatórias produzidas pelo colaborador não poderão ser utilizadas exclusivamente em seu desfavor. § 11. A sentença apreciará os termos do acordo homologado e sua eficácia. § 12. Ainda que beneficiado por perdão judicial ou não denunciado, o colaborador poderá ser ouvido em juízo a requerimento das partes ou por iniciativa da autoridade judicial. § 13. Sempre que possível, o registro dos atos de colaboração

Nestes dispositivos legais de colaboração premiada, observa-se que o benefício ao autor denunciante tende a ser, na grande maioria dos casos, uma redução de um a dois terços da pena, podendo, em alguns casos, chegar ao perdão judicial. No Acordo de Leniência Antitruste da Lei 12.529/2011, o benefício será da imunidade total administrativa e criminal, no caso de não se ter conhecimento prévio da infração notificada, ou a redução de um a dois terços das penas aplicáveis, no caso de os órgãos investigadores já terem, quando da proposta de acordo de leniência antitruste, conhecimento da infração.

Recentemente, uma nova espécie do gênero "colaboração premiada" surgiu na legislação brasileira, qual seja: o acordo de leniência na Lei 12.846/2013 ("Lei Anticorrupção", sobre os atos lesivos à administração pública nacional ou estrangeiras, em seu artigo 16). Agora, portanto, a depender da natureza das condutas praticadas, poderão incidir, ao mesmo tempo, três diferentes diplomas legais: a Lei do Cade (Lei 12.529/2011), a Lei de Organizações Criminosas (Lei 12.850/2013) e a Lei Anticorrupção (Lei 12.846/2013). Basta, por exemplo, que um grupo de sociedades empresárias se ajuste sob um cartel e que uma delas ofereça vantagens a um funcionário público visando à obtenção de alguma facilitação para existir espaço legislativo para a utilização dos três institutos de modo concomitante. Trata-se, portanto, de um grande desafio, reconhecido inclusive pelo atual Presidente do Cade, Vinícius Marques de Carvalho[34].

Quanto ao *acordo de colaboração premiada da Lei sobre crimes de organização criminosa* (Lei 12.850/2013, 4.º), trata-se de instituto que deve ser objeto de homologação pelo juiz[35], por meio de requerimento do Delegado

será feito pelos meios ou recursos de gravação magnética, estenotipia, digital ou técnica similar, inclusive audiovisual, destinados a obter maior fidelidade das informações. § 14. Nos depoimentos que prestar, o colaborador renunciará, na presença de seu defensor, ao direito ao silêncio e estará sujeito ao compromisso legal de dizer a verdade. § 15. Em todos os atos de negociação, confirmação e execução da colaboração, o colaborador deverá estar assistido por defensor. § 16. Nenhuma sentença condenatória será proferida com fundamento apenas nas declarações de agente colaborador". Essa lei revogou a Lei 9.034/1995, que previa, em seu artigo 6.º: "Nos crimes praticados em organização criminosa, a pena será reduzida de um a dois terços, quando a colaboração espontânea do agente levar ao esclarecimento de infrações penais e sua autoria".

[34] Cade president: overlapping leniency regimes "a huge challenge". *Global Competition Review*, 17 abr. 2015. Disponível em: < http://globalcompetitionreview.com/news/article/38435/cade-president-overlapping-leniency-regimes-a-huge-challenge>. Acesso em: 18 jul. 2015.

[35] Há autores, como Douglas Fischer e Eugênio Paccelli, que entendem que ainda que não ocorra homologação, o juiz pode considerar a postura do réu na dosimetria da pena ou mesmo para a aplicação dos benefícios constituídos pelo *caput* do artigo 4.º da Lei 12.850/2013, independentemente da existência de acordo formal de colaboração: "Para bem logo, porém, esclareça-se que os benefícios constantes do caput do art. 4.º da referida legislação poderão ser aplicados até mesmo no caso de inexistir a formalização do acordo de colaboração. O que é decisivo para a respectiva incidência é a efetiva colaboração em juízo (ou na investigação) e da qual tenham resultado os objetivos definidos nos incisos I a V do mesmo dispositivo legal (art. 4.º). Ou seja, a eficácia da colaboração constitui matéria ao alcance da jurisdição, independentemente da formalização do

de Polícia, do Ministério Público ou do colaborador, sempre assistido por seu defensor. Este tipo de acordo poderá ser celebrado apenas por pessoas físicas, e não apenas com a primeira delas: se for a primeira a prestar efetiva colaboração, poderá inclusive não ser denunciada, mas se forem mais pessoas físicas e estas colaborarem efetivamente e voluntariamente com a investigação e com o processo criminal, podem se beneficiar do perdão judicial ou a redução de até 2/3 da pena privativa de liberdade ou a substituição por restritiva de direitos.

Assim, a grande novidade instituída pela Lei 12.850/2013 foi a implementação de um verdadeiro *sistema* delineando, em termos precisos e particularizados, o procedimento da colaboração premiada[36-37]. O artigo 4.º da citada lei amplia o campo da licitude penal e, desse modo, veicula uma norma penal mais benéfica, verdadeira *lex mitior* ou norma permissiva de aplicação retroativa e ultra ativa, sujeitando-se, inclusive, à analogia e à interpretação analógica. Acredita-se, assim, que sua incidência seja ampla e irrestrita a todos as infrações penais, perpetradas ou não sob o contexto de uma organização criminosa, conceituada na forma do artigo 1.º, § 1.º, da Lei 12.850/2013.

A colaboração premiada, portanto, na forma estipulada na Lei 12.850/2013, tem um caráter *híbrido*. Trata-se, ao mesmo tempo, de um instituto de Direito Penal e de Direito Processual Penal[38], na medida em que

---

acordo, podendo ser reconhecida na sentença e mesmo após ela, no que respeita, por exemplo, à afirmação do direito do colaborador a cumprir pena em estabelecimento diverso dos demais corréus ou condenados (art. 5.º, VI)". PACELLI, Eugênio; FISCHER, Douglas. *Comentários ao Código de Processo Penal e sua jurisprudência*. 5. ed. São Paulo: Atlas, 2013.

[36] BADARÓ, Gustavo Henrique. *Processo penal*. 3. ed. rev. e atual. São Paulo: Ed. RT, 2015. p. 453.

[37] Discute-se doutrinariamente se a colaboração premiada seria exclusiva dos delitos perpetrados sob o contexto de uma organização criminosa - ou ainda sob uma das hipóteses definidas no artigo 1.º, § 2.º - caracterizada nos termos do artigo 1.º, § 1.º, da Lei 12.850/2013, ou poderia aplicar-se sobre toda e qualquer modalidade delitiva. Cezar Roberto Bittencourt e Paulo César Busato sustentam que a colaboração incide exclusivamente sobre as condutas penais relacionadas às organizações criminosas, haja vista tratar-se de norma incriminadora (BITTENCOURT, Cezar Roberto; BUSATO, Paulo César. *Comentários à lei de organização criminosa:* Lei n. 12.850/2013. São Paulo: Saraiva, 2014. p. 124-125). Em sentido oposto, assinala Gustavo Badaró que a colaboração processual delineada na Lei de Organização Criminal não ficará restrita ao âmbito da criminalidade organizada, na exata medida em que inexiste peculiaridade ou especificidade nas outras condutas delituosas que justifique tratamento diverso (BADARÓ, Gustavo Henrique. *Processo penal*, cit., p. 453). Esclarece Badaró, no ponto: "Não é, pois, um caso de *lex specialis derogat generali*. O que inspira a indigitada regra é a necessidade de maior cuidado e preocupação com o risco de erro judiciário, quando a fonte de prova é um coimputado. E isso não é diferente se o agente colaborador participa de organização criminosa, de tráfico de drogas, de lavagem de dinheiro ou de crime contra o sistema financeiro nacional" (op. cit., p. 453).

[38] Sob a óptica processual penal, as informações fornecidas pelo agente colaborador ingressarão na ação penal, na maioria das vezes, por intermédio da oralidade. Assim, dar-se-ão as informações por ocasião do interrogatório, se o colaborador também vier a ser imputado, ou durante a instrução processual, ouvindo-se o colaborador na condição de testemunha anômala. É imperioso, contudo, segundo observa Gustavo Badaró, que, dado o seu caráter de prova oral, será da

proporciona ao agente colaborador benefícios de natureza material (perdão judicial, redução ou substituição da pena privativa de liberdade), e de índole processual penal, relacionados intimamente à persecução penal, espaço onde ganha destaque a sua condição de *meio de obtenção de prova* e de *causa suspensiva* ou *impeditiva* do oferecimento da denúncia (*imunidade processual*) pelo Ministério Público[39].

Quanto ao *acordo de leniência da Lei Anticorrupção* (Lei 12.846/2013, artigo 16[40]), trata-se de instituto que pode ser celebrado pela autoridade máxima de cada órgão ou entidade, de modo que, no âmbito do poder executivo federal, a Controladoria-Geral da União é o órgão competente para celebrar os acordos de leniência. Este tipo de acordo pode ser celebrado apenas com pessoas jurídicas, não se aplicando a pessoas físicas. Ademais, seus efeitos

---

essência do ato a sua produção sob contraditório judicial, "assegurando-se o direito à perguntas e reperguntas das partes e, em especial, daquele que foi delatado. Sem isso, resta inviabilizado o direito à prova do delatado, no caso, o direito de se defender provando" (BADARÓ, Gustavo. *Processo penal*, cit., p. 457).

[39] Cf. Lei 12.850/2013, artigo 4.º, §§ 3.º e 4.º.

[40] Lei 12.846/2013: "Art. 16. A autoridade máxima de cada órgão ou entidade pública poderá celebrar acordo de leniência com as pessoas jurídicas responsáveis pela prática dos atos previstos nesta Lei que colaborem efetivamente com as investigações e o processo administrativo, sendo que dessa colaboração resulte: I – a identificação dos demais envolvidos na infração, quando couber; e II – a obtenção célere de informações e documentos que comprovem o ilícito sob apuração. § 1.º O acordo de que trata o caput somente poderá ser celebrado se preenchidos, cumulativamente, os seguintes requisitos: I – a pessoa jurídica seja a primeira a se manifestar sobre seu interesse em cooperar para a apuração do ato ilícito; II – a pessoa jurídica cesse completamente seu envolvimento na infração investigada a partir da data de propositura do acordo; III – a pessoa jurídica admita sua participação no ilícito e coopere plena e permanentemente com as investigações e o processo administrativo, comparecendo, sob suas expensas, sempre que solicitada, a todos os atos processuais, até seu encerramento. § 2.º A celebração do acordo de leniência isentará a pessoa jurídica das sanções previstas no inciso II do art. 6.º e no inciso IV do art. 19 e reduzirá em até 2/3 (dois terços) o valor da multa aplicável. § 3.º O acordo de leniência não exime a pessoa jurídica da obrigação de reparar integralmente o dano causado. § 4.º O acordo de leniência estipulará as condições necessárias para assegurar a efetividade da colaboração e o resultado útil do processo. § 5.º Os efeitos do acordo de leniência serão estendidos às pessoas jurídicas que integram o mesmo grupo econômico, de fato e de direito, desde que firmem o acordo em conjunto, respeitadas as condições nele estabelecidas. § 6.º A proposta de acordo de leniência somente se tornará pública após a efetivação do respectivo acordo, salvo no interesse das investigações e do processo administrativo. § 7.º Não importará em reconhecimento da prática do ato ilícito investigado a proposta de acordo de leniência rejeitada. § 8.º Em caso de descumprimento do acordo de leniência, a pessoa jurídica ficará impedida de celebrar novo acordo pelo prazo de 3 (três) anos contados do conhecimento pela administração pública do referido descumprimento.§ 9.º A celebração do acordo de leniência interrompe o prazo prescricional dos atos ilícitos previstos nesta Lei. § 10. A Controladoria-Geral da União – CGU é o órgão competente para celebrar os acordos de leniência no âmbito do Poder Executivo federal, bem como no caso de atos lesivos praticados contra a administração pública estrangeira. Art. 17. A administração pública poderá também celebrar acordo de leniência com a pessoa jurídica responsável pela prática de ilícitos previstos na Lei 8.666, de 21 de junho de 1993, com vistas à isenção ou atenuação das sanções administrativas estabelecidas em seus arts. 86 a 88".

são restritos à esfera administrativa, e isenta a pessoa jurídica da sanção de publicação de decisão condenatória (artigo 6.º, inciso II) e da proibição de receber incentivos, subsídios, subvenções, doações ou empréstimos de órgãos ou entidades públicas e de instituições financeiras controladas pelo poder público, pelo prazo mínimo de 1 (um) e máximo de 5 (cinco) anos (artigo 19, inciso IV). Ainda, reduz em até 2/3 do valor da multa aplicável, mas não exime a pessoa jurídica da obrigação de reparar integralmente o dano causado.

Essa lei foi recentemente regulamentada pelo Decreto 8.420/2015, estando em fase plena fase de consolidação no Brasil. Alguns questionamentos vêm surgindo sobre o modo de sua aplicação e a compatibilização com as demais legislações já existentes. Haveria repercussão criminal imediata do acordo de leniência anticorrupção? Haveria a necessidade de intervenção do Ministério Público? Como compatibilizar o fato de a Lei Anticorrupção não conferir imunidade às pessoas físicas, com a imunidade concedida pela Lei Antitruste, em um Acordo de Leniência celebrado em ambos os órgãos? Como se sabe, são desafios em franco processo de elaboração de respostas, que estão sendo alvo de debate e reflexão.

Diante do exposto, retomamos o exemplo acima, de um grupo de sociedades empresárias que se ajustam sob um cartel e que uma delas oferece vantagens a um funcionário público visando à obtenção de alguma facilitação. Nessa situação, como já dito, existe espaço legislativo para a utilização dos três institutos de modo concomitante: a Lei do Cade (Lei 12.529/2011), a Lei de Organizações Criminosas (Lei 12.850/2013) e a Lei Anticorrupção (Lei 12.846/2013). Como, portanto, conciliá-las, caso se entenda que o crime de corrupção não está diretamente relacionado à prática de cartel e que o ilícito administrativo da corrupção também não é abarcado pelo artigo 87 da Lei 12.529/2011?

A nosso ver, a conciliação entre os três institutos será possível e dependerá dos esforços de coordenação entre os órgãos competentes no caso concreto, bem como da atuação dos proponentes e seus procuradores. Por se tratar de um desafio recente, por algum período inicial, é possível que algumas dúvidas existam, mas à medida que os primeiros casos forem surgindo e a prática, bem como a jurisprudência, se consolidando, a imperiosa segurança jurídica se sobressairá, em benefício de toda a sociedade. Aos advogados que representam as pessoas jurídicas e/ou físicas, caberá analisar previamente a "predominância" do tipo de ilícito, de modo que o proponente à colaboração premiada direcionará seu pedido ao Cade, ao Ministério Público e/ou à Controladoria Geral da União (CGU)/Tribunal de Contas da União (TCU).

Ao que nos cabe (ou seja, quanto ao relacionamento do crime de cartel com outros possíveis crimes e ilícitos administrativos), parece-nos que, caso se trate mais de cartel do que de outros ilícitos, procura-se primeiramente o Cade, que faz a intermediação com o Ministério Público para a celebração do Acordo de Leniência Antitruste com repercussões criminais imediatas ao crime de cartel e aos demais diretamente relacionados. Por outro lado, caso se trate mais de outros ilícitos (como lavagem de dinheiro e organização criminosa), sendo o cartel apenas uma pequena parcela diante de todos os crimes praticados, pode-se entender ser mais interessante procurar o Ministério Público, que poderá imediatamente contatar o Cade para que seja iniciada a negociação de um Acordo de Leniência Antitruste – isso, claro, se estiverem preenchidos os requisitos legais da Lei 12.529/2011. Ainda, caso se trate mais de corrupção do que de cartel, ao proponente caberá avaliar como levar seu caso ao Ministério Público e/ou à CGU/TCU, que também poderão, em seguida, contatar o Cade, mantidas as garantias de sigilo legal exigidas pela legislação do Acordo de Leniência Antitruste (artigo 86 da Lei 12.529/2011).

Finalmente, cabe-nos discutir mais uma situação que se põe como desafio: seria possível realizar acordo do gênero "colaboração premiada" em *infrações relacionadas à Lei de Improbidade Administrativa (Lei 8.429/1992)?* De fato, tendo presente que os crimes contra a administração pública, como, por exemplo, o peculato e a corrupção passiva, representam também atos de improbidade administrativa que importam enriquecimento ilícito (cf. artigo 9.º da Lei 8.429/1992), o agente público estará submetido, ao mesmo tempo, ao Código Penal e à Lei de Improbidade Administrativa. Seria o caso, por exemplo, de um ato de enriquecimento ilícito, em prejuízo ao erário, do agente privado em coautoria com um agente público, que implementa, dentre seus objetivos, um cartel para fraudar uma licitação pública. Diante da previsão legal do artigo 17, § 1.º, da Lei 8.429/1992, que veda transação, acordo ou conciliação nesse tipo de ação, questiona-se: seria possível celebrar um acordo de colaboração premiada quanto às infrações que caracterizam improbidade administrativa?

Em que pese a existência de corrente doutrinária que nega essa possibilidade, cumpre pontuar o argumento vanguardista de Mendonça no sentido da sua viabilidade: "a interpretação teleológica nos conduz nesse mesmo sentido. É induvidoso que a vedação da lei de improbidade visa impedir que o interesse público seja lesionado. Porém, em casos de colaboração, sobretudo quando auxilia na recomposição no patrimônio público lesionado, o interesse público está sendo mais bem protegido, pois a Administração atingida é a mesma, as partes são as mesmas e o acordo acelera a reparação do dano causado ao erário e recuperação de ativos"[41]. Assim, é possível, sim, que se vislumbre a celebração de um acordo de colaboração premiada, sendo que, nesse caso, o Ministério Público ou a pessoa jurídica interessada, autores da ação, realizarão pedido meramente declaratório quanto à ação de improbidade em face do colaborador, sem demandar a efetiva aplicação das sanções[42].

---

[41] MENDONÇA, Andrey Borges de. *Roteiro de colaboração premiada*. São Paulo, Mimeo, 2012.

[42] No sentido da existência de dois pedidos principais quando de uma ação de improbidade administrativa: "primeiramente, o pedido de que o juiz reconheça a conduta de improbidade (pedido

Esse raciocínio já foi aceito, por exemplo, em sede da Ação de Improbidade Administrativa 2006.50.01.009819-5113, que tramitou perante a Justiça Federal de Vitória/ES, em que se aplicou a colaboração premiada no âmbito da improbidade administrativa aos réus[43]. Ademais, vem sendo também pleiteado, por exemplo, na Ação de Improbidade Administrativa 5006628-92.2015.4.04.7000, que tramita perante a Justiça Federal do Paraná, na denominada "Operação Lava Jato"[44].

2.3. Acordo de Leniência Antitruste e Termo de Compromisso de Cessação

Um terceiro desafio recente da repercussão criminal do Acordo de Leniência diz respeito à celebração dos Termos de Compromisso de Cessação com o Cade (TCC): qual seria sua repercussão criminal, especialmente quando comparado com as repercussões criminais imediatas do Acordo de Leniência Antitruste?

Nos termos do artigo 85 da Lei 12.529/2011, o Cade poderá tomar compromisso de cessação da prática investigada ou de seus efeitos lesivos, sempre que, em juízo de conveniência e oportunidade, entender que tal compromisso atende aos interesses protegidos por lei. O § 1.º deste mesmo dispositivo legal estabelece os requisitos mínimos que deverão constar do referido termo de compromisso, a saber: (i) a especificação das obrigações do representado no sentido de não praticar a conduta investigada ou seus efeitos lesivos, bem como obrigações que julgar cabíveis; (ii) fixação do valor

originário, de natureza declaratória); depois, o pedido de que, sendo procedente a ação, sejam aplicadas ao réu as respectivas sanções (pedido subsequente, de natureza condenatória)" (CARVALHO FILHO, José dos Santos. *Direito administrativo*. 24. ed. São Paulo: Lumen Juris, 2011).

[43] Ação de Improbidade Administrativa n. 2006.50.01.009819-5113, Justiça Federal de Vitória/ES: "a utilização da delação premiada, para fixação de sanção mínima, redução ou até afastamento de algumas das sanções, além de poder contribuir com as investigações e a instrução processual, mostra-se princípio de equidade e de igualdade jurídica, já que, em diversas outras situações legais, a renúncia ao direito constitucional de manter-se em silêncio converte-se em benefícios, com redução expressiva da sanção imposta".

[44] Ação de Improbidade Administrativa 5006628-92.2015.4.04.7000, Justiça Federal do Paraná: "É de se ver também o que dispõe o art. 37 da Convenção das Nações Unidas contra a Corrupção, categoria na qual, mutatis mutandis, enquadram-se os atos de improbidade administrativa: [...] O raciocínio é aplicável para a extensão dos efeitos penais de um acordo de colaboração à esfera cível, ainda que o contrário não possa ser feito. As normas penais, dado seu caráter fragmentário e residual, representam a tutela mais extrema dos bens jurídicos mais relevantes para a sociedade. Se uma sanção penal, mais grave, pode ser afastada ou mitigada para alcançar um bem maior, uma penalidade menos grave também pode, especialmente quando isso é necessário para manter a coerência da atuação do Estado e criar um ambiente favorável à descoberta e comprovação de novos fatos criminosos por meio de acordos de colaboração futuros. Por fim, destaca-se que, em caso de quebra do acordo firmado, o MPF poderá, a qualquer momento, pleitear a aplicação das sanções correspondentes aos atos de improbidade praticados".

da contribuição pecuniária ao Fundo de Defesa de Direitos Difusos quando cabível; e (iii) a fixação do valor da multa para o caso de descumprimento, total ou parcial, das obrigações compromissadas. Outros requisitos, a serem observados tratando-se de investigação de acordo, combinação, manipulação ou ajuste entre concorrentes (ou seja, em casos de cartel), são: (iv) reconhecimento de participação na conduta investigada por parte do compromissário, nos termos do artigo 185 do Ricade[45]; e (v) colaboração do compromissário com a instrução processual, nos termos do artigo 186 do RI[46].

Primeiramente, cumpre ressaltar que a exigência contida no Regimento Interno do Cade do reconhecimento de participação na conduta investigada – exigência esta considerada legítima e confirmada pelos tribunais brasileiros[47] – pode ser interpretada como não representativa, necessariamente, de confissão formal nos moldes criminais (prevista no artigo 65, III, *d*, do Código Penal e nos artigos 197 a 200 do Código de Processo Penal). Isso porque a confissão pressupõe o elemento subjetivo do agente (culpa e/ou dolo), com o reconhecimento da imputação legal que lhe é feita no crime, ao passo que o TCC exige simplesmente o reconhecimento de participação *nos fatos*, sem esse elemento subjetivo. Trata-se, portanto, de forma mais tênue de reconhecimento, que pode ser interpretada como resultante apenas em efeitos administrativos, sem repercussões criminais imediatas. O reconhecimento da participação na conduta investigada, em sede do TCC no processo administrativo, portanto, não poderia ser processualmente utilizado como se confissão formal fosse no processo criminal.

Em que pese isso, caso o Compromissário em sede do TCC queira colaborar também com a investigação criminal, será necessário conciliar a celebração do TCC no Cade com um acordo de colaboração premiada no âmbito criminal. Nesse contexto, tem-se a oportunidade de o infrator da legislação antitruste, querendo colaborar em ambas as investigações, solicitar ao Cade que intermedeie seu contato com o órgão do Ministério Público que

---

[45] Regimento Interno do CADE: "Art. 185. Tratando-se de investigação de acordo, combinação, manipulação ou ajuste entre concorrentes, o compromisso de cessação deverá, necessariamente, conter reconhecimento de participação na conduta investigada por parte do compromissário".

[46] Regimento Interno do CADE: "Art. 186. Tratando-se de investigação de acordo, combinação, manipulação ou ajuste entre concorrentes, a proposta final encaminhada pelo Superintendente-Geral ao Presidente do Tribunal, termos do Art. 181, § 4.º, deste Regimento Interno, deverá, necessariamente, contar com previsão de colaboração do compromissário com a instrução".

[47] Sobre a exigência de reconhecimento da participação na conduta, o Tribunal Regional Federal da 1.ª Região já decidiu no sentido de que "a norma inserta no Regimento Interno do CADE não extrapolou os limites estabelecidos na legislação de regência, mas apenas veio regulamentar, com base em critérios objetivos, em que situações seria possível a celebração de Termo de Compromisso de Cessação, sendo que, no caso, é condição essencial para tanto o reconhecimento da participação na conduta por parte do compromissário". Agravo de Instrumento 0070598-57.2013.4.01.0000/DF (30.01.2014) e Agravo de Instrumento 0004708-40.2014.4.01.0000 (03.02.2014), Relator Desembargador Federal Jirair Aram Meguerian.

detém atribuição para a persecução criminal. Havendo espaço e interesse na colaboração premiada, esta poderá ser negociada com o Ministério Público e homologada pelo juiz. Cumpre pontuar que, nesse caso, ao contrário do que acontece com o Acordo de Leniência, cada órgão atuará de maneira independente, respeitando suas respectivas legislações específicas, não sendo necessária - apesar de não ser impossível - a assinatura de um único documento com efeitos em ambas as esferas. A coordenação entre os dois órgãos, mais uma vez, deve imperar, para a garantia da segurança jurídica e para o benefício dos administrados e da sociedade brasileira.

3. CONCLUSÃO

O Programa de Leniência Antitruste brasileiro comemora neste ano quinze anos. Ao total, até o presente momento - junho de 2015 -, foram celebrados 45 (quarenta e cinco) novos acordos, que permitiram o desmantelamento de cartéis em diversos mercados e que, dada a natureza secreta do ilícito, muito dificilmente seriam descobertos de outro modo. Com fundamento, dentre outros fatores, no Programa de Leniência Antitruste, o Cade foi reconhecido, em 2015, como a melhor autoridade antitruste das Américas: "the development of Cade's work also produced na increase in the leniency agreements number in Brazil and forced companies to improve their compliance programmes"[48].

Em paralelo, recentemente tem-se verificado uma onda de colaborações processuais no Brasil, que tem permitido a descoberta e a persecução de crimes que muito possivelmente também não seriam descobertos se não fosse pela utilização desses institutos de "colaboração premiada". Observa-se, também, que o ilícito do cartel está muitas vezes relacionado à prática de outros crimes, como o de fraude à licitação, corrupção, lavagem de dinheiro, associação criminosa, falsificação de documentos, dentre outros, o que evidencia a interface recente e crescente dos Acordos de Leniência Antitruste com aquelas "colaborações premiadas" previstas em outras legislações especiais no Brasil.

Foram propostas no presente artigo breves considerações - mais em forma de questionamentos do que de apresentação e respostas objetivas - a respeito de alguns dos desafios que se impõem na atualidade ao Programa de Leniência Antitruste brasileiro em sua interface criminal. Todos esses desafios representam importantes oportunidades para que o Cade continue consolidando seu posicionamento nacional e internacional como órgão de excelência na persecução a cartéis, capaz de se coordenar com diversos órgãos da Administração Pública de maneira eficiente e eficaz, notadamente o Ministério Público.

---

[48] Global Competition Review. *CADE receives award of Agency of the Year - Americas* (15.05.2015). Disponível em: <http://globalcompetitionreview.com/> e <http://www.cade.gov.br/Default.aspx?3df00108190ee220ea58eb471f28>. Acesso em: 18 jul. 2015.

Além destes desafios, outros não deixam de aparecer e também merecem ser debatidos com profundidade e seriedade pela doutrina jurídica brasileira, como por exemplo, a necessidade de definição clara, pela jurisprudência brasileira, sobre a competência na justiça criminal para a investigação dos crimes de cartel[49], bem como e a possibilidade de se coordenar com outras autoridades antitruste no exterior em casos de leniência multijurisdicional, tanto para na fase de negociação do Acordo de Leniência Antitruste quanto na fase de eventual condenação e prisão dos infratores[50]. Ainda, ao longo dos próximos anos, certamente novos desafios irão surgir, de modo que a força do Programa de Leniência brasileiro continuará a ser evidenciada não tanto pelos eventuais problemas e/ou desafios, mas sim pelo posicionamento firme, inovador e juridicamente seguro de agir diante dessas situações, tornando os desafios em oportunidades.

---

[49] MARTINEZ, Ana Paula. *Repressão a cartéis:* interface entre direito administrativo e direito penal. São Paulo: Singular, 2013. p. 280.

[50] SNYDER, Brent. *Leniency in multi-jurisdictional investigations*: too much of a good thing?, 06.07.2015. Disponível em: <http://www.justice.gov/atr/public/speeches/315474.pdf>. Acesso em: 18 jul. 2015.

POLÍTICA DE LENIÊNCIA - AVANÇOS RECENTES E PERSPECTIVAS

Ana Paula Martinez
Leonor Cordovil

1. INTRODUÇÃO

O Programa de Leniência[1] é considerado um dos instrumentos de política pública mais efetivos na repressão a cartéis e tem sido incorporado em ordenamentos jurídicos por um número crescente de jurisdições – mais de trinta países já adotaram o instituto, após sua concepção em 1978 pelos Estados Unidos. Posto de forma simples, o acordo de leniência garante tratamento mais benéfico nas esferas administrativa e criminal para aquele que for o primeiro a delatar infração à ordem econômica que não era de conhecimento das autoridades, ou sobre a qual a autoridade ainda não dispunha de provas suficientes, e cooperar com investigação que resulte em punição dos demais envolvidos na infração.

O instrumento investigativo foi introduzido no Brasil em 2000, primeiramente por intermédio de medida provisória reeditada por duas vezes, posteriormente convertida na Lei 10.149, de 21 de dezembro de 2000, que alterou dispositivos da então Lei 8.884/1994. O instituto brasileiro, que segue a lógica do sistema norte-americano, foi preservado na Lei 12.529/2011, com incrementos pontuais.

---

[1] O artigo 190 do Regimento Interno do CADE define o Programa de Leniência como sendo: "um conjunto de iniciativas com vistas a: I – detectar, investigar e punir infrações contra ordem econômica; II – informar e orientar permanentemente as empresas e os cidadãos em geral a respeito dos direitos e garantias previstos nos arts. 86 e 87 da Lei 12.529, de 2011; e III – incentivar, orientar e assistir os proponentes à celebração de acordo de leniência".

Ainda que, em tese, o instituto seja aplicável a qualquer ato anticompetitivo que envolva duas partes potencialmente expostas a sanções por infração à ordem econômica, historicamente ele vem sendo utilizado no Brasil exclusivamente para investigar e punir cartéis clássicos.

Segundo o Cade, "a Lei de Defesa da Concorrência reconhece que o interesse dos cidadãos brasileiros em ver desvendados e punidos cartéis supera o interesse de sancionar uma única empresa ou indivíduo que possibilitou a identificação e desmantelamento de todo o cartel e a punição de todos os seus outros membros"[2]. O primeiro acordo de leniência no país foi firmado pela então Secretaria de Direito Econômico do Ministério da Justiça em outubro de 2003[3]. Desde então, mais de 40 (quarenta) acordos foram firmados[4], a grande maioria com membros de alegados cartéis internacionais que causaram efeitos no território nacional e sobre os quais dificilmente as autoridades nacionais reuniriam provas suficientes para justificar uma condenação na ausência do acordo de leniência.

O presente artigo tratará, primeiramente, da lógica inerente aos acordos de delação para em seguida discutir os avanços no programa de leniência brasileiro e perspectivas. Antes de adentrarmos nesses temas, cabe pequeno esclarecimento de natureza terminológica. É amplamente disseminado o uso da palavra "leniente" para referir-se ao signatário do acordo de leniência[5]. Leniente é o órgão ou entidade pública que celebra o acordo e não aquele que supostamente tomou parte em um ilícito. Tampouco é correto referir-se ao signatário da leniência como "beneficiário" antes que o cumprimento do acordo seja reconhecido pelo órgão competente. Ainda sobre terminologia, entende-se ser adequado tomar como gênero a expressão "delação premiada" como todo instituto que garante benefícios – seja imunidade ou redução nas penalidades aplicáveis – para aquele que espontaneamente coopere eficazmente com a investigação. O acordo de leniência

---

[2] Vide CADE/SDE, *Combate a cartéis e o programa de leniência*. Cartilha SDE/CADE 01/2009. Brasília: Imprensa Oficial, 2009.

[3] PA 08012.001826/2003-10, que investigou suposto cartel de vigilância privada no Rio Grande do Sul, Conselheiro-Relator Abraham Benzaquen Sicsu, *DJ* 19.09.2007.

[4] Até maio de 2015, tinham sido firmados quarenta e dois acordos de leniência, sem considerar aditivos, conforme CADE. *Balanço do Triênio da Lei n. 12.529/2011*. Disponível em: <http://www.cade.gov.br/upload/Balan%C3%A7o%203%20anos%20nova%20lei-atualizado.pdf>. Acesso em: 7 jun. 2015.

[5] Vide, e.g.: SALOMI, Maíra Beauchamp. *O acordo de leniência e seus reflexos penais*. Dissertação de Mestrado. São Paulo: USP, 2012: "o leniente deverá [...]" (p. 134), "o candidato a leniente" (p. 133); e MENDRONI, Marcelo Batlouni. *Crime organizado:* aspectos gerais e mecanismos legais. 4. ed. São Paulo: Atlas, 2012, p. 109: "se o leniente cumprir o acordo e auxiliar o Estado na persecução criminal e administrativa, decorrerá a extinção da punibilidade daquele(s) agente(s)".

seria, portanto, espécie de delação premiada, assim como os diferentes tipos de delação previstos em leis especiais[6].

2. TEORIA DOS JOGOS, LENIÊNCIA E A LÓGICA "DA CENOURA E DO PORRETE"[7]

Nos diferentes modelos de delação premiada está presente a lógica "da cenoura e do porrete" (*stick-and-carrot approach*): garantir um tratamento leniente (cenoura) para aquele que decide pôr um fim à conduta e delatar a prática que de outra forma estaria exposta a sanções severas (porrete). A inspiração para o programa vem da teoria dos jogos e do clássico "dilema do prisioneiro", explorando a natural desconfiança existente entre os membros de uma prática ilícita (não só entre pessoas físicas, mas também entre pessoas físicas e jurídicas, ou entre pessoas jurídicas) e sua consequente instabilidade.

A teoria dos jogos, que ganhou notoriedade nas décadas de 1940 e 1950, está ligada ao desenvolvimento de modelos matemáticos sobre a estratégia para a tomada de decisões por parte de agentes racionais. O "dilema do prisioneiro"[8] é um amplamente disseminado exemplo da teoria dos jogos e demonstra que dois indivíduos podem não cooperar ainda que seja no melhor interesse dos dois fazê-lo.

Suponha que dois indivíduos são presos, mas que as autoridades não detenham provas suficientes para justificar as prisões. A polícia coloca cada indivíduo em uma sala separada e faz a mesma oferta para cada um deles: se um testemunhar contra o outro e o outro permanecer em silêncio, aquele que delatar o comparsa estará livre e o que não o tiver feito passará cinco anos na prisão. Se ambos permanecerem em silêncio, os dois estarão livres em vista da falta de provas. Se ambos delatarem o seu comparsa, serão sentenciados a três anos de prisão. Agentes racionais, movidos por interesses próprios, escolhem delatar o comparsa. Isso porque se o comparsa permanecer em silêncio, ele estará livre e se o comparsa também o delatar, ambos serão condenados a três anos em vez de cinco anos de prisão. Se ambos permanecerem em silêncio, os dois estão livres, mas a incerteza em relação ao que o outro vai fazer faz com que o agente racional opte por delatar – sendo esta, portanto, a estratégia dominante.

---

[6] Vide Leis 8.072/1990, 9.034/1995, 9.080/1995, 7.492/1986, 8.137/1990, 9.269/1996, 9.613/1998, 9.807/1999 e 11.343/2006.

[7] Vide MARTINEZ, Ana Paula. *Repressão a cartéis:* interface entre direito administrativo e direito penal. São Paulo: Singular, 2013.

[8] O termo foi cunhado em 1950 pelo matemático Albert W. Tucker.

Tabela 1 – Matriz do Dilema dos Prisioneiros

	Prisioneiro B permanece em silêncio	**Prisioneiro B delata**
Prisioneiro A permanece em silêncio	Os dois estão livres	Prisioneiro A: 5 anos de prisão Prisioneiro B: livre
Prisioneiro A delata	Prisioneiro A: livre Prisioneiro B: 5 anos de prisão	Os dois são condenados a 3 anos de prisão

Para aqueles ilícitos em relação aos quais seja difícil reunir provas suficientes para a condenação – como é o caso dos cartéis e também de atos de corrupção – há benefícios para a autoridade em buscar a cooperação de um dos membros da conduta em troca de redução de sanções (ou mesmo imunidade) para aquele que delata.

Há vários aspectos relevantes na tomada de decisões sobre delatar ou não uma prática ilícita perante a autoridade. Em primeiro lugar, delatar significará, naqueles casos em andamento, o fim da participação na prática ao menos para o de'ator e, portanto, a impossibilidade de continuar se beneficiando de atos de corrupção (para garantir a alocação de contratos em licitação, por exemplo). Em outras palavras, há perda financeira para o delator. Há também um dano reputacional, especialmente considerando jogos de rodadas repetidas – é razoável supor que o delator queira continuar atuando no mercado e sua decisão de delatar outras empresas e funcionários públicos pode isolá-lo no futuro, não apenas de arranjos lucrativos, ainda que ilícitos, mas inclusive de iniciativas legítimas de um setor. Em terceiro lugar, ao confessar, o delator expõe a companhia a ações privadas de indenização[9], que, a depender do sistema, podem expor o agente a sanções pecuniárias mais gravosas que as próprias potenciais multas impostas pela autoridade.

Um programa de leniência apenas será efetivo se, além de haver ameaça de sanções severas para aqueles que não delatarem o esquema, o membro do arranjo ilícito tiver receio de a conduta ser detectada pelas autoridades por meio de investigações independentes. Além de instrumentos alternativos de investigação – como a possibilidade de conduzir diligências de busca e apreensão[10] e existência de canais efetivos de denúncias por terceiros, inclusive

[9] Conforme previsão do artigo 16, § 3.º, da Lei 12.846/2013: "O acordo de leniência não exime a pessoa jurídica da obrigação de reparar integralmente o dano causado".

[10] Poder este conferido aos órgãos públicos responsáveis pela aplicação da lei anticorrupção, nos termos de seu artigo 10, § 1.º: "O ente público, por meio do seu órgão de representação judicial, ou equivalente, a pedido da comissão a que se refere o *caput*, poderá reque-

anônimas – algumas jurisdições têm inserido em seus ordenamentos a previsão de recompensas monetárias para aqueles que delatarem esquemas ilícitos e a impossibilidade de indivíduos sofrerem represálias por denunciarem ilícitos perpetrados pela empresa em que trabalham[11].

Finalmente, é crucial que o programa tenha regras claras, especialmente sobre confidencialidade, e que o candidato potencial saiba desde o início qual é sua exposição e como será conduzida a investigação. A reformulação do programa antitruste norte-americano em 1993 para garantir maior transparência, por exemplo, resultou em um aumento de vinte vezes o número médio de propostas apresentadas mensalmente. Esse tripé – sanções severas, receio de detecção e transparência – é tido como o responsável pelo sucesso de programas antitruste como o dos Estados Unidos e o da Comissão Europeia[12].

3. AVANÇOS DO PROGRAMA DE LENIÊNCIA BRASILEIRO

O programa brasileiro, sem dúvida, avançou de forma relevante desde sua criação em 2000 e da assinatura do primeiro acordo em 2003. Em termos de incentivos para firmar os acordos, destacam-se o fato de que o Cade passou a impor multas recorde para a conduta de cartel e a justiça criminal passou a condenar a conduta a penas que superaram cinco anos de reclusão (sanções severas), além de haver crescente número de investigações criminais e administrativas conduzidas com base em prova direta (medo de detecção). Os gráficos abaixo[13] refletem essa realidade:

---

rer as medidas judiciais necessárias para a investigação e o processamento das infrações, inclusive de busca e apreensão".

[11] O Reino Unido é exemplo de ambos. O *U.K. Office of Fair Trading* pode oferecer como recompensa até £100,000 (cem mil *pounds*) para aqueles que cooperarem com as autoridades. O valor será fixado com base: (i) na relevância da informação apresentada para a investigação; (ii) nos danos para a economia estimados pela conduta denunciada; (iii) nos esforços e riscos empreendidos pelo delator para apresentar a denúncia. Por sua vez, o *Public Interest Disclosure Act* de 1998 impede represálias a funcionários que delatarem esquemas ilegais perpetrados pela companhia em que trabalhem. Vide OFT, *Rewards for information about cartels*. Disponível em: <http://www.oft.gov.uk/OFTwork/competition-act-and-cartels/cartels/rewards#.UL4B3oc1lic>. Acesso em: 1.º dez. 2012.

[12] HAMMOND, Scott. *Cracking cartels with leniency programs*. Apresentação ao OECD Competition Committee em 18.10.2005. Disponível em: <http://www.justice.gov/atr/public/speeches/212269.pdf>. Acesso em: 1.º set. 2014).

[13] CADE. *Balanço do triênio da Lei n. 12.529/2011*. Disponível em: <http://www.cade.gov.br/upload/Balan%C3%A7o%203%20anos%20nova%20lei-atualizado.pdf>. Acesso em: 7 jun. 2015.

Gráfico 1 – Processos administrativos julgados (2010-2015)

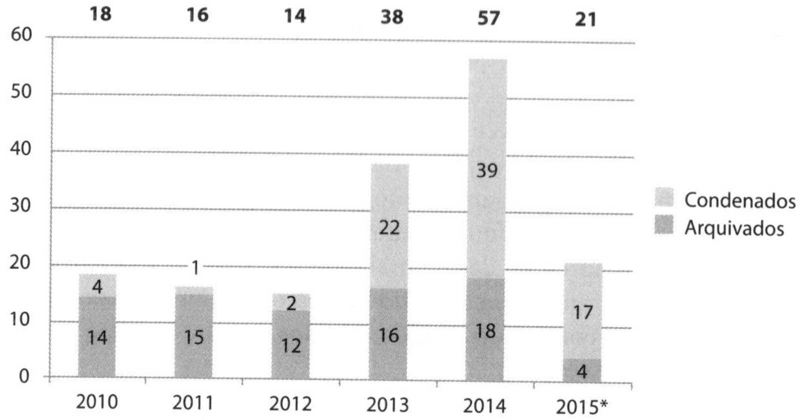

* Até maio de 2015.

Gráfico 2 – Buscas e apreensões (2010-2014)

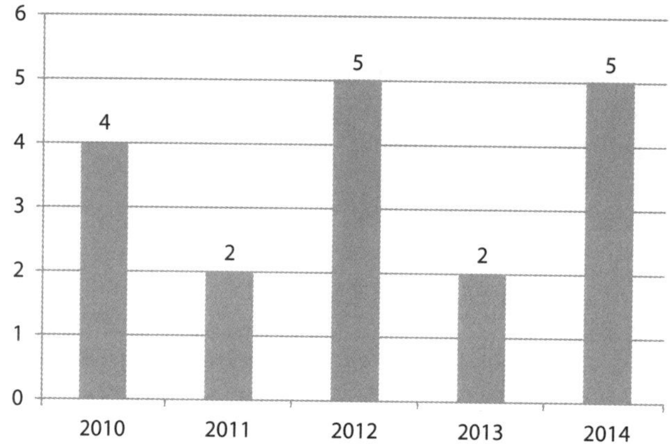

Outro aspecto que contribui para o avanço do programa de leniência brasileiro foi o esforço das autoridades para garantir segurança jurídica por meio da edição de regulamento infralegal do instituto[14], com atenção especial

---

[14] Primeiramente com a edição da Portaria MJ 4, de 5 de janeiro de 2006, posteriormente substituída pela Portaria MJ 456, de 15 de março de 2010. Após a entrada em vigor da Lei 12.529/2011, a regulamentação infralegal do programa de leniência está contida no Regimento Interno do CADE.

para a preservação da identidade do beneficiário da leniência e dos documentos apresentados por ele (transparência).

É intuitiva a noção de que deve haver mecanismos de proteção das informações prestadas pré-assinatura do acordo e que o potencial delator não pode estar em posição pior do que a que já se encontrava na ausência de assinatura de acordo sob pena de não haver incentivos para a delação. Para lidar com esta delicada questão, a autoridade antitruste brasileira, seguindo boas práticas internacionais, criou detalhado procedimento para a apresentação de proposta de acordo de leniência, regulamentado no Regimento Interno do Cade, em seus artigos 197 a 210. Merece destaque o seguinte dispositivo:

> "Art. 205. Não importará em confissão quanto à matéria de fato nem reconhecimento da ilicitude da conduta analisada a proposta de acordo de leniência rejeitada, da qual não se fará qualquer divulgação.
>
> § 1.º O proponente poderá desistir da proposta de acordo de leniência a qualquer momento antes da assinatura do respectivo instrumento de acordo.
>
> § 2.º Caso o acordo não seja alcançado, todos os documentos serão devolvidos ao proponente, não permanecendo qualquer cópia na Superintendência-Geral.
>
> § 3.º As informações e documentos apresentados pelo proponente durante a negociação do acordo leniência subsequentemente frustrado não poderão ser utilizados para quaisquer fins pelas autoridades que a eles tiveram acesso.
>
> § 4.º O disposto no § 3.º não impedirá a abertura e o processamento de procedimento investigativo no âmbito da Superintendência-Geral para apurar fatos relacionados à proposta de acordo de leniência, quando a nova investigação decorrer de indícios ou provas autônomas que sejam levados ao conhecimento da autoridade por qualquer outro meio".

Como não é possível fazer uma "compartimentalização mental" em relação a informações que a autoridade tomou conhecimento mas que não poderá utilizar por conta de uma negociação fracassada, a autoridade antitruste decidiu lidar com essa questão criando *Chinese walls* internos. Há unidade especialmente dedicada à negociação de acordos de leniência, que não abarca os servidores públicos responsáveis por conduzir as investigações do órgão. Se um acordo é atingido, a unidade de leniência transfere o caso para a unidade investigativa da Superintendência-Geral do Cade. Se não, as informações serão inutilizadas, sem contaminar eventual futura investigação. A lógica é que "não basta que a mulher de César seja honrada, é preciso que sequer seja suspeita" – se no futuro os mesmos agentes utilizassem as informações de alguma forma, ainda que obtidas de forma independente, sempre recairia a suspeita que foi feito uso indevido dos dados apresentados no contexto de possível colaboração gerando, no médio e longo prazo, desincentivos para a delação.

Esse arranjo funciona bem para fatos que ainda não estão sendo investigados pela autoridade. Para investigações em andamento, é razoável supor que apenas os envolvidos na investigação saberão o real valor de uma colaboração proposta. Neste caso, os próprios investigadores negociariam o acordo, sem contudo reter documentos ou buscar mais detalhes do que os necessários para que um acordo seja atingido. É o modelo adotado pelo Cade nos casos de Termo de Compromisso de Cessação de Prática para investigações em andamento de cartéis, que exigem igualmente confissão e cooperação por parte do proponente.

Esses avanços se traduzem no aumento no número de acordos firmados, como se vê abaixo. Os picos na assinatura de acordos se dão na transição de gestões (2006, 2010 e 2012, com a entrada em vigor da nova lei). Isso é compreensível porque sempre há algum nível de insegurança em se manter as condições da negociação com uma nova autoridade.

Gráfico 3 – Número de acordos de leniência firmados (2003-2015)[15]

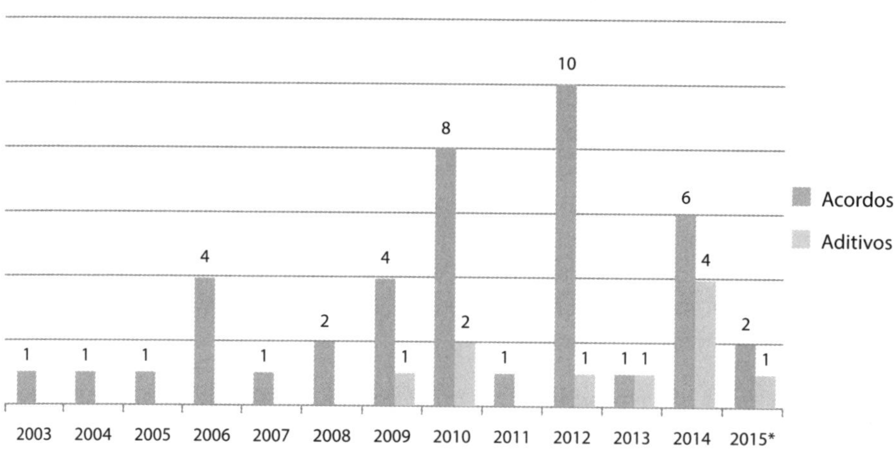

* Até maio de 2015.

[15] CADE. *Balanço do triênio da Lei n. 12.529/2011*. Disponível em: <http://www.cade.gov.br/upload/Balan%C3%A7o%203%20anos%20nova%20lei-atualizado.pdf. Acesso em 07.06.2015>.

4. PERSPECTIVAS: DESAFIOS DO PROGRAMA DE LENIÊNCIA BRASILEIRO

Apesar dos sólidos avanços, há numerosos desafios para que a delação perante a Superintendência seja tida como a estratégia dominante do agente racional. Esses desafios estão relacionados à: (a) interseção entre ações privadas de indenização e leniência; (b) interseção entre termos de compromisso de cessação de prática e leniência; (c) incerteza jurídica quanto à competência federal ou estadual para promover a ação criminal por formação de cartel; (d) necessidade de os indivíduos firmarem o acordo de leniência em conjunto com a pessoa jurídica; (e) longa duração das investigações; e (f) resistência cultural de membros de cartéis nacionais de delatarem a prática.

a) Ações privadas de indenização e confidencialidade

Nos termos do artigo 942 do Código Civil[16], todos os partícipes do cartel respondem solidariamente pela conduta do cartel, podendo uma parte lesada cobrar o valor integral da indenização de um dos membros da prática colusiva. No caso das investigações de cartéis em que haja um signatário de acordo de leniência, é provável que as partes lesadas busquem o ressarcimento integral dele, visto ser ele o único a ter confessado a prática.

Enquanto as ações privadas de indenização em decorrência de danos causados por cartel estavam dormentes no Brasil, essa questão era lateral no momento da decisão de delatar ou não a prática de cartel às autoridades. Contudo, o recente ingresso desse tipo de ações – tanto individuais quanto coletivas – incentivado pela política do Cade, iniciada com o julgamento do suposto cartel da extração de areia[17] e reforçada no julgamento do suposto cartel de gases industriais e hospitalares[18], de enviar comunicações a partes potencialmente lesadas para que estas considerem ingressar com ações civis, inseriu o tema nas variáveis

---

[16] Código Civil: "Art. 942. Os bens do responsável pela ofensa ou violação do direito de outrem ficam sujeitos à reparação do dano causado; e, se a ofensa tiver mais de um autor, todos responderão solidariamente pela reparação. Parágrafo único. São solidariamente responsáveis com os autores os co-autores e as pessoas designadas no art. 932"; "Art. 275. O credor tem direito a exigir e receber de um ou de alguns dos devedores, parcial ou totalmente, a dívida comum; se o pagamento tiver sido parcial, todos os demais devedores continuam obrigados solidariamente pelo resto. Parágrafo único. Não importará renúncia da solidariedade a propositura de ação pelo credor contra um ou alguns dos devedores".

[17] PA 08012.000283/2006-66, Conselheiro Paulo Furquim de Azevedo, *DJ* 17.12.2008. O CADE determinou às condenadas que enviassem cartas para seus clientes com extrato da condenação.

[18] PA 08012.009888/2003-70, Conselheiro-Relator Fernando Furlan, *DJ* 03.09.2010. No acórdão, o CADE determinou o envio de cópia de decisão "ao Conselho Federal de Medicina, à Confederação Nacional da Indústria, à Associação Nacional de Hospitais Privados,

relevantes da decisão de apresentar ou não proposta de acordo ao Cade. Para reduzir os desincentivos, o recomendável seria a exclusão da responsabilidade solidária entre o signatário da leniência e os demais membros da conduta – ele continuaria responsável pelo pagamento dos danos que tiver causado, mas não responderia pelos danos causados pelos demais – e a impossibilidade do signatário ressarcir de forma múltipla os danos causados pelo cartel.

Intrinsecamente ligada à questão das ações de indenização está a questão da confidencialidade. O signatário da leniência tem a obrigação de cooperar e tradicionalmente apresenta inúmeros documentos à autoridade que, por definição, contêm mais dados sobre si mesmo que sobre os demais membros. Assim, para preservar os incentivos para a leniência, a autoridade não deveria divulgar a terceiros, nem mesmo sob forma de trechos de documentos na versão pública de suas decisões, documentos apresentados pelo signatário do acordo de leniência de modo a evitar colocá-lo em posição desfavorável diante terceiros quando comparado com os demais. E isso ganha importância crucial nos casos de supostos cartéis internacionais, em que partes que ingressaram com ações civis em outras jurisdições – essencialmente nos Estados Unidos – podem buscar no Brasil o acesso às provas do cartel apresentadas pelo signatário, tendo existido tentativas nesse sentido no passado. Ademais, se o acordo de leniência envolver ação cautelar com pedido de diligência de busca e apreensão ou investigação criminal, serão necessárias medidas adicionais a fim de garantir tratamento confidencial nas ações judiciais também.

Para que fique claro, esse cuidado com a manutenção da confidencialidade não pode impedir que os demais investigados tenham pleno conhecimento da identidade do delator[19] e de todos os documentos que foram submetidos à apreciação das autoridades e que serão utilizados como prova no processo. Esse acesso, contudo, é para exercício efetivo do direito a ampla defesa e contraditório no processo, sendo vedado seu compartilhamento com

---

à Federação Brasileira de Hospitais, ao Ministério da Saúde, à Sabesp e ao Ministério das Cidades".

[19] Além da identidade, o SBDC tem conferido acesso ao conteúdo do próprio acordo, inclusive permitindo aos representados extração de cópia. Em caso envolvendo delação premiada da Lei 9.087/1999, o STF entendeu que os réus poderiam ter conhecimento da identidade dos delatores e das autoridades que firmaram o acordo, mas não poderiam acessar o conteúdo do acordo. Vide "*Penal. Processual penal. Habeas corpus. Acordo de cooperação. Delação premiada. Direito de saber quais as autoridades de participaram do ato. Admissibilidade. Parcialidade dos membros do Ministério Público. Suspeitas fundadas. Ordem deferida na parte conhecida.* I – HC parcialmente conhecido por ventilar matéria não discutida no tribunal ad quem, sob pena de supressão de instância. II – Sigilo do acordo de delação que, por definição legal, não pode ser quebrado. III – Sendo fundadas as suspeitas de impedimento das autoridades que propuseram ou homologaram o acordo, razoável a expedição de certidão dando fé de seus nomes. IV – *Writ* concedido em parte para esse efeito" (STF, HC 90688/PR, Ministro Relator Ricardo Enrique Lewandowski, *DJ* 12.04.2008, *DJE* 24.04.2008).

terceiros ou outras jurisdições, conforme estabelecido no Regimento Interno do Cade[20].

b) Termo de Compromisso de Cessação

Outro aspecto de relevo é a possibilidade de suspender, mediante a assinatura de um termo de compromisso de cessação de prática (conhecido como TCC), o processo administrativo pendente perante o Cade sob determinadas condições, com seu posterior arquivamento, uma vez cumpridas tais condições, nos termos do artigo 85 da Lei 12.529/2011. A possibilidade de suspender investigações sobre supostos cartéis, originalmente incluída na redação da Lei 8.884/1994, foi excluída quando da introdução no ordenamento jurídico brasileiro do acordo de leniência em 2000. A lógica era justamente evitar que o TCC funcionasse como um desincentivo para o recém-criado instituto da leniência, uma vez que poderia oferecer vantagens sobre aquele. O TCC para cartéis foi reintroduzido no sistema por meio de alteração legislativa em 2007[21] e preservado na Lei 12.529/2011, já tendo sido firmados TCCs em conexão com número relevante de investigações de supostos cartéis, tanto com pessoas jurídicas quanto com pessoas físicas.

Ainda que a possibilidade de pôr fim a uma investigação traga benefícios óbvios para a Administração Pública e para o investigado - entre os quais redução de custos públicos e privados e aumento de certeza jurídica nas relações empresariais - é necessário que a Administração, com base na conveniência e oportunidade de firmar o acordo, adote política de modo a pre-

---

[20] Regimento Interno do CADE: "Art. 200. A identidade do signatário do acordo de leniência será mantida como de acesso restrito em relação ao público em geral até o julgamento do processo pelo Cade. § 1.º O Cade concederá tratamento de acesso restrito aos documentos e informações comercialmente sensíveis do signatário do acordo de leniência, observados os requisitos deste Regimento Interno e o direito de defesa dos demais representados no processo administrativo. § 2.º O Cade notificará os representados no inquérito administrativo para apuração de infrações à ordem econômica ou no processo administrativo para imposição de sanções por infrações à ordem econômica relacionados à infração noticiada ou sob investigação de que: I - o acesso ao acordo de leniência e a seus anexos, bem como a quaisquer documentos apresentados pelo signatário do acordo de leniência ou a que o Cade atribua tratamento de acesso restrito, será concedido aos representados estritamente para fins de exercício do direito ao contraditório e da ampla defesa no inquérito administrativo ou no processo administrativo em trâmite perante o Cade que tenha por objeto a infração de que trata o acordo de leniência; e II - é vedada a divulgação ou o compartilhamento, total ou parcial, com outras pessoas físicas, jurídicas ou entes de outras jurisdições, do acordo de leniência e de seus anexos, bem como de quaisquer documentos apresentados pelo signatário do acordo de leniência ou que recebam tratamento de acesso restrito por parte do Cade, sendo que a desobediência desse dever sujeitará os infratores à responsabilização administrativa, civil e penal".

[21] Lei 11.482, de 31 de maio de 2007.

servar os incentivos para a assinatura do acordo de leniência *vis-à-vis* o TCC. Se os incentivos para o TCC forem muito altos, membros de cartéis optarão por aguardar uma eventual investigação ser iniciada para então procederem à assinatura de TCC com o Cade, tendo efeito adverso no programa de leniência.

Nessa linha de preservação dos incentivos para a leniência foi que o Cade previu no seu Regimento Interno que, nos casos de investigações de cartéis, o TCC deverá, necessariamente, conter "reconhecimento de participação na conduta" investigada por parte do compromissário. Alguns, como Ferrari[22], posicionam-se contra essa exigência da autoridade administrativa, uma vez que tal restrição não consta na lei. Compreensível também esse entendimento dado que o instituto espelho no direito penal (a suspensão penal do processo prevista no artigo 89 da Lei 9.099/1995), além de instrumentos semelhantes existentes em outros sistemas administrativos[23], não exigem confissão da conduta por parte do signatário.

Independentemente da discussão de qual é a melhor técnica jurídica, a exigência de reconhecimento de participação no ilícito para pessoas físicas pode, na prática, afastar a assinatura de TCCs em caso de cartéis em vista dos efeitos dessa confissão na esfera penal. A autoridade criminal poderá se valer desse reconhecimento de participação na conduta para instaurar ação penal contra o indivíduo ou para robustecer processo já existente[24]. Em razão disso, entendemos que melhor atenderia o interesse público não exigir o reconhecimento da participação na prática no caso de pessoas físicas. Assim, a um só tempo preservar-se-iam os incentivos da leniência, ao não colocar a empresa signatária da leniência em uma posição menos favorável que a pessoa jurídica

---

[22] FERRARI, Eduardo Reale. Termos de compromisso de cessação (TCC) e seus reflexos no crime de cartel, cit.: "A nosso ver, imprópria é a exigência por meio do termo 'confissão' ou 'participação na prática do fato' como requisito para qualquer condição para a assinatura do TCC, colocando em xeque a própria eficácia do relevantíssimo instituto do TCC, vez que ao condicionar a sua aceitação ao reconhecimento da existência e participação dos fatos considerados como prática de cartel, em face da absurda independência criminal e administrativa, difícil se torna a resolução dos conflitos, por meio da mediação, não se podendo abrir mão de tão importante instituto, sob pena de indefinido procedimento administrativo, assim como de inúmeros e morosos questionamentos jurisdicionais, devendo se fomentar a resolução do conflito de forma bilateral, com base na lei e preferencialmente fora do âmbito jurisdicional, já tão atolado de processos administrativos".

[23] Vide, e.g., Deliberação da CVM 390, de 8 de maio de 2011, que dispõe em seu artigo 4.º que "a celebração de compromisso não importará em confissão quanto à matéria de fato, nem reconhecimento de ilicitude da conduta analisada no processo que lhe tenha dado origem"; Resolução do Conselho Nacional de Seguros Privados 243, de 6 de dezembro de 2001, contém dispositivo na mesma linha: "o compromisso não importará confissão quanto à matéria de fato, nem reconhecimento de ilicitude da conduta analisada".

[24] Vide, nessa linha: BOTTINI, Pierpaolo Cruz. Alguns problemas no combate a cartéis no Brasil. *Valor Econômico*, São Paulo, 17 jul. 2013.

signatária do TCC (a confissão para a pessoa jurídica tem como efeito principal expor os membros do cartel a ações privadas de indenização), sem que se altere a situação das pessoas físicas investigadas - as signatárias da leniência continuam protegidas da responsabilidade criminal, enquanto os demais indivíduos investigados terão ainda que enfrentar eventual processo criminal, mas sem a necessidade de terem que lidar com a confissão administrativa.

Para preservar o Programa de Leniência não basta, contudo, a inclusão no TCC de dispositivo genérico de reconhecimento de participação na conduta para as pessoas jurídicas, sob pena de na prática apenas a confissão do signatário da leniência servir para fins de interposição de ação privada de indenização. Ainda, é necessário que os valores exigidos a título de contribuição pecuniária tenham alguma relevância à luz das circunstâncias do caso e que, quando seja necessário, deve-se exigir cooperação tal qual se exige do signatário da leniência. Quanto ao valor, o Cade tem historicamente exigido contribuições entre 5 (cinco) a 15% do faturamento da representada ou do faturamento gerado no mercado relevante para firmar TCCs em investigações iniciadas por intermédio de acordo de leniência.

c) Incerteza sobre a justiça criminal competente

A ausência de posicionamento jurisprudencial consistente no que se refere à determinação da justiça competente - se federal ou estadual - para processar e julgar os crimes contra a ordem econômica introduz incerteza jurídica adicional ao processo, o que reduz os incentivos para a assinatura do acordo de leniência. Para lidar com esta situação, o SBDC historicamente convida representantes do Ministério Público Federal e Estadual para firmar o acordo. Este, contudo, é um arranjo precário que necessita ter seu curso corrigido via alteração legislativa.

d) Responsabilidade referente a ilícitos administrativos relacionados à prática de cartel

O ilícito administrativo de cartel pode envolver outros ilícitos, como aqueles previstos na Lei 12.846, de 1.º de agosto de 2013, que dispõe sobre a responsabilização administrativa e civil de pessoas jurídicas pela prática de atos contra a administração pública. Ao contrário do que ocorre com os ilícitos penais relacionados a cartel, a assinatura de um acordo de leniência com o Cade não afasta a incidência de sanções para o signatário com relação a demais ilícitos administrativos, o que pode diminuir a atratividade do instituto especialmente para o caso de cartéis em licitações. Até eventual alteração legislativa que garanta a imunidade para o signatário da leniência para todos os ilícitos relacionados, é necessário que o Cade coopere ativamente com as autoridades que seriam responsáveis por apurar esses outros ilícitos, como a Controladoria-Geral da União e o Tribunal de Contas da União.

e) Necessidade de indivíduos firmarem o acordo de leniência

Como vimos, o ordenamento jurídico brasileiro determina que, para que possam gozar dos benefícios do acordo de leniência proposto por pessoa jurídica, as pessoas físicas devem firmar o acordo em conjunto com a pessoa jurídica ou aderir posteriormente ao acordo por ela firmado. Isso significa que as pessoas físicas envolvidas devem ser identificadas individualmente para poderem firmar o acordo e, como a adesão posterior depende do critério de conveniência e oportunidade da autoridade, o que ocorre é que isso leva a uma longa fase de negociação, muito superior a de outras jurisdições desenvolvidas. Em casos extremos, essa delonga para a assinatura em decorrência da vontade da pessoa jurídica de proteger todos seus funcionários e administradores envolvidos pode reduzir as chances de cooperação com autoridades estrangeiras ou mesmo resultar na impossibilidade de se obter outras provas diretas da conduta.

Como um dos requisitos para que se firme o acordo é que a pessoa "cesse completamente seu envolvimento na infração noticiada ou sob investigação a partir da data de propositura do acordo", quanto mais demorada é a negociação, maior a chance dos outros membros do cartel desconfiarem da cessação do envolvimento da parte que está negociando o acordo e, consequentemente, tomarem mais cuidado de modo a não deixar rastros da conduta ilícita[25]. Sistemas como o dos Estados Unidos adotam regra distinta: as pessoas físicas ligadas à pessoa jurídica signatária do acordo estão automaticamente imunes, a não ser que sejam excluídas da imunidade (*carved-out* na expressão norte americana) – no geral, quando são chamadas a cooperar e não o fazem.

f) Duração das investigações

Investigações de cartéis clássicos envolvendo pessoas físicas (como são aquelas que contam com acordo de leniência) duram, em média, cinco anos[26]

---

[25] De modo a minimizar esse risco, a então SDE estabeleceu como política que: "Ao celebrar o Acordo de Leniência, a SDE exige do candidato que cesse imediatamente todo o seu envolvimento no cartel. Em circunstâncias apropriadas, a SDE poderá requerer que o candidato aja de uma forma que não permita a identificação da ciência da SDE sobre o cartel pelos outros envolvidos. Isso pode dar à SDE a oportunidade de obter provas importantes contra outros participantes do cartel em uma operação de busca e apreensão de documentos, por exemplo" (cf. CADE/SDE. *Cartilha combate a cartéis e programa de leniência*, Coleção CADE/SDE n. 01/2009. Brasília, Imprensa Oficial, 2009, p. 31).

[26] A média foi feita considerando os processos envolvendo pessoas físicas listados no Apêndice IV.

no Cade. O caso do cartel do peróxido de hidrogênio[27], por exemplo, durou oito anos, entre instauração da investigação e julgamento pelo Cade, momento em que o órgão finalmente se manifesta sobre o cumprimento ou não do acordo. Isto quer dizer que durante todo esse período o signatário do acordo de leniência está obrigado a cooperar com as autoridades. Uma das maiores razões para a larga duração do processo administrativo perante o Cade é a inclusão de pessoas físicas no polo passivo: o processo de formação da relação processual e o exercício das garantias de defesa naturalmente torna o processo mais moroso. Restringir o polo passivo do Cade a pessoas jurídicas, por intermédio de alteração legislativa, levaria à redução no tempo médio do processo administrativo, aumentando os incentivos para a assinatura do acordo de leniência.

g) Resistência cultural à delação

Finalmente, desafio para Programa de Leniência brasileiro é a resistência cultural à delação, pelo estigma do delator no Brasil. Além disso, o fato do país ter tido sistema de controle de preços até o início da década de 1990 faz que haja resistência adicional à delação: para aqueles executivos que ainda guardam na memória a época em que o governo promovia reuniões entre agentes econômicos concorrentes para se estabelecer o preço de bens e serviços, é difícil se convencerem que terão que se expor por algo que não enxergam nem como ilícito. Reflexo disso é que aproximadamente 80% dos acordos de leniência firmados no Brasil referem-se a cartéis internacionais.

Para lidar com essa resistência, deve a Administração Pública investir em campanhas de conscientização da importância da concorrência e dos efeitos nocivos dos cartéis[28], sem deixar de aplicar a lei com o vigor necessário. Deve

---

[27] PA 08012.004702/2004-77, que investigou alegado cartel de peróxido de hidrogênio, Conselheiro-Relator Carlos Emmanuel Joppert Ragazzo, *DJ* 09.05.2012.

[28] Desde 2007, o Brasil investiu em diferentes campanhas de conscientização dos efeitos nocivos dos cartéis, inclusive com a criação de um Dia Nacional de Combate a Cartéis, criado por Decreto Presidencial, em 8 de outubro de 2008. A OCDE ressaltou esse aspecto na revisão da lei e política de concorrência do Brasil feita em 2010 (OCDE. *Lei e política de concorrência no Brasil:* Uma revisão pelos pares. Paris: OECD Press, 2010, p. 23): "O SBDC tem sido particularmente ativo na disseminação de seu programa de combate a cartéis ao público. Além da cartilha acima indicada, referente ao programa de leniência, a SDE publicou outras cartilhas semelhantes em 2008 e 2009 sobre 'Combate a cartéis em licitações', 'Combate a cartéis em sindicatos e associações' e 'Combate a cartéis na revenda de combustíveis'. Além disso, foi publicada uma revista em quadrinhos para crianças, com os personagens da série mais popular do país (Turma da Mônica), contando a estória de um cartel entre bancas de limonada. A SDE também criou, em março de 2008, uma ferramenta chamada 'Clique Denúncia', permitindo que os cidadãos brasileiros forneçam pistas confidenciais sobre quaisquer atividades suspeitas de cartel, diretamente no site da SDE. Mais de 300 denúncias foram recebidas até setembro de 2009, sendo que cerca de 70% delas eram relacionadas a cartéis. Em 2008, um Decreto

o Estado também investir em campanhas para que se afaste o estigma que o delator tem no Brasil.

5. CONCLUSÃO

O Programa de Leniência do Cade mostrou-se importante instrumento para a detecção e punição de práticas ilícitas. Os pilares fundamentais são garantir a severa aplicação da lei, aumentar o medo de detecção e investir na transparência e previsibilidade do programa. A experiência do Cade deve ser replicada por outras autoridades que têm a sua disposição dispositivo semelhante – como é o caso da Controladoria-Geral da União. Apesar dos avanços, há desafios importantes a serem superados para garantir a perpetuidade do programa, alguns deles dependentes de alteração legislativa.

Presidencial criou o Dia Nacional de Combate aos Cartéis no Brasil, a ser celebrado todos os anos em 8 de outubro, o dia em que o primeiro acordo de leniência foi assinado, em 2003. Nesse dia realizou-se uma campanha em sete importantes aeroportos do país, em que 450.000 cartilhas e outros materiais foram distribuídos. O segundo Dia Nacional de Combate a Cartéis contou com a presença de altas autoridades do governo brasileiro – incluindo o Presidente e o Vice-Presidente da República –, além de importantes autoridades de defesa da concorrência dos Estados Unidos, da Comissão Européia e de Portugal, e também ensejou a reunião de representantes dos Ministérios Públicos Federal e Estadual, conforme descrito acima.").

REMÉDIOS ESTRUTURAIS EM CASOS DE CARTÉIS: ANÁLISE FUNCIONAL E FUNDAMENTOS ECONÔMICOS PARA SUA APLICAÇÃO

Márcio de Oliveira Júnior
Alessandro Serafim Octaviani Luis

1. INTRODUÇÃO

O presente texto está organizado de modo a apresentar duas visões para a interpretação/aplicação do direito econômico concorrencial brasileiro, que podem ser articuladas e ter utilidade para a resolução de "casos difíceis" (como, por exemplo, casos de cartéis que demandem, para sua desagregação e consequente proteção do processo de concorrência, medidas de cunho estrutural, capazes de recompor o ambiente concorrencial onde ele foi erodido, bloqueado ou eventualmente destruído pela atuação de cartéis). Essas duas visões, que podem e devem ser articuladas, são a "análise funcional-estrutural" do direito e a "teoria do cartel em duas fases".

Assim, o texto será estruturado em seis seções, além desta introdução. A segunda seção apresentará os critérios básicos de uma análise funcional-estrutural. Na terceira serão apresentados alguns exemplos de aplicação de remédios estruturais em casos de conduta com o intuito de proteger a concorrência. Na seção seguinte, serão mapeados os caminhos da inserção do instituto jurídico dos remédios estruturais em caso de cartéis no ordenamento jurídico brasileiro, inclusive seu fundamento constitucional. Na quinta seção será feita uma discussão sobre alguns dos fundamentos econômicos para a aplicação de remédios estruturais em casos de cartéis, a partir da chamada "teoria do cartel em duas fases", que guarda afinidade com a análise funcional. A última seção apresenta as principais conclusões.

2. REMÉDIOS ESTRUTURAIS (I): ANÁLISE FUNCIONAL-ESTRUTURAL

Os institutos jurídicos fundamentais à organização econômica – como a propriedade, o contrato, a empresa, os consumidores, os trabalhadores, o orçamento público, a tributação e outros – não podem ser mais tomados apenas pela investigação sobre sua estrutura ("quais são os atores sobre os quais incidem quais posições jurídicas"). Essa forma de organização cognitiva para uma dogmática da decisão é notadamente insuficiente, por duas razões principais: (a) porque exclui do debate sobre a fundamentação das decisões algo fundamental para a legitimidade dos ordenamentos jurídicos democráticos: a explicitação dos interesses protegidos pela norma jurídica emanada pelo Estado, e (b) diminui a amplitude do intérprete/julgador em relação ao que está diante de si, para decisão, trazendo um déficit cognitivo pouco razoável de ser aceito, uma vez que alternativas mais completas estão disponíveis.

Por isso, pode-se afirmar que a preocupação com a função dos institutos jurídicos foi verdadeiramente uma força motriz capaz de revigorar a teoria do direito e o próprio campo do direito econômico. O direito privado (Betti, 1953)[1], o direito público (Grizziotti, 1950)[2] e a teoria do direito (Bobbio, 2007)[3] apresentaram avanços nos tratamentos de seus processos decisórios, movimento que vem ocorrendo desde a década de 1950.

O direito econômico, que, segundo Comparato (1981, p. 332) "traduz normativamente a política econômica do Estado"[4], internalizou essa preocupação com a função, como afirma o mesmo autor: "[...] a dogmática jurídica atual adota e desenvolve, sempre mais, a par de uma análise estrutural dos institutos, a sua compreensão funcional. Quer isto dizer que os juristas hodiernos vão, aos poucos, se convencendo de que não basta, para entender e classificar um instituto jurídico, decompô-lo em seus elementos fundamentais; importa, também e sobretudo, verificar para que serve ele na vida social. Trata-se, em suma, de corrigir ou completar a dissecação anatômica, pela necessária integração fisiológica"[5].

---

[1] BETTI, Emilio. *Teoria generale dele obligazioni:* I. Prolegomeni: funzione economico-sociale dei rapporti d'obbligazione. Milano: Giuffrè, 1953.

[2] GRIZIOTTI, Benvenuto. L'interpretation fonctionnelle des lois financières. *Revue de Science et Législation Financières*. Paris: LGDJ, 1950. t. XLII, p. 5-26.

[3] BOBBIO, Norberto. *Da estrutura à função:* novos estudos de teoria do direito. Trad. Daniela Beccaccia Versiani. Barueri: Manole, 2007.

[4] COMPARATO, Fábio Konder. O indispensável direito econômico. *Ensaios e pareceres de direito empresarial*. Rio de Janeiro: Forense, 1978. p. 471.

[5] COMPARATO, Fábio Konder. Qualificação do contrato relativo a vasilhames e engradados, na distribuição e na venda de bebidas a consumidor – Concorrência desleal na

Portanto, para a melhor interpretação/aplicação do instituto jurídico das medidas estruturais, é importante que se verifique para que "ele serve na vida social". Para isso, é importante e útil expor algumas experiências concretas de aplicação de remédios estruturais em casos de condutas, o que será feito na próxima seção.

3. REMÉDIOS ESTRUTURAIS (II): A FUNÇÃO "EM AÇÃO"

Nos Estados Unidos do final do século XIX, como se sabe, o processo de concorrência gerou seu oposto: empresas que deveriam estar concorrendo entre si diminuíram o ímpeto de concorrer e baixar seus preços para, combinando-se, por variadas formas jurídicas, aumentar seus preços e margens de lucro (Salomão Filho, 2011)[6]. Em outras palavras, supostos concorrentes falsearam a concorrência, promovendo, de fato, uma imensa concentração entre empresas, muitas vezes sob um único comando.

Esse panorama levou, primeiramente, à perplexidade da opinião pública norte-americana com os "Barões Ladrões" e, depois, a uma série de reações institucionais, que foram desde a edição dos diplomas clássicos do direito antitruste, processos persecutórios estruturantes da cultura de defesa da concorrência até a criação de doutrinas jurídicas referenciais[7].

Em verdade, como veio a expressar Louis Brandeis, membro da Suprema Corte norte-americana, o medo da concentração empresarial superou a esfera econômica e penetrou na racionalidade política, tornando-se o medo da própria subversão e perda do ideal da democracia nos EUA: "We may have

---

sistemática destruição de vasilhames de bebida fabricada por concorrente. *Novos ensaios e pareceres de direito empresarial.* Rio de Janeiro: Forense, 1981. p. 332.

6 SALOMÃO FILHO, Calixto. *Novo direito societário.* 4. ed. São Paulo: Malheiros, 2011. p. 56: "[...] em situações de grande concentração de poder, a tendência de abuso desse poder (e, portanto, de descumprimento das regras de comportamento) é algo natural. Essa constatação não é nova. Trata-se do fato, hoje bem reconhecido pela teoria econômica, de que a racionalidade de atuação dos agentes econômicos os leva naturalmente ao abuso. Esse fato, reconhecido, repita-se, pela teoria microeconômica, justificou a introdução no direito antitruste de regras estruturais para conter o poder no mercado".

7 Sobre esse período, cf.: PAGE, William H. *The ideological origins and evolution of U.S. Antitrust Law,* Issues in Competition Law and Policy (ABA Section of Antitrust Law), 2008, p. 4; GIOCOLI, Nicola. Competition vs. property rights: American antitrust law, the Freiburg School and the early years of European competition policy. *Journal of Competition Law & Economics,* v. 5, Oxford, Oxford University Press, n. 4, p. 755, 2009; SALOMÃO FILHO, Calixto. *Direito concorrencial:* as estruturas, 3. ed. São Paulo: Malheiros, 2007. p. 68; BAPTISTA, Luiz Olavo. Origens do direito da concorrência. *Revista da Faculdade de Direito,* v. 91, São Paulo, Universidade de São Paulo, p. 6, 1996.

democracy, or we may have wealth concentrated in the hands of a few, but we can't have both"[8].

Assim, independentemente do grau de formalização de sua unidade de comando, a concentração passou a ser combatida nos EUA, vindo a desenvolver-se uma sólida memória de aplicações de medidas estruturais, que atravessou décadas, tornando tais intervenções algo não extraordinário e integrante da paisagem normativa e de políticas públicas adotadas nos Estados Unidos.

A ideia que norteia a aplicação dessas medidas é que uma estrutura de mercado na qual as empresas detêm alto poder de mercado pode ser conducente ao abuso desse poder. Portanto, caberia a intervenção de modo a tornar o mercado menos concentrado por meio da determinação de venda de ativos por parte de algumas empresas, diminuindo, desse modo, seu poder de mercado.

Há vários casos na jurisprudência internacional em que ocorreram intervenções estruturais em casos de conduta, como o caso *Standard Oil Co.* (1911), *Paramount* (1948) e *AT&T* (1982), que resultou na criação das chamadas "Baby Bells". Tais exemplos advêm dos Estados Unidos, mas houve inúmeros casos de adoção de remédios estruturais em casos de conduta também fora dos EUA, como *British Gas* (1993) e BAA (2011), no Reino Unido; *ENEL* (2006), na Itália; *EON* (2008), *RWE* (2008) e *ENI* (2010), na Comissão Europeia. Em 2014, a autoridade de concorrência do Reino Unido (*Competition Commission*), no caso *Aggregates, cement and ready-mix concrete market investigation*, entendeu que era fundamental o desinvestimento em cimento, agregados, concreto e asfalto, já que a estrutura dos mercados possibilitou a coordenação explícita das empresas que neles atuavam.

Todas essas intervenções afirmaram, por mais de um século, a mesma racionalidade do *sentido funcional do instituto das intervenções estruturais para a defesa da concorrência*: por variadas estratégias e meios, atores distintos deixam de concorrer, alinhando-se, com maior ou menor grau de formalismo e transparência, para extrair renda à qual não teriam acesso em caso de concorrência.

---

[8] Disponível em: <http://www.brandeis.edu/legacyfund/bio.html>. Acesso em: 20 maio 2015. Vide: PAGE, William H. Standard Oil and U.S. Steel: predation and collusion in the law of monopolization and mergers. *Southern California Law Review*, v. 85, 2012 (o autor sustenta que a ampla punição de cartéis posteriormente à promulgação da lei serviu como incentivo às operações de fusão e aquisição empresarial; exemplos dessas punições seriam os casos United States v. Trans-Missouri Freight Ass'n, 166 U.S. 290, 341-342 (1897); United States v. Joint Traffic Ass'n, 171 U.S. 505, 566-568 (1898); Addyston Pipe & Steel Co. v. United States, 175 U.S. 211, 240-241 [1899]). A relação entre conglomerados e ameaças à democracia apareceria futuramente na política de desmembramento realizada na Alemanha, com as desconcentrações compulsórias de que seria exemplo ruidoso o caso *IG Farben Konzern*, que resultou em empresas como a Bayer e a Basf. Cf. SALOMÃO FILHO, Calixto. *Regulação da atividade econômica:* princípios e fundamentos jurídicos. 2. ed. São Paulo: Malheiros, 2008. p. 111.

Muitas vezes, portanto, para recompor o ambiente concorrencial, é necessário intervir na estrutura do mercado. Nesse sentido, as medidas ou remédios estruturais são institutos jurídicos que visam trazer desconforto onde tais estratégias apropriadoras de renda ilícita trouxeram conforto; visam trazer tensão onde os atores construíram tranquilidade; visam trazer dinâmica onde se instalou a estática; visam trazer a legalidade onde se instalou a ilegalidade.

A maioria dos exemplos acima diz respeito a condutas unilaterais. No entanto, essas conclusões em relação ao objetivo das medidas (remédios) estruturais se aplicam também aos casos de conduta concertada, de formação de cartéis, uma vez que essas organizações são formadas justamente para reduzir o ímpeto concorrencial. Por isso, para combater cartéis, é importante que as autoridades antitruste possam adotar medidas estruturais, determinando, por exemplo, o desinvestimento. No caso brasileiro, há essa possibilidade, conforme mostraremos na seção seguinte.

4. REMÉDIOS ESTRUTURAIS EM CASOS DE CARTÉIS (III): OS COMANDOS CONSTITUCIONAIS E LEGAIS NO DIREITO BRASILEIRO

Sumariamente, destaque-se que, entre as várias narrativas sobre a origem das regras antitruste ou de defesa da concorrência no Brasil, Shieber (1966)[9] aponta sua primeira manifestação sistemática na Constituição Federal de 1934, que dispunha em seu artigo 117 que a "economia popular" seria incentivada[10].

A Constituição Federal de 1937, por seu turno, adensou esta proteção à "economia popular", consignando, no artigo 141, que a "lei fomentará a economia popular, assegurando-lhe garantias especiais. Os crimes contra a economia popular são equiparados aos crimes contra o Estado". A regulamentação do texto constitucional viria com o Decreto-lei 869/1938.

---

[9] SHIEBER, Benjamin M. *Abusos do poder econômico:* direito e experiência antitruste no Brasil e nos E.U.A. São Paulo: RT, 1966. p. 4.; FERRAZ JR, Tercio Sampaio. *Lei de defesa da concorrência:* origem histórica e base constitucional. Arquivos do Ministério da Justiça, ano 45, n. 180, 1992. Para uma narrativa posterior, com intenção de sublinhar a eficácia das normas brasileiras: TODOROV, Ribeiro; TORRES FILHO, Marcelo Maciel. History of competition policy in Brazil: 1930-2010. *The Antitrust Bulletin: The Journal of American and Foreign Antitrust and Trade Regulation*, Wexford, Sage, v. 57, n. 2, p. 208-209, 2012.

[10] "Art 117. A lei promoverá o fomento da economia popular, o desenvolvimento do crédito e a nacionalização progressiva dos bancos de depósito. Igualmente providenciará sobre a nacionalização das empresas de seguros em todas as suas modalidades, devendo constituir-se em sociedades brasileiras as estrangeiras que atualmente operam no País."

Sob a vigência da Constituição de 1946, promulga-se a Lei 4.137/1962, que trouxe moldura legal mais racionalizada[11] e mecanismos para reprimir o abuso do poder econômico, como a criação do Conselho Administrativo de Defesa Econômica (Cade).

A Constituição de 1988 estabeleceu um desenho para a economia do País, que passa a ter (i) "objetivos" (artigo 3.º), como "garantir o desenvolvimento nacional" (artigo 3.º, II) e "erradicar a pobreza e a marginalização e reduzir as desigualdades sociais e regionais" (artigo 3.º, III), (ii) "fins" (artigo 170), como "assegurar a todos existência digna, conforme os ditames da justiça social" e (iii) considerar o "mercado interno como patrimônio nacional" (artigo 219), funcionalizando-o para "viabilizar o desenvolvimento cultural e socioeconômico, o bem-estar da população e a autonomia tecnológica do País". Para o atingimento de tais fins, serão movimentados inúmeros e variados institutos jurídicos, entre os quais a repressão ao "abuso do poder econômico", conforme previsão do artigo 173, § 4.º.

Nesse quadro, a sequência composta pelas Leis 8.158/1991, 8.884/1994 e 12.529/2011, cada qual a seu tempo, dotou a política de defesa da concorrência de mecanismos mais adequados para ser implementada, servindo de *instrumento aos fins constitucionais*. Para cumprir a função de garantir o processo concorrencial onde ele é constitucionalmente desejado e garantido, o artigo 38 da lei vigente dispõe que "quando assim exigir a gravidade dos fatos ou o interesse público geral, poderão ser impostas as seguintes penas, isolada ou cumulativamente: [...] V – a cisão de sociedade, transferência de controle societário, venda de ativos ou cessação parcial de atividade; [...] e VII – qualquer outro ato ou providência necessários para a eliminação dos efeitos nocivos à ordem econômica."

Como os cartéis são bastante nocivos à concorrência, o ordenamento constitucional e a lei que estrutura o Sistema Brasileiro de Defesa da concorrência deram ao poder público vários meios para combatê-los, inclusive a adoção de remédios estruturais, de determinação de alienação de ativos. A aplicação dessas medidas também encontra guarida na teoria econômica, principalmente quando se leva em consideração uma visão mais moderna da operação dos cartéis, conforme será visto na seção seguinte.

---

[11] "Art. 21. O CADE efetuará pesquisa e estudos que habilitem: *a)* a determinar a influência que, sobre a economia nacional, exercem as margens de lucro obtidas pelas empresas e sua aplicação em lucros distribuídos e lucros reinvestidos; *b)* a definir os métodos de concorrência desleal." Esta perspectiva está organizada na literatura em: BANDEIR, Luiz Alberto de Vianna Moniz. *Cartéis e desnacionalização (a experiência brasileira - 1964-1974).* Rio de Janeiro: Civilização Brasileira, 1975. A Lei teria como um de seus objetivos políticos – não necessariamente declarado – confrontar os oligopólios advindos do conjunto de países centrais ou de industrialização adiantada, que apresentavam práticas impeditivas de surgimento de indústrias em países periféricos, de industrialização tardia.

5. REMÉDIOS ESTRUTURAIS EM CASOS DE CARTÉIS (IV): FUNDAMENTOS ECONÔMICOS A PARTIR DA "TEORIA DAS DUAS ETAPAS"[12]

A justificativa econômica para a aplicação de remédios estruturais em casos de investigações de cartéis está ligada ao seu funcionamento. Por isso, serão apresentadas abaixo duas visões sobre a forma de atuação de cartéis: a "tradicional" e aquela que vê sua atuação em duas etapas ou fases.

A narrativa "tradicional" define cartéis como "acordos, ajustes ou mesmo troca de informações sobre variáveis comercialmente sensíveis entre concorrentes com o objetivo de alterar artificialmente as condições de mercado com relação a bens e serviços, restringindo ou eliminando a concorrência". Ainda, "os cartéis operam essencialmente por meio da fixação de preços ou de condições de venda, limitação da capacidade produtiva ou distributiva ou de divisão de mercados ou de fontes de abastecimento" (Martinez, 2013, p. 36-37)[13-14].

Para Forgioni (2012)[15], cartéis têm como objetivo precípuo eliminar ou diminuir a concorrência e conseguir o monopólio em determinado setor de atividade econômica, isto é, a vontade de todos os participantes é tão unificada que eles se comportam como se fossem um só agente econômico. Os acordos anticompetitivos possibilitam às empresas comportarem-se como se houvesse um só vendedor no mercado objetivando, assim, lucros de monopólio (Hovenkamp, 2005)[16-17].

---

12 O exposto nesta seção não se aplica aos cartéis em licitação, em que o objetivo é a supressão da concorrência "pelo mercado" e não "no mercado", como no caso de cartéis "clássicos", embora em ambos os casos haja a associação para burlar a concorrência.

13 MARTINEZ, A. P. *Repressão a cartéis: interface entre direito administrativo e direito penal.* São Paulo: Singular, 2013.

14 Nem todos os cartéis têm o objetivo de fixar preços ou dividir mercado. Cartéis podem atuar para, por exemplo, impedir a entrada de concorrentes, regular mercados de forma privada, estabelecer quantidades produzidas por cada um dos membros ou criar alguma barreira regulatória específica que favoreça apenas os membros do acordo. No último exemplo, as empresas e associações de um setor podem trocar informações sensíveis para, por exemplo, subsidiar um *lobby* para que o governo adote uma medida *antidumping*, sem necessariamente tratar de preços, quantidade ou divisão territorial. Essa questão será discutida a seguir quando tratarmos da "segunda fase dos cartéis".

15 FORGIONI, Paula A. *Os fundamentos do antitruste.* 5. ed. São Paulo: Ed. RT, 2012.

16 HOVENKAMP, Herbert. *Federal antitrust policy:* the law of competition and its practice. 3. ed. St. Paul: West Group/Thomson, 2005.

17 O objetivo da formação de cartéis é o aumento do lucro acima do que seria alcançado em condições de concorrência. Algumas observações sobre esse ponto são importantes para o raciocínio exposto nesta seção. Em primeiro lugar, trabalhamos com o conceito de lucro econômico, e não lucro contábil. Este consiste na diferença entre receita total

Cartéis são, portanto, a antítese do livre funcionamento do mercado. Consequentemente, o combate a cartéis deve ser pedra angular da defesa da concorrência (Werden, 2009)[18]. E, caso seja provada a existência de um cartel, a prática deve ser condenada (Viscusi et al., 2005)[19-20]. Para ser eficiente, o combate deve ser acompanhado de sanções críveis e capazes de gerar incentivos para que empresas não participem dos acordos. As sanções impostas aos membros de cartéis devem produzir desutilidade suficiente para compensar o ganho esperado com a atividade ilícita (Werden, 2009), isto é, a sanção aplicada pela autoridade antitruste deve ser, no mínimo, superior ao ganho auferido durante todo o período de atuação dos cartéis.

Segundo Oliveira (2013)[21], os ganhos esperados com a formação de cartéis dependem (a) da probabilidade de a autoridade antitruste descobri-los, (b) da punição esperada (do valor da multa que poderá ser aplicada) e da expectativa de lucro adicional a ser obtido com a atividade ilícita. O objetivo da autoridade antitruste seria, portanto, tornar os ganhos esperados com a formação de cartéis negativo, desestimulando sua formação e a participação de empresas, pessoas naturais, associações e entes despersonalizados. De acordo com o mesmo autor, para viabilizar esse objetivo, algumas medidas são: aplicar multas elevadas; criminalizar a conduta; dar maiores poderes de investigação às autoridades antitruste e viabilizar acordos de leniência. Oliveira (2013) mostra que todas essas medidas estão previstas pela legislação brasileira[22].

---

e custos explícitos. Aquele leva em consideração não somente os custos explícitos, mas também os implícitos, cujos cálculos são mais difíceis. No entanto, sua não consideração pode levar a conclusões errôneas sobre a lucratividade das empresas. Em segundo lugar, objetivar lucro não significa, necessariamente, operar sempre com lucro. Deve-se ter uma perspectiva intertemporal do objetivo dos cartéis de obter lucros supranormais, acima dos que seriam obtidos sem o acordo ilícito. Os cartéis podem, por exemplo, operar com prejuízo por algum tempo, decorrente da necessidade de estabelecer uma guerra de preços para excluir um concorrente. Nesse caso, haveria um ganho concorrencial apesar de haver um prejuízo contábil. Cartéis não podem, portanto, ser desnaturados pela ausência de lucro contábil.

[18] WERDEN, G. J. Sanctioning cartel activity: let the punishment fit the crime. *European Competition Journal*, mar. 2009.

[19] VISCUSI, W. Kip; HARRINGTON JR., Joseph E.; VERNON, John M. *Economics of regulation and antitrust*. 4. ed. Cambridge: The MIT Press, 2005.

[20] Quando uma ação não tem efeitos benéficos sobre o mercado, mas apenas prejudiciais, sua natureza inerente é tão somente a restrição à livre concorrência. As políticas de fixação de preços, de condições de negociação, de divisão geográfica ou de limitação artificial da oferta, feitas por cartéis, se encaixam nessa descrição, sendo, por essa razão, ilegais *per se*.

[21] OLIVEIRA, G. J. Prefácio. In: MARTINEZ, A. P. *Repressão a cartéis:* interface entre direito administrativo e direito penal. São Paulo: Singular, 2013.

[22] Por exemplo, nas Leis 12.529/2011, 8.666/1993, 8.137/1990 e 10.149/2000.

A partir da análise de variáveis como o sobrepreço pretendido pelos cartéis, a probabilidade de sua detecção, o tempo médio de duração dos acordos ilícitos e o período transcorrido desde o fim da conduta até a aplicação das multas, Werden (2009) afirma que as multas que vêm sendo aplicadas por algumas autoridades antitruste (Canadá, EUA e União Europeia, por exemplo) podem não ser suficientes para inibir a formação e a atuação dos cartéis[23].

Uma vez que se chega à conclusão de que os cartéis são extremamente nocivos à concorrência e que as multas podem não ser capazes de desestimular sua formação, deve-se perguntar que outras medidas as autoridades antitruste possuem para combatê-los. Algumas delas já foram apontadas, como, por exemplo, o aumento do poder de investigação das autoridades para elevar a probabilidade de detecção dos cartéis e a criminalização da conduta.

A Lei 12.529/2011 (artigo 38, V e VII), como mencionado, permite, ainda, a cisão de sociedade, a transferência de controle societário, a venda de ativos ou a cessação parcial de atividade, bem como "qualquer outro ato ou providência necessários para a eliminação dos efeitos nocivos à ordem econômica".

Em outras palavras, a Lei que estrutura o Sistema Brasileiro de Defesa da Concorrência permite a adoção de remédios estruturais para combater cartéis, sem prejuízo de aplicação desses remédios a outros casos de condutas ou a atos de concentração.

Uma das questões centrais é se, em termos econômicos, há justificativa para a utilização de tais remédios em casos de conduta concertada, em casos de cartéis. Para responder a essa pergunta, temos que reavaliar como os cartéis agem, ou seja, qual a lógica econômica de sua formação e de seu funcionamento.

Como discutido anteriormente, de acordo com a visão tradicional, o objetivo dos cartéis seria suprimir a rivalidade entre as empresas que atuam em um mercado para mimetizar um monopolista (Marshall e Marx, 2012). Esses mesmos autores apontam exemplos de práticas associadas à visão tradicional dos cartéis: aumentos de preços acima do que seria possível sem o acordo; restrições à quantidade produzida; redução à resistência dos compradores a aumentos de preços; redução da concorrência entre as empresas participantes do acordo; regras para a alocação dos ganhos com o cartel entre os participantes de modo a manter a estabilidade do acordo; mecanismos de punição às empresas que não seguirem as regras.

---

[23] Uma alternativa seria a elevação das multas, mas, segundo Werden (2009), a imposição de multas demasiado altas poderia levar as empresas penalizadas a saírem do mercado devido à falta de recursos para pagá-las, com o risco de se afetar a própria concorrência. Além disso, os custos das multas não ficariam restritos aos executivos e acionistas que se beneficiam das ações do cartel, mas também, por exemplo, a empregados e fornecedores que não participaram da conduta. Todos esses fatores, de acordo com Werden (2009), deveriam ser considerados no cálculo das multas.

Deve-se considerar, no entanto, que cartéis são acordos intrinsecamente instáveis, uma vez que as empresas participantes têm incentivos para burlá-los[24]. Para que essa instabilidade seja suprimida, ou pelo menos mitigada[25], deve haver mecanismos de monitoramento que dificultem aos membros do cartel se desviar do acordo ilícito[26-27]. Se esses mecanismos funcionarem

[24] As empresas que burlam as regras podem, por exemplo, reduzir seus preços abaixo do nível acordado, mas acima do preço que vigoraria em concorrência. Para uma discussão dos incentivos que as empresas têm para burlar o acordo feito no âmbito de um cartel vide: MATTOS, C. C. A. Introdução à teoria econômica dos cartéis. In: SHAPIRO, M. G.; CARVALHO, V. M.; CORDOVIL, L. (coord.). *Direito econômico concorrencial.* São Paulo: Saraiva, 2013 (Série GVLaw).

[25] A supressão total é difícil, já que ela depende não somente dos mecanismos de monitoramento, mas também das taxas de desconto das empresas participantes do cartel. Se uma empresa tiver uma taxa de desconto alta, isso significa que ela dá mais valor ao presente que ao futuro. Assim sendo, para essa empresa, valerá a pena burlar as regras estabelecidas pelo cartel para aumentar seus lucros no curto prazo, mesmo que isso signifique comprometer os maiores lucros que seriam obtidos por meio da participação no cartel no longo prazo. Cada empresa tem sua própria taxa de desconto. Caso as empresas de um cartel tenham taxas de desconto altas, ele tenderá a ser mais instável que um cartel em que a maior parte das empresas tenha taxas de desconto baixas. Além disso, o preço de equilíbrio de um cartel não será necessariamente o de monopólio. Ele poderá se situar em um intervalo entre o preço de monopólio e o preço que vigoraria sem o cartel (preço de mercado). Quanto mais próximo do preço de mercado, menor o incentivo que as empresas terão para participar do cartel, já que os ganhos serão menores, e, consequentemente, mais instável será o cartel. Esses fatores reforçam a necessidade de bons mecanismos de coordenação e monitoramento para que os cartéis funcionem. Para uma discussão desses pontos, vide Mattos (2010).

[26] O problema do monitoramento em um cartel tem a seguinte característica: se uma empresa burla o combinado, produzindo mais, os preços tendem a cair. Entretanto, quando o preço cai, e quando o monitoramento é imperfeito, as empresas que compõem o cartel não sabem ao certo se isso ocorreu devido a mudanças nas condições de mercado ou se algum membro burlou o acordo.

[27] Para uma exposição dos mecanismos que os cartéis possuem para monitorar o cumprimento do acordo e como eles funcionam, vide: MARSHALL, Robert C.; MARX, Leslie. M. *The economics of collusion.* Cambridge: The MIT Press, 2012. No mesmo sentido: Hovenkamp (2005, p. 147) identifica seis condições para a estabilidade dos cartéis. São elas: a existência de significativas barreiras à entrada para que entrantes potenciais não possam minar as decisões do cartel; os membros do cartel devem ter uma parcela expressiva do mercado (desse modo, eles não serão desafiados por outros produtores que não são membros do cartel e os não membros não poderão expandir rapidamente sua produção para compensar a redução determinada pelo cartel); os membros do cartel devem ser capazes de chegar a um acordo sobre a produção a cargo de cada membro (na maior parte dos casos de cartel, a decisão relevante recai sobre a variável produção, e não sobre o preço); os membros do cartel devem ser capazes de detectar traição por parte de outros membros; os componentes do cartel devem ser capazes de punir a traição de forma efetiva quando descoberta.

bem, o cartel será estável e poderá, por meio das práticas expostas no parágrafo anterior, obter ganhos acima dos que seriam alcançados sem o ilícito concorrencial, os chamados lucros supranormais.

Por meio das práticas associadas à visão tradicional dos cartéis, ainda segundo Marshall e Marx (2012), os participantes desses acordos teriam lucros acima daqueles que teriam se agissem de maneira individual, não coordenada. Mas é preciso questionar se a ação de cartéis se encerra com a supressão da rivalidade entre seus membros e as práticas apontadas no parágrafo anterior.

Nesse sentido, há uma visão mais recente do funcionamento de cartéis que complementa a tradicional. De acordo com Heeb et al. (2009)[28], embora a supressão da rivalidade interna seja fundamental para o funcionamento dos cartéis, *esse não é seu único foco*. Segundo esses autores, os cartéis operam em dois estágios. O primeiro se encaixa na visão tradicional, consistindo na supressão da rivalidade interna e, consequentemente, na obtenção de lucros acima dos que seriam obtidos sem o acordo por meio de práticas como as citadas por Marshall e Marx (2012)[29].

Mas, uma vez que isso ocorra, os cartéis passam ao segundo estágio, adotando práticas para aumentar ainda mais o lucro supranormal ou impedir que ele caia. Para descrever os dois estágios, Heeb et al. (2009) utilizam o modelo de cinco forças de Porter (1980)[30]. De acordo com esse modelo, são cinco as forças que podem afetar o lucro de um setor: a rivalidade entre as empresas que nele atuam, as ameaças de entrantes ou do surgimento de produtos substitutos e o poder de barganha de fornecedores e clientes. A primeira força é "interna" ao mercado, restrita às empresas que nele operam. As demais forças são "externas".

O primeiro estágio se enquadra na visão tradicional: os cartéis atuariam para diminuir a rivalidade interna, entre as empresas de um setor de atividade, por meio de um acordo, viabilizando o aumento dos lucros[31]. Em um

---

[28] HEEB, R. D. et al. Cartels as two-stage mechanisms: implications for the analysis of dominant firm conduct. *Chicago Journal of International Law*, 10, 213-232, 2009.

[29] São os exemplos: aumentos de preços acima do que seria possível sem o acordo; restrições à quantidade produzida; redução à resistência dos compradores a aumentos de preços; redução da concorrência entre as empresas participantes do acordo; regras para a alocação dos ganhos com o cartel entre os participantes de modo a manter a estabilidade do acordo; mecanismos de punição às empresas que não seguirem as regras.

[30] PORTER, M. E. *Competitive strategy:* techniques for analysing industries and competitors. New York: Free Press, 1980.

[31] Para Heeb et al. (2009), o incentivo à formação de cartéis é maior em setores em que a rivalidade entre as empresas é o principal fator que limita os lucros, sendo que isso ocorre quando as demais forças são fracas. Além disso, a colusão é mais provável no caso de bens homogêneos e de setores cuja concorrência se baseia principalmente em preços; nesses setores, a rivalidade entre as empresas diminui os lucros. Essa visão é complementar àquela que determina quais seriam os fatores estruturais que estimulariam a colusão.

segundo estágio, os cartéis atuariam sobre as forças externas, que têm impacto sobre o lucro de um setor de atividade, ou de um cartel.

Assim sendo, os cartéis atuam além da rivalidade interna, de modo a minimizar o impacto das forças externas sobre seus lucros. Esses fatores são alvos potenciais dos cartéis, que, uma vez suprimida (ou pelo menos mitigada) a rivalidade interna, passam à segunda fase, em que atuam como uma empresa com posição dominante[32] que dela abusa[33] para suprimir a concorrência e elevar lucros (Marshall e Marx, 2012)[34].

Essa expansão da atuação dos cartéis se justifica porque eles têm uma miríade de formas de aumentar seus lucros ou impedir que o lucro supranormal já alcançado caia. Suprimida a rivalidade interna, os cartéis atuam, por exemplo, para barrar a entrada de novos concorrentes e o advento de produtos substitutos. Os cartéis podem também influenciar as relações de concorrentes com fornecedores e clientes e, ainda, atuar sobre o governo para que este adote medidas que influenciarão o ambiente competitivo, possibilitando o aumento

---

[32] Segundo Schmalensee: "Uma empresa com posição dominante é aquela capaz de exercer seu poder de mercado de forma unilateral, sem a necessidade de acordo com outras empresas que atuam no mesmo mercado" (*Standards for dominant firms conduct: what can economics contribute?*, 1985, p. 3. Disponível em: <http://dspace.mit.edu/bitstream/handle/1721.1/2128/SWP-1723-12868188.pdf?sequence=1>. Nos termos do art. 36, § 2.º, da Lei 12.529/2011, "presume-se posição dominante sempre que uma empresa ou grupo de empresas for capaz de alterar unilateral ou coordenadamente as condições de mercado ou quando controlar 20% (vinte por cento) ou mais do mercado relevante, podendo este percentual ser alterado pelo Cade para setores específicos da economia".

[33] O Ministério da Justiça considera que "a maioria dos casos de abuso de posição dominante no Brasil envolve algum tipo de conduta cujo efeito ou objetivo é excluir concorrentes do mercado ou impedir que outras empresas entrem em concorrência com a empresa dominante. Todavia, a prática de abuso de posição dominante que tenha unicamente o escopo de explorar posição de relativa fragilidade de parceiros comerciais ou consumidores também pode ser punida". Ainda segundo o Ministério da Justiça, entre as práticas que podem ser consideradas abuso de posição dominante estão: "Acordos de exclusividade com fornecedores ou distribuidores, para dificultar o acesso por concorrentes a insumos ou canais de distribuição, respectivamente; Discriminação ou recusa no fornecimento de bens e serviços a concorrentes atuais ou potenciais; Dificultar injustificadamente o licenciamento de tecnologias; Obrigação de aquisição de produtos em conjunto (venda casada); Cobrança de preços abaixo do custo, para exclusão de concorrentes (preço predatório); Oferecimento de descontos a distribuidores que tenham o efeito de impedir a entrada de novos fornecedores; e Destruição de matérias primas sem justa causa (açambarcamento)". Informações disponíveis em: <http://portal.mj.gov.br>. Acesso em: maio 2015.

[34] Apenas os cartéis mais bem sucedidos passariam à segunda fase (p. 226). Se um cartel tiver dificuldades para superar a rivalidade interna, dificilmente ele conseguirá passar à segunda fase e abusar da posição dominante, até porque esta pode não ser alcançada (p. 228).

de lucros. Todas essas práticas consistem, portanto, na segunda fase de operação dos cartéis (Heeb et al. 2009).

É preciso considerar ainda que a supressão da rivalidade interna não significa que os membros de cartéis não enfrentarão concorrência de empresas do mesmo setor. Segundo Heeb et al. (2009), pode ser que nem todas as empresas do setor façam parte do cartel. Por isso, as empresas teriam que ser divididas em cartelistas e não cartelistas. Nesse caso, as empresas do cartel suprimem a rivalidade entre elas, mas as não cartelistas continuam a exercer a rivalidade. A concorrência imposta pelas empresas que não fazem parte do cartel limita os lucros das cartelistas[35].

Faz sentido, então, que os membros de cartéis adotem condutas para tentar excluir as não cartelistas do mercado ou para forçá-las a se juntar ao acordo (Heeb et al. 2009). Essas condutas também são tipicamente associadas ao abuso de posição dominante por uma única empresa.

Neste ponto, duas questões devem ser colocadas: os cartéis conseguem adotar condutas que caracterizam abuso unilateral de posição dominante, dada sua instabilidade? Qual a diferença entre o abuso de posição dominante por uma empresa e por um cartel?

A princípio, pode-se pensar que as empresas com posição dominante têm mais liberdade para abusar dela que os cartéis, já que ação destes seria limitada pela sua própria estrutura de funcionamento (Marshall e Marx, 2012). Por exemplo, descontos condicionados à exclusividade não seriam viáveis para cartéis porque podem gerar incentivos para que as empresas se desviem do acordo e ofereçam "descontos secretos" maiores do que os combinados. Para que evitar que isso ocorresse, os cartéis teriam que aprimorar sua estrutura de controle interno, de modo a fiscalizar essa prática[36].

---

[35] Por isso, Marshall e Marx (2012) afirmam que cartéis têm incentivo para excluir não membros. Esses autores ilustram esse incentivo com o seguinte exemplo: imagine que uma empresa não se junte ao cartel, mas se beneficie dele na forma de maiores lucros. Essa empresa pode elevar seu *market share* ao cobrar um preço menor que o do cartel, mas superior ao de mercado. Atingindo um determinado tamanho, essa empresa pode querer participar do cartel. Mas qual seria sua participação de mercado? Aquela verificada antes ou depois do acordo? É pouco provável que as cartelistas aceitassem a entrada com base na participação mais recente, uma vez que um dos pilares dos cartéis é a definição do *market share*. Assim sendo, para evitar instabilidades futuras, uma conduta racional seria excluir as empresas que não se juntassem ao cartel desde o início do acordo.

[36] Isso ocorre porque os cartéis não têm como aferir *a priori* se uma queda do lucro esperado se deve a alterações das condições de mercado ou à ação de uma cartelista que burlou as regras para elevar seu próprio lucro. Ademais, a instabilidade em cartéis é recorrente. Mesmo que os cartéis tenham mitigado a rivalidade interna e passado à segunda fase, os incentivos que os membros têm para burlar o acordo não desaparecem.

Ademais, ainda de acordo com Marshall e Marx (2012), as próprias empresas que transacionam com membros de um cartel (clientes e fornecedores) podem não ter certeza de sua existência e não denunciar o ilícito, acreditando que o mercado continua a funcionar de forma competitiva. Os mesmos autores afirmam que empresas não cartelistas que operam no mesmo mercado têm maior probabilidade de conhecer a existência do cartel, mas terão pouco incentivo para denunciá-lo, por duas razões principais. Em primeiro lugar, os cartéis podem ser agressivos em relação a elas, inclusive atuando para retirá-las do mercado. Em segundo lugar, elas podem se beneficiar das estratégias dos cartéis por meio de aumento de lucros, mesmo não participando do ilícito.

Afirma-se também que pode ser difícil detectar a posição dominante de um cartel. Para analisar o abuso de posição dominante, o primeiro passo é avaliar o poder de mercado da empresa que presumivelmente cometeu o abuso. Individualmente, as empresas que formam um cartel podem não ter poder de mercado, embora o tenham quando atuam de forma coletiva e coordenada. Portanto, não cabe falar em ausência de poder de mercado de cada membro do cartel individualmente. No entanto, como cartéis operam de forma clandestina, o abuso de posição dominante poderá ocorrer sem que as empresas sejam individualmente investigadas pelas autoridades antitruste (Marshall e Marx 2012)[37].

Os entrantes potenciais também podem perceber a existência do cartel, o que pode afetar as decisões de entrada e, consequentemente, a própria estrutura do mercado (Marshall e Marx, 2012). Esses mesmos autores destacam que os cartéis têm incentivos a excluir membros que não respeitem as regras estabelecidas, ainda que implicitamente, porque a exclusão (a) representa um concorrente a menos, (b) elimina um foco de redução dos lucros do cartel e (c) reforça o *enforcement* do acordo. Vale lembrar que empresas com posição dominante não têm esse mesmo incentivo.

Ainda, há custos associados aos abusos de posição dominante, sendo que cartéis têm mais incentivos para arcar com eles que empresas individuais. De acordo com Marshall e Marx (2012), empresas atuando de forma individual, mesmo que em mercados oligopolizados, talvez não aceitem incorrer nos custos associados a essas ações, já que elas captariam apenas uma fração dos lucros delas decorrentes, possivelmente equivalente

---

[37] Para Marshall e Marx (2012), depreende-se que, se os acordos são necessários para que se exerça o poder de mercado, nenhuma das empresas que dele participam o tem. Por outro lado, quando se observa abuso de posição dominante por uma empresa que não tem poder de mercado, deve-se suspeitar que ela faça parte de alguma colusão. De qualquer modo, é importante ressaltar que, uma vez passada a primeira fase, os cartéis podem abusar de posição dominante e têm incentivos para isso.

a seus *market shares*. No caso de cartéis, os benefícios serão apropriados por todas as empresas que participam do acordo[38], de modo que os incentivos para incorrer nos custos associados às ações que levam a aumentos de lucros serão maiores[39-40].

Conclui-se, então, que, suprimida a rivalidade interna, cartéis têm incentivo para adotar condutas classificadas como abuso de posição dominante, geralmente associadas a empresas individuais. Diante disso, Heeb et al. (2009) propõem que, ao investigar cartéis, as autoridades antitruste devem ir além da supressão da rivalidade interna e verificar se eles adotam condutas típicas de empresas com posição dominante que dela abusam para cercear a concorrência. Caso haja provas dessas condutas, isso significa que o cartel sob investigação suprimiu a rivalidade interna, passou à segunda fase, e se tornou capaz de abusar da posição dominante, alcançada justamente em função da supressão da rivalidade interna[41].

Portanto, ao invés de ver as condutas de cartel e de uma empresa com posição dominante em um esforço para monopolizar o mercado, abusando de posição dominante, como separadas, as autoridades deveriam reconhecer uma conexão entre elas (Heeb et al. 2009). Segundo esses autores, é mais apropriado analisar o comportamento de cartéis como uma combinação desses dois tipos de comportamento anticompetitivo. Primeiro a concorrência "intracartel" é suprimida; a seguir, passa-se à supressão da concorrência fora do cartel. E, para isso, o cartel age como uma empresa com posição dominante que dela abusa.

Quando isso ocorre, não há por que deixar de aplicar ao cartel sanções que podem ser aplicadas a empresas individuais que abusam de sua posição dominante[42]. Há outra implicação em termos de sanções. A autoridade poderá adotar medidas que fomentem a instabilidade dos cartéis, que dificultem o alcance da estabilidade interna. Com isso, os cartéis teriam

---

[38] Os benefícios são irradiados até para as empresas que não participam do acordo, conforme mencionado anteriormente.

[39] Note-se que a divisão desses custos pressupõe um acordo sobre a divisão dos lucros, o que, por sua vez, depende da estabilidade do acordo, da supressão da rivalidade interna. O mesmo critério utilizado pelo cartel para distribuir os lucros pode ser utilizado para o rateio dos custos.

[40] Esses custos podem ser bancados por uma só empresa quando a divisão for, por exemplo, geográfica e a cartelista for monopolista em uma área.

[41] Ressalte-se que não há necessidade de que essas condutas sejam comprovadas para a condenação pela formação de cartel. Basta à autoridade que as empresas, pessoas naturais e associações tenham feito acordo para burlar a concorrência e/ou trocar informações sensíveis.

[42] Para aplicar sanções que seriam aplicadas a condutas unilaterais, teríamos que ter provas de abuso de posição dominante por parte do cartel sob investigação.

dificuldades para passar da primeira fase e abusar da posição dominante. Do mesmo modo, caso a autoridade adote medidas que abalem a estabilidade conquistada, os cartéis terão dificuldades para permanecer na segunda fase, "abusando de posição dominante", porque terão que voltar a se preocupar com a supressão da rivalidade interna.

Como as condutas concertadas e unilaterais não devem ser segmentadas pelas autoridades de defesa da concorrência (Heeb et al., 2009), não há porque segregar as sanções que são aplicadas a elas. Como já foi dito anteriormente, há vários casos de adoção de remédios estruturais em casos de conduta unilateral por autoridades de defesa da concorrência em diferentes jurisdições. Sendo a intervenção estrutural aceita em casos de conduta unilateral e como os cartéis, uma vez mitigada a rivalidade interna, agem como empresas com posição dominante que dela abusam, o corolário é que, em termos econômicos, esses remédios podem ser adotados em casos de conduta concertada. Não faria sentido, então, diferenciar os remédios adotados em casos de conduta unilateral ou concertada (Epstein 2009)[43-44].

6. CONCLUSÃO

Procuramos mostrar que há base jurídica e econômica para a adoção de remédios estruturais em casos de cartel. Do ponto de vista jurídico, restou claro que a intervenção estrutural em casos de conduta concertada encontra guarida na Constituição e no diploma legal que estrutura o Sistema Brasileiro de Defesa da Concorrência, a Lei 12.529/2011, ambos os diplomas amparando uma análise funcional do direito econômico da concorrência.

Do ponto de vista econômico, os cartéis atuam em duas etapas, primeiro suprimindo a rivalidade interna e a seguir atuando como uma empresa com posição dominante que dela abusa. Como os remédios estruturais são aceitos em casos de conduta unilateral, não há razões de ordem econômica para não utilizá-los em casos de cartel.

Há uma discussão conexa à feita neste trabalho que diz respeito às medidas estruturais em si. Há que se debater quando as medidas estruturais deveriam ser utilizadas e como elas deveriam ser definidas. Embora julguemos essa questão de suma importância, uma vez que o as autoridades antitruste

---

[43] EPSTEIN, R. A. Monopolization follies: the danger of structural remedies under Section 2 of the Sherman Act. *Antitrust Law Journal*, v. 76, n. 1, 2009, p. 205-237.

[44] O autor trata de remédios adotados para condutas enquadradas nas Seções 1 e 2 do *Sherman Act*.

devem se preocupar com a eficiência das sanções por elas adotadas, essa discussão foge ao escopo deste trabalho.

O objetivo maior das medidas adotadas pelas autoridades antitruste deve ser a desarticulação dos cartéis, o fim de sua atuação e a restauração do ambiente concorrencial. Em alguns casos concretos, a intervenção estrutural, juntamente com outras medidas, deve ser adotada para que esse objetivo seja alcançado. Nesse caso, o instituto jurídico das medidas estruturais em casos de cartéis terá cumprido sua função.

AS CONDUTAS UNILATERAIS E O MECANISMO DAS CONSULTAS ADMINISTRATIVAS AO CADE

Marcos Paulo Verissimo

1. INTRODUÇÃO

Às vésperas do aniversário de quatro anos da Lei 12.529/2011, o momento é propício, como costuma acontecer nessas ocasiões, para balanços, reflexões e prognósticos. Nesse ambiente, tratar das consultas administrativas ao Cade no âmbito das condutas unilaterais não poderia ser mais oportuno.

Trata-se de um tema que permite registrar, a propósito da regulamentação recente das consultas por meio da Resolução 12/2015, ao menos parte do notável processo de aprimoramento institucional por que tem passado o Cade nesses anos subsequentes à nova lei antitruste brasileira. Tratou-se de um período caracterizado não apenas por uma importante reorganização institucional, mas também por um claro crescimento da importância dessa agência como instituição de Estado. Ademais, foi um período de profícua atividade regulamentar interna ao órgão, pautada pela edição de mais de uma dezena de novos regulamentos em curto espaço de tempo, dos quais a Resolução 12/2015 é apenas um exemplo.

Além disso, o tema proposto permite também que se faça um interessante exercício de reflexão e prognóstico a propósito do espaço que poderá estar reservado, no contexto das consultas administrativas ao Cade, para o exame de condutas unilaterais nos próximos tempos.

Há aproximadamente um ano, cheguei a defender, em artigo escrito junto com o amigo, professor e ex-Conselheiro Paulo Furquim, que as condutas unilaterais tenderiam ser um dos campos mais propícios para o florescimento e difusão das consultas administrativas no Cade[1]. Naquela oportunidade, defendemos que "as práticas de descontos por volume, vendas conjuntas, exclusividades, e outras semelhantes, não são, por si sós, ilegais", sendo que "sua ilicitude depende de avaliações técnicas por vezes sofisticadas quanto aos seus efeitos econômicos sobre o mercado, as quais estão longe de ser incontroversas e que produzem, muitas vezes, divergências de posicionamento entre os próprios Conselheiros do Cade". Por isso, sustentamos que, "ao analisar tais condutas a posteriori", o que sempre ocorre no âmbito de seus processos sancionadores, "o Cade está, muitas vezes, sancionando práticas que outros poderiam considerar positivas, e punindo agentes que, eventualmente jamais pretenderam infringir a lei".

Segundo nossa visão manifestada naquele momento, a solução para tanto poderia ser, portanto, "investir em canais eficientes de diálogo entre o mercado e a autoridade da concorrência, de modo a permitir a análise *ex ante* de práticas que possam ser dúbias do ponto de vista da legislação antitruste", canais esses que "incluem, especialmente, as consultas voluntárias ao órgão administrativo, que permitem até mesmo a realização de acordos antes do início das condutas, de modo a viabilizar os ganhos de eficiência delas decorrentes e, ao mesmo tempo, mitigar as preocupações concorrenciais que o órgão possa ter".

Continuo, por certo, acreditando firmemente nesse diagnóstico. Todavia, faltou naquela oportunidade fazer uma advertência importante, que diz respeito à necessidade de não permitir que o exame *ex ante* de condutas unilaterais (cuja ilicitude, como se sabe, depende muito intensamente da análise concreta dos efeitos negativos que possam produzir no mercado) acabe resultando em um escrutínio formalista e desvinculado da avaliação concreta desses potenciais efeitos deletérios sobre a concorrência. Sem essa advertência, o exame prévio de condutas de dominância pode, muito facilmente, acabar produzindo mais prejuízos que benefícios à concorrência.

Para compreender esse risco é preciso entender, fundamentalmente, as *peculiaridades* das chamadas condutas unilaterais como espécies de ilícitos concorrenciais, o que é também essencial para que se possa, realmente, avaliar o espaço que pode ser reservado a elas no campo das recém-regulamentadas consultas administrativas ao Cade.

Este artigo será, portanto, utilizado para preencher essa lacuna. Adiante, em um exercício de reflexão e prognóstico, procuro indagar sobre o espaço que provavelmente será reservado às condutas unilaterais em sede de consultas ao Cade. Ao empreender essa reflexão, espero estar, de um lado, rendendo justa homenagem ao enorme desenvolvimento institucional que foi experimentado pelo Cade nos últimos quatro anos. De outro lado, espero estar

---

[1] VERISSIMO, M. P.; AZEVEDO, P. F. O Cade e o controle preventivo de condutas. *Valor Econômico*, São Paulo, 20 jun. 2014.

também sendo capaz de propor, como é dever nosso na academia, uma agenda de reflexões para os próximos quatro, ou mais, anos de atividade da agência.

2. PEQUENO HISTÓRICO DO DESENVOLVIMENTO DAS CONSULTAS AO CADE

A história recente das consultas ao Cade mostra uma visão relativamente ambígua do órgão em relação à importância, utilidade e contornos desse mecanismo. Esse caráter ambíguo permeou o julgamento de diversos casos analisados até hoje pela agência e, nos polos opostos dessa visão ambígua, em geral se colocaram duas posturas antagônicas. De um lado, formou-se entre alguns uma postura favorável à ampla utilização desse mecanismo, enxergando-o como um meio de garantir segurança jurídica aos administrados e permitir ao Cade a realização de um exame preventivo de ações de mercado capazes de traduzir-se, futuramente, em práticas anticompetitivas. Em contraposição a essa postura colocou-se, entre outros, uma visão oposta e desfavorável ao instituto, enxergando-o como um perigoso mecanismo de julgamento em tese, capaz de comprometer a liberdade futura de ação do Cade e de viabilizar um indevido exercício da jurisdição administrativa em abstrato, sem os necessários contornos de realidade e concretude, e que terminaria por chancelar ou rejeitar condutas cujos efeitos ainda não seria possível compreender ou prever em sua integralidade.

Esse caráter ambíguo se traduziu desde logo no próprio tratamento legislativo e regulamentar do instituto.

De fato, a previsão legislativa para o encaminhamento de consultas ao Cade foi introduzida no processo de reformulação institucional do órgão ocorrido no início da década de 1990 por meio da Lei 8.158/1991, que alterou a redação do artigo 74 da antiga Lei 4.137/1962. Com o advento da Lei 8.884/1994, essa previsão foi mantida no artigo 59 do novo diploma legislativo, da forma seguinte:

> "Art. 59. Todo aquele que pretender obter a manifestação do Cade sobre a legalidade de atos ou ajustes que de qualquer forma possam caracterizar infração da ordem econômica poderá formular consulta ao Cade devidamente instruída com os documentos necessários à apreciação.
>
> § 1.º A decisão será respondida no prazo de sessenta dias, prazo este sujeito a suspensão enquanto não forem fornecidos pelo interessado documentos e informações julgadas necessárias, não se aplicando ao consulente qualquer sanção por atos relacionados ao objeto da consulta, praticados entre o término deste prazo e a manifestação do Cade.
>
> § 2.º O Regimento Interno do Cade disporá sobre o processo de consulta."

A redação acima transcrita do artigo 59 da Lei 8.884/1994 não chegou contudo a completar nem mesmo um mês de existência. No final de junho de 1994 ela foi alterada pelo artigo 55 da Medida Provisória que instituiu o Plano Real (MP 542/1994) e, pouco depois, o artigo acabou por ser completamente revogado pela MP 681, de 27 de outubro de 1994 (convertida, posteriormente, na Lei. 9.069/1995). Com isso, acabou sendo inaugurado um amplo debate no Cade acerca da própria sobrevivência da consulta como espécie de processo administrativo admitida no SBDC. Esse debate acabou sendo, ao final, vencido pela corrente que defendia a sobrevivência desse mecanismo, o que se fazia basicamente em virtude da autorização legislativa contida no artigo 7.º, inciso XVII, da Lei 8.884/1994, que estabelecia a competência genérica do Plenário do Cade para "responder a consultas sobre matéria de sua competência".

A partir desse entendimento, as consultas foram objeto de regulamentação por meio do Regimento Interno do Cade, aprovado por meio da Resolução 10 de 29 de outubro de 1997 e, posteriormente, por meio do Resolução 18, de 25 de novembro de 1998.

Vale notar que o período imediatamente subsequente à edição da Resolução 18/1998 foi aquele em que o Cade apreciou e julgou o maior volume de consultas em toda a sua história. Foram 15 consultas apreciadas em 1999 e 19 consultas em 2000, número esse que vai depois caindo sucessivamente até que, em 2006, o Cade acaba julgando uma única consulta em todo o ano.

A Resolução 18/1998 permaneceu em vigor até 2007, sem que tenha ocorrido, nesse ínterim, qualquer alteração legal ou regulamentar relevante[2]. Em 28 de março de 2007 foi editado o novo Regimento Interno do Cade, disciplinando as consultas em seus artigos 102 e seguintes, que mantiveram muito do regime anterior, mas implementaram ao menos um acréscimo relevante, estabelecendo expressamente que a resposta do Cade a uma consulta *não geraria, em nenhuma situação, autorização para a prática ou concretização dos atos, contratos ou condutas nela discutidos.*

Foi, neste momento, a vitória da corrente que via nas consultas um perigoso mecanismo de cerceamento da liberdade futura de julgamento do Cade, o que levou ao estabelecimento expresso de seu caráter não vinculante. Por razões mais que óbvias, sob a nova regulamentação as consultas passam a ser de raríssima utilização.

Portanto, quando é editada, em 2011, a Lei 12.529, as consultas já são evento razoavelmente raro no Cade.

Apesar, contudo, do número relativamente pequeno de consultas julgadas ao longo desse primeiro período em comparação com os demais julgamentos proferidos pelo Cade, a analise das decisões proferidas entre 1994 e 2013 revela um universo bastante rico de experiências.

[2] À exceção, apenas, da Lei 9.781/1999, que instituiu a taxa processual sobre as consultas.

Por meio da resposta a consultas sobre condutas em tese e em andamento, o Cade teve a oportunidade de manifestar-se no mérito sobre temas tão variados como a sugestão de preços máximos ao consumidor (Consultas 20/1997 e 83/2002), a reestruturação do sistema de preços da Sabesp (Consulta 25/1997), a legalidade de contratos de prestação de serviços de industrialização no setor de suco de laranja (Consulta 08012.004039/98-74), a legalidade de contratos de licenciamento de tecnologia no setor de soja transgênica (Consulta 39/1999), a legalidade do estabelecimento de preços discriminados de combustível para taxistas (Consulta 52/2000), a legalidade de contratos de exclusividade no setor de representação e venda de apólices de seguros (Consulta 48/1999), a possibilidade de credenciamento exclusivo de distribuidores no setor farmacêutico (Consulta n. 58/00), a viabilidade da criação de um sistema de autorregulamentação no setor de publicidade (Consulta 60/2000), etc.

Na Consulta 67/2000, sobre a legalidade do estabelecimento de preços mínimos sugeridos de revenda, o Cade teve, ainda, a oportunidade de advertir a parte consulente de que a adoção dessa prática poderia muito possivelmente sujeitá-la a sanções por infração à ordem econômica, atuando, pois, a legislação antitruste de forma efetiva e preventiva, e antecipando-se em larga medida à conclusão de mérito que viria a ser adotada pelo Conselho no PA 08012.004690/2011-18, no que respeita à ilegalidade da fixação de preços máximos de revenda.

Todos esses casos demonstram o enorme potencial positivo das consultas sobre condutas, seja as já iniciadas, seja as em fase de planejamento, revelando que o Cade pode, por seu intermédio, amplificar em muito a efetividade de sua ação na tutela dos mercados.

Além disso, o exame da jurisprudência demonstra também grande preocupação do Cade com o adequado estabelecimento dos limites e condições de cabimento da consulta, para não banalizá-la. O equilíbrio entre esse objetivo e o de estimular as consultas úteis para a autoridade e para o mercado é sensível, mas, no geral, as decisões analisadas indicam uma jurisprudência particularmente atenta quanto a esse balanceamento. Nesse sentido, é de se destacar que a decisão de arquivar a consulta e não conhecê-la foi tomada, por exemplo, quando se entendeu:

a) que não se tratava de matéria de competência do Cade (Consultas 30/1998, 24/1997, 43/1999, 78/2001 etc.);

b) que faltava legitimidade de parte e interesse jurídico próprio à consulente (Consulta 59/2000), conclusão essa especialmente aplicável aos casos em que a consulta era sobre conduta praticada por terceiros (Consultas 08700.002380/2006-35 e 08700.002992/2009-71);

c) que faltava pagamento da taxa processual (Consulta 76/2001);

d) que os termos da hipótese formulada seriam genéricos demais para permitir qualquer tipo de resposta (Consulta 08700.003164/2002-83), ou que não haveria sequer questão específica a ser respondida, mas mera demanda de comentários genéricos sobre a aplicação hipotética da legislação de concorrência (Consulta 37/1999);

e) que o objeto não estaria definido de maneira suficientemente precisa (Consulta 08700.002913/2004-17); ou

f) que o tema jurídico envolvido não era novo e já estava resolvido na jurisprudência do Cade, não se admitindo que nessas hipóteses a consulta sirva para conceder à parte um salvo-conduto genérico quando a possíveis desdobramentos futuros de uma conduta que o Cade já considerou, em tese, ser lícita (Consulta 08700.002516/2004-45).

Uma preocupação particularmente importante, notada em vários casos, disse respeito à existência ou não, na consulta, de informações suficientes que permitissem ao Cade posicionar-se minimamente sobre a questão que lhe foi colocada, e, paralelamente a isso, a necessidade de inserir na resposta salvaguardas quanto a possíveis desdobramentos fáticos futuros que estivessem além da capacidade de previsão do órgão antitruste.

A Consulta 39/1999, envolvendo a Monsanto, foi um caso particularmente importante nesse sentido, e semelhante preocupação apareceu também na Consulta 48/1999, em que o Cade fez questão de esclarecer que as cláusulas de exclusividade submetidas à consulta eram consideradas lícitas *desde que respeitados os princípios e premissas constantes da resposta.*

Na Consulta 58/2000 tais ressalvas se fizeram novamente presentes, com a observação do Relator Conselheiro Celso Campilongo de que as condutas submetidas à análise estavam sendo apreciadas "nos limites – inclusive fáticos – da exposição da consulente". Nesses termos, o Plenário declarou que as práticas em análise naquele caso "não poderiam ser consideradas anticoncorrenciais *per se*", estabelecendo que não haveria nada de anticompetitivo nelas "desde que seu resultado implique melhoria no sistema de distribuição, vantagens e eficiências para o consumidor, manutenção da liberdade dos credenciados de fixar preços de revenda, etc."

A partir desse rico arsenal de casos, o Cade lançou-se, em meados de 2014, em um esforço concentrado no sentido de novamente regulamentar o uso das consultas administrativas, desta vez em cumprimento ao quanto disposto nos §§ 4.º e 5.º do artigo 9.º da Lei 12.529/2011, que estabeleceram a competência do Tribunal Administrativo do Cade para responder a "consultas sobre condutas em andamento", segundo procedimento a ser definido em resolução própria.

Esse esforço envolveu, inclusive, a encomenda de uma pesquisa a respeito do tema ao Centro de Estudos de Direito Econômico e Social – CEDES[3], e resultou, ao final, na Resolução 12/2015 do Cade.

---

[3] Denominada "O Estatuto das consultas no Cade: Proposta de regulamentação do art. 9.º, § 4.º, da Lei 12.529/2011" e disponível no website do instituto (www.cedes.org.br).

3. A RESOLUÇÃO 12, DE 11 DE MARÇO DE 2015, E AS CONSULTAS JULGADAS DE JANEIRO DE 2014 A JUNHO DE 2015

A Resolução 12/2015 do Cade promoveu, a partir da experiência acumulada pelos casos acima mencionados, uma ampla reformulação da regulamentação atinente ao procedimento das consultas, dando, com isso, um novo impulso à utilização desse instrumento.

Substancialmente, previu que as consultas seriam viáveis para obter do Cade seu "posicionamento sobre a aplicação da legislação concorrencial em relação a hipóteses de fato especificas", podendo versar sobre "a interpretação da legislação ou da regulamentação [...] atinentes ao controle de atos de concentração, em relação a certas operações ou situações de fato adequadamente definidas", sobre "a licitude de atos, contratos, estratégias empresariais ou condutas de qualquer tipo, já iniciadas pela parte consulente", ou sobre "a licitude de atos, contratos, estratégias empresariais ou condutas de qualquer tipo, já concebidas e planejadas, mas ainda não iniciadas pela parte consulente".

O artigo 4.º, inciso V, da mesma resolução exige que seja possível responder adequadamente à questão formulada "a partir exclusivamente das informações fornecidas" e o inciso IV do mesmo artigo determina o indeferimento de plano das consultas que envolvam questão puramente hipotética. Importantíssimo, o artigo 8.º estabelece que a decisão"será vinculante, pelo prazo máximo de 5 (cinco) anos, para o Tribunal Administrativo e para as partes consulentes, nos limites estritos dos fatos originalmente expostos pelas partes consulentes", sem prejuízo da possibilidade de reconsideração futura da decisão pelo Cade, conforme previsto no artigo 9.º, mas "sendo vedada a aplicação retroativa da nova interpretação para aplicação de qualquer penalidade às partes consulentes ou a qualquer administrado".

O advento dessa resolução e, antes mesmo disso, a própria divulgação pelo órgão de sua intenção em impulsionar o uso do instituto já resultaram, entre os anos de 2014 e 2015, em um razoável incremento de sua utilização.

De fato, em 2014 o Cade acabou julgando quatro consultas. Em 2015, apenas no primeiro semestre (até a SOJ 64) esse número já saltou para cinco. Foram julgadas nesses 18 meses praticamente tantas consultas como as que haviam sido decididas em todos os cinco anos anteriores.

Houve muitos casos interessantes decididos nesse novo período, e a maior parte disse respeito às condições de notificação de atos de concentração.

Assim, na Consulta 08700.002294/2011-90, julgada na SOJ 36, o Cade esclareceu os critérios de cômputo do faturamento bruto de instituições financeiras para fins de notificação de operações ao SBDC. Na Consulta 08700.000207/2014-02, decidida na SOJ 40, esclareceu ser obrigatória a notificação de operações de cessão de direitos e obrigações que alterem a titularidade dos contratos de concessão para exploração e produção de petróleo e gás natural. Na Consulta 08700.006564/2014-85 (SOJ 62), manifestou-se no sentido da necessidade de notificação de contrato associativo, desde que preenchidos os requisitos constantes da Resolução 10/2014. Finalmente, na Consulta 08700.010488/2014-01 (também decidida na SOJ 62), decidiu que a natureza jurídica da International Financial Corporation (IFC) não afastaria a incidência da legislação antitruste brasileira quanto à notificação dos atos de concentração econômica firmados pelo referido organismo internacional.

Não foram conhecidas no período, de outro lado, as Consultas 08700.008041/2014-72 (SOJ 53), 08700.009432/2014-04 (SOJ 57) e 08700.003811/201571 (SOJ 67).

Finalmente, na SOJ 64, foi decidida a Consulta 08700.009476/201434, em que se examinou conduta potencial consistente na garantia de exclusividade de fornecimento de equipamentos a empresa interessada em participar de licitação pública, prática essa que foi considerada pelo Cade como capaz de gerar efeitos anticompetitivos, resultando disso a advertência, pelo órgão, de que sua eventual implementação, além de possibilitar a abertura de investigação em sede de processo administrativo, nos termos do artigo 36 da Lei 12.529/2011, seria, ainda, passível de análise prévia pelo Cade, nos termos da Resolução 10/2014.

4. O ESPAÇO PARA NOVAS CONSULTAS ENVOLVENDO CONDUTAS UNILATERAIS NO NOVO REGIME

A partir da análise dessa experiência nacional com consultas administrativas em matéria antitruste (e também das riquíssimas experiências estrangeiras, de que infelizmente não é possível tratar nos limites de espaço deste texto), é possível perceber com clareza a enorme relevância desse instituto. Para os jurisdicionados, trata-se de um instrumento capaz de fornecer segurança jurídica e viabilizar uma administração mais racional de riscos na realização de negócios inovadores. Para a autoridade antitruste, consiste em um mecanismo de ampliação de sua capacidade de *enforcement*, viabilizando uma tutela de natureza preventiva e não meramente punitiva, com os evidentes ganhos de eficiência daí decorrentes. E tudo isso é potencializado quanto maior seja o grau de indeterminação normativa presente no campo em que se aplica a consulta, o que significa que o mecanismo é, por exemplo, muito mais importante no âmbito da concorrência do que em outros ramos do direito de jurisprudência mais assentada e, mesmo no campo da concorrência, é muito mais importante na esfera das relações verticais e condutas unilaterais (em que o permitido e o proibido são campos frequentemente pouco claros) que na das colusões, em que as práticas são mais ou menos típicas e as zonas de licitude e ilicitude mais ou menos conhecidas.

Um entre muitos exemplos disso pode ser encontrado já na jurisprudência mais remota do Cade, que examinou e autorizou a Companhia de Saneamento Básico do Estado de São Paulo, em meados de 1999, a reestruturar seu sistema de preços, declarando que a reestruturação, na forma apresentada, não seria capaz de causar prejuízos à livre concorrência[4].

Mas há também, contudo, certa "especialidade" nas condutas unilaterais que poderia desaconselhar, por outro lado, seu exame *ex ante* no contexto das consultas prévias recém-regulamentadas pelo Cade. Para melhor compreender esse ponto, é importante explorar com um pouco mais de cuidado os contornos próprios a tais espécies de ilícitos concorrenciais, o que passo a fazer no tópico seguinte.

5. A "ESPECIALIDADE" DAS CONDUTAS UNILATERAIS

Como anota corretamente Paolo Buccirossi, as "condutas unilaterais" são, no fundo, uma categoria conceitual construída a partir da típica divisão tripartite de tratamento feita pelas legislações antitruste mais tradicionais entre possíveis ações danosas ao mercado, divisão essa que costuma submeter a regimes de análise distintos (i) as fusões, (ii) os acordos entre concorrentes e (iii) as ações unilaterais de empresas no mercado. Segundo esse autor:

> "There are three ways in which the public good that antitrust aims to protect may be jeopardized by firms' behavior. The first is the sheer creation and exploitation of market power by individual firms, the second is the joint exploitation of market power by a group of firms, and the third is the partial or total exclusion of competitors from the market aimed at creating or protecting the market power of a dominant firm. Usually antitrust issues are treated within a different framework that follows the typical formal structure of competition law, which contains norms dealing with mergers, agreements (either horizontal or vertical), and unilateral conducts. For instance, in the European Union, mergers are subject to an ex ante control regime that is set in the EC Regulation No 139/2004 (replacing the initial EC Regulation 4064/1989). Article 81 of the EC Treaty prohibits agreements that have as their object or effect a restriction of competition. This prohibition covers cartels, other horizontal agreements, and vertical agreements. Article 82 prohibits abuses of dominant position both in the form of 'exploitative' abuses and in the form of 'exclusionary' abuses. In the United States, the main antitrust prohibitions are set in Sections

4 Ver, nesse sentido, a resposta à Consulta 25/1997, decidida pelo Cade em sua 118.ª Sessão de Julgamento, realizada em 07.04/1999, tendo como Relator o Conselheiro Ruy Santacruz.

> 1 and 2 of the Sherman Act (1890). Section 1 prohibits 'every contract, combination... or conspiracy, in restraint of trade...' This provision applies to a wide range of agreements both horizontal and vertical. Section 2 prohibits monopolization or an attempt to monopolize. It applies to unilateral actions undertaken by firms with a dominant position. Mergers, although they may be also covered by Section 1, have been more specifically disciplined by the Clayton Act, passed in 1914, and then by the Hart-Scott-Rodino Act passed in 1976"[5].

É claro que essa distinção comporta diversos temperamentos e, como alerta o próprio autor acima citado, é possível analisar restrições verticais, por exemplo, tanto como acordos anticompetitivos como sob a ótica dos abusos de posição dominante[6]. Contudo, há algo de muito próprio às condutas unilaterais, que é seu tratamento, sempre, sob a ótica do *abuso* de direito. Ao contrário de muitos acordos anticompetitivos, que podem ter a restrição à concorrência como seu próprio objeto, as condutas unilaterais, de seu turno, em geral são expressões genuínas da própria agressividade empresarial em um contexto de mercado. Sua eventual punição pelo direito da concorrência depende, em outras palavras, de um contexto específico, em que a posição dominante do agente, aliada às condições de mercado e à natureza da conduta adotada, pode fazer que esse tipo de ação competitiva acabe impactando negativamente a concorrência, com efeitos deletérios para a sociedade.

De fato, no que respeita à já conhecida dicotomia existente na legislação nacional (e também europeia) entre ilícitos pelo "objeto" vs. ilícitos por seus "efeitos," as condutas unilaterais, ou abusos de posição dominante, se apresentam como casos singulares.

Na legislação europeia, por exemplo, isso ocorre, em primeiro lugar, porque a noção de ilicitude pelo objeto não faz sequer parte do texto do artigo 102 do TFUE, que é aquele que regula, de fato, os abusos de posição dominante. Além disso, referido artigo proíbe, na verdade, o exercício *abusivo* de uma dada posição jurídica (a dominância), o que significa, por definição, que a dominância não pode ser considerada, *por si só,* como ilegal. Contudo, o conceito de *abuso de posição dominante* dialoga na tradição europeia com certas noções *formais* que nem sempre têm fácil aplicação no âmbito do direito da concorrência, como é o caso, por exemplo, dos conceitos de "concorrência normal", "concorrência anormal", "concorrência pelo mérito" e "responsabilidades especiais" da empresa detentora de posição dominante. Essas noções con-

---

[5] Cf. BUCCIROSSI, Paolo (ed.). *Handbook of antitrust economics.* Cambridge: The MIT Press, 2008. p. xviii-xix.

[6] Idem, p. xix.

duziram a abordagem europeia das práticas exclusionárias, em muitos casos, a um formalismo que já foi muito criticado, mas que resultou mais recentemente em uma verdadeira guinada para uma "abordagem baseada em efeitos".

De fato, como anotam Federico Etro e Ioannis Kokkoris:

> "as origens do conceito de dominância [...] remontam ao direito da concorrência alemão, que usou esse conceito deste [...] 1923. Uma das razões para adotar o termo dominância ao invés do termo 'monopolização', usado no *Sherman Act* americano, foi a influência que o direito concorrencial alemão exerceu em Jean Monnet, que redigiu o Tratado da Comunidade Econômica do Carvão e do Aço. [...] A definição legal de dominância tem sido objeto de um intenso debate. Sua definição mais comum foi estabelecida pela Corte de Justiça em United Brands. A corte ali estabeleceu que 'a posição dominante [...] diz respeito a uma posição de poder econômico exercida por uma empresa que permite que ela impeça a concorrência efetiva de estabelecer-se em dado mercado relevante por fornecer-lhe o poder de se comportar de forma substancialmente independente de seus concorrentes, clientes e consumidores'"[7].

Essa origem alemã explica não apenas a abordagem mais formalista adotada pela Europa até recentemente para o exame das condutas praticadas por empresas dominantes, mas também um certo viés, em geral mais implícito que explícito, de reprovação da própria dominância em si. Muito provavelmente, esse viés têm origem na suspeição que o ordoliberalismo dos anos 1940 lançava à própria concentração do poder econômico, almejando construir, sobre o que restara da Alemanha no pós-guerra, uma economia de mercado baseada, ao máximo possível, na livre atuação de médias e pequenas empresas[8]. O pensamento ordoliberal, tendo desempenhado um papel central na construção das instituições europeias de defesa da concorrência nos anos seguintes, acabou inevitavelmente emprestando a elas um pouco desse caráter, embutindo, no combate ao abuso de posição dominante, algumas das noções de *justiça (fairness) econômica* que, não raras vezes, acabaram resultando simplesmente em ações de proteção de concorrentes menos eficientes, sob o argumento da necessidade de manterem-se os mercados "abertos" e os comportamentos das firmas dominantes dentro de padrões "éticos" de concorrência.

De toda forma, o que é aqui importante notar é que várias decisões importantes da Corte Europeia reforçaram no passado o caráter por vezes

---

[7] ETRO, Federico; KOKKORIS, Ioannis. Toward an economic approach to article 102. *Competition law and the enforcement of article 102*. Oxford: Oxford University Press, 2010.

[8] Cf. GERBER, David. Constitutionalizing the economy: German Neo-liberalism, competition law and the "new" Europe. *42 AMJCL 25* (1994), p. 36.

excessivamente formal da definição de dominância e de seu regime específico de tratamento, cuidando, por outro lado, de sustentar que, em relação às práticas exploratórias e predatórias a ela relacionadas, teria pouca importância a distinção, claramente marcada no âmbito dos acordos anticompetitivos, entre objeto e efeitos.

Esse viés é visível, por exemplo, na ideia de que uma empresa detentora de posição dominante tem "responsabilidades especiais" que não se aplicam a outros atores do mercado, ainda que a dominância em si não deva ser considerada um ilícito. É o que está dito pela Corte Europeia, por exemplo, em *Nederlandsche Banden Industrie Michelin v. Comission* ("Michelin I") [9], ao registrar que:

> "a determinação de que uma empresa possui posição dominante não é ela mesma uma recriminação, mas simplesmente significa que essa empresa tem uma responsabilidade especial de não permitir que sua conduta prejudique a concorrência genuína e não distorcida no mercado, independentemente das razões que a levaram a ter tal posição dominante".

Ainda segundo essa decisão (que reproduz, no ponto, algo que já havia sido estabelecido na decisão de *Hoffman-La Roche*, de 1972)

> "o artigo 82 cobre práticas que provavelmente afetam a estrutura dos mercados onde, como resultado direto da presença da empresa em questão, a competição já se enfraqueceu e que, por meio do recurso a métodos diferentes daqueles que governam a competição normal em produtos e serviços baseada na performance dos competidores, tem o efeito de prejudicar a manutenção ou o desenvolvimento dos níveis de competição ainda existentes no mercado".

Em *France Telecom v. Commission*[10], a mesma Corte estabeleceu que:

> "no que diz respeito às condições de aplicação do [artigo 102 do TFUE] e à distinção entre objeto e efeitos do abuso, deve ser ressaltado que, para os propósitos de aplicação desse artigo, estabelecer o objeto anticompetitivo e os efeitos anticompetitivos pode ser, em certos casos, uma única e mesma coisa. Se ficar demonstrado que o objeto perseguido pela conduta de uma empresa detentora de posição dominante é limitar ou restringir a concorrência, a conduta também será considerada como tendo esse efeito".

---

9 Case 322/81 [1983] ECR 3461; [1988] 1 CMLR 282.

10 Case T-340/03 [2007] ECR II-107, [2007] 4.

Contudo, se por um lado o conceito de abuso de posição dominante parece ser "objetivo", como sugerido em *Hoffman-La Roche*,[11] sua própria definição implica, por outro lado, uma necessária análise de efeitos, para que seja possível identificar o sobredito *efeito* de prejudicar a competição por meio de recursos *anormais* de concorrência, que torna a conduta abusiva. Além disso, é sempre aberta a possibilidade de demonstrar que a conduta investigada era "objetivamente justificada" por propósitos legítimos, ou seja, que seu propósito era na verdade o de proteger os interesses comerciais legítimos da firma detentora de posição dominante, constituindo, portanto, uma hipótese "normal" de "competição pelo mérito"[12].

O óbvio problema colocado por essa jurisprudência europeia mais antiga reside no *caráter extremamente vago desses conceitos relacionados à noção de "concorrência normal"*[13], os quais, como já dito, não raras vezes acabaram resultando em decisões que podem ter protegido, na verdade, os interesses de firmas menos eficientes, em detrimento dos interesses dos próprios consumidores, especialmente no âmbito de condutas relacionadas à prática de preços particularmente *baixos* (preços predatórios ou simplesmente descontos seletivos etc.).

Manufacture Française des Pneumatiques Michelin v. Commission ("Michelin II"),[14] por exemplo, foi um caso controverso nesse sentido, em que a Corte Europeia considerou que os descontos praticados pela Michelin seriam anticompetitivos na medida em que "nem toda competição baseada em preço deve ser considerada legítima" e que descontos por volume deveriam necessariamente refletir economias de escala para serem legítimos. Essa decisão também gerou enorme repercussão por ter desconsiderado a necessidade concreta de verificação de efeitos anticompetitivos para determinação de ilicitude da conduta, empreendendo assim uma análise formalista que, levada ao extremo, praticamente resultaria na condenação, *per se*, de descontos não

---

[11] Case 85/76 [1979] ECR 461, [1979] 3.

[12] V., sobre esse ponto: BELLAMY e CHILD, *European Community Law of Competition*, 6 ed., p. 950.

[13] "How far the methods of the dominant undertaking have to differ 'from those governing normal competition' is a controversial question. What is normal in competitive situations is a perplexing question in itself. The Court has taken a broad pro-competitive approach, condemning methods of competition which in practice could be exclusionary but which many critics would argue were 'normal' in competitive situations." RODGER, Barry J.; MacCULLOCH, Angus. *Competition law and policy in the EC and UK*. Cavendish, 2008, p. 122.

[14] Commission Decision 2002/405/EC Michelin, OJ 2002, L143/1, on appeal, Case T-203/01 *Michelin v. Commission* [2003] ECR II-4071.

fundados em economias de escala, o que traria evidentes prejuízos aos próprios consumidores[15].

A falta de fundamento econômico para esse tipo de abordagem foi amplamente ressaltada na literatura especializada, já que:

> "Ao contrário do que ficou estabelecido em Michelin II, políticas de precificação não lineares, adotadas por empresas dominantes, não são necessariamente anticompetitivas mesmo que não reflitam estritamente economias de escala, e podem ter, na verdade, efeitos pro-competitivos importantes. Ademais, a exigência de que o esquema de descontos seja "economicamente justificado" é muito difícil de ser aplicada na prática, e a Corte não deveria ter colocado o ônus da prova dessa justificação na empresa dominante. Ainda mais preocupante é a rejeição, efetivada pela corte, do critério dos efeitos na análise da legalidade dos descontos. Essa abordagem, que difere marcadamente daquela praticada nos Estados Unidos e no Reino Unido, bem como do Relatório da OCDE sobre descontos de fidelização, irá resultar em uma proibição desproporcional e absoluta de qualquer prática de precificação específica, resultando em ineficiências econômicas. Uma abordagem mais clara e justa poderia portanto distinguir entre descontos que são, per se, legítimos, e descontos que podem ser proibidos apenas se tiverem efeitos adversos sobre o mercado"[16].

Até por conta da reação negativa a esses casos (e sem prejuízo, contudo, de uma certa irregularidade em suas decisões subsequentes no campo dos abusos de posição dominante), a Comissão Europeia iniciou, em meados dos anos 2000, uma importante guinada para o que resolveu chamar de uma "abordagem baseada em efeitos" ou, alternativamente, uma "abordagem econômica" para os casos de abuso de posição dominante.

Esse processo começou com a publicação, em julho de 2005, de um *paper* por parte do Grupo de Assessoramento Econômico para a Política da Concorrência da Comissão Europeia, intitulado "An economic approach to article 82", advogando, claramente, o total abandono de quaisquer abordagens mais formalistas ao abuso de posição dominante em favor de uma abordagem mais baseada em efeitos anticompetitivos[17]. Em dezembro do mesmo ano de 2005, a própria Comissão publicou seu "Discussion paper on the application

---

15 Ver, no mesmo sentido; *British Airways v. Commision,* Case T-219/99 [2003] ECR II-5917, [2004] 4.

16 WAELBROECK, Denis. Michelin II: a per se rule against rebates by dominant companies? *Journal of Competition Law and Economics*, 1(1), p. 149-171.

17 Disponível em: <http://ec.europa.eu/dgs/competition/economist/eagcp_july_21_05.pdf >.

of article 82", seguindo basicamente o mesmo caminho[18]. Finalmente, em 2009, a Comissão divulgou seu "Guidance on the Commission's enforcement priorities in applying article 82"[19].

Esse último documento, que em sua versão oficial em Português é denominado "Orientação sobre as prioridades da Comissão na aplicação do artigo 82 do Tratado CE a comportamentos de exclusão abusivos por parte de empresas em posição dominante"[20], muda de forma importante os critérios de determinação de ilicitude mencionados acima, e esclarece muitos dos pontos obscuros trazidos pela prática anterior da Comissão.

Algumas de suas disposições mais importantes são as seguintes:

> "6. A intervenção da Comissão no âmbito dos comportamentos de exclusão tem sobretudo em vista a salvaguarda da concorrência no mercado interno e a garantia de que as empresas que detêm uma posição dominante não excluirão os seus rivais através de outros meios que não sejam a concorrência com base no mérito dos bens ou serviços que fornecem. Neste contexto, a Comissão reconhece que o mais importante é a protecção de um verdadeiro processo de concorrência e não a mera protecção dos concorrentes. Isso poderá significar que os concorrentes que tenham um desempenho inferior para os consumidores em termos de preço, gama da oferta, qualidade e inovação poderão desaparecer do mercado. [...]
>
> 9. A primeira fase da aplicação do artigo 82 é avaliar se a empresa tem uma posição dominante e qual o grau de poder de mercado que detém. [...]
>
> 14. [...] A experiência da Comissão sugere que, quando a quota da empresa é inferior a 40 % no mercado relevante, é pouco provável que exista posição dominante [...]
>
> 19. O objectivo da aplicação da lei por parte da Comissão no âmbito do comportamento de exclusão é assegurar que as empresas em posição dominante não prejudicam uma concorrência efectiva através do encerramento [fechamento] do mercado aos rivais de uma forma anticoncorrencial [...]
>
> 20. Normalmente, a Comissão intervirá ao abrigo do artigo 82 sempre que, com base em provas sólidas e convincentes, seja provável que o comportamento alegadamente abusivo conduza a um

---

18 Disponível em: < http://ec.europa.eu/competition/antitrust/art82/discpaper2005.pdf>.

19 Disponível em: <http://eur-lex.europa.eu/LexUriServ/LexUriServ.do?uri=OJ:C:2009:045:0007:0020>. EN:PDF.

20 Disponível em: <http://www.concorrencia.pt/vPT/A_AdC/legislacao/Documents/Europeia/Orientacao_aplicacao_art82_2009.pdf>.

encerramento anticoncorrencial do mercado. A Comissão considera que os seguintes factores são geralmente relevantes numa tal avaliação: a posição da empresa dominante [...] as condições no mercado relevante [...] a posição dos concorrentes da empresa dominante [...] a posição dos clientes ou fornecedores de meios de produção [...] a amplitude do alegado comportamento abusivo [...] eventuais provas do encerramento efectivo do mercado [...] provas directas de qualquer estratégia de exclusão.

21. No âmbito de um processo, a Comissão realizará uma análise dos factores gerais mencionados no ponto 20, assim como os factores mais específicos [...] Esta análise será normalmente realizada através da comparação da situação actual ou da provável situação futura no mercado relevante (mercado no qual se desenrola o comportamento da empresa em posição dominante) com um cenário contrafactual adequado, tal como a simples ausência do comportamento em questão ou outro cenário alternativo realista relativamente às práticas empresariais estabelecidas.

22. [...] Se ficar claro que o comportamento só levanta obstáculos à concorrência e não dá origem a quaisquer ganhos de eficiência, poderá inferir-se que tem um efeito anticoncorrencial. [...]

23. As considerações apresentadas nos pontos 23 a 27 aplicam-se ao comportamento de exclusão baseado no preço. Uma forte concorrência de preços é em geral benéfica para os consumidores. A Comissão normalmente só intervirá para evitar o encerramento anticoncorrencial do mercado quando o comportamento em causa tenha já impedido ou seja susceptível de impedir a concorrência desenvolvida por concorrentes, que são considerados tão eficientes como a empresa em posição dominante. [...]

25. Para determinar se até um concorrente hipotético, de eficiência igual à da empresa em posição dominante, se depararia com o encerramento do mercado devido ao comportamento em questão, a Comissão analisará a informação económica relativa aos preços de custo e de venda e, especialmente, se a empresa dominante está a praticar preços abaixo do custo. [...] Sempre que possível, a Comissão utilizará a informação sobre os custos da empresa em posição dominante. [...]

27. Se a informação sugerir claramente que um concorrente de igual eficiência consegue efectivamente concorrer com as práticas de preços da empresa em posição dominante, a Comissão assumirá, em princípio, que não é provável que as práticas de preços da empresa em posição dominante tenha um impacto negativo na concorrência efectiva e, consequentemente, nos consumidores".

A edição desse guia por parte da Comissão Europeia foi considerada, como dito, uma clara guinada em direção a uma mais explícita "abordagem econômica" dos abusos de dominância, em oposição à tradição do ordoliberalismo germânico de abordar o problema sob uma perspectiva mais formal[21], impondo restrições *a priori* a empresas dominantes sem que muitas vezes isso tenha qualquer relação com a efetiva proteção dos interesses dos consumidores[22].

Isso porque, como já dito, e como anota também Demian Geradin, "a prática decisória da Comissão Europeia e a jurisprudência das Cortes Europeias foram frequentemente criticadas por acadêmicos e jurisdicionados por serem excessivamente formalistas e não alinhadas com a teoria econômica". Por isso, "reagindo a essas críticas" é que a Comissão editou o Guia de 2009,[23] passando explicitamente a adotar uma "abordagem baseada em efeitos"[24], exatamente como propugnado por Neelie Kroes em seu conhecido discurso de 2005 de apresentação desse movimento de reformas[25]:

> "Estou convencida que o exercício do poder de mercado deve ser aferido essencialmente com base em seus efeitos, ainda que haja exceções tais como a ilegalidade per se da fixação horizontal de preços. [...]
>
> A aplicação do Artigo 82 deve concentrar-se em problemas reais: em outras palavras, em comportamentos que tem efeitos restritivos prováveis e efetivos sobre o mercado, que podem prejudicar os consumidores. [...]
>
> Minha própria filosofia em relação a isso é bastante simples. Primeiro, é a concorrência, e não os competidores, que deve ser protegida. Segundo, o objetivo final é evitar prejuízos para os consumidores.
>
> Eu gosto da concorrência agressiva - inclusive daquela oferecida por empresas dominantes - e não me importo se essa concorrência possa machucar outros concorrentes".

Assim é que o novo Guia, como visto, estabelece um roteiro estruturado de análise para eventuais abusos de posição dominante, centrando essa

---

21 GERADIN et al., cit., p. 19.

22 Idem, ibidem, p. 15. Vale notar que essa inspiração no ordoliberalismo alemão produziu, no texto da Lei 8.884/1994, o extenso rol de condutas anticompetitivas mencionado no artigo 21, hoje incorporado no parágrafo único do artigo 36 da lei de 2011.

23 Idem, ibidem, p. 175.

24 Idem, ibidem, p. 208.

25 *Speech at the Fordham Corporate Law Institute*, New York, 23rd September 2005. Disponível em: <http://europa.eu/rapid/press-release_SPEECH-05-537_en.htm?locale=em>.

análise na possibilidade concreta de produção de efeitos anticompetitivos, ainda que de um modo algo distinto daquele que preside essa análise no sistema americano. Esse roteiro principia com a própria determinação da posição dominante, que deve sempre implicar a possibilidade da firma de determinar suas práticas de mercado de forma autônoma e relativamente independente em relação às ações de seus concorrentes e às preferências de seus consumidores. Isso implica, naturalmente, a determinação dos limites do próprio mercado relevante, e o estabelecimento da posição estrutural ocupada pela firma nesse mercado. Segundo o Guia, altas concentrações podem ser um primeiro indicativo de dominância, mas não são suficientes para determiná-la. Barreiras de entrada e outras deficiências estruturais no mercado são necessárias para que aquela posição de "autonomia" em relação a concorrentes (atuais ou potenciais) e consumidores possa ser estabelecida. Contudo, o inverso não é verdadeiro, e baixas participações de mercado poderão, quase sempre, ser um indicativo definitivo de ausência de dominância, especialmente, como visto, quando essas participações são inferiores a 40%.

Uma vez determinada a dominância, o que exige análise específica das condições do mercado, é preciso verificar se a conduta em apreço se insere em um contexto normal de mercado, ou se pode ter efeitos abusivamente excludentes, ou de fechamento de mercado. Essa é uma análise particularmente importante e delicada, pois, como se sabe, a própria concorrência normal de mercado tem um efeito excludente sobre concorrentes menos eficientes. Como diz o item 6 do Guia Europeu, a concorrência legítima pode perfeitamente implicar (e normalmente implica) que "concorrentes que tenham desempenho inferior para os consumidores em termos de preço, gama de oferta, qualidade e inovação poderão desaparecer do mercado". Assim, além de a conduta ter que ser caracterizada em um quadro distinto da simples eliminação de adversários em razão de uma maior eficiência, ela deve estar apoiada em "provas sólidas e convincentes" de que o fechamento conduzirá "provavelmente" a um fechamento de mercado (item 20). E tais provas devem implicar uma investigação detida (e não meramente hipotética, presumida ou suposta) dos efeitos da conduta, mediante análise específica de condições como a posição específica da empresa dominante e de seus concorrentes, clientes e fornecedores, a amplitude do alegado comportamento abusivo em termos de sua disseminação ou não no mercado, de sua intensidade e tempo de duração, além de provas ligadas diretamente ao eventual fechamento efetivo do mercado e, possivelmente, provas diretas de uma estratégia especificamente ilícita de exclusão (item 20)[26].

[26] Sobre esse ponto me parece que o elemento volitivo foi expressamente excluído do exame dessas condutas no direito brasileiro.

No que diz respeito à análise desses fatores gerais, e também de outros mais específicos, um elemento relevante destacado pelo Guia é, como visto, o recurso a cenários contrafactuais adequados, em que se compara, mediante o uso de métodos econômicos concretamente embasados, a situação atual ou a provável situação futura do mercado, provocada pela conduta em análise, com um cenário alternativo e realista em que tal prática não estivesse presente (item 21). Além disso, deve ser levado em conta se a conduta está relacionada a ganhos de eficiência (item 22) e, portanto, insere-se no contexto de uma estratégia normal de concorrência, ou se se destina exclusivamente ao fechamento de mercado.

No caso das condutas baseadas em preços (que são particularmente delicadas, pois sempre produzem efeitos imediatos benéficos aos consumidores, e consistem na estrutura mais básica do funcionamento normal dos mercados, que é o da tradução dos ganhos de eficiência em preços mais baixos), a análise deve sempre ser baseada na comparação com uma firma ao menos tão eficiente quanto a firma investigada, pois "uma forte concorrência de preços é em geral benéfica para os consumidores" e só deve ser impedida "quando o comportamento em causa tenha já impedido ou seja suscetível de impedir a concorrência desenvolvida por concorrentes que são considerados tão eficientes como a empresa em posição dominante" (item 23), o que exige, inclusive, uma análise econômica específica dos preços de custo e de venda da própria empresa investigada (item 25). É apenas no caso de se entender que o fechamento poderia afetar concorrentes igualmente eficientes que se deve partir para a avaliação efetiva da possibilidade de fechamento, "tendo em consideração outras provas quantitativas e qualitativas relevantes" (item 27).

Além de tudo isso, e como já indicado, a determinação do caráter abusivo da conduta também implica uma análise quanto à natureza "objetivamente justificada" da conduta (item 28). Isso ocorre quando há justificativas de negócio racionais, razoáveis e proporcionais para a conduta, que não tenham nada a ver com o fechamento de mercado em si. Ocorre, ainda, quando estão presentes "ganhos de eficiência substanciais, que compensam qualquer efeito anticoncorrencial a nível dos consumidores".

O ponto, quanto aos ônus probatórios, é que fica, no sistema europeu, a cargo da empresa dominante provar o caráter objetivamente justificado de sua conduta, ou, eventualmente, os ganhos de eficiência. Trata-se, portanto, de uma defesa, basicamente nos moldes do quanto ocorre no caso de acordos anticompetitivos com a aplicação do artigo 101(3) do TFUE. Todavia, tal defesa só tem espaço quando a própria autoridade já conseguiu estabelecer (e provar) o caráter abusivo da conduta, e sua possibilidade de fechamento de mercado, à luz das provas já referidas, relacionadas à análise do mercado relevante, da natureza da própria conduta, dos cenários contrafactuais já mencionados, e da comparação com o concorrente igualmente eficiente. Tudo isso faz parte da etapa inicial da análise, e é ônus da própria autoridade provar esses elementos. No caso das condutas baseadas em preço, essa prova a cargo da autoridade inclui, também como visto, a prova de "que uma empresa dominante adota um comportamento predatório, suportando deliberadamente perdas ou prescindindo deliberadamente de ganhos a curto prazo [...], por forma a excluir ou poder vir a excluir um ou mais dos seus concorrentes" (item 63). E tal análise, ressalta novamente o Guia, não pode ser meramente hipotética ou levar em conta "comportamentos alternativos, hipotéticos ou teóricos, que poderiam ter sido mais rentáveis". Ao contrário, deve apenas considerar "comportamentos racionais e exequíveis do ponto de vista económico que, tendo em conta as condições do mercado e as realidades comerciais com que se depara a empresa dominante", poderiam ser considerados objetivamente mais racionais e rentáveis (item 65).

Esse guia representou um importante avanço no tratamento europeu aos abusos de posição dominante. Apesar de ele poder servir de exemplo para as análises do Cade, ainda não temos, entre nós, qualquer tipo de elemento semelhante, aplicável especificamente a esse tipo de conduta. Isso, em tese, poderia dar especial espaço ao uso das consultas prévias nesse campo, não fosse, é claro, uma possível objeção importante: como seria possível, nos limites estritos de uma análise prévia, dar conta de um número tão elevado de variáveis como aquelas cuja análise é exigida, hoje, no guia europeu? Como avaliar as condições de mercado em níveis relativamente restritos de cognição? Não correriam as consultas, nesse ambiente, o risco de acabarem se resumindo a uma análise meramente formal e "objetiva" das práticas da firma dominante, exatamente no sentido oposto ao da recente guinada de tratamento no âmbito da Comissão Europeia? Essas possíveis objeções são muito importantes, e ficam ainda mais sérias quando se considera a enorme dificuldade que está implicada, nesse tipo de análise prévia, na consideração de possíveis efeitos anticompetitivos de uma dada conduta. A relevância particular desse último problema justifica que ele seja, ainda que brevemente, tratado de forma específica a seguir.

6. O PROBLEMA DOS "EFEITOS POTENCIAIS"

De fato, um problema particularmente sério no exame das condutas unilaterais diz respeito à avaliação de seus efeitos anticompetitivos *potenciais*. Seja no sistema europeu, seja no brasileiro, tal problema é colocado já em primeiro lugar pelos próprios textos legislativos de regência, que fazem expressa referência a tais efeitos meramente potenciais. Contudo, também no sistema americano aparece o mesmo problema, materializado ali pela redação da Sessão 2 do *Sherman Act*, que considera ilícita não apenas a conduta efetiva de monopolização dos mercados, mas também a sua *tentativa*.

Dada a dificuldade de conciliar a *tentativa* de monopolização com o exame de efeitos líquidos próprios à regra da razão (que preside, no sistema americano, a análise desses casos), Hovenkamp registra com razão que as *tentativas de monopolização* representam "uma das mais complexas violações do direito federal da concorrência"[27]. Isso porque, "se a análise da tentativa estiver focada demais na inadequação (*unfairness*) da conduta e de menos no poder de mercado, ela pode operar no sentido de proteger negócios ineficientes contra rivais mais eficientes"[28].

No direito americano, a necessidade de dar algum conteúdo a esse tipo de ofensa gerou, desde *Swift & Co vs. United States* (1905), uma complexa jurisprudência que em geral procura identificar a existência de três elementos concomitantes, consistentes (i) na intenção específica de controlar preços e destruir a concorrência, (ii) na prática de alguma conduta anticompetitiva ou predatória (portanto distinta dos meios normais de concorrência) direcionada a atingir aquele propósito ilícito, e (iii) na real probabilidade de sucesso da conduta. Sem prejuízo disso, essa jurisprudência é muito pouco clara acerca das circunstâncias em que cada um desses três elementos estariam presentes[29].

O problema da intenção de monopolizar é particularmente intrincado pois, basicamente, toda empresa em regime de mercado deveria querer, legitimamente, excluir seus concorrentes e tomar-lhes todo o mercado, para assim aumentar seus lucros. Isso é da natureza do jogo competitivo e é verdadeiramente desejado. O problema, normalmente, não está nesse propósito, e sim nos meios para atingi-lo. Ser mais eficiente, produzir melhores produtos, inovar e aumentar os níveis de qualidade e serviço são meios legítimos de excluir concorrentes e aumentar lucros. Explodir a fábrica do concorrente não é, mas também não parece ser um problema de que o direito da concorrência devesse cuidar, já que outros campos do direito lidam de forma particularmente eficiente com esse tipo de conduta. Portanto, o tema central nesses casos de tentativa de monopolização é mesmo o da "alta probabilidade de sucesso" (*dangerous probability of success*). Infelizmente, contudo, se trata de um tema igualmente polêmico e complexo[30].

Em *Spectrum Sports Inc. vs. McQuillan* (506 US 447), a Suprema Corte dos Estados Unidos estabeleceu que tal "alta probabilidade" deve sempre ser devidamente comprovada, não podendo ser inferida por outros elementos acessórios, e exigindo, no mínimo, a definição e exame do mercado relevante afetado pela autoridade administrativa, para verificação de suas condições estruturais, barreiras, etc. Além disso, em *Walker Process Equipment Inc. vs. Food Machinery & Chemical Corp* (382 US 172), a mesma Corte decidiu que

---

[27] Idem, ibidem, p. 302.

[28] Idem, ibidem, p. 303.

[29] HOVENKAMP, cit., p. 304.

[30] Idem, ibidem, p. 307.

tal requisito só estará presente se a conduta for, por si só, capaz de comprovadamente conduzir ao monopólio[31].

Na União Europeia, o tema da potencialidade de efeitos competitivos é tratado no atual item 20 do Guia de 2009, já referido. Nesse item, está registrado que a análise de que uma conduta levará provavelmente a um fechamento de mercado (*is likely to lead to anti-competitive forclosure*) deve envolver o exame de uma série de fatores, incluindo a definição do mercado relevante e da posição de dominância da empresa acusada nesse mercado específico, as condições do mercado, a posição dos consumidores, fornecedores e clientes e, particularmente, a *extensão* da conduta alegadamente abusiva:

> "Em geral, quanto maior for o percentual total de vendas no mercado relevante afetado pela conduta, quanto maior a sua duração, e quanto mais regularmente for ela aplicada, maior a probabilidade de haver efeitos de fechamento".

Além disso:

> "Se a conduta tiver ocorrido por um período de tempo suficiente, a *performance* de mercado da empresa dominante e de seus competidores pode fornecer prova direta de um fechamento anticompetitivo. Por razões atribuíveis à conduta alegadamente abusiva, a participação de mercado da empresa dominante pode ter aumentado ou seu declínio pode ter se tornado mais lento".

Portanto, "quanto maior a duração da conduta, mais peso terão, em geral, os efeitos concretamente produzidos"[32] e menor será a atenção a ser dada a efeitos meramente potenciais. Além disso, quanto mais distante no passado estiver a conduta, melhores condições terá a autoridade para analisar seus reais impactos de curto, médio e longo prazo. Portanto, também nessa hipótese, maior atenção deve ser dada aos efeitos efetivamente produzidos e menor aos efeitos potenciais.

No caso das consultas prévias, nenhum desses elementos está, evidentemente, disponível para avaliação. Portanto, o tema fica ainda mais complexo, pois a autoridade terá que avaliar, exclusivamente, cenários contrafactuais hipotéticos, de sorte a examinar a *probabilidade* de fechamento de mercado a partir de suas condições específicas, da posição dos consumidores, fornecedores e clientes, etc. É óbvio que nem sempre esse exame exaustivo será possível. Portanto, duas conclusões parecem seguir. Em primeiro lugar, a de que tais julgamentos serão, provavelmente, circunscritos por certas premissas

---

31 V. ROSS, Stephen. *Principles of antitrust law*. New York: Foundation Press, 1993. p. 101.

32 DG Competition discussion paper on the application of Article 82 of the Treaty to exclusionary practices, p. 18.

e limitados por certas suposições previamente estabelecidas pelas partes e pelo Cade, cuja não realização no futuro poderá, certamente, implicar a revisão da decisão, nos termos previstos hoje na regulamentação brasileira. Em segundo lugar, a de que tais dificuldades não deverão ser usadas, em hipótese alguma, nem para excluir as consultas prévias nesse campo, nem para justificar na dúvida a rejeição liminar e *formalista* de possíveis ações de mercado capazes de gerar, potencialmente, importantes benefícios e eficiências econômicas.

7. O REGIME ESPECÍFICO DAS CONDUTAS UNILATERAIS NA LEI BRASILEIRA

Na lei brasileira, tanto os acordos anticompetitivos como os abusos de posição dominante se submetem, ambos, ao regime do atual artigo 36 da Lei 12.529/2011, que reproduz, nesse particular, o conteúdo antes presente nos revogados artigos 20 e 21 da Lei 8.884/1994.

Os incisos do artigo 36, por sua vez, não são particularmente claros no que respeita à taxionomia dos fatos que tipificam, havendo, ao contrário, razoável grau de sobreposição entre suas previsões normativas. Isso porque tanto a "dominação de mercado relevante de bens e serviços" como o "exercício abusivo de posição dominante" são cada qual modalidades de "limitação, falseamento ou imputação de prejuízo à livre concorrência e à livre iniciativa", cujo resultado último acaba sendo, de uma forma ou de outra, o "aumento arbitrário de lucros". Dessa forma, é possível dizer que estão de algum modo englobados nesses vários incisos conjuntos bastante díspares e sobrepostos de eventos anticoncorrenciais, os quais podem, por sua vez, estar relacionados tanto a condutas unilaterais como concertadas, verticais ou horizontais, e de dominação de mercados (monopolização) como abuso de posição dominante, para usar as terminologias adotadas nos sistemas europeu e americano. Indiferentemente, todos esses tipos são considerados pela lei como "efeitos" de atos capazes de constituir infração da ordem econômica, os quais, por sua vez, podem ser punidos "independentemente de culpa," desde que "possam produzir aqueles efeitos ou tenham por objeto fazê-lo", e "independentemente de que tais efeitos sejam efetivamente alcançados".

Em outras palavras, não há, na legislação brasileira, a mesma distinção clara feita nos sistemas europeu e americano entre os regimes jurídicos aplicados a fusões, acordos anticompetitivos e condutas unilaterais, cabendo exclusivamente à jurisprudência e aos comentários acadêmicos estabelecer essa distinção.

Assim é, por exemplo, que o *caput* do Artigo 36 e seus incisos consagram, indiferentemente em relação às várias condutas que podem estar neles englobadas, um mesmo regime geral de ilicitude, que, em suma, marca-se pelas seguintes características: (i) faz referência, como já dito, à distinção oriunda da tradição europeia entre ilícitos pelo objeto e ilícitos pelos efeitos, (ii) exclui a culpa, expressamente, como um requisito relevante à formação dos tipos, (iii) pune não apenas a produção concreta de efeitos anticompetitivos, mas também a sua potencialidade, e (iv) tipifica não apenas o abuso de posição dominante, mas também a potencial dominação.

Há ainda outros elementos relevantes nos §§ 1.º e 2.º do artigo 36, consistentes nas previsões de que (v) "a conquista de mercado resultante de processo natural fundado na maior eficiência de agente econômico em relação a seus competidores não caracteriza o ilícito de dominação de mercados", e (vi) "a posição dominante se caracteriza quando uma empresa ou for capaz de alterar unilateral ou coordenadamente as condições de mercado", "ou quando controlar 20% ou mais do mercado relevante, podendo este percentual ser alterado pelo Cade para setores específicos da economia".

Em relação a esses elementos adicionais, nota-se, novamente, a inspiração nos sistemas estrangeiros mais antigos de proteção da concorrência, seja no que respeita à excludente, prevista em *American Tobacco,* de que a aquisição e manutenção do monopólio em si não é um ilícito, desde que se dê por meios "naturais" e decorra de maior eficiência, seja no que respeita à definição de dominância, que é muito parecida com aquela estabelecida em *United Brands,* segundo a qual a posição dominante se caracteriza pela habilidade de uma empresa de comportar-se no mercado "de forma substancialmente independente de seus concorrentes, clientes e consumidores". Em relação a esse último ponto, a diferença mais notável diz respeito à possibilidade de presumir essa habilidade para firmas detentoras de mais de 20% de um dado mercado relevante, presunção essa incompatível com a própria regra geral de determinação independente do agente dominante (isso jamais seria atingido por alguém que detenha apenas um quinto de dado mercado e enfrente a concorrência de outros quatro quintos, como fica claro, aliás, na própria regulação atual da União Europeia, que permite presumir a *ausência* de dominância para participações de mercado de até 40%).

Debaixo desse regime geral, são enquadradas no § 3.º diversas condutas que, exemplificativamente, podem produzir os efeitos de dominação, falseamento da concorrência ou abuso de posição dominante, sendo que apenas os incisos III, IV, V, VI, VII, X, XI, XII, XIV, XV, XVIII e XIX parecem dizer respeito a abusos de posição dominante (ou, eventualmente, a meros atos de *concorrência desleal,* que deveriam ser tratados no âmbito da responsabilidade civil entre agentes privados), envolvendo o impedimento do acesso de novas empresas ao mercado, a criação de dificuldades à constituição e funcionamento de concorrente, discriminação de clientes, recusa de contratar, predação por preços, discriminação de preços, vendas casadas, exercício abusivo de direitos de propriedade industrial e intelectual etc.

É evidente, contudo, que todo esse extenso rol de exemplos de condutas anticompetitivas não pode nem deve submeter-se a critérios idênticos e uniformes de prova, presunções e análise. As condutas de abuso de posição dominante, até mesmo por envolverem o exercício *abusivo* de uma posição jurídica *em princípio lícita*, devem, como regra, submeter-se a uma análise mais detalhada de seus efeitos, o que não significa que não possa haver, também nesse campo, condutas objetivamente ilícitas como exceção, sobretudo quando sejam claramente exclusionárias e impliquem a assunção de prejuízos pela empresa dominante sem que haja qualquer racionalidade de negócio subjacente à conduta capaz de justificar tais perdas. Fora, contudo, dessas hipóteses verdadeiramente excepcionais, a análise pelos efeitos deve ser a regra, especialmente no caso de condutas como a "criação de dificuldades ao funcionamento do concorrente", já que esse é, em regra, exatamente o resultado de ganhos legítimos de eficiência.

Vale mais uma ver repetir: é crucial em relação a tais condutas unilaterais que se tome muitíssimo cuidado com a realização de juízos excessivamente hipotéticos e irreais acerca da probabilidade de produção de tais efeitos, tema esse que tem particular importância no âmbito de eventuais consultas prévias analisadas previamente com base da Resolução 12/2015 do Cade.

8. EM VISTA DE TODOS ESSES ELEMENTOS, QUAL DEVERIA SER O PROVÁVEL ESPAÇO PARA AS CONSULTAS PRÉVIAS AO CADE NO ÂMBITO DE CONDUTAS UNILATERAIS?

As advertências e reflexões desenvolvidas acima não devem inibir o desenvolvimento das consultas prévias ao Cade no âmbito de condutas unilaterais, mas devem, isso sim, servir de alerta para que os termos da Resolução 12/2015 sejam seguidos e respeitados adequadamente tanto pelas partes como pela própria agência.

Com efeito, foi justamente para evitar o risco de julgamentos pouco embasados ou excessivamente formalistas que essa resolução adotou em seus dispositivos uma série de cautelas, como a exigência de que a consulta diga respeito a hipóteses de fato específicas (artigo 1.º) e envolva estratégias empresariais já concebidas e planejadas (artigo 2.º), contendo ainda uma indicação precisa de seu objeto e a descrição completa e exaustiva de todos os fatos reputados relevantes (artigo 3.º).

Mais importante ainda é o fato de a regulação recente ter dado ao Cade a garantia de que sua decisão somente será vinculante "nos limites estritos dos fatos originalmente expostos pelas partes consulentes" (artigo 8.º) e poderá ser revista a qualquer tempo, podendo até mesmo ser determinada ulteriormente, em virtude da existência de fatos ou motivos novos, a própria cessação da pratica originalmente autorizada, sendo ressalvada apenas a impossibilidade da aplicação retroativa de penalidades caso as partes tenham adstrito sua conduta aos termos expostos, se conduzido de boa fé, e respeitado, se o caso, as eventuais recomendações expedidas pelo Cade quando da resposta à consulta original (artigo 9.º).

Todas essas garantias são o elemento que poderá dar ao Cade a segurança de emitir posicionamentos adequados (e não excessivamente cautelosos ou formalistas) mesmo quando estiver impossibilitado de realizar, de antemão, um exame tão exaustivo do mercado quanto aquele que seria necessário para eventualmente punir um agente econômico pelo abuso efetivo da posição dominante. De outro lado, para o jurisdicionado, asseguram que as consultas possam ser de fato utilizadas no âmbito em que talvez sejam mais úteis, que é justamente o daquelas condutas que têm racionalidade econômica e são capazes de produzir inovação e importantes eficiências, mas poderiam, pela chance de má compreensão futura por parte da autoridade antitruste, acabar sendo abortadas em uma análise de risco mais conservadora, se não existisse, no ordenamento, um canal de diálogo com a jurisdição administrativa tal como aquele que acabou sendo estabelecido pela Resolução 12/2015 do Cade.

No fundo, nada disso é exatamente novo. Como visto acima, mesmo ausente uma regulação explícita como a que temos hoje, cautelas e garantias semelhantes já foram usadas no passado pelo Cade em muitos outros casos para permitir o julgamento adequado de consultas que lhe foram formuladas. Basicamente, como já ressaltado, isso foi feito mediante a inserção na resposta de salvaguardas quanto a possíveis desdobramentos fáticos futuros que estivessem além da capacidade de previsão do órgão antitruste e que pudessem alterar o resultado do julgamento, expediente utilizado, por exemplo, nas Consultas 39/1999, 48/1999 e 58/2000. Com tais salvaguardas, não se faz necessário adotar posturas formalistas ou excessivamente cautelosas quanto a possíveis efeitos futuros de condutas unilaterais sobre a concorrência, nem simplesmente rejeitar uma consulta dessa natureza por suposta impossibilidade de respondê-la. Tais cautelas permitem que a resposta possa encontrar o adequado equilíbrio entre a segurança do empresário, o estímulo à inovação e a eficiência, e a proteção do mercado contra possíveis desdobramentos futuros eventualmente imprevistos.

Se essas cautelas permitirão, de fato, um amplo desenvolvimento das consultas em tema de condutas unilaterais, apenas os próximos anos dirão. É algo que dependerá da atuação das partes, de seus advogados, e também da própria autoridade antitruste. Não há dúvida, contudo, de que os próximos anos seguirão sendo ao menos tão interessantes para a defesa da concorrência como foram estes últimos quatro.

RESTRIÇÕES REGULATÓRIAS À CONCORRÊNCIA - LIMITES À ATUAÇÃO DO CADE

Gabriel Nogueira Dias

1. O CADE, A "NOVA LEI" E A SEDIMENTAÇÃO DE UMA INSTITUIÇÃO: *"ZUKUNFT BRAUCHT HERKUNFT"*

Um dos mais brilhantes discípulos da chamada *Ritter-Schule* (em alusão aos discípulos do filósofo *Joachim Ritter*), *Odo Marquard* publicou na virada do século uma série de importantes artigos (2003) em torno da ideia central de que a finitude da humanidade nos impõe, sobretudo no mundo contemporâneo, um agir a partir do moto *"Zukunft braucht Herkunft"*, i.e., em tradução livre, *o futuro precisa do presente.*

Com estilo e refinadíssimo senso de humor, *Marquard* apresenta forte crítica à insaciável defesa da constante – e por vezes utópica e excessivamente otimista – busca pela mudança, pelo câmbio, pela alteração; constrói, em oposição a isto, o entendimento filosófico de que o fim inexorável da morte nos prende à intensa ruminação do *hoje*. E se o amanhã, o futuro, é sempre a morte, então, o *hoje*, a nossa origem momentânea, o nosso presente é o que temos a viver e manejar; e todo aquele indivíduo que levanta ansiosamente a bandeira da modificação social impõe-se um redobrado ônus probatório (*Beweislast*) legitimatório, pois mudança não pode ser ingenuamente tomada como sinônimo de melhora, assim como o presente não deve ser sempre rotulado como o que há de pior.

O processo de aprovação legislativa e implementação pelo Cade – na figura, sobretudo, de seus servidores e Conselheiros – da Lei 12.529/2011, em substituição à Lei 8.884/1994, parece-nos mais do que atento às céticas advertências *marquardianas*. Seja pelos contornos do "novo" texto legal, seja pela atuação administrativa assentada pela autoridade concorrencial ao longo dos últimos 3 (três) anos, bem se nota que, longe de defender uma ingênua *refondation* da defesa da concorrência no Brasil, o novo Cade, na esteira do novo diploma legal, trabalhou e anima-se firmemente em limar falhas e (re) calibrar desvios, sem, contudo, deixar de valorizar e polir os acertos vários construídos em especial durante as últimas duas décadas.

Com efeito, o por vezes não tão eficiente sistema de cautelares e APROs (Acordo para Reversibilidade da Operação) então aplicável aos atos de concentração mais complexos foi, por exemplo, substituído na nova lei por um bem manejado *pre-merger filing system*, o qual confere mais segurança à coletividade no trato daquelas transações com eventual potencial restritivo à concorrência (historicamente não mais do que 4% ou 5% das cerca de quatro centenas de casos submetidos anualmente ao Cade). D'outro giro, no âmbito da tipificação das condutas potencialmente ilícitas, manteve-se o tradicional arcabouço normativo anterior, ao melhor estilo de que *Direito bom é Direito velho.*

Jardineiro fiel de sua história, em grandes linhas o Cade cultiva, pois, uma inarredável e cuidadosa sedimentação institucional da defesa da concorrência pátria, convencido, ao que nos parece, de que, de fato, a garantia do *futuro* está justamente no perene bem cuidar do seu *hoje* – esta, sim, portanto, a maior revolução.

Nesse contexto de ideias insere-se o honroso convite do Professor da Fadusp e atual Presidente do Cade, Dr. Vinicius Marques de Carvalho, que, mais do que testemunha viva de toda essa transformação, instigou-nos a elaborar um balanço sobre o tema "Restrições regulatórias à concorrência – limites à atuação do Cade". Certo de que para ser esgotado o tema mereceria uma resma e banca de *experts* muito mais qualificada do que o ora subscritor, procuraremos aqui avançar na empreitada total atenção ao *script* delineado pelo ilustre organizador, i.e., um texto com foco fundamental nos julgados do Cade durante os últimos 3 (três) anos, pondo a desnudo peculiaridades e principais marcas de sua atuação na esteira da "nova Lei".

Eis então que, após a presente introdução e um tópico teórico logo a seguir para exata contextualização do tema, apresentar-se-á ao leitor uma abordagem essencialmente empírica sobre a atuação do Cade nos últimos anos. A uma, calcados em uma série de estatísticas, demonstrar-se-á de modo pormenorizado a relevância de cada mercado regulado no cômputo geral de operações e processos concorrenciais nos últimos anos, bem como o grau de interação entre as chamadas agências regulatórias e a autoridade de defesa da concorrência. Ato seguinte, convencidos pela experiência de que os *leadings cases* conferem ao administrado o retrato mais bem acabado das posições do Cade, apresentamos uma análise crítica de dois importantes casos julgados nos últimos anos de Lei 12.529, os quais lidam diretamente com o tema concorrência e regulação e nos apresentam os chamados "limites" (ou falta deles) à atuação do Cade em mercados regulados, aqui tomados em sentido amplo.

2. REGULAÇÃO, CONCORRÊNCIA E O CADE

O tema regulação, concorrência e, mais especificamente, a atuação do Cade, comporta diferentes perspectivas e tons de análise, sempre com elevado grau de complexidade. Ao menos dois aspectos, a saber: *histórico-político* e de *teoria geral do direito*, comprovam tal assertiva.

Isto porque, primeiramente, o tema se relaciona ao necessário estudo das origens, razões e evolução, *histórica tanto quanto política*, do movimento de extensão do poder regulamentar a órgãos da administração pública Brasileira com vistas a turbinar a intervenção estatal mais descentralizada no domínio econômico.

Trata-se de fenômeno que permeia a vida estatal nacional desde a década de 1930 do século XX, quando despontam no ordenamento os primeiros órgãos com função de regulamentar mercados, granjeando, a partir daí - no agir e ser interpretado - conformações, discursos legitimatórios e focos de atuação tão díspares quanto diferenciados.

"Esforço descentralizador", "método de controle mais eficiente de monopólios naturais", "instrumentário para superação do subdesenvolvimento ou desigualdade regional", "ferramental para fortalecimento Estatal em uma economia de mercado", "direito constitucional concretizado", a intervenção estatal - regulatória-concorrencial ou concorrencial-regulatória - recepciona em seu balaio uma série de motes e discursos, que, a depender de seu matiz e perspectiva interpretativa, levam-nos a um entendimento mais ou menos alargado, mais ou menos otimista, deste fenômeno normativo e político, bem como das relações entre a atuação regulatória e antitruste.

Mais recentemente ordenada na doutrina sob a rubrica discursiva das chamadas "políticas públicas", a temática ganhou enredamento ainda maior. Se regulação e atuação concorrencial forem entendidas como expressões de *políticas públicas*, as quais são setorialmente aplicadas na esteira da implementação pelo Estado de uma política econômica constitucionalmente definida em prol do interesse da coletividade, ganha ainda mais força toda a discussão sobre os contornos, intersecções e limites existentes entre a atuação das agências regulatórias e do Cade sobre agentes econômicos atuantes em mercados regulados, sob a égide e amparo da Constituição Federal. Qual(is) a função e o(s) limite(s) da política pública de defesa da concorrência *vis-à-vis* a política pública levada a cabo, por exemplo, pela Anatel no setor de telecomunicações? Qual deve ser o grau de independência e/ou cooperação entre estas duas intervenções estatais *vis-à-vis* a Constituição Federal?

Contudo, um segundo aspecto, por vezes negligenciado, e tão próprio à *teoria geral do direito*, confere complexidade ainda maior à discussão sobre regulação e concorrência. Trata-se do entendimento de que o fenômeno da extensão do poder regulamentar (ou de aplicação de normas de caráter bastante aberto, como no caso específico do Cade) para os mais diferentes órgãos da administração escancarou de modo irreversível o chamado *caráter dinâmico do Direito.*

Com efeito, como demonstrado por Adolf Julius Merkl e Hans Kelsen no começo do século XX (1915-1920 e ss.), os atos de aplicação do direito (pelos diferentes órgãos legitimados, como, por exemplo, agências e Cade) são, quando bem apreendidos, atos essencialmente de criação do direito, os quais não comportam uma classificação meramente hierárquica das normas – o que, por certo, remontaria à Antiguidade e à Idade Média, à hierarquia, por exemplo, entre *lex divina, lex aeterna, lex naturalis* e *lex positiva.*

Merkl e Kelsen oferecem-nos uma visão muito mais precisa do fenômeno normativo e demonstram que – com duas exceções – cada etapa da aplicação do direito comporta uma "face dupla", de que ela é um ato "condicionado" e "condicionante". *Ato condicionado* porque e na medida em que o *ato de aplicação do direito* depende da norma abstrata de nível imediatamente superior a ser aplicada para produzir direito num outro nível de concretização jurídica. Sem o conhecimento do preceito normativo, o novo *ato de criação do direito* não pode ocorrer. Ele tem início na *lei*, cuja promulgação não pode ocorrer sem que o legislador cumpra as determinações da Constituição, e passa pelo decreto e pelo ato administrativo, para a instauração dos quais o Executivo tem que satisfazer as condições de criação do direito estabelecidas essencialmente na lei, até chegar ao ato executivo, cuja criação jurídica depende, sobretudo, da sentença a ser executada.

À luz desta engrenagem, a única exceção na cadeia de atos jurídicos *condicionados* é a *Constituição*, a qual, como ponto de partida normativo, deve ser vista como "um nível de criação absoluto do direito" e, por conseguinte, como o ápice da pirâmide. A Constituição não surge condicionada por outra norma; por isso *Merkl* lhe atribui a função *estática* que possibilitaria a *dinâmica* dos atos de criação do direito, os quais, sem isso, desagregar-se-iam numa série desconexa. Por conseguinte, todo *ato de aplicação do direito* é um *ato condicionante*, porque e na medida em que a norma jurídica promulgada *condicionará* a criação de outra, mais concreta e de nível inferior. Em outras palavras: *a norma condicionada do ordenamento jurídico torna-se ela mesma o ponto de partida para o surgimento da subsequente positivação do direito.*

Seguindo o esquema ora esboçado, a cadeia se inicia com a norma constitucional, que condiciona o surgimento da lei e se estende até a decisão concreta de um caso isolado, seja ela de natureza executiva (ato administrativo) ou judiciária (decisão judicial). A única exceção nessa cadeia de atos jurídicos *condicionantes* é, por sua vez, o *ato de execução judicial*, na medida em que tal ato, e apenas este, não condiciona nenhuma outra norma. Esse ato é o último elo da cadeia normativa e pode, por conseguinte, ser caracterizado como *a "etapa de aplicação absoluta do direito".*

Se a natureza "bicéfala" da aplicação do direito for reconhecida como sucessão de atos *condicionantes* e *condicionados*, verificar-se-á que - abstração feita à Constituição e ao último ato de execução judicial - nenhum nível normativo do sistema jurídico surge isolado, mas tipicamente como um complexo de três níveis. O nível visado apresenta-se necessariamente flanqueado, de um lado, por um nível anterior que contém as condições de criação para o primeiro nível e, do outro lado, por um nível posterior, cujas condições de criação são formuladas justamente pelo primeiro nível.

O fato de que todo ato de aplicação do direito - seja pelo parlamento ou pelo governo, seja por um órgão administrativo ou um tribunal - gera um novo patamar no processo da concretização do direito, o qual por sua vez remete a outro e etc., e de que a *aplicação* do direito inclui ao mesmo tempo a *positivação* do direito, deixa, por conseguinte, evidente que uma teoria geral do direito não pode se dar por satisfeita com uma visão estática do sistema jurídico que pode ser estruturada de forma "bidimensional" segundo o esquema "plano da obrigação legal e outros fenômenos jurídicos infralegais". No seu lugar - ou mais exatamente ao seu lado - surge uma visão dinâmica do direito que possibilita, no seu modo de apresentação "tridimensional", o conhecimento e a representação aperfeiçoada do momento da criação da norma jurídica.

Nesse contexto, sobretudo no que tange à nossa discussão sobre regulação, concorrência e atuação do Cade, *in casu*, como política pública, exsurge problema fundamental, qual seja, a existência/possibilidade de uma clara teoria da interpretação que oriente o *operador autoritativo* do Direito e refreie o caráter meramente volitivo dos atos de criação jurídica pela Administração (no direito concorrencial, do Cade). Sem clareza sobre os limites valorativos inerentes ao texto legal colocado à disposição do Cade e respectivas agências (Anatel, Aneel, ANS etc.) para exercício de sua competência legal, corre-se o risco - duplo e indesejável - de potencial arbitrariedade e/ou desorganização sistêmica do poder estatal, haja vista que cada ente legitimado passa a poder se entrincheirar em uma visão unilateral do ordenamento jurídico, dando causa a uma espécie de luta do *rochedo* contra o *mar*, com o particular afundado (*rectius*: castigado) em incertezas entre os dois.

Pois bem. Longe de se querer, como dito, propor contornos definitivos à temática "regulação, concorrência e atuação do Cade", pareceu-nos muito mais importante delimitar aqui os grandes desafios que se nos apresentam. D'um lado, trata-se de bem apreender as raízes históricas e políticas (sobretudo no sentido funcional) do tema. Sem isto, passa-se a uma guerra de classificações e construtivismos dogmáticos, com caráter essencialmente tópico (*topoi*) e, por conseguinte, de duvidosa utilidade para a Ciência do Direito. D'outra banda, não nos parece possível falar sobre "regulação, concorrência e atuação do Cade" (ou de outros órgãos da administração munidos de ferramental para tal intervenção estatal descentralizada no domínio econômico), sem se explicitar os contornos de uma Teoria da Interpretação que lide com o arcabouço textual das normas colocadas à disposição dessas autarquias/agências. Sem isso, corre-se um sério risco de um aprofundamento da disfunção sistêmica entre os diversos entes da Administração, além de se permanecer preso a decisões autoritativas, mas não *interpretativo iuris authentica*, com potencial crise de legitimação ao longo do tempo.

2.1. Um apanhado empírico sobre a atuação do Cade em mercados regulados pós-entrada em vigor da "nova" Lei Concorrencial[1]

Terminado um necessário passeio introdutório, passemos à apreensão *in concreto* da atuação do Cade em mercados regulados no período pós-entrada em vigor da "nova" Lei Concorrencial. Com efeito, antes de passarmos à descrição crítica de alguns *leading cases* decididos pela Autoridade Concorrencial mais recentemente, observemos alguns importantes dados sobre a sua atuação em mercados normalmente tidos como regulados. Neste particular, cumpre desde logo esclarecer que, embora se pudesse dizer que no Brasil praticamente todos os mercados estão submetidos a alguma forma importante de regulação, optamos na presente pesquisa perscrutar apenas aqueles mercados tidos como monopólio natural (Aneel, Anatel etc.) e, assim, regulados e vigiados *pari passu* por alguma agência, bem como aqueles que, embora fora desta primeira categoria, restam sujeitos a forte regulamentação estatal para funcionamento.

Primeiramente, conforme a figura a seguir (Figura 1), note-se que da entrada em vigor da Lei 12.529/2011 até abril de 2015, foram submetidos

---

[1] *Notas metodológicas sobre dados empíricos apresentados:* Foram selecionados Atos de Concentração e Processos Administrativos apurados sob o regime da nova lei do CADE (Lei 12.529/2011) que envolviam mercados regulados, sendo tais considerados, respectivamente, como operações notificadas ao Cade a partir de 29.05.2012 (data em que a nova lei do CADE entrou em vigor), e processos administrativos (*sticto sensu*) instaurados e/ou formalmente convolados (mediante despacho da Superintendência Geral publicado no *DOU*) após a entrada em vigor da nova Lei do CADE. No limite, todo e qualquer mercado está ligado, direta ou indiretamente, a um setor regulado de modo que se considerou, para fins de categorização dos dados, o *setor regulado fim* (ou *setor imediato*) da operação ou processo envolvido (abrangendo tanto os casos de regulação por agência reguladora, quanto por órgão da Administração Pública). Ademais, i) para os casos que envolviam mais de um mercado regulado, criou-se uma categoria a parte, de modo a não realizar uma contagem dupla do caso; e ii) em termos concretos, diz-se que uma entidade reguladora esteve presente no processo quando: a) ela participa ativamente dele, seja como representante, terceiro interessado ou respondendo a ofício encaminhado pelo CADE; ou b) está presente no caso quando um estudo, dados estatísticos e normas da entidade são explicitamente adotadas pelo CADE.

ao Cade cerca de 1.059 (mil e cinquenta e nove) atos de concentração. Desse total, 303 (trezentos e três) envolveram mercados regulados, i.e., 22%. Ou seja, quase um quarto dos atos de concentração analisados pelo Cade envolve um setor fortemente marcado pela regulação.

Figura 1 - Atos de Concentração submetidos ao Cade na nova lei em números absolutos e percentual

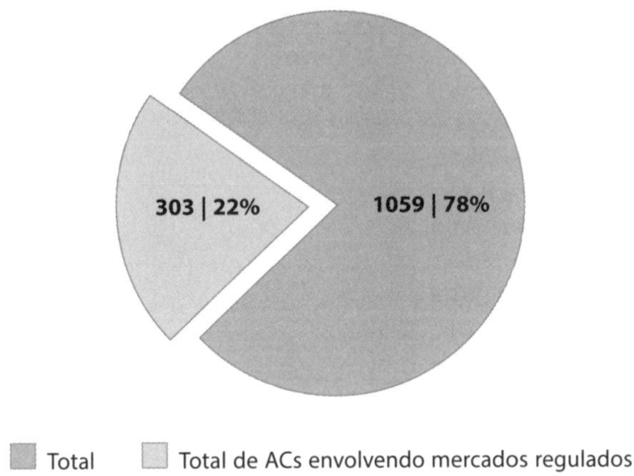

Fonte: Elaboração própria baseada em dados do Cade.

Aberto o dado por setor, bem se vê (Figura 2), que dos 12 segmentos da economia examinados, o setor de energia (Aneel) ocupa 24,4% do total, sendo disparado o de maior significância. Setores regulados/vigiados pela Anvisa, ANP, ANS/Susep, Anac, Anatel e Bacen/CVM respondem, por sua vez, por uma participação que varia entre 5,6% e 11,9%, em um total de 41,2%; todos os demais 11 setores detém uma presença que varia entre 4,3% e 0,7% do total de operações analisadas pelo Cade, em um total geral de 34,4%.

Do ponto de vista qualitativo (Tabela 1), mais importante ainda apreender que, do total das 303 operações analisadas pelo Cade atinentes a setores regulados, 283 foram aprovadas sem restrições ou não conhecidos, i.e., 93,3%, impondo-se restrições a 7 e reprovação a apenas hum caso. Ou seja, um índice de intervenção ligeiramente maior (6,7%) do que a média do Cade (notoriamente por volta de 5%, sendo 95% de aprovação sem restrições).

Figura 2 – Mercados regulados nos Atos de Concentração na nova lei em números absolutos e percentual

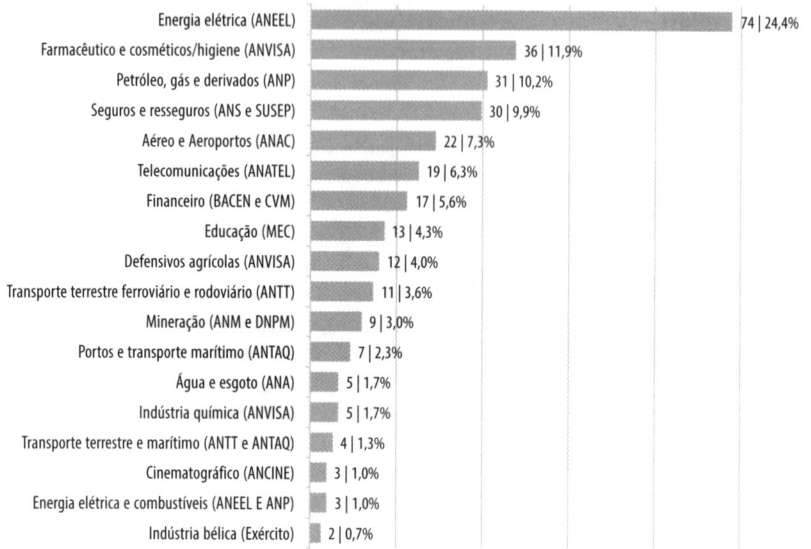

Fonte: Elaboração própria baseada em dados do Cade.

Tabela 1 – Decisões em Atos de Concentração na nova lei

Decisões em Atos de Concentração		%
Acesso restrito	1	0,3
Aprovado com restrições	7	2,3
Aprovado sem restrições	278	91,8
Reprovado	1	0,3
Em trâmite	11	3,6
Não conhecimento	5	1,7
Total	**303**	**100%**

Fonte: Elaboração própria baseada em dados do Cade.

Por outro lado, ainda em busca de um olhar qualitativo para o tema, chama nossa atenção o fato de que, na esmagadora maioria dos casos, os órgãos reguladores furtam-se a uma ativa participação nos casos analisados pelo Cade. Conforme a figura a seguir (Figura 3), no que tange aos Atos de Concentração, em 85% dos casos não se verifica nos autos qualquer manifestação de órgãos reguladores. Trata-se de número importante, na medida em que, nos termos do artigo 122, I, do Ricade, após a publicação da decisão da Superintendência-Geral do Cade, as agências são entes automaticamente legitimados para apresentar recurso ao Cade. Dito d'outro modo, a participação ativa das agências durante a instrução do processo de análise de ato de concentração seria *conditio sine qua non* para que se pudesse afiançar que as decisões do Cade restam em consonância com as preocupações regulatórias existentes àquele setor da economia.

Figura 3 – Entidades reguladoras presentes em Atos de Concentração na nova lei em números absolutos e percentual

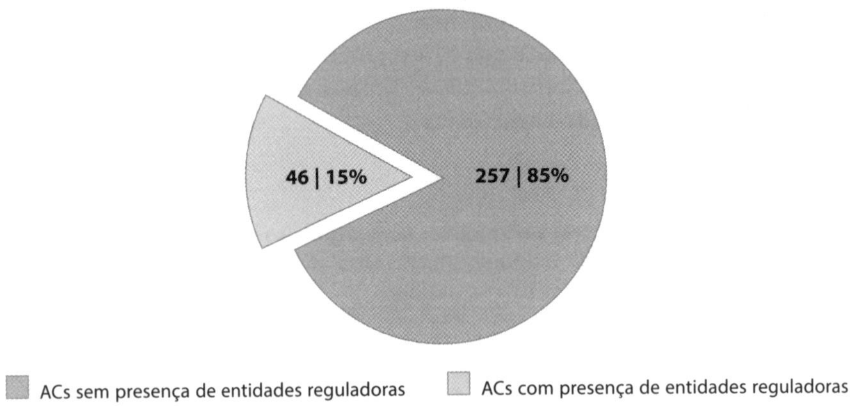

Fonte: Elaboração própria baseada em dados do Cade.

No caso dos processos administrativos para apuração de potencial ilícito concorrencial, o quadro geral é em grandes linhas diferente. A uma, porque o grau de dispersão dos setores é bem menor: 3 setores regulados, a saber, seguros saúde e resseguros (ANS e Susep), petróleo, biocombustíveis, gás e derivados (ANP) e farmacêuticos, cosméticos e higiene (Anvisa), congregam aproximadamente 70% das investigações (Figura 4). Trata-se de número, contudo, que não deve surpreender o observador atento da vida antitruste no Brasil, pois resta diretamente ligado ao notório grande foco das autoridades concorrenciais no combate a cartéis no setor de combustíveis e de saúde.

A duas, porque o grau de participação das agências nas investigações concorrenciais é muito maior do que nos casos de análise de ato de concentração (Figura 5). Se, no último caso, a participação das agências infelizmente se dá de forma mais excepcional, i.e., em apenas 15% dos feitos, no caso dos processos administrativos sancionadores este índice mais o que dobra e salta para 37%.

Figura 4 – Mercados regulados nos Processos Administrativos na nova lei em números absolutos e percentuais

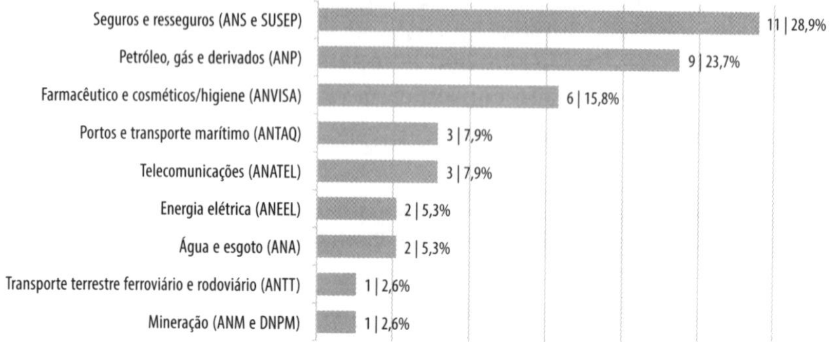

Fonte: Elaboração própria baseada em dados do Cade.

Figura 5 – Entidades reguladoras em Processos Administrativos convolados e/ou instaurados na nova *lei do Cade* (em números absolutos e percentuais)

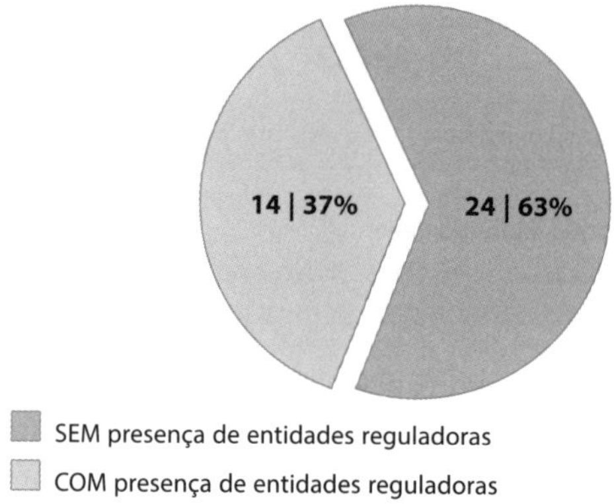

Fonte: Elaboração própria baseada em dados do Cade.

Com efeito, ainda que não se possa/deva estabelecer um nexo de causalidade direto entre os temas, fato é que a maior participação das agências na apuração de condutas anticoncorrenciais parece ter um impacto *non negligenciable* no nível de intervenção do Cade nestes setores da economia. Se no caso dos atos de concentração, como visto (cf. Tabela 1, supra) o nível de intervenção da autoridade concorrencial girou em torno de 6,7%, no que tange aos processos administrativos (por convolação ou originariamente instaurados) julgados durante os últimos 3 anos envolvendo setores tidos como regulados (Tabela 2), 61,1% (11 de um total de 18 julgamentos) resultaram em condenação (total ou parcial) ou celebração de termo de ajustamento de conduta, sendo que em apenas 38,8% (7 de um total de 18 julgamentos) houve a absolvição pelo Cade.

Tabela 2 – Decisões em Processos Administrativos instaurados e/ou convolados pelo Cade na nova Lei

Decisões em Processos Administrativos		%
Condenação	7	18,4%
Condenão parcial	2	5,3%
Sem evidências de infração	7	18,4%
Celebração de TCC	2	5,3%
Documentos indisponíveis	1	2,6%
N/A (em trâmite)	19	50%
Total	**38**	**100%**

Fonte: Elaboração própria baseada em dados do Cade.

Ou seja, praticamente 3 em cada 5 casos investigados em setores regulados desencadeiam intervenção sancionadora da autoridade concorrencial, enquanto 0,6 em cada 10 casos (também em setores regulados) sofrem alguma intervenção por parte do Cade quando da análise de ato de concentração.

Em resumo: a presença de casos analisados pelo Cade envolvendo setores regulados é enorme: praticamente um quarto das operações analisadas como ato de concentração envolvem setores sob forte regulação. Por outro lado, a despeito da sua representatividade, e muito embora a "nova" lei concorrencial tenha reservado espaço direto à cooperação instrutória das agências, tal faculdade vem sendo exercida por elas de modo muito tímido, seja por desinteresse, seja por falta de cooperação entre os órgãos da administração pública. A mais significativa interação entre agências e Cade se dá, mostram os números, fundamentalmente no bojo do controle de condutas potencialmente anticoncorrenciais.

2.2. Atuação do Cade in concreto: *leading cases* envolvendo mercados fortemente regulados – uma análise crítica pós-entrada em vigor da "nova" Lei Concorrencial

Considerando o cenário exposto acima, parece útil agora trazer ao leitor dois *leading cases* processados e julgados pelo Cade na "nova" lei envolvendo setores fortemente impactados por arcabouço regulatório, a saber, *educação* (AC Kroton/Anhanguera) e *transporte ferroviário* (AC ALL/Rumo). O objetivo central é demonstrar na *praxis* o processo de análise, diálogo entre órgãos da administração e grau de intervenção do Cade justamente em mercados que já contam com órgãos responsáveis pela implementação de uma forte regulação.

2.2.1. AC Kroton/Anhanguera – a regulação influenciando o Cade

FICHA TÉCNICA

Ato de Concentração: 08700.005447/2013-12
Requerentes: Kroton Educacional S.A. e Anhanguera Educacional Participações S.A.
Objeto: Incorporação da totalidade do capital social da Anhanguera Educacional Participações S.A. pela Kroton Educacional S.A.
Conselheira Relatora: Dra. Ana Frazão.
Decisão: Aprovação condicionada à celebração e cumprimento de ACC.

Para o primeiro passo dessa exposição crítica, toma-se um caso em que os marcos regulatórios do setor econômico envolvido tiveram expressiva influência na forma com que o Cade interpretou o contexto e os impactos econômicos relacionados com um ato de concentração econômica. Com efeito, na operação envolvendo a Kronton Educacional S.A (Kroton) e a Anhanguera Educacional Participações S.A (Anhanguera), dois dos maiores *players* de educação do País, é possível se vislumbrar, d'um lado, a forma como os marcos regulatórios auxiliaram a autoridade antitruste no momento de formulação dos ferramentais para sua análise; e d'outro, o modo como as normas específicas que regulam a qualidade do ensino foram usadas diretamente como base à legitimação dos remédios comportamentais formulados pelo Cade.

Principais elementos do voto Relator (condutor da decisão): No que tange à definição do mercado sob a ótica do produto, o voto seguiu o entendimento da Superintendência-Geral (SG) e considerou a dinâmica do mercado de educação no seguimento de Ensino à Distância (EAD) como sendo notoriamente influenciada pelo quadro regulatório. Considerou-se, assim, que a operação impactaria os mercados relevantes de (i) cada curso de graduação presencial por espécie, (ii) cada curso de graduação à distância (EAD) por espécie, (iii) cada área de conhecimento de pós-graduação presencial, e (iv) cada área de conhecimento de pós-graduação à distância.

Em relação à definição do mercado sob o aspecto geográfico cunhou-se, em atenção ao quadro normativo regulatório existente, que (i) cursos presenciais têm delimitação municipal, (ii) cursos de pós-graduação EAD têm delimitação nacional e, por fim, (iii) cursos de graduação EAD foram analisados nas esferas municipal e nacional.

Prosseguindo na análise, apurou-se, em consonância ao disposto tanto em diversos pareceres apresentados no processo[2] quanto aos critérios

[2] A menção genérica aos demais pareceres refere-se ao Parecer da ProCade, à Nota Técnica do DEE e ao Parecer do MPF. A ProCade concentrou sua análise nos possíveis efeitos cau-

estabelecidos pela SG à verificação do índice de concentração do mercado relevante, que as maiores preocupações concorrenciais restavam ligadas aos mercados de graduação presencial[3] e de graduação à distância[4], nos quais *in casu* inexistiria, para todos os cursos verificados, rivalidade suficiente e apta a contestar o exercício do poder de mercado das Requerentes.

Desfecho: Concluiu-se pela aprovação do ato condicionado ao cumprimento do ACC que envolvia soluções estruturais (i.e. alienação da Uniaselvi) e comportamentais, dentre as quais obrigações de limitar a expansão das operações de EAD de unidades educacionais das Requerentes por determinado período e à manutenção da qualidade dos serviços prestados por meio, por exemplo, da garantia de titulação do corpo docente[5].

---

sados pela operação no mercado de graduação à distância e na conveniência do remédio inicialmente proposto pelas requerentes. Sugeriu que, diante do contexto normativo existente, a transferência de mantença seria a medida adequada à solução dos problemas concorrenciais identificados pela SG. Por sua vez, o DEE abordou dois temas fundamentais: a importância da marca no segmento de educação e a diminuição da concorrência potencial entre as requerentes. Quanto à primeira, destacou a sua relevância nas estratégias de crescimento e consolidação das instituições de ensino, bem como para a atração de recursos humanos e de investidores, além de outros aspectos referentes à importância da marca. A união da Anhanguera com a Kroton resultaria em uma empresa líder de mercado, com poder de investimento em *marketing* muito superior ao dos demais concorrentes. Quanto à diminuição da concorrência potencial, verificou uma considerável sobreposição horizontal e uma supressão da concorrência potencial, que teria impactos relevantes sobre a dinâmica do mercado e não seria justificável diante dos alegados benefícios do ato de concentração. Por fim, o MPF corroborou os entendimentos da SG, da ProCade e do DEE. Considerou indesejável a união das atividades das requerentes nos mercados problemáticos, especialmente no ensino à distância. Recomendou, assim, a reprovação ou, subsidiariamente, a transferência da mantença da Anhanguera no mercado de graduação EAD e a transferência dos ativos da Anhanguera nos mercados de graduação presencial nas localidades onde inexiste rivalidade.

[3] Para o mercado de Graduação Presencial, analisado no âmbito municipal (22 cursos em 6 municípios distintos) e de acordo com cada curso, sete mercados relevantes não apresentaram nível de rivalidade suficiente (qualidade, preço, reputação da IES e etc.), de modo que foram identificadas como barreiras à entrada de um novo player (i) a ausência de reputação e conhecimento por parte dos alunos; (ii) a necessidade de investimentos irrecuperáveis; e (iii) regulação setorial.

[4] No mercado de Graduação à Distância (6 cursos no cenário nacional e 240 cursos no cenário municipal), vislumbrou-se a regulação setorial como a mais relevante barreira à entrada e como elementos de rivalidade o preço, a capilaridade dos cursos, a escala, qualidade e os investimentos em marketing. Como resultado, apurou-se que inexistiria rivalidade em ao menos 171 mercados localizados em 5 municípios.

[5] Em suas conclusões, interessante ressaltar que o Cade se vale dos ditames constitucionais que preveem a garantia do padrão de qualidade do ensino para a construção de remédios comportamentais ligados à "criação de consistentes obrigações de qualidade", que consistem, por exemplo, na elevação do percentual de professores com formação em pós-graduação

Principais aspectos regulatórios: O quadro normativo foi levado em consideração durante todo o voto condutor, sobretudo em relação à análise da dinâmica do mercado de EAD[6], em relação à definição do mercado relevante sob dimensão geográfica[7] e também em relação às condições de entrada no mercado[8]. Ademais, segundo o Voto proferido, tais conclusões tomam como alicerce também o quadro normativo para o setor no que toca às condições de entrada no mercado, aspecto sobre o qual o Cade buscou o entendimento do funcionamento da regulação junto aos regulados (e.g. Fórum de entidades Representativas do Ensino Superior Particular, a Estácio, Uniter – §§ 724-727 do Voto) e junto a estudos diversos (e.g., o estudo sobre o setor elaborado pelo HSBC – §§ 728-730 do Voto).

No que se refere ao funcionamento da regulação, houve expresso diálogo com o MEC (via Ofício 4053) para obtenção de informações sobre os atos autorizativos referentes às IESs que desejam ingressar no mercado de EAD[9]. Em outro momento há também menção de pronunciamento direto do MEC nos autos para compreender o funcionamento das autorizações para IESs no EAD[10].

---

stricto sensu em unidades de ensino específicas, impondo diretamente obrigações ao particular, referentes à qualidade da prestação do serviço em questão.

6 § 163, Voto Relator: "Porém, sob perspectiva da demanda, a dimensão municipal da concorrência é fundamental, até mesmo diante do atual quadro regulatório do EAD, que vincula a prestação do serviço à existência de um polo de apoio, onde ocorrerão, no mínimo, as atividades presenciais consideradas obrigatórias".

7 "§ 178, Voto Relator: "[...] a questão [delimitação da dimensão geográfica do mercado relevante] envolve diversos aspectos, tais como barreiras à entrada, natureza do bem ou serviço, custos de transporte, tempo de acesso a determinadas áreas, existencia de regulação administrativa, preferencias culturais [...]"; § 207, Voto Relator: "Todavia, tal orientação desconsidera aspecto fundamental do mercado de EAD: a regulação do MEC, que exige o comparecimento do estudante à sede da instituição ou aos polos de apoio presencial para atividades obrigatórias periódicas [...]. Dessa maneira, é inequívoco que a regulação, ao atrelar a prestação de EAD a um polo presencial, cria necessariamente uma dimensão local da concorrência, impedindo que o cenário nacional seja o único a ser considerado. [...]." referindo-se ao Decreto 5.622/2005; § 217, Voto Relator: "[...]a regulação exerce sobre o tema e o próprio modelo de negócios adotado pelos principais agentes – o semi presencial – reforça a importância do polo e, consequentemente, da dimensão local da demanda".

8 Por exemplo, a existência de regulação mais flexível para os cursos de pós-graduação tornaria mais a entrada de IESs já atuantes um remédio possível contra o exercício de poder de mercado das requerentes § 268, Voto Relator.

9 § 1617: "Oficiado pela SG, o MEC informou que os referidos atos autorizativos, expedidos em favor de determinada Instituição de Ensino Superior – IES, após processos avaliativos específicos, inclusive os relativos ao credenciamento e descredenciamento de polos de apoio presencial [...]". Ressaltou ainda que "[...]. A resposta, na verdade, apenas esclarece o que prevê expressamente o Decreto n. 5.2773/2006 [...]".

10 § 721-722: "Em primeiro lugar, em oposição ao que apontam as requerentes, os prazos fixados são mínimos e não máximos, como informou o MEC. Ademais, o próprio órgão

Esses aspectos foram tidos todos como fundamentais para se compreender a formação de barreiras à entrada e, posteriormente, para a elaboração de medidas voltadas a solucionar os efeitos anticoncorrenciais da operação[11].

Posto isto, é interessante notar que notícias publicadas à época da realização da operação demonstravam grande interesse sobre o assunto em questão[12], levando inclusive à realização de audiência pública na Câmara dos Deputados, para discutir seus impactos[13]. O MEC, porém, decidiu não comparecer à dita audiência e justificou sua ausência por meio de carta, na qual comunicou não ter conhecimento oficial da operação e que, estando o ato sob análise do Cade, não competiria à Secretaria de Regulação e Supervisão da Educação Superior (Seres) se pronunciar sobre o fato[14]. Neste particular, é interessante notar a reação dos atores contrários ao ato de concentração diante deste posicionamento reativo do MEC[15], exigindo uma forte interação deste (regulação) com o Cade (concorrência).

---

regulador salientou que o processo de credenciamento para oferta de EAD, assim como o aditamento para credenciamento de novos polos é um processo bastante complexo [...]".

[11] § 1621: "Ademais, diante de todos os óbices regulatórios mencionados anteriormente, é inequívoco que não há nenhuma medida menos gravosa capaz de solucionar os efeitos anticoncorrenciais da operação. [...]".

[12] Kroton e Anhanguera Educacional anunciam fusão. *Valor Econômico*, 22 abr. 2013. Disponível em: <http://www.valor.com.br/empresas/3095112/kroton-e-anhanguera-educacional-anunciam-fusao>; Gigantes da educação. *Isto É*, 26 abr. 2013. Disponível em: <http://www.istoe.com.br/reportagens/294090_GIGANTES+DA+EDUCACAO>, dentre outras reportagens citadas no Voto da Relatora, Dra. Ana Frazão.

[13] Realizada em 10 de outubro de 2013.

[14] Cf. <http://www.cmconsultoria.com.br/novo/iframe/ver_artigo.php?fonte=cm_news&codigo=77378>.

[15] "O professor [Celso Napolitano, Presidente da Federação dos Professores do Estado de São Paulo] aproveitou a carta do MEC para cobrar ações do governo frente aos negócios na área de educação. 'O Cade, que foi citado, também se pronuncia sobre a Sadia-Perdigão... Assim, fica parecendo que educar os jovens é como vender salsicha! Enfim, o mais relevante é que o órgão não tem gerência pedagógica numa fusão', argumenta Napolitano". Disponível em: <http://www.fepesp.org.br/ensino-superior/noticias/audiencia-na-camara-discutiu-fusoes-no-ensino-superior>; e <http://contee.org.br/contee/index.php/2013/10/audiencia-publica-na-camara-debate-a-fusao-entre-kroton-e-anhanguera-e-a-financeirizacao-do-ensino-superior/>. "Para o deputado Chico Alencar (Psol-RJ), a posição é uma ofensa ao Parlamento e demonstra desinteresse em relação a uma questão importante relativa à educação superior brasileira. "
'Isso é um desrespeito, uma covardia e uma irresponsabilidade do MEC", acrescentou o deputado Ivan Valente (Psol-SP). "Quem autoriza o funcionamento de instituições de ensino superior é o ministério, como ele não tem que se pronunciar sobre a questão?', questionou. O deputado Izalci (PSDB-SP) sugeriu que, no lugar de convite, a comissão aprove a convocação de um representante do MEC." Disponível em: <http://www2.camara.leg.br/camaranoticias/noticias/EDUCACAO-E-CULTURA/454276-DEPUTADOS-CRITICAM-AUSENCIA-DO-MEC-EM-DEBATE.html>; e "Segundo o deputado, o Ministério da Educação não quer se expor frente ao que acontece com o ensino público e com o ensino

Comentários finais: Para os fins do presente texto, o AC Kroton/Anhanguera apresenta dois aspectos centrais à discussão sobre regulação, concorrência e atuação do Cade, a saber:

- Imprescindibilidade do entendimento da regulação do setor para delimitação da real dinâmica competitiva do setor: a interação instrutória com o MEC, a despeito de seu agir mais reativo, trouxe ganhos substanciais à análise realizada pelo Cade acerca do entendimento sobre o funcionamento dos mercados envolvidos.
- Imposição de remédios (sobretudo comportamentais) de natureza qualitativa do ensino, com maior largueza sobre os limites à competência do Cade: em sede de ACC, o Cade acabou acordando com as Requerentes uma série de medidas comportamentais de natureza qualitativa, as quais, embora realizadas junto ao Cade sob o mote concorrencial, evidenciam entendimento mais alargado da ideia de política pública concorrencial voltada eminentemente à garantia da eficiência alocativa dos mercados.

2.2.2. AC ALL/Rumo – o Cade influenciando a regulação

FICHA TÉCNICA
Ato de Concentração: 08700.005719/2014-65
Requerentes: Rumo Logística Operadora Multimodal S/A e ALL – América Latina Logística S.A.
Objeto: proposta de incorporação de ações da ALL pela RUMO[16]
Conselheiro Relator: Dr. Gilvandro Vasconcelos Coelho de Araujo
Decisão: Aprovação condicionada à celebração e cumprimento de ACC

---

privado. 'Ele não quer estar sujeito às comparações que vão ser feitas aqui e assumir responsabilidades nesse processo. A não ser que o MEC ache que o caso da fusão da Kroton com Anhanguera e outras fusões é um problema para ser tratado na bolsa de valores, e que educação é negócio'". Disponível em: <http://www.ivanvalente.com.br/em-audiencia-publica-ivan-valente-questiona-fusao-de-instituicoes-privadas-e-cobra-posicao-do-mec/>.

[16] Concluída a operação, pretendia-se atribuir aos atuais acionistas da ALL, em conjunto, ações representativas de 63,5% do capital da nova companhia, permanecendo os atuais acionistas (COSAN, TPG e GÁVEA) com ações representativas em conjunto, de 36,5% do capital da nova companhia. Após a operação, a ALL tornar-se-ia subsidiária integral da RUMO, e a COSAN, portanto, seria promovida a maior acionista indireta da ALL e sua participação na nova companhia lhe daria poderes para indicar a maioria dos administradores e potencial para preponderar nas deliberações sociais. Esse cenário daria à COSAN o controle indireto da ALL.

Um segundo exemplo paradigmático à análise do presente artigo advém do Ato de Concentração entre a Rumo Logística Operadora Multimodal S/A (Rumo) e ALL – América Latina Logística S.A (ALL), no qual, diferentemente do ocorrido em Kroton/Anhanguera, o Cade, mais do que dialogar com a regulação específica do setor, entendeu ser insuficiente a regulação setorial existente e aplicada pela Agência Nacional de Transportes Terrestres (ANTT). Como consequência, entendeu necessário reforçar e complementar os instrumentos regulatórios com ferramentas desenhadas em ACC.

Principais elementos do voto Relator (condutor da decisão): O Cade apurou que a operação provocava sobreposição horizontal com relação à armazenagem e movimentação portuária de granéis vegetais e de açúcar, e integrações verticais entre o transporte ferroviário e a produção e distribuição de açúcar e combustíveis; entre transporte ferroviário e a logística multimodal de açúcar e de combustíveis; e entre transporte ferroviário e armazenagem e movimentação portuária de granéis vegetais e açúcar. Diante disso, os pontos de maior atenção concorrencial foram divididos em duas partes: a) problemas decorrentes das integrações verticais identificadas; e b) probabilidade de exercício abusivo de poder de mercado. Em relação aos problemas decorrentes das integrações verticais, avaliou-se o seguinte:

i) Integração entre transporte ferroviário (ALL) e produção e distribuição de açúcar (Cosan): os trechos operados pela ALL e os trechos de ferrovias com acesso à Baixada Santista estavam com operação próxima ao limite, de modo que mesmo em um cenário de investimentos com o intuito de superar gargalos logísticos, não seria possível ignorar que eventuais incrementos em capacidade de transporte pudessem beneficiar de forma desproporcional a própria Requerente em detrimento de concorrentes.

ii) Integração entre transporte ferroviário e distribuição de combustíveis: as preocupações concorrenciais nessa integração estariam relacionadas com a adoção de estratégias discriminatórias com relação aos concorrentes da Raízen, ao fechamento de mercado para tais concorrentes a no acesso a informações concorrencialmente sensíveis de concorrentes por parte da Cosan.

iii) Integração entre transporte ferroviário e serviços de logística multimodal de transporte de açúcar e outros granéis vegetais: nessa integração as preocupações do Cade se deram em relação à adoção de estratégias de discriminação, ao fechamento do mercado e à possibilidade de venda casada do transporte ferroviário com serviços de logística ao longo de toda a cadeia de produção.

iv) Integração entre transporte ferroviário e armazenagem e movimentação de granéis vegetais no Porto de Santos: o Cade apurou que a Rumo é o principal *player* em movimentação de açúcar no Porto de Santos e os demais terminais de açúcar atuam predominantemente com cargas próprias, reservando pouca ou nenhuma capacidade para movimentação de carga de terceiros. Assim, como os terminais da Rumo seriam a única opção, na prática, para produtores não verticalizados e para outros prestadores de serviços logísticos, seria crível que a Rumo priorizasse o atendimento ferroviário a cargas com destino ao terminal Rumo em detrimento dos terminais detidos por concorrentes.

Em relação à possibilidade de exercício de poder de mercado, verificou-se que a nova companhia além de ser controlada por um importante *player* (Cosan) que utiliza a ferrovia para transporte de carga própria, passaria a deter o controle de toda a cadeia logística de exportação de graneis vegetais pelo Porto de Santos. Esse fato ressaltaria ainda mais a evidente capacidade de que essa nova companhia adote condutas que coloquem rivais em desvantagem.

Além disso, a operação seria incoerente como novo modelo de desverticalização de concessões públicas proposto pelo poder público para o setor ferroviário. Em termos sintéticos as preocupações concorrenciais observadas pelo Cade resumem-se:

i) Discriminação de concorrentes: a nova companhia poderia adotar estratégias discriminatórias nos dois momentos distintos da relação com os usuários: na contratação (negociando condições mais favoráveis às empresas do grupo econômico da nova companhia) e na prestação do serviço (discriminando, na parte operacional, concorrentes a partir do desfavorecimento do transporte de cargas de concorrentes).

ii) Estratégias de fechamento do mercado: possibilidade de criação de dificuldades ao estabelecimento de players independentes nos mercados verticalmente relacionados. Nesses termos, a maior preocupação decorreria da possibilidade de adoção de estratégias exclusionárias que envolvessem a falta de garantia de acesso a serviços que passarão a ser controlados por um ente verticalizado, sendo essa uma conduta plausível diante da dificuldade de detecção de tal estratégia em virtude da assimetria informacional que passaria a dominar o mercado e o poder público.

iii) Acesso a informações privilegiadas: que seria possível no caso de contratação com concorrentes que dependam do transporte ferroviário.

iv) Venda casada: possibilidade de adoção de estratégias comerciais como a vinculação da contratação do serviço de transporte ao acesso ao terminal portuário da Rumo ou o favorecimento do acesso à ferrovia a clientes que também contratem outros serviços logísticos da Rumo, seriam práticas plausíveis.

Em relação ao tema das eficiências, nota o Cade que os argumentos se resumiam a um plano de investimento para expandir a capacidade de carga da ferrovia e assim atender à demanda dos usuários de maneira satisfatória.

Contudo tal argumento é incerto e aplicável apenas no longo prazo, de modo que essas eficiências não são suficientes para elidir as preocupações concorrenciais identificadas.

Por fim, sobre o tema regulatório, o Cade entendeu que a despeito da regulação setorial, tais normas não afastariam o papel preventivo do Cade no controle de estruturas, de modo que seria fundamental que a atuação da autoridade antitruste se desse nos mecanismos de incentivo que poderiam gerar possíveis infrações concorrenciais[17]. As diversas manifestações dos usuários nos autos pela insuficiência da atuação regulatória indicam que os mecanismos regulatórios de repressão a abusos são muitas vezes incapazes de fornecer respostas tempestivas a hipóteses de abuso e desvios pela empresa concessionária, o que é uma dificuldade inerente à atividade do regulador. Assim, o controle regulatório da ANTT seria, para o caso, insuficiente para coibir as quatro grandes preocupações concorrenciais derivadas da operação.

Conclusão: Conforme apurado, a despeito da possiblidade de investimentos na aplicação da malha ferroviária brasileira por parte das Requerentes, tal eficiência não afastaria, nesse momento, as preocupações concorrenciais apuradas, de modo que seria inevitável a provar a operação mediante a imposição de remédios antitruste. Como remédios, o Cade entendeu, então, que a melhor opção seria a aplicação de mecanismos que resguardassem as eficiências resultantes da eventual implementação do plano de investimentos e, conjuntamente, criasse uma estrutura de desestímulo a condutas anticompetitivas, de

---

[17] Voto Relator: "Portanto, não se pode prescindir do controle de estruturas sob o argumento da possibilidade de repressão a posteriori de eventuais condutas ilícitas, especialmente no caso de operações em que estão presentes diversos elementos que apontam no sentido da presença de incentivos para adoção de condutas discriminatórias, bem como da pronunciada dificuldade de apuração e monitoramento dessas condutas. A repressão de infrações busca controlar o comportamento do regulado, mas não altera os incentivos que regem a sua atuação; nesse contexto, se a ameaça de punição não é crível, o regulado tende a desviar-se das regras e a agir de acordo com seus incentivos que, frequentemente, não estão alinhados com os do regulador.

Ademais, a existência de um modelo de controle prévio de atos de concentração, assim como um novo modelo regulatório no sentido da desverticalização das ferroviais, partem do conhecimento reiterado de que um mero controle ex post não é suficiente para eliminar condutas potencialmente nocivas. No presente caso, um desses controles já não existirá, em razão da verticalização.

Tampouco podem ser ignoradas as manifestações de usuários que indicam que os mecanismos regulatórios de repressão a abusos muitas vezes são incapazes de fornecer respostas tempestivas a hipóteses de abuso e desvios, e de dar conta de situações cotidianas de tratamento não isonômico que poderiam ser agravadas sobremaneira caso a presente operação seja aprovada incondicionalmente. Ainda que o regulador tenha atuação diligente, tais dificuldades são inerentes à própria atividade repressiva e à natureza de informação assimétrica da relação regulador/regulado."

modo que os pilares de um Acordo em Controle de Concentrações deveriam ser: *transparência, garantia de acesso e isonomia*[18].

Principais aspectos regulatórios: A ANTT manifestou-se quanto a operação por meio da Nota Técnica. 045/SURED/2014, ocasião em que identificou três relações verticais e uma relação horizontal passíveis de análise[19]. Na análise das relações verticais, a ANTT entendeu que no mercado de *transporte ferroviário de cargas e o mercado de logística de distribuição de granéis vegetais* a existência de contratos de longo prazo mitigariam as possibilidades de fechamento do mercado de transporte ferroviário e que o arranjo regulatório também dificultaria condutas de tal sorte. Já nos mercados de *transporte ferroviário de cargas e logística de distribuição e produção e comercialização de açúcar* e de *transporte ferroviário de cargas e produção e distribuição de combustíveis* (a ANTT entendeu que a Cosan tem participação relevante nas malhas da ALL para o transporte de açúcar e combustíveis e que pelos mesmos motivos de (i) não existiria qualquer problema de fechamento do mercado).

A ANTT ainda afirmou que cabe a ela arbitrar todos os conflitos entre concessionárias e usuários, desde que provocada. Ademais, afirmou que os seguintes atos normativos são hábeis a dirimir potenciais conflitos, dentre eles o Regulamento dos Usuários dos Serviços de Transporte Ferroviário de Passageiros (Resolução 3.964/2011)[20], o Regulamento das Operações de Direito

[18] Alguns dos mecanismos criados foram: (i) Mecanismo de desestímulo à discriminação por meio de critérios de precificação; (ii) Mecanismos de desestímulos à venda casado por meio da separação dos contratos; (iii) Mecanismos de desestímulo ao fechamento do mercado por meio de garantias de investimentos de terceiros; (iv) Mecanismos de transparência à prestação do serviço por meio da criação de um painel de apuração de atendimento; (v) Mecanismos de desestímulo a condutas abusivas e de estímulo ao investimento em expansão da ferrovia por meio da limitação ao uso de ativos logísticos por partes relacionadas; (vi) Mecanismos de desestímulo interno à adoção de condutas discriminatórias por meio da estruturação de uma governança corporativa; (vii) Mecanismos de desestímulo ao compartilhamento de informações concorrencialmente sensíveis por meio da vedação ao *interlocking*; e (viii) Mecanismo de cumprimento das obrigações estabelecidas por meio da cominação de penalidades.

[19] A sobreposição horizontal se daria no mercado de movimentação de armazenagem no Porto de Santos, nos qual tanto a COSAN quanto a ALL possuem terminais (a ALL detém, respectivamente, 10%, 20% e 50% nos terminais TGG, Termag e TXXXIX e a Cosan, por meio da Rumo, possui terminal próprio para a movimentação de açúcar. Contudo, a ANTT não procedeu à análise dessa relação horizontal por compreender que ela afeta mercados alheios a sua competência setorial, definida em legislação própria. As integrações verticais identificadas seriam: (i) transporte ferroviário de cargas e logística de distribuição de vegetais sólidos; (ii) transporte ferroviário de cargas e produção e comercialização de alúcar; e (iii) transporte ferroviário de cargas e produção e distribuição de combustíveis.

[20] A Resolução 3.694/2011 prevê que os usuários possam declarar-se usuários dependentes, estando habilitados a negociar contratos com prazo mínimo de cinco anos e cláusula *take*

de Passagem e Tráfego Mútuo do Subsistema Ferroviário Federal (Resolução 3.695/2011) e a norma que pactua as metas de produção por trecho e metas de segurança para as concessionárias de serviço público de transporte ferroviário de cargas (Resolução 3.696/2011)[21].

Comentários finais: Para os fins do presente texto, o AC ALL/Rumo apresenta novamente três aspectos centrais à discussão sobre regulação, concorrência e atuação do Cade, a saber:

- Forte grau de conflituosidade entre o Cade e a ANTT no que tange ao entendimentos sobre reais efeitos da operação ao mercado.
- A ANTT apresentou um quadro de hipervalorização da efetividade regulatória como remédio definitivo ao quadro de potencial risco de funcionamento dos mercados. O Cade, por sua vez, descartou por completo tal entendimento e apresentou remédios que tomam como dado da realidade justamente a potencial ineficiência regulatória na profilaxia dos problemas apontados nos autos por diversos agentes econômicos.
- A imposição de remédios (sobretudo comportamentais) para garantia do quadro desejado pela própria ANTT demonstra uma faceta importante da atuação do Cade em mercados regulados submetidos ao seu crivo, qual seja, aplicação de política pública concorrencial como *garante-maior* dos objetivos assumidos pela própria autoridade regulatória.

BIBLIOGRAFIA

ALBUQUERQUE, Ruy de; CORDEIRO, António Menezes (coord.). *Regulação e concorrência:* perspectivas e limites da defesa da concorrência. Coimbra: Almedina, 2005.

ALCHOURRÓN, Carlos; BULYGIN, Eugenio. *Introducción à la metodología de las ciencias jurídicas y sociales.* Buenos Aires: Astrea, 1974.

or pay. Tais cláusulas preveem que a concessionária disponibilize certa capacidade de carga para o usuário dependente, estando sujeita a multa caso não o faça. O usuário, por sua vez, fica obrigado a remunerar a concessionária por determinada quantidade de carga transportada, mesmo que não venha a demandar a totalidade da capacidade contratada. Ou seja, as cláusulas *take or pay* representariam uma garantia tanto para a concessionária quanto para os Usuários.

[21] A Resolução 3.696/2011, em seu artigo 9.º, estabelece que a capacidade ociosa de cada trecho deve ser obrigatoriamente disponibilizada a outras concessionárias, a usuários ou a Operador de Transporte Multimodal – OTM, para contratação de serviço exclusivo. Não é permitido negar o transporte ferroviário aos usuários no caso de haver capacidade ociosa, a menos que o fluxo de transporte gere resultado financeiro. Caso não haja capacidade ociosa, a Resolução 3.694/2011 prevê a figura do usuário investidor que, visando ao transporte de cargas próprias, pode investir na ferrovia para expandir sua capacidade.

ARAGÃO, Alexandre Santos de (org). *O poder normativo das agências reguladoras*. Rio de Janeiro: Forense, 2006.

BELLO, Carlos Alberto. *Autonomia frustrada: o Cade e o poder econômico*. São Paulo: Boitempo Editorial, 2005.

BERCOVICI, Gilberto. *Constituição econômica e desenvolvimento: uma leitura a partir da Constituição de 1988*. São Paulo: Malheiros, 2005.

BORK, Robert Heron. *The antitrust paradox: a policy at war with itself*. New York: Free Press, 1993.

BUCCI, Maria Paula Dallari. *As políticas públicas e o direito administrativo. Revista Trimestral de Direito Público*, São Paulo, Malheiros, n. 13, 1996, p. 134-144.

COMPARATO, Fábio Konder. A organização constitucional da função planejadora. In; CAMARGO, Ricardo Antônio Lucas (org.). *Desenvolvimento econômico e intervenção do estado na ordem constitucional*: estudos em homenagem ao professor Washington Peluso Albino de Souza. Porto Alegre: Sergio Antonio Fabris Ed., 1995.

_____. O indispensável direito econômico. *Revista dos Tribunais*, São Paulo, Revista dos Tribunais, v. 353, 1965, p. 14-26.

DIAS, Gabriel Nogueira. *Positivismo jurídico e a teoria geral do direito na obra de Hans Kelsen*. São Paulo: Ed. RT, 2010.

DUTRA, Pedro. *Livre concorrência e regulação de mercados:* estudos e pareceres. Rio de Janeiro: Renovar, 2003.

FIKENTSCHER, Wolfgang. *Wirtschaftsrecht*. München: C. H. Beck'sche Verlangsbuchhandlung, 1983.

PARTE IV

CONQUISTAS RECENTES E DESAFIOS FUTUROS

AGENDA NORMATIVA DO NOVO CADE: *OVERVIEW*

Ana Carolina Lopes de Carvalho

Não é exagero dizer que a Lei 12.529/2011 claramente privilegia um arranjo jurídico adaptativo que possibilita a calibração de elementos da política antitruste durante a sua própria implementação. Tanto é assim que o Regimento Interno do Cade prevê[1] que o Plenário do Tribunal pode editar resoluções para disciplinar atos e procedimentos relativos ao funcionamento do Cade, às formas das deliberações do Conselho, às normas de procedimento e à organização de seus serviços internos – e foram treze resoluções e um guia de diretrizes desde 2012 até agora (junho de 2015).

Assim, para além da regulamentação de rotinas e processos, há o desafio contínuo e constante de criar – e efetivar – espaços para a experimentação e para o aprendizado inerentes à implementação – e à busca pela

[1] "Art. 229. As alterações a este Regimento Interno serão feitas por meio de Emendas Regimentais, numeradas sequencialmente, podendo ser votadas e aprovadas somente em sessão ordinária, pelo voto da maioria absoluta dos membros do Plenário do Tribunal. Art. 230. A iniciativa de proposta de Emenda Regimental cabe a qualquer Conselheiro, ao Presidente e ao Superintendente-Geral. § 1.º Recebida a proposta pelo Presidente, esta será numerada e submetida à Consulta Pública. § 2.º Com ou sem o oferecimento de comentários à Consulta Pública, a proposta será encaminhada à Procuradoria Federal Especializada junto ao Cade, para parecer. § 3.º A proposta, com os comentários à Consulta Pública e o parecer da Procuradoria Federal Especializada junto ao Cade, será submetida à apreciação dos Conselheiros e discutida e votada em Plenário do Tribunal. Art. 231. O Plenário do Tribunal poderá editar resoluções para disciplinar atos e procedimentos relativos ao funcionamento do Cade, às formas das deliberações do Conselho, às normas de procedimento e à organização de seus serviços internos. Parágrafo único. O procedimento para edição de resoluções seguirá as regras previstas para emenda regimental."

efetividade – da política antitruste no Brasil[2]. E, por isso, a agenda normativa implementada pelo Cade desempenha um importante papel enquanto instrumento de mudança e consolidação institucional.

Tendo isso em vista, este artigo visa (i) descrever a evolução das regulamentações propostas e publicadas pelo Cade, (ii) comentar os principais pontos de cada uma destas regulamentações e (iii) apontar os desafios que se apresentaram e – e se apresentam – para aproximar o texto legal da realidade socioeconômica, tendo como corte a entrada em vigor da Lei 12.529/2011.

Não se trata aqui de descrever o detalhe de cada regulamentação, mas sim de trazer uma visão mais geral que relacione a introdução das regulamentações editadas pelo Cade com as tendências da política de defesa da concorrência desde a edição da Lei 12.529/2011.

1. A LEI 12.529/2011 E A NECESSIDADE DE CONSTRUÇÃO DE UMA AGENDA NORMATIVA

Em 2004, o Projeto de Lei 3.927 trouxe o debate sobre a necessidade de reforma da lei antitruste brasileira. Este Projeto (ao qual se seguiu – e se juntou – o Projeto 5.877, de 1.º de setembro de 2005) tinha como propósito instituir mudanças formais e materiais para consolidar "um ambiente institucional-legal, que permitirá ao País desenvolver uma política de defesa da concorrência contemporânea, que, efetivamente, tenha condições de zelar pelo livre funcionamento dos mercados e, dessa forma, garantir condições estáveis e previsíveis para a livre iniciativa dos agentes econômicos neste País".[3]

Em 2011, após aproximadamente seis anos de debates em torno deste Projeto e, após o Sistema Brasileiro de Defesa da Concorrência ter sido objeto de duas revisões pelos pares[4] (*peer review*) no âmbito da Organização

[2] Nessa linha a Organização para Cooperação e Desenvolvimento Econômico (OCDE) ao promover uma mesa de debate entre diversos países sobre mudanças nos desenhos institucionais das autoridades de defesa da concorrência para discutir experiências e explorar possibilidades de estudos futuros nessa área: "Institutional design is a critical component of competition law and policy. Good competition laws on the books are meaningless without well-designed institutions to enforce them". Conforme informações disponíveis no *site* da OCDE: <http://www.oecd.org/daf/competition/changes-in-competition-institutional-design.htm>. Acesso em: 20 nov. 2014.

[3] Exposição de Motivos (EM 00107-A – MJ/MF/MP) do Projeto de Lei 5.877, de 1.º de setembro de 2005. Disponível em: <http://www.camara.gov.br/proposicoesWeb/prop_mostrarintegra;jsessionid=65A779D7E33E7AF394E9D7CA64DF3B95.proposicoesWeb2?codteor=339118&filename=PL+5877/2005>. Acesso em: 15 nov. 2014.

[4] Disponíveis em: <www.cade.gov.br/upload/Peer%20Review%20OECD,%20Brazil%202010.pdf>. Acesso em: 28 maio 2015.

para Cooperação e Desenvolvimento Econômico (OCDE), a Lei 12.529 foi publicada, inaugurando uma nova fase[5] na história da política de defesa da concorrência no Brasil.

Além da criação de uma nova estrutura organizacional[6], houve também alterações substanciais - e materiais - que afetaram a própria essência da atividade exercida pela autoridade concorrencial com relação à análise de estruturas (função preventiva) e à análise de condutas (função repressiva) e,

---

[5] Nesse sentido: "A reforma no SBDC veio para atender reivindicação antiga da comunidade jurídica e dos economistas que atuam com o direito da concorrência, os quais há muito demandavam uma melhor estrutura administrativa para o CADE, a fim de que este pudesse analisar de maneira mais célere os processos de infração antitruste (controle de condutas) e os atos de concentração econômica (controle de estruturas)". (OLIVEIRA JUNIOR, Fernando Antônio Alves de. A nova lei do Cade e a reestruturação administrativa do SBDC: pontos positivos e negativos. *Publicações da Escola da AGU: a nova lei do CADE*, Brasília, EAGU, ano IV, n. 19, 2012, p. 137). "Essas modificações inauguram uma nova fase na implementação da política de defesa da concorrência brasileira. Primeiro, porque a Lei 12.529/2011 consolida avanços no que tange à implementação dessa política no SBDC propriamente dito. Aqui, trata-se tanto dos avanços que se deram na esfera institucional, como no que diz respeito a questões de direito material que deram objeto de discussões frequentes no regime da Lei 8.884/1994. Segundo, mas não menos importante, porque a nova lei abre novos caminhos para que a política brasileira da concorrência seja cada vez mais pensada para além da esfera exclusivamente administrativa, com uma maior coordenação entre a repressão às infrações contra a ordem econômica na esfera penal e, o que é ainda mais incipiente no Brasil, também na esfera civil. [...]". (CARVALHO, Vinicius Marques. O novo SBDC como um desenho institucional mais eficiente para a implementação da política brasileira de defesa da concorrência. In: CORDOVIL, Leonor et al. *Nova Lei de Defesa da Concorrência comentada*: Lei 12.529, de 30 de novembro de 2011. São Paulo: Ed. RT, 2011, p. 31).

[6] Vale lembrar que a Secretaria de Direito Econômico do Ministério da Justiça - SDE (órgão ainda integrante do Ministério da Justiça, a quem competia a análise/instrução concorrencial dos atos de concentração e a investigação de condutas anticompetitivas composta por dois Departamentos: um responsável pela proteção e defesa econômica (DPDE) e outro pela proteção e defesa do consumidor (DPDC) foi extinta com a entrada em vigor da Lei 12.529/2011. Com a extinção desta Secretaria, o DPDC foi incorporado pela então criada, por meio do Decreto 7.738/2012, Secretaria Nacional do Consumidor - Senacom, sendo que as funções do DPDE foram incorporadas pela Superintendência-Geral. Além disso, o Departamento de Estudos Econômicos, criado, em 2009, pela Resolução 53 do Cade, foi institucionalizado e também incorporado à estrutura do Cade. A Secretaria de Acompanhamento Econômico do Ministério da Fazenda - Seae (órgão integrante do Ministério da Fazenda que na vigência da Lei 8.884/1994 era responsável pela instrução econômica dos casos) passou a ser responsável pela promoção da política de defesa da concorrência junto aos órgãos governamentais e à sociedade em geral. Assim, o "novo" Cade passou a ser composto por um Tribunal Administrativo, pela Superintendência-Geral e pelo Departamento de Estudos Econômicos, sendo a Seae parte integrante, junto com o Cade, do Sistema Brasileiro de Defesa da Concorrência (SBDC).

por isso, o desenho normativo – aqui entendido como a implementação da política antitruste ganhou relevância e entrou na pauta do dia[7].

2. A AGENDA NORMATIVA COMO UM INSTRUMENTO DE IMPLEMENTAÇÃO DA POLÍTICA

2.1. As novidades: a relação entre Tribunal e Superintendência, a sensibilidade da análise de atos de concentração e a necessidade de parâmetros para a efetivação do controle de condutas

Não por menos, antes mesmo da entrada em vigor da Lei 12.529/2011, o Cade lançou três consultas públicas, "tendo em vista a proximidade da entrada em vigor da Lei 12.529/2011 e a necessidade de regulamentação infralegal de diversos procedimentos previstos no referido diploma"[8]. Havia pelo menos três grandes focos de atenção/tensão: a separação funcional entre Tribunal e Superintendência-Geral diante da consolidação das funções de investigação e decisão dentro de um mesmo órgão (o "novo Cade"), a instituição de um regime

---

[7] A experiência internacional também aponta nesse sentido: a OCDE, em documento de 2003 sobre "The objectives of competition law and policy", para destacar a necessidade de aprofundamento de estudos que cotejassem a ligação entre os objetivos e os desenhos institucionais das autoridades de defesa da concorrência, destacava a importância que esse tema já tinha nos idos de 1992: "[...] Competition policy has been generally viewed to achieve or preserve a number of other objectives as well: pluralism, de-centralisation of economic decision-making, preventing abuses of economic power, promoting small business, fairness and equity and other socio-political values. It has been noted that these "supplementary" objectives tend to vary across jurisdictions and over time. The latter reflects the changing nature and adaptability of competition policy so as to address current concerns of society while remaining steadfast to the basic objectives. 52. The inclusion of multiple objectives, however, increases the risks of conflicts and inconsistent application of competition policy. The interests of different stakeholders may severely constrain the independence of competition policy authorities, lead to political intervention and compromise and, adversely affect one of the major benefits of the competitive process namely, economic efficiency. In most cases, the conflict between the economic efficiency and other policy objectives may not be significant or can be reasonably balanced. Nevertheless, the rank ordering and weights attached to the multiple objectives of competition policy remain largely ambiguous and need to be delineated. This is required for ensuring both business certainty and public accountability. 53. There is also the issue of the relationship between competition and the other government framework policies. The latter set of policies, more often than not, can inject market distortions which impede the competitive process. It is the view of this paper that competition authorities need to be more pro-actively involved in government policy formulation in order to ensure markets remain open, free, flexible and adaptable." Disponível em: <http://www.oecd.org/daf/competition/2486329.pdf>. Acesso em: 10 maio 2015.

[8] Disponível em: <http://www.cade.gov.br/Default.aspx?3c0f1fea3aef040f1b28380f2729>. Acesso em: 4 jun. 2015.

de controle prévio de atos de concentração e a existência de parâmetros objetivos para a imposição de sanções pecuniárias por infrações concorrenciais.

E, dentro desse contexto, quando a Lei 12.529/2011 entrou em vigor, também entraram em vigor, ao mesmo tempo, quatro resoluções com a finalidade - se não principal, pelo menos inicial - de conferir estabilidade naquele momento de transição: foram publicadas a Resolução 1/2012 - que instituiu o Regimento Interno do Cade, nos termos do artigo 9.º, XV, da Lei; a Resolução 2/2012 - que disciplinou o pedido de aprovação dos atos de concentração econômica, nos termos do artigo 53, *caput*, e do artigo 54, I, da Lei; a Resolução 3/2012 - que especificou o conceito de "ramo de atividade empresarial" previsto no artigo 37, I, da Lei; e a Resolução 4/2012 - que estabeleceu recomendações para pareceres técnicos submetidos ao Cade para orientar a sua elaboração e facilitar a interlocução nos processos.

O Regimento Interno do Cade endereçou a primeira preocupação: a relação entre o Tribunal Administrativo e a Superintendência-Geral[9] e, assim, dispôs sobre o funcionamento dos órgãos que compõem o Cade[10] e especificou prazos e procedimentos[11]. Ademais, o Regimento também tratou da regulamentação infralegal de importantes instrumentos da política antitruste, como o Termo de Compromisso de Cessação de Prática e o programa de leniência[12].

Por sua vez, coube à Resolução 2/2012 tratar de forma mais específica da novidade mais sensível nesse então: a disciplina da notificação dos atos de concentração[13]. Isso porque a Lei 12.529/2011 trouxe uma definição mais objetiva de atos de concentração[14], instituiu o controle prévio[15] de tais operações e também

---

[9] Conforme nos casos dos arts. 122 e 145 que tratam das possibilidades de avocação de processos (tanto atos de concentração quanto inquéritos administrativos) decididos no âmbito da Superintendência-Geral pelos membros do Plenário do Tribunal.

[10] Na Parte I do Regimento Interno: "Parte I - Da natureza, composição, organização e competência do Cade".

[11] Na Parte II do Regimento Interno: "Parte II - Dos Procedimentos".

[12] No Capítulo II da Parte II do Regimento Interno.

[13] Nesse sentido: "[...] O controle de atos de concentração, no regime da nova lei da concorrência, será, sob esse aspecto, mais simples do que antes, pois será mais fácil determinar o que deve ou não ser notificado à autoridade antitruste. Disso certamente resultará uma redução dos custos administrativos e dos custos de conformidade à lei da concorrência. Mas subsistem dificuldades de interpretação, pois o novo texto define também como ato de concentração a aquisição de participação societária minoritária, sem, contudo, referir-se a qualquer critério que permita precisar em que circunstâncias tais aquisições devem ser comunicadas ao CADE" (FARINA, Elizabeth M. M. Q.; TITO, Fabiana. Análise prévia dos atos de concentração e eficácia do controle de fusões: perspectivas a partir de uma análise prévia da Lei 12.529/11. In: FARINA, Laércio et al. A nova Lei do Cade. Ribeirão Preto: Migalhas, 2012, p. 185-186).

[14] Artigo 90 da Lei 12.529/2011.

[15] Artigo 88, § 2.º, da Lei 12.529/2011.

previu o critério da aferição dos valores[16] dos faturamentos tanto do comprador quanto do vendedor – uma inovação com relação ao regime anterior – para fins de notificação. Ou seja, era necessária uma mudança de "cultura"[17] por parte da autoridade e também por parte dos administrados. O controle prévio por si só já exigia um esforço de adequação de gestão de processos e análise e, por isso, não apenas o "quê" regulamentar era importante, mas especialmente o "como".

E a Resolução 2/2012 não se furtou. O texto trouxe uma série de disposições que (i) buscavam esclarecer o conceito de grupo econômico (inclusive com relação aos fundos de investimento – dada a preocupação com operações envolvendo estes tipos de agentes, conforme apontado em decisões[18] do Cade à época) para fins de cálculo do faturamento[19] e enquadramento da operação nos critérios legais de notificação, (ii) explicitar as informações que deveriam ser apresentadas quando da submissão do ato[20], (iii) traçar diretrizes para orientar a submissão de aquisições de participação societária – dado o debate também presente à época no Cade sobre o impacto concorrencial de tais operações[21], em especial da aquisição de participação societária minoritária, (iv) bem como conferir previsibilidade à tramitação das operações, por meio da apresentação de uma lista exemplificativa de operações que estariam sujeitas ao procedimento sumário de análise[22] por ela instituído.

Em atenção ao parágrafo único do artigo 89 da Lei 12.529/2011, o Regimento Interno endereçou dois outros pontos relacionados à submissão de

---

[16] Valores estes previstos no artigo 88, I e II, da Lei 12.529/2011, que, vale destacar, funcionam como um filtro de controle das notificações (quanto mais baixo os valores, maior o número de operações que serão submetidas, e vice-versa) e que foram elevados pela Portaria Interministerial MJ/MF 994, de 30 de maio de 2012, que alterou os valores de R$ 400.000.000,00 e R$ 30.000.000,00 para R$ 750.000.000,00 e R$ 75.000,00.

[17] Havia o alerta: "Isso porque as mudanças realizadas com a nova lei alteram de modo significativo o exame antitruste de fusões, aquisições e outras transações. Se, de um lado, essa alteração contém em sua essência o objetivo de conferir maior dinamismo ao ambiente negocial, incrementando, de um lado, a segurança jurídica e tornando mais efetiva a defesa da concorrência, de outro lado, essa disciplina exigirá do CADE a capacidade de ser ainda mais célere e previsível: a dinâmica negocial não permite que transações permaneçam suspensas durante um ou dois anos aguardando a análise do CADE – análises que leva entre um e três anos não são comuns na sistemática atual." (DEL CHIARO, José; PEREIRA JR., Ademir Antonio. In: FARINA, Laércio et al. *A Nova Lei do Cade*. Ribeirão Preto: Migalhas, 2012, p. 75).

[18] Como, por exemplo, no Ato de Concentração 08012.009044/2011-39, julgado na 39.ª Sessão Extraordinária do Cade, realizada em 29 de maio de 2012.

[19] Artigo 4.º da Resolução 2/2012.

[20] Conforme estabelecido nos Anexo I e II da Resolução 2/2012.

[21] Como, por exemplo, nos Atos de Concentração 08012.002467/2008-22, 08012.009401/2009-44 e 08012.010094/2008-63.

[22] Seção II da Resolução 2/2012.

atos de concentração: a questão da regulamentação (i) de atos realizados com o propósito específico de participação em leilões e licitações - esclarecendo que estes não serão considerados atos de concentração[23], e (ii) das operações envolvendo oferta pública de ações - informando que tais operações devem ser notificadas a partir da sua publicação e que independem da aprovação prévia do Cade para sua consumação, ficando, contudo, proibido o exercício dos direitos políticos relativos à participação adquirida por meio da oferta pública até a aprovação da operação pelo Cade[24].

Por sua vez, a Resolução 3/2012 trouxe uma lista dos "ramos de atividades" - ponto bastante controverso da Lei[25] - o que, além de visar conferir segurança à sua aplicação foi essencial para a reflexão que se seguiu sobre os parâmetros para a imposição de sanções pecuniárias. Isso porque esta regulamentação jogou luz sobre a necessidade iminente de se definir qual seria a lei mais benéfica (se a Lei 12.529/2011 ou se a Lei 8.884/1994) para fins de cálculo da multa a ser imposta no âmbito dos casos iniciados na vigência da Lei 8.884/1994 - o que acabou sendo endereçado quando do julgamento do Processo Administrativo 08012.009834/2006-57[26].

---

23 Artigo. 108, § 3.º, do Regimento Interno.

24 Artigo 109 do Regimento Interno.

25 Esse foi um ponto bastante controverso na Lei 12.529/2011: "Embora a alteração do critério do faturamento bruto por outro que supostamente aproximasse o cálculo da multa do escopo da infração tenha vindo ao encontro de uma demanda dos próprios agentes econômicos e da comunidade jurídica (a crítica era a de que não fazia sentido aplicar a multa sobre o faturamento do grupo quando, por exemplo, apenas uma das suas empresas tinha cometido infração em dado mercado específico) a redação final da lei nesse ponto tem sido alvo de críticas. O motivo seria a insegurança jurídica gerada pela adoção do conceito de 'ramo de atividade' como novo parâmetro para aferir o faturamento, tendo em vista não se tratar de um conceito técnico do ponto de vista concorrencial" (MARQUES DE CARVALHO, Vinicius; LIMA, Ticiana Nogueira da Cruz. A nova lei de defesa da concorrência brasileira: comentários sob uma perspectiva histórico-institucional. *Publicações da Escola da AGU: a nova lei do CADE*, Brasília, EAGU, ano IV, n. 19. 2012. p. 7-34).

26 "[...] o cotejo entre a Lei 12.529/2011e a Lei 8.884/1994 demonstra de forma clara que, salvo hipótese de sanção prevista no inciso II, do art. 37 da Lei 12.529/2011(que substituiu o inciso III, do art. 23 da Lei 8.884), os critérios estabelecidos pelo legislador no novo diploma antitruste são presumivelmente mais benéficos do que aqueles anteriormente previstos na Lei 8.884/1994. No que diz respeito à fixação de penas para as empresas, o art. 37, inc. I, da nova Lei 12.529/2011não apenas reduziu as alíquotas mínima e máxima previstas na Lei 8.884/1994, como também diminuiu a base de cálculo da multa, que deixa de ser o faturamento total da empresa e passa a ser o faturamento obtido no ramo de atividade empresarial em que ocorreu a infração.

Nem se diga que a nova Lei 12.529/2011seria mais rigorosa, ao deixar claro que a base de cálculo da multa é o faturamento bruto da empresa, grupo ou conglomerado (Art. 37, I). Isso porque a anterior Lei 8.884/1994 já falava, em seu art. 23, I, no faturamento bruto da empresa. [...] a nova Lei a 12.529/2011, ao mencionar expressamente o faturamento da

Quanto à Resolução 4/2012, esta trouxe recomendações para Pareceres Técnicos submetidos ao Cade que tratavam especificamente de orientações com o intuito de "expor as recomendações e os atributos desejáveis aos pareceres, estudos ou testemunhos técnicos sob a forma de documentos de "melhores práticas" ocorre também em outras jurisdições antitruste, como, por exemplo, no Federal Trade Commission (Estados Unidos), na European Commission (União Europeia) e nas agências alemã e sul-coreana"[27], as quais já haviam sido objeto de consulta pública na vigência da Lei 8.884/1994[28].

Assim, a agenda normativa do Cade funcionou, quando da entrada em vigor da Lei 12.529/2011, como um instrumento de transparência, previsibilidade e coerência (legal e prática) – o que teve um impacto positivo no que se pode chamar de fase inicial da implementação dessa nova política antitruste, em especial no que toca ao controle preventivo de estruturas, conforme se pode notar da análise de dados apresentados no balanço do Cade de 2012[29] como aqueles relativos à entrada (626) e saída (825) de atos concentração e ao tempo médio de análise de operações (que diminuiu). O desafio estava lançado.

2.2. O aprimoramento: o refinamento da política de acordos em investigação de condutas e a harmonização de procedimentos

O passo seguinte da agenda normativa foi dado ainda no ano de 2012[30] e teve como foco o outro viés da atuação antitruste: o controle repressivo de condutas.

---

empresa, grupo ou conglomerado, não inovou propriamente no ordenamento jurídico; tão somente explicitou o que já se extraía da anterior Lei 8.884/1994, ao prever como base de calculo o faturamento da empresa. [...]

Do exposto, no que toca à fixação das penas das infrações cometidas durante a vigência da Lei 8.884/1994 e ainda pendentes de julgamento pelo CADE, é possível se presumir com elevada dose de segurança que: (i) Os parâmetros estabelecidos na Lei 12.529/2011para a condenação de empresas são mais benéficos que os anteriormente previstos na Lei 8.884 e, por isso, devem ser aplicados; (ii) Os parâmetros estabelecidos na Lei 12.529/2011para condenação de administradores responsáveis por infrações à ordem econômica são mais benéficos que os anteriormente previstos na Lei 8.884 e, por isso, devem ser aplicados; (iii) Os parâmetros estabelecidos na Lei 12.529/2011para condenação de associações e entidades ou pessoas constituídas de fato ou de direito que não exerçam atividade empresarial não são mais benéficos que os anteriormente previstos na Lei 8.884 e, por isso, não há que se cogitar da sua aplicação".

[27] Cf.<http://www.cade.gov.br/upload/Resolu%C3%A7%C3%A3o%204_2012%20-%20Recomenda%C3%A7%C3%A3o%20Pareceres.pdf>. Acesso em: 29 maio 2015.

[28] Consulta Pública 03/2011. Disponível em: <http://www.cade.gov.br/Default.aspx?fc30fe0a1bf0070c1e2b055beb>. Acesso em: 20 maio d2015.

[29] Disponível em: <http://www.cade.gov.br/upload/BALAN%C3%87O%20CONSOLIDADO%20-%202012.pdf>. Acesso em: 9 maio 2015.

[30] Consulta Pública 2/2012. Disponível em: <http://www.cade.gov.br/Default.aspx?310412e739ee050e1825370e2023>. Acesso em: 10 maio 2015.

A Resolução 5/2013 (que aprovou a Emenda Regimental 1/2013 e alterou a seção do Regimento Interno do Cade com relação aos Termos de Compromisso de Cessação de Prática) trouxe uma importante alteração em termos de *policy* no que toca aos acordos celebrados com o Cade com a reformulação da regulamentação infralegal do seu programa de negociação.

Muitas foram as disposições - e alterações - introduzidas por esta emenda regimental, as quais separaremos em duas partes.

Primeira: alterações procedimentais que, em síntese, definiram o papel do Superintendente-Geral na negociação dos Termos de Compromisso de Cessação. Com a Resolução, ficou claro que, quando o processo estiver em curso na Superintendência-Geral, cabe a este órgão a negociação do acordo (o qual será submetido ao Tribunal do Cade apenas para homologação ou não) e que, quando o processo estiver no Tribunal, cabe ao Conselheiro-Relator do processo a negociação[31] - o que, por um lado, deu autonomia à Superintendência-Geral e, por outro, buscou agilizar o trâmite destes processos ao prever que cabe a quem estiver analisando a conduta a negociação do acordo.

Segunda: alterações materiais que deram novos contornos ao próprio objeto da política de acordo ao estabelecer que, quando o processo tiver como objeto acordo, combinação ou ajuste entre concorrentes, é obrigatória a confissão da participação no âmbito do conluio e o dever de colaboração com as investigações, quando o processo estiver em instrução na Superintendência-Geral. Também foram fixados parâmetros para orientar o recolhimento da contribuição pecuniária obrigatória[32] nestes casos, parâmetros estes que variam dentro de faixas de redução percentual de acordo com a ordem de apresentação da proposta[33] - o que visou dar novo *enforcement* à política de acordo do Cade, gerando impactos (que merecem ser mais bem analisados em uma oportunidade específica, o que não é possível e tampouco objeto deste *overview*) tanto para a instrução de casos e quanto para o programa de leniência do Cade.

Vale dizer que, na sequência, em 2013, duas outras consultas públicas foram lançadas[34] e duas outras Resoluções publicadas endereçando algumas preocupações e adequações quanto a rotinas e procedimentos do Cade.

A primeira - Resolução 6/2013 - estabeleceu orientações quanto ao trâmite dos processos de análise do cumprimento das decisões, dos compromissos e dos acordos celebrados pelo Cade, detalhando o trâmite do arranjo

---

[31] Artigos 179 e 181 do Regimento Interno.

[32] Artigo 184 do Regimento Interno.

[33] Artigos 187 e 188 do Regimento Interno.

[34] Consultas Públicas 1/13 e 2/13, disponíveis em: <http://www.cade.gov.br/upload/Consulta%20P%C3%BAblica%201-13%20-%20Resolucao.pdf> e <http://www.cade.gov.br/Default.aspx?1528f60213081ce7321f310251f7>. Acesso em: 9 maio 2015.

previsto no artigo 52[35] da Lei. Assim, ficou definido que, após a decisão final do Tribunal, cabe à Procuradoria Federal Especializada acompanhar o cumprimento das decisões e emitir manifestação, que será encaminhada ao Superintendente-Geral, que pode adotar ou não a manifestação da Procuradoria, submetendo a sua decisão ao Tribunal, a quem compete a palavra final sobre o tema – um exemplo importante de publicidade (e orientação) quanto a rotinas internas.

A segunda – Resolução 7/2014 – fez uma série de adequações no Regimento Interno: disposições sobre a apresentação de documentos em meio eletrônico[36], sobre a juntada de documentos em língua estrangeira[37], sobre a estipulação de prazo para a restituição dos autos para julgamento após pedido de vista[38], sobre a subsistência de votos após o término de mandatos de conselheiros[39]. Foi, ainda, alterado de trinta para quinze dias o prazo para a apresentação de pedido de intervenção de terceiro interessado[40], bem como sobre o trâmite de operações declaradas complexas pela Superintendência-Geral[41]. E, por fim, foram alteradas algumas disposições para explicitar questões relacionadas à contagem do prazo de defesa[42] e ao pedido de dilação de prazo para a sua apresentação[43].

E aqui fica claro que a agenda normativa do Cade foi – e é – um importante instrumento de aprimoramento da política antitruste.

2.3. A revisão: a adequação da Resolução 2/2012 e a regulamentação dos contratos associativos

Em 2014, a regulamentação de atos de concentração entrou novamente na pauta com o lançamento das Consultas Públicas 1, 2 e 3[44]. Passados quase dois anos da entrada em vigor da Lei, o Cade revisou – e adequou – os

---

35 Art. 52 da Lei 12.529/2011.

36 Artigo 45 do Regimento Interno.

37 Artigo 48 do Regimento Interno.

38 Artigo 98, § 1.º, do Regimento Interno.

39 Artigo 98, §§ 4.º, 5.º, 6.º, 7.º, 8.º, 9.º, do Regimento Interno.

40 Artigo 118 do Regimento Interno.

41 Artigo 120 do Regimento Interno.

42 Artigo 151, § 1.º, do Regimento Interno.

43 Artigo 152, §§ 1.º e 2.º, do Regimento Interno.

44 Disponíveis em: <http://www.cade.gov.br/Default.aspx?1528f60213081ce7321f310e2024>, <http://www.cade.gov.br/Default.aspx?1528f60213081ce7321f310e2025> e <http://www.cade.gov.br/Default.aspx?1528f60213081ce7321f310e2026>, respectivamente. Acesso em: 9 maio 2015.

termos da sua política, especialmente com relação à análise de atos de concentração.

Começando pela dinâmica procedimental entre Tribunal, Superintendência-Geral e partes, a Resolução 8/2014 explicitou o trâmite do pedido de avocação de processos pelo Tribunal[45] e dos recursos interpostos por terceiros[46] e, dando um passo - esperado - além, incluiu uma previsão expressa de certificação pelo Cade[47] do decurso de tais prazos - uma solicitação reiterada das partes e que claramente atende a um pleito de segurança jurídica, dado que, apenas após o transcurso do prazo de quinze dias sem que exista um pedido de avocação ou a interposição de recurso, é que há o "trânsito em julgado" da decisão da Superintendência-Geral e a operação pode ser consumada.

Coube à Resolução 9/2014 tratar da revisão da regulamentação sobre a notificação de atos de concentração - esta revisão talvez seja um dos exemplos mais expressivos do amadurecimento institucional do Conselho desde a edição da Lei 12.529/2011 até agora: após uma revisão interna dos parâmetros da política, houve um diálogo intenso entre o Cade e a sociedade, o que pode ser visto quando se analisa a minuta posta em consulta pública[48], as contribuições recebidas[49] e as alterações incorporadas ao texto final[50].

Os critérios para fins de cálculo do faturamento de grupo econômico, especialmente nos casos de operações envolvendo fundos de investimento[51], foram alterados, bem como passou a haver uma separação entre as informações consideradas para o cálculo dos faturamentos das empresas envolvidas e as informações solicitadas nos Anexos I e II da Resolução 2/2012 para fins de análise da operação[52].

Ademais, ainda no âmbito da Resolução 2/2012, algumas hipóteses que constavam do seu rol de operações foram excluídas[53], e, de outro lado, novas hipóteses de operações enquadráveis no procedimento sumário de aná-

---

45 Artigos 122 e 131 do Regimento Interno.

46 Artigo 132 do Regimento Interno.

47 Artigo 132, § 3.º, do Regimento Interno.

48 Disponível em: <http://www.cade.gov.br/upload/Consulta%20P%C3%BAblica%2001-2014.pdf>. Acesso em: 9 maio 2015.

49 Disponíveis em: <http://www.cade.gov.br/upload/Consulta%20n%C2%BA%2001-2014.PDF>. Acesso em: 9 maio 2015.

50 Disponível em: <http://www.cade.gov.br/upload/Despacho%20n%C2%BA%20280-2014-Pres-Cade-Consulta%20P%C3%BAblica%20n%C2%BA%2001_2014.pdf>. Acesso em: 9 maio 2015.

51 Notadamente novo artigo 4.º, § 2.º, da Resolução 2/2012.

52 Notadamente novo artigo 4.º, § 1.º, da Resolução 2/2012.

53 Notadamente aquelas previstas nos anteriores artigos 8.º, II, e 11, da Resolução 2/2012.

lise foram incluídas[54] e orientações específicas com relação à notificação de operações envolvendo a conversão de valores mobiliários em ações[55].

Também foi incluída, agora no Regimento Interno, uma disposição específica quanto à disciplina das operações em bolsa de valores e em mercado de balcão organizado[56], aplicando-se a estas hipóteses a mesma regra já prevista para as ofertas públicas de ações – a falta de regras específicas quanto a este tema gerava algumas dúvidas sobre como deveria ser feita a notificação de tais operações.

Finalmente – e não por isso menos esperado, por meio da Resolução 10/2014, o Cade regulamentou a hipótese de notificação dos chamados contratos associativos, estabelecendo parâmetros objetivos para a notificação deste tipo de operações – um esforço importante que merece uma análise mais profunda que, contudo, foge ao escopo deste artigo.

Mais que um instrumento, aqui, a agenda normativa foi um importante espaço de diálogo e aprimoramento da relação entre o Cade e a sociedade.

2.4. Indo além: a introdução do SEI, o instituto da consulta e o procedimento para apuração de atos de concentração

O que será o último bloco de regulamentação aqui referido traz um *mix* do papel desempenhado pela agenda normativa (principalmente, em termos de transparência, previsibilidade e orientação) do Conselho – o que teve início com as Consultas Públicas 4, 5 e 6 de 2014[57].

Primeiramente, a Resolução 11/2014 que institui o Sistema Eletrônico de Informações – SEI como sistema oficial de gestão de documentos eletrônicos do Cade, algo claramente voltado para o uso mais eficiente dos recursos administrativos e de gestão e que altera, não apenas a cultura organizacional do Cade, como também a forma da comunicação entre o órgão e os administrados, como, por exemplo, no âmbito da apresentação de petições e notificação de atos de concentração. Tal como quando da entrada em vigor da Lei 12.529/2011, estamos aqui falando de mais uma mudança de "cultura".

Em seguida, é publicada a Resolução 12/2014 disciplinando um importante instrumento de orientação previsto nos §§ 4.º e 5.º do artigo 9.º da Lei 12.529/2011: a consulta. Esta Resolução foi publicada na sequência de um

---

54 Notadamente novos incisos IV e V do artigo 8.º da Resolução 2/2012.

55 Novo artigo 11 da Resolução 2/2012.

56 Artigo 109-A do Regimento Interno.

57 Disponíveis em: <http://www.cade.gov.br/Default.aspx?2518e632c359af7387b487df72da>, <http://www.cade.gov.br/upload/Despacho%20314%20-Consulta%20p%C3%BAblica%2005-2014.pdf> e <http://www.cade.gov.br/upload/Despacho%20315%20-Consulta%20p%C3%BAblica%2006-2014.pdf>. Acesso em: 9 maio 2015.

estudo apresentado[58] ao Cade intitulado "O Estatuto das Consultas no Cade: uma proposta de regulamentação do artigo 9.º, § 4.º, da Lei 12.529/2011"[59], o qual claramente serviu como ponto de partida para a regulamentação proposta pelo Conselho. Este foi um passo importante em termos de política antitruste, dado que este instrumento da consulta sempre esteve presente nas leis concorrenciais brasileiras. Contudo, nunca "pegou", especialmente por problemas quanto à delimitação do que seria o objeto da consulta e quanto ao próprio âmbito dos efeitos da decisão (ou resposta) dada pelo Cade. Pelo menos nestes pontos[60], é possível dizer que a regulamentação proposta avançou com relação às anteriores e pode servir para instrumentalizar, ampliar e fomentar o diálogo entre o Conselho e a sociedade.

E, em 2015, o Cade publicou a sua 13.ª Resolução que especifica os procedimentos a serem seguidos no âmbito de apurações referentes a atos de concentração relativas a (i) atos de concentração notificados e consumados antes de apreciados pelo Cade, (ii) atos de concentração não notificados e consumados antes de apreciados pelo Cade e (iii) atos de concentração não notificados, mas cuja submissão pode ser requerida pelo Cade – o que significa dar forma à previsão do artigo 88, §§ 3.º e 7.º, da Lei 12.529/2011. Vale dizer que esta Resolução claramente dialoga com o "Guia para a análise da consumação prévia de atos de concentração econômica"[61] lançado na mesma época pelo Cade – é o Cade indo além, alinhando previsibilidade e orientação.

3. O APRENDIZADO INSTITUCIONAL E OS DESAFIOS PARA O DESENHO NORMATIVO DA POLÍTICA

Para além – e de certa forma aquém – do detalhe de cada regulamentação, este artigo buscou identificar como a agenda normativa implementou – e moldou – o tom da política antitruste ao longo destes anos.

Até agora, é possível afirmar que o Cade se preocupou – e se preocupa – em assegurar, por meio de uma intensa agenda de regulamentação de procedimentos e rotinas, a transparência e a previsibilidade da sua atuação (o Regimento Interno é o maior exemplo disso). O aprimoramento de instrumentos (como foi o caso do programa de negociação de Termos de Compromisso de Cessação de Prática) e a adequação material da própria política (como o que ocorreu com a revisão da Resolução 2/2012) também estiveram

---

[58] Cf. informações disponíveis em: <http://www.cade.gov.br/upload/Ata%2044%C2%AA%20SOJ.pdf>. Acesso em: 20 maio 2015.

[59] Disponível em: <http://cedes.org.br/pesquisas.html>. Acesso em: 20 maio 2015.

[60] Especialmente diante do quanto dispõem o art. 2.º e a Seção IV da Resolução 12/2015.

[61] Disponível em: <http://www.cade.gov.br/upload/Guia%20gun%20jumping-%20vers%C3%A3o%20final%20%283%29.pdf>. Acesso em: 2 jun. 2015.

na pauta – endereçando uma constante preocupação do Cade com os rumos e a adequação – e alinhamento – da política em suas diversas vertentes. Uma terceira agenda também se abriu – a de orientação (com a edição do primeiro Guia do Cade nesta nova etapa, o com diretrizes para a análise da consumação prévia de atos de concentração econômica).

Temas a serem desenvolvidos não faltam, como a elaboração de um guia de *compliance* concorrencial e de análise de remédios impostos nas decisões do Conselho e o incentivo a estudos que avaliem os efeitos *ex post* da implementação da política também são ideias que começam a aparecer.

O aprendizado institucional parece ser evidente: manter ativa (e positiva) a agenda normativa que significa não apenas implementar – como aprimorar – a própria política é o desafio. Há – e sempre deve haver – muito por vir. É uma tarefa intensa e constante, tendo em vista a própria natureza – dinâmica – da política antitruste. Se é certo que o desenho institucional do Cade estruturou a implementação dessa nova fase da política antitruste no Brasil, também é certo que o desenho normativo foi o que pautou essa implementação.

DESAFIOS DA REGULAMENTAÇÃO DE CONTRATOS ASSOCIATIVOS

Luiza Kharmandayan

INTRODUÇÃO

Em 2014, o Conselho Administrativo de Defesa Econômica (Cade) homologou a Resolução 10, de 29 de outubro de 2014, a qual disciplina as hipóteses de notificação da celebração de contratos associativos, de que trata o inciso IV do artigo 90 da Lei 12.529, de 30 de novembro de 2011, a nova lei de defesa da concorrência. A resolução foi fruto de uma intensa demanda, por parte do setor privado, de que esse tema fosse endereçado com maior clareza e transparência pela autoridade antitruste. O desenho normativo finalmente escolhido foi antecedido de amplo e aprofundado debate realizado através de consulta pública, que contou com a participação de agentes privados, entidades de classe e órgãos públicos.

O presente artigo busca apresentar o processo do qual resultou a resolução em questão. Ele se volta a explicar, primeiramente, o contexto em que nasceu a demanda pela disciplina do conceito de contratos associativos e que influenciou significativamente a forma eleita pelo Cade para tratar da matéria. Para tanto, ele apresenta tanto os critérios da antiga lei de defesa da concorrência (Lei 8.884, de 11 de junho de 1994) para a definição de ato de concentração (AC) e de suas hipóteses de notificação, quanto os problemas de insegurança jurídica que deles resultavam. Essa primeira parte também expõe as mudanças promovidas pela nova lei de concorrência com vistas a endereçar esse problema e explica como a inserção do conceito de contratos associativos como uma espécie de AC se apresentou como uma nova fonte de insegurança jurídica.

Uma vez abordado o contexto em que surgiu a demanda por maior clareza quanto ao significado de contratos associativos, o artigo se volta a tratar brevemente dos dilemas com que diferentes jurisdições normalmente se deparam ao buscar definir o que é um AC e seus critérios de notificação. Afinal, em nosso diploma legal, contratos associativos nada mais são do que uma categoria, dentre outras, de AC. Como tal, a definição desses contratos e das hipóteses em que têm de ser notificados apresenta, em grande medida, dilemas comuns aos colocados a qualquer agente que vise definir um AC e as hipóteses em que ele deve ser submetido à apreciação da autoridade concorrencial.

Com base nas considerações tecidas na primeira e segunda parte do artigo, o terceiro tópico se dedica a explicar o processo de regulamentação de contratos associativos pelo Cade. Ao passar pelas contribuições feitas à consulta pública promovida sobre o tema, bem como pela jurisprudência do Cade referente à notificação de contratos, procura-se, nesta terceira parte, conferir maior transparência às razões que embasaram a escolha da autoridade ao disciplinar a matéria.

Por fim, busca-se sintetizar os principais pontos apresentados ao longo do artigo e apresentar uma breve conclusão a seu respeito.

1. A REGULAMENTAÇÃO DE CONTRATOS ASSOCIATIVOS EM FACE DAS MUDANÇAS LEGAIS NA DEFESA DA CONCORRÊNCIA NO BRASIL

A edição da nova lei de defesa da concorrência trouxe alterações substanciais em relação ao diploma normativo anterior no que tange ao controle de estruturas. Para além da passagem de um regime de análise de operações *ex post* para um regime de análise *ex-ante*, a transformação promovida pela nova lei jaz na significativa reconfiguração do crivo utilizado para determinar o que é um ato de concentração e quando sua notificação é obrigatória.

Ao tratar de ACs, a Lei 8.884/1994 empregava diferentes tipos de critérios. Por um lado, ela se fiava amplamente na descrição dos possíveis efeitos de uma operação para determinar as hipóteses em que um AC deveria submetido à apreciação do Cade (deveriam ser notificados atos que tivessem a possibilidade de limitar ou de qualquer forma prejudicar a livre concorrência, ou resultar na dominação de mercados relevantes de bens ou serviços)[1]. Tal crivo de notificação exigia das partes, ao menos em tese, esforços interpretativos com vistas a determinar se as operações por elas realizadas se enquadravam ou

[1] Segundo o *caput* do artigo 54 da Lei 8.884/1994, "os atos, sob qualquer forma manifestados, que possam limitar ou de qualquer forma prejudicar a livre concorrência, ou resultar na dominação de mercados relevantes de bens ou serviços, deverão ser submetidos à apreciação do Cade".

não no amplo e impreciso critério estabelecido pela lei. Por outro lado, tanto o critério de percentual de mercado obtido através da operação quanto o de faturamento das partes pretendiam conferir maior clareza às hipóteses em que a notificação era obrigatória[2]. Afinal, ainda que o primeiro deles exigisse a análise dos eventuais efeitos da operação em dado mercado – o que, por sua vez, poderia requerer exames e estudos complexos –, tais critérios despontavam como sendo relativamente mais objetivos frente aos demais[3].

A nova lei de defesa da concorrência, por sua vez, objetivou reduzir as incertezas e os custos decorrentes dos critérios empregados na legislação anterior. A avaliação a embasar as modificações propostas para a nova lei era de que os critérios até então utilizados eram excessivamente amplos. Ademais, havia a percepção de que a imprecisão desses critérios minava sua própria aplicabilidade[4]. Em outras palavras, os critérios que orientavam que os efeitos de uma operação

---

[2] Segundo o § 3.º do artigo 54 da Lei 8.884/1994: "Incluem-se nos atos de que trata o *caput* aqueles que visem a qualquer forma de concentração econômica, seja através de fusão ou incorporação de empresas, constituição de sociedade para exercer o controle de empresas ou qualquer forma de agrupamento societário, que implique participação de empresa ou grupo de empresas resultante em vinte por cento de um mercado relevante, ou em que qualquer dos participantes tenha registrado faturamento bruto anual no último balanço equivalente a R$ 400.000.000,00 (quatrocentos milhões de reais)".

[3] Aqui há que se fazer a observação de que a classificação de percentual de mercado (*market share*) como critério objetivo é controversa. De acordo com o relatório da *Setting notification thresholds* da *international competition network* (*ICN Notification Threshold Report*), a utilização de percentual de mercado como critérios de notificação de atos de concentração é, a princípio, razoável se o objetivo for filtrar e excluir as operações que têm baixa probabilidade de causar dano (ICN, 2008). No entanto, o mesmo relatório observa que seu uso tem sido desencorajado por inserir um elemento de incerteza, na medida em que exige a avaliação das circunstâncias específicas a cada caso. Nesse sentido, não haveria que se classificar o critério de percentual de mercado como objetivo. Não se ignora, tampouco, as duras críticas tecidas ao critério de percentual de mercado vigente na Lei 8.884/1994. De fato, na busca por conferir maior objetividade e previsibilidade à lei de defesa da concorrência, bem como por reduzir os custos por ela impostos, eliminou-se da nova lei (Lei 12.529/2011) o critério de percentual de mercado como crivo de operações notificáveis. Por outro lado, ainda que tal critério não disponha do mesmo grau de objetividade que, por exemplo, o critério de faturamento das partes, parece razoável argumentar que ele se encontra mais próximo deste último do que de um critério que exija a análise e a determinação de se certa operação resultou ou não em atividade econômica autônoma, na união de centros decisórios distintos, na comunhão de interesses comerciais, em modificações estruturais no mercado, etc.

[4] Conforme consta da justificativa ao Projeto de Lei do novo Sistema Brasileiro de Defesa da Concorrência (SBDC), apresentado pelo Executivo na vigência da Lei 8.884/1994, "*toda* operação de concentração em que quaisquer dos participantes [tivessem] registrado faturamento bruto anual de quatrocentos milhões de reais [deveria] ser notificada" (grifo nosso). Disponível em: <http://www.camara.gov.br/proposicoesWeb/prop_mostrarintegra?codteor=339118&filename=PL+5877/2005>.

fossem avaliados eram esvaziados, na medida em que as partes se fiavam meramente no critério de faturamento – o mais objetivo dentre os critérios até então vigentes – para determinar se submeteriam dada operação à apreciação do Cade[5].

Como forma de aperfeiçoar[6] o controle de estruturas, buscou-se, então, reduzir as ambiguidades e incertezas geradas pelos critérios empregados pela Lei 8.884/1994. Nesse sentido, além de abrir mão de descrever os ACs e suas hipóteses de notificação por seus possíveis efeitos anticompetitivos, a nova lei: (i) elenca as categorias de atos de concentração; (ii) alça o faturamento das partes à condição de critério determinante de quais dentre esses atos são de notificação obrigatória[7-8]; (iii) e abole o critério de notificação de operações

---

[5] Nesse sentido é, também, a avaliação do autor do projeto de Lei 3.937/2004, que deu origem a lei atualmente vigente: "com os critérios de notificação em vigor, é muito grande o número de notificações sobre atos de concentração que não geram qualquer impacto sobre a concorrência. Daí se afirmar, de forma pejorativa, que no Brasil, se qualquer grupo econômico mais forte adquirir uma 'carrocinha de cachorro quente', terá, pelo menos teoricamente, de notificar ao CADE. Isso representa mais custos para o setor privado e para o SBDC, que gasta um tempo enorme hoje trabalhando como um mero 'cartório' de registro de operações de concentração. *O principal critério que ora baliza a notificação é o de que qualquer dos grupos participantes tenha registrado faturamento bruto 12 anual no último balanço equivalente a R$ 400 milhões*" (grifo nosso).

[6] Diz-se "aperfeiçoar" porque resultado da configuração legal então vigente era a notificação obrigatória de operações com impacto insignificante na economia brasileira. De acordo com a justificativa ao Projeto de Lei apresentado pelo Executivo, o SBDC era então congestionado não apenas por "casos visivelmente incapazes de causar danos à concorrência", mas também por casos que "não [eram] casos efetivos de concentração econômica". Isso obrigava o SBDC a empregar grande parte de seus escassos recursos em análises de menor ou nenhum potencial danoso para a sociedade, em detrimento de casos que efetivamente apresentavam riscos concorrenciais. Segundo a justificativa do projeto de lei apresentado pelo executivo, "o Sistema vem empregando grande parte dos seus recursos escassos em análises de menor ou de nenhum potencial danoso para a sociedade, o que caracteriza uma alocação ineficiente de recursos públicos. O órgão judicante analisa todos os casos de concentração que dão entrada no Sistema - quando, internacionalmente, sabe-se que, em média, noventa e cinco por cento deles não apresentam qualquer prejuízo à concorrência. A consequência é que esse órgão fica sem condições para conferir a devida atenção aos casos de maior potencial ofensivo aos consumidores, que demandam, por isso mesmo, soluções rápidas.

[7] "Art. 88. Serão submetidos ao Cade pelas partes envolvidas na operação os atos de concentração econômica em que, cumulativamente: I – pelo menos um dos grupos envolvidos na operação tenha registrado, no último balanço, faturamento bruto anual ou volume de negócios total no País, no ano anterior à operação, equivalente ou superior a R$ 400.000.000,00 (quatrocentos milhões de reais); e II – pelo menos um outro grupo envolvido na operação tenha registrado, no último balanço, faturamento bruto anual ou volume de negócios total no País, no ano anterior à operação, equivalente ou superior a R$ 30.000.000,00 (trinta milhões de reais)."

[8] Além de focar no faturamento como critério determinante das hipóteses em que um AC deve obrigatoriamente ser submetido ao Cade, a nova lei também exige que o faturamento

baseado no domínio de parcela de mercado, o qual, por eventualmente exigir análise complexa, era considerado também como fonte de insegurança jurídica[9].

Destaca-se, assim, o objetivo da nova lei de aumentar a previsibilidade do que constitui um AC e suas hipóteses de notificação, de modo a diminuir as incertezas e os custos impostos tanto às partes, quanto à própria autoridade.

Pode-se dizer que a nova arquitetura legal, ao prever novos critérios para a definição e notificação de ACs, foi relativamente bem-sucedida em seu objetivo. Por outro lado, em seu esforço em conferir maior objetividade aos referidos aspectos do controle de estruturas, a Lei 12.529/2011 acabou também por criar uma nova fonte de insegurança jurídica. Isso porque, ao elencar as hipóteses em que atos de concentração são realizados, ela inseriu um conceito, até então, absolutamente alheio ao direito concorrencial: o conceito de contrato associativo.

A adoção desse conceito não foi aleatória. Dada a amplitude dos critérios vigentes sob a antiga lei, diversos contratos eram notificados ao Cade como ato de concentração. Ademais, conforme a jurisprudência demonstra[10], uma série deles apresentava riscos concorrenciais que mereciam a análise da autoridade. A inserção do conceito de contratos associativos, portanto, se pretendia em linha com as demais modificações levadas a cabo pela nova lei, na medida em que visava conferir mais previsibilidade quanto a quais contratos deveriam ser notificados à autoridade antitruste.

Em verdade, para além do contrato associativo, a Lei 12.529/2011 exige que as partes de uma operação procedam à análise de se esta última implica na fusão de empresas anteriormente independentes (artigo 90, I); na aquisição do controle ou de partes de uma ou de outras empresas (artigo 90, II); na incorporação de uma empresa por outra (artigo 90, III); ou na celebração de consórcio ou *joint venture* (artigo 90, IV). No entanto, por mais que esses conceitos possam, em certos casos, dar margem a "zonas cinzentas", nas quais não se é capaz de aferir com precisão e inequivocamente a ocorrência ou não de ato de concentração, tratam-se de noções familiares ao direito concorrencial ou cujo sentido é notório[11].

---

das partes da operação seja cumulativamente considerado, estabelecendo, portanto, trava adicional para a necessidade de notificação de ACs.

9 De acordo com a justificativa do autor do Projeto de Lei 3.937/2004, "muitas vezes, a delimitação do mercado relevante, seja o de produto seja o geográfico, está longe de ser trivial, e daí pode ser muito difícil para as requerentes conhecerem sobre que base calcular a sua participação de mercado".

10 A terceira parte deste artigo abordará a jurisprudência do Cade referente à notificação de contratos em sede de controle de estruturas, até a edição da Resolução 10/2014.

11 Nesse sentido, cabe observar que a Lei 8.884/1994 já fazia referência à noção de fusão, incorporação, bem como à aquisição do controle de uma empresa por outra. A inserção do

A inserção do conceito de contrato associativo na lei de defesa de concorrência, por sua vez, foi identificada pelo Cade[12] como uma fonte de insegurança jurídica justamente por padecer de atributos opostos. Em primeiro lugar, trata-se de conceito não apenas novo ao direito concorrencial, mas também incipiente em outros ramos do direito. Afinal, ainda que o direito empresarial se debruce cada vez mais sobre as diferentes formas de organização e cooperação entre as empresas[13], poucas são as referências expressas à noção de contrato associativo[14]. Em segundo lugar, a análise de acordos ou contratos em sede de controle de estruturas não é habitual em muitas jurisdições[15]. É dizer,

---

conceito de consórcio e de *joint venture* na lei concorrencial brasileira pode, por seu turno, ser tida também como uma novidade, na medida em que nenhum deles constava na Lei 8.884/1994. No entanto, vale ressaltar que são conceitos cujo conteúdo é familiar ao direito concorrencial. Vários contratos de *joint venture* já eram, sob a Lei 8.884/1994, notificados ao Cade como atos de concentração. Além disso, a análise de *joint ventures* em sede controle de concentrações já é, não há pouco tempo, objeto de intenso debate internacional, como bem demonstra a referida nota do secretariado da OCDE sobre o conceito de atos de concentração (2013). O conceito de consórcio, por sua vez, apesar de não dispor, no direito concorrencial, de discussão tão recorrente quanto *joint ventures*, desfruta de regulamentação legal. Assim, a lei das Sociedades por Ações (Lei 6.404, de 15 de dezembro de 1976) dispõe, em seus artigos 278 e 279, em que hipóteses os consórcios podem ser constituídos, quais suas características e implicações, etc.

[12] Isso foi possível pelo permanente diálogo que o Cade mantém com agentes privados, entidades de classe e outros órgãos e entidades públicas.

[13] Nesse sentido, há autores, por exemplo, que exploram novos parâmetros para identificar, para além dos critérios fornecidos pelo Código Civil, a existência de empresa (Fernandez, 2010); que estudam as nuances existentes entre os contratos de "intercâmbio", de um lado, e os contratos em que há "solidariedade de interesses", de outro (Forgioni, 2010); que buscam compreender em que medida a cooperação entre pessoas jurídicas distintas se aproxima de um contrato de sociedade (Lima Pinheiro, 2003); e que se debruçam sobre a noção de contratos relacionais (Macedo, 1998) ou plurilaterais (Ascarelli, 1945).

[14] Catapani é um dos poucos autores que faz referência expressa ao conceito de contratos associativos. Fiando-se na obra de Paolo Ferro-Luzzi, o autor coloca que contratos associativos têm como valor essencial a criação de uma organização em sentido jurídico, girando, portanto, em torno da constituição, modificação ou extinção dessa última. Para aprofundar a compreensão do conceito em questão (contrato associativo), o autor explica que a organização não deve ser compreendida meramente como o complexo de bens e pessoas organizadas para a busca de um fim comum, mas sim como a coordenação da influência recíproca entre atos. De acordo com ele, "a disciplina jurídica quanto ao objeto do contrato, no âmbito associativo, aplica-se primordialmente sobre a atividade e, secundariamente, sobre as contribuições dos membros" (2009).

[15] Essa afirmação não se aplica, porém, aos acordos de *joint venture*. Conforme anteriormente mencionado, diversas são as jurisdições que analisam esses acordos como atos de concentração. A análise desses acordos é, em sua maioria, baseada numa previsão abrangente e conceitual do que constitui um ato de concentração e não em um tratamento especial e separado conferido a esses acordos. Assim, segundo o relatório da ICN, *Defining*

a análise dos efeitos anticompetitivos dos contratos é normalmente reservada estritamente ao controle de condutas[16].

Consequentemente, o emprego desse conceito, estranho ao direito concorrencial e pouco explorado de maneira geral, relançou o problema que as mudanças acima expostas, promovidas pela nova lei, buscavam mitigar. Os dilemas decorrentes da utilização de critérios cujo significado não é claro ou é de difícil aferimento foram recolocados de outra forma. O que são contratos associativos? Em que circunstâncias o Cade considera que um contrato desse tipo resta configurado? Quais as hipóteses em que esses contratos têm de ser notificados à autoridade como atos de concentração? Essas perguntas foram impostas pela nova lei de defesa da concorrência e coube ao Cade, no uso de sua atribuição regulamentar[17], buscar a melhor forma de endereçá-las.

O desafio colocado à autoridade não era trivial. Por um lado, o contexto em que se apresentava a demanda pela regulamentação do conceito de contrato associativo era um fator cujo peso não poderia ser ignorado na discussão sobre o desenho normativo a ser adotado. Em outras palavras, não se podia deixar de atentar para o fato de que a nova lei de concorrência, a despeito da insegurança jurídica inserida pelo próprio conceito de contratos associativos, visava conferir maior transparência e previsibilidade às hipóteses de notificação de AC. Por outro lado, como contratos associativos são uma

---

merger transactions for the purposes of merger review, nos Estados Unidos, *joint ventures* são analisadas como atos de concentração, na medida em que pelo menos uma das partes adquire ativos ou ações com poder de voto que atingem o valor de US$ 50 milhões; no Reino Unido uma *joint venture* é considerada um ato de concentração se da operação resulta uma situação em que duas ou mais empresas deixam de ser distintas; na União Europeia *joint ventures* se enquadram na definição genérica de ato de concentração, a qual inclui operações nas quais duas ou mais empresas participam na criação de uma entidade econômica autônoma que pode operar no mercado de forma independente e duradora (2007).

[16] A título de exemplo menciona-se a União Europeia, que determina, em sua Resolução 330/2010, quais os casos de cooperação entre agentes verticalmente relacionados estão isentos de incidência do artigo 101(1) do Tratado de Funcionamento da União Europeia, o qual, por sua vez, prevê, dentre outros, quais acordos entre empresas são incompatíveis com o mercado interno e, portanto, proibidos. Já no caso de acordos entre concorrentes, o "Guia sobre a Aplicação do Artigo 101 do Tratado sobre o Funcionamento da União Europeia aos Acordos de Cooperação Horizontal", de 2011, fornece orientações quanto às hipóteses em que tais acordos podem limitar a concorrência ou podem, de outro modo, ser competitivos. De forma semelhante, nos Estados Unidos, as *Antitrust Guidelines for Collaborations Among Competitors* apresentam critérios para o exame de contratos de cooperação entre concorrentes, de modo a evitar a adoção de comportamento anticompetitivo.

[17] A Lei 12.529/2011, em seu artigo 9.º, inciso XV, estabelece que compete ao Plenário do Tribunal, dentre outras atribuições previstas nesta lei, elaborar e aprovar regimento interno do Cade, dispondo sobre seu funcionamento, forma das deliberações, normas de procedimento e organização de seus serviços internos.

espécie de ato de concentração, os dilemas enfrentados no esforço de estabelecer no que constitui um contrato associativo e suas hipóteses de notificação são comuns aos que se enfrentam no esforço de definição do que é um AC e de quais são seus critérios de notificação. A solução ótima dependia, por sua vez, do exame por esses dois ângulos, tendo os elementos do caso concreto – o contexto histórico, as necessidades específicas a nossa jurisdição, etc. – como pano de fundo das ponderações sobre os custos e benefícios relacionados à escolha por critérios de definição e notificação mais ou menos objetivos.

Tendo explorado, até o presente momento, o contexto em que se inseria o desafio de definir no que consiste um contrato associativo e suas hipóteses de notificação, cabe voltar-se, agora, aos dilemas que se apresentam, de modo geral, a qualquer agente que se proponha a definir o que é um ato de concentração e seus critérios de notificação. Almeja-se, com essa explanação, propiciar maior compreensão dos aspectos que exigiram uma reflexão pelo Cade quando da disciplina dos contratos associativos.

2. DILEMAS DA DEFINIÇÃO DE ATOS DE CONCENTRAÇÃO E DE SUAS HIPÓTESES DE NOTIFICAÇÃO

Ao discorrer sobre o conceito de AC, a nota do secretariado do Comitê de Concorrência da Organização para a Cooperação e o Desenvolvimento Econômico (OCDE) observa que há, essencialmente, dois tipos de critérios que são empregados, em diferentes jurisdições, para determinar no que constituem tais atos (2013).

De um lado, há critérios que buscam definir conceitualmente o que é um ato de concentração. Esses critérios, aos quais a nota da OCDE se refere como "mais econômicos", pretendem fornecer uma definição de ato de concentração que reflita de maneira acurada as mudanças na relação entre as partes de uma operação que poderiam gerar preocupações do ponto de vista concorrencial. Em outras palavras, eles buscam identificar e descrever as hipóteses em que uma operação leva a mudanças estruturais em um mercado, assim, alterando materialmente os incentivos das partes quanto a como empregar seus ativos no processo competitivo. Tais critérios são, portanto, mais subjetivos, na medida em que se valem de definições conceituais para delinear o que constitui um ato de concentração. Nesse caso, a descrição dos efeitos materiais de uma transação, tais como a durabilidade da combinação de ativos anteriormente independentes e a união de centros decisórios previamente distintos, serve à determinação das operações que constituem atos de concentração e das hipóteses em que sua notificação é obrigatória.

Por outro lado, há o que se pode chamar de critérios "objetivos" ou numéricos, que normalmente se referem ao tamanho da transação ou das partes que a compõem. Tais critérios visam descartar da análise da autoridade antitruste as operações que provavelmente não teriam impacto material em sua jurisdição. Sua seleção, portanto, tampouco deve se dar de modo aleatório. A despeito de esses critérios não envolverem a descrição conceitual dos efeitos que podem levar a preocupações do ponto de vista concorrencial, seu emprego deve ser fruto de uma análise das situações em que se verificaram problemas desse tipo e, portanto, deve buscar refletir os potenciais efeitos anticompetitivos que uma operação pode ter. A utilização do percentual do capital social ou votante de uma empresa adquirido por outra é um exemplo de como esse tipo de critério pode ser empregado.

Conforme observa a nota da OCDE, esses critérios não precisam ser – nem normalmente são – empregados isoladamente. Na realidade, sua combinação é relativamente comum, dada sua complementaridade.

De fato, descrições conceituais tendem a refletir melhor os mecanismos pelos quais uma operação pode lesar a concorrência, uma vez que captam de maneira mais direta as razões que podem despertar preocupações sob a ótica concorrencial. Assim, por exemplo, a adoção de um critério que se baseie na possibilidade de uma empresa adquirir alguma forma de controle sobre outra empresa parece predizer com mais acuidade quando uma operação tende a despertar preocupações do ponto de vista concorrencial do que o emprego de critério que se baseia estritamente no percentual do capital social de uma empresa adquirido por outra. Por outro lado, esses mesmos critérios conceituais exigem maiores interpretações e orientação no que tange aos fatores que serão considerados para auferir se os critérios em questão foram ou não preenchidos[18]. Isso, por sua vez, pode ocasionar um maior grau de incerteza, incrementando os custos e a onerosidade de uma operação.

Para além da opção por critérios mais ou menos objetivos, uma série de outros fatores também influenciará no grau de efetividade e eficiência do controle de concentrações, devendo, portanto, ser considerada na escolha por uma combinação de critérios em detrimento de outra. Nesse sentido, o relatório da International Competition Network sobre critérios de notificação de ACs (*ICN Notifications Threshold Report*) esclarece que interagem com os critérios de definição e notificação de ACs: (i) a quantidade de informação inicial exigida das partes[19]; (ii) a existência de instrumentos que tornem menos

[18] Algumas jurisdições, por exemplo, ao definir em que consiste um ato de concentração, referem-se, dentre outros, à aquisição de controle como a existência de "influência decisiva", "influência significativa", "influência material" e "influência concorrencialmente relevante" de uma empresa sobre outra. No entanto, trata-se de definições de conteúdo aberto e cujo emprego acaba por exigir, das partes, um esforço interpretativo mais aprofundado e, da autoridade, um esclarecimento de seu significado, seja por meio de guias, de consultas ou mesmo da sua jurisprudência.

[19] Em jurisdições em que se requer uma quantidade mínima de informações das partes, o impacto de critérios de notificação relativamente baixos (que podem decorrer, por exemplo, de

onerosas as notificações de operações avaliadas como tendo baixo potencial anticompetitivo[20]; (iii) a possibilidade de a autoridade analisar concentrações que não são de notificação obrigatória[21]; (iv) os recursos materiais e humanos de que dispõe uma autoridade[22]; (v) a possibilidade e o custo de a autoridade orientar as partes quanto ao sentido dos termos de textura aberta por ela adotados[23]; etc. (ICN, 2008).

Nota-se, portanto, que o impacto dos critérios de definição e de notificação de ACs sobre o controle de concentrações é, ele próprio, afetado por uma multiplicidade de fatores que determinarão a combinação ótima, à cada jurisdição, de critérios mais ou menos objetivos. Essa combinação deve, por sua vez, refletir um equilíbrio entre, de um lado, o desejo da autoridade antitruste de tomar conhecimento do maior número possível de transações que podem ser lesivas a concorrência em virtude das alterações estruturais que produzem no mercado e, de outro, a necessidade de manter a notificação e análise de atos de concentração um processo viável, cujos custos são razoáveis para todos os agentes envolvidos (OCDE, 2013).

Nesse sentido, a determinação ou a calibragem dos critérios que definirão o que constitui um ato de concentração e as hipóteses de sua notificação pode ser compreendida como uma escolha decorrente da análise do custo e do benefício marginal de se expandir tais critérios de modo a ampliar o âmbito de atuação da autoridade concorrencial no controle concentrações (ICN, 2008). Mais especificamente, o escopo do controle de atos de concentrações deve se limitar aos casos em que os benefícios decorrentes desse processo ainda sejam

---

definições extremamente genéricas ou de critérios objetivos – como o faturamento das partes – relativamente baixos), que resultam em um maior número de atos notificados, é reduzido porque os custos e ônus impostos por esse sistema são relativamente baixos (ICN, 2008).

[20] A existência de, por exemplo, um rito mais célere com formulários de notificação mais simples e enxutos reduz o impacto de critérios de notificação relativamente baixos (ICN, 2008).

[21] Em jurisdições em que as autoridades concorrenciais detêm a possibilidade de analisar concentrações que não são de notificação obrigatória, critérios de definição e notificação de AC relativamente altos (que podem decorrer, por exemplo, da referência a situações bastante específicas ou de critérios objetivos – como o faturamento das partes – relativamente altos) geram menos riscos de que operações anticompetitivas escapem ao crivo da autoridade (ICN, 2008).

[22] Critérios de definição e notificação mais baixos, resultando em um maior número de atos submetidos à análise da autoridade concorrencial, tendem a apresentar custos de oportunidade mais altos às autoridades que dispõem de recursos limitados e que se deparam com um *trade-off* entre investir em uma ou outra prioridade de *enforcement* (ICN, 2008).

[23] A possibilidade e a viabilidade legal e prática de uma autoridade esclarecer o significado de critérios por meio de guias, de consultas ou de sua jurisprudência, reduzem os custos decorrentes da incerteza e da imprevisibilidade gerados pelo emprego de critérios subjetivos (ICN, 2008).

superiores aos custos que seriam impostos à sociedade caso simplesmente se permitisse que essas operações ocorressem[24].

Naturalmente, a ponderação entre custos e benefícios resultantes da escolha por um ou outro critério não é uma ciência exata. Dada a grande variação nos diversos fatores que impactam nos custos e benefícios das combinações de critérios pelas quais se pode optar, não há que se falar em uma definição ótima ou correta, que se aplique indistintamente a diferentes jurisdições, do que constitui um ato de concentração e de quais são suas hipóteses de notificação. A análise dos diversos elementos apontados acima é complexa e, conforme adiantado, requer que se leve em conta o contexto e as particularidades de cada sistema. Foi assim – analisando os dilemas existentes, dentro do contexto em que se inseriam – que o Cade buscou proceder, ao disciplinar o conceito de contratos associativos. Esse processo, composto por diferentes etapas, será abordado com maior detalhe a seguir.

3. A REGULAMENTAÇÃO DE CONTRATOS ASSOCIATIVOS

Em face da já mencionada insegurança jurídica gerada pelo emprego do conceito de contratos associativos, o Cade decidiu proceder à regulamentação do tema. A questão que se apresentava, então, era quanto à abordagem que seria adotada. Sabia-se do *trade-off* entre, de um lado, a previsibilidade e a segurança jurídica decorrentes do emprego de critérios mais objetivos e, de outro, a tendência de critérios descritivos refletirem melhor os mecanismos pelos quais uma operação pode lesar a livre concorrência.

Os critérios que se baseavam numa definição conceitual de contratos associativos, buscando extrair sua essência, pareciam, porém, ir na contramão do contexto em que se colocava a demanda pela regulamentação dos referidos contratos. A indeterminação sobre o que deveria ser notificado ao Cade estava na raiz do problema, ao passo que a desvantagem de tais critérios residia justamente na maior margem a interpretações diversas quanto quais contratos deveriam ou não ser notificados à autoridade.

Ademais, nos moldes do já apresentado, a renúncia a critérios conceituais não significava o estabelecimento de critérios aleatórios para definir contratos associativos e suas hipóteses de notificação. Ainda que critérios relativamente mais objetivos não visassem designar a essência dos contratos associativos, eles deveriam refletir aspectos que despertam preocupações do ponto de vista concorrencial a ponto de o contrato merecer o escrutínio da autoridade antitruste.

---

[24] Dito de outra forma, caso os benefícios sociais decorrentes da possibilidade de proibir essas operações ou de lhes impor remédios fossem inferiores aos custos envolvidos no processo de notificação e análise dessas operações, o escopo do controle de concentrações deveria ser reduzido.

Diante desse contexto, o emprego de critérios relativamente mais objetivos revelava-se preferível. Em fevereiro de 2014, o Cade apresentou, então, uma minuta de regulamentação, em se que se consideravam associativos quaisquer contratos entre concorrentes ou entre agentes econômicos que atuassem em mercado verticalmente relacionado[25]. Nesse último caso exigia-se, ainda, que pelo menos uma das partes detivesse 20% ou mais do respectivo mercado relevante e que pelo menos uma das seguintes condições fosse preenchida: a) o contrato estabelecesse o compartilhamento de receitas e prejuízos entre as partes; b) do contrato decorresse relação de exclusividade, fosse ela jurídica ou fática.

Os interessados foram chamados a se manifestar sobre a proposta de resolução e, durante os dois meses seguintes[26], o Cade recebeu contribuições de diversos escritórios de advocacia e de economistas, bem como de associações e entidades de classe[27].

A maior parte das numerosas contribuições argumentava que o principal problema da norma proposta era a abrangência do que era colocado como contrato associativo notificável ao Cade e expressava receio de que, mantida a resolução tal como enviada para a consulta pública, o número de contratos que teriam de ser submetidos à autoridade aumentasse significativamente. Nesse sentido, muitas contribuições propunham que se definisse conceitualmente no que consistiam tais contratos com base no tipo de interação entre as partes contratantes[28], no objeto pretendido pelo contrato[29], no efeito do contrato sobre determinado mercado[30] etc.

---

[25] Para aferir as relações horizontais e verticais referidas na resolução proposta, o parágrafo único do artigo 2.º estabelecia que deveriam ser consideradas as atividades das partes contratantes e das demais empresas integrantes dos respectivos grupos econômicos, conforme definição do artigo 4.º da Resolução 2, de 29 de maio de 2012.

[26] O prazo da consulta, que inicialmente terminava no dia 21 de março de 2014, foi estendido até 22 de abril do mesmo ano.

[27] O Cade recebeu mais de 20 contribuições a respeito do tema. Todas se encontram disponíveis em: < http://www.cade.gov.br/upload/Consulta%20p%C3%BAblica%20n%C2%BA%2003-2014.pdf>.

[28] A título de exemplo, menciona-se que foram propostos os seguintes critérios, nesse sentido, para caracterizar contratos associativos: existência de i) empreendimento ou organização comum, ii) exercício de atividade econômica conjunta, iii) comunhão de interesses comerciais, iv) elemento integrativo (integração de vontade ou bens), v) prestação continuada ou exploração duradoura de atividade econômica, vi) relação horizontal ou vertical no objeto do contrato, vii) união de centros decisórios distintos etc.

[29] A título de exemplo, menciona-se que foi proposto os seguintes critérios, nesse sentido, para caracterizar contratos associativos: contratos associativos são aqueles que visam a cooperação ou cujo fim comum corresponde à própria prestação do contrato.

[30] A título de exemplo, menciona-se que foi proposto o seguinte critério, nesse sentido, para caracterizar contratos associativos: contratos associativos são aqueles dos quais decorrem modificações estruturais no mercado.

Além disso, sugeriu-se que alguns dos critérios propostos na minuta de resolução fossem mantidos, mas ajustados, de modo a terem aplicabilidade sobre hipóteses mais restritas, consequentemente reduzindo o escopo da norma. Assim, houve a recomendação, por exemplo, de que apenas a exclusividade contratual recíproca ou com uma duração mínima fosse considerada como critério; de que o critério de percentual de mercado fosse estendido aos contratos entre concorrentes e de que, no que dissesse respeito a agentes verticalmente relacionados, ele fosse elevado para 30%[31].

Durante os meses que se seguiram à consulta pública, o Cade se debruçou sobre a miríade de critérios propostos pelas partes. Para promover uma análise qualificada das contribuições, a autoridade recorreu, por um lado, à doutrina e ao estudo da experiência de outras jurisdições com a regulamentação de ACs e de suas hipóteses de notificação. O produto dessa pesquisa, apresentado resumidamente na Parte II do presente artigo, possibilitou à autoridade ter uma visão mais abstrata do desafio que se lhe colocava e das ponderações que teria de fazer. Por outro lado, a autoridade realizou um levantamento de sua própria jurisprudência[32]. O intuito, aqui, era buscar compreender quais contratos vinham sendo notificados ao Cade desde a vigência da Lei 8.884/1994 até então e quais características desses contratos eram indicativas de algum problema sob o ponto de vista da defesa da concorrência[33].

Com base nessa pesquisa e nas contribuições feitas à consulta pública, o Cade buscou implementar critérios que não apenas (i) reduzissem os custos decorrentes da insegurança jurídica, enfrentados tanto pelas partes quanto pela autoridade; como também (ii) evitassem que contratos com problemas concorrenciais deixassem de ser notificados; e (iii) minimizassem a notificação de operações que não apresentam qualquer tipo de problema sob a ótica da defesa da concorrência[34].

---

[31] Outros exemplos de sugestões que seguiam na mesma linha (critérios propostos na minuta fossem calibrados de modo a ser tornarem menos abrangentes) foram que a exclusividade de fato fosse excluída como critério; que não fossem considerados de notificação obrigatória os contratos cuja exclusividade ou compartilhamento de receitas e prejuízos fosse imposto normativamente etc.

[32] O Cade analisou mais de 90 (noventa) contratos notificados como ACs e apreciados pelo Cade, excluídos os contratos notificados como *joint ventures* e consórcios, uma vez que a Lei 12.529/2011 tratou-os como tipos contratuais distintos dos contratos associativos. O número dos referidos processos encontra-se disponível na bibliografia do artigo.

[33] A opção pela realização do levantamento jurisprudencial está amparada no relatório da ICN sobre notificações de atos de concentração. Um dos passos recomendados, pela ICN, às autoridades engajadas no estabelecimento de critérios para notificação de AC é que se utilize a experiência passada como referência (*benchmark based on past experience*).

[34] A nota da OCDE sobre definição de ACs coloca que os dilemas na determinação de critérios para esses atos pode ainda ser explicada pelo objetivo de se minimizar os custos totais resultan-

A escolha ótima desses critérios, por sua vez, também exigiu que se levasse em conta o contexto e as particularidades da defesa da concorrência em nossa jurisdição. Nesse sentido, para além de atentar para a demanda por maior previsibilidade na notificação de contratos associativos, ponderou-se uma série de outros fatores que, conforme exposto no presente artigo, impactam na efetividade e eficiência do controle de concentrações. Mais especificamente, os critérios que despontaram das sugestões à consulta pública e do levantamento jurisprudencial, a serem tratados a seguir, foram considerados *vis-à-vis*: (i) a existência de um procedimento sumário, que reduz o ônus da notificação; (ii) a possibilidade de o Cade analisar operações que não são de notificação obrigatória[35], mitigando os riscos de, com um crivo demasiado restrito, excluir de sua apreciação operações concorrencialmente relevantes; (iii) os escassos recursos de que dispõe a autoridade para analisar uma gama muito ampla de casos; (iv) a possibilidade de o Cade, por meio de suas decisões, orientar as partes quanto à interpretação das normas por ela editadas.

Como resultado da pesquisa jurisprudencial, vale destacar, em primeiro lugar, a grande variedade de tipos contratuais que vinham sendo submetidos à apreciação do Cade. Nesse sentido, foram analisados contratos que as próprias partes classificavam como de distribuição; licenciamento; fornecimento; aquisição de direito de licença; uso de marca; copromoção; associação para desenvolvimento de um negócio; cooperação; aquisição de serviço e compartilhamento de tecnologia; locação; além de contratos híbridos e de outros tipos.

No entanto, a partir dessa variedade, a autoridade verificou, ao mesmo tempo, a dificuldade em fiar-se em tipos contratuais estanques. Isso porque, não raramente, tipos contratuais idênticos apresentavam características distintas ou, pelo contrário, contratos com características idênticas eram apresentados como tipos contratuais diversos. Com base nisso e na inviabilidade de se excluir, com base no tipo contratual, a possibilidade de risco concorrencial, o Cade considerou que a definição de contratos associativos ou de suas hipóteses de notificação não deveriam se basear em tipos de contratos, mas sim em suas características[36].

---

tes de erros do tipo I (notificação de operações que não apresentam qualquer tipo de problema concorrencial); de erros tipo II (ausência de notificação de operações concorrencialmente problemáticas); dos esforços das empresas em estar em conformidade com as normas (*compliance efforts*) e dos custos de *enforcement* enfrentados pelas autoridades, os quais podem aumentar diante das incertezas geradas pelo emprego de critérios imprecisos ou subjetivos (2013).

[35] De acordo com o artigo 88, § 7.º, da Lei 12.529/2011: "é facultado ao Cade, no prazo de 1 (um) ano a contar da respectiva data de consumação, requerer a submissão dos atos de concentração que não se enquadrem no disposto neste artigo [atos de concentração de notificação obrigatória]."

[36] Assim, não foi atendida a demanda, constante em algumas contribuições, de que certos tipos contratuais – como contratos de fornecimento, distribuição, franquia etc. – fossem expressamente excluídos da categoria de contratos associativos.

Em segundo lugar, verificou-se que poucos critérios propostos na consulta despontavam nos casos em que problemas concorrenciais haviam sido identificados pelo Cade. Se isso, por um lado, poderia ser um indicativo de que – como nem a Lei 8.884/1994 nem a Lei 12.529/2011 estabeleciam orientações para a análise de contratos notificados como AC – essas características propostas como crivo não constavam nos processos porque não eram, então, considerados relevantes para análise, por outro lado, a ausência de referência a esses critérios poderia de fato significar que os elementos propostos como crivo não estavam presentes nos contratos considerados concorrencialmente problemáticos. Nesse último caso, estar-se-ia diante de critérios pouco relevantes ou úteis para designar os contratos que deveriam ser submetidos ao Cade. Em face desse risco, optou-se por considerar os critérios tendo também em conta a frequência com que despontavam nos casos concretos. Em outras palavras, a correspondência entre a frequência com que os critérios foram sugeridos nas contribuições à consulta pública e a frequência com que despontavam nos casos concretos foi um fator relevante para determinar quais critérios seriam incorporados à versão final da resolução.

Tal correspondência chamou atenção em relação a duas contribuições feitas à consulta pública, particularmente. Em primeiro lugar, nos contratos em que restrições à concorrência foram identificadas pelo Cade, observou-se que, mais do que serem simplesmente concorrentes ou estarem verticalmente relacionadas em qualquer mercado, frequentemente as partes estavam horizontal ou verticalmente relacionadas no *objeto* do contrato. A incorporação dessa característica como critério de notificação de contratos associativos parecia, portanto, fazer sentido, na medida em que possibilitaria à autoridade reduzir seu escopo de análise a uma gama de casos menos numerosos, mas concorrencialmente mais relevantes[37].

Da mesma forma, observou-se que, nesses casos em que problemas concorrenciais haviam sido aventados, normalmente o critério de percentual de mercado relevante afetado pelo contrato, detido por pelo menos uma das partes *verticalmente* relacionadas no objeto do contrato, não apenas era superior aos 20% inicialmente propostos, como alcançava o percentual de 30% comumente sugerido nas contribuições. O critério de 20% de percentual de mercado detido pelas partes *horizontalmente* relacionadas no objeto do contrato, por sua vez, apresentava um índice menor de correlação entre a frequência com que despontava nas sugestões à consulta pública e nos casos concretos. Contudo, notou-se que, se fosse considerada a soma das participações das partes – em vez do percentual de mercado detido individualmente por cada uma delas –, o

[37] Em linha com essa modificação, optou-se por considerar, para fins de apuração de percentual de mercado relevante detido por pelo menos uma das partes, o mercado afetado pelo contrato e não mais qualquer mercado em que as partes estivessem verticalmente relacionadas, conforme se poderia depreender da minuta inicialmente proposta.

critério de percentual de mercado para agentes horizontalmente relacionados se mostraria igualmente um modo de tornar o crivo de contratos notificáveis ao Cade mais restrito e preciso. Assim, esse critério (percentual de mercado), eliminado da nova lei de defesa da concorrência devido a eventuais dificuldades em sua apuração, foi reincorporado como crivo para a notificação de contratos associativos, nos moldes do sugerido pelas contribuições feitas à consulta pública.

Para além da utilidade da incorporação dos dois critérios acima especificados (relação das partes no objeto do contrato e percentual de mercado), a análise da jurisprudência confirmou também a relevância dos critérios de exclusividade e de compartilhamento de receitas ou prejuízos para os casos em que as partes estiverem verticalmente relacionadas no objeto do contrato. É dizer, em contratos desse tipo, em que preocupações concorrenciais foram aventadas, normalmente ao menos uma dessas características estava presente. Por outro lado, ponderou-se que não cabia reduzir o escopo de análise da autoridade por meio da qualificação desses elementos - determinando, por exemplo, que a exclusividade seria considerada somente caso tivesse um certo prazo ou se fosse recíproca -, de modo que eles foram mantidos tal como inicialmente propostos na minuta de resolução colocada à consulta pública.

A sugestão de que fossem considerados associativos os contratos de prestação continuada ou com exploração duradoura de atividade econômica não encontrou, por seu turno, respaldo na jurisprudência analisada. Dentre os processos em geral, eram raros os casos em que se fazia qualquer menção à natureza perdurável dos contratos. Nos processos em que restrições à concorrência foram identificadas, tal menção era praticamente inexistente[38]. Não obstante, a análise da jurisprudência permitiu identificar que a inclusão de um critério temporal para determinar o que são contratos associativos seria apropriada, na medida em que permitiria que o crivo para a notificação de contratos fosse aprimorado. Assim, com o intuito de incorporar as sugestões feitas à consulta e, ao mesmo tempo, conferir maior objetividade a esse critério

[38] Cabe aqui reforçar, mais uma vez, que é possível que tal característica não constasse nos processos analisados simplesmente porque não era, então, considerada, pelo Cade ou pelos demais órgãos do SBDC, como um critério válido ou vigente para proceder à apreciação do contrato em sede de controle de estruturas. Como os critérios propostos nas contribuições foram considerados presentes na jurisprudência apenas quando havia menção expressa ou literal a eles, é possível que sua contabilização reflita um número menor do que aquele que obteríamos caso essas informações estivessem disponíveis. Em face disso, vale notar também que é possível que a contabilização dos critérios descritivos e conceituais tenha sido particularmente afetada. Assim, por exemplo, é possível que os contratos analisados fossem de prestação continuada ou duradouros. Porém, diante da ausência de menção a essas características e da imprecisão quanto ao seu significado, não possível aferir se elas se encontravam presentes ou não na jurisprudência.

de duração – e, consequentemente, às hipóteses de notificação de contratos associativos –, optou-se por determinar que, para se enquadrarem como associativos, os contratos deveriam ter duração superior a 2 (dois) anos.

Nas contribuições à consulta também foram assíduas as sugestões de que contratos associativos fossem definidos pela existência, entre as partes, de interdependência; de empreendimento ou organização comum; de comunhão de interesses comerciais; de compartilhamento de riscos; de parceria; de cooperação; etc. Tais critérios buscavam definir conceitualmente a essência de contratos associativos, de modo a refletir com maior exatidão sua dinâmica. Considerados enquanto grupo, esses critérios despontavam não raras vezes na jurisprudência em geral e com certa frequência nos casos em que havia inquietações sob a ótica da defesa da concorrência. Desse ponto de vista, sua incorporação como critério de definição de contratos associativos mostrava-se pertinente. No entanto, verificou-se, ao mesmo tempo, uma dificuldade considerável em identificar os elementos concretos a partir dos quais se poderia detectar a existência de cooperação ou afins. Se a própria jurisprudência revelava que o conteúdo desses conceitos era designado por aspectos distintos em cada caso, restava claro que sua textura aberta requereria, das partes, um exercício interpretativo nada trivial para determinar se seus contratos deveriam ou não ser notificados.

Diante desse contexto, o Cade decidiu por incorporar à definição de contratos associativos uma descrição conceitual que incluísse os elementos de cooperação, compartilhamento de riscos e interdependência. Porém, com o fito de conferir maior previsibilidade às hipóteses de notificação desses contratos, estipulou-se que, para esse fim (determinar os casos que devem ser obrigatoriamente submetidos à apreciação da autoridade), as partes devem se pautar estritamente nos critérios objetivos fornecidos pela norma. Nesse sentido, a resolução estabelece que consideram-se associativos quaisquer contratos com (i) duração superior a 2 (dois) anos e (ii) em que houver cooperação horizontal ou vertical ou compartilhamento de risco que acarretem, entre as partes contratantes, relação de interdependência. Para fins de notificação, no entanto, a norma prevê que a cooperação, o compartilhamento de riscos e a interdependência são designados por elementos relativamente diretos e simples, já apresentados acima: (i) a existência de relação horizontal ou vertical no objeto do contrato; (ii) o percentual de mercado detidos pelas partes; e (iii) a existência de exclusividade ou de compartilhamento de receitas ou prejuízos, nos casos de relação vertical.

Ainda no que tange a opção por critérios mais ou objetivos ou mais descritivos, vale destacar que, embora os primeiros sejam preponderantes para a determinação dos contratos que têm de ser notificados ao Cade, a definição conceitual de contratos associativos fornecida na resolução resguarda sua utilidade, na medida em que deve servir à interpretação, pela autoridade, dos contratos que lhe são apresentados em sede de controle de estruturas ou mesmo por outras vias. Assim, por exemplo, é possível que o Cade decida por não conhecer um contrato submetido a sua apreciação. De outro modo, também podem as partes contratantes consultar a autoridade a respeito da interpretação a ser dada à Resolução 10/2014[39]. Em ambos os casos, a descrição de contratos associativos com base na cooperação, compartilhamento de riscos e interdependência deve orientar a análise do Cade para determinar se o contrato em questão gera alterações estruturais no mercado de modo a merecer o escrutínio ou mesmo a intervenção da autoridade antitruste.

CONCLUSÃO

Com vistas a conferir maior transparência e clareza às razões que embasaram a escolha da autoridade ao disciplinar contratos associativos, o presente artigo buscou apresentar o contexto em que surgiu a demanda por regulamentação desses contratos; os dilemas com que se deparam autoridades antitruste ao disciplinar atos de concentração em geral e que se aplicam igualmente à regulamentação dos contratos em questão; e como o processo de elaboração da norma que disciplina contratos associativos ocorreu na prática.

Por trás do esforço empreendido neste artigo não jaz o objetivo de justificar as decisões tomadas pelo Cade, mas sim o de fornecer insumos para o contínuo debate acerca dessa categoria de AC. Afinal, para além de a defesa da concorrência ser extremamente dinâmica, exigindo constante aprimoramento por parte da autoridade antitruste, a implementação efetiva e eficiente de qualquer política exige que ela esteja aberta ao diálogo e à constante revisão.

A forma pela qual o Cade decidiu por disciplinar contratos associativos, conjugando critérios mais e menos objetivos e atribuindo diferentes consequências para cada um deles, é reflexo de um empenho da autoridade em ajustar seu escopo de análise de modo a assegurar que os benefícios decorrentes da apreciação dos casos notificados superassem os custos que sua notificação impõe tanto às partes, quanto à própria autoridade.

Há ajustes ou mesmo modificações à norma, que apenas se revelam necessários, uma vez que ela já se encontra vigente. Nesse sentido, mais importante do que antever todas as deficiências de um diploma legal, é a abertura da autoridade para aprimorá-lo de acordo com as demandas que a realidade continuamente lhe coloca – a julgar pela experiência aqui relatada na regulamentação dos contratos associativos, o canal de diálogo entre autoridade e sociedade não apenas está aberto, como deve ser utilizado, para que a disciplina deste tipo de operação seja implementada de forma efetiva e eficiente.

---

39 O artigo 9.º, §§ 4.º e 5.º, prevê o procedimento de consulta ao Tribunal do Cade sobre condutas em andamento. Esse procedimento é regulamentado pela Resolução 12, de 11 de março de 2015.

BIBLIOGRAFIA

ARAÚJO, F. *O contrato na economia*: teoria econômica do contrato. Coimbra: Almedina, 2007.

ASCARELLI, Tullio. *Problemas das sociedades anônimas e direito comparado*. São Paulo: Saraiva, 1945.

AZEVEDO, A. J. *Novos estudos e pareceres de direito privado*. São Paulo: Saraiva, 2009.

BRASIL. Congresso Nacional. Câmara dos Deputados. Projeto de Lei 3.937/2004. Disponível em: <http://www.camara.gov.br/proposicoesWeb/prop_mostrarintegra?codteor=339118&filename=PL+5877/2005>. Acesso em: 7 jul. 2015.

_____. Congresso Nacional. Câmara dos Deputados. Relatório do Projeto de Lei 3.937/2004. Disponível em: <http://www.camara.gov.br/proposicoesWeb/prop_mostrarintegra;jsessionid=9280A5673B0A5170F4D1AD25BE93023E.proposicoesWeb2?codteor=233311&filename=PL+3937/2004>. Acesso em: 7 jul. 2015.

_____. Conselho Administrativo de Defesa Econômica. Contribuições à Consulta Pública 03/2014. Disponível em: <http://www.cade.gov.br/upload/Consulta%20p%C3%BAblica%20n%C2%BA%2003-2014.pdf >.

_____. Conselho Administrativo de Defesa Econômica:
AC 08012.004012/1999-07; AC 08012.006150/1999-11;
AC 08012.010991/1999-61; AC 08012.004808/2000-01;
AC 08012.001101/2000-26; AC 08012.003711/2000-17;
AC 08012.001282/2001-24; AC 08012.003275/2001-67;
AC 08012.004928/2002-14; AC 08012.002808/2002-74;
AC 08012.006222/2002-89; AC 08012.005243/2003-68;
AC 08012.003997/2003-83; AC 08012.002668/2004-04;
AC 08012.004942/2004-71; AC 08012.005029/2004-92;
AC 08012.008359/2005-11; AC 08012.009265/2005-69;
AC 08012.011058/2005-74; AC 08012.000491/2005-84;
AC 08012.009020/2006-12; AC 08012.008656/2006-47;
AC 8012.006985/2006-53; AC 08012.000766/2006-61;
AC 08012.005697/2006-81; AC 08012.008725/2007-01;
AC 08012.004091/2007-18; AC 08012.000311/2007-26;
AC 08012.011192/2007-37; AC 08700.003674/2007-65;
AC 08012.003296/2007-78; AC 08012.001538/2007-99;
AC 08012.010621/2008-30; AC 08012.001951/2008-34;
AC 08012.000882/2008-41; AC 08012.006556/2008-48;
AC 08012.006186/2008-49; AC 08012.010018/2008-58;
AC 08012.006198/2008-73; AC 08012.006693/2008-82;
AC 08012.001560/2009-09; AC 08012.001558/2009-21;
AC 08012.006034/2009-27; AC 08012.002976/2009-36;
AC 08012.007963/2009-53; AC 08012.006367/2009-56;
AC 08012.001559/2009-76; AC 08012.004452/2009-80;
AC 08012.004517/2009-97; AC 08012.005472/2010-10;
AC 08012.012459/2010-17; AC 08012.006493/2010-44;

AC 08012.000344/2010-71; AC 08012.000182/2010-71; AC 08012.005367/2010-72; AC 08012.004571/2010-76; AC 08012.012422/2010-81; AC 08012.000541/2010-91; AC 08012.008566/2011-13; AC 08012.007268/2011-14; AC 08012.008617/2011-15; AC 08012.007537/2011-34; AC 08012.009541/2011-37; AC 08012.011158/2011-49; AC 08012.011050/2011-56; AC 08012.009264/2011-62; AC 08012.011690/2011-66; AC 08012.000101/2012-03; AC 08012.001302/2012-10; AC 08700.004061/2012-11; AC 08700.004022/2012-13; AC 08012.005963/2012-14; AC 08700.004011/2012-25; AC 08012.005575/2012-33; AC 08700.004215/2012-66; AC 08700.003989/2012-70; AC 08012.003274/2012-751; AC 08012.000562/2012-78; AC 08700.003897/2012-90; AC 08012.006507/2012-91; AC 08700.003937/2012-01; AC 08012.006706/2012-08; AC 08700.003898/2012-34; AC 08012.002870/2012-38; AC 08700.008736/2012-92; AC 08700.006336/2013-23; AC 08700.004957/2013-72; e AC 08700.008998/2013-38.

_____. Conselho Administrativo de Defesa Econômica. Resolução 10, de 29 de outubro de 2014. Disponível em: <http://www.cade.gov.br/upload/Resolu%C3%A7%C3%A3o%2010%20-%2004%20de%20novembro%20de%202014.pdf>.

_____. Conselho Administrativo de Defesa Econômica. Resolução 12, de 11 de março de 2015. Disponível em: <http://www.cade.gov.br/upload/RESOLU%C3%87%C3%83O%20N%C2%BA%2012.pdf>.

_____. Lei 8.884, de 11 de junho de 1994. Disponível em: <http://www.planalto.gov.br/ccivil_03/leis/l8884.htm>. Acesso em: 7 jul. 2015.

_____. Lei 12.529, de 30 de novembro de 2011. Disponível em: <http://www.planalto.gov.br/ccivil_03/_ato2011-2014/2011/Lei/L12529.htm>. Acesso em: 7 jul. 2015.

CATAPANI, Márcio Ferro. Os contratos associativos. In: NOVAES FRANÇA, E.V.A. *Direito societário contemporâneo I*. São Paulo: Saraiva, 2009. p. 87-103.

FERNANDEZ, J. A. C. G. A caracterização da atividade empresária: identificação dos elementos de empresa sob a ótica sistêmica. *Revista da ESMESC*, v. 17, n. 23, 2010.

FORGIONI, P. Os contratos de colaboração entre empresas. *Teoria geral dos contratos empresariais*. São Paulo: Ed. RT, 2010.

INTERNATIONAL COMPETITION NETWORK. *Defining "merger" transactions for purposes of merger review*, 2007. Disponível em: <http://www.internationalcompetitionnetwork.org/uploads/library/doc327.pdf>. Acesso em: 7 jul. 2015.

_____. *Setting notification thresholds for merger review*, 2008. Disponível em: < http://www.internationalcompetitionnetwork.org/uploads/library/doc326.pdf>. Acesso em: 7 jul. 2015.

LIMA PINHEIRO, L. *Contrato de empreendimento comum – joint venture – em direito internacional privado*. Coimbra: Almedina, 2003.

MACEDO, R. P. *Contratos relacionais e defesa do consumido*r. São Paulo: Max Limonad, 1998.

NOVAES FRANÇA, E.V.A.; VON ADAMEK, M. *Affectio societatis*: um conceito jurídico superado no moderno direito societário pelo conceito de fim social. *Revista de Direito Mercantil, Industrial, Econômico e Financeiro*, n. 149/150, ano XLVII (Nova Série), jan.-dez. 2008.

OECD. Working Party N. 3 on Co-operation and Enforcement. The Concept of a Merger Transaction – Note by the Secretariat. Disponível em: < http://www.oecd.org/officialdocuments/publicdisplaydocumentpdf/?cote=DAF/COMP/WP3%282013%295&docLanguage=En>. Acesso em: 7 jul. 2015.

UNIÃO EUROPEIA. Orientações relativas aos acordos de cooperação horizontal. Maio de 2011. Disponível em: <http://eur-lex.europa.eu/legal-content/PT/TXT/HTML/?uri=URISERV:l26062&from=PT>. Acesso em: 7 jul. 2015.

______. *Tratados consolidados, Carta dos direitos fundamentais.* Março de 2010. Disponível em: <http://europa.eu/pol/pdf/consolidated-treaties_pt.pdf>. Acesso em: 7 jul. 2015.

VENTURA, R. Primeiras Notas sobre o contrato de consórcio. *Revista da Ordem dos Advogados*, ano 41.º, 1981, p. 609-690.

WALTHER, M.; BAUMGARTNER, U. *Joint venture review under the new EC Merger Regulation*. Disponível em: <http://www.gibsondunn.com/fstore/documents/pubs/2007_Antitrust_Rev-WaltherBaumgartner-Joint_Venture.pdf>. Acesso em: 7 jul. 2015.

EVOLUÇÃO DAS NORMAS SOBRE TCCs EM CARTÉIS APÓS A LEI 12.529/2011

Victor Santos Rufino
Francisco Schertel

1. INTRODUÇÃO

Poucos elementos da política de defesa da concorrência no Brasil experimentaram um processo de evolução incremental tão significativo quanto aquele voltado à assinatura de Termos de Compromisso de Cessação (TCCs) em cartéis pelo Cade.

Ao longo dos anos, estabeleceu-se verdadeira "política de acordos", assim entendida como o reconhecimento, pelo Cade e comunidade de profissionais militantes do direito da concorrência, do conjunto de normas, decisões e práticas administrativas que informam a abordagem integrada dada ao mecanismo de solução consensual de investigações anticompetitivas expresso na figura do TCC.

A partir da construção e permanente reforma dessa "política de acordos", o TCC deixou de ser ferramenta utilizada pontualmente e passou a integrar a rotina de julgamentos do Cade, com impactos profundos no exercício do controle repressivo no Brasil.

O combate a cartéis certamente constitui o ramo da política de defesa da concorrência mais afetado pela evolução da política de acordos do Cade, especialmente por meio do acoplamento, operado a partir do ano de 2007, das figuras do TCC e do Acordo de Leniência.

No entanto, a entrada em vigor da Lei 12.529/2011, adicionada à experiência acumulada anteriormente, impeliu uma reavaliação da arquitetura da política de acordos, acelerando o desenvolvimento até então obtido.

A junção das funções de instrução e julgamento no âmbito do mesmo órgão requereu uma reflexão mais aprofundada sobre os modelos normativos e administrativos utilizados no âmbito do Cade, movimento que se iniciou com o novo regimento interno e que ainda persiste.

O novo Cade trouxe uma natural aproximação, ao menos no plano burocrático, entre os investigadores da Superintendência-Geral e os julgadores integrantes do Tribunal Administrativo de Defesa Econômica.

Esta nova característica abriu a oportunidade de se optar por um modelo de política de acordos que (i) garantisse ao administrado segurança na obtenção dos benefícios advindos da cooperação com a autoridade, com a sua imediata homologação pelos membros do Tribunal, e, ao mesmo tempo, (ii) permitisse a participação mais ativa dos investigadores na definição precisa da cooperação esperada.

O presente artigo buscará examinar o desenvolvimento da política de acordos do Cade a partir do ano de 2007 e explicar os fundamentos da modificação operada através da Resolução 5, de 6 de março de 2013, que representa o último marco normativo adotado pelo Cade relacionado a TCCs.

Considerando o peso dos TCCs em cartéis na "política de acordos", será dada maior ênfase às discussões sobre acordos em processos voltados à investigação dessa conduta anticompetitiva.

Convém observar que os autores desse texto estiveram diretamente envolvidos, na condição de coordenadores do Grupo Técnico de Negociações do Cade, na elaboração da Resolução 5/2013, e, portanto, as ideias aqui expostas são resultado da vivência dos autores com a matéria.

2. HISTÓRICO

Embora o TCC tenha sido utilizado pelo Cade desde logo após a entrada em vigor da Lei 8.884/1994, o manejo desse mecanismo nos primeiros anos de vigência do referido diploma foi esparsa e não necessariamente articulada como política.

A partir do ano 2000, com o advento da Lei 10.149, de 21 de dezembro de 2000 – mesma norma que introduziu o acordo de leniência no Brasil – a assinatura de TCCs em investigações de cartéis passou a ser vedada.

Somente com a entrada em vigor da Lei 11.482, de 31 de maio de 2007, é que o TCC voltou a ser uma saída possível nesses casos. Essa norma também esclareceu, definitivamente, com o fito de evitar divergências sobre a natureza do instituto, que a celebração do TCC dependia de juízo de conveniência e oportunidade do Cade, consagrando o seu caráter negocial.

A partir de então, algumas evoluções no uso do TCC passaram a ocorrer em um passo mais acelerado.

A primeira delas decorreu da Resolução 46, de 4 de setembro de 2007, que determinou que, nos casos em que "houver sido celebrado acordo de leniência pela SDE, o compromisso de cessação deverá necessariamente conter reconhecimento de culpa por parte do compromissário".

Operou-se, normativamente, o acoplamento entre o TCC e o Acordo de Leniência, de forma a evitar que a possibilidade de adoção da via negociada TCC pudesse, sem a necessidade de confissão, ser considerada mais atraente que o Acordo de Leniência, que legalmente a demanda.

Posteriormente, com a Resolução 51, de 4 de fevereiro de 2009, passou-se a prever que o Conselheiro Relator, ao negociar um TCC, sempre seria auxiliado por uma "Comissão de Negociação".

Buscou-se, com isso, perenizar uma expertise na matéria entre o corpo técnico do Cade e, ao mesmo tempo, aumentar o grau de organicidade da "política de acordos": ao contrário de os TCCs serem resultados do trabalho isolado do relator, passaram a representar também o acúmulo de experiência obtido em negociações anteriores pelos servidores membros das comissões de negociação. Investiu-se, também, na capacitação destes, voltada ao desenvolvimento de técnicas de negociação que pudessem ser aplicadas sistematicamente.

Mais ainda, referidas normas estabeleceram procedimentos para negociação, tais como os elementos mínimos das propostas iniciais, condições de confidencialidade, forma de tramitação da proposta, prazo de negociação, etc.

Ao mesmo, algumas decisões, homologatórias ou denegatórias de acordos, foram determinando os contornos do instituto na jurisprudência do Cade.

À guisa de exemplo, a negativa de homologação do acordo proposto pela Cimpor no Processo Administrativo 08012.011142/2006-79, e a homologação dos acordos propostos por Whirpool no Processo Administrativo 08012.000820/2009-11 e Politec na Averiguação Preliminar 08012.003021/2005-72, trazem alentadas discussões sobre as condições de celebração do TCC.

Nesse período, que se estende entre os anos de 2007 e 2013, através dos eventos acima descritos e seus consectários, a "política de acordos" desenvolveu-se significativamente e começou a apresentar resultados robustos.

Nesse cenário, a primeira versão do Regimento Interno do Cade no âmbito da Lei 12.529/2011 apenas fazia tímidas adaptações do antigo programa de acordos à nova realidade normativa.

Buscando readaptar a política de acordos à Lei 12.529/2011, a direção do Cade ordenou sua reavaliação, de forma a incrementar as melhores práticas até então adotadas, corrigir falhas identificadas e maximizar os benefícios decorrentes do novo desenho institucional da autarquia.

Iniciou-se, assim, no segundo semestre de 2012, estudos voltados à consecução desses objetivos, que culminaram na Resolução 5/2013.

3. REAVALIAÇÃO

O passo inicial da reavaliação foi fazer uma análise crítica dos acordos em investigações de cartéis assinados entre os anos de 2007 e 2012.

Uma análise cuidadosa revelou, de início, três pontos claramente positivos resultantes da implementação da "política de acordos" nos anos anteriores à entrada em vigor da Lei 12.529/2011: (i) a consciência institucional adquirida através da adoção de uma sistemática de negociação mais abrangente; (ii) o aumento da previsibilidade no processo de negociação obtido tanto pela uso de práticas de negociação transversais quanto pela normatização de procedimentos; (iii) o impacto na arrecadação do Cade, que se constitui como um indicador confiável do incremento da capacidade punitiva e/ou dissuasória do órgão.

Por outro lado, alguns pontos negativos foram identificados.

O primeiro deles foi uma tendência a se firmar acordos mais voltados à economia de recursos administrativos do que à efetiva colaboração com investigações ainda em andamento. Na antiga modelagem, a assinatura do TCC encerrava o processo administrativo tão logo cumpridas as obrigações pactuadas.

Em segundo lugar, a existência de acordos sem reconhecimento de participação nos fatos investigados contrariava a experiência internacional na matéria, passava uma percepção pública negativa da atuação do órgão e enfraquecia a via prevista no acordo de leniência, ao admitir solução negociada sem a devida confissão.

Em terceiro lugar, as colaborações obtidas, em alguns casos, foram consideradas insatisfatórias e, ademais, padeciam do defeito de não haver sido definidas pela autoridade que conduzia a investigação.

Em quarto lugar, verificou-se um baixo número de acordos subsequentemente firmados no mesmo caso. De uma base de 31 Acordos de Leniência analisados, apenas em 2 processos administrativos deles decorrentes houve a celebração de TCCs.

A partir do diagnóstico acima descrito foram propostas três soluções básicas.

4. SOLUÇÕES PROPOSTAS

As linhas gerais adotadas para fundamentar as soluções propostas foram determinadas, em essência, pela aglutinação das áreas de instrução (Superintendência-Geral) e julgamento (Tribunal Administrativo de Defesa Econômica), gerada pela Lei 12.529/2011 e pela percepção de que os TCCs deveriam ser utilizados menos para encerrar um processo administrativo em andamento em relação ao seu signatário e mais para fortalecer uma investigação em curso, através da colaboração de um dos participantes do conluio.

Para tanto, fez-se uma diferenciação clara entre o TCC negociado perante a Superintendência-Geral do Cade, ainda na fase de instrução, e o TCC negociado e firmado apenas pelo Tribunal Administrativo de Defesa Econômica após o fim da instrução.

De outro lado, buscou-se estimular a assinatura de TCCs com colaboração do signatário e tornar mais atraente a opção pela adoção de acordos subsequentes em uma mesma investigação.

Disso resultaram as seguintes soluções, que serão adiante detalhadas:

(i) obrigatoriedade de reconhecimento, pelo signatário do TCC, de participação nos fatos investigados em investigações relativas a cartel;

(ii) divisão institucional da negociação do TCC de acordo com o momento processual;

(iii) aumento da previsibilidade dos benefícios disponíveis.

(i) Obrigatoriedade de reconhecimento de participação

Das soluções propostas, esta certamente foi a que gerou a maior polêmica, pois se argumentava que tal exigência seria ilegal, por criar constrangimento à obtenção de proteção legal conferida ao administrado.

Quanto a tal crítica, deve ser observado que o TCC é um acordo entre a administração e o administrado, sendo resultado, quando firmado, da concordância das duas partes quanto às suas condições, respeitados os requisitos mínimos, não exaustivos, legalmente previstos. Assim, para a celebração do TCC, é necessário que tanto o investigado quanto o Cade considerem que a realização do compromisso é oportuna e conveniente.

A delimitação das condições para um acordo conveniente e oportuno dá-se em dois momentos: (i) por meio da fixação de critérios *a priori*, por meio de regulamento do Cade, cuja edição está expressamente prevista na Lei Antitruste; (ii) por meio da negociação das condições entre Cade e administrado, consideradas as peculiaridades do caso em que ocorrer a proposição do acordo.

Nesses dois momentos, contudo, o Cade nada mais faz do que exercer seu juízo de conveniência e oportunidade que lhe é conferido legalmente. Juízo este, ressalte-se, que também é feito pela parte investigada ao decidir apresentar uma proposta de acordo. Dada a natureza compromissória do TCC, é evidente que sua celebração depende da aquiescência de ambas as partes envolvidas no processo administrativo: Cade e administrado.

Nesse contexto, entendeu o Cade que a experiência adquirida na assinatura de TCCs demonstrava que o reconhecimento de participação na conduta investigada era necessário sempre que se estivesse diante da investigação da prática de cartel.

Tal constatação derivou de quatro principais fatores:

(a) a intenção do Cade de evitar a celebração de acordos com investigados inocentes, que poderiam tentar usar a via do TCC para pagar uma contribuição e encerrar a investigação;

(b) a avaliação de que a gravidade da conduta pede uma resposta mais firme da administração, conforme decorre do próprio ordenamento jurídico brasileiro, que criminaliza a prática de cartel, ao contrário das demais condutas anticompetitivas;

(c) os argumentos trazidos reiteradamente pelo Ministério Público Federal junto ao Cade, que sempre se opôs consistentemente à realização de TCCs sem reconhecimento de participação na conduta, que enfraqueceriam a persecução criminal;

(d) a experiência internacional, pois constatou-se que as autoridades da concorrência de todos os países desenvolvidos não fazem acordos em investigações de cartel sem tal reconhecimento pelo investigado.

A partir do diagnóstico acima, entendeu-se que não seria recomendável, em casos de investigações de cartel, aceitar acordos que, ao seu fim, não contivessem declaração de reconhecimento de participação na conduta sob investigação.

Desde a edição da Resolução 5/2013, o número de acordos com reconhecimento de participação atingiu proporções antes não verificadas, tendo sido, desde a entrada em vigor da Resolução 5/2013 até o momento, firmados 44 acordos com estas características.

(ii) Divisão da negociação pelo momento processual

A divisão da negociação pelo momento processual foi o elemento da reformulação da política de acordos que mais aproveitou a simbiose das atividades de instrução e julgamento no Cade após a Lei 12.529/2011.

Na nova conformação do Cade, o Superintendente-Geral é o responsável pela condução das investigações e, portanto, a autoridade melhor habilitada a conhecer as necessidades da instrução em termos de colaboração efetiva, a saber, quais novas provas trazidas pelo signatário podem realmente fazer a diferença no avanço do caso e quais são irrelevantes.

Além disso, o Superintendente-Geral é responsável pela negociação de acordos de leniência e conhece, portanto, os casos nos quais há mais de um interessado na assinatura de um acordo de leniência.

Dessa forma, tem a capacidade de propor a solução TCC para aqueles investigados que tenham procurado a via do acordo de leniência, mas não obtiveram sucesso porque essa ferramenta é disponível apenas ao primeiro infrator que a solicitar adequadamente.

Assim, a solução proposta foi reforçar a capacidade de negociação de TCCs em cartéis do Superintendente-Geral, demandando a colaboração do signatário em todos os casos, mas, ao mesmo tempo, reforçando os benefícios obtidos de acordo com a intensidade da colaboração e a ordem de chegada na procura pelo instrumento.

Pelo mesmo motivo, foram atenuados os benefícios obtidos pelo signatário que espera a instrução processual encerrar para negociar o TCC diretamente com o Tribunal Administrativo de Defesa Econômica, de forma a tornar a opção menos atraente.

Em outro flanco, com o objetivo de assegurar a previsibilidade ao administrado sobre o uso do instrumento, o Superintendente-Geral negocia o compromisso, mas este deve ser imediatamente homologado pelo Tribunal Administrativo de Defesa Econômica, garantindo ao signatário que os benefícios negociados com a autoridade instrutora serão honrados pela autoridade julgadora.

Este, sem dúvida, foi um dos principais proveitos extraídos da nova arquitetura institucional do Cade: a proximidade entre o Superintendente-Geral e os Conselheiros permite que a negociação do acordo seja rapidamente transmitida aos julgadores, que farão o controle das atividades dos investigadores e conferirão segurança ao produto final.

(iii) Aumento da previsibilidade dos benefícios disponíveis

Uma das conclusões do diagnóstico efetuado foi de que o incremento da previsibilidade sobre o uso do TCC é essencial para o adequado desenvolvimento da política de acordos no âmbito da defesa da concorrência em geral.

Não obstante, é um bem a ser perseguido, e, especificamente em uma política de acordos, cuidadosamente abordado, posto que o administrado precisa conhecer o máximo possível as variáveis em jogo para decidir se deve buscar tal saída.

Além disso, a calibração de ferramentas de previsibilidade de uma política de acordos deve ser feita de forma harmônica aos objetivos gerais perseguidos pela autoridade.

No caso da reformulação trazida pela Resolução 5/2013, além da manutenção das melhores práticas historicamente utilizadas pelo Cade, adicionalmente foram criadas faixas de descontos percentuais na contribuição a ser paga pelo signatário de um TCC em cartel, em coerência com o momento da apresentação da proposta.

De acordo com as novas regras, o primeiro investigado a celebrar um TCC com a Superintendência-Geral, em determinado caso, fará jus a um desconto entre 50% e 30% do valor da multa esperada, o segundo a um desconto entre 25% e 40%, e do terceiro em diante até 25% de desconto.

Se o acordo for realizado após a finalização da instrução, ou seja, perante o Tribunal Administrativo de Defesa Econômica, o desconto deverá respeitar o limite de 15% e não poderá ser superior a um desconto conferido a um investigado que tenha celebrado um TCC na fase de instrução no mesmo processo.

Assim, oferece-se um maior degrau de calculabilidade ao administrado sobre qual o valor a ser pago caso opte pelo acordo, ao mesmo tempo em que se garante o escalonamento dos benefícios obtidos pelos investigados.

Tais faixas de desconto estabelecem o princípio de que os benefícios devem ser proporcionais à disposição de colaborar com a investigação, estimulando a competição entre os infratores pela adoção da solução negociada.

O escalonamento de benefícios estabelecidos de acordo com a ordem de chegada tem o potencial de gerar uma maior instabilidade nos vínculos de confiança estabelecidos em condutas colusivas. Adicionalmente, tal modelagem tende a deflagrar uma corrida para o uso do instrumento.

É interessante observar que, recentemente, o Cade homologou TCCs, com benefícios concedidos em sequência, nos quais as datas de requerimento, que determinam o nível de concessões obtidas pelo infrator, são bastante aproximadas. Com efeito, no Inquérito Administrativo 08700.003018/2014-91, que apura cartel nos mercados de resinas para revestimentos e para compósitos, foram assinados 3 TCCs pelo Tribunal Administrativo (Requerimentos 08700.004496/2014-19, 08700.004627/2014-68 e 08700.005159/2014-49). Nos casos, os descontos relativos às contribuições pecuniárias fixadas incidiram à razão de 30% a 50% , de forma progressiva, em consonância com a ordem cronológica dos requerimentos de acordo formulados pelas partes interessadas.

5. RESULTADOS

Após a implementação das modificações trazidas pela Resolução 5/2013, foram celebrados 43 acordos com reconhecimento de participação nos fatos investigados, contra 22 firmados nos seis anos precedentes.

O impacto dos TCCs na arrecadação do FDD, que já era significativo, cresceu exponencialmente, como pode ser visto dos gráficos a seguir:

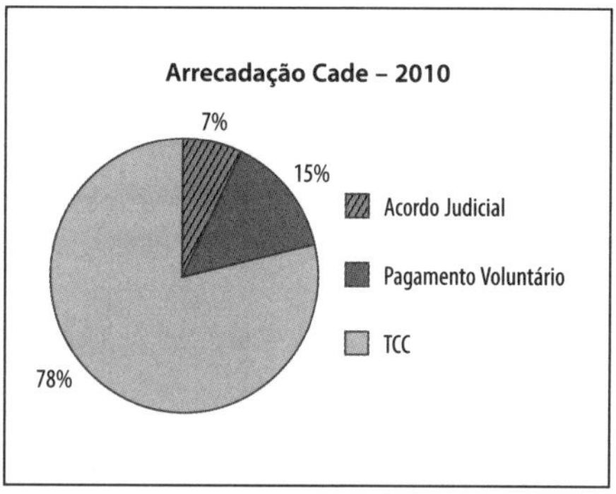
Arrecadação Cade – 2010
7%
15%
78%
Acordo Judicial
Pagamento Voluntário
TCC

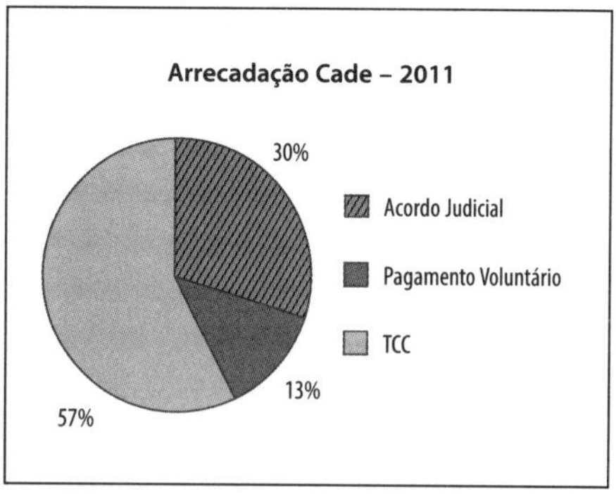
Arrecadação Cade – 2011
30%
13%
57%
Acordo Judicial
Pagamento Voluntário
TCC

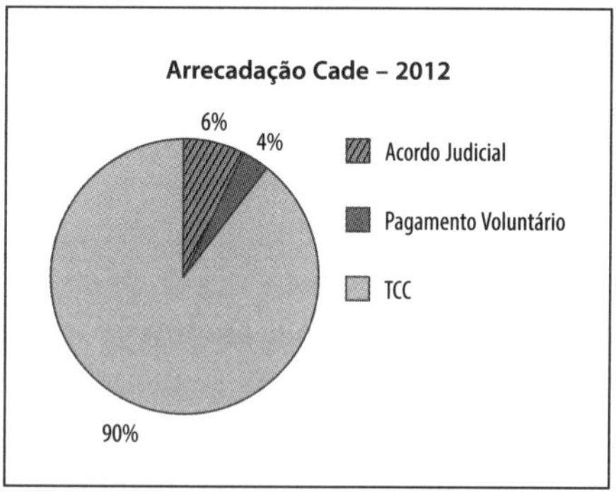
Arrecadação Cade – 2012
6%
4%
90%
Acordo Judicial
Pagamento Voluntário
TCC

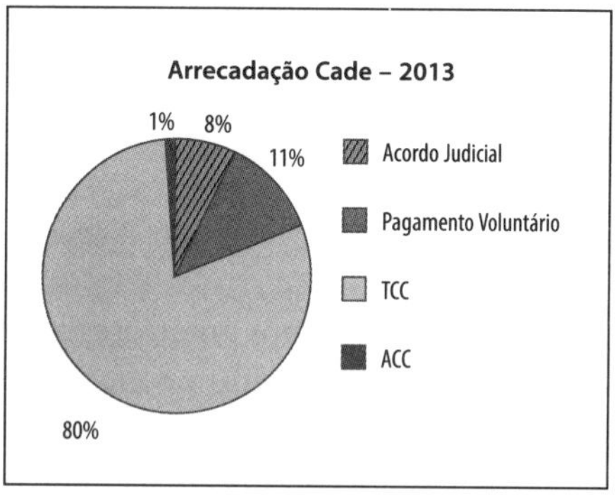
Arrecadação Cade – 2013
1%
8%
11%
80%
Acordo Judicial
Pagamento Voluntário
TCC
ACC

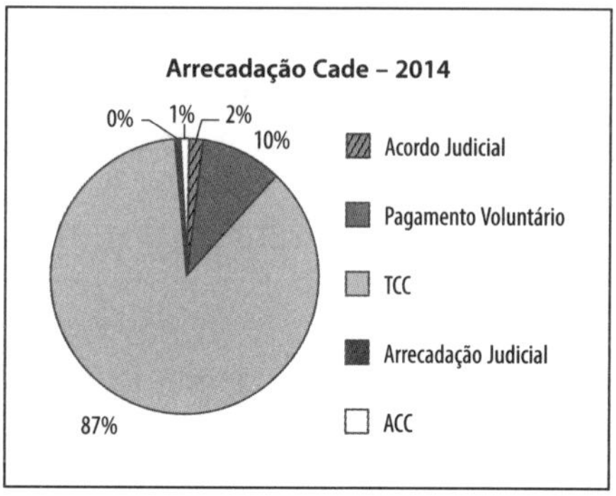
Arrecadação Cade – 2014
0%
1%
2%
10%
87%
Acordo Judicial
Pagamento Voluntário
TCC
Arrecadação Judicial
ACC

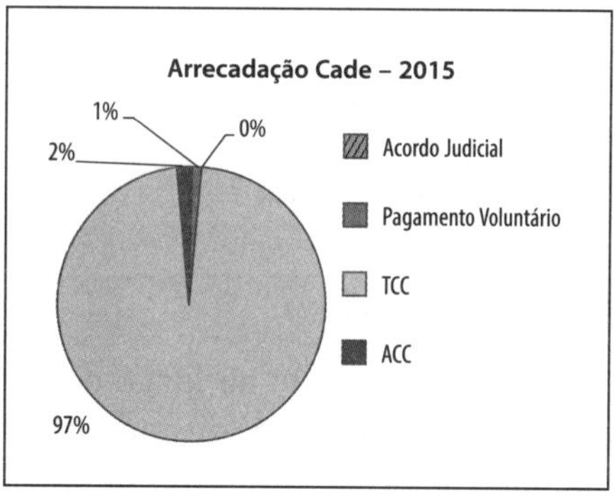
Arrecadação Cade – 2015
1%
0%
2%
97%
Acordo Judicial
Pagamento Voluntário
TCC
ACC

Valor arrecadado – Cade (1999-2015)

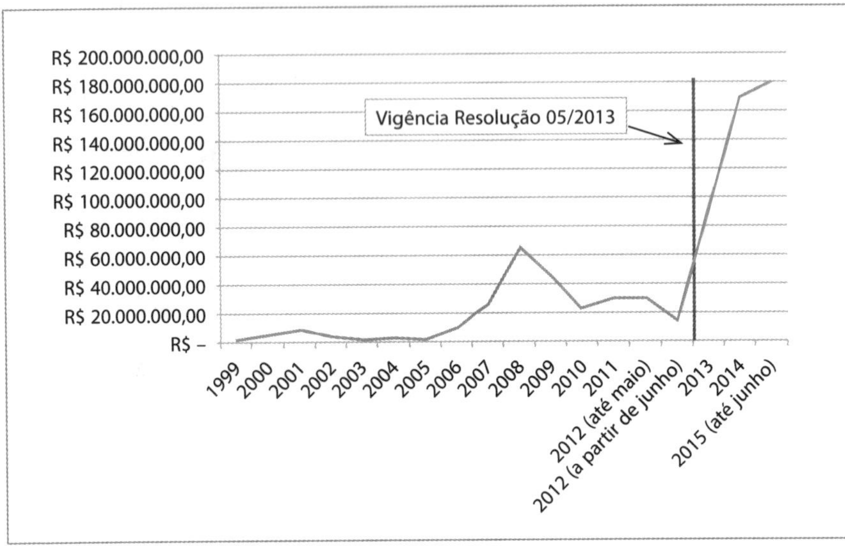

Nos seis anos anteriores à Resolução 5/2013, apenas em um processo administrativo havia sido verificada a incidência de acordos em sequência, isto é, a celebração de TCCs após a realização acordo de leniência.

Após a entrada em vigor da referida Resolução, 15 casos já dispõem de acordos sequenciados, com previsão de colaboração e com o reconhecimento da participação na conduta por parte dos investigados.

Dos 44 TCCs em cartéis firmados após a reformulação da "política de acordos", 22 foram firmados em negociação perante a Superintendência-Geral do Cade e 22 foram negociados apenas com o Tribunal Administrativo de Defesa Econômica.

6. CONCLUSÃO

Como visto ao longo do presente trabalho, a ferramenta do TCC é certamente um dos mecanismos da política brasileira de defesa da concorrência que mais se desenvolveu nos últimos anos.

Para além de representar uma mera alternativa de encerramento do processo administrativo, o TCC tornou-se elemento central na estratégica de controle de condutas anticompetitivas desenvolvida pelo Cade, em especial no âmbito de combate a cartéis.

A edição da Resolução 5/2013, que definiu um conjunto de novas regras para a negociação de TCCS com suspeitos de envolvimento de cartéis, representou importante contribuição para esse desenvolvimento do TCC, permitindo ao Cade aproveitar todo o potencial oriundo da integração, realizada pela Lei 12.529/2011, das funções de investigação e julgamento das condutas anticompetitivas numa mesma entidade.

Embora os progressos recentes na política de acordos do Cade sejam inegáveis, sempre é possível se vislumbrar aperfeiçoamentos que aumentem ainda mais a utilidades dos mecanismos negociais no combate a condutas colusivas.

Nesse contexto, um possível avanço seria a concessão de algum tipo de benefício na esfera penal a pessoas físicas que desejem colaborar com as investigações do Cade mesmo após a celebração de acordo de leniência relativa à conduta em questão.

Diante do histórico da política de acordos do Cade, que demonstra que o fortalecimento das soluções negociadas traz ganhos diretos de efetividade para a estratégia de combate a condutas anticompetitivas, é plausível se esperar bons frutos desse possível desenvolvimento no uso do TCC, que pode se dar tanto pela via da reforma legislativa como pelo uso coordenado do TCC com a colaboração premiada (Lei 12.850/2013, artigo 4.º).

AGENDA NORMATIVA DO NOVO CADE: O QUE MAIS PODE (OU DEVE) SER FEITO?

Olavo Chinaglia
Eduardo Caminati Anders

1. INTRODUÇÃO

Completados os três primeiros anos de vigência do sistema de controle prévio de concentrações no Brasil, é inegável que sua adoção representou importante avanço na prevenção ao exercício abusivo de poder econômico, exercida pelo Conselho Administrativo de Defesa Econômica (Cade).

O receio de que o sistema de análise prévia poderia se transformar em um entrave à economia – ou um "gargalo", como muitos propagavam – foram silenciados logo nas primeiras semanas de vigência da Lei 12.529/2011 (Lei de Defesa da Concorrência).

Todas as medidas de desempenho do Cade no sistema de controle prévio – tempo de análise, qualidade da análise e interação com as partes da operação –, comprovaram, de forma consistente e reiterada, não apenas o acerto na adoção por tal sistema, mas também que o Cade se preparou de maneira adequada para implementá-lo.

Em que pese a crônica falta de apoio do Governo Federal, que, até o momento, não cumpriu com a obrigação prevista no artigo 121 da Lei 12.529/2011 de criar 200 cargos de Especialistas em Políticas Públicas e Gestão Governamental, o bom funcionamento do sistema de controle prévio de concentrações no Brasil é reconhecido não apenas pelas empresas, advogados e economistas que atuam perante o Sistema Brasileiro de Defesa da Concorrência (SBDC), mas também por autoridades antitrustes de diversas jurisdições.

A exitosa implementação do sistema de controle prévio no Brasil deu-se, em boa medida, pelo empenho do Cade em sua preparação para o novo sistema. Grupos de trabalho, envolvendo o Cade e a extinta Secretaria de Direito Econômico (SDE), foram criados para analisar, adaptar e preparar os novos procedimentos, fluxogramas, textos de novas resoluções e do novo regimento interno, bem como para cuidar de questões estruturais, tais como a estruturação das equipes (coordenadorias) do Cade e a sua nova sede.

Nesse esforço do Cade para bem implementar o sistema de controle prévio, merece destaque a criação da Resolução 2/2012, cuja vigência se iniciou em 31 de maio de 2012, praticamente junto com o início da vigência da Lei 12.529/2011.

Tal resolução consolidou, de maneira inédita no cenário normativo da concorrência no Brasil, importantes conceitos (p.e. de grupos econômicos) e regras (p.e. de aquisição de participações societárias) que servem como ferramentas aos administrados na delicada tarefa de identificar se operações por eles pretendidas demandam a análise prévia e obrigatória do Cade.

Identificar quais são os principais conceitos e regras de que trata a Resolução 2 é o objeto primário deste trabalho. Além de tais aspectos, também serão abordadas neste artigo outras importantes e recentes regras criadas pelo Cade no âmbito do controle de concentrações, tais como a definição de contratos associativos. Ao final, serão mencionados alguns temas, todos atinentes ao controle de estruturas, que estão na pauta de discussão perante o Sistema Brasileiro de Defesa da Concorrência e que, muito em breve, poderão dar ensejo a novas proposições, seja na forma de atos normativos regulamentares, como as resoluções, seja na forma de orientações e guias aos administrados.

2. ASPECTOS GERAIS DA RESOLUÇÃO 2 DO CADE

A Resolução 2 do Cade, de 29 de maio de 2012, disciplina a notificação dos atos de concentração previstos no artigo 88 da Lei 12.529/11. A sua vigência iniciou-se em 31 de maio de 2012. Tal resolução teve algumas disposições alteradas pela Resolução 9 do Cade, de 1.º de outubro de 2014.

Os principais temas tratados pela Resolução 2/2012 e são: (i) conceito de grupo econômico, (ii) rito sumário de análise de atos de concentração, (iii) regras sobre aquisição de participações societárias, e (iv) operações envolvendo subscrição de títulos ou valores mobiliários conversíveis em ações. Cada um desses quatro tópicos será abordado abaixo.

Além desses pontos, a Resolução 2/2012 reiterou aos administrados orientação contida no artigo 110, § 1.º, do Regimento Interno da autarquia, no sentido de que o requerimento de aprovação da operação deverá ser apresentado, sempre que possível, em conjunto pelas partes da operação, cabendo-lhes informar imediatamente ao Cade qualquer alteração posterior dos dados constantes do pedido inicial.

Constituem anexos da mencionada resolução dois modelos de formulários, a serem utilizados para a notificação de atos de concentração ao Cade: o Anexo I corresponde ao formulário de notificação de operações não elegíveis ao rito sumário, enquanto o Anexo II destina-se à notificação de operações com menor potencial de acarretar danos à concorrência e que, justamente por isso, são examinadas pelo rito sumário.

O formulário para notificação de operações elegíveis ao rito sumário é substancialmente mais simples do que o formulário aplicável a operações de rito ordinário. Neste, além de informações sobre as partes e seus respectivos grupos econômicos, a operação e informações gerais sobre os mercados envolvidos (também requeridas no formulário sumário), , devem ser apresentadas informações detalhadas acerca dos mercados envolvidos, como, por exemplo, análises de condições de entrada e rivalidade, poder de monopsônio e análise da possibilidade de exercício coordenado de poder de mercado.

Nos termos da Resolução 2/2012, o Cade, por intermédio da sua Superintendência-Geral (SG), poderá determinar a emenda da notificação em caso de não preenchimento de quaisquer dos itens dos Anexos I ou II (formulários).

2.1. Conceito de grupo econômico

Com o objetivo de possibilitar aos administrados a verificação, de maneira objetiva, do preenchimento dos índices de jurisdição previstos no artigo 88 da Lei 12.529/2011 (critérios de faturamento), o Cade redefiniu conceitos de grupo econômico para operações envolvendo sociedades empresárias e para operações envolvendo fundos de investimento.

A razão é simples: a Lei Antitruste determina que uma operação deva ser previamente aprovada pelo Cade desde que as partes *e seus respectivos grupos econômicos* tenham atingido determinado faturamento bruto no Brasil no exercício anterior à realização da operação, sob pena de aplicação de sanção pecuniária e, eventualmente, a nulidade da operação. A lei, contudo, é silente a respeito de quais entidades devem ser consideradas integrantes de um mesmo grupo econômico, para fins de notificação de operações ao Cade, Por conseguinte, a fim de diminuir a insegurança jurídica resultante de tal omissão legal, o Cade, por meio da Resolução 2/2012, criou, especificamente para esse propósito – verificação do preenchimento dos critérios de faturamento –, os conceitos de grupo econômico acima referidos.

Portanto, deve-se ressaltar que o próprio Cade fez constar na mencionada resolução que tais definições de grupo econômico aplicam-se apenas para fins de cálculo do faturamento, com vistas à determinação do atendimento dos critérios objetivos fixados no artigo 88 da Lei 12.529/2011(critérios de faturamento) e não vinculam decisões do Cade com relação à solicitação de informações e à análise de mérito dos casos concretos[1].

Antes de abordar os conceitos de grupo econômico instituídos pelo Cade na Resolução 2/2012, é importante ressaltar dois pontos. O primeiro diz respeito ao artigo 4.º, *caput*, da mencionada resolução, que diz serem "partes" da operação as entidades diretamente envolvidas no negócio jurídico a ser notificado ao Cade e os seus respectivos grupos econômicos.

O segundo ponto refere-se aos critérios de faturamento estabelecidos na Lei 12.529/2011 (artigo 88), alterados pela Portaria Interministerial MJ/MF 994/2012. Nesse sentido, um ato de concentração deve ser previamente submetido ao Cade quando: (i) pelo menos um dos grupos envolvidos na operação tiver registrado, no último balanço, faturamento bruto anual no Brasil, igual ou superior a R$ 750 milhões e (ii) pelo menos um outro grupo envolvido na operação tiver registrado, no último balanço, faturamento bruto anual no Brasil, igual ou superior a R$ 75 milhões.

Pois bem. A fim de se proceder com a verificação do preenchimento de tais critérios de faturamento, o Cade criou, como já antecipado, dois conceitos de grupo econômico: um para empresas e outro para fundos de investimento. Vejamos.

2.1.1. Conceito de grupo econômico para empresas

Diz o artigo 4.º, § 1.º, da Resolução 2/2012:

> "Art. 4.º Entende-se como partes da operação as entidades diretamente envolvidas no negócio jurídico sendo notificado e os respectivos grupos econômicos.
>
> § 1.º Considera-se grupo econômico, para fins de cálculo dos faturamentos constantes do artigo 88 da Lei 12.529/11, cumulativamente:
>
> I – as empresas que estejam sob controle comum, interno ou externo; e
>
> II – as empresas nas quais qualquer das empresas do inciso I seja titular, direta ou indiretamente, de pelo menos 20% (vinte por cento) do capital social ou votante."

Em que pese tratar-se de definição sucinta, há ainda inegável grau de incerteza com relação à questão do controle. Por exemplo, que situações poderiam ser interpretadas como hipóteses de controle "externo", para fins de

[1] Não por acaso, os itens II.5.1 e II.5.2 de ambas as versões (sumária e ordinária) do formulário de notificação contemplam definições de grupo econômico para o fim específico de preenchimento de tais formulários. Vide, a respeito, item 2,1.2, infra.

aplicação da Resolução 2/2012? O que, especificamente, caracteriza o controle "comum" de empresas?

Essas dúvidas, dentre outras, revestem-se de relevância ainda maior quando se tem presente que o objetivo do Cade, ao editar tal dispositivo, foi abandonar, devido à inevitável dose de subjetividade em sua aplicação, a noção de "influência relevante", até então invocada na jurisprudência da autarquia como parâmetro para delimitação dos grupos econômicos[2]. A alternativa proposta, como se vê, não elimina problema. Em certa medida, até o agrava, porque a incerteza, agora, extrapola as fronteiras do antitruste.

Com efeito, não há nem mesmo entre os societaristas pátrios consenso com relação ao conceito de controle, o que torna sobremaneira difícil, para os profissionais que militam no Direito da Concorrência, justificar para colegas não familiarizados com tais discussões ou mesmo para os clientes, certas análises e certos pedidos de informação. Mas, obviamente, isso não invalida e tampouco diminui o esforço do Cade no sentido de aperfeiçoar o suporte normativo da defesa da concorrência. Como se abordará mais adiante, talvez um ponto a ser explorado em futuro avanço nessa seara seria a criação de um guia sobre o conceito de controle, para fins de análise antitruste.

De todo modo, à míngua de regras que especifiquem o contrário, há fundamento jurídico a suster o entendimento de que a definição de controle, para fins da análise de atos de concentração, deve ser interpretada à luz do conceito de controle previsto na legislação societária. A este respeito, o artigo 116 da Lei 6.404 de 15 de dezembro de 1976 define acionista controlador como "a pessoa, natural ou jurídica, ou o grupo de pessoas vinculadas por acordo de voto, ou sob controle comum, que: (a) é titular de direitos de sócio que lhe assegurem, de modo permanente, a maioria dos votos nas deliberações da assembleia-geral e o poder de eleger a maioria dos administradores da companhia; e (b) usa efetivamente seu poder para dirigir as atividades sociais e orientar o funcionamento dos órgãos da companhia".

Outro ponto que suscitou questionamentos no início da vigência da Resolução 2/2012, no que tange ao conceito de grupo econômico para empresas, foi se restaria configurado um grupo econômico pelo simples fato de empresas distintas terem acionistas pessoas físicas coincidentes.

A questão pode ser respondida à luz do artigo 31 da Lei 12.529/2011, segundo o qual o diploma em questão "aplica-se às pessoas físicas ou jurídicas de direito público ou privado, bem como a quaisquer associações de entidades ou pessoas, constituídas de fato ou de direito, ainda que temporariamente, com ou sem personalidade jurídica, mesmo que exerçam atividade sob regime de

---

[2] Vide, a respeito, o célebre caso IdeiasNet (Ato de Concentração 08012.010293/2004-48, Conselheiro Relator Luiz Alberto Esteves Scallope. Ato não conhecido e arquivado sem julgamento do mérito, por maioria, em 1.º de fevereiro de 2006).

monopólio legal". Nesse sentido, embora o artigo 4.º da Resolução 2/2012 do Cade, em má técnica, refira-se a empresas, não pode haver dúvida de que indivíduos devam ser considerados integrantes de grupos econômicos, na medida em que se subsumam às hipóteses previstas no próprio artigo 4.º.

A SG, em ao menos dois precedentes, confirmou esse entendimento e concluiu o simples fato de empresas distintas terem, como acionistas, pessoas físicas coincidentes, seria suficiente para caracterizar o grupo econômico entre elas. Tais precedentes são os atos de concentração s 08700.009881/2012-91[3] e 08700.002561/2013-91[4], conhecidos e aprovados, sem restrições, pela SG, em 18 de dezembro de 2012 e 1.º de abril de 2013, respectivamente.

O primeiro precedente, envolvendo ABN-AMRO Bank N.V. (ABN-AMRO) e Banco CR2 S.A. (CR2), consistiu na aquisição pelo ABN-AMRO da totalidade das ações do CR2. Consta dos autos que as requerentes solicitaram ao Cade o não conhecimento do ato de concentração, tendo em vista que o faturamento da CR2 não atingiria o mínimo de R$ 75.000.000,00. O cerne da questão residia no fato de a CR2 possuir, entre seus acionistas, todos pessoas físicas, cinco acionistas comuns a outra empresa, a CR2 Empreendimentos Imobiliários S.A.

Em virtude de tal requerimento de não conhecimento, a SG, após analisar o caso, concluiu pela necessidade de submissão do ato, apontando as seguintes razões que justificariam o conhecimento da operação, *in verbis*:

> "11. Observa-se que na CR2 Empreendimentos Imobiliários Ltda. não existe nenhum acionista (ou grupo de acionistas vinculado por acordo) que controle a sociedade individualmente. Significa dizer, logicamente, que o controle é compartilhado, ou seja, todos, inclusive os acionistas comuns, são co-controladores da empresa. Já na CR2, dois desses acionistas controlam a empresa, por meio de acordo de acionistas.
>
> 12. Dado que as pessoas físicas controladoras da CR2 são, concomitantemente, co-controladores da CR2 Empreendimentos, cabe concluir que há controle comum a ambas as empresas, enquadrando-se a hipótese ao disposto no § 1.º, I, do artigo 4.º da Resolução Cade 2/2012, que assim versa: [...]
>
> 15. *Ou seja, os acionistas comuns a ambas as empresas possuem, conjuntamente, participações relevantes, tanto na CR2, como na CR2 Empreendimentos Imobiliários. A significativa participação acionária de cinco acionistas em ambas as empresas (maior que 20%) indica potencialidade, de fato, de condução conjunta de ambas as empresas.* [...]" (Parecer Técnico 279 – Superintendência Geral) (grifamos).

---

[3] Requerentes: ABN-AMRO Bank N.V. e Banco CR2 S.A.

[4] Requerentes: Dias Branco Administração e Participações Ltda. e Alphaville Urbanismo S.A.

Observe-se, por um lado, que uma das premissas adotada pela SG em tal precedente – a de que a inexistência de controlador individual significa, de per si, a existência de controle compartilhado – é manifestamente equivocada. Ora, é perfeitamente possível e razoavelmente frequente a situação em que, simplesmente, ninguém exerça controle sobre a sociedade. Nesse caso, as decisões de administração e gestão acabam sendo tomadas, por delegação da assembleia geral, aos diretores.

Além disso, a SG, a fim de justificar o conhecimento da operação, acabou por ressuscitar a tão criticada noção de influência relevante, ao constatar a "potencialidade [...] de condução conjunta de ambas as empresas".

O outro precedente refere-se a um contrato de associação celebrado por Dias Branco Administração e Participações Ltda. ("Dias Branco") e Alphaville Urbanismo S.A. ("Alphaville"). De acordo com os autos, o faturamento da Dias Branco estaria abaixo dos valores previstos na legislação antitruste que tornariam a notificação da operação obrigatória. Contudo, tendo em vista a existência de um mesmo acionista pessoa física tanto da Dias Branco quanto de outra sociedade, a M. Dias Branco, que, a sua vez, atingiria o faturamento que ensejaria a notificação, as requerentes entenderam por bem submeter a operação ao Cade *ad cautelam*.

Ao enfrentar a questão do conhecimento, a Superintendência-Geral do Cade entendeu que tal operação deveria ser conhecida. Para tanto, alegou:

> "8. Dado que pessoa física controladora da Dias Branco é, concomitantemente, controladora da M. Dias Branco, cabe concluir que há controle comum a ambas as empresas, enquadrando-se a hipótese ao disposto no § 1, I e II do artigo 4.º da Resolução Cade 2/2012, que assim versa: [...]
>
> 9. *Neste caso, o acionista comum a ambas as empresas possui participação relevante acima de 20%, tanto na Dias Branco, como na M. Dias Branco, devendo-se levar em consideração o faturamento de ambas para mensuração dos valores de faturamento para fins de enquadramento nos critérios de notificação. Assim se procedendo, tem-se que o faturamento do grupo ultrapassa o patamar legal. A hipótese objetiva para conhecimento da operação em tela foi, portanto, alcançada.* [...]" (Parecer Técnico 90 – Superintendência Geral) (grifamos).

Observa-se, mais uma vez, que o Cade invoca o conceito de controle societário de forma um tanto obtusa, na medida em que a pessoa física com participação superior a 20% no capital das empresas foi considerada controladora de ambas em função somente dessa circunstância.

Seja como for, diante de tais precedentes, deve-se ter como pacificado o entendimento de que empresas distintas com acionistas pessoas físicas coincidentes devem ser consideradas, nos termos da Resolução 2/2012, como integrantes do mesmo grupo econômico, para fins de cômputo dos faturamentos.

2.1.2. Conceito de grupo econômico para fundos de investimento

No que tange aos fundos de investimentos, por sua vez, o artigo 4.º, § 2.º, da Resolução 2/2012, alterada pela Resolução 9/2014, estipula que, para fins de cálculo do faturamento, fazem parte do mesmo grupo econômico, cumulativamente: (i) *o grupo econômico de cada cotista que detenha direta ou indiretamente participação igual ou superior a 50% das cotas do fundo envolvido na operação*, (ii) *as empresas controladas pelo fundo envolvido na operação* e (iii) *as empresas nas quais o referido fundo detenha direta ou indiretamente participação igual ou superior a 20%*. De acordo com referida norma:

> "Art. 4.º [...]
>
> § 2.º *No caso dos fundos de investimento, são considerados integrantes do mesmo grupo econômico para fins de cálculo do faturamento de que trata este artigo, cumulativamente:*
>
> I – O grupo econômico de cada cotista que detenha direta ou indiretamente participação igual ou superior a 50% das cotas do fundc envolvido na operação via participação individual ou por meio de qualquer tipo de acordo de cotistas; e
>
> II – As empresas controladas pelo fundo envolvido na operação e as empresas nas quais o referido fundo detenha direta ou indiretamente participação igual ou superior a 20% (vinte por cento) do capital social ou votante".

Tal como a definição de grupo econômico para empresas, a definição introduzida pelo artigo 4.º, § 2.º, da Resolução 2/2012, é sucinta e almeja, na medida do possível, objetividade.

Indagações sobre o alcance do termo "controle" (inciso II), na mesma linha do quanto exposto no item acima sobre o conceito de grupo econômico para empresas, existem, mas não diminuem a importância dos conceitos trazidos pela Resolução 2/2012, em seu artigo 4.º.

Por mais de quinze anos o Cade insistiu em adotar diferentes entendimentos jurisprudenciais sobre o conceito de grupo econômico envolvendo fundos de investimento. Foi apenas com o advento da Resolução 2/2012 que, finalmente, houve uma sinalização clara, objetiva e institucional de como os administrados devem definir o grupo econômico de um fundo de investimento. E esse fato – por si só –, além de ser um enorme avanço, reduziu sobremaneira a insegurança jurídica que sempre caracterizou esse tema.

Há, todavia, um ponto que também poderia ter suscitado dúvidas. Trata-se do texto do inciso I do mencionado artigo, que, ao listar as entidades que fariam parte do mesmo grupo econômico, menciona o *grupo econômico de cada cotista que detenha direta ou indiretamente participação igual ou superior a 50% das cotas do fundo envolvido na operação.*

Felizmente, logo após a adoção desse texto (por meio da edição da Resolução 9/2014, que alterou a Resolução 2/2012), o Cade, por intermédio da SG, ao analisar operação[5] que envolvia a aquisição da empresa AXT pela empresa CAX, por sua vez detida pelo fundo Carlyle U.S. Equity Opportunity Fund, L.P., afirmou, no que tange à configuração de grupo econômico envolvendo fundo de investimento:

> "10. Essencialmente, a configuração de grupo para fins de cálculo do faturamento se restringe apenas ao fundo envolvido na operação e desconsidera, por completo, o gestor desse fundo e os demais fundos sob mesma gestão, assim como os cotistas e sociedades relacionadas a estes. Desta forma, considera-se para cálculo de faturamentos os cotistas do fundo envolvido na operação (restritos aos que detenham direta ou indiretamente participação igual ou superior a 50% de suas cotas, de forma individual ou por meio de acordo de cotistas) e empresa do portfólio do fundo envolvido na operação (com o mesmo percentual de participação previsto anteriormente, ou seja, 20%, além das controladas)" (Parecer Técnico 430 – Superintendência Geral).

Portanto, a SG deixou claro, ao menos no citado precedente, que a interpretação literal e restrita do conceito de grupo econômico para fundos de investimento deve prevalecer.

Também merece destaque no texto do mencionado artigo 4.º, § 2.º, a expressão "por meio de qualquer tipo de acordo de cotistas" contida no inciso I (50% das cotas do fundo envolvido na operação via participação individual ou *por meio de qualquer tipo de acordo de cotistas*).

Não obstante o Cade ainda não tenha tido a oportunidade de enfrentar, em profundidade, a questão, não parece razoável supor que, na ausência de um acordo de voto entre cotistas, o regulamento de um determinado fundo, que estipule a criação de um comitê de investimento para decidir matérias relevantes, ao qual cada cotista indicaria um membro, poderia ser equiparado a um acordo de cotistas e, assim, permitir com que os cotistas do mencionado fundo fossem considerados integrantes do mesmo grupo econômico.

Como oportunamente antecipado, o Cade tem dado sinais de que os comandos contidos na Resolução 2/2012 devem ser interpretados de maneira restrita e objetiva.

---

[5] Ato de Concentração 08700.009945/2014-15, não conhecido pela SG, conforme Parecer expedido em 15 de dezembro de 2014.

Nesse sentido, a valer tal abordagem do Cade – o que apenas as futuras decisões envolvendo a aplicação desse conceito de grupo econômico trazido pela Resolução 2/2012 e, posteriormente, alterado pela Resolução 9/2014, em outubro passado, poderão confirmar – seria razoável assumir que, se o regulamento de um fundo estabelecesse um quórum qualificado para mudar o gestor/administrador, e esse quórum, na prática, atribuísse um poder de veto a um determinado quotista nessa matéria, tal poder não deveria ser visto como poder de controle e, como tal, com o condão de tornar referido cotista, aos olhos da citada resolução, integrante do grupo econômico do fundo. Nessa hipótese, para que tal quotista fosse considerado como integrante do grupo econômico do fundo, ele teria que ter ao menos 50% das quotas do fundo ou participar de acordo de voto entre cotistas que reunisse cotistas com ao menos 50% das cotas do fundo.

É oportuno mencionar que o conceito de grupo econômico inaugurado pela Resolução 2/2012, em 31 de maio de 2012, foi posteriormente alterado pela Resolução 9/2014. De fato, quando foi editada a Resolução 2/2012, o conceito de grupo econômico para fundos de investimento era muito mais amplo:

> "Art. 4.º [...]
>
> § 2.º Quando se trata de fundos de investimento, considera-se integrante do mesmo grupo, cumulativamente:
>
> I – os fundos que estejam sob a mesma gestão;
>
> II – o gestor;
>
> III – os cotistas que detenham direta ou indiretamente mais de 20% das cotas de pelo menos um dos fundos do inciso I; e
>
> IV – as empresas integrantes do portfólio dos fundos em que a participação direta ou indiretamente detida pelo fundo seja igual ou superior a 20% (vinte por cento) do capital social ou votante."

Entretanto, após quase dois anos e meio de aplicação desse conceito, o Cade entendeu por bem ajustá-lo, excluindo a figura do "gestor" e dos "fundos sob a mesma gestão", conforme descrito acima.

Tratou-se, portanto, de um aprimoramento do conceito de grupo econômico para fundos de investimento, que se deu em razão da experiência acumulada pelo Cade nos primeiros dois anos e meio de aplicação de tal conceito.

Ressalte-se, todavia, que, apesar de haver excluído, para fins exclusivos do cômputo dos faturamentos, a figura do "gestor", bem como "os fundos que estejam sob a mesma gestão" no conceito de grupo econômico envolvendo fundos de investimentos, o Cade manteve, para fins de preenchimento dos formulários de submissão de atos de concentração (tanto no de rito sumário quanto no de rito ordinário), definição mais abrangente de grupo econômico de fundos de investimento, contendo a figura do "gestor".

De fato, por meio da Resolução 9/2014, o Cade incluiu no item II.5, dos formulários previstos nos Anexos I e II da Resolução 2/2012, definição bastante ampla de grupo econômico envolvendo fundos de investimento. *In verbis*:

> "II.5.2. No caso dos fundos de investimento, são considerados integrantes do mesmo grupo econômico para fins de resposta a este e aos demais itens deste Anexo, cumulativamente: a) O fundo envolvido na operação; b) Os fundos que estejam sob a mesma gestão do fundo envolvido na operação; c) O gestor; d) Os grupos dos cotistas, conforme definidos no item II.5.1., que detenham direta ou indiretamente mais de 20% das cotas do fundo envolvido na operação; e) As empresas controladas pelo fundo envolvido na operação e as empresas nas quais o referido fundo detenha direta ou indiretamente participação igual ou superior a 20% (vinte por cento) do capital social ou votante; e f) As empresas controladas pelos fundos que estejam sob a mesma gestão do fundo envolvido na operação e as empresas nas quais esses fundos detenham direta ou indiretamente participação igual ou superior a 20% (vinte por cento)".

A justificativa do Cade para a adoção de dois critérios distintos para definição de grupo econômico envolvendo fundos de investimento - um mais restrito, para fins exclusivos do cômputo do faturamento e outro, mais amplo, para os administrados preencheram o formulário de submissão de ato de concentração ao Cade - reside no fato de que, uma vez superada positivamente a verificação do preenchimento dos índices de jurisdição (critério de faturamento) - questão formal - é importante que o Cade possa ter uma visão mais ampla e profunda das partes da operação e de seus respectivos grupos econômicos - questão de mérito.

Por outras palavras, a definição contida no artigo 4.º, § 2.º, da Resolução 2/2012 deve ser aplicada na verificação do preenchimento dos índices de jurisdição do Cade; ou seja, para verificar se determinada operação necessita de aprovação prévia da autoridade antitruste.

A sua vez, a definição contida no item II.5.2 dos formulários do Cade (Anexos I e II) tem por objetivo a maior abertura de informações a serem prestadas pelas partes de uma operação que necessariamente será analisada previamente pelo Cade. Tal definição, por ser mais abrangente, permite à autoridade antitruste visualizar maior detalhe as partes da operação, proporcionando elementos mais sólidos para uma análise do mérito da questão antitruste.

2.2. Hipóteses de operações elegíveis ao rito sumário

A Resolução 2/2012 estabeleceu o chamado "Procedimento Sumário para Análise de Atos de Concentração". Tal procedimento será aplicado pelo Cade aos casos que, em virtude da simplicidade das operações, tenham menor potencial ofensivo à concorrência.

As partes de uma operação enquadrável no rito sumário poderão preencher o formulário simplificado (Anexo II da Resolução 2/2012), o que, em termos práticos, significa apresentar um volume de dados, informações e documentos substancialmente menor do que se comparado com o formulário do rito ordinário (Anexo I da Resolução 2/2012).

Além de um requerimento simplificado, a operação enquadrável no rito sumário será analisada pela autoridade de maneira mais célere. Em geral, um ato de concentração analisado pelo rito sumário é decidido pelo Cade em até 30 (trinta) dias, sendo comuns decisões proferidas em menos de 21 (vinte e um) dias.

Mas é importante notar que o enquadramento do pedido de aprovação de ato de concentração em Procedimento Sumário é uma decisão discricionária do Cade, que levará em conta os critérios de conveniência e oportunidade.

Nos termos da Resolução 2/2012, são elegíveis ao Procedimento Sumário as seguintes operações:

> "I – *Joint-Ventures* clássicas ou cooperativas: casos de associação de duas ou mais empresas separadas para a formação de nova empresa, sob controle comum, que visa única e exclusivamente à participação em um mercado cujos produtos/serviços não estejam horizontal ou verticalmente relacionados;
>
> II – Substituição de agente econômico: situações em que a empresa adquirente ou seu grupo não participava, antes do ato, do mercado envolvido, ou dos mercados verticalmente relacionados e, tampouco, de outros mercados nos quais atuava a adquirida ou seu grupo;
>
> III – Baixa participação de mercado com sobreposição horizontal: as situações em que a operação gerar o controle de parcela do mercado relevante comprovadamente abaixo de 20%, a critério da Superintendência-Geral, de forma a não deixar dúvidas quanto à irrelevância da operação do ponto de vista concorrencial;
>
> IV – Baixa participação de mercado com integração vertical: nas situações em que nenhuma das requerentes ou seu grupo econômico comprovadamente controlar parcela superior a 30% de quaisquer dos mercados relevantes verticalmente integrados

V – Ausência de nexo de causalidade: concentrações horizontais que resultem em variação de HHI inferior a 200 desde que a operação não gere o controle de parcela de mercado relevante superior a 50%;

VI – Outros casos: casos que, apesar de não abrangidos pelas categorias anteriores, forem considerados simples o suficiente, a critério da Superintendência-Geral, a ponto de não merecerem uma análise mais aprofundada."

O rol de hipóteses de operações elegíveis ao rito sumário originalmente previsto no art, 8 da Resolução 2/2012, foi posteriormente alterado pela Resolução Cade 9/2014.

Em suma, o Cade elevou o percentual de participação de mercado na hipótese de existência de integração vertical de 20% para 30% (inciso IV) e inseriu a hipótese do inciso V, ausência de nexo de causalidade (*concentrações horizontais em variação de HHI inferior a 200 desde que a operação não gere o controle de parcela de mercado relevante superior a 50%*).

As alterações promovidas pelo Cade, por meio da Resolução 9/2014, guardam relação com o propósito da adoção do rito sumário. Ou seja, casos de menor potencial ofensivo à concorrência podem e devem ter uma análise mais célere e simplificada. Nesse sentido, operações (i) em que nenhuma das requerentes ou seu grupo econômico controlam parcela superior a 30% de quaisquer dos mercados relevantes verticalmente integrados ou (ii) que resultem concentrações horizontais com variação de HHI inferior a 200 e não gerem o controle de parcela de mercado relevante superior a 50% são, necessariamente, casos de menor potencial ofensivo à concorrência e, como tal, ensejar uma análise mais célere e simplificada.

2.3. Regras sobre aquisição de participações societárias

A Lei 12.529/2011, atendendo à norma constitucional de defesa da livre concorrência, atribuiu ao Cade dupla função: repressiva e preventiva ao abuso do poder econômico, nos mercados de bens e serviços, independentemente da forma e da natureza de sua organização, da titularidade de seu controle privado ou estatal, sob regime de monopólio legal ou não.

O objetivo do comando previsto no artigo 88 é prevenir o abuso do poder econômico a ser exercido por empresa que o detenha como resultado de negócio jurídico que integre duas ou mais empresas antes independentes. Ou seja, como resultado de integração empresarial.

Entretanto, ao tratar da função preventiva do Cade, a Lei 12.529/2011, com sua redação objetiva, não comporta a interpretação de que apenas os atos aptos a prejudicar a concorrência deveriam ser submetidos à análise do Cade.

O artigo 90 do referido diploma legal é categórico ao estipular que são atos de concentração os negócios jurídicos que se enquadrarem em uma das hipóteses previstas nos seus incisos de I a IV. *In verbis:*

> "Art. 90. [...]
>
> I – 2 (duas) ou mais empresas anteriormente independentes se fundem;
>
> II – *1 (uma) ou mais empresas adquirem, direta ou indiretamente, por compra ou permuta de ações, quotas, títulos ou valores mobiliários conversíveis em ações*, ou ativos, tangíveis ou intangíveis, por via contratual ou por qualquer outro meio ou forma, o controle ou partes de uma ou outras empresas;
>
> III – 1 (uma) ou mais empresas incorporam outra ou outras empresas; ou
>
> IV – 2 (duas) ou mais empresas celebram contrato associativo, consórcio ou joint venture" (grifamos).

Portanto, tratando-se de um negócio jurídico, cuja hipótese esteja prevista nos incisos de I a IV do artigo 90, e sendo preenchidos simultaneamente os dois índices de jurisdição do artigo 88, deverá tal ato ser submetido à análise do Cade.

No que tange ao inciso II acima transcrito, em especial nas hipóteses de aquisições de ações ou quotas, o Cade, por meio da Resolução Cade 2, determinou que as aquisições de participação societária que devem ser submetidas à análise antitruste são aquelas que:

> 1) Acarretem aquisição de controle, unitário ou compartilhado (artigo 9.º, I, Resolução 2/2012, alterado pela Resolução 9/2014);
>
> 2) Não acarretem aquisição de controle, unitário ou compartilhado (e sim aquisição de "partes", nos termos do referido artigo 90 da lei – ou seja, participações minoritárias), porém:
>
> – no caso de a empresa investida não ser concorrente e não atuar em mercado verticalmente relacionado[6], a aquisição confira ao adquirente titularidade (direta ou indireta) de 20% ou mais do capital social ou votante da investida (artigo 10, I, *a*, da Resolução 2/2012);

[6] Cumpre observar que, nos termos da Resolução 2/2012, art. 10, parágrafo único, para fins de verificação de existência de relações horizontais e/ou verticais entre a empresa adquirente e a empresa investida, devem ser consideradas: as atividades da empresa adquirente e as atividades das demais empresas integrantes do seu grupo econômico conforme definição do artigo 4.º da Resolução 2/2012.

- no caso de a empresa investida não ser concorrente e não atuar em mercado verticalmente relacionado[7], a aquisição for feita por titular de 20% ou mais do capital social ou votante, desde que a participação direta ou indiretamente adquirida, de pelo menos um vendedor considerado individualmente, chegue a ser igual ou superior a 20% do capital social ou votante (artigo 10, I, *b*, da Resolução 2/2012);
- no caso de a empresa investida ser concorrente e/ou atuar em mercado verticalmente relacionado[8], a aquisição confira ao adquirente titularidade (direta ou indireta) de 5% ou mais do capital social ou votante da investida (artigo 10, II, *a*, da Resolução 2/2012); e
- no caso de a empresa investida ser concorrente e/ou atuar em mercado verticalmente relacionado[9], a última aquisição que, individualmente ou somada com as outras, resulte em um aumento de participação maior ou igual a 5%, nos casos em que a investidora já detenha 5% ou mais do capital social ou votante da investida (artigo 10, II, *b*, da Resolução 2/2012).

Portanto, não são todas as hipóteses de aquisição de participação societária que configuram atos de concentração, a despeito de preencherem os critérios de faturamento (índices de jurisdição do Cade). Como visto, a Resolução 2/2012, artigos 9.º e 10, contém as regras que devem ser observadas para se verificar quais aquisições de participação societária devem ser submetidas ao Cade. Tais regras podem ser resumidas conforme a tabela abaixo:

Empresa investida/ investidor	**Aquisição de participação direta ou indireta no capital social/ votante da empresa investida**	**Aumento de participação, direta ou indireta, no capital social/votante da empresa investida**
Partes não são concorrentes nem atuam em mercados verticalmente relacionados	Submissão obrigatória quando resultar em titularidade de 20% ou mais do capital social da empresa investida	
Partes são concorrentes e/ ou atuam em mercados verticalmente relacionados	Submissão obrigatória quando resultar em titularidade de 5% ou mais do capital social da empresa investida	Cada aumento de 5% (por meio de uma ou mais operações)

[7] Idem nota 6.

[8] Idem nota 6.

[9] Idem nota 6.

Note-se, a respeito de tais regras, que as dúvidas sobre o que o Cade considera "controle" permanecem. Ademais, outro conceito cujo abandono foi pretendido pela Lei 12.529/2011 devido à dificuldade em sua aplicação – o de mercado relevante como critério de notificação de operações – foi resgatado pela autoridade concorrencial.

Com efeito, a fim de determinar se o comprador é concorrente ou exerce atividades verticalmente integradas com as da empresa investida – o que impacta no critério *de minimis* estabelecido no artigo, 10, II, alíneas *a* e *b*, da Resolução 2/2012 – torna-se indispensável estipular, ainda que em caráter superficial, qual ou quais os mercados afetados pela transação.

Por outro lado, cumpre observar que o artigo 9.º, parágrafo único, da Resolução 2/2012, é categórico ao determinar que não são de notificação obrigatória as aquisições de participação societária realizadas pelo controlador unitário.

Tal regra foi inserida, posteriormente, na Resolução 2/2012, por força da Resolução 9/2014. O texto original da Resolução 2/2012 não apenas não continha mencionada disposição, como previa que a aquisição feita pelo controlador seria um ato de concentração quando a participação (direta ou indiretamente) adquirida de pelo menos um vendedor chegasse a ser igual ou superior a 20% do capital social ou votante da empresa cuja participação seria adquirida.

De todo modo, o Cade entendeu por bem descaracterizar como ato de concentração de notificação obrigatória a hipótese de aquisição de participação societária feita por controlador unitário, a despeito do percentual que o controlador venha a adquirir (seja ele inferior ou superior a 20%). O raciocínio – frise-se, acertado – do Cade tem por premissa o fato de que esse tipo de aquisição de participação societária (feita por controlador unitário) não modifica a estrutura de decisão da empresa e, dessa forma, não tem o condão de causar qualquer prejuízo à concorrência e, como tal, não necessita ser por ele aprovada previamente.

Em suma, nos termos do quadro acima, aquisições de participações inferiores a 5% não exigem aprovação prévia do Cade. Entre 5% e 19,9%, somente deverão ser apresentadas ao Cade se houver alguma relação de concorrência ou de verticalização (ainda que potencial) entre o adquirente e a empresa objeto, malgrado a necessidade de definição dos mercados relevantes – que seria atinente ao mérito da análise – como condição para aplicação de critério de notificação. E, na hipótese de aquisição de participação societária realizadas pelo controlador unitário, tal operação não constitui ato de concentração de notificação obrigatória ao Cade.

2.4. Operações envolvendo subscrição de títulos ou valores mobiliários conversíveis em ações

Um tema que não constava da Resolução 2/2012 e nela foi incluída posteriormente, por força da Resolução 9/2014, refere-se às operações envolvendo subscrição de títulos ou valores mobiliários conversíveis em ações. Um exemplo que tem sido bastante frequente desse tipo de operação, ao menos perante o SBDC, é a hipótese de aquisição de debêntures conversíveis em ações[10].

Nesse sentido, com base na experiência acumulada ao longo dos primeiros dois anos de aplicação da Lei 12.529/2011, o Cade entendeu por bem regulamentar as hipóteses de operação que envolve a subscrição de títulos ou valores mobiliários conversíveis em ações, especialmente as debêntures.

A Resolução 9/2014, que neste caso específico complementou a Resolução 2/2012, estipulou[11] que a subscrição de títulos ou valores mobiliários conversíveis em ações (p.e. aquisição de debêntures) consiste em uma operação de submissão obrigatório ao Cade[12] *desde que*:

(i) a futura conversão em ações se enquadrar em alguma das hipóteses dos artigos 9 e 10 da Resolução 2/2012[13] (tais hipóteses são: a) operação que resultar em titularidade de 20% ou mais do capital social da empresa investida ou b) de 5% ou mais do capital social da empresa investida, quando houver relação de concorrencial e/ou integração vertical entre empresa adquirente e investida); *e*

(ii) o título ou o valor outorgar ao adquirente o direito de indicar membros dos órgãos de gestão ou de fiscalização ou direitos de voto ou veto sobre questões concorrencialmente sensíveis, excetuados os direitos já conferidos por lei.

Portanto, a aquisição/ subscrição de títulos ou valores mobiliários conversíveis em ações deverá ser submetida previamente ao Cade[14] quando restar configurada uma das hipóteses dos artigos 9 e 10 da Resolução 2/2012

---

[10] Conforme precedentes: Ato de Concentração 08700.005472/2012-15, aprovado sem restrições em 8 de agosto de 2012. Requerentes: Oncoclínicas do Brasil Serviços Médicos S.A e VSAP21 Fundo de Investimento em Participações; Ato de Concentração 08700.011097/2012-42, aprovado sem restrições em 18 de janeiro de 2013. Requerentes: BNDES Participações S.A. – BNDESPAR e Marfrig Alimentos S.A.; Ato de Concentração 08700.005634/2013-04, aprovado sem restrições em 11 de julho de 2013. Requerentes: BNDES Participações S.A. – BNDESPAR e Sete Brasil Participações S.A.

[11] Cf. artigo 11 e parágrafos da Resolução 2/2012, alterada pela Resolução Cade 9.

[12] Uma vez preenchidos os critérios de faturamento (índices de jurisdição do Cade).

[13] Nos termos do art. 11, § 3.º, da Resolução 2/2012, deve-se calcular a quantidade de ações adquiridas como se a conversão fosse hipoteticamente exercida na data da subscrição.

[14] Uma vez preenchidos os índices de jurisdição do Cade (critérios de faturamento).

e o título ou o valor outorgar ao adquirente o direito de indicar membros dos órgãos de gestão ou de fiscalização ou direitos de voto ou veto sobre questões concorrencialmente sensíveis[15]. Neste caso, tal notificação ao Cade (da aquisição/ subscrição de títulos ou valores mobiliários conversíveis em ações) afasta a necessidade de uma nova notificação ao Cade antes de sua conversão em ações[16].

Por outro lado, a aquisição/ subscrição de títulos ou valores mobiliários conversíveis em ações que não tenha o condão de outorgar ao adquirente o direito de indicar membros dos órgãos de gestão ou de fiscalização ou direitos de voto ou veto sobre questões concorrencialmente sensíveis, excetuados os direitos já conferidos por lei, não necessita de aprovação prévia do Cade[17]. Apenas a futura e eventual conversão em ações deverá ser previamente aprovada pelo Cade[18].

Enfim, abstraída a constatação de que nem a subscrição, nem a integralização de debêntures ou de qualquer outro valor mobiliário constam do rol exaustivo de operações cuja notificação seria obrigatória, conforme o disposto no artigo 90 da Lei 12.529/2011, andou bem o Cade ao regulamentar a dinâmica de submissão de operações envolvendo subscrição de títulos ou valores mobiliários conversíveis em ações, de forma a tornar clara e objetiva a regra de se e quando esse tipo de operação deve ser submetida previamente à análise da autoridade antitruste, reduzindo a insegurança jurídica que sempre caracterizou esse tema.

3. OUTRAS IMPORTANTES REGRAS CRIADAS PELO CADE NO ÂMBITO DO CONTROLE DE CONCENTRAÇÕES

Além das regras previstas na Resolução 2/2012, alterada pela Resolução 9/2014, o Cade regulou, por meio de outras resoluções e alterações em seu Regimento Interno do Cade, outros importantes temas relacionados à análise de atos de concentração. Destacam-se as disposições sobre (i) aquisições realizadas em bolsas de valores e operações de ofertas públicas de ações e (ii) contratos associativos, abaixo mencionadas.

3.1. Regras sobre aquisições realizadas em bolsas de valores e operações de ofertas públicas de ações

O Ricade, atendendo comando do artigo 89 da Lei 12.529/2011, determina que, em se tratando de oferta pública de ações[19] ou oferta pública

---

[15] Excetuados os direitos já conferidos por lei.

[16] Cf. artigo 11, § 3.º, da Resolução 2/2012.

[17] Ainda que preenchidos os índices de jurisdição do CADE (critérios de faturamento).

[18] Desde que preenchidos os índices de jurisdição do CADE (critérios de faturamento) e configurada uma das hipóteses dos artigos 9 e 10 da Resolução 2/2012.

[19] Cf. artigo 109, §§ 1.º e 2.º, do Ricade.

de títulos ou valores mobiliários conversíveis em ações[20], a sua subscrição independe da aprovação prévia do Cade para consumação, ficando, contudo, proibido o exercício de quaisquer direitos políticos atrelados às ações, aos títulos ou valores adquiridos até a aprovação da operação pelo Cade.

Nesse mesmo sentido, todas as demais operações realizadas em bolsa de valores ou em mercado de balcão organizado independem da aprovação prévia do Cade para sua consumação. Entretanto, o exercício dos direitos políticos relativos à participação adquirida em tais operações fica proibido até a aprovação da operação pelo Cade.

Importante ressaltar que, caso o exercício dos direitos políticos relativos às ações adquiridas em oferta pública ou em outras as operações realizadas em bolsa de valores ou em mercado de balcão organizado seja necessário para a proteção do pleno valor do investimento, o Cade pode, a pedido das partes, autorizá-lo antes de proferir a decisão final sobre a operação[21].

O Cade já analisou operações envolvendo oferta pública de ações. Entre os principais precedentes destacam-se os seguintes:

Suzano Papel-BNDESPAR[22]: a operação envolveu: (i) aquisição, pelo BNDESPAR, de ações PNs de emissão da Suzano Papel, por meio de oferta pública; e (ii) conversão de debêntures mandatoriamente conversíveis em ações. A operação foi aprovada pela SG, sem restrições, em 27 de dezembro de 2012.

DASA-Cromossomo Part. II[23]: tratou-se de oferta pública voluntária de ações para aquisição de ONs da DASA pela CP II. Em 09/05/2014 a SG ofereceu impugnação da operação ao Tribunal e recomendou sua aprovação, condicionada à celebração do Acordo em Controle de Concentrações proposto pelas Requerentes. O Tribunal do Cade aprovou a operação condicionada à celebração de ACC em 16 de julho de 2014.

3.2. Regras sobre contratos associativos

O inciso IV do artigo 90 da Lei 12.529/2011, tipifica a celebração de contratos associativos entre empresas como hipótese de ato de concentração econômica de notificação obrigatória ao Cade.

Entretanto, apesar de haver sido incluído no rol de hipóteses de atos de concentração, o termo contrato associativo não é definido em Lei. E, assim, em que pese a maior objetividade trazida pela Lei 12.529/2011, se comparada com a lei anterior - Lei 8.884/1994 -, no que se refere à identificação dos

---

[20] Cf. artigo 11, § 3.º, da Resolução 2/2012, alterada pela Resolução 9/2014.

[21] Cf. artigo 109, § 2.º, do Ricade.

[22] Ato de Concentração 08700.010200/2012-37.

[23] Ato de Concentração 08700.002372/2014-07.

negócios jurídicos que são de submissão obrigatória ao Cade, nos quase três anos de vigência da nova lei antitruste houve muita dúvida quanto à necessidade de submissão ao Cade de algumas hipóteses de negócios jurídicos, tais como determinados acordos de parcerias, de licenciamento de tecnologia ou mesmo contratos de fornecimento que poderiam ser considerados espécies do gênero contrato associativo.

Com o intuito de esclarecer aos administrados quais as espécies de contratos associativos que ensejam a análise prévia da autoridade antitruste, o Cade editou, em 29 de outubro de 2014, a Resolução 10.

Tal resolução, que disciplina as hipóteses de notificação da celebração de contrato associativo, de que trata o inciso IV do artigo 90 da Lei 12.529, entrou em vigor em janeiro de 2015.

Em linhas gerais, a Resolução 10/2014 estipula que são contratos associativos sujeitos à aprovação prévia do Cade os contratos, *com duração superior a 2 (dois) anos*, nos quais[24]:

> I – as partes estiverem horizontalmente relacionadas no objeto do contrato sempre que a soma de suas participações no mercado relevante afetado pelo contrato for igual ou superior a 20%; ou
>
> II – as partes contratantes estiverem verticalmente relacionadas no objeto do contrato, sempre que pelo menos uma delas detiver 30% ou mais dos mercados relevantes afetados pelo contrato, desde que preenchida pelo menos uma das seguintes condições:
>
> a) o contrato estabeleça o compartilhamento de receitas ou prejuízos entre as partes; ou
>
> b) do contrato decorra relação de exclusividade.

Note-se que na hipótese de as partes estarem verticalmente relacionadas ao objeto do contrato, além da participação de mercado de 30%, faz-se necessário o preenchimento de ao menos uma das hipóteses das alíneas *a* (compartilhamento de receitas ou prejuízos) ou *b* (exclusividade). Essa exigência não se aplica aos contratos nos quais as partes estejam horizontalmente relacionadas ao seu objeto.

Em razão de ter a sua vigência iniciada em janeiro de 2015, ainda não há um precedente do Cade no qual os termos da Resolução 10/2014 tenham sido discutidos em profundidade pela autoridade antitruste. De todo modo, a objetivação trazida pela mencionada resolução e o discurso do Cade no sentido de que a sua aplicação visa restringir as hipóteses de contrato associativo que necessitam de aprovação prévia da autoridade antitruste representam um bom avanço rumo à eliminação da insegurança jurídica que o tema despertou quando da promulgação da Lei 12.529/2011.

---

[24] Artigo 2.º, §1.º, da Resolução 10/2014.

3.3. Do "Guia para Análise da Consumação Prévia de Atos de Concentração Econômica"

No regime de análise prévia de atos de concentração instituído pela Lei 12.529/2011, as operações sujeitas à notificação obrigatória ao Cade não podem produzir efeitos substanciais sobre os mercados sob pena de ficar caracterizada a infração capitulada no artigo 88, § 3.º, da citada lei, usualmente referida como *gun jumping*.

A fim de orientar sobre as disposições legais e regulamentares sobre a matéria, o Cade publicou, em 20 de maio de 2015, um "Guia para Análise da Consumação Prévia de Atos de Concentração", que indica (i) ações que podem caracterizar a implementação prematura de operações, (ii) precauções a serem tomadas pelas partes para minimizar os riscos de ocorrência da infração e (iii) critérios para dosimetria das sanções aplicáveis.

Dentre as ações com potencial de implicar *gun jumping*, o Cade deu destaque à troca de informações concorrencialmente sensíveis, assim entendidas aquelas que versem diretamente sobre o desempenho das atividades da empresa objeto da operação, tais como custos de produção e distribuição; estratégias e planos de marketing; pesquisa e desenvolvimento de tecnologias e produtos, inclusive dados não públicos sobre patentes; capacidade produtiva e ociosa, bem como respectivos planos de redução ou expansão; políticas e estratégias de precificação, inclusive descontos; clientes e fornecedores; informações sobre folha de pagamento, posicionamento estratégico, planos de aquisições, dentre outras.

Também foram relacionadas cláusulas contratuais com potencial para representar a implementação prematura de aspectos da operação, como a anterioridade da data de vigência do contrato em relação à sua data de celebração; não concorrência prévia; pagamento antecipado integral ou parcial, ressalvadas as hipóteses de sinal consistente com os usos e costumes do comércio, depósitos em conta bloqueada (*escrow*) e cláusulas de *break-up fees*; cláusulas que permitam a ingerência direta de uma parte sobre aspectos estratégicos dos negócios da outra; cláusulas que prevejam atividades que não possam ser revertidas em um momento posterior ou cuja revisão implique em gastos excessivos, etc.

Certas práticas também foram lembradas, em caráter exemplificativo, como possíveis violações ao artigo 88, § 3.º, da lei: transferência e/ou usufruto de ativos em geral; exercício de direito de voto ou de influência relevante (novamente, a ressurreição do conceito); recebimento de lucros ou outros pagamentos; desenvolvimento de estratégias conjuntas de vendas ou marketing de produtos; integração de força de vendas; licenciamento de direitos de propriedade intelectual; desenvolvimento conjunto de produtos; indicação de membros em órgão de deliberação; alterações significativas no curso normal dos negócios da empresa objeto da operação.

Embora a troca de informações indispensáveis para a realização do negócio não seja considerada, a priori, uma infração, a possibilidade de que informações concorrencialmente sensíveis sejam compartilhadas no contexto de uma negociação que possa acabar, eventualmente, frustrada, fez com o que Cade recomendasse a adoção de certas cautelas quando a operação envolver concorrentes diretos. Em tais hipóteses, o Cade recomenda que as partes de um ato de concentração constituam grupos independentes (*clean teams* ou comitês executivos) para tratar das informações relativas à operação, estabelecendo alguns procedimentos que podem ser observados pelas partes (protocolo antitruste).

O Guia não possui caráter vinculante, mas tem como finalidade servir como mecanismo de transparência e orientação aos agentes privados. É, possivelmente, dentre os documentos editados pelo Cade após a sua reestruturação, o mais detalhado e que melhor alcança os fins a que se destina.

4. CONCLUSÃO

Inúmeros foram os avanços obtidos pelo Cade no que tange à estruturação do sistema de análise prévia de atos de concentração. Além da própria Lei 12.529/2011, a edição de resoluções e a elaboração de um novo regimento interno, com posteriores ajustes, colocaram à disposição dos administrados e da própria autoridade importantes regras e ferramentas próprias ao controle de atos de concentração.

Olhando para frente, identifica-se a necessidade de se criar um guia pontual sobre o conceito de controle de empresas na análise concorrencial. Como abordado neste artigo, em inúmeras situações tanto o administrado quanto a autoridade se deparam com a necessidade de identificar a existência de "controle" para poder aplicar regras atinentes à análise de atos de concentração. A existência de tal conceito, ainda que específico e limitado à disciplina de atos de concentração, como ocorre, por exemplo, com os conceitos de grupo econômico previstos na Resolução 2/2012, traria clareza e objetividade, diminuindo a insegurança jurídica. Certamente, o conceito de controle seria uma relevante ferramenta a se juntar com aquelas que foram recentemente bem criadas pelo Cade.

Muito já foi feito em termos de avanços normativos sobre o controle de atos de concentração desde a promulgação da Lei 12.529/2011. Há, naturalmente, um caminho a ser ainda percorrido. A valer o bom fôlego que demonstrou nesses quase três anos de vigência do controle prévio de operações, pode-se esperar uma *performance* olímpica por parte do Cade no quanto falta caminhar.

A TRÍPLICE AGENDA DO PROGRAMA DE *COMPLIANCE* CONCORRENCIAL: AVANÇOS RECENTES E APRIMORAMENTOS

Gesner Oliveira[1]

1. INTRODUÇÃO

O objetivo deste artigo é discutir os programas de *compliance* antitruste à luz da nova lei de defesa da concorrência (Lei 12.529/2011), chamando atenção para as oportunidades que se abrem para a difusão da cultura da concorrência no Brasil.

Um dos pontos importantes da Lei 12.529/2011, e que nem sempre é valorizado, é a ênfase que a referida lei confere à advocacia da concorrência. Trata-se de questão fundamental, especialmente em países emergentes, nos quais as regras concorrenciais tiveram implementação mais recente.

Se bem desenhados, os programas de *compliance* podem criar incentivos para a adoção abrangente da legislação antitruste. Isso reduz os custos dos processos administrativos e judiciais e estimula a concorrência e a inovação que constituem o motor do crescimento econômico. Tais efeitos seriam bem-vindos ao elevar a competitividade da economia brasileira no médio prazo.

Este artigo está organizado da seguinte forma. Além desta introdução, a Seção 2 sugere um escopo mais abrangente do que as abordagens convencionais para os programas de *compliance*. Propõem-se três agendas: defensiva, proativa e de advocacia da concorrência.

---

[1] O autor agradece as estimulantes discussões com os membros do Grupo de Economia da Infraestrutura & Soluções Ambientais, especialmente Ricardo Pastore, Andrea Vasconcelos, Marcela Altale e Andrea Curi. Qualquer erro é responsabilidade exclusiva do autor.

As Seções 3 e 4 sugerem diretrizes úteis para os programas de *compliance* do ponto de vista das empresas e das autoridades antitruste, respectivamente. Argumenta-se, em particular, que não existe um modelo único a ser adotado em todas jurisdições e em todos os segmentos da economia.

A Seção 5 chama a atenção para peculiaridades de economias emergentes que tornam programas de *compliance* ainda mais necessários. Uma seção final sumaria os principais pontos do artigo.

2. A TRÍPLICE AGENDA DOS PROGRAMAS DE *COMPLIANCE*

O que é um programa de *compliance* antitruste? Trata-se de um conjunto de rotinas internas estabelecidas pela própria Empresa e que passam a servir de mecanismo de disseminação de uma nova cultura de concorrência. O aspecto importante é precisamente o de mudança de atitude da Empresa que deixa de valorizar a mentalidade rentista ou burocrática e passa a exaltar o jogo competitivo. No jargão do futebol, o time começa a "gostar do jogo". Neste caso, o jogo do mercado.

Esta definição sugere uma visão mais ampla do que simplesmente um decálogo de proibições, visando evitar problemas com a autoridade da concorrência. Sugere-se, em particular, um tripé formado por três age*ndas:* defensiva, proativa e de advocacia da concorrência.

A *agenda defensiva* é a mais tradicional. Quando se fala em programa de *compliance* antitruste, normalmente se pensam medidas preventivas para evitar punições por prática de ilícito antitruste.

Neste sentido, caberiam várias recomendações, como o cuidado com a identificação de informações comercialmente sensíveis que não devem ser compartilhadas com os concorrentes; a recusa clara e inequívoca de combinação de preço ou acordo de divisão de mercado com o concorrente; o cuidado no desenho dos contratos de forma a evitar discriminação de rival, entre outras tantas precauções que qualquer empresa deveria tomar desde sempre.

É necessário treinamento adequado e contínuo para assegurar que todos os colaboradores da Empresa tenham entendido as regras e sejam capazes de respeitá-las. A diretoria jurídica é, em geral, mais vocacionada para liderar este processo em coordenação com a diretoria comercial, cujo corpo de colaboradores está mais diretamente envolvido nas negociações de preços e contratos.

O esforço da agenda defensiva é necessário e louvável e deveria ser seguido por todo tipo de empresa, privada ou estatal, bem como por associações patronais e profissionais. Porém, a agenda defensiva, por si só, é insuficiente. Não basta uma boa defesa para tornar um time campeão. É preciso igualmente ter uma *agenda proativa*, um bom ataque.

Infelizmente esta é uma verdade esquecida pela maioria dos técnicos de futebol que se contentam em apequenar-se, abusando da retranca; e de muitos departamentos jurídicos (e procuradorias no âmbito do setor público), que optam pelo ultraconservadorismo como forma de evitar qualquer comprometimento, ainda que o ponto de ótimo para a Empresa (ou do ente público) exigisse maior exposição ao risco.

A agenda proativa, em contraste, consiste em ações que evitem que a Empresa seja vítima de ilícitos anticoncorrenciais e que acionem as diretrizes concorrenciais para a barganha estratégica ao longo da cadeia produtiva.

Neste sentido, caberia um monitoramento das práticas de fornecedores, concorrentes e distribuidores de forma a detectar ilícitos; bem como o desenvolvimento de um canal de diálogo ágil com a autoridade de concorrência para que uma vez detectado qualquer ilícito no mercado, a denúncia possa ser feita de forma rápida e fundamentada, assegurando agilidade e eficácia.

Um programa dessa natureza representa componente importante para a redução de custos. A Empresa pode criar uma reputação de rigor na observância das regras concorrenciais, inibindo práticas de cartel em seus mercados de insumos, bem como discriminação por parte de rivais ou contestando fusões que sejam anticompetitivas. Dentro de certos limites, e sem conturbar a partida, o capitão do time deve manter o juiz atento às infrações dos adversários.

Não há justificativa para uma empresa assistir passivamente práticas anticoncorrenciais. É difícil exagerar no efeito benéfico que isso tem sobre a cadeia de suprimento, reduzindo despesas e contencioso administrativo ou judicial[2]. A diretoria de suprimento parece a mais vocacionada para liderar as ações da agenda proativa, sempre orientada pelas áreas jurídica e regulatória.

Por último, mas nem por isso menos importante, a Empresa deve preocupar-se com a agenda de advocacia da concorrência. É crucial monitorar eventuais normativos que possam representar um impedimento à concorrência; utilizar o canal com a autoridade para sensibilizá-la acerca de eventuais normas que colidam com a concorrência.

Normas anticoncorrenciais emitidas por órgãos públicos são corriqueiras na vida econômica em quase todas as jurisdições e, em especial, nos países emergentes e no Brasil. A Lei 12.529/2011 incumbiu a Secretaria de Acompanhamento Econômico do Ministério da Fazenda (Seae/MF) para desempenhar o papel de advogado da concorrência.

---

[2] Um exemplo prático neste sentido foi o programa corporativo de defesa da concorrência da Sabesp em 2008-2010, conforme descrito em Oliveira (2009, p. 13-37).

Isso não quer dizer que a Seae detenha poder de monopólio sobre a advocacia da concorrência. O Cade, as Empresas, o Ministério Público, organizações não governamentais e os cidadãos devem manter uma postura vigilante acerca da observância das regras concorrenciais. Assim, os regulamentos que inibem o funcionamento do mercado devem ser questionados, observadas naturalmente a legislação e autonomia das diferentes esferas de governo da federação.

Em economias menos maduras do ponto de vista institucional, o problema não reside apenas no caráter frequentemente anticompetitivo de muitas das normas emitidas. Mas em seu cumprimento desigual, criando um dualismo na economia. Regras asfixiantes são seguidas pelo segmento formal, mas ignoradas pelo setor informal da economia. As distorções concorrenciais daí decorrentes são brutais, mas tendem a ser comodamente esquecidas pelos manuais e autoridades antitruste de várias jurisdições. O Cade deve usar sua crescente influência na comunidade internacional para colocar a questão concorrencial de forma mais abrangente e mais próxima ao mundo real.

Neste sentido, caberia requerer mudanças de normativos de agências reguladoras federais quando atentam contra a concorrência; promover desenhos pró-concorrenciais para normas de certames licitatórios; eliminar o excesso de barreiras à entrada a certos mercados, entre outras tantas ações que constrangem a atividade das empresas de vários tamanhos e das diversas classes de profissionais autônomos.

A agenda de advocacia da concorrência da empresa deve monitorar a evolução das normas de mercado de forma a protegê-la contra mecanismos anticoncorrenciais, bem como propor alterações pró-concorrenciais. Para tanto deverá contar com um canal permanente de diálogo com as autoridades e frequentemente realizar seus pleitos por intermédio de associações empresariais.

A implementação simultânea das três agendas descritas anteriormente por um número crescente de empresas representaria uma mudança cultural radical. Uma nova mentalidade de mercado emergiria, tornando menos oneroso o trabalho da autoridade de defesa da concorrência. Esta foi a intenção do legislador ao reconhecer explicitamente o papel da advocacia da concorrência. O programa de *compliance* pode ser um mecanismo decisivo para concretizar este objetivo da Lei 12.529/2011.

3. DIRETRIZES PARA UM PROGRAMA DE *COMPLIANCE*: ASPECTOS ÚTEIS PARA AS EMPRESAS

Um primeiro cuidado a tomar é o de não fazer meramente um programa de fachada que pode ser bonito no papel, mas que não corresponde ao dia-a-dia da empresa. Além de desperdiçar recursos, tal postura retira credibilidade não apenas em matéria antitruste, mas no conjunto de compromissos que qualquer organização faz com seus clientes, colaboradores, fornecedores, investidores e a comunidade em geral.

Um segundo cuidado já mencionado na seção anterior é o de não exagerar na agenda defensiva, adotando um código de conduta ultraconservador e formalista. Pode ser cômodo desaconselhar qualquer tipo de operação ou cláusula contratual, alegando risco concorrencial. Mas é preciso antes examinar com atenção se o alegado risco realmente existe e, em caso afirmativo, efetuar uma análise de custo-benefício acerca da conveniência de ir adiante na operação ou cláusula em questão.

Programas de *compliance* excessivamente conservadores representam perdas individuais para as Empresas ao restringir o leque de oportunidades de negócios. Se todas as Empresas forem induzidas a tal postura ocorre curiosamente uma falácia da composição. O excesso de preocupação individual com as regras da concorrência termina por reduzir a rivalidade no mercado ao tornar os agentes menos contestadores de posições dominantes e mais acomodados com o *status quo* do mercado.

Note-se neste ponto a importância da regra da razão em oposição ao critério *per se*. A regra da razão exige uma análise caso a caso, levando em consideração as circunstâncias específicas de cada situação. Uma conduta vertical pode ser anticompetitiva ou não, dependendo de um amplo conjunto de fatores. O mesmo pode ser dito em relação às práticas horizontais. A teoria econômica não ampara o critério *per se*, mesmo em caso de cartéis. Muito menos níveis cabalísticos de HHI quando se trata de avaliar atos de concentração.

No futebol o carrinho é faltoso ou não dependendo de um conjunto de circunstâncias. O mesmo pode ser dito em relação à mão na bola (ou bola na mão?) e ao impedimento. Uma série de variáveis deve ser levada em consideração pelo juiz para formar sua convicção. O jogo perderia a graça e o sentido sem a regra da razão. A concorrência perderia vigor se se aplicasse o critério *per se* e os jogadores perdessem a ousadia em respeito a uma cartilha rígida de regras pré-estabelecidas independentemente do calor da partida.

Além da tríplice agenda, um programa de *compliance* antitruste deve ser harmônico com outros programas como o de meio ambiente, anticorrupção e de governança corporativa, permitindo a mitigação eficiente de risco e a responsabilidade social da empresa. A diminuição da probabilidade de conflitos entre agente e principal, por exemplo, poderia reduzir a chance de um ilícito antitruste.

Pretende-se com esta abordagem integrada evoluir para um programa global no qual todas as dimensões relevantes estejam contempladas de forma a garantir a sustentabilidade.

4. DIRETRIZES PARA UM PROGRAMA DE *COMPLIANCE*: ASPECTOS ÚTEIS PARA A AUTORIDADE DE DEFESA DA CONCORRÊNCIA

Como as autoridades podem incentivar programas de *compliance*? Uma primeira linha de ação é divulgar suas características de forma a tornar o instrumento conhecido.

Naturalmente *não existe modelo único*. O programa de *compliance* varia conforme o setor, a existência ou não de posição dominante, o caráter regulado ou não do segmento, entre outras variáveis. Mas o Cade poderia divulgar modelos de forma a tornar mais fácil (e mais barato) para as Empresas adotarem seus próprios programas que seriam customizados.

Este trabalho poderia culminar na publicação de *Guia de Diretrizes para a Elaboração de Programas de Compliance* que poderia ser enriquecido com um *Banco de Programas de Compliance certificados pelo Cade ou por agências credenciadas pela Autarquia*.

Note-se neste ponto que a certificação e orientação parecem superiores a propostas de redução de pena em caso de Empresas que, flagradas em ilícito antitruste, apresentem programas reconhecidos pelo Cade[3].

Não há dúvida que um mecanismo deste tipo poderia constituir forte indutor de disseminação de programas de *compliance*. Porém, há um risco razoável de o incentivo operar no sentido contrário àquilo que se deseja em uma legislação antitruste: de uma esperança matemática fortemente negativa para a decisão do agente de cometer uma infração.

Dessa forma, o incentivo redutor de pena para empresas com programas de *compliance* poderia estimular programas de fachada referidos na Seção 3 com o único objetivo de obter redução de pena em caso de condenação. Aquilo que deveria prevenir a infração, terminaria por comprometer, ainda que parcialmente, o mecanismo inibidor do ilícito antitruste.

Assim, o programa de *compliance* precisa demonstrar seu valor independentemente de incentivos mediante redução de pena. Programas robustos que passaram pelo crivo de agências certificadoras (ou pelo próprio Cade) deveriam gerar menor propensão à infração, algo identificável em exercícios estatísticos na medida em que os programas de compliance se tornem mais frequentes nos próximos anos.

Uma vez obtido tal efeito positivo, a Empresa estaria elegível a uma melhor classificação de risco e consequentemente a um menor custo de capital

[3] Destacamos que esta posição é contrária aos preceitos da Lei Anticorrupção (Lei 12.846/2013) que prevê a possibilidade de redução da pena da empresa que praticou ato de corrupção se a mesma comprovar a existência de programa de integridade nos moldes determinados pela Controladoria-Geral da União.

no longo prazo. Além disso, programas que contemplem uma agenda proativa como a descrita na Seção 2, também deveriam gerar redução de custo em um horizonte de tempo bem menor.

Naqueles casos em que o Cade julga que há maior risco concorrencial, os programas de *compliance* podem ser determinados mediante decisão da autoridade, como de fato já vem ocorrendo na jurisprudência recente[4].

Mais importante ainda, *a autoridade de defesa da concorrência deveria estimular a adoção de programas de compliance por parte das empresas estatais.* Tal providência serviria de exemplo para o setor privado, bem como reduziria o risco de infrações e abuso do poder econômico no setor produtivo estatal.

Uma segunda linha de ação é a do fortalecimento de um canal permanente de diálogo e consulta às autoridades de forma a dirimir dúvidas acerca das regras concorrenciais. A elaboração de cartilhas e Guias é também útil a este respeito, permitindo que as orientações corporativas acerca das regras concorrenciais sejam feitas tomando referências mais seguras e precisas sobre o entendimento que a autoridade tem da legislação.

Uma terceira linha é o do fortalecimento da advocacia da concorrência, assegurando interlocução com a agenda pró-concorrencial das empresas. Esta é tarefa precípua (mas não exclusiva) da Seae que deveria ser acompanhada por várias outras entidades, conforme sugerido antes.

O sucesso neste terreno colocaria o mercado como um guardião eficaz das normas concorrenciais. Isso já ocorre, ainda que de forma parcial, em uma jurisdição como a dos EUA, na qual a ação indenizatória por danos provocados por um cartel pode ser um mecanismo inibidor de práticas colusivas.

5. PROGRAMAS DE *COMPLIANCE* EM ECONOMIAS EMERGENTES

Os programas de *compliance* se tornaram mais frequentes em várias jurisdições. Há boas razões para supor que sejam ainda mais necessários em países emergentes como o Brasil nos quais a cultura da concorrência está menos consolidada.

Em primeiro lugar, pelo aspecto pedagógico de disseminação do conhecimento a respeito daquilo que é permitido e daquilo que é proibido no mercado. Transcorridos quatro anos da nova Lei 12.529/2011 e depois de 18 anos de vigência da Lei 8.884/1994, o desconhecimento das regras ainda é impressionante. O peso de décadas de intervenção estatal em uma economia fechada constitui herança que justifica esforço permanente de advocacia da concorrência.

---

[4] Vide, por exemplo, as decisões proferidas no Ato de Concentração 08700.009924/2013-19 (Videolar S.A., Innova S.A. e Petrobras) e Ato de Concentração 08012.002148/2008-17 (Agricur Defensivos Agrícolas e outros), entre outras.

Em segundo lugar, as barreiras à entrada em economias como a brasileira são tipicamente maiores. Isso se deve a vários fatores, inclusive à tradição intervencionista. Mas sobretudo à fragilidade da infraestrutura que impede o desenvolvimento de vários mercados e cria dificuldade de acesso a infraestrutura essencial.

Em terceiro lugar, o legado de intervenção gera um sem-número de normas e uma burocracia extremamente onerosa para as empresas, especialmente aquelas de menor porte. A legitimação de uma agenda de advocacia da concorrência por parte do setor privado representaria notável avanço para desburocratizar e estimular a livre iniciativa e a competição.

6. CONCLUSÕES

O objetivo desta seção é sumariar os principais pontos desenvolvidos neste artigo. Um programa de *compliance* antitruste fixa rotinas internas definidas pela própria Empresa e que passam a servir de mecanismo de disseminação de uma nova cultura de concorrência.

Sugere-se uma tríplice agenda para os programas de *compliance*: defensiva, proativa e de advocacia da concorrência.

A *agenda defensiva* é a mais tradicional. Quando se fala em programa de *compliance* antitruste, normalmente se pensam medidas preventivas para evitar punições por prática de ilícito antitruste.

Mas a agenda defensiva, por si só, é insuficiente. É preciso igualmente ter uma *agenda proativa*. A agenda proativa consiste em ações que evitem que a Empresa seja vítima de ilícitos anticoncorrenciais e que acionem as diretrizes concorrenciais para a barganha estratégica ao longo da cadeia produtiva.

Um programa dessa natureza representa componente importante para a redução de custos. A empresa pode criar uma reputação de rigor na observância das regras concorrenciais, inibindo práticas de cartel em seus mercados de insumos, bem como discriminação por parte de rivais ou contestando fusões que sejam anticompetitivas.

Por último, e igualmente importante, a empresa deve preocupar-se com a *agenda de advocacia da concorrência*. Isso implica monitorar a evolução das normas de mercado de forma a protegê-la contra mecanismos anticoncorrenciais, bem como ser capaz de propor alterações pró-concorrenciais.

Para tanto, deverá contar com um canal permanente de diálogo com as autoridades e frequentemente realizará seus pleitos por intermédio de associações empresariais. Um novo padrão de relacionamento entre setores público e privado está implícito nesta proposta. Sua marca deve ser a da transparência e confiança mútua.

A implementação simultânea das três agendas descritas anteriormente por um número crescente de empresas representaria uma mudança cultural radical. Uma nova mentalidade de mercado emergiria, tornando menos oneroso, e mais eficaz, o trabalho da autoridade de defesa da concorrência.

Esta foi a intenção do legislador ao reconhecer explicitamente o papel da advocacia da concorrência. O programa de *compliance* pode ser um mecanismo decisivo para concretizar este objetivo da Lei 12.529/2011.

BIBLIOGRAFIA

CADE. Ato de Concentração 08700.009924/2013-19 (Videolar S.A., Innova S.A. e Petrobras).

_____. Ato de Concentração 08012.002148/2008-17 (Agricur Defensivos Agrícolas e outros).

OECD. *Promoting Compliance with competition law DAF/COMP(2011)20*, June 2011 (Series Roundtable on Competition Policy).

OLIVEIRA, Gesner; SCAZUFCA, Pedro (org.). *A economia do saneamento no Brasil.* São Paulo: Singular, 2009 .

Esta obra foi composta nas fonte Minion Pro, corpo 11, diagramada por Brandão Design e impressa pela Gráfica Cromosete para a Editora Singular em setembro de 2015.